AF499527

John Nordin – Arne Pedersen – Ingvar Stenström m.fl.

Svensk-interlingua ordbok

Ca 30 000 uppslagsord

© *Svenska Sällskapet för Interlingua 2013*
Distribution: *www.lulu.com*
Tryck: *www.lulu.com*
ISBN 978-91-637-3715-2
3:e korrigerade upplagan

Förord
(i första upplagan 2002)

Det har nu gått många år sedan *Svensk-Interlingua ordbok* av John Nordin gavs ut på Norstedts 1965. Det har hänt mycket sedan dess och svensktalande personer som vill uttrycka sig på interlingua har länge känt behov av en större och modernare ordbok. Därför är det med glädje Svenska Sällskapet för Interlingua nu kan erbjuda alla intresserade denna nya *Svensk-interlingua ordbok*. (En betydligt större – oumbärlig för översättare – av Pian Boalt, förslagsvis kallad *Stora svensk-interlingua ordboken* kommer att utges som datalexikon.)

Ordboken har utarbetats på grundlag av *Dictionario provisori svedese-interlingua* av Arne Pedersen (Danmark). Denna var en kombination av John Nordins *Svensk-Interlingua ordbok* (skannad) och Ingvar Stenströms *Interlingua-svensk ordbok* (inverterad). Den provisoriska ordboken utgavs 1997 som manuskript i ett litet antal exemplar, och publicerades sedan i elektronisk form på lexikonföretaget Babylon på Internet under titeln Svenska-interlingua. Babylon-manuskriptet har löpande blivit bearbetat och uppdaterat under särskild medverkan av framför allt Bent Andersen (Danmark) och är i dag identiskt med denna bok.

Färdigställandet av den nu föreliggande ordboken har blivit möjligt genom samarbete med en rad interlinguister under ledning av Jan Årmann, framför allt Bent Andersen, Erik Enfors, Ove Hanebring, George Petrineanu, Kjell Rehnström och Barbara Rubinstein. För layout och tryckteknisk utformning svarar Per-Erik Kristensson och Bent Andersen. Svenska Sällskapet för Interlingua tackar dem alla!

Det är vår förhoppning att ordboken ska bli till stor nytta och mycket nöje för alla som får den i sin hand, om det nu är för att uttrycka sig på interlingua eller bara för att öka kunskaperna i främmande ord för blotta nöjets skull.

Svenska Sällskapet för Interlingua – Societate Svedese pro Interlingua

Förord
(2:a upplagan 2010 och 3:e upplagan 2013 för Lulu)

Efter de goda erfarenheterna med tryckningen av den stora ordboken hos Lulu, till mycket lägre priser, väcktes frågan om en ny upplaga och det är denna som här presenteras. Den har nästan samma ordförråd som den föregående upplagan 2002, men har fått ett nytt ISBN 978-91-977066-9-8.

Under förberedelserna av den nya upplagan visade det sig att ingen hade kvar den ursprungliga filen utom Per-Erik Kristensson. Utan hans professionella förutseende att spara originalfilen hade denna upplaga troligen inte kunnat tryckas utan kostsamt extraarbete. Han har dessutom bidragit med arbetet att bearbeta den gamla filen som hade ett format som inte längre var användbart. Vi tackar honom för detta.

Det är vår förhoppning att även denna ordbok ska bli till stor nytta och mycket nöje för alla som får den i sin hand, om det nu är för att uttrycka sig på interlingua eller för att öka kunskaperna om främmande ord i det svenska språket.

Kristenssons ovannämnda fil fanns bara i formatet pdf som inte kan ändras utan specialprogram och det vore önskvärt med en fil där ändringar och korrektioner lättare kunde utföras. 2013 tog Bent Andersen, Danmark, initiativet till att utarbeta en sådan fil genom att först skanna hela boken, ett omfattande arbete, och sedan göra en fil i Word Perfect. Givetvis ha korrektioner gjorts där sådana behövts men för övrigt är innehållet detsamma.

SSI tackar Bent Andersen för detta generösa bidrag.

Svenska Sällskapet för Interlingua – Societate Svedese pro Interlingua

Pronunciation / uttal

Vokalerna *a e i o u y* är halvlånga när de är betonade, annars korta. De uttalas:

a som i 'kall'
e som i 'Sven'
i som i 'vill'
o som i 'kom'
u som o i 'bonde'
y som vokal = **i**. Tillsammans med vokaler låter det som [j], *Yugoslavia* [jugåslavvia].

Konsonanterna uttalas som i svenskan utom följande:

c framför e, i och y som [ts], *cento, civil, cyclo* [tsentå, tsivil, tsiklå]
c = [k] i alla övriga fall.
ch i allmänhet [k] men som sje-ljudet i eng. 'she' i vanliga internationella ord som *chocolate, charme*. I ordlistan angivet med [sh].
j som första och sista ljudet i eng. 'George', ungefär som ett kraftigt uttalat [dj]. Samma uttal har **-g-** i ordsluten **-age** och **-agio**. *Corage*: mod, *avantagiose* fördelaktig.
g uttalas annars i alla ställningar som **g** i 'gå': *general*: allmän.
qu uttalas som i eng. 'quantity', dvs. som k följt av ett mycket kort o. Märk att uttalet [ke] är vanligast av **que** (att; vad; som) och [ki] av **qui** (vem; som).
r bör vara ett kraftigt tungspets-r. Får ej sammansmälta med ett följande s, n, d el. t som i svenskan.
z tonande s som i eng. 'zeal'. s kan uttalas tonande mellan två vokaler.

-antia, **-entia**, **-tie**, **-tion** uttalas [-antsia, -entsia, -tsie, -tsiånn]

Betoningsregel 1: trycket ligger på vokalen före sista konsonanten: *cantar* sjunga, *canta* sjunger, *cantava* sjöng.

Betoningsregel 2: trycket ligger på vokalen före näst sista konsonanten om ordet slutar på

-le, -ne, -re	*facile, nomine, tempore*
-ic, -ica, -ico	*technic, technica, technico*
-ide, -ido	*timide, acido*
-ula, -ulo	*regula, angulo*
-ime, -imo	*ultime*

Pluraländelserna -s och -es räknas ej i dessa regler. I denna bok anges betoningen på alla ord som ej följer betoningsregel 1 med ett streck under den betonade vokalen.

Breve grammatica / kort grammatik

Siffrorna vill framhäva att det bara finns 12 grundregler.

1 **un** en, ett (obestämd artikel, alltid samma form). *Un libro* en bok, *un porta* en dörr. **le** är den bestämda artikeln, i svenskan oftast uttryckt med en ändelse som i boken, kvinnan, huset, *le libro*, *le femina*, *le casa*, *le libros*.

2 **-s /-es** är pluraländelserna. **-s** användes efter vokaler: *un auto*, *multe autos*: en bil, många bilar. **-es** användes efter konsonanter: *un nation* [uttalas natsiånn], *Le Nationes Unite*: Förenta Nationerna.

3 **Adjektiv** böjs inte. *Un bon libro*. En god bok. *Bon libros*. Goda böcker. *Un femina intelligente*. En intelligent kvinna. *Feminas intelligente*. Intelligenta kvinnor.

Adjektiv står i allmänhet efter substantivet, men korta och vanliga kan stå före.

4 **-mente** är ändelsen för **adverb** (ord som svarar på frågorna När? Var? Hur?) *Un auto rapide*. En snabb bil. *Le auto va rapidemente*. Bilen gar snabbt. Efter **-ic** skrivs **-amente**. *Practicamente*.

5 **plus** = mer, **le plus** = mest. Med dessa ord bildas **komparativ** och **superlativ**, som på sv. oftast utmärks med ändelserna **-re** och **-st**. *Grande*: stor, *plus grande*: större, *le plus grande*, störst. *Un avion vola plus rapidemente que un ave*: Ett flygplan flyger fortare än en fågel.

Pronomen

6 Personliga				**7 Possessiva**	
subjektsform		objektsform			
io	jag	*me*	mig	*mi*	min
tu	du	*te*	dig	*tu*	din
ille	han	*le*	honom	*su*	hans
illa	hon	*la*	henne	*su*	hennes
illo	den, det	*lo*	den, det	*su*	dess
nos	vi	*nos*	oss	*nostre*	vår
vos	ni, Ni	*vos*	er, Er	*vostre*	er(an), Er
illes	de (mask.)	*les*	dem	*lor*	deras
illas	de (fem.)	*las*	dem	*lor*	deras
illos	de (neutr.)	*los*	dem	*lor*	deras
on man (obestämd person)		*se*	sig		

Efter prepositioner användes *me* och *te*, annars alltid subjektsformen.

8 Relativa

qui [ki] som, vilken, vilka (såsom subj. om person/er/)
que [ke] som, vilken, vilket, vilka (i övriga fall)
le qual (i sing.) som
le quales (i plur.) vilka, när tydligheten så kräver
lo que vad = det som, vilket (om hel sats)
cuje vars, vilken

9 Frågeord

Esque inleder en fråga som kan besvaras med 'ja' eller 'nej'.
Esque tu vide mi nove auto? Ser du min nya bil? Kan också heta: *Vide tu mi nove auto?* dvs. med omvänd ordföljd som i svenskan.

Qui? vem, vilken, vilka, frågar efter person.

Que? vad, vilket, vilka, frågar efter sak/er/.

Qual? hurdan? vad för slags? Frågar efter egenskap.
Qual libro vole vos leger? Un libro interessante. Vad för slags bok vill ni lasa? En intressant bok.

Quando? när? Frågar efter tid/punkt/.
Quando arriva le traino? När /an/kommer tåget?

Como? hur? Frågar efter sättet.
Como parla ille? Hur talar han.

Ubi? Var någonstans?
Ubi habita vos? Var bor ni?

Proque? Varför? Frågar efter orsak.
Proque plora le infante? Varför gråter barnet?

Quanto? Hur mycket? Frågar efter en mängd (quantitate).
Quanto costa un camera pro un nocte? Vad kostar ett rum för en natt?

Quante...? Hur mycket...? Hur många...?
Quante personas vide tu? Hur många personer ser du?

10 Verb

		a-verb		e-verb		i-verb	
-r	Infinitiv	*parlar*	tala	*vider*	se	*audir*	höra
-	Presens	*parla*	talar	*vide*	ser	*audi*	hör
-	Imperativ	*parla!*	tala!	*vide!*	se!	*audi!*	hör!
-va	Imperfekt	*parlava*	talade	*videva*	såg	*audiva*	hörde
-ra	Futur	*parlara*	ska tala	*videra*	ska se	*audira*	ska höra
-rea	Konditional	*parlarea*	skulle tala	*viderea*	skulle se	*audirea*	skulle höra
-te	Perf. particip & supin	*parlate*	talat	*vidite*	sedd sett	*audite*	hörd hört
-nte	Pres. particip	*parlante*	talande	*vidente*	seende	audiente	hörande

Obs. att vid e-verb förvandlas e:et till i uti perf. participformen och vid i-verb skjuts ett e in före **-nte**.

De högfrekventa presensformerna förkortas av hjälpverben haber: *ha*; esser: *es*; vader: *va*.

Liksom i svenska bildas *perfekt* och *pluskvamperfekt* med hjälpverbet **haber** (att ha; *ha*: har, *habeva*: hade) + **-te**-formen. *Ha* (*habeva*) *parlate*: har (hade) talat.

PASSIV bildas med någon form av **esser** + **-te**-formen. *le libro es vendite*: boken säljs (egentl. blir såld). *...esseva vendite* (såldes), *...ha essite vendite* (...har sålts, egentl. blivit såld).

Sia är en konjunktivform av esser, som också användes som imperativ. *Sia felice!* Var lycklig!

11 Räkneord

1	un	9	novem	60	sexanta	1985	mille novem centos		
2	duo	10	dece	70	septanta		octanta-cinque		
3	tres	11	dece-un	80	octanta	1e	prime	7e	septime
4	quatro	20	vinti	90	novanta	2e	secunde	8e	octave
5	cinque	21	vinti-un	100	cento	3e	tertie	9e	none
6	sex	30	trenta	238	duo centos	4e	quarte	10e	decime
7	septe	40	quaranta		trenta-octo	5e	quinte	11e	dece-prime
8	octo	50	cinquanta	1000	mille	6e	sexte	20e	vintesime

8347 octo milles tres centos quaranta-septe.

10.987.654.321 dece milliardos novem centos octanta-septe milliones sex centos cinquanta-quatro milles tres centos vinti-un.

Decimaler: 34,798 trenta-quatro comma septe novem octo.

12 **Ordföljden** är i allmänhet subjekt – predikat – objekt. *Un autor scribe libros.* En författare skriver böcker. Eftersom alla romanska folk läser interlingua flytande om de inte stöter på för mycket avvikelser från egna språkvanor, sätter man även i interlingua personliga pronomen som objekt **före** presens, imperfekt, futurum och konditionalisformer av verbet. *Tu vide nostre amica. Tu la vide.* Du ser vår väninna, Du ser henne.

I frågor utan inledande **esque** sättes predikatet före subjektet, som i svenskan. *Vide tu nostre amica?* Ser du vår väninna? *Quando arriva le traino?* När kommer tåget?

Skaffa dig genast den lättlästa läroboken Ingvar Stenström: Interlingua – instrumento moderne de communication international (del 1 & 2, ISBN 90-71196-16-X, 2. uppl.), pris 100 kr. Alla texter intalade på CD 60 kr. Skriv endast "Lärobok med/utan CD" på postgirotalongen och glöm inte skriva Din egen fullständiga adress! Postgiro 47 41 41 - 9.

Ordbildning

I. Prefix (förstavelser)

ab- från, bort- (**abs-** framför *c* och *t*, **a-** framför *v*): *ab-rupte* tvärt (avbruten); *abs-tinentia* avhållsamhet; *a-verter* bortvända.

ad- till, vid: *ad-vocato* tillkallad. *Ad-* assimileras oftast totalt till följ. konsonant, som alltså fordubblas: *at-traher* tilldraga, *al-luder* anspela.

con- 1. med, samman: *con-spiration* sammansvärjning; före *b* och *p* **com-**: *com-poner* sammanställa; före *l* **col-**: *col-laborar*; före *r* **cor-**: *cor-recte* helt rätt; före *h* och vokal **co-**, särskilt delaktighet, kamratskap: *co-hereditario* medarvinge, *co-idealista* meningsfrände.
2. förstärkande: *cor-roder* fräta sönder, rosta.

de- av, från, ned: *de-struer* förstöra, nedbryta.

dis- 1. motsats: *dis-harmonic* missljudande
2. isär: *dis-tribuer* sprida, utdela.

ex- ut /ur/: *ex-porto* utförsel; före tonande konsonant **e-**: *e-migrar* utvandra; före *f* **ef-**: *ef-flue-ntia* utflöde.

extra- utanför: *extra-terr-estre* utomjordisk.

extro- utåt: *extro-vertite* utåtvänd.

in- 1. motsats: *in-official* utanför ämbetet, *in-san* sjuklig.
2. i, in i: *in.vader* invadera.

inter- mellan: *inter-stellar* mellan stjärnorna.

intra- inuti, inom: *intra-cellul-ar*.

intro- in i, inåt: *intro-duction* inledning.

mis- fel: *mis-usar* missbruka.

per- genom, fullständigt: *per-forar* genomborra.

post- efter: *post-ludio* efterspel.

pre- före: *pre-historic* forhistorisk.

pro- fram: *pro-ducer* frambringa.

re- åter: *re-flecter* återkasta.
retro- tillbaka: *retro-gradar* dra sig tillbaka.
sub- under: *sub-marin* underhavs-.
super- över: *super-natur-al* övernaturlig.

II Suffix (efterstavelser)

1. Avledning från ordstammen.

-abile (**-ibile** vid verb på -ir, -er)
1. som kan ...-s: *form-a-bile* formbar, *aud-i-bile* hörbar.
2. som är värd att ...-s: *honor-a-bile* hedervärd.

-ada 1. fortgående verksamhet: *cavalc-ada* ridande.
2. produkt: *limon-ada* fruktläskedryck.
3. serie, rad: *colonn-ada* pelargång.

-age 1. samling: *foli-age* bladverk (*folio* blad).
2. handling: *ancor-age* ankring(s/avgift).

-al allmän adjektivändelse: *centr-al, natur-al*; efter ord på *-l* användes varianten **-ar**: *regul-ar, popular.*

-alia skräp, oordnad samling: *ferro* järn, *ferr-alia* järnskrot, *papir-alia* pappersavfall.

-ano, -iano 1. anhängare till: *luther-ano*, 2. invånare: *itali-ano.*

-ar direkt verbbildning: *telephon-ar, arm-ar.*

-ari hörande till: *legend-ari, revolution-ari.*

-ario 1. efter egenskap eller ämbete benämnd person: *biblio-thec-ario, secret-ario.*
2. samling: *herb-ario* växtsamling, *vocabul-ario* ordbok; grekisk synonym **-theca**: *carto-theca, disco-theca.*

-astr/o,-a 1. ringaktning: *poetastro* versklåpare, *medic-astro* kvacksalvare.
2. styv(son etc.): *filio, fili-astro.*

-ata mängd: *bucca* mun, *bucc-ata* (en) munfull.

-ato stånd, ämbete: *consul-ato, celib-ato, professor-ato.*

-eria affärslokal och -rörelse: *barb-er-ia* raksalong, *lact-er-ia* mejeri, äv. karaktärsdrag, -yttringar, *diabol-eria* fanstyg.

-ero en som arbetar med, särskilt yrkesmässigt: *instrument-ero* instrumentmakare, *vitr-ero* glasmästare.

-esc likhet: *gigante* jätte, *gigant-esc* jättestor.

-ese invånare i: *chin-ese.*

-essa 1. tillstånd, pregnant egenskap: *polit-essa* hövlighet, *trist-essa* tråkighet.
2. femininbildning: *baron-essa, cont-essa, tigr-essa.*

-ett- diminutiv: *opera–oper-etta, clarino–clarin-etto, disco–disch-etto, belle* vacker, *bell-ette* näpen, täck.

-ia 1. tillstånd, forhållande: *felice–felic-ia* lycka.
2. med presens particip, egenskap: *tolerant-ia, different-ia, existent-ia.*

-ia betydelse som föregående, men mest i tekniska sammansättningar i forening med grekiska ordstammar, (vetenskaper och sjukdomar): *geolog-ia, anatom-ia, epileps-ia, diphter-ia, pneumon-ia* lunginflammation; jurisdiktion: *abbate-abbat-ia, monarcha-monarch-ia.*

-ic som är sådan: *phantast-ic, electr-ic, plast-ic* (mest på grekiska ord, sv. -isk).

-ide *tim-ide* blyg, räddhågad.

-iera behållare, plats för: *sucro* socker, *sucr-iera* sockerskål.

-iero träd, bärande eller producerande: *amandola* mandel, *amandol-iero* mandelträd.

-ificar göra till: *rect-i-ficar* räta, rätta.

-il adj.: *vir-il* manlig.

-in härledande sig från: *femina* kvinna, *femin-in* kvinnlig, *crystall-in* av kristall.

-isar göra till: *modern-is-ar*, *pulver-is-ar*; äv. tekniskt hehandla: *galvan-is-ar*, *electr-is-ar*.

-ismo riktning, tendens: *national-ismo*, *social-ismo*.

-ista 1. anhängare av en -ism: *social-ista*.
2. utövare av något konstnärligt, tekniskt: *pian-ista*, *machin-ista*.
Även adjektivisk användning (sv. -istisk): *tendentias inflation-ista* inflationistiska tendenser.

-itate 1. egenskap, -itet: *national-itate*, *regular-itate*, *qual-itate*, *inflammabil-itate*, *formal-itate*.
2. synonym: **-itude**: *certe* säker, *cert-itude* säkerhet, *lat-itude*, *long-itude*.

-mento handling, vanl. av kortare varaktighet samt resultatet därav: *exper-i-mento*, *fund-a-mento*, *lance-a-mento*.

-nde/o som skall, bör ...s: *examin-a-ndo*.

-or tillstånd: *rig-or* stelhet.

-ose rik på: *muscul-ose*, *volumin-ose*.

2. Avledning från perfekt particip.

-ion handlingen eller resultatet av att ...-a: *organis-at-ion*, *ventil-at-ion*, *construc-t-ion*, *innov-at-ion*.

-ive så verkande, som kan: *decor-at-ive*, *defin-it-ive*, *explo-s-ive*, *produc-t-ive*, *tent-at-ive*.

-or den/det som ...-r: *administr-at-or*, *cur-at-or*, *aud-it-or*, *separ-at-or*, *transform-at-or*.

-ori hörande till en handling eller dess utövare: *oblig-at-ori* obligatorisk, *trans-i-t-ori* övergångs-.

-orio plats där man ...-r, eller människorna där: *labor-at-orio*, *san-at-orio*, *aud-it-orio*.

-ura resultat, konkretiserad handling: *sign-at-ura*, *sculp-t-ura*, *scrip-t-ura*.

Forkortningar

adj	adjektiv
adv	adverb
anat	anatomi
arkeol	arkeologi
arkit	arkitektur
astron	astronomi
astrol	astrologi
bibl	bibliskt
bildl	bildlig betydelse
biol	biologi
bot	botanik
data	data och IT
ekon	ekonomi
elektr	elektricitet
eng	engelska
fem.	feminin, kvinnlig
filos	filosofi
fon	fonetik
fr	franska
fys	fysik
fysiol	fysiologi
gastr	gastronomi, kokkonst
geogr	geografi
geol	geologi
geom	geometri
gram	grammatik
gr	grekiska
hand	handel(sterm)
hebr	hebreiska
hist	historia
interj	interjektion, utropsord
ital	italienska
itr	intransitiv(t)
jap	japanska
jfr	jämför
jur	juridik
kem	kemi
konj	konjunktion, bindeord
lat	latin(skt)
litt	litteratur
mask.	maskulin, manlig
mat	matematik
med	medicin
mek	mekanik
meteorol	meteorologi
mil	militärt
min	mineral
mus	musik
myt	mytologi
patol	patologi
pers	person(lig)
plur	pluralis, flertalsform
pol	politik
prep	preposition
pron	pronomen, ersättningsord
psyk	psykologi
refl	reflexiv(t)
rel	religion
ry	ryska
sb	substantiv
sing	singularis, ental
sjöt	sjöterm
smnstn	sammansättningar
sp	spanska
sv	svenska
teat	teater
tekn	teknik, teknisk
tr	transitiv(t)
turk	turkiska
ty	tyska
typ	typografi
ung	ungerska
vb	verb
vet	veterinärmedicin
zool	zoologi

A

à jour *hålla ngn a jour:* tener al currente

abbedissa abbatessa, matre superior; *abbedisse-:* abbatial

abbedisskloster abbatia

abborre perca

abbot abbate; *abbots-:* abbatial

abbotsdöme abbatia

abbotskloster abbatia

abbotsämbete abbatia

abc abc; *abc-bok:* abecedario

abdikation abdication

abdikera abdicar

abdomen *anat* abdomine

abdominal abdominal

abduktor *(muskel) anat* abductor

Abessinien Abyssinia

abessinier abyssino

abessinsk abyssin

abiogenes abiogenesis *gr*

ablativ *(kasus i latinet) gram* ablativo

abnormitet anormalitate

abolitionist *(som ville avskaffa negerslaveriet)* abolitionista

abonnemang abonamento, subscription

abonnent abonato, subscriptor

abonnera abonar se, subscriber; *abonnera på:* abonar se (a), subscriber (a)

aboriginer aborigines

abort abortamento, aborto

abortera abortar

abscess abscesso

absid apside; *(den rundade främre delen av kyrka där altaret står)* concha

absint absinthio

abskissa *mat* abscissa

absolut absolute

absolution *rel* absolution

absolutism absolutismo

absolutist abstinente; *(anhängare av absolutistisk ideologi)* absolutista

absorbera absorber; *som kan absorberas:* absorbibile

absorberande absorbente

absorption absorption

abstinens abstinentia

abstrahera *(dra ifrån det oväsentliga)* abstraher

abstrakt abstracte; *abstrakt begrepp:* abstraction

abstraktion *(abstrakt begrepp)* abstraction

absurd absurde

absurditet absurditate

abyssal abyssal

accelerando *(med ökande hastighet) mus* accelerando

acceleration acceleration

accelerator accelerator

accelerera accelerar

accent accento; *akut accent (´):* accento acute; *grav accent (`):* accento grave

accenttecken accento

accentuera accentuar

accentuering accentuation

acceptabel acceptabile

acceptant acceptor

acceptera acceptar

accessoarer accessorios

accis accisia

acetat *kem* acetato

aceton *kem* acetona

ack *ack!:* guai!, oh!; *ack nej:* oh no

acklamation acclamation; *med acklamation:* per acclamation

acklimatisera acclimatar

acklimatisering acclimatation

ackompanjatör accompaniator

ackompanjemang accompaniamento

ackompanjera accompaniar

ackord *mus* accordo

ackordsarbete labor per pecia

ackordslön salario per pecia (fabricate)

ackreditera accreditar

ackumulation accumulation

ackumulator accumulator

ackurat accurate

ackusativ *gram* accusativo

acre *(engelskt ytmått, 0,4 hektar)* acre *eng* [eike]

ad hoc *(för detta speciella tillfälle)* ad hoc *lat*

adagio *mus* adagio [-dʒo]

adamsäpple pomo de Adam

addera adder; *mat* additionar

addition *mat* addition

adekvat adequate

adel nobilitate
adelsbrev breveto; *ge adelsbrev till:* brevetar
adelsdam nobile
adelskap nobilitate
adelsman nobile, gentilhomine
adjektiv *gram* adjectivo
adjektivisk adjectival, adjective
adjutant *mil* adjutante
adjö adeo, adieu *fr*, vale, a revider (nos)
adla innobilir
adlande innobilimento
adlig nobile, patricie, generose
administration administration, gestion
administrativ administrative
administratör administrator
administrera administrar
adoptera adoptar, affiliar, filiar
adoption adoption, affiliation, filiation
adoptiv adoptive
adoptivföräldrar genitores adoptive
adrenalin adrenalina
adress adresse
adressat destinatario
adressera adressar; *adressera ett brev till ngn:* diriger un lettera/littera a un persona
adresslapp etiquetta
adressort loco de destination
adriatisk adriatic; *Adriatiska havet/sjön:* Adriatico, Mar Adriatic
advent Advento
adverb *gram* adverbio; *adverb-:* adverbial
adverbial *sb gram* adverbial
adverbiell *gram* adverbial
adversativ *gram* adversative
advokat advocato
aerodrom aerodromo
aerodynamisk aerodynamic
aeronaut aeronauta
aeronautik aeronautica
aeronautisk aeronautic
aerostatik aerostatica
afasi *(oförmåga att tala) med* aphasia
affekterad preciose
affigera *gram* affiger
affinitet *kem* affinitate
affisch placard
affischera placardar
affix affixo; *sätta på ett affix: gram* affiger
affrikata *fon* affricata
affär affaire *fr* [afæ:r], commercio, negotio; *(firma)* establimento; *affärer:* affaires [afæ:r]; *göra affärer:* commerciar; *göra affärer med:* commerciar con
affärsangelägenhet affaire *fr*
affärslokal magazin, boteca
affärsman negotiante
affärspartner socio
affärsuppgörelse transaction
affärsverksamhet *upplösa affärsverksamhet:* liquidar
afghan afghano
Afghanistan Afghanistan
afghansk afghan
aforism aphorismo, gnoma
aforismexpert gnomologista
aforistisk aphoristic, gnomic
Afrika Africa
afrikan africano
afrikansk african
Afrodite *(kärleksgudinnan)* Aphrodite
afton vespere; *god afton:* bon vespere
aftonbön *aftonbön i kyrkan: rel* completa
aftonmåltid cena
aftonringning coperi-foco
aftonstjärna stella del vespere
aftonsång vesperas
aftonunderhållning soirée *fr* [suare]
aga correction, punition, correctivo
agat *min* agata; *tillverkad av agat:* agatin
agenda *(saker som bör göras)* agenda
agent agente, factor
agentur agentia
agera ager
agg rancor, resentimento; *full av agg:* rancorose
agglutination *gram* agglutination
agglutinerande agglutinative; *(som bildar ord med rader av affix)* agglutinante; *agglutinerande språk:* linguas agglutinante
aggregat *tekn* aggregato
aggressiv aggressive, militante
agio agio [adʒo]
agitation agitation
agitator agitator
agitera agitar
agn *bot* gluma; *(bete)* esca

agna escar

agnar vannatura; *bot* scalias; *rensa bort agnar från:* vannar, ventilar

agnostisk agnostic

agora *(torg i det gamla Grekland)* agora *gr*

agrar- agrari

agrikultur agricultura

agronom agronomo

agronomisk agronomic

Aiskylos *(forngrekisk författare)* Eschylo

aj *(vid smärta)* ay!

ajour *hålla ngn ajour:* tener al currente

ajournera ajornar

ajournering *(uppskjutande av möte etc)* ajornamento

akacia *bot* acacia

akademi academia; *medlem av akademi:* academico

akademiker academico

akademisk academic

akaju *bot* acaju [-dʒu]

akantus *bot* acantho

Akilles Achilles

akilleshäl calce de Achilles

akillessena tendon de Achilles

akleja aquilegia

akrobat acrobata

akrobatik acrobatia

akrobatisk acrobatic

akrobatkonst acrobatia

akromatisk achromate

akronym acronymo

Akropolis Acropole

akrostikon *(namndikt)* acrostichio [-k-]

akt acto, documento; *teat* acto; *giv akt:* attention!, guarda!

akta *(vårda)* attender, guardar; *(ära)* estimar, respectar; *akta sig för ngt:* guardar se de un cosa

akter *sjöt* poppa

akterskepp *sjöt* poppa

akterstag *sjöt* patarasso

aktie *ekon* action

aktiebolag societate per actiones; *aktiebolag u.p.a. (utan personligt ansvar):* societate anonyme

aktiekapital capital social

aktieägare actionero, actionista

aktinium *(grundämnet aktinium, Ac) kem* actinium

aktiv active

aktivera activar

aktivering activation

aktivitet activitate

aktivum voce active

aktning estimation, deferentia, respecto, obsequio

aktris actrice

aktualisera actualisar

aktualitet actualitate

aktuarie actuario

aktuell actual, currente; *aktuellt:* actualmente

aktör actor

akupunktur acupunctura

akustik acustica

akustisk acustic

akut acute; *akut smärta:* dolor acute; *akut accent (´):* accento acute

akvamarin beryl [beril]; *(en ädelsten)* aquamarin

akvarell aquarella

akvarellmålare aquarellista

akvarium aquario

akvedukt aqueducto

akvileja *bot* aquilegia

al *bot* alno

alabaster *(en sorts gips)* alabastro; *alabaster-, av alabaster:* alabastrin

aladåb *gastr* aspic

alarm alarma, alerta; *ge falskt alarm:* critar al lupo

alarmera alarmar

alarmerande alarmante

alban albanese

Albanien Albania

albansk albanese

albinism albinismo

albino albino; *albino-:* albin

album album

albumin *kem* albumina

aldrig nunquam, non ... jammais; *aldrig!:* jammais!

alemannisk alemanne

Aleuterna le Aleutas

aleutisk *Aleutiska öarna:* Insulas aleutic

alf elf

alfa *(första bokstaven i grekiska alfabetet)* alpha; *alfa och omega:* alpha e omega

alfabet alphabeto, abc

alfabetisera alphabetisar

alfabetisk alphabetic

alfreskomålning pictura a fresco

alg *bot* alga

algebra *mat* algebra

algebraisk algebraic

algerier algeriano

Algeriet Algeria

algerisk algerian

algoritm algorithmo

alias alias

alibi alibi

alienation alienation

alkali *kem* alcali

alkalinitet *kem* alcalino

alkalisk *kem* alcalin

alkaloid *kem* alcaloide

alkemi alchimia

alkemist alchimista

alkohol *kem* alcohol; *alkohol-:* alcoholic

alkoholism alcoholismo

alkoholist alcoholico

alkov alcova

all *all/allt/alla (framför ett subst.):* omne, tote; *för all del:* de nihil; *all right:* all right *eng*

alla *(framför ett subst.)* omne, tote; *(utan subst. efter)* omnes, totes, totos; *(hela världen)* tote le mundo; *alla människor:* tote le homines; *från alla håll:* de omne latere, de tote lateres

allamerikansk *(nord- o. sydamerikansk)* panamerican

allaredan *allaredan idag:* hodie ipse

allbotemedel panacea

alldaglig omnidial, habitual

allé allée *fr*

allegori *(bildlig framställning)* allegoria; *framställa som en allegori:* allegorisar

allegro *mus* allegro

allehanda *(av alla slag)* omnimode

allemansrätt derecto de entrar in terreno private

allergi *med* allergia

allergisk allergic

allestädes ubique, in omne partes

allestädesnärvaro ubiquitate

allhelgonaafton vigilia de omne sanctos

allians alliantia

alliera alliar; *alliera sig:* alliar se

allierad alliato; *de allierade:* le Confederatos

alligator *zool* alligator

allitteration allitteration

allkunnande omnipotente

allmakt omnipotentia

allmoge plebe, populaceo

allmosa eleemosyna, almosna, caritate; *ge allmosa:* facer almosna, facer le caritate; *allmose-:* eleemosynari

allmän commun, general, public, universal, vulgar; *som kan göras allmän:* generalisabile

allmängiltighet generalitate, universalitate

allmänhet *allmänheten:* publico, vulgo; *i allmänhet:* in general, *adv* vulgo *lat*

allmänning terreno (de pastura) commun (de un village [-adʒe])

allo *i allo:* totalmente

allomfattande global

alls *inte alls:* nullemente, non del toto

allseende omnividente

allsidighet universalitate

allsmäktig omnipotente

allt *(framför ett subst.)* omne, tote; *(utan subst. efter)* toto, omne cosa; *allt sedan:* depost, desde; *framför allt:* super toto; *i allt:* in toto; *när allt kommer omkring:* post toto

allteftersom secundo que

alltför *(framför subst.)* nimie, troppe; *adv* nimis, troppo; *alltför mycket/många:* troppo

alltid semper, sempre

alltifrån desde

allting omne cosa

alltjämt ancora

alltmer de plus, in plus

alltsedan desde, depost

alltså alora, dunque [dungke/dungkwe], ergo, igitur, per consequente

alltysk pangerman

alludera alluder

allusion allusion

allvar serio, serietate, seriositate, gravitate

allvarlig grave, serie, seriose; *bli allvarligare:* aggravar se

allvetande omnisciente

allätande omnivore

allätare omnivore
alm ulmo
almanack almanac
almanacka ephemeride
almlund ulmeto
aln ulno; *(gammalt längdmått)* cubito
alp- alpestre, alpin
Alperna le Alpes
alphorn corno/trompa alpestre
alpin alpestre, alpin
alpinism alpinismo
alpinist alpinista
alpviol *(lat Cyclamen) bot* cyclamino
alruna *bot* mandragora
Alsace Alsatia; *invånare i Alsace:* alsatiano
alster producto
alstra generar
alstrande *adj* generative
alstrare generator
alstring generation
alt *mus (högre mellanstämma i flerstämmig sats) sb* alto; *alt-: (om instrument, jfr contralto) adj* alto
altaisk altaic
altan terrassa, balcon
altare altar
altaruppsats retabulo
alternativ *sb* alternativa; *adj* alternative
alternera alternar
alternerande alternation
altfiol *mus* viola
altruism altruismo
altruist altruista
altsaxofon *altsaxofon i Ess:* saxophono alto in Mib (Mi bemolle)
altsångare *mus* contralto
altsångerska *mus* contralto
aluminium *(grundämnet aluminium, Al) kem* aluminium
alun *kem* alume
alungruva alumiera
amalgam amalgama
amalgamera *(smälta samman) (metaller)* amalgamar
amason *(manhaftig stridslysten kvinna)* amazon
amasonisk amazonie
amasonlik amazonie
amatör dilettante, amator
amatörism dilettantismo
amatörkamera *foto* kodak *(ursprungligen varumärke)*
Amazonfloden le Amazon
ambassad ambassada
ambassadör ambassador, ambassator
ambition ambition; *skrupelfri ambition:* arrivismo
ambitiös ambitiose
ambivalent ambivalente
ambra ambra
ambulans ambulantia
amen amen *hebr*
americium *(grundämnet americium, Am) kem* americium
Amerika America; *Amerikas förenta stater:* le Statos Unite de America
amerikan americano
amerikanisera americanisar
amerikansk american; *amerikanska (varianten av engelska):* americano
ametist amethysto
amfibie *zool* amphibio; *amfibie- (som lever både på land och i vatten):* amphibie
amfibiebil *mil* amphibio
amfibiebåt *mil* amphibio
amfiteater amphitheatro; *amfiteater-:* amphitheatral
amid *kem* amido
aminosyra *kem* amino-acido
amiral admiral
amiralitet admiralato; *(flottans högsta ledning)* admiralitate
amiralsvärdighet admiralato
amma *sb* nutrice; *vb* allactar, lactar, atettar, nutrir
ammoniak alcali volatile
ammunition munition
ammunitionslåda *mil* caisson *fr* [kesõ]
ammunitionsvagn *mil* caisson *fr* [kesõ]
amnesi *med* amnesia *gr*
amnesti amnestia *gr*; *ge amnesti:* amnestiar
amning allactamento
amor *guden Amor:* Cupido
amoralisk amoral
amortera amortisar
amortering amortisation

amper acre, piccante
ampere ampere *fr* [ãpær]
amperetimma ampere-hora
amplitud amplitude
ampull *(för mediciner)* ampulla
ampulla *(flaska för smörjelse) rel* ampulla
amputation amputation
amputera amputar
amulett amuleto
amöba *biol* ameba
ana presentir; *(misstänka)* suspectar
anagram *(bokstavslek)* anagramma
anakoret anachoreta
anakronism *(placerad i fel tidssammanhang)* anachronismo
anal anal
analfabet *(icke läskunnig person)* analphabeto
analfabetisk *(icke läskunnig)* illitterate
analfabetism analphabetismo
analog analoge
analogi analogia
analogisk analoge
analys analyse
analysera analysar; *analysera sig själv:* introspicer
analytiker analysator, analysta
analytisk analytic
ananas *bot* ananas
anapest *(ett versmått)* anapesto
anarki *(avsaknad av styrelse/regering)* anarchia
anarkisk anarchic
anarkist anarchista
anatema anathema
anatomi *med* anatomia; *sal för anatomiföreläsningar:* theatro anatomic
anatomisk anatomic
anbefalla recommendar; *(föreskriva)* prescriber; *värd att anbefalla:* recommendabile
anblick spectaculo; *vid första anblicken:* a prime vista
anbringa placiar, poner, applicar
anbringande placiamento
anbud offerta, quotation
anciennitet *(företräde med ålderns rätt)* ancianitate
and *zool* anate
anda spirito, mentalitate
andakt devotion, devotiones, recollection, recolligimento
andaktsfull plen de recollection
andaktsstund hora de recollection, recollectiones
andaktsövningar devotiones
Andalusien *(provins i Spanien)* Andalusia
andalusier andaluso
andalusisk andaluse
andas spirar, respirar; *(vara i livet)* spirar; *andas ut:* expirar
ande anima, spirito, mente, pneuma; *(snille)* genio; *den helige ande:* Spirito Sancte, paracleto; *ond ande:* spirito maligne, cacodemone, *(rom. mytologi)* larva
andebesvärjare necromante
andedräkt halito, pneuma, respiration, sufflo; *dålig andedräkt: med* halitosis
andefattig sin spirito, paupere de spirito, sterile
andel lot, parte, portion, quota, apporto, contingente; *i förhållande till andelen:* pro rata
Anderna *(bergskedja i Sydamerika)* le Andes, Cordillera del Andes
andetag halito
andfådd anhelante; *vara andfådd:* anhelar
andhämtning respiration
andlig *sb* clerico; *adj* psychic, intellectual, religiose, spiritual, pneumatic; *(kyrklig)* ecclesiastic, clerical; *andliga ståndet:* le ordines sacre
andmat *(en vattenväxt) bot* lemna
andning aspiration, respiration; *andnings-:* respiratori
andningshål *(hos insekter) zool* stigma
andningsljud *pipande andningsljud: med* stridor
andningsorgans- *adj* respiratori
andnöd oppression, suffocation
andra altere(s); *för det andra: adv* secundo
andraga petitionar
andragande adduction, petition, memorial
andrahands- secundari
andre *(ordningstal)* secunde
andreförare copilota
andrepilot copilota
andrum tempore de reflexion
andäktig devote; *(uppmärksam)* attentive

anekdot anecdota
anekdotisk anecdotic
anemi anemia
anemisk anemic
anestesi *med* anesthesia
aneurysm *med* aneurysma, aneurisma
anfader ancestre
anfall attacco, carga; *med* accesso; *avvärja anfall:* defender
anfalla attaccar, cargar
anfordran demanda
anfäkta *(plåga)* vexar, tormentar
anföra adducer, conducer, diriger, citar; *en som anför:* adductor
anförande adresse; *(tal)* enunciation, declaration; *(av argument)* adduction
anförare ductor, chef [sh-]; *mus* dirigente
anföring citation
anföringstecken virguletta, commas invertite; *sätta ett ord inom anföringstecken:* poner un parola inter virgulettas
anförtro fider, committer, consignar, confider; *(med uppdrag)* committer; *anförtro ngn ngt:* fider un cosa a un persona; *anförtro sig åt ngn:* fider se a un persona
ange denominar, designar, indicar
angelsaxare anglosaxono
angelsaxisk anglosaxone; *angelsaxiska språket:* anglosaxono
angelusbön *angelusbön och klockringning som kallar till denna: rel* angelus
angelägen grave, importante, urgente; *(ivrig)* anxie, desirose, desiderose, sollicite, urgente; *angelägen om:* desirose de
angelägenhet affaire *fr* [afæ:r], materia, urgentia
angenäm amene, gentil, agradabile, placente; *göra angenäm:* ingratiar
angina pectoris angina del pectore
angiva indicar, declarar; *(anklaga)* denunciar; *(för brott)* delatar
angivande *sb* delation; *adj* indicative
angivare delator, informator
angivelse denunciation
angiveri delation
anglicism *(engelskt ord el. uttryck i annat språk)* anglicismo
anglikansk anglican; *anglikanska kyrkan:* ecclesia anglican; *medlem i anglikanska kyrkan:* anglicano
angloamerikansk angloamerican
angolansk angolan
angrepp aggression, assalto, attacco, insulto, offensiva; *gå till angrepp:* prender le offensiva
angreppslust aggression
angreppslysten aggressive, offensive
angreppsvapen armas offensive
angripa attaccar, aggreder, impugnar, insultar; *(storma)* assaltar, assalir; *(en uppgift)* interprender
angripare aggressor, assaltator
angränsande adjacente, vicin, contigue, contermine; *(som har gemensam gräns)* confin
angå concerner, pertiner (a), reguardar
angående concernente, re, in re, super
angöra *(hamn) sjöt* toccar; *angöra en hamn:* abbordar, toccar un porto
anhopa amassar, accumular, agglomerar, conglomerar
anhopande agglomeration
anhopning agglomeration, aggregation, aggregato, amassamento, conglomeration, cumulation; *(av ngt)* agglomerato
anhålla detener, arrestar; *anhålla om:* peter, precar, sollicitar, requestar; *ihärdigt anhålla om: jur* impetrar
anhållan petition, prece, requesta, requisition; *lägga fram en anhållan till ngn:* presentar un petition a un persona
anhållande detention
anhängare adepto, adherente; *ivrig anhängare:* partisano
anhörig cognato, parente; *mina anhöriga:* le mies
anilin *kem* anilina
animatör *(en som gör tecknade figurer 'levande')* animator
animera animar
animering animation
animositet animositate
aning presentimento, divination; *(föreställning)* idea
aningslös simple, ingenue, candide, naive, innocente
anis *bot* pimpinella

anka *zool* anate
ankare (**ankar**) ancora; *kasta ankar:* ancorar, dar fundo; *lätta ankare:* disancorar
ankarplats *sjöt* ancorage [-adʒe]
ankarspel *sjöt* cabestan
ankel *anat* cavilia, malleolo
anklaga accusar, criminar, incriminar; *anklaga tillvita:* imputar
anklagad accusato
anklagare accusator
anklagelse accusamento, accusation, crimination, incrimination, indiction; *huvudpunkt i anklagelse: jur* gravamine; *befria från anklagelser/skyldigheter:* redimer
anklagelseskrift *jur* requisitorio
anklagelsetal *jur* requisitorio
anknyta connecter, junger
ankomma arrivar; *(bero)* depender
ankommen *(rutten)* putride
ankomst arrivata, venita; *(det att ngt inträffar)* advenimento
ankra ancorar
ankring ancorage [-adʒe]
ankunge anatetto; *den fula ankungen:* le fede anatetto
anlag disposition, talento, aptitude, predisposition, proclivitate; *(för ngt)* aptitude; *(outvecklat organ) biol* rudimento
anledning causa, motivo, occasion; *med anledning av:* al occasion de
anlete facie, visage [-adʒe], physiognomia
anletsdrag tracto(s)
anlita consultar
anlägga fundar, establir, edificar, stabilir
anläggning establimento
anläggningsplats *(för fartyg el. flygplan)* imbarcatorio
anlända arrivar
anlöpa *(hamn)* escalar, toccar; *tekn* (facer) revenir, oxydar
anlöpningshamn scala
anmoda peter, exhortar; *enträget anmoda:* instar
anmodan demanda; *enträgen anmodan:* instantia
anmäla denunciar; *(en bok, pjäs osv)* recenser; *anmäla en missdådare för polisen:* denunciar un malfactor al policia
anmälan *(av brott)* delation
anmälning denunciation
anmärka remarcar; *(anteckna)* notar; *(invända)* objectar
anmärkning nota, observation
anmärkningsvärd remarcabile
annaler annales
annalkande approche [-sh-], approximation
annan alternative; *annan, annat:* altere; *en annan:* un altere; *inget annat än:* mer
annanstans *någon annanstans:* alibi, alterubi
annars *adv* alias, alteremente, si non
annat (*se* **annan**)
annektera annecter
annektion *(inlemning av ett land i ett annat)* annexion
annex annexo
annons annuncio
annonsera annunciar, facer reclamo
annorlunda differente
annorstädes alibi, alterubi, in altere loco
annuitet annuitate
annullera annullar, dirimer, nullificar, obliterar; *som kan annulleras:* annullabile
annullering annullation, cancellation
anod *elektr* anodo
anomali anomalia
anonym anonyme
anonymitet anonymitate
anor ancestres, ascendentia, progenitores
anorak *(vindtygsjacka med kapuschong)* anorak
anordna ordinar, organisar, arrangiar [-dʒar]
anordning *(apparat)* dispositivo
anorexi *(sjuklig aptitlöshet) med* anorexia
anpassa accommodar, adaptar, adjustar, appropriar, aptar, conformar, readjustar; *anpassa sig efter:* modellar se super; *anpassa till:* adaptar a; *som kan anpassas:* adaptabile
anpassad apte
anpassbar accommodabile
anpassbarhet adaptabilitate
anpassling conformista; *(en som passar på rätt tillfälle)* opportunista
anpassning accommodation, adaptation, appropriation, assimilation; *(åter-)* readjustamento
anpassningsförmåga facultate de adaptation
anrika *tekn* inric(c)hir [inrikir]

anrikning inric(c)himento; *tekn* inric(c)himento [inrikimento]
anropa implorar, appellar; *(om hjälp, enträget)* invocar; *(bönfalla)* sollicitar
anropande imploration, invocation
anropar invocator
anrätta preparar, apprestar; *gastr* cocinar
ansa *ansa skägget:* facer le barba
ansamling accumulamento, accumulation
anse opinar, pensar, creder, considerar; *(förmena)* mantener, portender; *anse som:* reputar, tener pro; *anse om ngn/ngt:* pensar de
ansedd considerate, de nota; *ansedd person:* notabilitate; *vara ansedd för:* esser reputate
anseende consideration, reputation
ansenlig considerabile, importante
ansikte facie, visage [-adʒe]; *ansikte mot ansikte:* facie a facie; *ansikts-:* facial
ansiktsdrag physiognomia, tracto
ansiktsmask masca (facial)
ansiktsuttryck visage [-adʒe], expression
ansiktsvinkel angulo facial
ansjovis anchova [anshova]
anskaffa procurar; *(förvärva)* acquirer; (köpa) comprar, emer
anskaffande acquisition, procuration
anskrämlig monstruose
anslag placard, aviso; *(penningmedel)* allocation, subvention; *mus* tocco; *(om projektil)* impacto
anslagstavla tabellion
ansluta affiliar, annecter; *ansluta sig (t.ex. till förening):* adherer; *ansluta till:* affiliar se con/a
anslutning adherentia, adhesion, affiliation, annexo, connexion, junction; *(till ett fördrag, en pakt)* accession; *i anslutning till:* in connexion con
anslå supputar
anspela *anspela på:* alluder a, facer allusion
anspelande allusive
anspelning allusion
anspråk pretension, exigentia; *göra anspråk på:* pretender, exiger, reclamar; *göra anspråk på att:* pretender a
anspråksfull exigente, pretentiose
anspänning effortio, intension
anstalt establimento, institution, asylo
anstifta provocar, instigar, fomentar
anstiftan instigation
anstiftare instigator, *(kvinnlig)* instigatrice
anstrykning tincto
anstränga *anstränga sig:* effortiar se, penar se, ingeniar se
ansträngande effortiante, penose
ansträngning effortio; *göra en ansträngning:* facer un effortio
anstå comportar, convenir, esser decente; *låta anstå:* ajornar, procrastinar; *som det anstår:* decorose
anstånd ajornamento, moratorio
anställa ingagiar [-dʒar], emplear; *som kan anställas:* empleabile
anställare ingagiator [-dʒa-]
anställd empleato
anställning ingagiamento, empleo, occupation, placia
anständig conveniente, decente, honeste
anständighet decentia, honestitate; *(det passande)* decorum
anstöt offensa
ansvar responsabilitate
ansvara *ansvara för ngn:* responder pro un persona; *ansvara för ngt:* responder de un cosa
ansvarig responsabile; *ansvarig för:* responsabile de
ansvarsfrihet irresponsabilitate; *jur* discarga; *bevilja ansvarsfrihet:* discargar; *beviljad ansvarsfrihet:* discarga
ansvarslöshet irresponsabilitate
ansvarsskyldig *jur* passibile de
ansöka petitionar, sollicitar; *ansöka om:* sollicitar, demandar
ansökan petition, demanda
ansökande petitionero
ansökare petitionero, sollicitator
ansökning sollicitation
anta supponer
antaga acceptar, admitter, adoptar, assumer, presumer; *(förmoda)* creder, supponer; *antaga fast form:* compactar
antagande assumption, hypothese, presumption; *göra antaganden:* conjecturar
antagbar acceptabile
antagen hypothetic

antaget suppositive
antaglig presumibile
antagning adoption
antagonist antagonista
antal numero
Antarktis *(landområdet kring sydpolen)* Antarctide
antarktisk antarctic
antasta abbordar, accostar, attaccar, importunar, molestar
antecedentia *(föregående händelser i någons liv)* antecedentes
anteckna notar, marcar, registrar
anteckningsbok agenda
antedatera antedatar
antenn *zool* antenna; *(för radio)* antenna
antibiotikum antibiotico
antifon *rel* antiphona
antik antique
Antikrist Antichristo
antikvarie antiquario
antikvarisk *antikvariskt bokfynd:* libro de occasion
antikvitet antiquitate
antikvitetshandlare antiquario
antilop *zool* antilope; *(afrikansk)* bubalo
antimon *(grundämnet antimon, stibium, Sb) kem* stibio, stibium
antingen *antingen ... eller:* o ... o, sia ... sia
antipati antipathia
antipod *(en som bor på motsatta sidan av jordklotet)* antipode; *antipod-:* antipodic
antisemit *(oftast judehatare)* antisemita
antisemitisk antisemitic
antiseptisk antiseptic
antites antithese
antologi anthologia; *(av dikter och annan litteratur)* florilegio; *(samling av väsentliga skrifter el. uttalanden)* spicilegio
antonym *(ord med motsatt betydelse)* antonymo
antracit anthracite
antrax *vet* anthrace
antropolog anthropologo
antropologi *(vetenskapen om människan)* anthropologia
antropologisk anthropologic
anträda *(resa)* comenciar, partir
antyda indicar, alluder, insinuar, subintender, suggerer; *som antyder:* insinuative
antydan intimation; *göra antydan om:* adverter
antydande allusive, insinuante
antydning indication, insinuation; *göra antydningar:* insinuar
antända accender, conflagrar; *(göra eldsvåda)* incendiar, inflammar; *som antänder/upptänder:* incendiari
antändbar accendibile, accensibile, incendiabile
antändning accendimento, inflammation
anus *anat* ano
anvisa monstrar, indicar, instruer, tribuer; *(pengar)* assignar; *anvisa till ett regemente:* inregimentar
anvisning directiva, indication, instruction, assignation; *anvisningar:* legenda
använda usar, utilisar, emplear, practicar, adjutar se de; *använda sig av:* servir se de; *användas till:* servir de; *ej mera använda:* disusar
användare usator
användbar empleabile, usabile, utile
användbarhet usabilitate, utilitate
användning usage [-adʒe], uso, empleo, utilisation; *felaktig användning:* abuso; *upphörd el. bristande användning:* disuso
aorta *(stora kroppspulsådern) med* aorta
apa simia; apa efter: imitar, simiar, mimar; *ap-:* simian, simiesc
apatisk apathic
apelsin orange *fr* [orã̲ʒ]
apelsindryck orangiada [-dʒa-]
apelsinfärgad orange *fr* [orã̲ʒ]
apelsinträd orangiero [-dʒe-]
Apenninerna *(bergskedja i Italien)* le Apenninos
aperi simieria
aperitif aperitivo
aplik simian, simiesc
apogeum *astron* apogeo
apokryfisk *(av tvivelaktig uppkomst)* apocryphe
Apollo Apollo, Apollon, Apolline
apoplektisk *(som har anlag för slaganfall)* apoplectic

apostel apostolo

apostrof (') *(för att markera utelämnad bokstav)* apostropho

apostroferande *(direkt hänvändelse till ngn åhörare)* apostrophe

apotek apotheca, dispensario, pharmacia

apotekare apothecario, pharmaceuta, pharmacista

apoteksvara droga

apparat apparato

appell appello, appellation; *jur* recurso

appellation appellation

appellationsdomstol corte de appello

appellativ *gram* appellativo

appellera appellar

appendicit *med* appendicitis

appendix *(blindtarmens maskformiga bihang) anat* appendice

applicera applicar; *som kan appliceras/sättas på:* applicabile

applikation application; *applikation (app): data* application, app

applåd applauso

applådera applauder, plauder

apposition *(bredvidstående bestämning) gram* apposition

approximativ approximative

aprikos *bot* albricoc, armeniaca

aprikosträd *bot* albricochiero

april april

apriorisk aprioristic

apropå *(i rätt/lämpligt ögonblick)* a proposito; *(medan vi talar om ...)* a proposito de ...

apsis *astron* apside

apspel simieria

aptit appetito

aptitlös inappetente

aptitlöshet inappetentia

Aquarius *astron* Aquario

ar (ytmått, 100 m^2) ar; *1/10 ar, 10 m^2:* deciar

arab arabe

arabesk arabesc

arabicum *gummi arabicum:* gumma arabic

Arabien Arabia

arabisk arabic; *arabiska språket:* arabe; *arabisk siffra:* cifra arabic; *specialist på arabiska:* arabista

arabism *(arabiskt ord eller uttryck i annat språk)* arabismo

arabist *(specialist på arabiska)* arabista

arbeta laborar, travaliar; *(betjäna)* operar

arbetare obrero, travaliator, laborator; *arbetar-:* obrer

arbete labor, travalio, obra; (*lat, plur* av opus) opera

arbetsam laboriose, industriose, operose

arbetsamhet laboriositate

arbetsbi ape neutre, ape operari

arbetsdag die de labor

arbetsfylld laboriose

arbetsför valide, apte al travalio

arbetsförmedling bureau *fr* de placiamento

arbetsgivare empleator, patrono

arbetslokal officina

arbetslös disoccupate, disempleate; *bli arbetslös:* disoccupar se

arbetslöshet disoccupation, manco de travalio

arbetsoduglig invalide

arbetsoförmögen incapace de labor/travalio; *göra arbetsoförmögen:* incapacitar

arbetsminne *data* memoria primari/interne/operative

arbetsrum studio

arbetstagare obrero, empleato

arbetsvetenskap ergonomia

arbitrage *ekon* arbitrage [-adʒe]

area area, superfacie, superficie

arealmässig superficial

arena arena

arg irate, irritabile, furiose, malevole, rabide; *mycket arg:* furibunde; *bli arg:* irascer; *bli arg för:* resentir; *göra arg:* exasperar, incholerisar; *vara arg på:* indignar se de/contra

argbigga viragine

Argentina Argentina

argentinare argentino

argentinsk argentin

arglistighet astutia

argon *(grundämnet argon, A) kem* argon

argsint choleric, furibunde, rabiose, biliose

argsinthet bile

argument argumento

argumentation argumentation

argumentera arguer, argumentar

aria *mus* aria

arier aryano

arisk aryan
aristokrat aristocrate
aristokrati aristocratia
aristokratisk aristocratic
aritmetik arithmetica
aritmetisk arithmetic
ark folio (de papiro); *bibl* arca; *Noaks ark:* arca de Noe
arkad arcada
arkaisk archaic
arkebusera fusilar
arkeolog archeologo
arkeologi archeologia
arkeologisk archeologic
arkimandrit *(grekisk 'överabbot') rel* archimandrita
arkipelag archipelago
arkitekt architecto
arkitektonisk architectonic
arkitektur architectura; *arkitektur-:* architectonic
arkitrav *arkit* architrave
arkiv archivo; *placera i ett arkiv:* archivar; *arkiv-:* archival
arkivarie archivista, cartulero
arkivera archivar
arkivering archivamento
arktisk arctic; *arktisk zon:* zona arctic
arm *sb* bracio, brachio [-k-]; *en arm full:* braciata; *adj* povre, paupere, destitute; *arm-:* bracial, brachial [-k-]
armatur *elektr* armatura
armband bracialetto, manilla
armbandsur horologio-bracialetto
armbindel bracial
armborst arcoballista
armbåge *anat* cubito; *armbågs-:* cubital
armbågsben *anat* cubito, ulna
armé armea; *arméns huvudstyrka:* le grosso del armea
Armenien Armenia
armenier armenio
armenisk armenie; *armeniska språket:* armenio
armera reinfortiar; *armerad betong:* cemento armate
armering reinfortiamento
armhåla *anat* axilla; *armhåle-:* axillari
armillarklot *(medeltida astronomiskt instrument)* sphera armillar
armod povressa, paupertate, inopia, penuria; *(nöd)* miseria; *(allmän nöd)* indigentia
armstöd bracio (de chaise *fr* [shæ:z]), appoia-bracios
arom aromate
aromatisk aromatic
arrangemang arrangiamento [-dʒa-]
arrangera arrangiar [-dʒar]; *mus* instrumentar
arrangör *arrangör av musik: mus* harmonista
arrendator arrentatario, colono
arrende tenentia
arrendera arrentar, prender in arrentation; *arrendera ut:* arrentar
arrest prision preventive, detention preventive; *under arrest:* in stato de arrestation
arrestera arrestar
arrestering arrestation, arresto
arriärgarde *mil* retroguarda
arrogans arrogantia, superbia
arrogant arrogante, superbe
arsenal arsenal
arsenik *kem* arsenico; *(grundämnet arsenik, As)* arsenium
art genere, natura, sorta; *(särskilt bot & zool)* specie; *av sin art:* sui generis *lat*; *art-:* generic
artefakt *arkeol* artefacto
arteriell arterial
arterioskleros *med* arteriosclerosis
artig cortese, polite, attentive; *(som en god medborgare mot en annan)* civil
artighet politessa, civilitate, cortesia
artikel articulo; *bestämd artikel: gram* articulo definite; *obestämd artikel: gram* articulo indefinite; *ledande artikel:* articulo de fundo, editorial
artikelskribent articulista
artikulation *(tydligt uttal)* articulation
artikulera articular; *som kan artikuleras:* articulabile; *ej möjlig att artikulera:* inarticulabile
artilleri artilleria; *beväpna med artilleri:* artillar
artillerist artillerista
artistisk artistic
arton dece-octo

artonde dece-octave
artrit *med* arthritis
artär *anat* arteria; *artär-:* arterial
artärbråck *med* aneurysma, aneurisma
arv hereditage [-adʒe], hereditate, legato, patrimonio; *(konkret)* hereditage [-adʒe]; *det totala arvet:* le massa de un patrimonio; *arvs-:* hereditari
arvföljd succession
arvinge herede, hereditario
arvlåtare testator
arvlös *göra arvlös:* exheredar
arvlöshet *(förordnande om) arvlöshet:* exheredation
arvmottagare legatario
arvode honorario
arvskatt imposto hereditari
arvsrätt *fråntaga ngn arvsrätten:* dishereditar
arvsynd peccato original
arvtagare legatario
as cadavere, carcassa
asbest asbesto
ascendent *(förhärskande inflytande från planeterna) astrol* ascendente
asexualitet asexualitate
asfalt asphalto, bitumine
asfaltera bituminar
asiat asiatico
asiatisk asiatic
Asien Asia
ask etui, pyxide; *(för oblater)* pyxide; *lägga i askar:* cassar; *bot* fraxino
aska cinere; *full av aska:* cinerose; *täcka med aska:* cinerar; *ur askan i elden:* de mal in pejo [pedʒo]; *ask-:* cinerari
asket *(världsförsakare)* asceta, gymnosophista
asketisk ascetic
asketism ascetismo
askgrå cinerose; *färga askgrå:* cinerar
askkopp cineriera, porta-cinere
asklund *bot* fraxineto
askonsdag mercuridi del cineres
askurna urna cinerari
asp *bot* poplo tremule, tremulo
aspekt aspecto; *gram* aspecto
aspirant aspirante
aspiration *fon* aspiration
aspirera *(uttala med h-ljud) fon* aspirar
aspirin *med* aspirina
assessor *jur* assessor
assiett plattello
assimilation *(egentl. 'till-liknande-görande')* assimilation
assistens assistentia
assistent adjuncto, adjutante, assistente
assistera assister, coadjuvar
association association
associera associar
assonans assonantia; *bilda assonans:* assonar
Assyrien Assyria
assyrier assyrio
assyrisk assyrie
astat *(grundämnet astat, At)* astat
aster *bot* astere
asterisk (*) *typ* asterisco
astigmatism (brytningsfel i ögat) *med* astigmatismo
astmaanfall *med* accesso de asthma
astmatiker asthmatico
astmatisk asthmatic
astral astral
astrofysik astrophysica
astrolog astrologo
astrologi astrologia
astrologisk astrologic
astronaut astronauta
astronom astronomo
astronomi astronomia
astronomisk astronomic
asyl asylo
asymmetrisk asymmetre, asymmetric
asymptot *mat* asymptote
asymptotisk *mat* asymptotic
ateism atheismo
ateist atheista, atheo
ateistisk athee *gr*
Aten *(huvudstad i Grekland)* Athenas *plur*
Atena *myt* Athena
ateneum *(litterär/vetenskaplig klubb)* atheneo
Atlanten Atlantico, Oceano Atlantic, Mar Atlantic; *atlant-:* atlantic
Atlantis *myt* Atlantida
atlantisk atlantic
atlas atlante, atlas; *Atlas: myt* Atlante, Atlas
atlet athleta
atletisk athletic

atmosfär atmosphera [-f-]
atmosfärisk atmospheric
atoll *(ringformat rev av koraller)* atollo
atom atomo; *atom-:* atomic, nucleal, nuclear
atombomb bomba atomic
atomenergi energia atomic/nuclear
atomisera atomisar
atomkraft energia atomic
atommassa peso atomic
atomreaktor *fys* pila
atomsprängning fission atomic
atomvikt peso atomic
atrium *med* atrio; *(förnämsta rummet i romarnas hus) arkit* atrio
atrofi *med* atrophia
att *konj* que; *(vid infinitiv)* de, a, pro
attaché *(diplomat med speciellt ansvarsområde knuten till en ambassad)* attaché *fr*
attack attacco
attackera attaccar, aggreder
attentat attentato; *föröva ett attentat mot någons liv:* attentar al vita de un persona; *utföra ett attentat:* attentar; *attentats-:* attentatori
attestera attestar
attiralj utensiles
attityd attitude
attrahera attraher
attraktion attraction
attraktiv attractive
attribut *gram* attributo
attributiv *gram* attributive
audiens audientia
auditiv auditive
auditorium auditorio
augusti augusto
augustinermunk augustiniano
augustinsk augustinian
auktion auction; *(offentlig försäljning)* vendita public; *sälja på auktion:* auctionar, licitar
auktionera *auktionera bort:* auctionar
auktionsförrättare auctionator
auktorisera autorisar
auktoriserad canonic
auktorisering autorisation
auktoritativ autoritari
auktoritet autoritate
auktoritär autoritari
aula aula
aura *(strålning kring besjälad kropp)* aura
auricula *bot* auricula de urso
auripigment *kem* auripigmento
auskultera *med* auscultar
auspicier auspicios
Australien Australia
australiensare australiano
australiensk australian
autenticitet authenticitate
autentisk authentic; *göra autentisk:* authenticar
autistisk *psyk* autistic
autobiografi autobiographia
autodidaktisk autodidacte, autodidactic
autograf autographo; *skriva autograf:* autographiar
autogyro autogyro
autokrat autocrate
autokrati autocratia
autokratisk autocratic
automat automate; *(försäljnings-)* venditor
automatisera automatisar
automatisk automatic
automatpistol pistola automatic
automobil automobile
autonom autonome
autonomi autonomia
autostrada autostrata
av de, per; *(om material, vanl.)* in; *(agentens preposition)* per
avancemang (i karriären) avantiamento
avancera avantiar
avantgarde *mil* vanguarda
avart varietate
avbarka excoriar
avbarkning decortication
avbetala amortisar, pagar a conto
avbild imagine, reproduction
avbilda depinger; *som kan avbildas:* representabile
avbildning illustration, effigiamento [efidʒamento], effigie
avblända *(strålkastare)* bassar le pharos (de un auto), reducer le (intensitate del) lumine(s)
avbrott interruption, disruption, intermission; *(periodiska) avbrott:* intermittentia; *med av-*

brott: discontinue; *avbrotts-:* interruptive
avbruten interrupte, *(tvärt)* abrupte; *avbrutet samlag:* coito interrupte
avbryta abrumper, discontinuar, disrumper, interrumper, pausar, rumper, stoppar; *(för en tid)* intermitter; *(tillfälligt inställa)* suspender
avbrytande *sb* discontinuation, ruptura; *adj* interruptive, suspensive
avbryter *person som avbryter:* interruptor
avbräck detrimento; *(förlust)* perdita
avböja declinar; *(avslå)* refusar; *avböjas (om ljusstråle):* inflecter se; *som kan avböjas:* declinabile
avböjande *sb* declination
avböjning *(av ljusstråle)* inflexion
avbön apologia
avdela partir, repartir, divider
avdelning departimento, section, sector, branca; *mil* echelon [esh-], partita; *(enhet)* unitate
avdrag deduction, reduction, disconto, rebatto, tirage [-adʒe]; *(på räkning)* disconto
avdraga deducer, discontar; *som kan avdragas:* deductibile
avdragsgill deductibile
avdrift *(projektils)* deviation
avdrivningsskål *kem* cuppella
avdunsta evaporar
avdunstning evaporation
Ave Maria salutation angelic
avel procreation, prolification, production, reproduction, cultura
avelshingst copertor
avelstjur copertor
avers (framsidan på ett mynt) obverso
aversion aversion
avfall immunditias, residuo, defection, bric-à-brac *fr*; *(från tro)* abandono, apostasia, renegamento; *(från förpliktelse el. tro)* desertion
avfalla decader, abandonar, renegar
avfasa bisellar
avfasning bisello, chanfreno [sh-]
avfatta rediger, formular, componer
avfattning redaction
avfestande celebration
avfetta disgrassiar
avflyta defluer
avfolka depopular, dispopular
avfolkning depopulation, dispopulamento
avfrosta disgelar
avfrostare disgelator
avfrostningsmedel disgelator
avfuktare dishydrator
avfyra *(ett skjutvapen)* discargar
avfyrning *(av skjutvapen)* discarga
avfälling apostata, defector, renegato
avfärda expedir
avfärga discolorar, distinger
avföra abducer, levar; *(från lista)* rader, expunger
avförande *adj med* aperitive, evacuative, cathartic, purgative
avföring defecation, purgation; *(konkret)* excremento(s), fece; *ha avföring:* defecar; *påskynda avföring:* purgar; *avförings-:* excremental, fecal
avföringsmedel *med* aperitivo, evacuante, laxativo, purgativo
avgaser gases de exhaustion
avgasrör tubo de escappamento
avgasutsläpp escappamento
avge emitter
avgift tributo, derecto; *(förenings-)* quota, contribution; *kräva avgift:* quotisar; *pålägga avgift:* taxar
avgifta disintoxicar
avgiftsfri gratuite, gratis
avgiva dar, donar; *(tillställa)* presentar, passar; *avgiva ett löfte:* facer un voto
avgjord decise, decisive, clar, definite
avgrund abysmo, abysso, gurgite, precipitio; *avgrunds-:* abysmal
avgrundsdjup abysmal
avgränsa delimitar, demarcar
avgränsad definite; klart *avgränsad:* concise
avgränsning demarcation, delimitation
avgud idolo; *dyrka avgudar:* idolatrar; *göra till avgud:* idolisar
avguda idolatrar, coler
avgudabild fetiche *fr* [fetish]
avgudadyrkan idolatria
avgudadyrkande *adj* idolatric
avgudadyrkare idolatra
avgå *(resa)* partir, quitar; *(om tåg)* partir; *(från ämbete)* resignar, dimitter se, congedar, abdicar

avgång partita; *(fartyg)* partita; *(tjänst)* demission, dimission, resignation

avgöra decider, determinar, fixar; *(bråk, gräl)* regular; *som kan avgöras:* determinabile; *omöjlig att avgöra:* indeterminabile

avgörande *sb* decision, deliberation, verdicto; *träffa ett avgörande:* prender un partito; *adj* concludente, conclusive, final, climacteric

avhandla tractar, debatter, discuter, disserer, dissertar

avhandling tractato, discussion, debatto; *(akadem. etc)* dissertation, discurso, disquisition, these; *(skriftlig framställning om ett ämne)* tractato

avhjälpa remediar

avhopp defection

avhoppare defector

avhumanisera dehumanisar

avhålla desister; *(möte)* tener colloquio, assemblar; *(hindra)* impedir; *avhålla sig från:* abstiner se de, desister de

avhållen amate, estimate

avhållsam abstinente

avhållsamhet abstinentia, temperantia

avhållsman abstinente

avhåna conspuer

avhåra *(ta bort hår från)* pilar

avhämta venir prender

avhända expropriar, usurpar

avhändbar alienabile

avhändning alienation

avhänga *avhänga av:* depender de

avhängig dependente; *avhängig av:* dependente de; *vara avhängig:* depender

avhärda distemperar

avhölja revelar, discoperir

avi aviso

avig reverse

avigsida reverso

avigvänd reverse; *adv* al reverso

avisera avisar

aviserad avisate

avkall *ge avkall på:* renunciar

avkasta producer, dar profito, render

avkastning rendimento

avklipp retalio, tonsuras

avklädning disvestimento

avkoda *data* decodi/fi/car

avkok decoction, extracto; *(t.ex. av te)* infusion; *tunt avkok:* tisana; *göra avkok:* decocer, *(t.ex. av te)* infunder

avkomling descendente

avkomma genitura, progenitura, descendentia, prole; *få avkomma:* filiar

avkoppling relaxation

avkorta abbreviar, accurtar

avkortning accurtamento, accurtation

avkristna secularisar

avkunna *(dom)* enunciar; *avkunna ett preliminärt domslut: jur* interloquer

avkyla frigidar, refrigerar

avla producer, generar, ingenerar, procrear, prolificar; *avla av sig:* reproducer se

avlad genite

avlagring deposito, sedimento, stratification; *lägga sig som (botten)avlagring:* depositar

avlande *adj* genitive; *sb* procreation

avlasta discargar, exonerar

avlastningskaj discargatorio

avlat *rel* indulgentia

avleda averter, derivar, discargar, diverter, escolar; *(härleda sig (från))* derivar; *som kan avledas:* derivabile

avledande *sb* diversion; *adj* derivative; *med* revulsive

avledning derivation; *med* revulsion; *avlednings-:* derivative

avledningsrör tubo de derivation/escolamento, cloaca

avlelse conception, generation, genitura, ingeneramento

avlida expirar, deceder, morir, obir, transpassar

avliden *sb* defuncto, obito; *adj* defuncte

avliva occider, executar

avlopp aquiero, derivation, discarga, cloaca, emissario; *(dränering)* escolamento

avloppa *(ta bort loppor)* expulicar

avloppsledning tubo de derivation/escolamento, cloaca

avlossning *(av kroppsdel el. organ) med* ablation

avlusa expedicular

avlusningrum expulicatorio

avlysning annullation

avlyssningspost ascolta

avlång oblonge
avlägga *avlägga ed:* jurar, prestar juramento; *avlägga vittnesmål:* deponer
avlägsen remote, distante, lontan; *vara avlägsen:* distar
avlägsna absentar, lontanar, eliminar, extirpar, remover, rescinder; *avlägsna sig:* absentar se, lontanar se; *avlägsna från omgivande vävnad: med* enuclear
avlägsnande alienation, extirpation, rescission
avlämna livrar, deponer
avlöna pagar, salariar
avlösa relevar, cambiar; *(ersätta)* substituer, reimplaciar, supplantar; *(förlåta)* absolver
avlösare substituto
avlösning *(syndernas förlåtelse) rel* absolution
avlöva defoliar, disfoliar
avlövning disfoliation
avmagring stark *avmagring: med* marasmo
avmarkera dismarcar
avmaskera dismascar
avmatta debilitar
avmärka marcar
avmätt rigorose, formal, ceremoniose, proportionate; *avmätt steg:* passo mesurate
avnjuta saporar
avnämare cliente, comprante
avnöta usar
avog disfavorabile, hostil; *avog stämning:* disaffection; *stämma avog:* disaffectionar
avoghet disaffection
avokado *bot* avocato
avokadoträd *bot* avocatiero
avpassa adaptar, appropriar, conformar, temperar
avpassad proportionate
avplana planar
avpollettera congedar
avpressa extorquer
avprova essayar; *(vin etc)* degustar
avreda alligar
avresa *sb* partita; *vb* partir; *avresa till Paris:* partir pro Paris
avriggning *sjöt* dismantellamento
avrinna defluer
avrinning drenage [-adʒe]
avrinningsställ escolatorio
avriva distachar [-sh-]
avrivande evulsion
avrivning distachamento [-sh-]; *kall avrivning:* ablution fresc
avrunda arrondar; *mat* truncar; *(ett tal)* summar
avrusta disarmar
avråda dissuader
avrådan dissuasion
avrådande *adj* dissuasive
avräkning deduction
avrätta executar, poner a morte, suppliciar; *(med elektricitet)* electrocutar; *(med garrott)* garrotar
avrättning execution, supplicio
avsadla dissellar
avsaknad mancamento, mancantia, manco, privation; *i avsaknad av:* caritive, disproviste de
avsats plano, terrassa, gradation
avse intender, voler dicer
avseende respecto, referentia, consideration, relation; *i alla avseenden:* in omne respectos
avsevärd considerabile
avsides lateralmente, a parte, solitari; *avsides liggande:* devie
avsigkommen abjecte, decadente, paupere
avsigkommenhet abjection
avsikt intention, intento; *gjord med avsikt:* deliberate; *med avsikt: adv* expresso
avsiktlig intentional; *avsiktligt:* con intention, pro, a fin de
avskaffa abolir, abrogar, supprimer
avskaffande abolimento, abolition, abrogation, destitution, dimission; *jur* rescission
avskava abrader
avsked congedo; *ta avsked:* prender congedo
avskeda dimitter, destituer, disoccupar; *(ta avsked, bevilja avsked)* congedar
avskedad destitute
avskild *(från världen)* recluse; *tydligt avskild:* distincte
avskildhet isolamento
avskilja separar, distachar [-sh-], secerner, secretar
avskiljande abstraction, appartamento
avskilt *ngt avskilt:* appartamento
avskrapa abrader
avskrapande abrasive

avskrift copia, duplicato, transcripto
avskriva copiar; *ekon* amortisar
avskräcka discoragiar [-dʒar]; *(skrämma)* intimidar
avskräckning discoragiamento [-dʒa-]
avskräde immunditias, residuos
avsky *sb* abhorrimento, abomination, detestation, disgusto, execration, horror, nausea, repugnantia, repulsion; *väcka avsky:* repugnar; *vb* abhorrer, abominar, detestar, disgustar, execrar
avskyvärd abominabile, detestabile, abhorribile, disgustose, execrabile, horride, nauseose
avskära taliar, rescinder; *med* amputar, resecar; *(stympa)* mutilar; *(en väg)* barrar; *som ej kan avskäras:* insecabile
avskärma confinar
avskärmning *(av elektriska apparater)* blinda
avskärning *sned avskärning av kant:* chanfreno [sh-]
avslag refusa; repulsa
avslappande recreative, hypnotic
avslappnande hypnotic
avslitning abrasion
avsluta finir, terminar, concluder, clauder, clausurar; *(göra färdig)* ultimar; *avsluta ett anförande:* perorar; *som kan avslutas:* terminabile
avslutad clause, finite
avslutande *adj* decisive, terminative; *(som avslutar ett resonemang)* conclusive
avslutning conclusion, termination; *avslutning på ett anförande:* peroration; *avslutning av (parlaments)debatt med omröstning:* clausura
avslå denegar, declinar, refusar, rejectar, repudiar; *(avvisa)* refutar
avslående *sb* declination
avslöja deteger, revelar, disvelar, decelerar, divulgar, mitter a nude
avslöjande exposition, revelamento
avsmak aversion, disgusto, aversion, repugnantia; *väcka avsmak:* disgustar
avsmaka degustar, saporar; *som kan avsmakas:* gustabile
avsmältning *geol* ablation; *avsmältning av en glaciär:* ablation de un glaciero
avsnitt paragrapho, section; *(i bok)* passage [-adʒe]
avsnäsning rebuffo
avsnörd strangulate
avspegla reflecter
avspegling reflexo
avspisa rebuffar
avspisning rebuffo
avspänning relaxation
avspärra barrar, blocar, barricadar
avspärrning barrage [-adʒe]; *(kedja av polis el. militär) mil* cordon
avstannande cessation
avstiga descender
avstjälpa *(sopor)* discargar
avstjälpning *(av sopor)* discarga, dumping *eng*
avstycka *(mark)* parcellar
avstyra prevenir, impedir, averter
avstyrka disconciliar
avstå ceder, desister, renunciar, resignar; *avstå från:* desister de; *avstå ifrån:* abnegar; *åter avstå:* retroceder
avstående abstention, renunciamento, renunciation, resignation; *jur* cession
avstånd distantia; *på avstånd:* a distantia; *hålla på avstånd:* tener a distantia; *på lika avstånd:* equidistante; *vara ett visst avstånd (från):* distar; *avstånd mellan gänger i skruv/ spiral el. mellan kuggar:* passo de un vite/ helice/rota dentate
avståndsmätare telemetro; *avstånds- och höjdmätare (lantmäteriinstrument):* tachymetro
avståndsmätning hodometria, telemetria
avstämpla *(märka)* timbrar; *(makulera)* macular, obliterar
avstänga barrar, isolar, clauder
avstängning disconnection, disconnexion
avsvärja abjurar
avsvärjande abjuration
avsäga *(t.ex. kronan)* abdicar; *avsäga sig:* abnegar
avsägelse abdication, demission, renunciation
avsända inviar, expedir, remitter
avsändare expeditor
avsändning expedition
avsätta amover, cassar, destituer; *(pengar etc)* deponer; *(varor)* vender; *(från befattning el. ämbete)* deponer; *(kung)* discoronar, disthro-

nar; *som kan avsättas:* amovibile

avsättning *(från ämbete)* deposition, destitution; *(från tronen)* disthronamento

avsöndra distachar [-sh-], separar, isolar, insular; *(jordområde)* disincorporar; *fysiol* excretar, secerner, secretar

avsöndrad insular

avsöndring secretion

avtackla *sjöt* dismantellar

avtackling *sjöt* dismantellamento

avtaga (kläder) disvestir; *(minska)* diminuer, decrescer, remitter, subsider; *(hastighet)* lentar; *(hälsan)* declinar; *(borttaga)* levar, dismontar

avtagande declino, decremento; *(mots. tilltagande)* decrescentia

avtal accordo, convention

avtrubba obtunder, render obtuse, amollir

avtryck impression; *(koppartryck, träsnitt m.m.)* stampa; *(det inpräglade)* stampage [-adʒe]; *göra avtryck:* stampar

avtryckare *(på gevär)* can

avträda *(tjänst)* dimitter, retirar se

avträde dimission, cession; cabinetto, WC, latrina

avtvinga extorquer

avtvingande extortion

avtvättning ablution

avtyna deperir

avtyning *med* marasmo

avtäcka deteger, disvelar; *(monument)* inaugurar; *(ta av täckelse/lock etc)* discoperir; *avtäcka en staty:* disvelar un statua

avtärning consumption

avund invidia, jelosia

avundas invidiar

avundsjuk invide, invidiose

avundsjuka invidia

avundsvärd invidiabile

avvakta expectar, attender, temporisar

avvattna disaquar

avvattning disaquamento

avveckla disveloppar; *(företag)* liquidar

avvika diverger; *(skilja sig)* differer; *(från väg)* deviar, aberrar; *(rymma)* escappar; *(från ämnet)* digreder; *avvika från:* differer; *avvika från lagen:* derogar al lege; *som avviker från ämnet:* digressive

avvikande anomale, aberrante, discrepante

avvikelse aberration, anomalia, deviation, digression, differentia, divergentia; *(kompass)* declination; *(från ämnet)* digression, divagation

avvisa denegar, declinar, refusar, refutar, repeller, repulsar; *jur* recusar; *(t.ex. ett anfall)* rebatter; *som kan avvisas:* declinabile

avvisande *sb* declination, denegation, refusa, repulsa, repulsion

avväga balanciar, dosar, ponderar; *(överväga)* considerar; *(mäta)* mesurar

avvända detraher, diverter, parar, prevenir

avvändning diversion

avvänja disaccostumar, dishabituar; *(spädbarn el. djurungar)* dislactar; *avvänja från att dia:* ablactar

avväpna disarmar

avväpning disarmamento

avvärja parar, impedir, repulsar, averter, obviar; *med* repercuter; *avvärja genom bön:* deprecar

avvärjande deprecatori

avvärjning aversion

avyttra vender, alienar

ax spica; *litet ax: bot* spicula; *försett med ax:* spicate

axel *mat, fys, pol* axe; *(anat även)* spatula; *axel-:* axial

axelbredd carrura

axelklaff brida, corregia

axelryckning levamento del spatulas

axeltapp pivote

axelväska bisaccia

axformad spicate

axial axial

axiell axial

axiom *(självklar grundsats) mat* axioma

axiomatisk axiomatic

axplock spicilegio; *(av dikter och annan litteratur)* florilegio

azimut *astron* azimuth *arab*

Azorerna *(öar i Atlanten)* le Azores

aztek *(sydamerikansk indian)* azteca

azurblå azur

azurblått azuro

azurfärg azur(at)o

B

b-förtecken *mus* bemolle
babbel garrulata
babbla garrular
Babel Babel; *Babels torn:* le turre de Babel
babelstorn turre de Babylon; *(trappstegspyramidformat tempel)* zikkurat
babian *zool* babuin(o)
babord *sjöt* babordo
baby bebe, baby (*eng*, *plur* babies)
Babylon Babylon
Babylonien Babylonia
babylonisk babylonian
bacill bacillo; *bacill-:* bacillari
back *adv* a retro
backa arretrar
backanal bacchanal [-k-]
backe colle, costa, scarpa, monticulo; *(kulle)* collina; *(höjd)* altage [-adʒe]; *(utförs-)* descension
backig montuose
backsippa *bot* pulsatilla
backspegel retrovisor; *yttre/inre backspegel:* retrovisor exterior/interior
backsvala hirundine ripari
back-up *data* back-up *eng*, copia de securitate, (copia de) salvaguardia
Backus (Bacchus) *myt* Baccho
bad banio, balneo; *(varma källor el. mineralbad)* balneos; *behandla med varma omslag/bad:* fomentar; *behandling m. varma omslag/bad:* fomentation; *bad-:* balneari
bada baniar se; *(ngn)* baniar
badanstalt *(för hälsobad)* banios
badhytt cabina
badkappa roba/sortita de banio
badkar alveo
badmintonboll volante
badmössa cofia de banio
badort balneos
badplats banios
badrock roba/sortita de banio
badrum camera de banio
badstrand plagia [-adʒa]
bagage bagage [-adʒe]
bagagevagn furgon de bagage [-adʒe], portabagages [-adʒes]
bagare furnero, panetero
bagatell bagatella, futilitate, iota, trica
bagatellartad *(om sak)* frivole
bageri paneteria
bagge agno
baissespekulant *(börsterm)* bassista
Bajern Bavaria
bajersk bavare, bavarese
bajonett bayonetta
bajrare bavaro
bak- posterior
baka panificar; *baka bröd:* panificar; *baka i ugn:* cocer in furno
bakarv *jur* reversion
bakben *zool* scelides *plur*
bakdel culo, podice, posterior, parte posterior
bakelse torta, torteletta, pastisseria; *bakelser:* pastisseria; *små bakelser:* le parve tortas
bakfjädring *tekn* hanca
bakfram al inverso
bakgrund fundo
bakhuvud occipite
bakhåll imboscada, insidia; *falla i bakhåll:* cader in un imboscada; *ligga/lägga (sig) i bakhåll:* imboscar (se), insidiar; *en som ligger i bakhåll:* insidiator
bakifrån de retro
bakkropp *(på insekt) anat* abdomine
baklänges retro, a retro
bakning panification
bakom post, detra
bakparti *tekn* hanca
bakpå in retro
bakre posterior
baksida reverso; *medaljens baksida:* le reverso del medalia
bakslag repulsion, reaction, defaite *fr*
bakslug astute, perfide, perfidiose
bakström *(under vattnet)* resacca
baktala calumniar, denigrar, diffamar, vilificar
baktalande calumniose
baktalare detractor
baktaleri denigration, detraction, diffamation, vilification
bakterie bacterio, germine; *sjukdomsalstrande bakterie:* germine pathogenic; *bakterie-:* bacterial
bakteriedödande *adj* bactericidal, germicidal;

bakteriedödande medel: germicida, bactericida
bakteriefri aseptic, sterile
bakteriell bacterial
bakteriolog bacteriologo
bakteriologi *(vetenskapen om bakterier)* bacteriologia
bakteriologisk bacteriologic
bakverk pastisseria
bakvänd inverse
bakåt a retro, detra
bal *(dans)* ballo; *(varu-)* balla, pacco; *(t.ex. bomulls-)* fardo
balalajka *(ryskt stränginstrument)* balalaika *ry*
balans balancia; *(jämvikt)* equilibrio; *(våg)* balancia; *(handels-)* balancio, *(brist)* deficit; *bringa ur balans:* disequilibrar; *vara i balans:* esser in balancia; *ur balans:* disequilibrate
balansera balanciar, equilibrar
balanskonstnär equilibrista
balansräkning balancio; *göra en balansräkning:* facer un balancio
baldakin baldachino [-k-]
balett ballet
balinesisk balinese
balja *bot* siliqua; *(kar, fat)* alveo, cupa
baljfrukt legumine
baljkapsel *bot* folliculo
balk barra; *(järn-)* ferro; *(trä-)* trabe; *(lag)* lege
balkan- balkanic
Balkanbergen Balkanes
Balkanhalvön Peninsula Balkanic
balkanisera balkanisar
Balkanländerna Balkanes
balkong balcon
ballad *mus* romanza; *(berättande visa)* ballada
ballar *(vulgärt)* coliones
ballast ballast, last
ballistik *(läran om projektilers bana)* ballistica
balsam balsamo; *fylla med balsam (väldoft):* imbalsamar; *uppfyllandet med balsam:* imbalsamento; *balsam-:* balsamic
balsamera imbalsamar
balsamerare imbalsamator
balsamering imbalsamento
balsamisk *(väldoftande)* balsamic
balsaträd balsa
balt balto
baltisk baltic; *Baltiska staterna (Estland, Lettland, Litauen):* Statos Baltic
balustrad balustrada; *pelare i balustrad:* balustro
bambu *bot* bambu
bana route *fr*, via, curso; *astron* orbita; *(kapplöpning)* pista; *(komets, projektils)* trajectoria; *jordens bana kring solen:* ecliptica
banal banal
banalitet truismo
banan banana
banbrytare initiator, pionero
band banda, cordon, ligamine; *mus* banda; *(av tyg o.dyl.)* banda; *(del av större bokverk)* tomo; *(förenande)* ligamine, vinculo; *(grupp)* banda, truppa; *smalt band:* filetto; *pryda med smalt band:* filettar
bandage bandage [-adʒe]
banderoll bandierola
bandit bandito, brigante; *bandit-:* brigantesc
banditväsende banditismo
bandspelare magnetophono
bandtraktor tractor a erucas
baner bandiera, gonfalon, standardo
banerförare porta-bandiera, porta-standardo, porta-insignias, vexillario
bangård station ferroviari
banjo *mus* banjo
bank banca; *(järnvägs-)* terrapleno; *(sand-)* banco, barra; *(i kortspel) hålla bank:* taliar; *gångbar i bank:* bancabile; *bank-:* bancari
banka batter, colpar, pulsar, tunder
bankande *sb* pulsation
bankbud incassator
bankett banchetto [-k-], festino; *ge/gå på bankett:* banchettar [-k-]
bankfack coffretto forte
bankir banchero [-k-]
bankman banchero [-k-]
bankrutt bancarupta; *göra bankrutt:* facer bancarupta
bankruttör *(en som gör konkurs)* bancaruptero
bann banno, bannimento, exilio; *(kyrkl.)* excommunication
banna reprimendar, reprochar [-sh-]

bannbulla *rel* bulla
bannlysa anathematisar, bannir, exiliar, excommunicar, proscriber
bannlysning anathema, banno
bannstråle fulmination
banvakt guarda-via
banvall terrapleno
baptist *rel* baptista
bar *sb (kafé, etc)* bar, *(liten)* bistro; *adj (naken)* nude; *på bar gärning:* in flagrante delicto
bara *adv* solo, solmente; *inte bara ... utan också:* non solmente ... ma anque
barbacka *rida barbacka:* montar a pilo
barbar barbaro
barbari barbarismo
barbarisk barbare, barbaresc, barbaric, inhuman, truculente
barbarism barbarismo
barberare barbero
bard menestrel; *(framförallt hist)* bardo
barfota discalceate
barhuvad discoperite, testa nude, in capillos
barium *(grundämnet barium, Ba) kem* barium
bark *bot, anat* cortice; *(båt)* barca; *bark-:* cortical
barkartad cortical
barlast ballast
barm sino(s)
barmhärtig misericorde, pietose, caritabile, clemente, misericorde; *den barmhärtige samariten:* samaritano
barmhärtighet misericordia, caritate, clementia, mercede; *hav barmhartighet!:* misericordia!
barn infante; *barn-:* infantil, pueril
barnafödsel- puerperal
barnamord infanticidio
barnamördare infanticida
barnavård puericultura
barnbarn nepote; *barnbarns dotter:* granfilia secunde; *barnbarns son:* granfilio secunde
barnbarnsbarn *barnbarnsbarns dotter:* granfilia tertie; *barnbarnsbarns son:* granfilio tertie
barndaghem crippa
barndom infantia, pueritia
barnförlamning *med* paralyse infantil, polio(myelitis)
barnkrubba crippa
barnläkare pediatra
barnläkekonst pediatria
barnmorska obstetrice
barnröst *mus* contralto
barnsköterska puericultrice
barnskötsel puericultura
barnslig infantil, pueril
barnsängs- puerperal
barnsängsfeber *med* febre puerperal
barock *adj* baroc; *barocken (perioden el. stilen):* baroco
barocktrumpet *mus* clarino
barograf *meteorol* barographo
barometer *meteorol* barometro
baron baron; *barons rang:* baronia
baronessa baronessa
baronet *(eng. adelstitel)* baronetto
baronskap *('baronerna', höga herrar, styrande klass)* baronage [-adʒe]
barr barra; *bot* acicula
barrack barraca
barrikad barricada
barrikadera barricadar
barriär barriera
barrträd *bot* pino, conifero; *(släktet)* coniferes *plur*
barsk auster, brusc, aspere, inclemente
barskhet austeritate, bruscheria [-k-], inclementia
baryt *kem* baryta
baryton *(röst mellan tenor och bas) mus sb* barytono; *baryton- (sångare el. instrument): adj* barytono
barytonhorn *mus* euphonio
barytontuba *mus* euphonio
bas *(grund)* base, fundamento; *(förman)* chef [sh-], capite; *kem, mil* base; *(lägre mansröst) mus* basso; *bas-: (sångare resp. instrument) adj* basso
basal basal
basalt *kem* basalto
basar bazar *(alla bet.)*, feria
basebollhandske miton
basera basar; *basera sig på:* basar se super
basfiol contra-basso; *(stor) mus* violon; *(liten)* violoncello
basicitet *kem* alcalino

basilisk *(sagodjur)* basilisco
basisk *kem* basic
bask *(folkslag)* basco
basker *(mössa)* beretto basc
Baskien *invånare i Baskien:* basco
baskisk basc; *baskiska språket:* basco
basklarinett *basklarinett i A:* clarinetto basso in La
basregister *(lägsta tonerna) mus* basso
basrelief basse-relievo
bassetthorn *bassetthorn i F (större klarinett-instrument):* corno de bassetto in Fa
bassist *mus* bassista, contrabassista
bassångare *bassångare el. kontrabasspelare: mus* bassista, contrabassista
bassäng bassino
bast libro, fibro de tilia, cannabe
bastant solide
bastard bastardo, mesticio, hybrida [hibrida]; *egenskapen att vara bastard:* bastardia; *bastard- (född utom äktenskapet):* bastarde, spurie
bastion *mil* bastion
bastu estufa, sudatorio; *(finska)* sauna; *bada bastu:* estufar
bastuba *mus* bombardon, tuba basso
bastubad banio de vapor
basun basson, trombon
basunera *basunera ut (t.ex. en nyhet): bildl* trompettar
basunist *mus* trombonista
batalj *mil* battalia
bataljon *mil* battalion
batavisk batave; *Bataviska republiken:* Republica batave
batik batik
batist (en sorts tyg) batista
batteri *(alla bet.)* batteria; *elektr* pila
batterist *mus* batterista
batysfär batysphera
baxna stuper, esser meraviliate
be peter, demandar, sollicitar; *be en förbön:* interceder; *be enträget:* implorar; *be om (ngt):* rogar, *(ödmjukt)* supplicar; *be ngn om hjälp:* invocar le adjuta de un persona; *person som enträget ber om ngt:* implorator
beakta observar, considerar
beaktande advertimento
bearbeta adaptar, (per)laborar; *(jorden)* cultivar, coler; *(påverka)* influer super
bebo habitar, coler; *bebo ett ställe:* habitar un loco; *som kan bebos:* habitabile
beboelig habitabile
bebåda annunciar, predicer
bebådelse *Marie bebådelse:* le Annunciation
beck pice
beckartad piciose
beckasin beccassa
beckig piciose
bedarra *sjöt* mollir
bedja precar, orar; *bedja om:* peter, rogar; *stilla bedja:* recolliger; *jag ber!:* (io) preca!
bedraga deciper, dupar, fraudar, defraudar, deluder, illuder; *(föra bak ljuset)* deluder
bedragare deceptor, dupator, fraudator, impostor
bedrift facto, gesta, prodessa
bedriva *bedriva verksamhet:* ager
bedrägeri deception, deludimento, delusion, fraude; *(bedrägligt tillskansande) jur* surreption, impostura
bedräglig artificiose, delusori, devie, fallace, fraudulente, illusori
bedröva affliger, attristar, desolar, penar
bedrövad triste; *djupt bedrövad:* disconsolate; *göra bedrövad (på ngt):* contristar
bedrövande lugubre
bedrövelse affliction, tribulation
bedrövlig lamentabile, miserabile, misere
beduin beduin
bedyra affirmar, assecurar, averar
bedåra incantar, charmar [sh-], fascinar, captivar, infatuar
bedöma judicar, estimar
bedömande judicamento
bedömare judicator
bedömning judicio; *alltefter bedömning:* discretional, discretionari; *för bedömning:* in judicio
bedömningsförmåga discretion
bedöva assurdar, esturdir, stupefacer; *med* anesthesiar; *(med narkos el. knark)* narcotisar; *(med eter)* etherisar
bedövad esturdite
bedövande hypnotic, stupefaciente
bedövning stupefaction; *(vid operation)* anes-

thesia
bedövningsmedel *med* anesthetico
bedövningstillstånd stupor
beediga prestar juramento, affirmar per juramento
befalla commandar, ordinar, dictar; *(genom myndighet)* injunger; *befalla över:* imperar
befallande imperative
befallning ordine, dictamine, dictato; *befallnings-: gram* imperative
befara timer; *(resa)* viagiar [-dʒar] (in)
befattning *(tjänst)* servicio, empleo; *ta befattning med:* occupar se re; *befattningen som faktor:* factoria
befinna *befinna sig: (må)* star, sentir se; *(någonstans)* esser, trovar se, esser situate, ubicar; *befinna sig runt om:* circumstar
befintlig existente, factic; *befintlig intill: adj* vicin
befläcka macular; *befläcka med blod:* insanguinar
befogad fundate, justificate, autorisate
befogenhet facultate
befolka popular; *(bebo)* habitar; *åter befolka:* repopular
befolkning population, habitantes
befordra transportar, expedir; *(främja)* favorisar, avantiar; *(upphöja)* promover
befordring transportation, transporto
befrakta fretar, charterar; *befrakta fartyg:* affretar
befraktning *(av fartyg)* affretamento
befria delivrar, liberar, redimer, relevar; *(frige)* manumitter; *befria från:* liberar de, *(börda, skuld)* discargar, exonerar, *(en förpliktelse)* relaxar
befrielse delivrantia
befrukta fecundar, fertilisar, fructificar, impregnar, pregnar; *(avla)* ingenerar, procrear; *(konstl.)* inseminar; *som kan befruktas:* impregnabile
befruktad *bli befruktad:* conciper
befruktare fecundator
befruktning conception, concipimento, fecundation
befryndad affin
befullmäktiga autorisar
befullmäktigad *sb* mandatario; *(minister t.ex.)* plenipotentiario; *befullmäktigat ombud: jur* procurator
befäl commando; *ha under sitt befäl:* commandar; *högsta befäl:* commando supreme
befälhavare commandante
befälsföring commandamento
befängd absurde, folle, inepte
befängdhet ineptitude, infestation
befästa firmar; *mil* fortificar; *bildl* consolidar; *befästa en stad:* munir; *som kan befästas:* fortificabile
befästning *mil* fortification
befästningsmur *mil* muralia
befästningsverk fortificationes
begabba despicer, derider, conspuer; *(reta)* vexar
begagna usar, utilisar
bege *bege sig:* diriger; *bege sig någonstans:* diriger se verso un loco
begeistra enthusiasmar; *begeistras:* exaltar se
begeistrad avide, enthusiastic
begeistring enthusiasmo, verve *fr* [verv]
begiven desiderative; *begiven på:* desiderative de
begjuta asperger; *(m. vatten)* irrigar
begrava inhumar, interrar, sepelir
begravning funere, inhumation, interramento, sepultura, exequias; *(-sceremonier)* funerales; *(-sritualerna)* obsequias; *begravnings-:* funebre, funeral, funerari, mortuari
begravningsceremoni *plur* funerales, funeres
begravningsfölje convoyo funebre
begravningshögtidlighet pompa funebre
begravningsplats *('likstad')* necropole
begravningsprocession convoyo funebre
begravningssång threno
begravningstal oration funebre
begravningsurna urna cinerari
begrepp concepto, notion, idea; *få begrepp om:* apprender; *stå i begrepp att göra ngt:* esser super le puncto de facer un cosa; *begrepps-:* conceptual
begreppsklass *filos* predicamento
begreppsmässig notional
begripa comprender, perciper, intender
begriplig comprensibile, comprehensibile, intelligibile
begriplighet comprensibilitate

begrunda ponderar, reflecter, meditar, specular

begrundande speculative

begråta deplorar, lamentar; *'värd att begråtas':* deplorabile

begråtande *sb* deploration

begränsa limitar, restringer, circumscriber, confinar, terminar; *begränsa sig till:* restringer se a; *som kan begränsas:* terminabile

begränsad definite, finite

begränsande restrictive, terminative

begränsning circumscription, restriction, termination

begynna comenciar

begynnande *adj* comenciante, incipiente

begynnelse comenciamento, comencio, ordimento; *begynnelsen och änden:* alpha e omega; *i begynnelsen:* in le principio; *vid begynnelsen av:* al entrata de; *begynnelse-:* inceptive, initial, initiative

begynnelsebokstav initial

begå facer, committer, perpetrar (un crimine); *begå en förseelse:* committer un delicto

begåva *begåva med:* dotar

begåvad intelligente, talentose, dotate

begåvning dono, dotation, talento; *medfödd begåvning:* ingenio

begär appetentia, concupiscentia, desiro, desiderio, invidia, luxuria, passion, cupiditate, cupido

begära appeter, demandar, requestar, rogar; *(önska)* desiderar; *(fordra)* exiger; *(vara lysten)* concupiscer

begäran demanda, exigentia; *(bön)* petition; *på ....s begäran:* al requesta de ...

begärelse *ha begärelse till:* invidiar

begärlig cupide, desiderative

behag agradamento, charme [sh-], delectation, grado, gratia; *(tycke)* gusto; *efter behag:* a discretion, a grado, a voluntate, ad libitum, ad lib. *lat*; *finna behag i:* delectar se in

behaga agradar (a), complacer; *(tilltala ngn)* placer a un persona, gustar, placer; *om det behagar er, om det behagas:* si il vos place

behaglig agradabile, amene, delectabile, gentil, placente; *(om ting)* confortabile

behaglighet amenitate

behandla tractar; *med* curar; *behandla igen:* retractar; *behandla med aktning:* obsequiar; *behandla med jod: med* iodar; *omöjlig att behandla:* intractabile

behandlande *med* curative

behandling tractamento; *med* cura, curation; *underkasta en särskild behandling:* processar

behjälplig instrumental

behjärtansvärd digne de interesse

behornad cornute

behov necessitate, carentia, besonio; *(nödvändigt)* requirimento

behålla guardar, retener, conservar

behållande retention

behållare reservoir, recipiente, reserviera, receptaculo

behållning ganio, surplus, profito

behårad hirsute, pellute, pilose, villute

behåring villo

behärska dominar, maestrar, controlar; *behärska sig:* continer, retener se

behärskad *vara behärskad:* metir se

behärskande *(av ett ämne) sb* possession

behärskning continentia

behörig *(att fatta beslut)* competente, autorisate; *på behörigt sätt:* debitemente; *vara behörig:* competer

behörighet *anskaffande av behörighet:* habilitation

behöva indiger, carer, haber necessitate de, besoniar, necessitar, requirer; *om man behöver:* in caso de necessitate

behövande indigente, necessitose

bejaka affirmar

bekant cognite; *vara bekant med:* cognoscer

bekantgöra declarar, indicer, intimar

bekantskap *(även konkret)* cognoscentia

beklaga regrettar, deplorar, miserar; *beklaga sorg:* condoler, compatir a; *beklaga sig över:* planger se de, miserar se; *djupt beklaga:* deplorar

beklagande *sb* deploration, excusation, regret; *adj* excusatori

beklagansvärd deplorabile, lamentabile, regrettabile

beklaglig deplorabile, regrettabile

beklagligtvis regrettabilemente

beklädа *(med bräder)* intabular

beklämning oppression, anxietate
bekosta pagar (le expensas de)
bekransa inguirlandar [-gi-]
bekräfta confirmar, verificar, attestar, affirmar, certificar, corroborar, sancir
bekräftande *sb* corroboration; *adj* affirmative, confirmatori, corroborative, positive; *svara bekräftande:* responder affirmativemente
bekräftelse affirmation, certification, confirmation
bekväm commode, confortabile
bekvämlighet conforto
bekymmer affliction, anxietate, inquietude, preoccupation, cura
bekymmersam afflictive, difficile, embarassose, inquietante
bekymra affliger, inquietar; *(vårda)* curar; *bekymra sig om:* inquietar se pro, preoccupar se de
bekymrad anxie, sollicite; *bekymrad över:* preoccupate de
bekämpa antagonisar, combatter, impugnar
bekänna admitter, confessar; *bekänna sig till: rel* professar; *(i kortspel) icke bekänna färg:* renunciar; *som har bekänt sin synd/skuld (t.ex. vid bikt):* confesse
bekännelse confession; *(tros-)* profession; *bekännelse-:* confessional
belamra incombrar
belamring incombramento
belasta cargar, incargar, onerar
belastning carga, onere; *befrielse från belastning: jur* discarga
belevad palatian; *(med fint uppträdande)* urban
Belgien Belgica, Belgio
belgier belga, belgico
belgisk belge, belgic
belladonna belladonna
belopp amonta, summa
belysa elucidar, illuminar, illustrar; *(förklara)* explicar, illustrar; *(kasta ljus över)* illuminar; *som belyser:* illustrative; *som kan belysas:* illuminabile
belysande illuminative
belysning illumination, illustration; *(av ett problem)* illumination
belysningsanordning *tekn* illuminator
belåna hypothecar; *(mot pant)* pignorar
belåten contente, satisfacite
belägen site, situate; *vara belägen:* ubicar; *belägen mittemot:* adverse
belägenhet implaciamento, situation, sito, position
belägga coperir; *(en plats)* reservar, occupar; *(golv el. gator)* pavimentar, pavir
beläggning incrustation
belägra assediar
belägrare assediator
belägring *mil* assediamento, assedio
belägringstillstånd stato de assedio
beläst erudite
belöna premiar, recompensar, remunerar, gratificar
belöning premio, recompensa, gratification, remuneration; *ge någon ett belöning:* gratificar; *som belöning för:* in recompensa de
belöpa *belöpa sig till:* amontar, ascender a, costar
bemedlad opulente, ric
bemyndiga autorisar, legar
bemyndigande autorisation, commission, facultate
bemäktiga *bemäktiga sig:* occupar, appropriar se
bemärka *(fälla en anmärkning)* observar; *göra sig bemärkt:* signalar se
bemästra maestrar
bemöda *bemöda sig:* dar se pena, effortiar se
bemöta replicar; *(gendriva)* refutar
ben *anat (lemmen)* gamba; *(i skelettet)* osso, *(litet)* ossiculo; *(möbel)* pede; *(på fisk)* spina; *plocka bort benen ur:* disossar; *ben-:* ossose, ossee
bena *sb (hår-)* ruga; *vb* facer le ruga; *(om fisk)* levar le spinas (de), disossar
benbyggnad ossatura
Benelux Paises Basse
benig ossose, ossute; *(om fisk)* spinose; *(svår)* difficile
benign *(godartad) med* benigne
benröta osteogangrena
bensin benzina, *(för bil, även)* gasolina
bensinstation station de benzina/gasolina
bensköld *(benbeklädnad i rustning)* gambiera
bensmärtor *med* scelalgia

benzoe *kem* benzoin, benzoe

benzoeharts *kem* benzoin, benzoe

benåda gratiar, amnestiar

benådning amnestia *gr*

benägen proclive, pron, disposite; *(hågad)* inclinate, propense, disponite; *(välvillig)* amabile, benevolente; *benägen för att göra ngt:* disposite a facer un cosa; *vara benägen:* propender, esser inclinate, inclinar (a)

benägenhet inclination, proclivitate, pronitate, tendentia; *(djupt rotad)* propension; *ha benägenhet (för):* propender

benämna appellar, nominar, denominar

benämning appellation, denomination

beordra commandar, ordinar, mandar; *(uppdra åt)* ordinar; *(beställa)* requirer

Beotien *(landskap i Grekland)* Beotia

beotier *(benämning på grov och plump person)* beotio

beotisk beotie

bepansra blindar, cuirassar

bepansrad cuirassate

beprövad provate; *(erfaren)* experte

bereda apparar, preparar, arrangiar [-dʒar]; *(åstadkomma)* causar

beredd parate, preparate, preste, a disposition

beredskap disposition

beredvillig preste, prompte, complacente, voluntari

beredvillighet voluntarietate

berest *adj (om trakt)* frequentate; *sb (om person)* viagiator [-dʒa-]

berg montania, monte, *(litet)* monticulo; *belägen bortom bergen:* ultramontan; *bergs-:* montan

bergart mineral

bergbana *berg- och dalbana:* montanias russe

bergbestigare ascensionista, montaniero

berggrund rocca

bergig roccose, montaniose, montan, montuose; *(med många berg)* montaniose

bergmassiv *(grupp av berg)* massivo

bergsbeskrivning orographia

bergsbestigare montaniero

bergsbo montaniero

bergsbruk exploitation de minas

bergskam cresta

bergskedja catena de montanias/montes, cordillera *sp* [kordiljera], sierra *sp*

bergsklättrare alpinista

bergsklättring alpinismo

bergsman minator; *(vetenskaplig)* metallurgo

bergsområde montania

bergspass passo

bergspredikan *bibl* Sermon del Montania

bergsskreva fissura de rocca

bergstopp picco

bergstrakt montania

bergtroll kobold

berguv bubo

bergverk mina

bergvägg declino de rocca

bergås catena de roccas

berika inric(c)hir [inrikir]

berikande inric(c)himento [inrikimento]

beriktiga rectificar, corriger

berkelium *(grundämnet berkelium, Bk) kem* berkelium

berlinare berlinese

berlinerblå blau de Prussia

berlinsk berlinese

Bern *invånare i Bern:* bernese

bero depender (de); *bero på:* depender de, reposar super

beroende *sb* dependentia; *adj* dependente; *beroende av:* dependente de

berså pergola

berusa inebriar (se), avinar

berusad avinate, ebrie

berusning ebrietate

berykta *(illa)* malfamar, denigrar

beryktad *(mycket omtalad)* rumorose; *(illa)* malfamate, infame

beryll beryl [beril]

beryllium *(grundämnet beryllium, Be) kem* beryllium

beräkna calcular, computar, supputar; *(värdet av)* estimar; *(uppskatta)* evalutar, taxar; *som ej kan beräknas:* incalculabile

beräknande *adj* intrigante, mercenari

beräknelig *(som kan beräknas)* calculabile

beräkning calculation, calculo, computo, conto, estimation

berätta contar, narrar, relatar, recitar; *berätta en historia:* historiar; *berätta om:* narrar de; *berätta utförligt:* enarrar; *som kan berättas:*

enarrabile; *som inte kan berättas:* inenarrabile

berättande *sb* narration; *adj* narrative

berättare contator, narrator, relator

berättelse conto, enarration, narration, relation; *utsmycka sin berättelse:* historiar

berättigad juste, justificabile, justificate, autorisate; *göra juridiskt berättigad: jur* habilitar

berättigande justification

beröm laude, elogio, complimentos; *ge beröm:* renominar; *eget beröm luktar illa:* laude proprie pute; *värd beröm:* digne de laude

berömd famose, celebre, renominate; *berömd person:* celebritate

berömdhet celebritate

berömlig laudabile

berömma commendar, laudar, panegyrisar; *berömma sig av/för:* glorificar se de, honorar se de, facer se honor de

berömmande laudative

berömmelse celebritate, fama, renomine

berömvärd laudabile

beröra toccar, tanger, tastar, continger; *som inte kan beröras:* intactile

berörande *adj* contigue, tangente

beröring contiguitate, tacto, tangentia, tocca, tocco; *berörings-:* tactile

beröringspunkt puncto de contacto, puncto de tangentia

beröringssmitta contagion

beröva disposseder, privar; *(plundra)* piliar; *beröva (ngn) kronan:* discoronar

berövande dispossession, privation

besatt demoniac; *som besatt:* obsessive

besatthet obsession, possession

besegla sigillar

besegra batter, vincer, superar; *som kan besegras:* vincibile

besiktiga inspectar

besinna considerar; *besinna sig:* meditar, hesitar

besinningsfull prudente, circumspecte

besitta posseder

besittning possession, proprietate, detention; *evärdlig besittning: jur* mano morte; *ta i besittning:* prender possession de; *vara i besittning av:* esser in possession de

besittningstagande *jur* occupantia

besjäla animar; *besjälas av:* penetrar se de

besjälad inspirate, animate

besjälande animation

besk amar, acre, acerbe, pungente

beskaffenhet qualitate, condition, modalitate, consistentia

beskatta imponer taxas, taxar

beskattning taxation

beskattningsbar taxabile

besked message [-adʒe]; *ge besked:* notificar

beskedlig bon, exigue, innocente

beskhet acerbitate

beskickning ambassada, legation, delegation, deputation

beskjuta *beskjuta med kanon:* cannonar

beskriva describer; *beskriva utförligt:* enarrar; *som kan beskrivas:* descriptibile, enarrabile

beskrivande *adj* descriptive

beskrivning description

beskydd protection, auspicios, egide, patronage [-adʒe], salveguarda; *under beskydd av:* sub le auspicios de

beskydda guardar, proteger, patronisar

beskyddare mecenas, patrono, preservator

beskyddarinna protectrice; *(kvinnl. skyddshelgon)* patrona

beskylla accusar, culpar, inculpar; *(för brott)* incriminar; *(framföra beskyllningar)* recriminar

beskyllning imputation, incrimination, inculpation, recrimination; *framföra beskyllningar:* recriminar; *rikta en beskyllning mot:* intentar un accusation contra

beskära tonder, truncar; *(träd)* putar

beskärma *beskärma sig:* lamentar

beslag guarnitura, ferramento, sasition, sequestration; *(olaglig)* sequestro

beslagta confiscar, requisitionar, sequestrar

beslagtagande *sb* caption, confiscation, sequestration; *adj* confiscatori

beslut decision, deliberation, determination, partito; *(mötes-)* resolution; *fatta ett beslut:* prender un resolution

besluta decider, resolver, votar; *besluta sig:* decider se

besluten resolute

beslutsam decise, resolute

beslutsamhet decision, determination, resolution

beslutsmässig *beslutsmässigt antal (på möte):* quorum

beslå *(segel)* fixar; *(med metall)* guarnir; *beslå ngn med ngt:* convincer alicuno per alique

besläktad cognate, parental; *(själsligt)* congenial; *(genom äktenskap)* affin

beslöja velar

besmitta contaminar

besmittning contamination

besmutsad sordide

bespara *bespara ngn ngt:* facer gratia a un persona de

besparing economia, sparnio; *besparingar:* economias, sparnios

bespisa nutrir, alimentar

bespotta despicer, conspuer, profanar

bespruta asperger

besprutning aspersion; *(mot t.ex. ogräs)* irroration

best bestia; *(människa)* bruto

bestialisk bestial, grossier

bestick *sjöt* estima

besticka corrumper, subornar; *som kan bestickas:* corruptibile

bestickande speciose, seducente, seductive

besticklig corruptibile, venal

bestickning corruption

bestiga ascender, montar; *bestiga igen:* remontar

bestraffa punir

bestraffare castigator

bestraffning punition; *(kroppslig)* castigamento

bestrida negar, contestar, disputar, controverter, impugnar; *bestrida kostnad:* pagar; *en som bestrider någots giltighet:* contestante

bestråla irradiar; *(belysa)* illuminar

bestrålning irradiation

beströ *(med blommor)* inflorar

beströende *(med blommor)* infloramento

bestyr labor, occupation

bestyrka affirmar, attestar, confirmar, corroborar; *jur* averar

bestyrkande confirmation, corroboration

bestå consister, durar, exister, permaner, subsister, sustener se; *bestå av:* componer se de, consister de; *bestå i:* consister in

bestående constante, permanente, perenne

bestånd *(varaktighet)* perdurantia; *(samling)* collection

beståndsdel componente, constituente, elemento, parte, ingrediente

beställa mandar, requirer, commandar, ordinar; *(plats, hotellrum etc)* reservar

beställning commanda, ordine, requisition

bestämd definite, firme; *(karaktär)* resolute; *(avgjord)* determinate, fixate; *(viss)* certe, definite; *bestämd för:* destinate a

bestämdhet certitude, decision, resolution

bestämma decider, determinar, resolver, fixar, definir, assignar, disponer; *bestämma sig för att göra ngt:* determinar se a facer un cosa; *bestämma tiden:* fixar le hora; *som kan bestämmas:* determinabile

bestämmelse determination, assignation, regula, prescription; *(öde)* destino, fato

bestämmelseort destination

beständig constante, permanente, perpetual, perpetue

beständighet constantia, permanentia

bestänka asperger, sparger

bestänkning aspersion; *(med vigvatten) rel* aspersion

bestört consternate, stupefacite, trepide; *göra bestört:* alarmar, consternar

bestörtning alarma, consternation, trepiditate

besvara responder a, replicar a; *besvara ett brev/en fråga:* responder a un lettera/littera/ question

besvika *(göra besviken)* disappunctar

besvikelse deception, disillusion, disappunctamento, frustration

besviken *göra besviken:* disappunctar, frustrar

besvär molestia, incommoditate, pena, embarasso; *inte vara värt besväret:* non valer le pena

besvära molestar, incommodar, importunar, obseder; *(klaga)* reclamar; *jur* supplicar, appellar; *besvära sig:* penar se

besvärja adjurar, exorcisar, obsecrar; *(bönfalla)* supplicar; *(gå ed på)* jurar; *(m. trolldom)* exorcisar; *besvärja andar:* conjurar

besvärjelse adjuration, conjuration, incantation; *uttala besvärjelse:* conjurar

besvärlig embarassose, enoiose, fatigante, importun, incommode, inopportun, moleste, penose; *besvärlig person: bildl* peste

besvärlighet incommoditate, inconveniente

besvärsdomstol corte de appello

besynnerlig estranie, singular, bizarre

besätta *(land) mil* occupar; *(med ond ande el. fix idé) obseder*; *(göra besatt)* posseder

besättning *(på t.ex. ett fort) mil* garnison, guarnition; *(på båt)* equipage [-adʒe]; *(på kläder)* guarnitura; *besättning med fransar:* frangiatura [-dʒa-]

besök visita; *oanmält besök:* contravisita; *ofta förekommande besök:* frequentation

besöka visitar, frequentar; *ofta besöka:* frequentar; *besöka en kurs (regelbundet):* frequentar un curso

besökare visitante, visitator; *regelbunden besökare:* frequentator

besöksrätt derecto de visita

beta *sb (grekisk bokstav)* beta; *(rotfrukt) bot* beta; *vb* pascer, pasturar; *tekn* impregnar; *låta djur beta:* pascer

betaga transportar

betagande prestigiose

betala pagar, honorar; *betala tillbaka:* reimbursar

betalbar pagabile

betalning paga, pagamento

betalningsförmåga solventia

betalningsoförmåga *ekon* insolventia

betalningsoförmögen insolvente

betastråla radio beta

bete *sb (agn)* esca; *sätta på bete:* escar; *(gräs för djur)* pastura; *vb, bete sig:* comportar se, conducer se, ager

beteckna designar, denotar, characterisar, significar; *(märka)* marcar, denominar, indicar; *beteckna såsom:* qualificar

betecknande characteristic, significative

beteckning denomination, denotation, designation

beteende comportamento, conducta, manieras

beting *sjöt* bitta

betinga conditionar

betjäna servir, attender

betjäning servicio

betjänt servitor, servitrice, domestico, domestica, lacai

betningsmedel *(vid färgning)* mordente

betona accentuar

betong beton; *armerad betong:* beton armate, cemento armate; *gjuta i betong:* betonar

betoning accento, accentuation; *som har att göra med ton el. betoning: fon* tonic

betrakta mirar, observar, reguardar, spectar, meditar, contemplar, considerar; *betrakta noga:* respicer, observar; *betrakta såsom:* considerar como; *noga betrakta:* mirar

betraktande consideration, contemplation, meditation, vista; *i betraktande av (att):* in consideration de, in vista de, considerante (que), vidite (que), viste (que); *ta i betraktande:* considerar, contemplar, prender in consideration; *betraktande av gudsnärvaro i det inre: rel* introversion

betraktare *(den som tittar på ngt)* spectator

betraktningsapparat *(för ljusbilder)* visor

betro *(anförtro)* confider; *(uppdraga åt)* committer

betrodd fiduciari, secur, de confidentia; *hand* solide

betryck embarasso, oppression, abattimento, situation penibile, miseria

beträda entrar super; *(ertappa)* surprender

beträffa concerner

beträffande de, re, in re, concernente, super, sur

betsa tinger; *(metall)* decapar

betsel brida, freno, morso, imbuccamento; *taga av betslet:* disbridar

betsla bridar

bett dentatura, morsura; *(mygg)* piccatura de mosquito; *(något avbitet)* morsura

betunga cargar, opprimer

betungande onerose, penose, pesose, oppressive

betvinga vincer, submitter

betvingande vincimento

betvingare *(en som tvingar)* fortiator

betvivla dubitar; *ej betvivlad:* indubitate

betyda significar, voler dicer, esser importante; *detta betyder ingenting:* isto significa nihil

betydande considerabile, grave, importante, magne, ponderabile, significative; *(framstående)* eminente, prominente

betydelse signification, senso, gravitate, importantia; *(ords innehåll)* significato

betydelsefull significative, importante, momentose; *allvarligt betydelsefull:* portentose; *vara betydelsefull:* importar

betydelsefullhet significantia

betydelselära semantica, semasiologia

betydelselös futile, insignificante; *betydelselös person:* nullitate

betydelselöshet insignificantia

betyg testimonio, certificato; *(intyg)* attesto, attestation

betyga certificar, attestar

betäcka *(hölja)* coperir; *(para sig med)* coperir; *betäcka djur:* copular, montar

betäckare copertor

betänka considerar, reflecter, deliberar

betänklig precari, critic, grave, seriose

betänklighet scrupulo

beundra admirar

beundran admiration

beundransvärd admirabile

beundrare admirator

bevaka guardar; *(övervaka)* surveliar; *(hålla vakt)* veliar, guardar; *(en rätt etc)* defender

bevakning custodia, guarda

bevandrad experte, versate (in)

bevara conservar, guardar, preservar, servar; *(oskadd)* salveguardar; *bevara i en silo:* insilar; *möjlig/värd att bevara:* conservabile

bevarande *sb* conservation, preservation, salveguarda, sustentation; *adj* conservative, conservatori, preservative

bevattna irrigar; *person som bevattnar:* irrigator; *som kan bevattnas:* irrigabile

bevattning irrigation; *bevattnings-:* irrigatori

bevattningsapparat irrigator

beveka mover, toccar, persuader

bevekelsegrund incitamento, motivo

bevilja accordar, conceder, consentir, exaudir, votar; *(ett belopp)* assignar (un summa)

beviljning concession

bevingad alate; *bevingade ord:* parolas alate; *bevingat djur:* volatile

bevis prova, argumento, testimonio; *bevis i form av dokument:* polissa

bevisa evidentiar, provar, verificar; *jur* averar

bevisbar provabile; *(som kan bekräftas/verifieras)* verificabile

bevislig provabile

bevisningsfel *(bevisningsfelet att utan skäl anta det som skulle bevisas) filos* petition de principio

bevista assister a, esser presente a

bevittna attestar, certificar, testar, testificar, testimoniar; *(vara vittne till)* spectar; *jur* deponer

bevittning attestation

bevågen benevolente, favorabile

beväpna armar; *beväpna sig med tålamod:* armar se de patientia

beväpning armamento

bevärdiga dignar, honorar

beväxt coperite; *(med ogräs)* invadite

BH sustene-pectore

bi *zool* ape, apicula; *bi-:* accessori, adventicie, incidental, *(flod osv)* tributari

bibehålla conservar, guardar, retener

bibehållen *väl bibehållen person:* persona ben conservate

bibel biblia; *Bibeln:* Biblia

bibeltolkande exegetic

bibetydelse connotation, significato accessori/secundari; *ha bibetydelse av:* connotar

bibliofil *(bokälskare)* bibliophilo

bibliografi *(förteckning över konsulterad litteratur)* bibliographia

bibliotek libreria, bibliotheca

bibliotekarie bibliothecario

biblisk biblic

bibringa dar; *bibringa vetande:* docer; *bibringa gradvis:* instillar

biceps *(muskel i överarmen)* bicipite

bidrag apporto, contribution, subvention; *ge bidrag till:* subsidiar; *Frankrikes bidrag till civilisationen:* le apporto de Francia al civilisation

bidraga contribuer, subventionar, quotisar se; *bidraga till:* contribuer a, redundar

bidragande contributive, instrumental

bidragsgivare *(en som bidrar)* contribuente

bidrottning ape matre, ape regina, ape femina

bifall applauso, acclamation; *(gillande)* approbation, assentimento; *ropa bifall:* acclamar

bifalla plauder

biff beefsteak *eng* [bi:fsteik]

biffstek beefsteak *eng* [bi:fsteik]

biflod affluente, confluente, fluvio tributari
bifoga adjunger; *(i brev, även)* includer; *(tillfoga)* annexar; *data* annexar, attachar [-sh-]
bifogad hic/ci juncte
bifokal *(med två slipningar/brännpunkter)* bifocal
bigam *(gift med två)* bigame
bigami bigamia
bigamist *(person gift med två)* bigamo
bihang appendice, annexo, supplemento
bihustru concubina
bihåla *anat* sino; *med* sinus
bihåleinflammation *med* sinusitis
bikt *rel* confession
bikta confessar
biktfader confessor
biktstol confessional, confessionario, tribunal de penitentia
bikupa apiculario, apiario
bil auto
bila *sb* hacha [-sh-]; *vb* ir/vader in auto(mobile)
bilaga annexo, incluso, supplemento
bilagd juncte
bild effigie, figura, illustration, imagine, pictura, portrait *fr*; *(liknelse)* parabola, allegoria, metaphora; *göra sig en (klar) bild av:* visualisar
bilda *(grunda)* fundar, crear, constituer; *(forma)* formar; *(hyfsa)* cultivar, erudir
bildad cultivate, erudite, docte, culte, litterate; *göra ngn bildad:* cultivar un persona
bildande educative
bildbar inseniabile
bilddyrkan iconolatria
bildgåta rebus
bildhuggare sculptor
bildlig figurate, figurative, metaphoric; *bildligt uttryck:* figura
bildläsare *tekn* scan/n/ator
bildning formation, cultivation; *(hyfsning)* cultura, education, civilisation
bildskrift ideographia, pictographia
bildskärm *(TV-, data-, radar-)* schermo; *(till dator el. radaranläggning)* unitate de visualisation
bildskärmsenhet *(till dator el. radaranläggning)* unitate de visualisation
bildstod statua
bildstormare iconoclasta; *bildstormar-:* iconoclastic
bildsökare *foto* visor
bildtelegraf fax
bildvägg *(i ortodox kyrka)* iconostase
bilism automobilismo
bilist autoista, automobilista
biljard *(spel o. biljardboll)* biliardo
biljett billet, billet de banca, ticket
biljettförsäljare billetero
biljettkontor billeteria
biljettlucka billeteria
biljon *(tusen miljarder)* billion
billig modic, incostose, a bon mercato, vil; *(rättmätig)* juste; *billigt, till billigt pris:* a bon mercato, a precio vil
bilparkering autoparco
bilstrålkastare fanal, pharo
biltog *(fredlös)* proscripte, bannite
biltuta klaxon
bilunderrede chassis *fr* [shasi]
bilägga adjunger, *(i brev, även)* annexar, includer; *(förlika)* conciliar, arbitrar, accommodar; *(en konflikt)* componer; *som kan biläggas (om tvist):* accommodabile
biläggande accommodamento, composition; *jur* transaction
bimåne *astron* paraselene
binda ligar, alligar; *(med knut)* nodar; *(förplikta)* obligar; *(fjättra)* incatenar; *binda in (böcker):* ligar; *binda med rep/snöre:* cordar; *binda om (om böcker):* religar; *binda vid:* alligar; *åter binda samman:* religar
bindande obligatori
bindehinna *(ögats) anat* conjunctiva; *inflammation i ögats bindehinna: med* conjunctivitis
bindeords- *gram* copulative
binderi ligatorio
bindestreck lineetta, tracto de union
bindning ligatura; *fon* liaison *fr* [liezõ]
bindväv *anat* texito connective
binjurar glandulas adrenal, capsulas/glandulas suprarenal; *binjure-: anat* adrenal
binnikemask *zool* tenia
binom *mat* binomio
binär binari; *data* binari

bio cine
biodlare apiario, apicultor
biodling apicultura
biograf cine, cinema, cinematographo; *(någons)* biographo; *biograf-:* cinematographic
biografi biographia
biografisk biographic
biokemi biochimia
biokemisk biochimic
biokemist biochimico
biolog biologista, biologo
biologi biologia
biologisk biologic
biopsi *(undersökning av vävnadsprov) med* biopsia
bioteknologi biotechnologia
biplan biplano
biprodukt subproducto
birfilare *(dålig musiker)* musicastro
birot *bot* radicella
bisak bagatella, detalio, accessorio
bisamråtta ratto muscate
bisarr bizarre
bisats *gram* proposition subordinate
bisittare *jur* assessor
biskop episcopo; *biskops-:* episcopal
biskopsdöme episcopato
biskopsmössa mitra
biskopsämbete episcopato
biskötsel apicultura
bismak gusto secundari; *(bitter)* gusto amar
bisonoxe *zool* bison(te)
bispringa succurrer, auxiliar
bister aspere, auster, dur, fer, rude, sever
bisterfärgad bistre
bistå adjutar, adjuvar, assister, auxiliar, juvar, succurrer
bistånd assistentia, auxilio, succurso; *med bistånd av:* con assistentia de
bisättning interramento (provisori)
bit pecia, pecietta, morsello; *data* bit *eng*; *avbruten bit:* fraction
bita morder; *'bita i gräset':* morder in pulvere; *bita igen:* remorder
bitande caustic, mordente, pungente; *(mycket skarp)* vitriolic
biträda assister, auxiliar; *biträda ett beslut:* assentir, consentir
biträdande adjuncte, suffraganee
biträde assistente
bitsk fer, mordace
bitskhet mordacitate
bitsocker sucro in cubos
bitter acre, amar, acerbe, acrimoniose, virulente; *göra bitter:* amarisar
bitterhet acerbitate, acrimonia, amaritude, virulentia
bittida de bon hora, matutinal
bivack *(tillfällig förläggning) mil* bivac; *ligga i bivack:* bivacar
bivaxextrakt propolis
biväg via vicinal
biätande apivore
bjuda invitar; *(erbjuda)* offerer; *(undfägna)* regalar; *(påbjuda)* ordinar, commandar; *(fri-kostigt)* regalar; *bjuda på:* tractar
bjudande imperative, imperiose, peremptori
bjudning partita
bjälke trave, trabe
bjälklag systema de trabes
bjällra sonalia
björk *bot* betula
björn *zool* urso; *Lilla björnen: astron* ursa minor; *Stora björnen: astron* ursa major; *björn-:* ursin
björnbär *bot* rubo
björnbärssnår spineto
björnhona *zool* ursa
björnlik ursin
björntjänst disservicio; *göra en björntjänst:* disservir
blackout *(tillfällig förlust av medvetandet el. minnet)* obscuration
blad folio; *bot* folio, lamina, *(litet)* foliolo; *(på spade etc)* pala; *(på kniv)* lamina; *(i en bok)* folio; *få blad/löv:* foliar
bladaktig *bot* foliacee
bladgrönt chlorophylla
bladguld folio de auro
bladmage *anat* omaso, psalterio
bladmögel mildew *eng* [mildju:]
bladrik foliose
bladstjälk *bot* petiolo; *med bladstjälk:* petiolate
bladsättning foliation
bladveck *bot* axilla; *bladvecks-:* axillari

bladverk foliage [-adʒe]

blamera disgratiar

blanc-manger *(en efterrätt)* blancmangiar [-dʒar]

bland *prep* inter; *bland annat/andra:* inter alia (i.a.) inter altere(s); *adj* hybrida [hibrida]

blanda miscer, mixtar, confunder; *blanda in:* admiscer, *bildl* interlardar; *blanda sig i:* interferer

blandad mixte; *blandat:* miscellanee

blandning mixtura, alligato

blandningsspråk lingua mixte

blank polite, lucente, brillante, nitide; *(utan skrift)* blanc

blanka polir

blanko *in blanko (ej ifyllt):* in blanco

bleck latta

bleckblåsinstrument *mus* instrumento de cupro

bleckplåt latta

blecksektion *bleck-/brass-sektionen (i orkestern):* cupros

bleckslagare lattero, stannero

blek pallide, clarette, discolorate

bleka blanchir [-k-]

blekblå livide

blekhet pallor

blekna pallidir

blekning blanchimento [-k-]

bleksot *med* chlorosis

blemma pustula, ampulla, button

blick reguardo, vista

blicka reguardar, mirar

blid blande, dulce, mansuete, placide, suave; *(huld)* bon, benigne

blidka conciliar; *(göra försonligt stämd)* propitiar; *(stämma mildare)* placar

blidkande propitiation

blidnässla *(ej brännande nässla) bot* parietaria

blind cec; *blind från födseln:* cec de nascentia; *göra blind:* cecar

blindhet cecitate; *partiell blindhet: med* meropia

blindskrift scriptura Braille

blindtarm appendice; *anat* intestino cec; *med* caecum

blindtarmsinflammation *med* appendicitis

blindtarmsoperation *med* appendicectomia

blinka palpebrar, batter le palpebras; *(om fyr)* scintillar; *blinkande ljus:* luce intermittente

blinkande *blinkande ljus:* luce intermittente

blitz guerra fulmine

bliva devenir; *(förbliva)* remaner, restar; *bli efter:* arretrar se; *bli över:* remaner

blixt fulmine, foco de celo; *ljus från blixt:* fulgure; *träffa med en blixt:* siderar; *blixt-:* fulminee

blixtande fulminatori

blixtkrig *(= blitz)* guerra fulmine

blixtljus flash

blixtljuslampa ampulla flash

blixtlås serratura fulmine

blixtra *(vid åska)* fulminar; *(blänka)* fulger, fulgurar

blixtrande *sb* fulguration, fulmination; *adj* fulgente, fulgural

block bloco; *(blockskiva)* polea

blockad blocada; *häva blockad:* disblocar

blockera blocar

blockering blocamento

blockflöjt flauta a becco

blockhus *(stuga av timmerstockar med skottgluggar)* blockhaus *ty*

blockskiva polea

blod sanguine; *blod i urinen: med* hematuria; *blått blod:* sanguine azur; *blod-:* hematic, sanguinee

blodbad carnage [-adʒe], massacro

blodbildning *med* hematosis

blodbrist anemia

blodfattig anemic

blodfylld sanguinose

blodförgiftning *med* sepsis, septicemia

blodig sanguilente, sanguinari, sanguinose

blodigel *zool* ralinga, sanguisuga

blodkropp *anat* corpusculo; *röd blodkropp:* erythrocyto; *vit blodkropp:* leucocyto; *blodkroppar:* globulos de sanguine

blodkärl *anat* vasculo, vaso sanguinari

blodplasma plasma (del sanguine)

blodpropp *med* embolia, thrombosis

blodproppsbildning *med* thrombosis

blodrik sanguinee

blodsband proximitate del sanguine, vinculos del sanguine

blodsförvant consanguinee, german

blodsförvantskap consanguinitate

blodshämnd vendetta

blodskam incesto; *som innebär blodskam:* incestuose

blodsprängd injectate

blodsten *min* hematite

blodstillande *med* hemostatic; *blodstillande medel:* hemostato

blodstillning *med* hemostase

blodstockning *med* congestion, ingorgamento

blodsugare sangui-suga; *(ockrare)* usurero

blodsutgjutelse effusion de sanguine

blodtopp *bot* pimpinella

blodtransfusion *med* transfusion

blodtryck pression arterial; *mycket högt blodtryck:* hypertension

blodtrycksförhöjning hypertonia

blodtörstig sanguinari

blodutgjutning *anat* extravasation

blodvätska *läran om blodvätskan:* serologia

blodåder *anat* vena

blodöverfylld *med* plethoric

blodöverfyllnad *med* congestion, fluxion; *(ökad blodmängd)* plethora

blodöverföring transfusion

blog *data* blog *eng*

blom *gå i blom:* inflorescer; *slå ut i blom:* florescer

blombärande florifere

blomflock *bot* umbella

blomfoder *bot* involucro

blomfäste *bot* receptaculo

blomhylle *bot* perianthio

blomkorg *bot* glomerulo

blomkrona *bot* corolla

blomkål caule flor

blomlåda jardiniera

blomma *sb* flor, *(liten)* floretta; *bortplockning av blommorna:* disfloramento; *fruktbladen i en blomma:* gyneceo; *konsten att arrangera blommor:* ikebana *jap*; *med många blommor:* multiflor; *vb itr* florar, florer, florescer

blommig floral

blomning *bot* floration, inflorescentia; *i blomning:* in flor

blomningstid flor

blomrabatt parterre

blomskaft *bot* pediculo

blomster flor; *blomster-:* floral

blomsterbindning *expert på blomsterbindning:* florista

blomsterhandel floreria

blomsterhandlare florista

blomsterhonung nectare

blomsterodlare floricultor, horticultor

blomsterodling floricultura

blomsterrik floride

blomstersmyckad florite

blomsteruppsats jardiniera

blomstjälk *(liten) bot* pediculo

blomstra florar, florer, florescer, inflorescer; *bildl* prosperar

blomstrande vegete; *(alltför överlastat språk)* floride

blomstring flor, floration, florimento; *(framgång)* prosperitate

blomställning *bot* inflorescentia

blond blonde

blondin blonda

bloss torcha [-sha], facula

blossa flagrar, flammar; *blossa upp:* deflagrar; *blossa upp igen (om sjukdom):* recrudescer

blossande flammee

blott *adv* solmente, solo, simplemente; *icke blott ... utan även:* non solmente ... sed etiam; *med blotta ögat:* al oculo nude

blotta *adj (enda)* sol; *vb* exponer, denudar; *blotta huvudet:* discoperir se

blottlägga mitter a nude

blottläggande exposition

blottning denudation

bluff bluff *eng*

bluffa bluffar

bluffmakare bluffator

blund somno leve

blunda clauder le oculos

blunder error, omission

blus *(alla bet.)* blusa; *lång blus:* camisa

bly plumbo; *(grundämnet bly, Pb)* plumbo; *bly-:* plumbee, plumbic, saturnin

blyerts *(ämne)* graphite

blyertspenna stilo de graphite

blyertspennhållare porta-stilos

blyförgiftning *med* saturnismo

blyg modeste, humile, timide, pudic, pudente, pudibunde, verecunde

blygas humiliar, esser modeste

blygd *anat* pubes, pudendo; *(yttre kvinnliga könsdelar)* vulva; *blygd-:* vulvar

blyghet timiditate, verecundia

blyglans *kem* galena

blygrå livide

blygsam diffidente, modeste

blygsamhet modestia

blygsel pudor, modestia, timiditate

blyhagel plumbo

blykula plumbo

blyoxid *kem* lithargyro

blypenna stilo, stilo de graphite

blyvitt blanc de plumbo, cerussa

blå blau; *apparat som mäter graden av blå färg;* cyanometro

blåaktig blauastre

blåbär *bot* myrtillo blau

blågrön glauc

blåhake *zool* pectore blau

blåklint *bot* cyano, centaurea cyano

blåklocka *bot* campanula

blåkopiering cyanographia, cyanotypo

blåkopieringsapparat cyanographo

blåmes *zool* paro blau

blåmärke *sb* contusion; *åstadkomma blåmärken: vb* contunder

blånad contusion

blånor stoppa; *fylla med blånor:* stoppar

blåsa *sb med* ampulla, bulla, papula, vesicula, utriculo; *anat* cyste, vesica, *(liten)* vesicula; *bilda blåsor: med* vesicar; *vb* sufflar, ventar; *(damspel)* sufflar; *blåsa i horn:* cornar; *blåsa upp:* inflar, sufflar; *blåsa upp/in:* flar; *blåsa ut:* sufflar; *blås-: anat* vesical, cystic

blåsare *(glas-)* sufflator

blåsbälg folle, suffletto; *tillverkare el. försäljare av blåsbälgar:* follero

blåsdragande *med* vesicante

blåsformad cystiforme; *(försedd med blåsor) bot* utriculose

blåsig ventose

blåsinstrument instrumento de vento; *gällt blåsinstrument: mus* pipa

blåsippa *bot* hepatica

blåskatarr *med* cystitis

blåsmask *zool, med* echinococco [-k-]

blåsorkester *mus* banda

blåst vento, sufflada; *(bris)* brisa

blåstjärna *bot* squilla

blåstrumpa *(intellektuell kvinna)* calcea blau

blåsur *som håller på att bli blåsur:* acescente

blåsyra *kem* acido prussic, acido cyan-hydric

blåtryck cyanogramma

bläck tinta; *sympatetiskt/osynligt bläck:* tinta sympathic

bläckfisk *('åttafoting')* octopode, sepia; *(tioarmad)* calamar

bläckhorn tintiera

bläckpenna penna (stilographic)

bläckstråleskrivare impressor a jecto de tinta

blända cecar, offuscar; *bildl* illuder, fascinar

bländande prestigiose

bländare *foto* diaphragma

blände *min* blende

bländning offuscation

bländverk prestigio, texito de fraudes, mirage [-adʒe]; *(räcka av fantasibilder)* phantasmagoria

blänka brillar, radiar, relucer, fulger

bläs stella

blöda sanguinar

blödande *(som blöder)* sanguilente

blödar- *med* hemophile

blödarsjuk *med* hemophile; *blödarsjuk person:* hemophilo; *blödarsjuk-:* hemophile

blödarsjuka *med* hemophilia

blödig sensibile, emovibile

blödning sanguinolentia; *med* hemorrhagia, sanguinolentia

blöja pannello, panno

blöta humectar, humidificar; *(fukta)* molliar; *blöta ner:* imbiber, molliar; *blöta(s) upp:* macerar

blötdjur *zool* mollusco

bo habitar, resider, demorar; *bo på ett ställe:* habitar/viver in un loco; *bo på landet:* rusticar; *bygga bo:* facer un nido; *sätta bo:* maritar, viver; *en som bor:* residente

boa *(av päls el. fjädrar att lägga om halsen)* boa; *boa constrictor: zool* boa constrictor

boaorm *zool* boa

bock capro; *(ställning)* banco; *(felbeteckning)* signo de error; *(gymnastikredskap)* cavalletto

bocka flecter, inflecter

bockhorn corno de capro

bockhornsklöver *bot* fenugreco

bockrot *bot* pimpinella
bod *(affär)* boteca, magazin; *(skjul)* remissa
bodbetjänt commisso
Bodensjön Laco de Constantia
bodmeri *(lån mot säkerhet i fartyg) ekon* bodemeria
boende *sb* habitation; *adj* residente
bofast domiciliari, sedentari; *göra bofast:* domiciliar
bofink pincion
bog *(bringa)* spatula; *sjöt* proa
boglina *sjöt* bolina
bogsera remolcar, remorcar
bogserbåt remolcator
bogsering remolco
bogspröt *sjöt* bosprit
bohag mobiles, benes mobiliari
bohem bohemo
bohemisk bohemian, bohemic
boj boia; *(lys-)* boia luminose; *slå i bojor:* incatenar
boja *lägga i bojor:* catenar
bojkott boycott *eng,* boycottage [-adʒe]
bojkotta boycottar [bojkotar]
bok libro, *(liten)* libretto; *föra böcker:* tener le libros; *häftad bok:* brochure *fr* [broshy:r]; *sätta in oskrivna blad i bok:* interfoliar; *(träd)* fago
bokbindare ligator
bokbinderi ligatorio de libros
bokfynd *antikvariskt bokfynd:* libro de occasion
bokföring tener de libros; *enkel/dubbel bokföring:* contabilitate in partita simplice/duplice; *bokförings-:* contabile
bokförläggare editor
bokhandel libreria
bokhandlare librero
bokhylla planca
bokhållare contabile, tenitor de libros
bokhålleri contabilitate
bokilluminator illuminator
boklig libresc
boklärdom erudition
bokmal bibliomano
bokmärke marca-pagina, ex-libris *lat*; *data* favorito
bokomslag coperi-libro
boksamling bibliotheca
bokslut balancia
bokstav character, littera, typo; *liten bokstav:* littera minuscule, minuscula; *stor bokstav:* littera capital, littera majuscule, majuscula; *död bokstav (lag som ej verkställs): jur* littera morte; *stum bokstav: fon* littera mute
bokstavlig litteral; *bokstavligt:* al littera, al pede del littera
bokstavsrim allitteration
bokstöd appoia-libros
boktryckeri imprimeria
bokträd *bot* fago
bolag association commercial, compania; *bolag u.p.a. (utan personligt ansvar):* societate anonyme
bolagsman associato
bolid *astron* bolide
bolin *sjöt* bolina
Bolivia Bolivia
bolivian boliviano
boliviansk bolivian
boll balla, bolla, globo
bolla bollar
bollkalle *(vid golfspel)* caddie *eng*
bollspel joco de bollas
bolsjevik bolchevista [-sh-], bolchevico [-sh-]
bolsjevistisk bolchevista [-sh-]
bolster matras, paleassa
bom barra, barrage [-adʒe], barriera; *(skott)* colpo fallite
bomb bomba
bomba bombar
bombardemang bombardamento
bombardera bombardar
bombastisk bombastic, grandiloquente
bombsäker a proba de bomba
bomull *bot* coton; *(vadd)* watta; *bomulls-:* cotonari
bomullsbuske *bot* cotoniero
bomullskrut *kem* fulmicoton
bomullssammet velvet
bomullstyg *tunt bomullstyg:* zephyro
bomärke signo de possessor, parapho
bona incerar, cirar, lustrar
bonde paisano, rustico; *(jordbrukare)* fermero; *(schackpjäsen)* pedon
bondfångare cavallero de industria

bondgård ferma
bondland plen campania
bondsk rustic
bong bono
boning demora, habitation, domicilio; *(vax-behandling)* inceramento
bonus bonus *lat*
bookmaker book-maker *eng*
boota *data* bootar (*eng* boot), imitialisar
bor *(grundämnet bor, B) kem* boro; *bor-:* boric
borat *kem* borato
borax *kem* borace, borax
bord tabula; *(litet)* tabuletta; *(på båt) sjöt* bordo; *duka bordet:* poner le tabula; *gå om bord:* imbarcar; *göra rent bord med:* facer tabula rase de
borda *mil* abbordar
bordell bordello
bordlägga ajornar, prorogar
bordning *(av fartyg)* abbordo
bordsgranne commensal, conviva
bordssalt sal de cocina
bordssällskap conviva(s)
bordtennis ping-pong
bordun *(liggande brumton) mus* bordun
borg castello; *(i ryska städer)* kremlin
borgare cive, burgese, municipe, citatano
borgarklass burgesia
borgarkrig guerra civil
borgen caution, garantia
borgensman garante
borgensåtagande *(på växel) ekon* aval
borgenär creditor
borgmästare burgomaestro; *(i spansk stad)* alcalde *sp*
borr forator, fresa; *(gruvterm)* sonda
borra forar, terebrar; *tekn* sondar; *borra sig in i:* terebrar; *borra skåror/fördjupningar:* fresar
borrare forator
borrhål foratura
borrmaskin forator
borrning *tekn* sondage [-adʒe]
borrtorn turre de sondage [-adʒe], derrick *eng*
borst seta; *zool* cheta; *med borst:* setacee
borsta brossar
borstbindare brossero
borste brossa, *(liten)* penicillo
borstig hispide
borstmask *zool* chetopodos
borsyra acido boric
bort via; *bort!:* via!, vade via!
borta *(frånvarande)* absente; *där borta:* illac
bortföra abducer
bortförande abduction, rapimento, rapto
bortförare abductor
bortgång decesso, transpassamento, transpasso
bortjagande expulsion
bortklema dorlotar, effeminar
bortkoppling disconnection, disconnexion
bortleda escolar
bortledning abduction, escolamento
bortom trans, ultra, extra
bortoperera *med* resecar
bortopererande *bortopererande av njure/tumör:* ablation de un ren/tumor
bortradering deletion
bortse abstraher
bortsett *bortsett från:* a parte
bortskaffa eliminar
bortskaffande elimination
bortskära precider
bortskärning *med* excision, resection
bortslita aveller
bortslitande evulsion
bortslitning avulsion
bortslösa guastar
bortsmälta deliquescer
bortsmältande *kem* deliquescente
borttagande abstraction; *(av kroppsdel el. organ) med* ablation
borttonande evanescente
borttoning evanescentia
borttynande deperimento
bortvändning aversion
bortåt verso; *(nära på)* circa, presque
bosatt residente
boskap bestial; *(som egendom)* peculio
boskapsskötsel elevation de bestial
Bosnien Bosnia
bosnier bosniaco, bosniano
bosnisk bosniac, bosnian
Bosporen Bosporo
bossen *('bossen')* patrono
bostad habitation, demora, domicilio, residentia; *(enslings)* eremiteria
bosätta *bosätta sig:* domiciliar, installar se,

colonisar

bot remedio; *(straff)* penitentia; *(synda-)* expiation; *med* cura; *göra bot för:* expiar; *råda bot på:* remediar

bota remediar; *med* curar, sanar; *som kan botas:* curabile, sanabile

botanik botanica

botaniker botanista, herborista

botanisera botanisar, herborisar

botanisk botanic; *botanisk trädgård:* jardin botanic

botemedel remedio

botfärdig penitente, repentente; *rel* contrite

botfärdighet penitentia

botgöra expiar

botgörarpsalm miserere

botgöring expiation, penitentia

botten fundo, basso, culo; *botten på flaska:* culo de bottilia

bottenavlagring *lägga sig som (botten)avlagring:* depositar

bottenlös abysmal, abyssal, insondabile, sin fundo

bottenrik ricchissime

bottensats deposito, sedimento, residuo, fece, feculentia

bottin bottina

botulism *(köttförgiftning) med* botulismo

bouppteckning *jur* inventario; *förrätta bouppteckning:* facer le inventario

bourgeois burgese

bourgeoisie burgesia

Bourgogne *(vindistrikt i Frankrike)* Burgundia

bov bandito, brigante

bovete saracen, grano saracen

box cassa

boxa boxar; *boxa(s):* pugnar, boxar

boxare boxator, pugile, pugilista

boxning boxa

boxningsring *sport* ring

boxningstävling partita de boxa

bra *adj* bon, *adv* ben; *bra!:* bon!, all right!; *den bästa:* le melior; *mycket bra!:* bravo!; *må bra:* sentir se ben, star ben; *vara bra i (historia):* esser forte in (historia); *väldigt bra:* brave

brak crac, fracasso

braka crac(c)ar; *(åstadkomma ett skarpt högt ljud)* crepar

braman brahmin

bramansk brahman, brahmanic

bramin brahmin

brand incendio, conflagration, deflagration, ignition, ustion; *råka i brand:* conflagrar, inflammar se; *sätta i brand:* conflagrar; *brand-:* incendiari, ustori

brandböld *med* anthrace

brandfarlig inflammabile

brandman pumpero

brandpost hydrante

brandslang manica

brandspruta pumpa de incendio

brandstiftare incendiario

brandsäker *('som inte kan förbrännas')* incombustibile

brandtrappa scala de emergentia

brandvägg *data* muro de securitate

brant *sb* precipitio; *adj* ardue, scarpate, abrupte, precipitose

brasa foco; *(låga)* flamma

brasilianere brasiliano

brasiliansk brasilian

Brasilien Brasil

braskande ostentatiose

brass *sjöt* bracio; *'brass': mus* instrumento de cupro

brassa *sjöt* brassar

brassektion *bleck-/brass-sektionen (i orkestern):* cupros

bravad bravada

bravo *bravo!:* bravo!

bravur bravura

bred large, late; *(vid)* ample

bredd transverso, largessa, largor; *geogr* latitude

bredda allargar

breddgrad *geogr* latitude, parallelo; *breddgrads-:* latitudinari

breddning allargamento, allargation

bredhalsad laticolle

bredvid al latere, apud, juxta, presso; *sätta bredvid:* juxtaponer

bredvidliggande adjacente

bretagnare breton

Bretagne Bretania, Britannia

bretagnisk breton

bretonsk breton; *bretonska språket:* breton
brett *(om tempo och karaktär) mus* largo
brev lettera, (littera), epistola; *kort brev:* billet; *brev-:* epistolari
brevbärare postilion
brevhuvud testa de lettera/littera
breviarium *(samling av korta böner för dagens bönestunder)* breviario
brevkort carta postal
brevlåda cassa de letteras/(litteras), cassa postal
brevpapper papireria
brevsamling epistolario
brevskrivare epistolero
brevvikt carga-letteras/(litteras), pesa-letteras/(litteras)
brevvåg pesa-letteras/(litteras)
brevvän correspondente
brevväxla corresponder
brevväxling correspondentia
bricka tabuliero
bridge *(kortspel)* bridge *eng*
brigad *mil* brigada
brigadchef *mil* brigadiero
brigantina *(tvåmastat fartyg) sjöt* brigantino
brikett briquette *fr* [briket]
briljans brillantia
briljant *(ädelsten) sb* brillante
briljantin brillantina
briljera brillar
bringa *sb* pectore; *vb* apportar; *bringa om livet:* occider
brinna urer, comburer; *(glöda)* arder; *(låga)* flammar, flagrar; *brinna för en sak:* ferver
brinnande ardente, fervide, focose
bris brisa; *mild bris:* zephyro
brissling *zool* sprat
brist defecto, falta, mancamento, mancantia, manco, menda, demerito, penuria, vitio; *(avsaknad)* carentia; *brist-:* demeritori
brista erumper, franger, rumper se; *(med knall)* crepar, crac(c)ar
bristande deficiente
bristfällig defectuose, in mal condition, defective, vitiose, mendose
bristfällighet deficientia
bristning ruptura, fractura
Britannien Britannia
britt britannico, britanno, britone
brittisk britannic
bro ponte; *flytande bro:* ponte flottante; *slå bro över:* pontar
brobyggare *mil* pontonero
broccoli *(en sorts kål) bot* broccoli
brockfågel *zool* limosa, pluviero
brodd *(sädes-)* germine, embryon; *(is-)* crampon
broder fratre
brodera brodar
broderi broderia
broderkyss accollada
broderlig fraternal, fraterne
broderlighet fraternitate
brodermord fratricidio; *brodermords-:* fratricidal
brodermördare fratricida
broderskap cenaculo, confraternitate, fraternitate
brohuvud *mil* capite del ponte, testa de disbarcamento, testa de ponte
brokad brocato
brokig multicolor, kaleidoscopic, versicolor
broklaff bascula
brom *(grundämnet brom, Br) kem* bromo
bromid *kem* bromuro
broms freno; *zool* tabano, freno; *släppa bromsen:* disfrenar
bromsa frenar; *som kan bromsas:* frenabile
bromsare *(på tåg)* guarda-frenos, serra-freno
bronk *(förgrening av luftrören) anat* bronchio [-k-]
bronker bronchios [-k-]
bronkit bronchitis
bronkitis *med* bronchitis [-k-]
brons bronzo
bronsera *(ge brun färg)* bronzar
bronslur corno de bronzo, trompa de bronzo
bronsålder etate de bronzo
bronsålderslur corno de bronzo, trompa de bronzo
brontosaurus *(förhistorisk ödla) zool* brontosauro
bropelare pila, pylon
bror fratre
brorsdotter nepta
brorson nepote, nepto
brorsson nepote, nepto

brosch broche [-sh-]
broschyr brochure *fr* [broshy:r]
brosk *anat* cartilagine, chondro; *brosk-:* cartilaginose
broskartad *anat* cartilaginose
brospann arco (de ponte)
brott infraction, infringimento; *(brytning)* ruptura, fractura; *(ben-)* fractura; *(lag-)* crimine, delicto, delinquentia; *allvarligt brott:* felonia; *brott belagt med dödsstraff:* crimine capital; *enkelt/komplicerat brott:* fractura simplice/composite; *brott-:* fractional, fractionari
brottas luctar
brottning lucta
brottsexpert criminalista
brottslig criminal, culpabile
brottslighet criminalitate
brottsling criminal
brottstycke clasma, fragmento, fraction; *i brottstycken:* fragmentari; *dela i brottstycken:* fragmentar
brovakt pontero
brovikt bascula
brud sposa, sponsa; *brud-:* nuptial
brudgum sposa, sponso
brudkista *(utrustning inför giftermål)* trousseau *fr* [truso:]
brudpar *brudparet:* le sponsos, le sposos
brudtärna damicella de honor
bruk uso, usage [-adʒe], empleo, habitude, more; *göra bruk av:* adjutar se de, facer uso de; *i bruk:* in uso; *ur bruk:* desuete, foras de uso, obsolete; *tillståndet att ha kommit ur bruk:* desuetude; *seder och bruk:* costume
bruka usar, utilisar, emplear, applicar, soler; *(pläga)* costumar; *(odla)* cultivar
brukare usator
brukbar usabile, utile, apte, empleabile
bruklig usual, costumari, ordinari, solite
brukningsrätt *jur* usufructo; *ha brukningsrätt:* usufruer
brukningsrättsinnehavare *jur* usufructuario
bruksanvisning instruction de empleo, legenda
brumaire *(i franska revolutionens kalender) hist* brumario
brumma grunnir, murmurar, susurrar
brummande susurration
brun brun; *(matt-)* carmelite; *göra brun:* imbrunir
brunaktig brunette
brunett *sb* brunetta; *adj* brunette
brunhårig brunette
brunkol lignite
brunkolslager *(i marken)* jacimento de lignite
brunn puteo, fonte, fontana
brunskjortor *(hitleranhängare)* camisas brun
brunört *bot* prunella
brus fremito, rumor, murmure; *(svagt)* susurro
brusa cascadar, effervescer, fremer, streper, susurrar; *(om vatten)* murmurar; *brusa upp:* infuriar
brustablett comprimito effervescente
brutal crude, rude, brute, brutal; *behandla brutalt:* brutalisar
brutalisera brutalisar, imbrutir
brutalitet brutalitate
bruten decrepite, rupte
brutto- brute
bruttovikt peso brute
bry *bry sig:* rumper se le capite; *bry sig om ngt:* tener a un cosa
brygga *sb* jectata; *(bro)* ponte; *flytande brygga:* ponte flottante; *vb* facer le bira
bryggare birero
bryggeri bireria
brygghus *(tvätt-)* lavanderia
bryn costa
bryna imbrunir; *gastr* dorar, *(stek)* rostir, frir; *(vässa)* acutiar
brynsten acutiator
brysk brusc, rude, impolite; *vara brysk mot:* bruscar
bryskhet bruscheria [-k-]
Bryssel Brussel
brysselkål caule de Brussel/Bruxelles
bryta franger, infringer,refranger, rumper; *(gå sin väg)* partir, vader via; *(strålar)* refractar; *bryta av:* fracturar, rumper; *bryta läger:* levar le campo; *bryta med ngn:* rumper con un persona; *bryta sönder:* franger; *bryta tystnaden:* rumper le silentio; *bryta upp: tr* fortiar; *bryta ut igen:* recrudescer; *som inte kan brytas:* infrangibile
brytande refractive, refractori
brytas rumper

brytböna *bot* faseolo
brytning rumpimento, ruptura, fraction; *(i tal)* accento; *(av malm)* extraction, exploitation; *av strålar, ljusets)* refraction; *(påverkan från annat språk el. dialekt)* accento
brytningsindex indice de refraction
brytningstid *(ungdomens)* epocha del formation
bråck *med* hernia; *inklämt bråck:* hernia strangulate/incarcerate; *bråck-:* herniari
bråckband bandage [-adʒe] herniari, cinctura herniari
bråd urgente, pressate
bråddjup *sb* precipitio, abysmo; *adj* precipitose
brådmogen prematur, precoce
brådmogenhet prematuritate
brådska haste, pressa, precipitation, urgentia; *i brådska:* in haste
brådskande urgente
brådstörtad precipitate, precipite, precipitose
bråk *(slagsmål)* rixa; *(oro)* ruito, tumulto, litigation; *(gatu-)* turbulentia; *mat* fraction; *decimal-/vanligt bråk:* fraction decimal/ordinari; *sätta bråk på gemensam nämnare:* reducer fractiones al mesme denominator; *bråk-:* fractional, fractionari
bråkdel *mat* fraction, decimal
bråkig litigante, querelante
bråkmakare querelator
bråttom *ha bråttom:* esser pressate
bräcka fracturar, franger
bräckjärn vecte
bräcklig fragile, frangibile, caduc; *(hälsa)* debile, delibile, delicate
bräcklighet fragilitate, frangibilitate
bräda planca, tabula; *bekläda med bräder:* intabular
brädd *svämma över sina bräddar:* disbordar
bräde *(till schack el. andra spel)* tabuliero
brädgård ligneria
bräka balar
bräkande balamento
bräken *bot* filice; *bräken-:* filical
bränd aduste; *brända mandlar:* amandolas tostate
bränna adurer, comburer, cremar, incinerar, torrer, urer; *(lik)* cremar; *(svida)* adurer; *(sticka)* piccar; *(lera, porslin o.dyl.)* cocer; *(sår)* cauterisar; *bränna av:* deflagrar; *bränna och skövla:* mitter a ferro e foco; *bränn-:* ustori, caustic
brännande *fys* caustic; *med* urente
brännare combustor
brännbar combustibile, inflammabile, incendiabile; *brännbart ämne: bildl* fomite
brännblåsa *med* ampulla
bränneri destilleria, distilleria
brännglas lente ustori
brännhet calorose; *vara brännhet:* ferver
bränning adustion; *sjöt* resacca; *(av sår)* cauterisation; *('surf')* resacca
brännjärn cauterio, button de foco
brännmärka stigmatisar, denunciar, marcar a ferro rubie; *bildl* infamar
brännmärke stigma
brännmärkning denunciation
brännoffer holocausto
brännpunkt foco; *brännpunkts-:* focal
brännskada *(resultatet av bränning)* arditura, combustion, escaldatura
brännugn furno de (combustion, cremation etc)
brännvidd distantia focal
brännvin brandy *eng,* aqua-vite
brännässla *bot* urtica
bränsle combustibile
bräsch brecha [-sh-]; *slå en bräsch i:* facer un brecha in
bräsera *gastr* brasar
bräss *anat* thymo
bröd pan; *bildl* alimento, nutrimento
brödranson *(soldats) mil* pan de munition
brödraskap *(förening el. inrättning enbart för män)* fraternitate
brödrost grillia-pan, tostator
brödskorpa crusta de pan
brödstycke pecia de pan
brödsäd cereal
bröllop maritage [-adʒe], hymeneo, nuptias; *bröllops-:* nuptial
bröllopsceremoni *bröllopsceremonier:* sponsalias, sposalias
bröllopsdikt epithalamio
bröllopsfestlighet *bröllopsfestligheter:* nuptias
bröst *anat* pectore, sino, mamma, thorace; *ge*

bröstet: atettar; *bröst-:* pectoral, mammari, thoracic
bröstben *anat* sterno
bröstbär *bot* jujube *fr* [ʒyʒyb]
bröstharnesk plastron
bröstkorg *anat* thorace; *(sköte)* mamma, sinos; *bröstkorgs-:* thoracic
bröstsmärta angina del pectore
bröstvårta *anat* mamilla, tetta
bröstvärn balustrada; *(lågt räcke)* parapetto *ital*
bubbla *sb* bulla; *vb* bullir; *bubbla upp:* ebullir
bud message [-adʒe], offerta; *(befallning)* ordination, prescription; *(anvisning)* information, aviso; *tio Guds bud:* le decalogo; *lyda tio Guds bud:* observar le Dece Commandamentos de Deo
budbärare messagero [-adʒero], currero, nuncio
buddism buddhismo
buddist buddhista
buddistisk buddhista, buddhic, buddhistic
budget budget *eng* [b^dʒet]; *budget-, som rör budgeten:* budgetari [b^dʒetari]
budgetera *(göra upp en budget)* budgetar [b^dʒetar]
budord *rel* commandamento; *de tio budord:* (le) dece Commandamentos, decalogo
budskap message [-adʒe]
budskickningsfirma messageria [-dʒeria]
buffé credentia
buffel *zool* bison(te), bufalo; *bildl* bruto
buffert *(stötupptagande kudde, även kem)* tampon
buffertlager stock tampon
buffertstat stato cossino/tampon
buffertzon zona tampon
buga inclinar; *buga sig:* inclinar se
bugning inclination
buk *anat* ventre, abdomine, gastro; *tjock buk:* pancia; *ta ut ur buken:* eventrar; *buk-:* abdominal, ventral
bukfylla *(rejäl måltid)* ventrata
bukhinna peritoneo
bukhåla *anat* gastro
bukig panciate, panciute
bukspott succo pancreatic
bukspottkörtel pancreas
bukspottskörtel *anat* pancreas
bukt baia, golfo, curva, curvatura
buktalare ventriloquo
buktaleri ventriloquia
buktig curve, curvilinee, sinuose, arcate, flexuose
bulgar bulgaro
Bulgarien Bulgaria
bulgarisk bulgare
bulimi *(hetsätning, gr 'oxhunger') med* bulimia
buljong bouillon *fr*, consommé *fr* [kõsome]
bulla *rel* bulla
bulle bolletta, panetto (molle)
buller rumor, ruito, strepito, fracasso
bullersam ruitose
bulletin *(officiell rapport)* bulletin; *person som skriver bulletiner:* bulletinero
bullra ruitar, strepitar, fracassar, rumorar
bullrande ruitose
bullrig rumorose, ruitose; *(med mycket oljud av diverse slag)* strepitose
bult *mek* bulon, cavilia
bulta batter, colpar
bundenhet obligatorietate
bundsförvant alliato, consorte
bunke bassinetto, botte, vaso
bunsenbrännare becco de Bunsen
bunt fagotto, fasce, fascina, pacco, pacchetto, *(liten)* fasciculo
bunta paccar; *bunta ihop:* fagottar
buntmakare pelliciero
bur cavia, aviario
Burgund Burgundia
burgundier burgundio
burgundisk burgundie
burk cassetta, scatola; *på burk:* in conserva
burlesk *(skämtsam omformning)* burlesco
burnus *(mantel med kapuschong)* burnus *arab*
burskap jure civil
burspråk balcon clause, alcova
buse vagabundo, grumo, individuo suspecte, ruffiano
buskage bosco, boscage [-adʒe]
buske arbusto, boschetto; *bot* frutice
buss autobus, bus, omnibus
busskonduktör billetero
busslinje linea de omnibus

butan *kem* butano
butangas *kem* butano
butelj bottilia
buteljera imbottiliar
butik boteca
butiksdisk banco
butiksinnehavare botechero [-k-]
butler dispensero
butter irritabile, grunnitori, amar
buxbom *(träd och träslag) bot* buxo
by village [-adʒe], *(liten)* vico; *(vindkast)* turbo, colpo de vento; *by-:* villan
bybo villano
bygd region, districto, canton
bygel manilla
bygelhorn *(instrumentfamilj med olika storlekar och stämlägen) mus* flicorno *ital*
bygga edificar, construer, struer; *(ihop)* construer; *bygga fördämning:* incassar; *bygga om:* reconstruer; *bygga rede/bo:* annidar; *bygga till sidobyggnad:* annexar; *bygga upp:* eriger, *(igen)* reconstruer
byggare constructor; *(den som reser/uppför byggnader)* erector
byggherre edificator
byggmästare constructor
byggnad edification, edificio; *liten byggnad/tempel:* edicula; *uppföra byggnad:* edificar; *uppförande av byggnad:* edification; *byggnads-:* tectonic
byggnadsarbetare constructor
byggnadsritning plano
byggnadssnickare carpentero
byggnadssnickeri carpenteria; *arkit* ossatura
byggnadsstomme *arkit* ossatura
byggnadsställning scafoltage [-adʒe]
byggnadsverk edificio
byka lavar, abluer; *(luta)* lixiviar
byrett buretta
byrå agentia, officio, bureau *fr* [byro]; *(möbel)* commoda
byråkrat bureaucrate [byrokrate]
byråkrati bureaucratia [byrokratia]
byråkratisk bureaucratic [byrokratik]
byrålåda tiratorio
Bysans Byzantio
bysantinier *(invånare i Bysans)* byzantino
bysantinsk byzantin
byst busto
bysthållare sustene-pectore
byta cambiar; *(i handel)* trocar; *byta båt:* transbordar; *byta om:* permutar; *byta tåg:* cambiar de traino; *byta ut:* cambiar, commutar, intercambiar, renovar; *en som byter ut:* excambiator; *som kan bytas:* cambiabile
byte cambio, excambio; *data* byte *eng*; *(rov)* butino, preda, piliage [-adʒe], saccheamento, spolia; *(fångst)* captura, piscata; *samla byte:* butinar; *taga byte:* predar
byteshandel *idka byteshandel:* trocar
bytta situla
byxhängslen suspensores
byxor pantalones
byäldste *(i Ryssland)* starosta *ry*
båda *(med substantiv efter) adj* ambe; *(utan substantiv efter) (obest, pron.)* ambes, tote le duo; *(förebåda)* annunciar; *båda två:* tote le duo
både *både ... och:* e ... e, assi... como
båga *(forma båge)* arcar
båge arco, archetto, curva
båglampa lampa de arco
bågskytt archero [-k-], flechator [-sh-], sagittario
bågvalv arcada
bål *(eld)* foco; *anat* trunco; *(skål)* cuppa, scutella
bångstyrig *(om person)* restive
bår feretro, lectiera; *(för transport)* portata
bård orlo, bordatura, lista; *(av fransar)* frangiatura [-dʒa-]
bårhus obitorio; *(för identifiering)* morgue *fr* [morg]
båt barca, batello, canoa, yacht, yole, imbarcation, navetta; *(stort fartyg)* nave
båtbrygga ponte de barcas
båtbyte transbordo
båthus remissa de barcas
båtlast *en båtlast (av ngt):* barcata
båtledes per nave
båtnad avantage [-adʒe], beneficio
båtshake croc, gaffa
båtsman marinero; *(person som har hand om båtar)* barchero [-k-]
båttur cruciera
bäck rivo, rivetto

bäcken bassino, bassinetto; *anat* pelve; *geol* bassino

bäckenben osso pelvic

bäckenbotten *anat* perineo

bädd lecto; *tekn* fundamento; *geol* strato

bädda facer le lecto, preparar le lecto; *bädda upp:* facer le lecto

bägare cuppa, bicario; *rel* calice; *formad som en kalk/bägare:* caliciforme

bägge ambe, ambes

bälg sufflator; *(hand-)* suffletto

bälga *bälga i sig:* trincar

bälgtrampare sufflator

bälte cinctura, zona; *geol* strato; *mil* cincturon; *heta bältet:* le zona torride; *kalla bältet:* zona glacial; *sätta/ta bälte på:* cincturar, cinger; *taga bälte av:* discinger; *utan bälte:* discincte; *bältes-:* zonal

bältros herpete zoster

bänk banco

bär *bot* bacca

bära portar, sustener; *bildl* usar; *(lida)* suffrer, tolerar; *bära upp:* sustener; *bära tillbaka:* reportar

bärande *sb* porto

bärbar portabile

bärga *(rädda)* salvar; *(skörda)* recoltar

bärgning salvamento

bärighet soliditate; *sjöt* tonnage [-adʒe]

bäring *sjöt* relevamento

bärkraft fortia portative

bärnsten ambra, succino; *bärnstens-:* succinic

bärnstensfärgad ambra

bärplansbåt hydroplano

bärrem corregia portatori, *(över axlarna)* suspensores

bärstol lectiera, sede portative; *(orientalisk)* palanchin [-k-]

bärsärk energumeno

bärätande baccivore

bäst *adj (superlativ till* ***bon*** *god)* le melior, le plus bon, optime; *adv* le melio, le plus ben; *bäste vän:* car amico, Car amico!; *vara bäst:* exceller; *det allmännas bästa:* ben public; *göra sitt bästa:* facer lo possibile

bästa *det allmännas bästa:* ben public; *göra sitt bästa:* facer lo possibile

bättre *adj* plus bon, melior, superior; *adv* plus ben, melio; *så mkt bättre:* tanto melio

bättringsväg *vara på bättringsvägen:* convalescer

bäva fremer, tremer, trepidar

bävan trepidation

bäver *zool* castor

böckling haringo fumate

bödel carnifice, executor, tormentator

böhmare *(tjeck)* bohemo

Böhmen *(äldre namn på Tjeckien)* Bohemia

böhmisk bohemian, bohemic; *(tjeckisk)* boheme

böja clinar, inclinar, flecter, inflecter, curvar, plicar, verter; *gram* declinar, conjugar, inflecter; *böja huvudet:* nutar; *böja igen:* recurvar: *höja sig:* submitter se, inclinar se; *böja sig för:* obsequer; *böja sig ned:* inclinar se; *böja tillbaka:* recurvar

böjar *med böjar:* flexuose

böjbar ductile; *(som kan böjas) gram* declinabile

böjd *böjd att:* proclive; *böjd för:* disposite, inclinate a, propense; *böjd i skarp vinkel:* geniculate

böjelse inclination, proclivitate; *(djupt rotad)* propension; *ha böjelse (för):* propender

böjlig ductile, flexibile, plicante

böjlighet flexibilitate

böjning curvatura, inclination, flexura, inflexion, plicatura; *(av ljusstråle) fys* diffraction; *(även gram)* flexion, declination; *avvikande böjning: gram* heteroclito; *med onormal böjning:* heteroclite; *böjnings-: gram* flexional

böjningsmönster *gram* paradigma

böla bramar, mugir

böld ulcere, abscesso; *(svulst)* tumor; *med* bubon, carbunculo, furunculo; *böld-:* bubonic

böldpest peste bubonic

bölja *sb* unda; *vb* undear, undular; *(gå i vågor)* undular

böljande undose

böljegång undulation

bön prece, petition, requesta, precaria, supplica; *(ödmjuk)* supplication; *(enträgen)* conjuration; *(om förskoning)* deprecation; *(stilla)* recolligimento; *beveka genom bön:* exorar

böna *(grön) bot* faba

bönbok breviario

bönehus oratorio
bönekammare oratorio
bönetimme *(föreskrivna sång- och bönetimmar i kloster)* horas canonic
böneutropare *(muslimsk)* muezzin
bönevecka septimana del rogationes
bönfalla adjurar, conjurar, implorar, supplicar; *bönfalla om:* exorar
bönfallande adjuration, imploration
bönhus cappella
bönpall faldistorio
bönskrift memorial, petition, rogation, supplica
bönsyrsa *zool* mante
böra deber
börd ascendentia, nascentia; *(härkomst)* extraction, origine
börda carga, fardello; *(pålaga)* onere; *ålägga ngn en börda:* incargar
bördig *(härstammande)* native; *(fruktbar)* fertile, fecunde; *göra bördig:* fertilisar; *icke bördig:* infertile; *som gör bördig:* fertilisante; *som kan göras bördig:* fertilisabile
bördighet fertilitate
börja comenciar, initiar, inciper, aperir, ordir; *(ta sig för att)* poner se a; *börja om:* recomenciar
början comenciamento, comencio, principio, initio, apertura; *från första början:* del principio, ab ovo; *i sin enklaste början:* rudimentari; *med början från:* a partir de
börs bursa, porta-moneta; *(för aktier osv)* bursa; *svarta börsen:* mercato nigre
börsaffärer affaires *fr* de bursa
börsnotering quotation
börsspekulant agiotator [-dʒo-]
börsspekulation agiotage [adʒotadʒe]
börsspel joco de bursa
bössa fusil
böta mulctar
böter mulcta, pena pecuniari
bötfälla condemnar a mulcta

C

c *tonen C: mus* do, ut; *C-dur:* do major; *c-moll:* do minor
cabriolet cabriolet
caddie caddie *eng*
californium *(grundämnet californium, Cf) kem* californium
camera obscura *foto* camera obscur
camping campamento
cancan cancan
candela *(cd, enhet för ljusstyrka) fys* candela
cape cappa
capo *da capo (ta om från början): mus* da capo *ital*
cappucino *(kaffe med ångvispad mjölk)* cappucino
carte blanche *(fria händer)* carte blanche, carta blanc
caterpillar machina [-k-] eruca
cd-rom *data* cd-rom
ceder *bot* cedro
cedilj cedilla *sp* [sedilja]
celebritet celebritate
celest *(himmelsk)* celeste
celesta *(1 pianoliknande instrument, 2 en orgelstämma) mus* celesta
celibat celibato
cell *(alla bet.)* cella; *biol* cellula, utriculo; *läran om cellen:* cytologia; *cell i bikaka:* alveolo; *cell-:* cellular
cellbildning *anat* cytogenesis
cellblåsa *biol* vacuolo
celldelning *biol* caryocinese
cello *mus* violoncello
cellofan cellophan
cellulosa cellulosa; *cellulosa-:* cellulose
cellulär cellular
cembalo *mus* cembalo [tshembalo], clavicymbalo, virginal
cement cemento
cementera cementar
censor *(en som censurerar)* censor
censorsämbete censura
censur censura; *underkasta censur:* submitter al censura
censurera censer, censurar
cent *(mynt i bl.a. USA)* cent
centigram *(cg, 1/100 g)* centigramma
centiliter *(cl, 1/100 l)* centilitro
centime *(franskt mynt, 1/100 franc)* centime *fr* [sãtim]
centimeter *(cm, 1/100 m)* centimetro
central *sb, adj* central

centralisera centralisar
centralvärme calefaction central
centralvärmeanläggning calorifero
centrera *(sätta i mitten/mittpå)* centrar
centrifug machina [-k-] centrifuge
centrifugal *(som flyr från medelpunkten)* centrifuge
centrifugalkraft *(kraft ifrån mittpunkten)* fortia centrifuge
centrifugera centrifugar
centripetal *(som söker sig in mot en medelpunkt)* centripete
centripetalkraft *(kraft mot mittpunkten)* fortia centripete
centrum centro
Cerberus Cerbero
ceremoni ceremonia, rito; *ceremonier:* apparato; *med många ceremonier:* ceremoniose; *ceremoni-:* ceremonial
ceremoniell ceremonial
ceremonimästare maestro de ceremonia(s)
cerium *(grundämnet cerium, Ce) kem* cerium
certifikat certificato
cervelatkorv cervelata
Cesar Cesare
cesium *(grundämnet cesium, Cs) kem* cesium
cesur *(taktvila, paus i en vers) litt* cesura
champagne champagne *fr* [shãpanj]
champinjon *bot* champignon *fr* [shãpinjõ]
champion campion
chans chance, fortuna, sorte; *(slump)* hasardo
charad charade *fr* [sharad]
charkuteri macelleria
charkuteriaffär macelleria
charlatan charlatan *fr* [sh-]
charm charme [sh-], sortilegio
charta charta [k-]
charter charter *eng* [tsha:te]
charterflygning volo charter *eng* [tsha:te]
chartertjänst servicio charter *eng* [tsha:te]
chartism *(eng. valreformrörelse på 1800-talet)* chartismo
chartra *chartra fartyg:* affretar
chartreuse *(franskt munkkloster)* Cartusia; *chartreuse-: (likör)* cartusian
chartring *(av fartyg)* affretamento, chartering *eng*
chassi chassis *fr* [shasi]
chatta *data* chat/t/ar [sh-]
chaufför chauffeur *fr* [shofoe:r], cochiero [-shi-]
chauvinism *(skrytsam, fanatisk patriotism)* chauvinismo [sho-]
chauvinist chauvinista [sho-]
check cheque [tshek]
checka controlar, examinar, compulsar
chef chef [sh-], capite, gerente, patrono, principal; *chefs-:* principal
chefredaktör redactor in chef [sh-]
chemisett camisetta
chic chic [sh-]
chiffer cifra; *skriva i chiffer:* cifrar
chifferskrift cryptographia
chiffrera *(skriva i chiffer)* cifrar
chiffrör cryptographo, decifrator
Chile Chile [tsh-]
chilenare chileno [tsh-]
chilensk chilen [tsh-]
chimär chimera; *chimär-:* chimeric
chip *data* chip *eng*
chock choc [sh-]; *med, psyk* trauma
chocka choc(c)ar [sh-]
chockera choc(c)ar [sh-]
chockerande *chockerande!:* shocking! *eng*
choklad chocolate [sh-]
chokladförsäljare chocolatero [sh-]
chokladkaka barra de chocolate [sh-]
chokladtillverkare chocolatero [sh-]
chorea *(danssjuka) med* chorea
ciborium ciborio
cicero *(en tämligen stor boktryckarstil) typ* cicero
ciceron *(person som sakkunnigt förevisar sevärdheter, /turist/guide)* cicerone
ciceronsk ciceronian
cider cidra
cigarett cigarretta
cigarettetui porta-cigarrettas
cigarr cigarro
cigarrfodral cigarriera
cigarrhandlare cigarrero
cigarrmakare cigarrero
cikada *zool* cicada
cikoria cichorea
cikoriarot endivia
cinnober *(svavelkvicksilver, röd till färgen)*

min cinnabare, cinnaberite
cirka circa
cirkel circulo, circumferentia; *circulus vitiosus, ond cirkel:* circulo vitiose
cirkelbana orbita
cirkelformad circular
cirkelrund circular
cirkulation circulation; *sätta i cirkulation:* circular
cirkulera circular
cirkulär *sb, adj* circular
cirkumflex accento circumflexe (ˆ)
cirkus circo
cirrocumulus *meterol* cirrocumulo
cirruscumulusmoln *meterol* cirrocumulo
cirrusmoln *meteorol* cirro
cisalpinsk *(söder om Alperna)* cisalpin
ciselera cisellar
ciselering cisellatura
ciseleringskonst toreutica
cister *mus* cithera
cistern *(behållare för vätskor)* cisterna
citadell citadella
citat citation
citera citar; *som kan citeras:* citabile
citron citro, limon; *citron-:* citric
citronfärgad citrin
citrongul citrin; *(färgämnet)* citrina
citronpress pressa-limon
citronsyra acido citric
citronträd limoniero
citrus citro; *citrus-:* citric
cittra *mus* cithera
civil *(klädd som en vanlig medborgare)* civil
civilisation civilisation
civilisera civilisar
civilrätt derecto civil
civilstånd stato civil
clearing *(avräkning mellan banker) ekon* clearing *eng*
clown clown *eng*
clownaktig clownesc
clownliknande clownesc
cockpit cabina de pilotage [-adʒe]; *(rymdfart)* habitaculo
Columbus *Christofer Columbus:* Christophoro Columbo
constituens *med* excipiente
container recipiente
copyright derectos de autor, copyright *eng* [kopirajt]
cornamusa *mus* cornamusa
cortes *(det spanska parlamentet) sp* cortes
cosinus *mat* cosinus
cotangens *mat* cotangente
courbette *(ridning)* curvetta
courbettera *(ridning)* curvettar
cowboy vacchero
crème crema; *crème de la crème:* crema del crema
crescendo *(växande i tonstyrka) mus* crescendo *ital* [kreshendo]
cromlech *arkeol* cromlech [-lek]
csardas *(en ungersk dans)* csardas *ung* [tshardash]
cup cuppa
cupula *(den lilla skålen kring ett ollon) bot* cupula
curium *(grundämnet curium, Cm) kem* curium
cyan- *kem* cyanic
cyanblå cyano
cyanid *kem* cyanuro
cyanos *(blåfärgning av huden t.ex. vid hjärtfel) med* cyanosis
cyanväte *kem* acido prussic
cyperspace *data* cyberspatio
cykel *(period, cyklus)* cyclo; *(fortskaffningsmedel)* bicyclo, bicycletta, velocipede; *trehjulig cykel:* tricyclo
cykelställ porta-bicyclo
cykeltävlingsbana velodromo
cykla bicyclar
cyklisk *(gående i kretslopp)* cyclic
cyklist bicyclista, cyclista
cyklon *meteorol* cyclon
cyklop *myt* cyclope
cyklotron cyclotron
cyklus cyclo
cylinder cylindro, rolo; *tekn* tambur
cylinderformad cylindriforme
cylinderhatt (cappello) cylindro
cylindrisk cylindric
cymbal *mus* cymbalo
cymbalspelare *mus* cymbalista
cyniker cynico
cynisk cynic

cynism cynismo
Cypern Cypro
cypress *bot* cypresso
cypriot cyprio, cypriota
cypriotisk *(från Cypern)* cyprie
Cypris Cypride
cystisk cystic
cytoplasma *(äggvitelösning i cellen)* cytoplasma

D

d *tonen D: mus* re
d.v.s. i.e. = isto es *(lat* id est)
dadel dattilo, dactylo
dag die, jorno; *i dag:* hodie; *av i dag: adj* hodierne, de hodie; *dagen därpå, följande dag:* le die sequente; *en dag, någon gång:* un die; *en vacker dag:* unquam; *från dag till dag:* de die in die; *god dag!:* bon die!; *härom dagen:* le altere die/jorno; *om dagen: adj* diurne; *varje dag: adj* diurne; *komma i dagen: geol* afflorar; *kommande i dagen: geol* affloramento; *dags-:* diurne
dagas facer jorno
dagblad quotidiano, diario, jornal
dagbok diario, jornal
dagdrivare pigro
dager lumine del jorno
dagg ros, rore
daggbestänka irrorar
daggbestänkning irroration
daggdrypande roriflue
daggig roral
daggmask lumbrico, verme de terra, vermiculo
daggryning aurora, alba
dagjämning equinoctio
daglig diurne, quotidian; *det dagliga livet:* le vita quotidian; *dagligen:* quotidianmente
daglilja *bot* hemerocallide
daglönare jornalero
dagordning ordine del die, agenda; *övergå till dagordningen:* passar al ordine del die
dagpenning salario dial
dags *det är dags:* il es tempore; *hur dags:* a que hora, quando
dagsljus lumine dial
dagslända libellula
dagsländelik ephemere
dagspenning salario dial
dagstidning diario, quotidiano
dagsverke dial
dagteckna datar
dagtinga parlamentar, transiger, capitular
dahlia *bot* dahlia
dakapo bis
daktyl dactylo
daktylisk dactylic; *daktylisk vers:* verso dactylic
dal valle, vallata, vallea; *över berg och dal:* per (le) montes e valles
dalande descendita, descension
dalbana *berg- och dalbana:* montanias russe
daler *(mynt) hist* taler
dalgång vallata
dallra vibrar
dallrande vibratori
dallring vibration
Dalmatien Dalmatia; *invånare i Dalmatien:* dalmatiano
dalmatiner *(hund)* dalmata
dalmatisk dalmatian
daltonism daltonismo
daltonsk daltonian
dam seniora, dama (de honor), donna; *(pjäs i damspel)* dama
damask *lång damask:* gambiera
Damaskus *(huvudstad i Syrien)* Damasco; *från Damaskus:* damascen; *invånare i Damaskus:* damasceno
damastmönster *väva i damastmönster:* damascar
damejeanne *(stor flaska inflätad i korg)* damajana
damhatt *damhatt utan brätten:* tocca
damm piscina; *(med stillastående vatten)* stagno; *(fördämning)* dica, barrage [-adʒe]; *(stoft)* pulvere
damma dispulverar; *det dammar:* il pulvera; *damma av:* dispulverar
dammbyggnad dica
dammig pulverose
dammlucka esclusa (de dica)
dammsugare aspirator de pulvere, dispulverator
damspel joco de damas; *spela damspel:* jocar

a damas
dana crear
danande *adj* formative
Danmark Danmark
danois *grand danois (hund):* danese
dans ballo, dansa
dansa ballar, dansar
dansare dansator
dansband *mus* banda
danserska dansatrice
dansk *adj* dan, danese; *danska språket:* danese, dano; *(en) dansk:* danese
danssjuka *med* chorea
danssko scarpino
dansör dansator
dansös dansatrice
Dardanellerna le Dardanellos
dardansk dardane
darra fremer, tremer, vibrar; *darra på målet:* balbutiar, tremular
darrande tremule
darrning fremito, tremor; *(i lemmar el. underkäke) med* trepidation
darrål *zool* gymnoto
dart dardo, flechetta
data *(i latin en pluralform) data* datos
databas base de datos
datamaskin computator
dataria *dataria apostolica (ett av påvehovets kanslier):* dataria *lat*
datatermer terminos informatic
datera datar
dativ *gram* dativo
dator computator
datum data
dauphin *hist* delphino
Davids- davidic
davidsstjärna sigillo de Salomon
Davis *Davis cup:* cuppa Davis
DDR *(Östtyskland) hist* Republica Democratic German
de *(om allt ej manligt el. kvinnligt) pers pron plur* illos; *(om flera manliga el. manliga och kvinnliga tillsammantagna) pers pron plur* illes; *(om kvinnliga varelser) pers pron plur fem)* illas; *bestämda artikeln, den/det/de.... (e)n/-et/-na, -en:* le; *de där:* ille; *de här:* iste, istos
debatt debatto
debattera debatter
debet debito
debetsida debito
debut *(förstagångsframträdande)* début *fr* [deby]
debutant debutante
debutera debutar
december decembre
decennium decade, decennio
decentralisera discentralisar
decentralisering discentralisation
dechiffrera decifrar; *omöjlig att dechiffrera:* indecifrabile
dechiffrering deciframento
decibel *(dB)* decibel
deciliter *(dl)* decilitro
decimalbråk *mat* fraction decimal; *periodiskt decimalbråk:* fraction periodic
decimalvikt bascula
decimera *(egentl. ta bort var tionde)* decimar
decimering decimation
decimeter decimetro
deduktion deduction
default *data* predefinite
defekt mancamento
defektiv *(med ofullständigt antal former) gram* defective
defensiv *sb* defensiva; *på defensiven:* super le defensiva; *adj* defensive
defilera *mil* defilar
defilering defilata
definiera definir
definierbar definibile
definition definition
definitiv definitive
deflation deflation
deflorera *(beröva/ta oskulden)* deflorar, disflorar
deflorering *(genomtränga mödomshinnan)* defloration, disfloramento
deformation deformation
deformera deformar
deformitet deformitate
deg pasta; *göra till deg:* impastar
degel crucibulo
degeneration degeneration
degenerera degenerar

degig pastose
degradera degradar, incanaliar
degraderande degradante
degradering *(rangsänkning)* degradation
dekad decade
dekadans decadentia
dekadent decadente
dekan decano
dekantera *(hälla upp försiktigt)* decantar; *(överföra till ett annat kärl)* transvasar
dekanämbete decanato
deklamatorisk declamatori
deklamera declamar, eloquer, recitar; *en som deklamerar:* declamator
deklaration *(uppgiftslämnande)* declaration
deklarera declarar
dekodera decodar
dekokt decoction
dekomprimera decomprimer
dekoration decoration, guarnimento
dekorativ decorative
dekoratör decorator
dekorera decorar; *(med medaljer och ordnar)* decorar
dekorering *(med medaljer och ordnar)* decoration
dekorum decorum
dekret decreto
dekretera decerner, decretar
del *(andel)* parte, portion; *bästa delen av:* flor de; *bestående av lika/liknande delar:* homeomere; *dela i fyra delar:* quartierar; *en del:* varie; *ha del i:* haber parte in: *hela el. största delen:* generalitate; *för all del:* de nihil; *del-:* fractional, fractionari, partial
dela partir, divider; *(i kortspel)* dar; *dela i två delar:* bisecar, divider in duo; *dela i tre delar:* tripartir; *dela i fel inbördes förhållande:* disproportionar; *dela upp:* repartir; *dela upp i två:* bipartir; *dela ut:* distribuer
delande *adj* divisive
delbar divisibile
delbetalning rata
delegat delegato, legato
delegation delegation, mission
delegera devolver; *(överlåta uppgifter)* delegar
delegering devolution; *(överlåtande av uppgifter)* delegation
delfin *zool* delphino
delfisk delphic
deliciös deliciose
delirium *med* delirio; *delirium tremens (alkoholförorsakad förvirring): med* delirium tremens
delning division, partition, separation, disunion
dels in parte; *dels ... dels:* in parte ... in parte, assi ... como
delta *(kring flodmynningar)* delta; *(grekiska bokstaven)* delta; *delta-:* deltaic
deltaga participar, compatir; *deltaga i:* participar in/a
deltagande *sb* participation, compassion, sympathia; *(i sorg)* condolentia; *adj* sympathic
deltagare participante, participator
delvis *adj* partial; *adv* in parte, partialmente
delägare associato, coproprietario
dem *(om maskuliner el. när både mask. och fem. åsyftas)* les; *(om femininer)* las; *(objektsform för alla icke maskulina el. feminina ord)* los; *(efter preposition)* illes *(mask.)*, illas *(fem.)*, illos
demens *(avtagande själsförmögenheter)* dementia
dement *(med avtagande själsförmögenheter)* demente
dementera *(bevisa att ngt är lögn)* dismentir
demilitarisera dismilitarisar
demiurg *('världsskapare') filos* demiurgo
demobilisera *mil* demobilisar
demobilisering *mil* demobilisation
demograf *(person som sysslar med demografi)* demographo
demografi *(befolkningsbeskrivning)* demographia
demografisk demographic
demokrat democrate
demokrati democratia
demokratisk democratic
demolera demolir
demolering demolition
demon demone, demonio; *läran om demoner:* demonologia
demonbesatt *en demonbesatt:* energumeno
demonetisera *(dra in pengar som är i omlopp)*

dismonetisar
demonisk demoniac
demonstrant demonstrator
demonstration demonstration
demonstrativ *gram* demonstrative
demonstratör demonstrator
demonstrera demonstrar, manifestar; *som kan demonstreras:* demonstrabile
demontering dismantellamento, dismontage [-adʒe]
demoralisera dismoralisar, depravar
demoraliserad depravate
demotisk *(folkligt förenklad, om sätt att skriva egyptiska hieroglyfer)* demotic
den *bestämda artikeln, den/det/de ... -(e)n/-et/ -na, -en:* le; *den/det, om allt ej manligt el. kvinnligt: pers pron sing* illo; *den, det, objektsform om allt icke maskulint el. feminint:* lo; *den/det/de där:* ille; *den och den:* tal e tal; *den store mannen:* le grande homine
denationalisera disnationalisar
denaturera disnaturar
denazifiering disnazification
denna *denna/detta/dessa (+ substantiv):* iste, ille, ce; *denna/detta (utan subst. efter):* isto, illo, ce; *dessa (utan subst. efter):* istes; *(den här)* iste; *(den där)* ille; *den här bilen (denna bil) är ny:* iste auto es nove; *detta här (alldeles intill):* ce ci
dennes de ille/iste, su; *den 5 dennes:* le cinque del currente
densamme le mesme
dental- dental; *fon* dental
dentin dentina
deodorant disodorante
deontologi deontologia
departement ministerio, departimento
depesch depeche *fr* [depæ:sh]
deplacement *sjöt* displaciamento
depolarisera dispolarisar
deponera deponer, depositar
deponering deposito
deportation deportation
deportera deportar
depraverad depravate
depreciera depreciar
depreciering depreciation
depression depression
depressiv *med* depressive
deprimera deprimer
deprimerad depresse
deprimerande *med* depressive
deputation deputation
deputerad deputato
depå deposito
derangera disrangiar [-dʒar]
derangering disrangiamento [-dʒa-]
deras lor
derivat *med* derivativo
dermatit dermatitis
dermatolog dermatologo
dervisch *(muslimsk 'munk')* dervich [-vish]
desertera desertar
desertering desertion
desertör desertor, transfuga
desillusion disillusion
desillusionera disillusionar
desillusionering disillusionamento
desinfektion disinfection; *utföra desinfektion:* disinfectar
desinfektionsmedel disinfectante
desinfektionsrökare fumigator
desinfektör exterminator
desinficera disinfectar; *(med rök)* fumigar
desinficerande *adj* disinfectante, germicidal; *bakteriedödande/desinficerande medel:* germicida
desintegration disintegration
desintegrera disintegrar
deskriptiv descriptive
desorganisera disorganisar
desorientera disorientar
desperat *få att bli desperat:* desperar
desperation desperation, despero
despot despota; *vara despot:* despotisar
despotisk despotic
despotism despotismo
dess su; *sedan dess:* desde alora; *till dess:* usque, usque alora; *dess bättre:* tanto melior; *icke dess mindre:* nonobstante, tamen
dessa (+ *substantiv)* iste; *(de här/dessa, utan subst.)* istes, istos
dessemellan interim, in le interim
dessert dessert *fr* [desæ:r]
dessförinnan avante, ante illo
desslikes de mesmo

dessutom de plus, in plus, item, in ultra, extra

destillationskolv *kem* cucurbita, retorta

destillera destillar

destilleri destilleria

destillering destillation; *destillerings-:* destillatori

destination destination

destinerad *destinerad till:* destinate a

destruera destruer

destruktion destruction

destruktionsugn incinerator

destruktiv destructive

det *(den/det, om allt ej manligt el. kvinnligt) pers pron sing* illo; *(den, det, objektsform om allt icke maskulint el. feminint)* lo; *(formellt subjekt, obetonat)* il, id *lat; bestämda artikeln, den/det/de ... -(e)n/-et/-na, -en:* le; *det finns:* il ha; *det där:* ce la, ille *(med subst. efter),* illo *(utan subst. efter); det här:* ce, iste *(med subst. efter),* isto *(utan subst. efter); det och det:* tal e tal; *det som:* lo que; *det vita huset:* le casa blanc; *det är min vän som sjunger:* il es mi amico qui canta; *'detet': sb psyk* id

detachement *mil* distachamento [-sh-]

detachera *mil* distachar [-sh-]

detalj detalio; *berätta detaljerat, gå in på detaljer:* detaliar; *gå in i detaljer:* particularisar; *i detalj, detaljerad:* in detalio; *obetydlig detalj:* minutia; *sälja i detalj:* vender al detalio

detaljhandel detalio; *bedriva detaljhandel:* vender al detalio

detaljsälja vender al detalio

detektiv detective *eng*

detektor detector

detet *psyk* id

detonation detonation

detonator detonator

detonera facer exploder; *(utlösa bomb, mina)* detonar

detronisera disthronar

detronisering disthronamento

detsamma *pron* idem, le mesme

detta iste, isto, ille, illo, ce; *detta här (alldeles intill):* ce ci

deum *te deum:* Te Deum *lat*

deuterium *(tungt väte) kem* deuterium

devalvera *(i värde)* depreciar, devalutar

devalvering depreciation, devalutation

deviation declination

deviera *(avvika från kompasskursen)* declinar

devis *(inskription)* legenda; *(valspråk)* devisa, motto; *hand* devisa

dextros dextrosa

di *få di:* atettar; *ge di:* allactar, lactar

dia allactar, atettar, lactar

diabetes *med* diabete; *diabetes-:* diabetic

diabetiker *med* diabetico

diabetisk *med* diabetic

diabolisk diabolic

diabolo *(ett sällskapsspel)* diabolo

diadem diadema

diaflaska biberon

diafragma- *anat* diaphragmatic

diagnosticera diagnosticar

diagonal *sb, adj* diagonal

diagram diagramma, graphico

diakon diacono

diakonissa diaconessa

diakritisk *gram* diacritic; *diakritiskt tecken (accent- och andra övertecken över bokstäver):* signo diacritic

dialekt dialecto, patois *fr* [patoa], vernaculo; *läran om dialekterna:* dialectologia; *dialekt-:* dialectal

dialektal dialectal

dialektforskare dialectologo

dialektik *(disputeringskonst)* dialectica

dialektiker *(person som sysslar med dialektik)* dialectico

dialektisk *(som rör politisk dialektik)* dialectic

dialog *(samtal mellan två)* dialogo; *föra dialog:* dialogar; *i dialogform:* dialogic

diamant diamante

diameter diametro

diametral diametral

diametrisk diametric

diande allactamento

diapositiv *foto* diapositiva

diarium diario

diarré diarrhea

diastole *(utvidningsfasen vid hjärtats slag)* diastole

diatonisk *mus* diatonic; *diatonisk skala:* scala/gamma diatonic

dibarn allactato, atettante
dibroder fratre de lacte
didaktisk didactic
dieselmotor motor diesel *ty*
dieselolja gasoleo, oleo diesel *ty*
diet *med* dieta, regime *fr* [reʒi:m]; *hålla diet:* esser a dieta, dietar; *sätta på diet:* dietar, poner a dieta
differential *mat* calculo differential
differentialväxel *tekn* differential
differentiera differentiar
differentiering differentiation
diffraktion *(böjning av ljusstråle) fys* diffraction
diffundera *fys, kem* diffunder
diffus diffuse
diffusion *fys, kem* diffusion
difteri *med* diphtheria
diftong *fon* diphthongo; *uttala som diftong: fon* diphthongar
dig te; *från mig till dig:* ab me a te; *dig själv:* te mesme; *åt dig:* te
digel *typ* platina
digital- digital
digivning lactation
digna succumber
dignitär dignitario
dika fossar; *(dränera)* escolar
dike fossa, fossetta
dikt poema; *(osanning)* fiction, fabula, mytho
dikta componer poemas, versificar, fabular; *(täta)* stoppar, calfatar; *diktad berättelse:* fiction
diktafon dictaphono
diktare poeta
diktat dictamine, dictato
diktator dictator
diktatorisk autoritari, dictatorial
diktatur dictatura
diktera *(alla bet.)* dictar
diktkonst arte poetic
dilettant dilettante
dilettantism dilettantismo
diligens *(vagn)* diligentia; *(snabb) hist* velocifero
dill *bot* anetho
diluvium *geol* diluvio
dimension dimension; *i två dimensioner:* bidimensional
dimfläck *(på hornhinnan) med* nebula
dimhöljd vaporose
diminuendo *(avtagande i tonstyrka) mus* diminuendo
diminutiv diminutive
dimma bruma, nebula
dimmig brumal, brumose, nebulose
din *pron (din, ditt, dina) (med subst. efter)* tu; *(utan subst. efter)* tue; *(best.)* le tue, le tuo; *de dina:* le tues; *den här boken är din:* iste libro es le tue; *för din skull:* pro te
diné dinar
dinera dinar
dinosaurus *zool* dinosauro
Dionysos *gr myt* Dionyso
diperiod lactation
diplom diploma; *ge diplom:* diplomar; *läran om diplom:* diplomatica
diplomat diplomate
diplomati diplomatia
diplomatisk diplomatic; *diplomatisk note:* nota; *diplomatiska kåren:* le corpore diplomatic (CD)
diplomera diplomar
diplomexpert diplomatico
dipsomani *(periodsuperi) med* dipsomania
diptam *bot* fraxinella
directory *data* directory *eng*, catalogo de files
direkt directe, del mano al mano
direktion direction, directorato; *direktions-:* directorial
direktiv directiva
direktminne *data* (memoria) RAM
direktorat directorato; *direktorats-:* directorial
direktris directrice; *mat* directrice
direkttåg traino directe
direktör director, gerente; *direktörs-:* directorial
direktörspost directorato
dirigent *mus* director de orchestra [-k-]
dirigera conducer; *dirigera en orkester: mus* diriger un orchestra [-k-]
dis bruma, bruma leve
disciplin *(lydnad, tukt, ordning)* disciplina
disciplinera *(få att lyda/uppträda ordentligt)* disciplinar

disciplinär disciplinari
disharmoni *mus* discordantia, discordia, disharmonia, inharmonia; *full av disharmoni:* disharmoniose, inharmoniose
disharmoniera disharmonisar
disharmonisk discordante, discorde, inharmonic
disig brumal, brumose
disjunktiv *gram* disjunctive
disk *(i butik)* banco, tabula, bar; *(porslin etc)* lavanda, lavatura; *(för dator)* disco
diska lavar plattos
diskant *mus* discanto, soprano, triple; *sjunga i diskanten:* discantar
diskantklav clave de violino/de sol, clave de discanto/triple
diskantluta *(liten luta) mus* mandora
diskbalja bassinetto
diskbråck *med* hernia de discos intervertebral
diskbänksplugg tenon
diskenhet *(i dator)* unitate de discos
diskett *(till dator)* dischetto
diskmaskin (machina [-k-]) lavatrice
disko *(diskotek)* disco
diskofil discophilo
diskontera discontar
diskonto disconto; *sänka, höja diskonto:* bassar/augmentar le disconto
diskotek discotheca, disco
diskrepans discrepantia
diskrepant discrepante
diskret discrete
diskretion discretion
diskriminera discriminar
diskriminerande discriminatori
diskriminering *(ojämlik behandling)* discrimination
disktrasa pannello a lavar
diskursiv *motsatsen till det diskursiva tänkande är det intuitiva tänkandet:* le contrario del pensata discursive es le pensata intuitive
diskus disco
diskuskastare *(även hist)* discobolo
diskussion discussion; *dryftande, öppen diskussion:* ventilation; *diskussions-:* deliberative
diskussionsledare moderator
diskutabel discutibile
diskutera discuter, disputar; *(vetenskapligt)* dissertar, disserer; *diskutera öppet:* ventilar; *som kan diskuteras:* arguibile, debattibile
diskvalificera disqualificar
diskvatten lavatura
disparat disparate
dispens dispensa
display *data* display *eng*, visualisator, schermo
disponerad disposite
disponibel disponibile
disponibilitet disponibilitate
disproportion disproportion
disproportionerlig *(i fel förhållande)* disproportionate
disputation disputation
disputera disputar
dispyt disputa
dissekera *(skära sönder)* dissecar
dissektion dissection
dissident *(person med annan åsikt)* dissidente
dissonans *mus* discordantia, dissonantia
dissonant *adj mus* dissonante, dissone
dissonera *mus* dissonar
distans distantia
distansera *(springa ifrån)* distantiar
distinkt distincte
distinktiv distinctive
distorsion distortion
distrahera diverter; *(dra uppmärksamheten ifrån)* distraher
distribuera distribuer
distribution distribution
distributiv distributive
distributör distributor
distrikt districto
disträ distracte
disyster soror de lacte
dit a(d) ibi, a(d) illac
dito idem; *(lika med föregående/ovanstående)* ditto
ditt *pron (med subst. efter)* tu; *(utan subst. efter)* tue
dittills fin alora, usque alora; *dittills upp:* a supra
diva diva
divan divan *persiska*
divergens divergentia

diverse miscellanee; *(flera olika, en del)* varie
diversifiering *(firmas satsning på olika verksamhetsgrenar)* diversification
diversion diversion
diversionsmanöver diversion
dividend *(talet som skall delas) mat* dividendo; *minsta gemensamma dividend:* le minime commun multiplo
dividera *mat* divider
division division
djonk *(kinesiskt fartyg)* junca
djungel jungla
djup *sb* profundo, *(bottenlöst)* abysso; *ur djupen:* de profundis *lat; adj* profunde; *(om ton) mus* grave; *egenskapen att vara djup:* profunditate
djupfrys refrigerator cryogenic
djuphavs- abyssal
djupsinnig profunde, sagace
djuptryck *typ* intalio, rotogravure *fr* [-gravy:r]
djur animal, bestia, bruto; *djur-:* zooide
djurbesättning bestial
djurdyrkan zoolatria
djurdyrkare zoolatra
djurfossil zoolitho; *sten med avtryck av djurfossil:* mineral zooide
djurhorn corno
djurisk animal, bestial, brute; *(som ett djur)* animalesc
djuriskhet brutalitate
djurkretsen *astron* zodiaco; *som hör till djurkretsen:* zodiacal
djurläkare veterinario
djurpark jardin zoologic
djurriket le regno animal
djurspår pista
djurtämjare domator
djurunge pullo
djuruppstoppare taxidermista
djuruppstoppning taxidermia
djurvän zoophilo
djurvärlden fauna; *som hör till djurvärlden:* faunic
djärv hardite, audace, intrepide, temerari
djärvhet audacia, harditessa, temeritate; *full av djärvhet:* audaciose
djävul diabolo, demonio; *'djävulens advokat' (som framför motargument):* advocato del diabolo; *besatt av djävulen:* indiabolate; *göra besatt av djävulen:* indiabolar; *läran om demoner/djävlar:* demonologia; *djävuls-:* diabolic
djävulsk diabolic
djävulskap diaboleria
djävulskhet diaboleria
djävulskvinna diabolessa
djävulsutdrivning exorcismo
DNA ADN (= acido desoxyribonucleic)
do *solmisationsstavelsen do: mus* do
docera docer
dock *konj* tamen, totevia
docka *(leksak)* pupa; *(skepps-)* bassino, darsena, dock
dockteater theatro de marionettes *fr*
dodekaeder dodecahedro
doft fragrantia, perfumo, odor, olentia
dofta fragrar, odorar, redoler
doftande fragrante, odorifere; *(starkt)* odorose
doftfylld odorose
dogm dogma, articulo de fide
dogmatiker dogmatista
dogmatisera *(göra trossats av)* dogmatisar
dogmatisk dogmatic
dogmatism dogmatismo
dok velo; *ta doket:* prender le velo
doktor *(högsta universitetsgraden)* doctor, *(kvinnlig)* doctoressa; *medicine doktor:* doctor in medicina; *doktors-:* doctoral
doktorand *(en som skall bli doktor)* doctorando
doktorat doctorato
doktorsvärdighet doctorato
doktrin doctrina; *doktrin-:* doctrinal
doktrinär doctrinari
dokument documento; *jur* instrumento; *grundläggande dokument:* charta [k-]; *data* file *eng*, documento; *dokument-:* documental, documentari
dokumentera documentar
dokumentportfölj porta-documentos
dokumentär documental, documentari
dold celate, velate, secrete, latente; *ligga dold:* later; *liggande dold:* latente
dolk pugnal, daga; *(liten)* stiletto; *sticka med dolk:* dagar

dollar dollar
dolmen *arkeol* cromlech [-lek]
dolsk malitiose; *(lömsk)* perfide, perfidiose
dom cupola, domo; *(kyrka)* cathedral; *(bedömning)* judicamento, judicio, verdicto; *jur* sententia; *fällande dom:* conviction; *domens dag:* die del judicio; *doms-:* judicatori, judicative
domare judice, arbitro; *domare i underrätt:* magistrato; *domar-:* judicatori
domarämbete judicatura
domherre *(fågel) zool* pyrrhula
dominans dominantia, preponderantia
dominera *(höja sig över)* dominar
dominerande dominante, imperiose
dominikanermunk dominicano
dominikansk dominican; *Dominikanska republiken:* Republica Dominican; *invånare i Dominikanska republiken:* dominicano
domino *(sällskapsspel)* domino
dominodräkt domino
dominoeffekt *pol* effecto domino
dominomask domino
domkapitel capitulo
domkraft *tekn* cric, cricco
domkyrka cathedral
domprost canonico, decano
domprostämbete canonicato, decanato
domptör domator
domslut verdicto
domsrätt jurisdiction
domstol tribunal, judicio, corte (de justitia), corte de appellation; *förakt för domstol:* contumacia; *internationella domstolen i Haag:* le tribunal international in Haga
domstolsförhandling *uteblivande från domstolsförhandling:* contumacia
domstolsskrank barra
domstolstrots contumacia
domstolsärende *jur* action
domän dominio
don utensile, apparato, instrumento; *Don Quijote:* Don Quixote [kihote]
donation donation
donator donator
Donau Danubio; *donau-:* danubian
donjuanaktig donjuanesc
dop baptismo, baptiso; *dop-:* fontal
dopbassäng *(hos baptister)* baptisterio
dopet *(som sakrament)* baptisterio
dopfunt fonte
dopnamn prenomine
doppa immerger; *(dyka)* merger
dorisk *mus* doric; *dorisk kyrkoton(art):* modo doric
dos dose
dosa cassetta, scatula
dosera dosar; *(väg)* scarpar
dosering dosage [-adʒe]
dosis dose
dossier *(samling av uppgifter om ngn)* dossier *fr* [dosje]
dotter filia, filietta
dotterdotter granfilia, nepote, nepta
dotterföretag filial; *göra till filial/dotterföretag:* affiliar
dotterförhållande filiation
dotterlig filial
dotterson granfilio, nepto
dov surde, mat
dovhet surditate, matitate
dovhjort cervo dama
doxologi *filos, rel* doxologia
dra trainar; *(ett streck)* retraciar; *dra en linje:* tirar un linea; *dra fördel av ngt:* prender avantage [-adʒe] de un cosa; *dra ifrån:* subtraher; *dra in i:* involver; *dra paralleller:* tirar parallelas; *dra sig tillbaka:* arretrar se, receder, resignar; *mil* replicar se; *dra sig undan till:* subtraher se a; *dra till sig:* attraher; *dra tillbaka:* arretrar, retirar, retraher, *(vad man sagt)* disdicer se; *dra upp konturerna:* delinear; *dra ut:* eveller, extraher; *dra åt bromsarna:* stringer le frenos; *dra åt en knut:* stringer un nodo; *dra åt skruven:* stringer le vite; *som kan dra sig samman:* contractile; *som kan dras tillbaka (kattklor t.ex.):* retractabile, retractile
drabant satellite
drabba afficer, affliger
drabbning combatto, lucta
drag currente de aere, traction, tracto; *(i skorsten)* tirage [-adʒe]; *(med pensel)* tracto; *(karakteristiskt)* tracto
draga tirar, traher; *(släpa)* trainar; *(blåsa)* suf-

flar; *(en klocka)* cargar; *draga av:* subtraher; *draga förbi:* passar; *draga sig:* retirar se; *draga sig undan:* escampar; *draga till sig:* attraher, facer venir; *draga ut, tand o.dyl:* extirpar; *med draget svärd:* spada nude

dragande *sb* trainamento

dragare bestia de trainar

dragfjäder resorto de traction

dragfri sin currentes de aere

dragg draga; *sjöt* grappin

dragga dragar

draggankare *sjöt* grappin

dragig plen de currentes de aere

dragkapell *kem* cuppella

dragkraft traction

dragning tirage [-adʒe], traction, attraction, tirada; *dragning till:* attraction

dragningskraft fortia de attraction; *sexuell dragningskraft:* sex-appeal *eng* [seksapi:l]

dragningslista lista de tirage [-adʒe]

dragplåster *med* vesicante, emplastro

dragrem corregia de traction

dragspel *mus* accordion, harmonica

dragspelare accordionista

dragstift tira-lineas

drake dracon

drakma *(grekiskt mynt)* drachma [drakma]

drakonisk *(sträng som Dracon)* draconian

drama drama

dramatisera *(skriva om till drama)* dramatisar

dramatisk dramatic

dramaturg dramaturgo

dramaturgi dramaturgia

drapa canto funebre

drapera *(överdra med tyg)* drappar

draperi drapperia; *(kring dörr)* portiera

drapering drapperia

drastisk *(kraftigt verkande)* drastic; *med* drastic

dravel porcheria

dregel bava

dregla bavar

dreja tornar; *(sno)* torquer; *(svarva)* tornar; *dreja bi:* mascar le velas

drejarverkstad torneria

drejskiva torno

dressera *(rida in)* manear

dressyr dressage [-adʒe]

drev *(för tätning)* stoppa; *(stoppning för springor)* stoppa; *(jakt)* battita

drevjärn calfato

dribbla *(i fotboll) sport* dribblar

dricka *sb* biber, biberage [-adʒe]; *vb* biber, potar; *(supa, även)* esser bibitor/bibule; *dricka sig full:* inebriar se; *dricka ngn till:* biber al sanitate de alicuno; *begiven på att dricka:* biberace, dipsomane

drickande *sb* biber

drickbar bibibile, potabile; *drickbart vatten:* aqua potabile

dricksglas bicario, vitro

drickspengar gratification, tip, pourboire *fr* [purbuar]

dricksvatten aqua potabile

drift *(natur-)* instincto, impulso natural; *(sinnlig)* appetito sensual; *(verksamhet)* production, action, activitate, function; *(industriell)* exploitation/operation industrial; *mek, elektr etc* traction; *(bils/farkosts/flygplans)* propulsion; *(gyckel)* burla; *vara på drift:* esser in deriva(tion)

driftig active, energic

driftighet industria

driftkapital fundos de exploitation

driftsledare gerente

drill *mus* trillo; *slå drillar:* trillar; *(övning)* exercitio

drilla *(slå drillar)* trillar

drink bibita

drinkare bibitor; *(sjukl. även)* dipsomano; *(fyllhund)* bibulo

dristig audace, hardite

dristighet hardimento

driva *sb (snödriva)* cumulo de nive; *vb* actuar, fortiar; *(affär o.dyl.)* gerer, diriger, operar, conducer; *(gå och driva, ej arbeta)* otiar; *driva med: bildl* burlar; *driva fram:* impeller; *driva med vinden:* vogar; *driva omkring:* errar, vagar, flanar, deambular; *driva samman:* compeller; *driva tillbaka:* repeller, repulsar; *med* repercuter; *driv-:* impellente

driven habile, versate; *(stil)* currente; *(om metall)* martellate, in relievo

drivfjäder impulsor, incentivo, stimulo; *bildl* resorto

drivhus conservatorio, estufa, orangeria

drivhuseffekt effecto de estufa/conservatorio
drivkraft fortia motor, impeto
drivrem corregia de transmission
drivrulle *(på bandspelare)* cabestan
drivsteg *(radio)* excitator
drivstång *tekn* biella
drog droga; *rusgivande drog:* droga
droga drogar
droghandlare drogista
dromedar *zool* dromedario
dront *(utdöd fågel) zool* dronte
dropp *med* infusion
droppa guttar, stillar
droppe gutta, stilla, *(liten)* lacrima
dropprör pipetta
droppsten *geol* stalactite
droppvis a guttas
droppvätska *med* infusion
droska cochi [-shi], fiacre
droskkusk cochiero [-shi-]
drottning regina
drucken ebrie
druid *(forntida keltisk skald)* druida
druidisk druidic
drulle grumo, villano, grossiero
drullig grumose, vil
drumlig torpide, grumose, inhabile
drumlighet torpor; *(mental)* stupor
drunkna necar se
druva uva
druvklase uva, racemo de uvas
druvmust musto
druvskörd vindemia
druvsocker dextrosa, glucosa
dryad *(trädnymf, skogsnymf) myt* dryade
dryck biber, bibita, bibitura, biberage [-adʒe], elixir
dryckenskap ebrietate; *(sjukl.)* dipsomania, alcoholismo
dryckeslag bacchanal [-k-]; *deltaga i dryckeslag:* bacchar
dryckesvara bibitura, biberage [-adʒe]
dryfta deliberar, discuter, considerar, tractar; *dryfta öppet:* ventilar
dryg *(förmäten)* arrogante, pompose; *(riklig)* ample, abundante
dryghet arrogantia
drypa manar
dråpare occisor
dräglig tolerabile, supportabile
dräkt vestimento, habito, garbo; *teat* costume
dräktig gestatori; *vara dräktig:* gestar
dräktighet gestation
dränera escolar, disaquar
dränering disaquamento, drenage [-adʒe], escolamento
dräng serviente; *(på landet)* obrero rural
dränka necar, submerger; *dränka in:* impregnar; *dränka sig:* necar se
dränkning submersion
dräpa occider
drög traha
dröja tardar; *(tveka)* hesitar; *(stanna kvar)* restar; *(fortfara)* durar
dröjsmål demora, retardo
dröm sonio; *ha drömmen att göra ngt:* haber le phantasia de facer un cosa
drömbild vision, phantasmagoria, rêverie *fr*
drömeri rêverie *fr* [revri:]
drömliknande hypnagogic
drömma soniar
drömmare chimerista
drömmeri rêverie *fr* [revri:]
drömtyderi interpretation del sonios
drömtydning oneiromantia
drönare ape mascule
du *(används till barn, släktingar och nära vänner)* tu; *säga du till:* tutear
dua *(säga du till)* tutear
dualism dualismo
dubb cavilia, pinion, quillia
dubba *(film)* duplar
dubbel duple, duplice, binari, dual, gemine
dubbelbrytning birefringentia
dubbeldäckare biplano
dubbelgångare sosia
dubbelhet duplicitate, dualismo
dubbelsidig ambilateral
dubbelspel duplicitate
dubbeltydig ambigue; *dubbeltydigt svar:* equivocation; *avsiktligt svara dubbeltydigt:* equivocar; *dubbel-v:* duple v
dubblera duplar, duplicar
dubblett dupletto
duell duello; *skriftlig uppmaning till duell:* cartel

duellant duellista

duellera duellar

duett *(ensemble bestående av två röster) mus* duetto; *en som sjunger el. spelar duett:* duettista

duga esser satis bon, esser utilisabile; *som får duga:* passabile

dugga pluviettar

duggregn pluvietta

duglig capace, capabile, competente, efficiente, habile; *(om sak)* apte, utilisabile

duglighet aptitude, habilitate

duk panno, pannello; *(bord-)* tapis *fr* [tapi], tapete

duka *(bordet)* facer le tabula; *duka under:* succumber

dukat ducato

duktig capabile, capace, habile, proficiente; *(betydande)* grande, prominente; *han är duktig i matematik:* ille es dotate pro le mathematica

duktighet capabilitate, capacitate, habilitate

dulcian *(gammalt namn på fagottinstrument) mus* dulciano

dum stupide, insipiente; *(själsligt)* imbecille, nescie, asinin, inepte; *mycket dum (allmänt):* imbecille

duma *(parlamentet i Ryssland)* duma *ry*

dumdristig temerari, temere

dumdristighet temeritate

dumdumkulor dumdum *eng*

dumhet asinitate, insipientia, nescietate, stupiditate

dumping *(konstlad neddragning av priser)* dumping *eng*

dumpning *(avstjälpning)* dumping *eng*

dun lanugine, villo; *(på växter)* pilo

dunder strepito, tonitro; *(buller)* rumor, ruito

dundra strepitar, tunder; *(föra oväsen när man är arg)* fulminar

dunge arboreto

dunk bidon

dunka batter, colpar

dunkel *sb* obscuritate; *adj* abstruse, ambigue, fusc, obscur, opac, tenebrose; *(oklar)* vage; *bildl* mysteriose, vaporose

dunkelhet obscuritate

dunst *slå blå dunster i ögonen på ngn:* jectar pulvere in le oculos de un persona

duntäcke eiderdun

duo *(ensemble bestående av två instrument) mus* duo

duodecima *(tolvtonsintervall) mus* duodecima

dupera dupar, imponer

duplicera duplicar, mimeographar

duplicering duplication

dupliceringsmaskin duplicator

duplikat *(likalydande exemplar, kopia)* duplicato

duplikator mimeographo

dur *mus* major; *C-dur:* do major

durativ *(verb som betecknar varaktig handling)* verbo durative

durra *bot* sorgho

durton tono major

dusch ducha [-sh-]

duscha duchar [-sh-]

dussin dozena

dussintals a dozenas

duumvirat *(tvåmannastyre)* duumvirato

duva *zool* columba, pipion

duvhök *zool* astor

duvslag columbiera

dvala torpor, somno, lethargia, lethargo; *(vinter-)* hibernation

dvärg nano, nana; *(i saga)* gnomo

dvärgbjörk betula nana

dvärgfalk *zool* smerilion

dvärgkvinna nana

dvärgmås laro minute

dy fango, limo

dyblöt imbibite de aqua

dygd virtute; *dygdens väg:* le sentiero del virtute; *göra en dygd av nödvändigheten:* facer de necessitate virtute

dygdig honeste, virtuose

dygdighet honestate, honestitate

dygn die, jorno, vi(gi)ntiquatro horas

dyig fangose

dyka merger, immerger, submerger; *som kan dyka:* submergibile, submersibile; *dyka upp:* emerger, surger

dykardräkt scafandro

dykare mergitor, mersor, scafandrero

dykarklocka batysphera

dylik tal; *(liknande)* simile

dyn duna; *(enhet för mekanisk kraft) fys* dyne
dyna cossino
dynamik dynamica
dynamisk dynamic
dynamit dynamite; *en som spränger med dynamit:* dynamitero; *spränga med dynamit:* dynamitar; *dynamit-:* dynamitic
dynamitard dynamitero
dynamo dynamo
dynasti dynastia
dynastisk dynastic
dynga stercore, congerie, fango
dyning mar de fundo
dyr *(om pris)* car, costose, expensive
dyrbar preciose
dyrbarhet tresor, preciositate
dyrk false clave
dyrka coler
dyrkan adoration
dyrkansvärd adorabile
dyrköpt costose
dyrtid tempore de alte precios/de car vita
dyschatell lecto de reposo
dysenteri *med* dysenteria; *dysenteri-:* dysenteric
dysfagi *(svårighet att svälja) med* dysphagia
dysfoni *(röstbesvär) med* dysphonia
dysfori *(känsla av olust, motsatsen till euphoria) med* dysphoria
dysfunktion *(funktionsstörning)* dysfunction
dysgrafi *(skrivsvårighet)* dysgraphia
dyslexi *(lässvårighet)* dyslexia
dyspepsi *(dålig matsmältning) med* dyspepsia
dyspeptisk *(med matsmältningsbesvär) med* dyspeptic
dyspné *(andnöd) med* dyspnea
dysprosium *(grundämnet dysprosium, Dy) kem* dysprosium
dyster lugubre, triste, melancholic, atrabiliari, sinistre, tenebrose, saturnin
dysterhet tenebras *plur*; *(i antik medicin: svart galla)* atrabile
dystrofi *(vanligare: atrofi) med* dystrophia
dyvelsträck *bot* asafetida
då alora, tunc; *(när) tidskonj* quando; *(emedan)* proque, pois que, viste que; *då och då:* ora ... ora, de tempore in tempore; *då så: adv* ben
dåd acto, action, facto, gesta, prodessa, crimine
dådkraft energia
dådlös inactive, inerte
dålig *(dålig/dåligt) adj+adv (alla bet.)* mal; *(sjuk)* malade; *från dåligt till sämre:* de mal in pejo
dålighet mal
dån tonitro, rumor, ruito
dåna tonar
dåra fascinar, dupar
dåraktig stupide, folle, lunatic
dårhus asylo (de alienatos)
dåsig indolente; *(sömnig)* somnolente
dåsighet lethargia, lethargo
dåtid passato
dåtida de ille tempore, del epocha
däck *(fartygs-) sjöt* ponte; *(på bilring)* copertura; *(för bil el, cykel)* pneu(matico)
däckavtagare leva-pneumaticos *plur*
dägga allactar
däggdjur mammal, mammifero
dämma barrar, facer un indicamento; *(dämma igen, t.ex. blodflöde)* stagnar
dämpa amortir, assurdar, mitigar, moderar, quietar, reprimer, temperar; *(ljud)* assurdar, silentiar
dämpare *mus* surdina
dämpas relentar se
dämpning amortimento
där ibi, illac, la; *(utpekande)* ibi; *där (som): rel. adv* ubi; *där (borta):* la, ibi
därefter deinde, depois, depost, pois, postea; *strax därefter:* subinde
däremot al contrario; *(då däremot)* contra que, durante que, dum, al contrario
därest in caso que, si
därför dunque [dungke/dungkwe], ergo, pro isto; *därför att:* perque, pois que, proque, quia
därifrån ab illac, de illac, de la
därjämte *(plats)* apud; *(dessutom)* de plus, in plus, ultra illo
därpå deinde
därtill (*se* **därjämte**), in plus
därutöver in ultra, ultra illo
dö morir, deceder, expirar; *(omkomma)* obir; *dö bort:* morir se

död *sb död(en):* morte, decesso, transpassamento, transpasso, obito; *(avliden)* morto, decesso, defuncto; *döma till döden:* condemnar a morte; *ta död på:* liquidar; *utslocknande död:* expiration; *adj* morte, inanimate, *(avliden)* decedite, defuncte; *död bokstav, lag som ej verkställs: jur* littera morte; *Döda havet:* Mar Morte; *dött kapital:* moneta morte; *dött lopp:* dead heat *eng* [ded hi:t]; *döds-:* mortuari

döda occider; *bildl* mortificar, amortir

dödgrävare fossor

dödlig mortal, letal

dödlighet mortalitate

dödlighetstabeller tabellas de mortalitate

dödlighetstal *(i statistik)* mortalitate

dödläge impasse *fr* [eñpas], impasso

dödsattest acto de decesso

dödsbo succession

dödsbodelägare partenario(s) del succession

dödsbringande fatal, letal, mortifere, pestilente

dödsbädd *på dödsbädden:* in articulo mortis *lat*

dödsdag jorno de decesso

dödsdans dansa macabre

dödsdom sententia de morte

dödsdvala somno lethargic

dödsfall decesso, obito

dödsfara periculo mortal

dödsfiende inimico mortal

dödshjälp euthanasia

dödshopp *(farligt hopp)* salto mortal

dödskamp agonia; *ligga i dödskamp:* agonisar

dödsminut instante supreme

dödsmärkt marcate del morte

dödsrike imperio del mortos, Hades

dödsrisk mortalitate

dödsruna necrologo

dödssiffra indice del mortalitate

dödssjuk moribunde

dödsstelhet rigor del morte

dödsstraff pena capital, le ultime supplicio

dödssynd peccato mortal

dödssätt genere de morte

dödstillfälle *vid dödstillfället:* al momento del decesso

dödstrött exhauste, fatigate a morir

dödstystnad silentio inanimate

dödsångest anxietate mortal

dödvikt peso morte

döende *adj* moriente, moribunde

dölja celar, abstruder, dissimular, occultar, subnegar, teger

döljande *sb* celamento, dissimulation

döma judicar; *(avkunna dom) jur* sententiar; *(till straff)* condemnar, sententiar; *(i skiljedom)* arbitrar; *döma på förhand:* prejudicar, prejudiciar

dömande *sb* condemnation; *adj* judicative; *dömande myndighet:* jurisdiction; *de dömande instanserna: jur* le instantias judicative

dömd *en dömd:* convicto

döpa baptisar

döpare baptisator, baptista; *Johannes Döparen:* Sancte Johannes Baptista

döpelse baptismo

dörr porta, ostio

dörrflygel valva

dörrlås serratura de porta

dörrmatta essuga-pedes; *(liten)* matta

dörrpost quadro de porta

dörrvakt ostiero

dörröppning porta

döv surde; *göra döv:* assurdar

döva assurdar

dövhet surditate

dövstum surdemute

E

e *grekiska bokstaven (för kort) e:* epsilon; *tonen E: mus* mi

Eau-de-Cologne aqua de Colonia

ebb refluxo, marea basse; *bli ebb:* refluer; *flod och ebb:* fluxo e refluxo

ebba refluer; *ebba ut:* diminuer, *bildl* evanescer

ebenholts ebeno

echappement *(gång i urverk)* escappamento

echelonggruppering *(uppställning trappstegsvis) mil* scalon

ecklesiastisk ecclesiastic

ed juramento; *(svordom)* blasphemia, malediction; *avlägga ed:* prestar juramento

Eden *(Edens lustgård)* Eden

Eder *(= er) (dativ- och ackusativform)* vos
edikt edicto
Edinburgh Edimburg; *från Edinburgh:* edimburgese
edsvuren jurato
EEG *(registrering av elektriska strömmar i hjärnan) med* electroencephalogramma
efemär *(som varar bara en dag)* ephemere
effekt effecto
effektfull spectacular, impressive
effektförbrukning *elektr* wattage [-adʒe]
effektiv effective, efficace, efficiente
effektivitet efficacia, efficientia
effektuera effectuar
effendi *(turkisk titel)* efendi
efferent *anat* efferente
efter *(tid)* post; *(rum)* detra, post; *(sedan)* depost, desde; *efter det att: konj* depois que, depost que, post que; *efter eget skön:* ad libitum, ad lib *lat*
efterapa imitar
efterapare imitator
efterapning imitation, plagiato [-g-], plagio, simulacro, mimologia
efterbörd *med* secundinas *plur*
efterbörs *(plats för privata börsmäklare)* coulisse *fr* [kulis]
efterforska investigar, perquirer; *som kan efterforskas:* investigabile
efterforskare investigator
efterforskning inquisition, investigation
efterfrågan demanda, requesta; *tillgång och efterfrågan:* le offerta e le demanda
efterfölja sequer
efterföljande *adj* posterior, postere, subsequente
efterföljare successor
eftergift concession
eftergiftspolitiker appaciator
eftergiven indulgente
eftergivenhet indulgentia, venia
efterhand successivemente; *efterhand som:* a mesura que; *efterhands-:* arretrate
efterhängsen *vara efterhängsen:* importunar
efterhöra inquirer
efterkomma obsequer
efterkommande successor, herede, descendente, progenitura, prole, posteritate
efterkrav reimbursamento
efterkrigs- postbellic
efterkrigstids- postbellic
efterkälke *på efterkälken:* arretrate
efterleva obedir
efterlikna contrafacer, emular, imitar; *som efterliknar:* imitative; *som kan efterliknas:* similabile; *värd att efterlikna:* imitabile
efterliknare emulator
efterlikning emulation
efterlysa cercar publicamente
efterlysning cerca public
efterlämna relinquer
eftermiddag postmeridie; *klockan tre på eftermiddagen:* a tres horas del postmeridie; *eftermiddags-:* postmeridian
eftermäle memoria
efternamn supernomine, nomine familial
efterord *(i bok)* postfacio
efterrätt dessert *fr* [desæ:r]
efterskott *betaln. i efterskott:* pagamento posterior; *efterskotts-:* arretrate
efterskrift *(i brev, PS)* postscripto
efterskänka remitter, gratiar; *som kan efterskänkas:* remissibile
efterskänkande remission
efterskörd recolta secundari
eftersläntrare retardatario
eftersmak sapor remanente
eftersom pois que, pro que, viste que, perque, quia
efterspel *mus* postludio
efterstavelse *gram* suffixo
eftersträva aspirar
efterställd *gram* postpositive
eftersynkronisera *(film)* duplar
eftersätta negliger
eftersöka perquirer
eftersökning cerca
eftersökt demandate
eftertanke reflexion, meditation
eftertrakta aspirar a
eftertrupp *mil* retroguarda
eftertryck reproduction; *(kraft)* emphase
eftertrycklig emphatic, peremptori; *eftertryckligt: adv* expressemente
efterträda succeder
efterträdare successor

eftertänksam contemplative, reflexive, meditative

efterverkan repercussion, sequela

eftervärld posterioritate, posteritate

eftervärlden posteritate

efteråt depois, postea, plus tarde, posteriormente

egeisk egee; *Egeiska havet:* Egeo, Mar Egee

egen proprie

egenartad singular

egendom haber, proprietate, immobiles, dominio; *(det ägda)* possession; *allmän egendom:* dominio public; *fast egendom:* benes, benes immobile/immobiliari; *hustrus enskilda egendom: jur* paraphernales; *överföra egendom:* mancipar; *som har att göra med fast egendom:* real

egendomlig singular, peculiar, estranie

egendomlighet particularitate, originalitate, singularitate

egenhet idiosyncrasia

egenhändig *egenhändig namnteckning:* autographo; *egenhändigt: adv* per su proprie mano(s)

egenkär presumptuose, egocentric; *(fåfäng)* vanitose; *(stolt)* orgoliose

egenkärlek amor proprie, egolatria

egenmäktig autocratic, arbitrari, despotic

egenmäktighet arbitrarietate

egennamn nomine proprie, nomen proprium *lat*

egennytta egoismo

egenrättfärdighet justitia proprie

egensinnig opiniose, obstinate, capriciose

egenskap proprietate, qualitate; *i (sin) egenskap av:* in (su) qualitate de; *tillhörande egenskap:* attributo

egentlig ver, real, proprie, intrinsec; *den egentliga betydelsen:* le senso proprie; *egentligen:* vermente, realmente, de facto, in effecto, in realitate

eget proprie; *eget beröm luktar illa:* laude proprie pute

egg talia, filo, filo trenchante [-sh-]

egga instigar, incitar, animar, piccar, suggerer, stimular

eggande stimulation

egid egide

egna proprie

ego ego

egocentrisk *(som gör sig själv till medelpunkten)* egocentric

egoism egoismo

egoist egoista

egoistisk egoistic

Egypten Egypto

egyptier egyptiano, egyptio

egyptisk egyptian, egyptie; *egyptiska språket (före arabiskans övertagande):* egyptiano

egyptologi egyptologia

ehuru ben que; *(trots)* in despecto de, malgrado

Eire Eire [ere]

ej non; *ej en gång:* non mesmo; *ej sant?:* nonne?; *ej sysselsatt:* disoccupate

ejder *zool* eider

ejderdun eiderdun

ejektor ejector

ek *bot* querco

eka *sb* barca, yole; *vb* resonar, echoar, facer echo

eker radio

EKG *med* electrocardiogramma

ekinus *arkit* echino [-k-]

ekipage equipage [-adʒe]

ekipera equipar

ekipering equipamento

eklampsi *(kramp vid havandeskapsförgiftning) med* eclampsia

eklektisk eclectic

eko echo; *eko-:* echoic [-ko-]

ekolali *fon* echolalia

ekolog ecologista, ecologo

ekologi ecologia

ekologisk ecologic

ekonom economista

ekonomi economia

ekonomisk economic

ekorre *zool* sciuro, scuriolo

eksem eczema; *med eksem:* eczematose

eksematös eczematose

ekumenisk *(omfattande alla el. flera kyrkosamfund) rel* ecumenic

ekvadoriansk ecuadorian

ekvator equator; *ekvatorn: geogr* le linea; *vid ekvatorn:* equatorial; *ekvators-:* equatorial

ekvilibrist equilibrista
el *förse/ladda med el:* electrisar
elak *(full av ondska)* malitiose
elakartad perniciose, maligne; *med* maligne, virulente; *tillståndet att vara elakartad: med* virulentia
elakhet malitia
elasticitet elasticitate
elastisk elastic
elchock *med* electrochoc [-sh-]
eld foco, igne; *bildl* ardor; *eld upphör:* cessa-le-foco; *flankerande eld: mil* infilada; *förhärjande eld:* holocausto; *gjuta olja på elden:* jectar oleo in le foco; *gå genom eld och vatten för ngn:* mitter le mano in le foco pro alcuno; *hastigt uppblossande eld:* foco de palea; *ingen rök utan eld:* il non ha fumo sin foco; *kratsa kastanjerna ur elden för ngn:* tirar le castanias del foco pro alcuno; *röra om i (tvedräktens) eld:* attisar le foco (del discordia); *stå mellan tvenne eldar:* esser/trovar se inter duo focos; *sätta eld på:* ignir, incendiar; *ta eld:* prender foco; *tända en eld:* ignir; *öppna eld:* aperir le foco; *eld-:* ignee, focose
elda calefacer, facer foco
eldande incentive
eldare calefactor, fochero [-k-]
eldbegängelse cremation
elddon *(flinta)* flint
elddop baptismo de foco
elddyrkare ignicola
eldfarlig inflammabile
eldfast incombustibile, refractori; *kem* fixe; *eldfast glas (varumärke):* pyrex
eldfluga luciola
eldgaffel attisatorio
eldgaller guarda-foco
eldgivning *(från vapen)* foco, tirada; *avbryta eldgivingen:* cessar le foco
eldig ardente, focose
eldkastare *mil* lancea-flammas
eldkula *stor eldkula: astron* bolide
eldning calefaction
eldopal *min* girasol
eldprov *(hård prövning)* ordalia
eldröd flammee
eldskärm para-flamma
Eldslandet le Terra del Foco
eldsprutande ignivome; *eldsprutande berg:* vulcano
eldstad focar, foco, camino
eldstod colonna de foco
eldstål *(för antändning i bössa)* fusil
eldsvåda deflagration, incendio; *(stor)* conflagration
eldvakt guarda-foco
eldvapen arma de foco
eldverkan effecto del foco
elefant elephante; *elefant-:* elephantin
elefantaktig elephantin
elefantiasis *med* elephantiasis
elefantsjuka *med* elephantiasis
elegans elegantia, gratia
elegant chic [sh-], elegante, culte
elegi elegia
elegisk elegiac
elektricitet electricitate
elektrifiera *(införa el som kraftkälla)* electrificar
elektriker electricista
elektrisk electric; *elektrisk ström:* currente electric
elektrod electrodo
elektrodynamisk electrodynamic
elektrofores electrophoresis
elektrolys electrolyse
elektrolysera electrolysar
elektrolyt electrolyto
elektromagnet electromagnete
elektromagnetisk electromagnetic
elektromagnetism electromagnetismo
elektron electron
elektronik electronica
elektronisk electronic
elektroskop electroscopio
elektrostatik electrostatica
elektrostatisk electrostatic
elektroteknik electrotechnica
elektroterapi *med* electrotherapia
element elemento; *vara i sitt rätta element:* esser in su elemento; *element-:* elemental, elementari
elementär elemental, elementari
eleusinisk eleusin; *mysterierna i Eleusis i det antika Grekland:* le mysterios eleusin

elev alumno, discipulo, scholar, pupillo; *(i yrkesutbildning)* apprentisse; *(på internatskola)* interno
elevation *astron, mat* elevation; *(artilleripjäsens vinkling) mil* elevation; *(upplyftandet av hostian, nattvardskärlet) rel* elevation
elfenben ebore; *elfenbens-:* eboree
Elfenbenskusten Costa Eboree
elfenbensmås laro eboree
elfte dece-prime, undecime
elftedelen le dece-prime parte, le dece-primo
elgenerator *(driven av turbin)* turbogenerator
Elias *bibl* Elia
elisabetansk elisabethan
elision elision
elit élite *fr*
elixir elixir
eljest alteremente, alias
elkraft energia electric
elledningsstolpe pylon
eller o; *antingen ... eller:* o ... o; *eller hur?:* nonne?
ellips *gram + mat* ellipse
elliptisk elliptic
elmotor electromotor
elmseld *S:t Elmseld:* foco de Sancte Elmo
elongation *astron* elongation
elpropp *elektr* filo fusibile
Elsass Alsatia; *invånare i Elsass:* alsatiano; *elsass-:* alsatian
elsladd *elektr* flexo
eluttag *jordat eluttag: elektr* prisa de terra
elva dece-un, undece
elvastavig *litt* hendecasyllabe
elvatonsintervall *(oktav + kvart) mus* undecima
elysion elysio
elysisk elysie
elysium elysio
elände adversitate, miseria
eländig miserabile, misere
emalj émail *fr* [emaj], smalt
emaljera émaillar [emajar], smaltar
emancipera emancipar
emanera emanar
emballage imballage [-adʒe]
emballera imballar
embargo embargo
embarkera imbarcar
emblem emblema, insignia; *emblem-:* emblematic
embouchyr *mus* imbuccatura
emedan per que, pro que, quia
emellan inter; *(halvvägs)* medie-via; *mitt emellan:* medio, a medietate; *sätta/ställa emellan:* interponer
emellanåt de tempore in tempore, aliquando; *(upprepat)* sovente, frequentemente
emellertid nonobstante, totevia
emeritus emerite
emersion *(framdykande efter förmörkelse) astron* emersion
emfatisk emphatic
emigrant *(en utflyttad)* emigrato
emigrera dispaisar se
eminens *(titel till mkt höga prelater)* Eminentia
emir emir *arab*
emirat emirato
emirdöme emirato
emissarie emissario
emot *(riktning)* verso; *(avvisande)* contra; *som är emot:* adverse
emotse attender, expectar
emottaga reciper, acceptar
emottagare adressato, receptor; *(hälare)* receptator
empati empathia
empirisk empiric
empirism *filos* empirismo
emu *(strutsartad fågel) zool* emu
emulgera *(göra en emulsion)* emulger
emulsion emulsion
en *sb bot* junipero; *(obest, art.)* un; *(opers, pron.)* on; *(obest, pron.)* uno, *fem.* una; *(talet, räkneord)* un; *en av kvinnorna:* una del feminas; *en av pojkarna:* uno del pueros; *en enda:* unic; *en gång:* un vice, olim; *ej en gång:* non mesmo; *en och en:* un a un, un al vice; *på en gång:* simul, *(plötsl.)* subito
ena unir, accordar, harmonisar, conciliar
enad unite
enahanda *adj* mesme, uniforme, monotone
enande *(som har förenande verkan)* unitive
enas accordar, mitter se de accordo, concordar
enastående unic, sol, exceptional, insigne

enbart solmente
enbuske *bot* junipero
enbär bacca de junipero
encellig unicellular
encyklika *(påvlig rundskrivelse till alla katoliker)* encyclica; *som gäller en encyklika:* encyclic
encyklopedi *(stor uppslagsbok)* encyclopedia
encyklopedisk *(mycket omfattande)* encyclopedic
enda sol, unic, singule, exclusive, singular; *ende son:* filio unic; *mitt enda bekymmer:* mi sol preoccupation
endags- diurne
endast solmente, unicamente, solo
endels in parte
endemi *(sjukdom inom visst område el. folkgrupp) med* endemia
endera le un o le altere
endimensionell unidimensional
endiv endivia
endokrin *(om körtel)* endocrin
endossera indorsar
endossering indorsamento
endräkt accordo, concordia, harmonia; *i endräkt:* harmoniose
Eneiden Eneide
energi energia, vigor; *energi-, som gäller energi:* energetic
energisk energetic, energic, vigorose
enervera enervar
enfald fatuitate
enfaldig simple, fatue, naive, imbecille, insipiente
enfaldighet insipientia
enformig uniforme, monotone
enfärgad monochrome, unicolor
enfödd *sb* unigenito; *adj* unigenite
engagemang ingagiamento [-dʒa-]
engagera ingagiar [-dʒar]
engelsk anglese; *engelska språket:* anglese; *Engelska kanalen:* le Manica; *engelska sjukan: med* r(h)achitis
engelskvänlig anglophile
engelsman anglese
engifte monogamia
England Anglaterra
engros in grosso
engångsförpackning imballage [-adʒe] a uso unic
enhet unitate; *mil* echelon [esh-]; *enhets-:* unitari
enhetlig uniforme, unitari; *göra enhetlig:* adequar
enhetssträvande *adj* unitari
enhjärtbladig *enhjärtbladig växt: bot* monocotyledon
enhornig unicorne
enhällig unanime, commun; *enhälligt:* al unanimitate, de commun accordo
enhällighet unanimitate
enhörning monocero(n)te; *(mytiskt djur)* unicorne, unicornio
enig de accordo, de concerto; *vara enig:* concurrer
enighet accordo, consenso
enkaustik *(målningsmetod med smält vax som bindemedel)* encaustica
enkel simple, simplice, basse, frugal, rustic; *(blygsam)* modeste; *enkel stil:* stilo caste
enkeldäckare monoplano
enkelhet frugalitate, simplicitate
enklav enclave
enklitisk *(efterhängd) gram* enclitic
enkät inquesta
enkönad *bot* unisexual
enlevera abducer
enlevering abduction
enligt secundo, conforme a, in conformitate con
enorm enorme, tremende, gigantesc, gargantuesc
enormitet *(väldigt omfång, väldig omfattning)* enormitate
enpolig unipolar
enrollera *mil* inrolar, inscriber
enrollering *mil* inrolamento
ens *filos* ente; *inte ens:* non mesmo; *med ens:* subito, immediatemente
ensam sol, isolate, solitari, singule; *bo/leva ensam:* viver sol; *känna sig ensam:* sentir se sol; *ensam-:* exclusive
ensamboende solitario
ensamförsäljningsrätt monopolio
ensamhet desolation, solitate, solitude, isolation

ensamrätt monopolio; *skaffa sig ensamrätt:* monopolisar

ensartad *göra ensartad:* equalisar

ense de accordo; *vara ense:* accordar se, concordar, esser de accordo

ensidig unilateral; *(partisk)* partial

ensilage insilage [-adʒe]

ensilera insilar

enskild private

enskildhet particularitate

enskilt singular

enslig *(ensam)* solitari; *(avskild)* isolate; *enslig plats:* solitude

ensling eremita, recluso, solitario; *enslings liv el. bostad:* eremiteria; *enslings-:* eremitic

enspråkig unilingue

enstaka isolate, singule, sporadic, occasional

enstavig monosyllabe

enstämmig unisone, unanime; *mus* monophonic

enstämmighet *mus* monophonia

enstöring solitario

entablement *arkit* intabulamento

ental (numero) singular

entlediga congedar, dimitter

entomolog entomologo

entomologi entomologia

entonig monotone

entré entrata

entreprenör interprenditor

entropi entropia

enträgen insistente, instante; *(trängande)* urgente

entusiasm enthusiasmo

entusiasmera enthusiasmar

entusiast enthusiasta

entusiastisk enthusiastic

entydig inambigue, unisense, univoc

entydighet inambiguitate, univocitate

enures *(ofrivillig urinavgång) med* enuresis

envar *(varje)* cata, omne, cata uno; *(vem som helst)* quicunque

envis obstinate, insistente, tenace, persistente

envisas obstinar se, insister, persister; *envisas med:* obstinar se a

envishet obstination, persistentia

envoyé inviato

envåldshärskare autocrate, despota

envägs- unidirectional

envälde autocratia, autarchia; *enväldes-:* autocratic

enväldig autocratic

enzym enzyma

enäggs- univitellin

enäggstvilling gemino univitellin; *(identiska) enäggstvillingar:* geminos monozygotic

enär pois que, viste que

eolisk eolic, eolie

eolit *(det allra äldsta stenredskapet) arkeol* eolitho

epicentrum epicentro

epidemi epidemia

epidemisk epidemic

epidermis epidermis

epidiaskop *(en ljusbildsapparat)* epidiascopio

epiglottis *anat* epiglottis

epigram *(inskrift)* epigramma

epigrammatisk epigrammatic

epik epica

epikuré *(en njutningssökande)* epicureo

epikureism *(strävan efter förfinade njutningar)* epicureismo

Epikuros Epicuro

epilepsi *(fallandesjuka) med* epilepsia, mal de caduc

epileptiker epileptico

epileptisk epileptic; *förkänning av epileptiskt anfall: med* aura

epilog *(avslutnings/dikt el. -tal)* epilogo

episk epic; *episk dikt:* epos

episkop *(en bildvisningsapparat)* episcopio

episkopal episcopal

episod *(mindre viktig händelse)* episodio, incidente

epistel epistola

epitet *gram* epitheto

epok epocha; *epok-:* epochal

epokgörande epochal; *vara epokgörande:* facer epocha

epos epos, epopeia

e-post *data* e-posta, posta electronic

epålett *(axelprydnad på äldre uniform)* epaulette *fr* [epolet]

er vostre; *er, Eder (dativ- och ackusativform):* vos

era era

erbium *(grundämnet erbium, Er) kem* erbium
erbjuda offerer; *erbjuda sig att göra ngt:* offerer se a facer un cosa
erbjudande offerta; *(öppning i förhandling)* overtura
erektion erection
eremit eremita, recluso; *eremit-:* eremitic
eremitage *(enslings bostad)* eremitage [-adʒe]
eremitkräfta *zool* paguro
erfara apprender, experir, resentir
erfaren experte, veteran
erfarenhet experientia; *utifrån erfarenheten:* a posteriori *lat*; *erfarenhets-:* experimental
erfarenhetsmässig empiric
erfarenhetsrön experimento
erforderlig necesse, necessari
erg *(måttsenhet för energi och arbete)* erg
erhålla reciper; *(ernå)* obtener; *som kan erhållas:* obtenibile
erigera eriger
erinra avisar, recordar, rememorar, facer memoria de
erinring recordation, reminiscentia
erkänd canonic
erkänna admitter, recognoscer, conceder, confessar, accusar; *erkänna mottagandet av:* accusar reception de
erkännande accusation, confession, recognoscentia, tributo
erkännsam *vara erkännsam:* recognoscer
ernå obtener, attinger
erodera *geol* eroder
eroderande erosive
erosion *geol* erosion
erotisk amatori, erotic
ersätta reimplaciar, replaciar, substituer, subrogar, supplantar, suppler, surrogar; *(för förlust etc)* indemnisar; *som kan ersätta: jur* fungibile
ersättare substituto
ersättning substituto, surrogato
ersättningsmedel succedaneo, substituto, surrogato
ersättningsord *gram* pronomine
ertappa prender, surprender
erytrocyt *(röd blodkropp) anat* erythrocyto
erövra conquirer, prender, expugnar
erövrare conquirente, conquisitor
erövring conquesta
escudo *(portugisisk myntenhet)* escudo
eskader esquadra
eskapad escappada
eskarp *mil* scarpa
eskimå eschimo
eskort *(följeslagare)* escorta
eskortera conviar, convoyar, escortar
eskulapstav *(läkarnas symbol)* baston de Esculapio
esoterisk esoteric
esplanad esplanada
ess *(i kortspel el. om framstående person)* asse
esse *vara i sitt esse:* esser in su elemento
essens essentia
essä essayo
essäförfattare essayista
estet estheta
estetik esthetica
estetisk esthetic
Estland Estonia
estländare estoniano
estnisk estonian; *estniska språket:* estoniano
estrad estrade *fr* [estrad], tribuna
estrar *salter el. estrar av mjölksyra: kem* lactato
etablera establir, stabilir; *etablera sig (med en verksamhet):* stabilir se
etablering stabilimento
etablissemang *(institution, firma etc)* establimento
etan *kem* ethano
eter *kem* ethere; *förvandla till eter:* etherificar
eterisk transcendental; *(olja)* essential
etik ethica, moral; *medicinsk etik:* deontologia medical
etikett *(innehållsangivare)* etiquetta [-ke-]; *(för diplomater och statsmän)* protocollo; *sätta etikett på:* etiquettar [-ke-]
etikettera etiquettar [-ke-]
etikettsak punctilio
etikettsbunden punctiliose
etiologi *(läran om sjukdomars orsaker)* etiologia
Etiopien Ethiopia
etiopier ethiope, ethiopiano

etiopisk ethiope, ethiopian, ethiopic; *etiopiska språket (amhari):* ethiope, ethiopiano
etisk ethic
etnisk *(som rör ett folk)* ethnic
etnograf ethnographo
etnografi *(beskrivning av ett folks kultur)* ethnographia
etnografisk ethnographic
etnolog ethnologista, ethnologo
etnologi ethnologia
etnologisk ethnologic
etos ethos
etrusk etrusco
etruskisk etrusc; *etruskiska språket:* etrusco
etsa adurer, cauterisar, gravar con aqua forte, incider; *med* urer
etsande mordente; *med* urente; *(mycket skarp)* vitriolic
etsning cauterisation
etsningssyra mordente
ett *(obest, art.)* un; *(räkneord)* un
ettiden *vid ettiden:* verso un hora
ettrig irascibile, choleric
etui etui *fr* [etyi]
etyd *mus* studio
etyl *kem* ethylo; *etyl-:* ethylic
etylalkohol alcohol ethylic
etylen *kem* ethyleno
etymologi etymologia
etymologisera etymologisar
etymologisk etymologic
etymon *(ords ursprungliga betydelse)* etymo
eufemisk *(förskönande omskriven)* euphemic
eufemism *(förskönande omskrivning)* euphemismo
eufemistisk euphemistic
eufonium *mus* euphonio
eufori *psyk* euphoria
eugenik eugenica
eugenisk eugenic
eukaristi *(nattvarden)* eucharistia
Euklides Euclide
euklidisk euclidic
eunuck *(kastrerad haremsvakt)* eunucho [-k-]
eurasiatisk eurasiatic
Eurasien Eurasia
Europa Europa
Europarådet Consilio de Europa
europé europeo
europeisera europeisar
europeisk europee; *Europeiska Gemenskaperna (EG):* Communitates Europee (CE); *Europeiska rådet:* Consilio Europee; *Europeiska unionen (EU):* Union Europee (UE)
europium *(grundämnet europium, Eu) kem* europium
eutanasi euthanasia
evad quecunque
evakuera evacuar, *('göra ej upptagen')* disoccupar
evakuering evacuation
evangelisera evangelisar
evangelisering evangelismo
evangelisk evangelic
evangelist evangelista
evangelium evangelio; *utbreda evangeliet:* evangelisar; *utbredande av evangeliet:* evangelismo
evenemang evenimento, evento
eventualitet eventualitate, contingentia
eventuell eventual
evig eterne, eternal, perpetual, perpetue, perenne, perdurabile, sempiterne
evighet eternitate, perpetuitate
evinnerlig sempiterne
evolution *(även biol)* evolution
evolvera *mil* evolver
evolvering *mil* evolution
exakt exacte, punctual
exakthet exactitude
exalterad exaltate
examen examine
examensfordringar syllabus
examinator examinator
examinera examinar
exantem *med* exanthema
exark *(östromersk ståthållare)* exarcho
excellens *Ers Excellens (titel till höga ämbetsmän):* Vostre Excellentia
excellent illustrissime
excellera exceller
excenterkam *tekn* cam(m)a
excentricitet eccentricitate
excentrisk eccentric
exceptionell exceptional

excitering *elektr* excitation

exeges *(utläggning av Bibeln) bibl* exegese, exegesis

exegetiskt exegetic

exekutör *mus* executante

exempel exemplo; *ge exempel på:* exemplificar; *till exempel, t.ex.:* per exemplo, p.ex., exempli gratia, e.g. *lat*

exempellös inaudite

exemplar *(t.ex. av bok)* exemplar

exemplarisk exemplar

exemplifiera exemplificar

exemplifiering exemplification

exercera *mil* exercitar

exercis *mil* exercitio

exercisplats placia de armas

exhibitionism *(sjuklig lust att visa upp sig)* exhibitionismo

exil bannimento, exilio; *gå i exil:* expatriar se

existens esser, entitate, existentia; *existens-:* existential

existentiell existential

existera exister, esser super terra

exklusiv *(som utestänger icke behöriga)* exclusive

exklusivitet exclusivitate

exkommunicera excommunicar

exkrement excremento; *exkrementer:* fece; *exkrement-:* excremental, scatologic

exodus exodo

exorcism exorcismo

exorcist exorcista

exotisk *(påfallande främmande, från främmande länder)* exotic

expansiv expansive

expediera expedir

expedit commisso

expedition expedition, servicio; *(för att utforska ngt)* expedition

expeditör expeditor

experiment experimento

experimentell experimental

experimentera experimentar

experimentering experimentation

expert experto

exploatera exploitar; *som kan exploateras:* exploitabile

exploatering exploitation

exploatör exploitator

explodera exploder, facer explosion, fulminar

exploration *med* exploration

explorera *med* explorar, sondar

explosion explosion, fulmination

explosiv explosive; *kem* fulminic

exponent *mat* exponente

exponera *foto* exponer; *exponera en film(rulle):* exponer un pellicula

exponering *foto* exposition

exponeringsmätare *foto* exposimetro

export exportation

exportera exportar

exportvara *exportvaror:* exportation

exportör exportator

expresident ex-presidente

express expresse; *adv* expresso, per expresso

expressbud expresso

expressionism expressionismo

expresståg expresso, rapido, traino expresse, traino rapide

expropriation *(frånhändande av egendom)* expropriation

expropriera *(fråntaga egendom för det allmännas räkning)* expropriar

extas ecstase, extasis; *försätta (sig) i extas:* ecstasiar (se)

extatisk ecstatic, extatic

extemporerat ex tempore

extensiv extensive

exterritoriell *(utanför egna landets domvärjo)* exterritorial, extraterritorial

extra extra, in plus; *adj* additional, supernumerari

extraarbete travalio supplementari

extraknäck emolumento

extrakt extracto, essentia; *med* tinctura

extraordinär extraordinari

extraranson ration supplementari

extraskatt supertaxa

extrautdelning bonus *lat*

extravagans extravagantia

extravagant extravagante

extrem *sb* extremo; *adj* extreme

extremist extremista

extremitet *(lem)* extremitate

F

F *tonen F: mus* fa
fa *solmisationsstavelsen fa: mus* fa
fabel fabula
fabelaktig fabulose
fabeldiktare fabulista
fabricera confectionar, fabricar
fabrik fabrica, manufactura
fabrikat fabricato
fabriksmärke marca de fabrica
fabrikör fabricante
fabulera fabular
fabulös fabulose
facettslipa brillantar
faciliteter *(sådant som underlättar)* facilitates
facit resultato; *(bok)* clave
fack *(skåp)* compartimento, cassa; *(hylla)* planca; *(yrke)* mestiero, branca, profession
fackbildning education professional
fackförening syndicato, trade-union *eng* [treidju:njen]; *organisera i en fackförening:* syndicar
fackföreningsmedlem unionista
fackla facula, face, torcha [-sha]
facklig professional, corporative
fackman experto, specialista
fackmässig technic, professional
fackskola schola professional
fackspråk lingua technic
fackterm termino technic
fackterminologi nomenclatura
fackutbildad con education technic; *fackutbildad arbetare:* obrero qualificate
fackuttryck termino technic
fackvetenkap scientia professional/technic
fadd insipide
fadder compatre, patrino; *(vittne)* testator
faddergåva dono baptismal, dono de baptismo
faddhet insipiditate
fader patre; *(katolsk prästtitel)* patre; *('ens dagars upphov')* genitor; *den helige fadern, påven:* le patre sancte; *bönen Fader vår:* patrenostre; *faders-:* paternal, paterne
faderlig paterne, paternal
faderlighet sollicitude paternal
faderlös *sb* orphano
fadermord parricidio, patricidio
faderskap paternitate
fadervår *(Fader vår)* patre-nostre, patrenostre
fado *(portugisisk sorgesång)* fado *portug*
fager belle
fagott *mus* basson, fagotto
fajans *(vitglaserad keramik)* faience *fr* [fajã:s]
fakir fakir
faksimil *(exakt avbildning)* facsimile
faktauppgift dato
faktisk *adj* actual, authentic, real, veridic, virtual; *adv (faktiskt)* de facto, in effecto, realmente
faktor *(även mat)* factor; *(bildl även)* agente, elemento; *(boktr.)* proto
faktori factoria
faktotum *(en som utför alla möjliga sysslor, allt i allo)* factotum *lat*
faktum actualitate, dato, facto, realitate
faktura factura
fakturera facturar
fakultativ optional
fakultet *(ämnesavdelning vid universitet)* facultate
fal *(om person, lättköpt)* mercenari, venal
falangstär *(kollektiv i Fouriers samhällsutopi)* phalansterio
falk *zool* falcon, *(liten)* falconetto
falkblick reguardo de aquila
falkonerare *(en som jagar med falk)* falconero
falkuppfödare falconero
falkuppfödning falconeria
fall cadita, caso, ruina, decadentia; *(sjunkande)* abassamento; *(lutning)* inclination; *(på kläder)* linea, cadita; *(vatten-)* cascada, cataracta; *(händelse)* caso, evenimento, evento; *bringa på fall:* facer cader; *i alla fall:* in omne caso, nonobstante, totevia; *i intet fall:* in nulle caso; *i annat fall:* alteremente, sinon; *i ett liknande fall:* in un situation analoge; *ifall att:* in caso que; *som har med fallet att göra:* casual
falla cader, facer un cadita; *(tumla)* laber, rolar; *falla för:* succumber; *falla för frestelsen:* ceder/succumber al tentation; *falla i ruiner:* dilapidar; *falla i värde:* bassar se, descender; *falla ifrån:* morir, deceder; *falla igen:* recader; *falla igenom (i examen):* esser refusate; *falla ihop:* collaber, laber; *falla isär:* cader in peciettas, dilapidar; *falla om halsen:* saltar

al collo, imbraciar; *falla omkull:* cader per terra, laber, collaber; *falla samman:* collaber; *falla tillbaka:* recader; *falla utför:* delaber (un scala); *låta falla i ruiner:* dilapidar; *låta falla isär:* dilapidar; *som lätt faller:* labile

fallandesjuka mal de caduc, mal caduc

fallandesot epilepsia

fallenhet aptitude, talento

fallfärdig decadente, decrepite, ruinose; *(bräcklig)* fragile, caduc; *(full av ruiner)* ruinose

fallgrop trappa

fallhöjd altitude de cadita

fallisk phallic

fallissemang fallimento, fallito

fallos *(erigerad penis)* phallo; *fallos-:* phallic

fallskärm para-cadita

fallskärmshoppare paracaditista

fallucka trappa

falna pallidir, discolorar se

fals *tekn* plicatura

falsa plicar

falsarium falsification, falso

falsett *mus* falsetto

falsk false, insincer, suppositicie; *(inte äkta)* false; *(fingerad)* ficticie, posticie; *(lögnaktig)* mendace; *(svekfull)* false; *(trolös)* perfide, perfidiose

falskhet duplicitate, insinceritate, perfidia; *(alla bet.)* falsitate

falskstämning *mus* disaccordo

falsning plicage [-adʒe]

familj familia; *som i familjen:* familiar; *familje-, som rör familjen:* familial

familjeangelägenhet affaire *fr* de familia

familjefader patre de familia

familjeförhållanden *(släkt)* relationes; *(inre)* interior de familia; *det är sorgliga familjeförhållanden:* il es un triste familia

familjeförsörjare sustentor de familia

familjekrets circulo familial

familjeliv vita familial

familjenamn nomine de familia; *familjenamn bildat på faderns förnamn:* patronymico

familjeråd consilio familial/de familia

familjeöverhuvud *kvinnligt familjeöverhuvud:* matriarcha

familjär familiar

famla vader tastante; *(stappla)* titubar

famlande tastante, incerte

famn bracio, sinos; *(särskilt bildl)* gremio; *(längdmått 1,828 m)* fathom *eng; hålla i sin famn:* tener in su bracios; *en famn full (med blommor):* un braciata (de flores); *det är tio famnar djupt:* il ha dece fathoms de fundo; *som hör till skötet/famnen:* gremial

famna imbraciar

famntag imbraciada

fana insignia, bandiera, standardo

fanatiker fanatico, bigot

fanatisk fanatic; *göra fanatisk:* fanatisar

fanatism fanatismo

fanbärare insignia, porta-bandiera, porta-standardo

fandango *(spansk dans)* fandango *sp*

fanfar fanfar

fanflykt desertion

fanstyg diaboleria

fantasi imagination, phantasia; *fantasi-:* imaginative

fantasibild phantasma

fantasifoster chimera

fantasifull imaginative

fantast *(fanatisk anhängare)* zelator

fantastisk phantastic; *'förskräcklig', fantastisk(t bra):* terrific

fantiserande *sb* delirio, rêverie *fr* [revri:]

fantom phantasma

far patre; *farfars/farmors/morfars/mormors far:* bisavo

fara *sb* periculo, risco; *löpa fara:* currer periculo; *löpa fara att:* currer le risco de; *med fara för att:* al risco de; *med fara för livet:* al periculo de su vita; *sätta i fara:* compromitter, impericular; *vb* ir, vader, viagiar [-dʒar]; *(avresa)* partir; *(bege sig)* render se; *(resa, i första klass, i bil etc)* viagiar [-dʒar] (in prime classe, in auto *etc); fara till sjöss, lands, med flyg:* viagiar [-dʒar] per mar, terra, aere; *fara bort:* absentar *se; fara bort från:* quitar, abandonar; *fara efter, söka i minnet: bildl* cercar, confunder; *fara illa:* suffrer, patir; *fara med lögner:* mentir, diffunder mentitas; *fara tillbaka:* recular; *fara undan:* escappar; *fara ut mot:* objurgar; *fara varligt med:* esser prudente con

farad *(måttenhet) elektr* farad; *farad-:* faradic

faradisk *elektr* faradic
farao pharaon
faraoråtta *zool* ichneumon [ikneumon]
faraospel *(hasard)* pharaon
farbar trafficabile, navigabile, viabile
farbroderlig avuncular
farbror oncle, avunculo
farfar granpatre, avo
farföräldrar granparentes
farhåga timor, apprehension; *hysa farhågor:* apprehender
farisé phariseo
fariseisk pharisaic
farkost vehiculo, navetta, imbarcation
farled via, route *fr*; *sjöt* passage [-adʒe]
farlig damnose, periculose, grave, critic
farm ferma
farmaceut pharmaceuta, pharmacologo
farmakolog pharmacologo
farmakologi pharmacologia
farmare fermero
farmor granmatre, ava
fars *teat* farsa, farce *fr* [fars]
farsartad *teat* farsal
farsarv patrimonio
farsförfattare farsista
farsot epidemia
farstu vestibulo
fart *(gång)* marcha [-sh-], activitate; *sjöt* navigation; *(hastighet)* rapiditate, celeritate, velocitate, impeto; *(livlighet)* animation, verve, vitalitate; *det är fart i honom:* ille es multo active e energic; *farten är obetydlig:* le movimento es basse/insignificante; *full fart:* tote action; *göra tio knops fart:* facer dece nodos; *rusa i väg i full fart:* precipitar se; *sakta farten:* relentar le passo; *skjuta god fart:* marchar [-sh-] levemente; *vara jämt i farten:* esser semper occupate, esser in plen activitate
fartmätare tachymetro; *sjöt* log
fartyg nave; *(mindre)* imbarcation, barca, vascello, navetta; *(slup)* lancha [-sh-]; *vända fartyg på sidan för att komma åt kölen:* carinar
fartygslanterna fanal
farvatten aquas, parage(s) [-adʒe(s)]
farvattensmarkering boiada
farväg route *fr*, via public
farväl adieu *fr*, vale; *farväl!:* vale!
fas *(även astron, fys, kem, tekn)* phase
fasa *sb* horror, espavento; *vb* espaventar se, fremer de horror, haber horror de; *väcka fasa:* horrificar
fasad faciada, fronte
fasan *zool* faisan
fasansfull horribile, horrific, horripilante; *(grym)* atroce
fasaväckande horrific
fascination *(hypnotiskt inflytande)* fascination
fascinera fascinar
fascinerande fascinante
fascism fascismo
fascist fascista
fasett *(på diamant, insekts öga etc)* facietta
fasettera faciettar
faslig horribile
fason *(form)* forma; *mista fason:* deformar se; *(sätt)* maniera; *(sätt på vilket ngt är gjort/format)* faction
fast *adj* fixe, firme, stabile, concrete; *(mots. flytande)* solide; *ej fast:* infirme; *göra fast:* firmar; *göra fast/hård:* concretar; *konj* ben que, etiam si, anque si
fasta *sb* jejuno, dieta; *(högtid)* quaresima; *bryta fastan:* disjejunar; *fira fastan:* facer quaresima; *vb* jejunar
fastande *(på fastande mage) adj* jejun
fastedag die magre
fastemånad *(muslimernas)* Ramadan
faster amita paterne
fastgöra attachar [-sh-], fixar
fastgörelse attachamento [-sh-]
fasthet fixitate, nervo
fasthålla mantener
fasthållande adherentia, insistentia
fastighet immobile, proprietate
fastklibbande adhesive
fastlagssöndag quinquagesima
fastlagstiden quaresima
fastland continente, terra firme; *fastlands-:* continental
fastmera al contrario, plus tosto
fastna adherer, attachar [-sh-] se, collar (se); *fastna i minnet:* restar in le memoria; *som fastnar:* adhesive

fastslå constatar, establir
fastslående determination
fastställa assignar, constatar, determinar, fixar, stabilir, statuer; *fastställa tiden:* fixar le hora
fastställande assignation, fixation
fastsätta *fastsätta i förväg:* prefixar
fastsättning fixation
fastän ben que, etiam si, anque si
fat bidon, botte, tonna, tonnello
fata morgana mirage [-adʒe]
fatal fatal, funeste
fatalism fatalismo
fatalist fatalista
fatta comprender, sensar; *(gripa, fatta tag i)* sasir, impugnar, prender; *fatta beslut:* resolver, decider; *fatta sig:* remitter se; *fatta eld:* inflammar se; *fatta mod:* prender corage [-adʒe]; *fatta om:* inglobar
fattad *(med inre konflikter bilagda)* composite
fattas carer, mancar; *klockan fattas 5 min i 8:* il es octo horas minus cinque minutas
fattig povre, paupere, destitute; *(nödlidande)* indigente, misere; *göra fattig:* depauperar, impovrir
fattigdom indigentia, inopia, paupertate, penuria, povressa; *(utblottat tillstånd)* destitution
fattigkyrkogård fossa commun
fattigvård caritate public
fattning composition; *bringa ur fattningen:* disconcertar
fattningsförmåga intellecto
faun *myt* fauno; *sinnlig som en faun:* faunic, faunesc
fauna *(djurvärlden)* fauna
favorisera favorar, favorir
favorit favorito; *favorit-:* favorite
favoritsystem *(orättvist gynnande)* favoritismo
favör favor
fax fax
fe fee; *fe-:* feeric
feartad feeric
feber febre; *ge feber:* infebrar; *ha feber:* haber le febre, *med* febricitar; *gula febern:* febre jalne; *reumatisk feber:* febre rheumatic
feberaktig *med* hectic, febril
feberdrivande febrifuge
feberfri *med* apyretic
febersjuk febril, febricitante
feberstillande *med* antipyretic
febertillstånd febrilitate, infebramento
feberuppdrivning infebramento
febril febril
febrilitet *(uppjagat tillstånd)* febrilitate
februari februario
federal federal
federalism federalismo
federalist federalista
federation federation
federativ federative
feg coarde, pusillanime; *feg person:* poltron, coardo
feghet coardia, poltroneria
fegling coardo
fel menda, torto; *(misstag)* error, falta, lapso; *(brist)* demerito, falta, vitio; *ha fel:* esser in error, haber torto; *slå fel:* faller; *ta fel:* errar; *med många fel:* defectuose; *med förbehåll för fel och utelämning(ar):* salvo error o omission
fela *sb mus* viella; *vb* errar, faller, mancar; *(missta sig)* errar, haber torto, non haber ration
felaktig false, incorrecte, erronee, fallace, fallibile, improprie, vitiose; *(trasig)* defective, defectuose; *felaktigt:* a torto
felaktighet defecto, incorrection
felanvändnings- abusive
felbarhet fallibilitate
felfri impeccabile
felplacera misplaciar
felskrivning lapsus calami *lat*
felslut *(felaktigt antagande)* fallacia
felsteg indiscretion, passo false; *(ungdomlig)* escappada
felsägning lapsus linguae *lat*
felunderrättad mal informate
fem cinque; *dela i fem delar:* quintar; *delbar med fem: adj* quinari
femdubbla quintuplar, quintuplicar
femfaldig quintuple
femhörnig pentagon, pentagonal
femhörning *mat* pentagono
femininum *gram* feminino
feminism feminismo
feminist feminista

femkamp pentathlo

femsiding *mat* pentahedro

femtalig quinari

femte quinte

femtedagarsfeber *(feber där kramperna återkommer var femte dag) med* quintana

femtio cinquanta

femtionde cinquantesime, quinquagesime

femtioårig quinquagenari

femton dece-cinque, quindece

femtonde dece-quinte, quindecime

femuddig pentagon, pentagonal

femårad *(med fem åror)* quinquereme

femårs- quinquennal

femårsperiod quinquennio, lustro

fena pinna

Fenicien Phenicia

fenicier phenicio

fenicisk phenicie

fenix *fågeln Fenix:* phenice

feno- *kem* phenic

fenol *kem* acido phenic; *fenol-: kem* phenic

fenomen phenomeno

fenomenal phenomenal

fenotyp *(uppsättning av yttre egenskaper) (genetik)* phenotypo

fenval *zool* rorqual

fenyl- *kem* phenic

feodal feudal

feodalisera *(införa länssystem)* feudalisar

feodalism feudalismo

ferie *(ferier)* vacantias, ferias; *hålla ferier:* feriar; *ferie-:* ferial

fernissa *sb* vernisse; *vb* laccar, vernissar

fertil fertile

fertilisering *(det att göra fruktbar/bördig)* fertilisation

fertilitet fertilitate

fesaga conto de fees

fest festa, festino, regalo, solemnitate; *hålla fest:* festear; *hålla fest för ngn:* festar, festinar; *fest-:* festive

festa festar, festinar

festlig festive, solemne; *(lustig)* comic, burlesc

festlighet festivitate

festmåltid banchetto [-k-], festino, regalo

festprisse bacchante

feststämning festivitate

fet adipose, grasse, unctuose; *(mycket)* obese; *bli/göra fet:* ingrassiar

fetisch *(dyrkat föremål)* fetiche *fr* [fetish]

fetischism fetichismo [-sh-]

fetlagd corpulente

fetma *(sjuklig) fetma:* adipositate

fett grassia, stear; *anat* lipide; *(djur-)* adipe; *ta bort fett:* disgrassiar; *fett-:* sebacee

fettdegeneration *med* steatosis

fettisdag martedi grasse

fettrik adipose

fettsten steatite

fettända *(som hos hottentottkvinnorna)* steatopygia

fez fez

fiasko fiasco, fallimento; *(oturligt resultat)* insuccesso; *göra fiasko:* facer fiasco

fiber fibra, *(liten)* fibrilla; *fiber-:* fibrillose

fiberartad fibrillose

fiberoptik *data* fibras optic

fibrill fibrilla

fibrin *(äggviteämne som får blodet att koagulera)* fibrina; *fibrin-:* fibrinose

fibrinös fibrinose

fibrom *(godartad svulst i bindvävnaden) med* fibroma

fibrös fibrose

fibula fibula

ficka tasca; *en ficka full:* tascata; *stoppa i fickan:* intascar

ficklampa lampa de tasca

fickpengar moneta de tasca

ficktjuv pick-pocket *eng*

fiddla *mus* viella

fiddlare *mus* viellator

fidem *in fidem:* in fidem *lat*

fiende inimico; *göra till fiende(r):* inimicar

fiendskap animositate

fientlig adverse, hostil, inimic, infeste; *stämma fientlig:* disaffectionar

fientlighet antagonismo, hostilitate, inimicitate

fiffighet finessa

figur figura, subjecto; *(en persons växt/figur)* talia; *dekorerad med figurer:* figurate

figurativ figurative

figurera figurar; *mus* diminuer

figurerad *(sats) mus* figurate

figurin figurina

fikon *bot* fico

fikonkaktus *bot* opuntia

fikonträd fichiero [-k-]

fiktiv fictive

fil *(rad)* fila; *(verktyg)* lima; *data* file *eng*, documento

fil.kand. *(ungefär)* baccalaureo; *fil.kand.-examen (ungefär):* baccalaureato

fila limar

filateli philatelia

filatelist philatelista

fildelning *data* condivision de files *eng*

filé filet

filharmonisk philharmonic; *filharmoniskt sällskap:* philharmonia

filial filial, succursal; *göra till filial/dotterföretag:* affiliar; *inrättande av filial:* affiliation

filialföreståndare gerente de succursal

filigranarbete *(utsmyckat guld el. silverarbete)* filigrana; *utföra filigran(s)arbete:* filigranar

filipper philippense; *brevet till filipperna:* le Epistola al Philippenses

filippiner philippino

Filippinerna Philippinas, Insulas Philippin

filippinsk philippin

filippisk philippense

filisté philisteo

film film; *(att sätta i kameran)* pellicula; *film-:* cinematic

filma filmar

filmduk schermo

filmintresserad cineasta

filmisk cinematic

filmjölk lacte cualiate

filmkamera camera cinematographic

filmkonst cinema

filmmanuskript scenario

filmrulle bobina de film, rolo de pellicula (photographic)

filmskämt gag *eng*

filmstjärna stella de cinema

filmvisningsapparat cinematographo

filmälskare cineasta

filolog philologo

filosof philosopho

filosofera philosophar

filosofi philosophia

filspån limatura, limalia

filsystem *data* systema de files *eng*

filt copertura; *(tyget)* feltro

filta *filta ihop sig:* feltrar

filter filtro; *(sil)* colo

filthatt feltro

filtrera colar, filtrar, percolar

filtrerbar filtrabile

filtrering colatura, filtration

filttillverkare feltrero

fin fin, delicate, elegante, subtil, tenere; *(konst)* morbide; *(tunn)* tenue; *(känslig)* sensibile; *extra fin:* superfin; *utomordentligt fin:* extrafin

final *mus, sport* final

finalist finalista

finalomgång *sport* final

finalsats *mus* final

finans financia; *finanser:* financias; *finans-:* financiari

finansförvaltning fisco

finansiera financiar

finansiär financiero

finansman financiero

finansministerium thesaureria, tresoreria

finess finessa, ingenio, subtilitate

finfördela atomisar, vaporisar

finger digito (de mano); *se genom fingrarna med:* condonar, conniver; *som är mellan fingrarna:* interdigital; *finger-:* digital, *i smnstn* dactylo-

fingera finger

fingerad ficticie

fingeralfabet dactylologia

fingeravtryck dactylogramma; *läran om fingeravtrycken:* dactyloscopia

fingerborg digital

fingerfärdig dextere; *vara fingerfärdig:* prestidigitar

fingerled *anat* phalange; *mellersta fingerleden:* phalangina; *yttersta fingerleden:* phalangetta

fingervisning indication, indice

fingerört *bot* cinquefolio

fingra *fingra på:* toccar; *(känna)* palpar, tastar

finhet delicatessa, finessa

finit *gram* finite

fink *zool* fringilla, pincion

finkänlig discrete, delicate

finkänslighet delicatessa
Finland Finlandia
finländsk finlandese
finna trovar, discoperir; *(anse)* opinar; *det finns:* il ha; *finna sig i:* acquiescer, resignar se a, tolerar; *finnas inuti ngt:* inherer; *som kan finnas:* trovabile; *omöjlig att finna:* introvabile
finne *(folk)* finnese, finno; *(hudutslag) med* button, pustula
finputsare *(som gör det avslutande arbetet)* finitor
finsk finnese; *finska språket:* finnese; *finsk-ugrisk:* finno-ugrian
finsmakare gourmet *fr* [gurme]
fint *sport* finta
fiol *mus* violino; *folklig fiol:* viella
fiolmakare lutero
fiolspelare *mus* viellator
fiolspelman *mus* viellator
fira celebrar, commemorar, festar, festinar, solemnisar; *mek* abassar; *(ej arbeta)* otiar, facer festa
firma firma
firmament firmamento
firmanamn nomine commercial, ration social
fisk pisce; *stjärnbilden Fiskarna: astron* Pisces; *läran om fiskarna:* ichthyologia; *som en fisk på land:* como un pisce foras del aqua; *varken fågel el. fisk:* ni carne ni pisce; *fisk-:* ichthyic *gr* [iktiik], *i smnstn* ichty(o)-
fiska piscar; *fiska i grumligt vatten:* piscar in aqua turbide
fiskare piscator
fiskben spina; *(valfisk-)* balena
fiskdamm piscina, vivario
fiske pisca
fiskekrok hamo
fiskeplats pischeria
fiskerätt pisca
fiskfjäll scalia
fiskgjuse *zool* ossifraga
fisklim ichthyocolla [iktiokola]
fiskmarknad pischeria
fiskmås *(vanlig)* laro cineree
fiskodlare piscicultor
fiskodling piscicultura
fiskätande *adj* ichthyophage, piscivore
fisködla *(utdöd jätteödla) zool* ichthyosauro
Fiss *mus* fa diese
fistel *med* fistula
fistelartad fistulose
fitta *(vulgärt)* cunno
fix fixe; *fix idé:* idea fixe
fixativ *foto* fixativo
fixera *kem, foto* fixar
fixerad fixe
fixering *foto, psyk* fixation
fixeringsmedel *foto* fixativo, fixator; *(vid förgyllning)* mordente
fixstjärna stella fixe
fjant marionette *fr*, garrulante, adulator
fjol *i fjol:* le anno passate
fjolla folla, stupida
fjord fiord *norska*
fjorton dece-quatro, quattuordece
fjortonde dece-quarte
fjun lanugine
fjäder pluma, penna; *tekn (även bildl, drivfjäder)* resorto; *plocka fjädrarna av:* displumar
fjäderbeklädd *(med mycket fjädrar)* plumose
fjäderboll volante
fjäderbuske cresta; *försedd med fjäderbuske:* crestate
fjäderfä *(höns, gäss, kalkoner)* aves domestic
fjäderfäuppfödning avicultura
fjädermoln *meteorol* cirro
fjädervikt *sport* peso pluma
fjädra resortar, facer resorto
fjädring resorto
fjäll monte, montania; *(skorv)* furfure; *(fisk-)* scalia, squama; *ta bort fjäll:* squamar
fjällig squamose
fjällämmel lemming
fjärde quarte
fjärdedel quartiero; *fjärdedelen:* le quarte parte, le quarto
fjärdedelspaus *mus* suspiro
fjärdingsfurste tetrarcha
fjäril papilion; *insektsordningen fjärilar:* lepidopteros
fjärilslarv *zool* eruca, larva
fjärma alienar, amover, remover; *som kan fjärmas:* amovibile
fjärmande alienation
fjärran distante, remote, lontan; *Fjärran Öst-*

ern: Oriente Extreme; *fjärr-:* remote
fjärrfoto telephoto
fjärrfotografering telephotographia
fjärrobjektiv *foto* teleobjectivo
fjärrstyra telecommandar
fjärrstyrning telecommando
fjärt flato
fjärta peder
fjäsk adulation; *(brådska)* haste
flacka *flacka omkring:* vagar, errar, vagabundar
fladdermus *zool* vespertilion; *storfladdermus (Nyctalus noctula): zool* noctula
fladdra papilionar, undear
flaga flocco, scalia, squama
flagellat *zool* flagellato; *(encellig mikroorganism)* flagellator
flagga bandiera, insignia
flaggskepp nave admiral
flagrant egregie, flagrante
flamingo *zool* flamingo
flamländare flamingo
flamländsk flaminge; *flamländska (nederländskan som talas i Flandern):* flamingo
flamma *sb* flamma; *(i trä)* vena; *vb* flammar, flagrar
flammande flammante, flammee
flamsk flaminge
Flandern Flandra
flanell flanella
flanera deambular; *(vandra omkring mållöst)* flanar
flank flanco, latere; *säkra flankerna: mil* flancar
flankangrepp *göra flankangrepp:* attaccar de flanco
flankera *mil* flancar
flaska bottilia, flacon, flasco
flaskhals gorga
flaskställ porta-bottilias
flasköppnare aperi-bottilia
flat platte, plan; *(häpen)* confuse; *göra flat:* applattar
flegma phlegma
flegmatisk phlegmatic
flera plus; *(åtskilliga) adj* plure; *sb* plures; *omfattande flera: adj* plural
flerdelad multipartite
flerfaldig multiple; *adv* a vices
flerspråkig plurilingue
flerstegsraket missile a etages [-adʒes]
flerstämmig *mus* polyphone, polyphonic
flerstämmighet *mus* polyphonia
flertal pluralitate; *(övervägande del)* majoritate; *gram* plural
flertalighet pluralitate
flertalsform *gram* plural
flertydig equivoc
flervärd polyvalente
flerårig *bot* perenne
fleur-de-lis flor de lis
flexibel flexibile
flicka puera, puella; *liten flicka:* pupa; *ung flicka (i ålderdomliga texter):* damisella
flicksnärta gamina
flik lobo; *(bit)* pecia
flimmer scintillation
flimmerhår *biol* flagello; *bot, zool* cilio vibratile
flimra vacillar
flimrande vacillamento
flin risada, grimasse
flinga flocco; *täckt med (snö)flingor:* floccate
flink vivace, alerte, habile, industriose; *flink i fingrarna:* dextere, dextre
flinta flint, silice
flirt *stilla flirt:* amoretto
flirta coquettar
flit diligentia, application, assiduitate, industria, laboriositate; *brist på flit:* inapplication; *gjord med flit:* deliberate; *han har gjort det med flit:* ille lo ha facite expresso; *med flit:* con intention, *adv* expresso
flitig assidue, diligente, industriose, operose, studiose
flock aggregato, grege, truppa; *bot* umbella; *samla till hjord el. flock:* gregar
flockas affluer
flockblommig *bot* umbellate, umbellifere
flocksiden seta flossa
flockställd *bot* umbellate
flod riviera, fluvio; *(tidvatten)* fluxo, marea alte; *flod och ebb:* fluxo e refluxo; *flod-:* fluvial, fluviatile
flodhäst *zool* hippopotamo
flodiller *zool* vison

flodkräfta *zool* cambaro

flodmynning *(utan deltabildning på gr. av tidvattnet)* estuario

flodvåg unda torrente

flor *(tyg)* gaza; *(slöja)* velo; *i (sitt) flor:* in flor

flora *bot* flora

Florens Florentia

florentinare *(invånare i Florens)* florentino

florentinsk *(från Florens)* florentin

florera florar, florer, florescer

florerande florimento

florett *(fäktningsvapen)* floretto

florettsiden seta flossa

florin *(myntenhet, i Holland gulden, i Ungern forint)* florino

floskel *(innehållslös ordvändning)* flosculo

floskulös flosculose

flott *sb (fett)* grassia; *(kokt)* fritura; *adj* elegante, chic [sh-]; *(frikostig)* generose

flotta *sb* flotta, marina; *vb, flotta timmer:* flottar

flottbro ponte flottante

flotte rate

flottilj flottilia

flottör *tekn* flottator, hydrometro

flox *bot* phlox

fluga musca; *(zool, farmakologi)* cantharide; *(för fiske)* musca artificial; *spansk fluga:* musca de Hispania

flugfångare attrappa-muscas

flugfångarväxt *bot* attrappa-muscas, occide-muscas

flugsmällare chassa-muscas [sh-]

fluktuation fluctuation

fluktuera fluctuar

fluktuerande fluctuante

flundra *zool* platessa

flundrefiskar pleuronectides

fluor *(grundämnet fluor, F) kem* fluor; *fluor-:* fluoric

fluorescera fluorescer

fluorescerande fluorescente

fluorescin *kem* fluoresceina

fluorid *kem* fluorido

fluorur *kem* fluoruro

flusspat *min* fluorita, spat fluor

fluxion *(Newtons namn på derivata) mat* fluxion

fly fugir; *fly från:* evader; *fly igen/tillbaka:* refugir

flyende fugitive

flyg aeronautica; *med flyg:* per avion; *flyg-:* aeronautic

flyga volar; *(med flygplan)* aviar

flygande *adj* volante, volatile

flygare aviator, pilota, aeronauta

flygbas base de aviation

flygbåt hydroplano

flygel *(på byggnad)* ala; *mus* piano a/de cauda; *flygel av politiskt parti:* phalange

flygelhorn *svensk B-kornett: mus* flicorno soprano *ital; (svensk Ess-kornett)* flicorno sopranino *ital*

flygfisk pisce volante

flygfrakt frete aeree

flygfält campo de aviation

flyghamn aeroporto, porto aeree

flyghaveri disastro de avion

flygkonst aviation

flyglinje linea aeree, via aeree

flygning aviation, volo

flygplan aeroplano, avion

flygplanskropp fuselage [-adʒe]

flygplats aeroporto, aerodromo

flygpost posta aeree

flygsjuka mal de aviatores

flygsträcka volata

flygteknik aviation

flyguppdrag sortita (de aeroplano), mission de volo

flygvärdinna hostessa

flygödla *zool* pterodactylo, pterosauro

flykt fuga, fugita; *mil* deroute *fr* [derut]; *(undflyende)* escappata, escappamento; *flykt från:* evasion; *jaga på flykten:* poner in fuga; *(flygning)* volata, volo

flyktig ephemere, casual, fugace, fugitive, inconstante; *(om vätskor och fasta ämnen)* volatile

flyktighet evanescimento, fugacitate, inconstantia, volatilitate

flykting fugitivo, refugiato

flyt *(i tal)* fluentia

flyta fluer; *(strömma)* currer; *(på vätska)* flottar; *flyta in i:* affluer; *flyta med vinden:* vogar; *flyta ned:* defluer; *flyta ovanpå:* natar, supernavigar; *flyta till:* affluer; *flyta tillbaka:* refluer; *flyta ut:* effluer

flytande *sb* flottation, voga; *(tillstånd)* fluiditate; *adj (form, tillstånd)* fluide, liquide; *(även flytande, med lätthet)* fluente; *(som ligger och flyter)* flottante; *(som en boj)* boiante; *bli flytande:* liquescer; *förvandla till flytande form:* liquefacer; *göra flytande:* fluidificar, liquidar; *hålla flytande:* boiar

flytförmåga flottabilitate

flytta mover, remover, transportar; *(byta bostad)* cambiar domicilio, transferer (se); *flytta bort (ngn):* amover; *flytta över:* transponer

flyttbar mobile, movibile, removibile

flyttblock *geol* bloco erratic

flyttfågel ave de passage [-adʒe]; *flyttfåglar:* aves migratores/migratori

flå excoriar; *(dra skinnet av)* spoliar

fläck macula, *(liten)* maculetta; *(ställe)* placia, puncto; *(på hud)* papilla; *ta bort fläckar:* dismacular

fläcka macular

fläckborttagare dismaculator

fläckborttagningsmedel dismaculator

fläckfeber febre exanthemose, febre typhoide

fläckfri sin macula

fläckig *bot* variegate

fläcktyfus typho exanthemose

fläder *bot* sambuco

fläkt *(vind-)* sufflo; *tekn* ventilator

flämta anhelar, halitar; *(om låga)* vacillar

fläns *tekn* flangia [-dʒa], brida

flärd vanitate, frivolitate; *(ståt)* pompa

fläsk lardo, porco

fläta tressar; *fläta samman:* interlaciar; *flätad gradbeteckning:* tressa

flätverk plexo

flöda *flöda tillbaka:* refluer

flöde fluxo

flöjt *mus* pipa, flauta; *liten flöjt (block-/tvär-):* octavino, piccolo; *blåsa flöjt:* pipar

flöjtist flautista

flört flirt *eng*

flörta flirtar

flörtande flirtation

flöte flottator; *(mindre)* corco

FN NU (Nationes Unite); *FN:s pakt:* pacto del Nationes Unite

fnas squama

fnoskig idiota, imbecille

fnysa roncar

fnysning ronco

fnöske esca, fomite

foajé foyer *fr* [foaje]

fobi *(sjuklig rädsla/avsky)* phobia

fock *sjöt* foc, focco

foder *(innertyg)* fodero; *bot* calice; *(åt djur)* forrage [-adʒe]; *skaffa foder:* forragiar [-dʒar]

foderblad *bot* sepalo

foderlagringstorn silo *sp*

fodra *(bekläda med foder)* foderar

fodral etui *fr* [etyi], vaina

fodring *(isättande av foder)* foderatura

fog *tekn* commissura, junctura

foga *foga ihop:* agglutinar; *foga samman:* conjunger; *foga sig:* acquiescer, submitter se; *foga sig efter ngn:* deferer; *foga sig i:* complacer se in

foglig acquiescente, agibile, docile, submisse, submissive; *vara foglig:* complacer

foglighet acquiescentia, docilitate, submission

fokus foco; *fokus-:* focal

fokusera *(sätta i brännpunkten)* focalisar

folder *(vikt flygblad)* plicante

foliant in-folio

folie folio; *(för specerier)* macis

folio *(format)* folio

folioformat *i folioformat:* in-folio

folk populo, nation; *(samling)* gente; *utbreda bland folket:* vulgarisar; *folk-:* popular

folkbildare *(en som utbreder ngt bland stora allmänheten)* vulgarisator

folkbildning *(utbredning bland folk i allmänhet)* vulgarisation

folkgrekiska *skriven på modern folkgrekiska (demotiki):* demotic

folkgrupp *folkgrupp under främmande herravälde:* irredenta *ital*

folkhop turba, concurso

folklig popular

folklivsforskare folklorista

folklivsforskning ethnologia; *folklivsforsknings-:* folkloristic

folklore *(folkliga seder, bruk, sånger och sägner)* folklore

folkmord genocidio

folkmål lingua vulgar
folkmängd population
folkomröstning plebiscito, referendum
folkrik populose
folkräkning censo; *företa folkräkning:* censer
folkrätt derecto del gentes
folkrörelse movimento popular
folksamling assemblea, attruppamento, turba
folkskola schola primari
folkskollärare institutor, inseniator, maestro
folkslag gente
folkspråk vernaculo
folkstam tribo
folktribun *(romersk)* tribuno
folkvisa ballada
follikel *(hårsäck, liten blåsa) anat* folliculo
follikulär follicular
fon *(enhet för ljudstyrka) fys* phon
fond fundo; *(kapital)* fundos, fundation
fondbörs bursa (de valores)
fonem *(betydelseskiljande språkljud)* phonema
fonetik phonetica
fonetisk phonetic
fonograf phonographo
fonologi *(språks ljudsystem)* phonologia
fontanell *(ej förbenat område uppe på spädbarns kranium) anat* fontanella
fontän fontana
foraminiferer *zool* foraminiferos
force *force majeure (oförutsebar svårighet):* fortia major
forcera fortiar
forcering fortiamento
fordom olim, in tempores ancian
fordon vehiculo
fordra exiger, necessitar, peter, reclamar, demandar; *(åter-)* revindicar
fordran demanda, exaction, exigentia; *hand* credito
fordringsägare creditor
forell *zool* tructa
forfeit *(böter vid hästkapplöpning, när en anmäld häst inte deltar)* forfeit *eng* [fo:fit]
form forma, faction, configuration; *ge form:* informar; *i många former:* multiforme; *i vederbörlig form:* in debite forma; *sätta i passande form:* conditionar; *vara i form: sport* esser in forma; *form-:* formal
forma formar, aggruppar, conformar, informar, modular, *forma sig:* modellar se super
formalistisk punctiliose
formalitet formalitate
formande plastic
formare *(en som skapar)* formator
format formato; *i litet format:* in miniatura
formatera *data* formatar
formation formation
formel formula
formell formal, modal
formera formar
formidabel formidabile
formlära *gram* morphologia
formlös informe, amorphe *gr*
formning configuration
formsak formalitate, punctilio
formulera formular; *formulera i ord:* verbalisar
formulering enunciato
formulär formula, formulario, scheda
formulärbok formulario
fornforskare antiquario
fornlämning *fornlämningar:* reliquias
forntid antiquitate
forntida pristine
fors torrente, rapido; *fors-:* torrential
forsande *adj* torrente, torrential
forska recercar; *(undersöka)* scrutar, investigar, explorar
forskare recercator, investigator
forskning investigation, recerca; *forsknings-:* exploratori
forsla transportar, vehicular
forstmästare inspector forestal
forsytia *bot* forsythia [-sitia]
fort *sb (del av fästningslinje)* forte, *(litet)* fortino; *adv (hastigt)* presto, cito, rapidemente
forte *mus* forte
fortfara continuar
fortfarande ancora, continuemente
fortgående *gram* durative
fortleva durar, subsister
fortplanta propagar; *fortplanta sig:* multiplicar se, reproducer se
fortplantning *biol* filiation, propagation, reproduction; *fortplantnings-:* generative
fortsatt continue

fortskrida proceder
fortskridande procedimento
fortsätta continuar, prosequer; *fortsätta med att göra:* continuar a facer
fortsättning continuation
forum foro, jurisdiction, tribunal
forwardspelare *sport* avantero
fosfat *kem* phosphato
fosfin *kem* phosphina
fosfit *(salt av fosforsyrlighet) kem* phosphito
fosfor *kem* phosphoro
fosforescens phosphorescentia
fosforescera *(lysa av sig själv)* phosphorescer
fosforescerande phosphorescente
fosforhaltig *kem* phosphorose
fosforsyra *kem* acido phosphorose
fosforsyrad *kem* phosphatate
fosforväte *kem* phosphina
fossa *med* fossa
fossil *sb, adj* fossile
fossilisera *fossilisera(s):* fossilisar
fossilisering fossilisation
foster *anat* feto, fetus, embryon; *bildl* fructo; *foster i bägarstadium (tidigt skede): biol* gastrula; *foster-:* embryonal, embryonari, embryonic, fetal
fosterbarn infante adoptive
fosterbildning *anat* fetation
fosterfördrivande *med* abortive
fosterhinna *anat* amnion
fosterland pais natal, patria; *någons andra fosterland:* patria de adoption
fosterlandsvän patriota
fostermord feticidio
fostermördare feticida
fostra elevar, educar
fostran *fysisk fostran:* education physic
fot pede; *(engelskt mått, 30,48 cm)* pede; *kasta sig för någons fötter:* prosternar se; *på stående fot:* extemporanee; *simhudsförsedd fot: zool* pinnipede; *stå på god/dålig fot med:* esser in bon/mal terminos con; *sätta ngt på fötterna:* calcear; *ta på sig ngt på fötterna:* calcear se; *till fots:* a pede; *fot-:* pedal, pedestre
fotbad pediluvio
fotbeklädnad calceatura
fotboja pedica
fotboll *sport* football *eng* [futbol], futbal
fotbollsspelare footballero [futbolero], futbalista
fotfäste *få fotfäste:* prender pede
fotgängare pedon; *fotgängar-:* pedestre
fotknöl cavilia, malleolo
fotled articulation del pede, malleolo
fotnot nota
foto photo; *som blir bra på foto:* photogenic; *foto-:* photographic
fotogen kerosen, petroleo
fotograf photographo
fotografera photographar
fotograferingskonst photographia
fotografi photographia
fotografisk photographic
fotogravyr heliogravure [-gravyr]
fotokopia photocopia, xerox
fotokopiera photocopiar
fotokopiering xerox
fotomontage photomontage [-adʒe]
foton photon
fotonegativ negativo
fotoplåt platta
fotostat photostato
fotosyntes *bot* photosynthese
fotosättning *typ* photocomposition
fototypi heliotypia
fotsoldat pedon
fotspår vestigio; *följa i ngns fotspår:* sequer le passo de alcuno
fotsula planta; *fotsule-:* plantar
fotvård pedicura
fotvårdare callista, pedicuro
foxterrier fox-terrier *eng*
foxtrot fox-trot *eng*
frack frac
frackskört cauda
fradga spuma
fradgande spumose
fragment clasma, fragmento
fragmentarisk fragmentari
frakt frete; *förutbetald frakt:* frete prepagate
frakta transportar
fraktfritt costo e frete, exempte/franc de porto, franc a domicilio, porto franc
frakthandlingar polissa de cargamento
fraktionera fractionar

fraktionering fractionamento
fraktkostnad porto
fraktton tonna de frete
frakturstil *typ* gothico
fram avante; *(framtill)* in avante; *fram och tillbaka: vb* ir e venir; *längre fram: adv* ulteriormente; *längre fram i tiden:* plus tarde, in futuro; *fram till nuvarande tid:* usque al presente; *belägen långt framme:* avantiate; *fram-:* frontal
frambesi *(tropisk sjukdom)* frambesia
frambringa render
frambära presentar, apportar
framdriva propeller
framdrivande *sb* impulsion, impulso; *adj* impellente, impulsive, propulsive
framdrivning *(bils/farkosts/flygplans drift)* propulsion
framfall *med* prolapso
framfart passage [-adʒe]; *vild framfart:* violentia, brutalitate
framflytta avantiar, ajornar
framfusig hardite, indiscrete
framföda parturir
framfödande parturition, parto
framför ante, avante, in fronte *de; framför allt:* primarimente, super toto; *sätta framför:* preponer
framföra adducer, apportar, executar, representar; *(vältaligt)* eloquer
framgång attingimento, felicitate, progression, progresso, successo, prosperitate
framgångsrik proficiente, prospere, successose
framhålla accentuar, emphasisar, relevar
framhärda persister, permaner
framhäva accentuar, relevar, signalar; *framhäva sig själv:* signalar se; *starkt framhävd:* pronunciate
framhävande relevamento
framifrån *sedd framifrån: adj* frontal
framkalla evocar, ingenerar, provocar, suscitar; *(känslor)* excitar; *foto* developpar, disveloppar, revelar; *framkalla en film:* evolver un film
framkallande evocation, ingeneramento
framkallning *foto* developpamento, disveloppamento
framkallningsvätska *foto* developpator, disveloppator
framkasta projectar
framkastande projection
framkomlig viabile
framledes ulteriormente
framlägga exponer, proponer
framläggande production
framlägger expositor
frammana evocar
frammanande evocation
framryckning avantiamento
framsida fronte; *framsides-:* frontal
framskaffande fornimento
framskjuta *(i tiden)* procrastinar
framskjutande saliente
framskjuten *framskjuten post:* posto avantiate; *framskjuten ställning el. befästning: mil* saliente
framspringande saliente
framstamma balbutiar
framsteg progresso; *göra framsteg:* facer cammino, facer progressos
framstegsvänlig progressive
framstupa pron
framstående *sb (karaktär)* eminentia, prominentia; *adj* prominente, eminente, excelse, egregie, illustre, imperial, insigne, saliente; *(klart överlägsen)* preeminente; *(särskilt)* supereminente; *egenskapen att vara framstående:* eminentia; *framstående person:* persona de marca
framställa confectionar, manufacturar, producer, figurar
framställande fabrication, production, exposition
framställning production
framställningssätt version
framsäga articular, pronunciar
framt *såframt:* si, in caso que
framtand dente incisive, incisivo
framtid futuro
framtida futur
framtidsform *gram* tempore futur
framtidsforskning futurologia
framtill in fronte, in avante, al testa (de)
framträda parer
framträdande *sb* apparition, presentia; *adj* eminente, pregnante; *vara framträdande:* salir;

framträdande ställning: eminentia
framvisa presentar
framvisande production
framvisning monstra
framåt avante, ad avante; *gå/skrida framåt:* proceder; *se framåt:* prospicer
framåtdrivande impulsive
framåtlutad pron
framåtskridande *sb* progression; *adj* progressive
franc *(myntenhet)* franco
franciskaner franciscano
franciskanermunk franciscano
franciskansk franciscan
frank franc; *(orädd)* coragiose [-dʒo-], intrepide
franker franco
frankera francar
Frankien Franconia
frankisk franc, franconian
franko exempte/franc de porto
frankofil *adj* francophile
frankofob *adj* francophobe
Frankrike Francia
frans fimbria, frangia [-dʒa]; *besättning med fransar:* frangiatura [-dʒa-]; *förse med fransar:* fimbriar
fransa frangiar [-dʒar]
fransad frangiate [-dʒa-]
fransarbete *genom knytning åstadkommet fransarbete:* macrame *arab*
fransk *adj* francese; *franska språket:* francese; *som älskar allt franskt:* gallophile; *som hatar/tycker illa om allt franskt:* gallophobe
franskhatande *adj* francophobe
franskhatare francophobo
franskspråkig francophone
franskvänlig francophile; *en franskvänlig:* francophilo
fransmakare frangiero [-dʒero]
fransman francese
fransning fimbriation
fras *gram; mus* phrase
frasa crepitar, decrepitar
frasera *(mus, språkvet.)* phrasar
fred pace; *skapa fred:* pacificar; *sluta fred:* concluder le pace; *väpnad fred:* pace armate
fredag venerdi
fredlig pacibile, pacific, harmoniose; *göra fredlig:* appaciar
fredlös *sb* proscripto; *göra fredlös:* proscriber
fredsskapande pacific
fredsskapare pacificator
fredsstiftare pacificator
fredsvän pacifista
freestyle walkman *eng* [wo:kmän]
fregatt *sjöt* fregata
fregattfågel *zool* fregata
frejdig galliarde
frekvens frequentia
frekventativ *gram* frequentative, iterative
frekventera frequentar
frenulum *(tungband bl.a.) med* frenulo
freskomålning fresco
fresta tentar, essayar; *(förföra)* seducer
frestelse tentation
fri libere, franc, familiar, gratuite, disinvolte; *göra friare, mindre sträng:* liberalisar
fria *fria till:* cortesar
friboren ingenue
fribytare filibustero
frid pace, quietude
fridag die feriate
fridfull quiete, seren
fridfullhet serenitate
fridsam pacibile
fridstörare inquietator
frieri proponimento
frige dispensar, poner in libertate; *(slav)* manumitter
frigid *(könskall, om kvinnor) med* frigide
frigiditet frigiditate
frigivning dispensation
frigöra emancipar; *(från brydsam situation)* disembarassar; *frigöra sig från:* disembarassar se de
frihamn porto emporio, porto franc
frihandel libere excambio
friherre baron
friherrinna baronessa
frihet libertate; *förespråkare för viljans frihet:* libertario; *medborgerlig frihet:* libertate civil; *poetisk frihet:* licentia poetic; *som kräver största möjliga frihet:* libertari; *ta sig friheten att göra ngt:* prender le libertate de facer un cosa; *ta sig friheter med ngn:* prender se libertates con un persona

frihetlig liberal
frihetsbrev charta [k-]
frihetsivrare libertario
friidrott athletica, athletismo; *friidrotts-:* athletic
friidrottare athleta
frikallelse dispensa
frikassé fricassé *fr; laga frikassé:* fricassar
frikativ *adj fon* fricative
frikativa *('gnidljud') fon* fricativa
frikostig generose, liberal, magnific
frikostighet generositate
friktion *(gnidningsmotstånd)* friction, fricamento
friktionsfri lisie
frikänna quitar, disculpar, exculpar, exonerar; *jur* discargar; *frikänna från:* disculpar de
frikännande absolution, exculpation
friköpande redemption
frilla concubina
frimodighet franchitia [-kitsia]
frimurare francmason, mason
frimurarloge logia [lodʒa]
frimureri francmasoneria, masoneria
frimärke timbro (postal)
frimärkssamlande philatelia
frimärkssamlare philatelista
fris *arkit* friso
frisésallad endivia
frisinnad liberal, tolerante; *icke frisinnad:* illiberal
frisinne *brist på frisinne:* illiberalitate
frisisk frison; *frisiska språket:* frison
frisk *san; frisk och sund:* robuste, valide; *frisk och välbehållen:* san e salve; *göra frisk:* sanar; *vara frisk:* ir ben
friska *friska upp:* refrescar, revivificar; *friska upp ngns minne:* refrescar le memoria de un persona
friskhet frescor, validitate
friskhetsintyg certification medical/de bon sanitate
Frisland *(Frisiska öarna)* Frisia
frisländare frison
frist demora, moratorio, termino
fristad asylo; *(skyddad tillflyktsort)* sanctuario
fristadsstatus franchitia [-kitsia] de un citate
frisyr pectinatura
frisör perrucchero
fritaga eximer, quitar
fritagen *(oåtkomlig för vissa ingripanden)* immun
fritagning exemption
fritid passa-tempore, otio
fritt liberemente, gratis; *(frakt)* franco
frityr fritura
fritänkare spirito forte
frivillig *sb* voluntario; *adj* voluntari, facultative, optional; *frivilligt: adv* sponte
frizon *(skattefritt område)* zona franc
frodas prosperar; *(bli fet)* ingrassiar
frodig prolific, luxuriose; *vara frodig:* exuberar
frodighet exuberantia, luxuria, prolificitate, richessa [-k-]
from devote; *rel* beate, pie; *from person:* devoto
fromhet devotion, pietate
front fronte, facie, faciada; *mil* fronte; *göra front mot:* affrontar; *front-:* frontal
frontal frontal
frontavsnitt *mil* sector
frontespis *arkit* frontispicio
fronton *arkit* fronton
frossa gluttonisar
frossare glutton
frost gelo; *(rim-)* pruina
frostig gelose
frostknuta *(på fingrar/tår)* gelatura
frostskada damno de gelation
frostskyddsmedel antigelo
frottera frictionar
frottering friction
fru seniora, dama, donna, madama; *(hustru)* marita, uxor
frugal *(enkel, tarvlig)* frugal
frukost jentar, jentaculo
frukostera jentar
frukt fructo; *bära frukt:* fructar, fructificar; *plocka frukt:* disfructar; *som bär frukt, ger resultat:* fructificar; *vaxartad hinna på frukter:* pruina
frukta timer, haber pavor, apprehender
fruktaffär fructeria
fruktan timor, pavor, apprehension; *injaga fruktan:* intimidar

fruktansvärd horrende, formidabile, truculente

fruktbar fertile, fecunde, fructuose, prolific, ubere; *göra fruktbar:* fecundar, fertilisar; *som gör fruktbar:* fertilisante

fruktbarhet fecunditate, fertilitate, prolificitate, ubertate

fruktbringande fructuose

fruktbärande fructifere, efficace

fruktgömma *fruktgömma hos vissa svampar: bot* stroma

frukthandlare fructero

fruktkropp *bot* fructification

fruktkännedom carpologia

fruktkärna pepita

fruktkött *bot* induvia, carne de un fructo, pulpa

fruktlös abortive, frustranee, infructuose, inutile, van

fruktmos compota

fruktmånad *(i franska revolutionskalendern)* fructidor

fruktodling pomicultura

fruktpress pressa-fructos

fruktsam fertile; *som kan göras fruktsam:* fertilisabile

fruktsättning fructification

fruktträd fructiero

fruktträdgård verdiero

fruntimmersaktig effeminate; *göra fruntimmersaktig:* effeminar

frusta roncar

frustning ronco

frustrerande frustratori

frustuga *(uppehållsrum för kvinnorna) hist* gyneceo *gr*

frygier phrygio

frygisk phrygie; *mus* phrygic; *frygisk kyrkoton(art):* modo phrygie; *frygisk mössa:* bonetto phrygie

fryntlighet bonhomia

frysa *itr* gelar, congelar, glaciar; *tr* refrigerar; *(känna köld)* haber frigido; *frysa in/ner:* congelar, gelar; *frysa till:* glaciar; *som fryser (ner):* frigorifere

frysning gelatura, refrigeration; *ekon* blocamento; *frysning av löner:* blocamento de salarios; *frysning av utdelningen på aktier:* blocamento de dividendos

fryspunkt puncto de congelation

fråga *sb* demanda, question, problema; *(att diskutera)* question; *vb* demandar, questionar, inquirer; *fråga efter:* rogar; *fråga ut:* querer; *fråge-: gram* interrogative

frågande interrogatori; *gram* interrogative

frågeformulär questionario

frågeställare inquiritor, interrogator

frågetecken puncto de interrogation, signo de interrogation

från de, ab; *(sedan)* ab, desde

fråndraga deducer, subtraher

fråndragning subtraction

frångå *(mening etc)* derogar a; *frångå en princip:* derogar a un principio

frånröva derobar, privar

frånstötande repugnante, fastidiose, sordide

fråntaga dispossseder, privar

fråntagande privation

frånvarande absente; *bildl* distracte

frånvaro absentia; *lysa med sin frånvaro:* brillar per su absentia

fräck insolente, impudic

fräkne *(små födelsemärken)* lentigine; *fräknar:* ephelides *gr* [efelides]

fräknig lentiginose

frälsa salvar; *rel* redimer

frälsare salvator

frälsning salute, salvamento; *rel* redemption

Frälsningsarmén Armea de salvation

främja avantiar, promover, incoragiar [-dʒar], expedir

främjande avantiamento, expedition

främlingsfientlig xenophobe

främlingsfientlighet xenophobia

främlingshatare xenophobo

främlingslegion legion estranier

främlingsskap *('förfrämligande')* estraniamento

främlingsvän xenophilo

främlingsvänlig xenophile

främmande alien, estranie, extranee; *(land)* extere, estranier; *främmande för:* estranie a; *främmande språk:* lingua estranier; *göra främmande:* alienar, estraniar; *det att göra främmande:* alienation

främre anterior; *Främre Orienten:* Oriente Proxime

främst *sätta främst:* preponer

frän acerbe, acre; *(härsken)* rancide

frände parente

fräs *tekn* fresa

fräsa fresar, salvar, redimer

fräsch fresc

fräschhet frescor

fräsig *('fräsig')* chic [sh-]

fräsmaskin fresatrice

fräta corroder, eroder; *med* adurer; *fräta sönder:* corroder, eroder

frätande caustic, corrosive, mordente; *frätande medel:* corrosivo

frö grano, semine; *sätta frö:* granar; *som öppnar sig och kastar ut frön (ur frökapsel): bot* dehiscente; *frö-:* seminal

fröanlag *biol* ovulo

frögömme *bot* pericarpio

fröjd allegressa, delecto, gaudio, joia, placer; *stor fröjd (över ngt):* exultation

fröjda delectar; *fröjdas:* exultar

fröken madamisella, senioretta

fröskida *bot* gluma; *fröskidor:* siliqua; *halva av fröskida: bot* valva

fröspridning *bot* semination

fröväxter *bot* spermatophytos

froämnessträng *bot* funiculo

fröätande granivore

fröätare granivoro

fuchsia *bot* fuchsia

fuga *mus* fuga

fuksin *(röd anilinfärg)* fuchsina

fukt humiditate, molliatura

fukta humectar, humidificar, molliar

fuktabsorberande *kem* deliquescente

fuktig humide, uliginose; *vara fuktig:* humer

fuktighet humiditate; *avge fuktighet:* evaporar

fuktighetsmätare *meteorol* hygrographo, hygrometro

fuktutsugande sic(c)ante, sic(c)ative

ful fede; *(handling)* vil; *fula trick:* ruffianeria

fulgurit *(av blixten smält sand) geol* fulgurite

fulhet feditate

full plen; *(berusad)* avinate, ebrie; *bli full:* avinar se

fullborda consummar, exequer, finir, effectuar, terminar

fullbordad consummate

fullbordan consummation

fullfölja consummar

fullföljande complimento

fullföra compler

fullgöra exequer

fullgörande complimento

fullkomlig ideal, perfecte, indefectibile

fullkomlighet perfection

fullkomna *(göra ngt perfekt)* perfectionar

fullmakt mandamento, mandato; *jur* procuration; *ge fullmakt:* deputar; *oinskränkt fullmakt:* plenipotentia

fullmåne plenilunio; *fullmåne-:* plenilunar

fullständig complete; *göra fullständig:* complementar, compler, completar, ultimar

fullständiggöra integrar

fullständiggörande complemento

fullända consummar

fulländad consummate, perfecte

fulländning perfection

fullödighet plenitude

fulminat *kem* fulminato

fumlig inhabile

fundament base, fundamento

fundamental basal, basic, fundamental

fundera pensar, reflecter, specular, ponderar, meditar (super); *fundera på:* specular super; *fundera ut:* excogitar

funderande excogitation

fundering reflexion

fundersam reflexe

fungera functionar, funger; *(vara i gång)* operar; *få att fungera:* operar; *som fungerar som: jur* fungibile

fungerande functionamento

funikel *anat* funiculo

funktion function, functionamento, operation; *mat* function; *funktions-:* functional

funktional *mat* functional

funktionalism functionalismo

funktionalist functionalista

funktionalistisk functional

funktionell functional

funktionär functionario

fur *bot* pino

fura *bot* pino silvestre

furie *myt* furia

furste dynasta, prince; *mörkrets furste:* prince

del tenebras
furstendöme principato
furstinna princessa
furunkel *med* furunculo
furunkulos *(sjukdom med många bölder) med* furunculosis
fusion fusion, fusionamento
fusionera *(gå samman, slå samman företag)* fusionar
fusk *(bedrägeri)* fraude; *(dåligt arbete)* travalio mal
fuska *(bedra)* fraudar; *(göra dåligt ifrån sig)* travaliar mal
futil futile
futtig futile, pusille; *(enkel)* simple, meschin [-k-]; *(om sak)* frivole
futurism futurismo
futurist futurista
futuristisk futurista
futurum *gram* futuro
fy *fy!: interj* fi!
fylla *sb* ebrietate; *vb* plenar, impler, reimpler; *bildl* compler; *fylla (tand): med* obturar; *fylla (upp):* reimpler; *fylla igen:* reimpler, replenar, repler; *fylla med luft:* inflar; *fylla på:* replenar, repler; *fylla på behållare (kärl, flaskor, vaser):* invasar; *fylla på flaskor:* imbottiliar; *fylla upp:* cumular; *fylla ut:* expler, stipar, supplementar
fyllig sonorose
fyllning *fyllning i stoppning:* borra
fynd discoperta, objecto trovate, trovata
fyndig terse; *(full av tänkespråk)* sententiose
fyndplats *(arkeologisk)* sito archeologic
fyr pharo, fanal; *glad fyr:* galliardo
fyra quatro
fyramånaders- quadrimestral
fyramånadersperiod quadrimestre
fyraårig quadriennal
fyraårs- quadriennal
fyraårsperiod quadrennio
fyrbent quadrupede, tetrapode
fyrblad *arkit* quadrifolio
fyrbåk fanal
fyrdelad quadripartite
fyrdubbel quadruple
fyrdubbla quadruplar, quadruplicar
fyrdubbling quadruplication
fyrfaldigt quadruple
fyrfat brasiero
fyrfota quadrupede, tetrapode
fyrhörnig quadrangular, quadrangule
fyrhörning quadrangulo
fyrkantig *göra fyrkantig:* esquadrar
fyrklöver trifolio de quatro folios
fyrling quadrigemino; *fyrlings-:* quadrigemine
fyrsidig quadrilateral, quadrilatere
fyrskepp nave-fanal, nave pharo
fyrstavig quadrisyllabe
fyrtio quaranta; *cirka fyrtio:* quarantena
fyrtionde quarantesime
fyrtiotal *ett fyrtiotal:* quarantena
fyrtioårig quadragenari
fyrtorn pharo
fyrverkeri foco de artificio, pyrotechnica; *fyrverkeri-:* pyrotechnic
fyrverkeritekniker pyrotechnico
fysik physica; *(kroppsbyggnad)* physico; *(kroppskonstitution)* constitution
fysiker physico
fysiolog physiologista, physiologo
fysionomi physiognomia
fysisk physic, somatic
få *adj (inte många)* pauc, poc, rar; *vb* obtener, reciper; *(förvärva)* acquirer, procurar; *få en vana:* prender un habitude; *få kännedom om:* prender cognoscentia de; *få smak på:* prender gusto de; *få till att:* facer; *få vart man vill:* conducer un persona per le naso; *uppsöka ngn för att få ngt:* sollicitar; *som kan fås:* obtenibile
fåfäng van, vanitose, inutile, gloriose
fåfänga vanitate, *(småttig)* gloriola
fåfänglig *(om person)* frivole
fåfänglighet vangloria, vanitate
fågel ave; *(höns-)* volatile, gallina
fågelbo nido
fågelbur *(voljär, stor fågelbur, t. ex. på zoo)* aviario
fågelexpert ornithologista, ornithologo
fågelfri proscripte, bannite
fågellim visco
fågelperspektiv perspectiva aeree, vista de aves
fågelskrämma espaventa-aves, homine de palea
fågelskådare *(som spådde efter fåglars flykt*

bl.a.) (antikens historia) auspice
fågelspillning *(för gödning)* guano
fågelunge pullo
fågeluppfödning avicultura
fågelälskare ornithophilo
fåll orlo
fålla *sb* corral; *vb* orlar
fåmannavälde oligarchia
fåne follo, imbecillo
fånga prender, captivar, capturar, sasir; *(t.ex. intresset)* captivar; *(i fälla)* attrappar
fånge captivo, prisionero, incarcerato
fången *adj* captive
fångenskap captivitate, imprisionamento
fångst captura, prisa; *(fisk-)* piscata
fångvaktare carcerero
fånig fatue, folle, stupide, insipiente
fånighet fatuitate
fåordig taciturne, laconic
får ove; *(lamm)* agno; *får-:* ovin
fåra *sb* sulco, cannellatura; *(rynka)* ruga; *göra fåror:* sulcar, cannellar; *vb* rugar
fårad rugose
fåraktig ovin
fårfålla oviario, ovil
fårkätte oviario
fårkött ove
fårlår gigot *fr* [ʒigo]
fåtal minoritate, numero limitate
fåtölj confortabile
fä bestia; *pers* bruto
fäderne latere paternal; *fäderne-:* paternal, paterne, *(från förfädernas tid)* ancestral
fädernebygd pais natal
fädernesarv patrimonio
fädernesland patria; *fördriva från fäderneslandet:* expatriar
fäfluga *zool* tabano
fägna placer, allegrar; *(undfägna)* regalar
fägring beltate, charme [sh-]
fäkta schermir
fäktning scherma
fäll tonsion
fälla *sb* trappa, insidia; *fånga i fälla:* trappar; *vb* abatter, occider; *(hår, fjädrar, fjäll osv)* mutar; *fälla i domstol:* convincer
fällande *fällande dom:* conviction
fällning *kem* precipitato
fält campo; *(åker-)* agro; *litet fält/område: anat, bot* areola; *oljeförande fält:* campo petrolifere; *fält-:* campestre
fältherre general, polemarcho [-k-]
fältmarskalk *mil* feldmarechal [-shal]
fältsjukhus *rörligt fältsjukhus:* ambulantia
fältspat *min* feldspat
fängelse prision, carcere, penitentiario; *sätta i fängelse:* imprisionar, incarcerar, mitter in prision; *insättande i fängelse:* carceration, imprisionamento
fängsla imprisionar, incarcerar, arrestar, captivar, detener; *(förtrolla)* captar; *(t.ex. intresset)* captivar
fängslande imprisionamento, incarceration
fänkål *bot* fenuculo
färdas camminar; *färdas under vattnet:* subnavigar
färdig *(beredd)* preste, parate, preparate; *(fullbordad)* finite, terminate; *göra färdig:* compler, ultimar
färdigframställa *färdigframställa i förväg:* prefabricar
färdigställa apprestar
färdigställande appresto
färdkost viatico
färdskrivare *(i bil)* tachographo
färg color, tinctura; *(ämnet)* tinta, tincto; *(att färga med)* tincto; *(att måla med)* color; *färg-:* tinctori, tinctorial
färga colorar, tinger; *färgande-:* tinctori, tinctorial
färgblind daltonian
färgblindhet daltonismo; *total färgblindhet:* achromatopsia
färgfotografering photochromia
färghållning *(konst)* colorito
färglitografi chromolitographia
färglös achromate, incolor
färgmedel tinctura
färgning *(resultatet av färgandet)* tinctura
färgnyans tinta
färgskiftning tinctura
färgskära *bot* serratula
färgton tincto, tono
färgtryck impression in colores
färgämne pigmento
färja ferry-boat *eng*

färla *(bestraffningsredskap)* ferula

färs *gastr* farce *fr* [fars]

färsk fresc; *(om nyhet etc)* nove, recente

färskning *(tillverkning av smidesjärn) tekn* puddelation

färskvatten aqua dulce

fästa fixar, alligar, firmar, attachar [-sh-], *itr* adherer, collar; *fästa på/vid:* affiger, affixar, attachar [-sh-]; *fästa blicken/ögonen på:* adocular, fixar le oculos super; *fästa uppmärksamhet på ngt:* fixar le attention super un cosa; *som fäster:* adhesive; *ngt som fäster:* fixator

fästman fidantiato, promisso

fästmö fidantiata, promissa

fästning fortalessa

fästningsvall vallo

föda *sb* alimento, nutrimento, viveres, comestibiles, mangiar [-dʒar], victo, pabulo; *vb (bringa till världen)* parturir, parer; *(sätta till världen)* facer nascer; *(få ungar)* fetar; *(livnära)* nutrir, alimentar

födande parturition, parto

födas nascer, venir al mundo

född nascite; *född (sådan):* nate; *född diktare:* esser poeta *nate; född inom äktenskapet:* legitime

födelse nascentia, nativitate; *födelse-:* natal, native

födelsedag die natal, anniversario; *trevlig födelsedag:* bon anniversario

födelsekontroll anticonception

födelsemärke musca, nevo

födelsetal natalitate

födslovånda travalio; *ligga i födslovåndor:* travaliar

föga *adj* pauc, poc; *adv* pauco, poco

föl pullo

följa sequer, consequer, resultar; *(åt-)* accompaniar, escortar; *följa av:* resultar de; *följa efter:* subsequer, succeder; *följa med ngn:* accompaniar; *följa (lag):* observar

följaktligen in consequentia, per consequente, dunque [dungke/dungkwe]

följande sequente; *därav följande:* consequente, consequential; *följande dag:* le die sequente; *följande på varandra:* successive

följd *(konsekvens)* consequentia, resultato; *(ordnings-)* ordine, sequentia, suite *fr*, fila, serie, sequela; *(av t.ex. dörrar)* infilada; *naturlig följd:* corollario; *utan följder:* inconsequential; *vara följden av:* consequer

följdriktig consequente; *inte följdriktig:* inconsequente

följdriktighet consequentia

följdsjukdom *med* sequela

följe suite *fr*, escorta, traino, cauda

följeslagare satellite

följetong feuilleton *fr* [foejtõ]

fönster fenestra; *förse med fönster:* fenestrar; *fönster med färgat glas:* vitriera

fönsterglas vitro

fönsterkarm tabula de fenestra

fönsterruta vitro

för *sb sjöt* proa, avante; *prep* pro, a; *konj* nam; *adv. för mycket:* troppo, nimis; *för att (+ hel mening):* a fin que *(+ hel mening); för att (+ infinitiv):* a fin de *(+ infinitiv),* pro *(+ infinitiv); i stället för:* in loco de, in vice de; *för ... sedan:* retro ...; *för så vitt att:* in tanto que; *för all del:* de nihil

föra ducer, conducer, guidar, menar; *föra in:* intromitter; *föra samman (t.ex. fakta):* conferer; *föra sig:* conducer se; *föra ut djur på grönbete:* pasturar

förakt contempto, despecto, disdigno, abomination

förakta abominar, contemner, despicer, disdignar, dispreciar, vilipender, minuspreciar

föraktfull contemptuose, despectose, disdignose

föraktlig abjecte; *(värd att föraktas)* contemptibile

föraktlighet abjection

förallmänneliga generalisar

föraning premonition, presagio [-sadʒo]; *ha föraning:* presagir, presentir

förankra ancorar

förankring ancorage [-adʒe]

föranleda occasionar

förare conductor

förarga displacer, enoiar, infuriar, irritar, offender, vexar

förargad vexate, irate, infuriate; *bli förargad:* irascer

förargelse enoio, irritation, vexation

förargelseväckande scandalose

förarglig enoiose

förband ligatura, bandage [-adʒe]; *mil* corpore; *tillgängligt stridsdugligt förband: mil* effectivo

förbanna maledicer, execrar, imprecar

förbannande *adj* execratori

förbannelse execration, imprecation, malediction; *nedkalla förbannelse över:* imprecar; *person som nedkallar förbannelse:* imprecator; *förbannelse-:* execratori, imprecatori

förbarma *förbarma sig:* exercer le misericordia

förbarmande compassion

förbedömning *(även med)* prognosis

förbehåll reserva, restriction; *jur* clausula; *med förbehåll för fel och utelämning(ar):* salvo error o omission; *tyst förbehåll:* restriction mental

förbehållsam reticente

förbena ossificar

förbereda apparar, preparar, apprestar; *förbereda sig för att:* preparar se a

förberedande *adj* preliminar; *(för annan undervisning)* propedeutic; *förberedande åtgärd:* preliminar

förberedelse appresto, preparation; *under förberedelse:* in preparation; *förberedelser för en resa:* apprestos de un viage [-adʒe]

förbi preter; *(slut)* finite, sin spero; *(om tid)* passate; *gå förbi:* passar

förbifart passage [-adʒe]

förbigå preterir

förbigående *i förbigående:* en passant *fr* [ã pasã]

förbimarsch *(i led)* defilata

förbinda bandar; *(förena)* unir; *(sammanfoga)* junger, connecter, combinar, adjunger, associar, conjunger; *(två)* copular; *(två öppningar)* abuccar; *förbinda med:* annecter; *vara förbundet med:* involver

förbindande *adj* conjunctive, connexive, copulative

förbindelse adjunction, association, attachamento [-sh-], conjunction, connexion, junction, junctura, nexo, relation; *anat* commissura; *astrol* synodo; *(otillåten)* liaison *fr* [liezõ]; *ha hemlig förbindelse med fienden:* haber intelligentia con le inimico; *oupplöslig förbindelse med ngt:* inherentia

förbindlig unctuose

förbise negliger, oblidar

förbiseende lapso

förbittra exacerbar, exasperar

förbittrad acre

förbittring exacerbation, exasperation

förbjuda inhiber, inhibir, interdicer, prohiber

förblekna evanescer

förbleknande evanescente

förblekning evanescentia

förbli remaner, restar, demorar, sustener se

förblinda infatuar

förbliva demorar

förbluffa stupefacer

förbluffad stupide; *vara förbluffad:* stuper

förbluffande prodigiose, stupefaciente, stupefactive

förborgad sibyllin

förbruka consumer, exhaurir; *som kan förbrukas:* exhauribile

förbrukad exhauste

förbrukare consumitor

förbrukning consumo, consumption; *förbruknings-:* consumptive

förbrylla disconcertar

förbryllad perplexe

förbryllande disconcertamento

förbrytare delinquente, felon, malfactor; *förbrytar-:* criminal

förbrytarnäste spelunca

förbrytelse crimine

förbränd aduste, torride

förbränna comburer, deflagrar; *förbränna till aska:* incinerar

förbränning combustion, deflagration, incineration

förbränningsmotor motor a combustion

förbränningsugn *förbränningsugn för avfall:* destructor

förbrödra fraternisar

förbud inhibition, interdiction, prohibition; *förbuds-:* inhibitori, prohibitive, prohibitori

förbund (con)federation, alliantia, association, coalition, liga; *bilda förbund:* federar; *gå samman i förbund:* confederar; *förbunds-:* federal, *(stats-)* confederative

förbunden connexe, juncte; *göra förbunden:* obligar; *oupplösligt förbunden med:* inherente
förbundsarken arca de alliantia
förbundsstat federation
förbättra abonar, meliorar, bonificar; *(ändra)* emendar; *förbättra sig:* corriger se; *som ej kan förbättras:* imperfectibile
förbättrande *adj* corrective, correctori
förbättrare corrector
förbättring bonification, emendamento, emendation, reparo; *temporär förbättring: med* remission
förbön intercession, precaria de intercession, suffragio; *hålla förbön för ngn:* suffragar
fördatera antedatar
fördel avantage [-adʒe], beneficio, favor, interesse, partito, profito; *dra fördel av ngt:* prender avantage [-adʒe] de un cosa; *ge fördel åt:* avantagiar [-dʒar]; *ha fördel av:* profitar de; *till någons fördel:* in le interesse de un persona
fördela apportionar, impartir, repartir; *(utdela)* distribuer
fördelaktig avantagiose [-dʒo-]
fördelning disposition, repartition
fördjupa approfundar, profundar; *fördjupa sig i:* approfundar; *fördjupad i:* preoccupate de
fördjupande approfundamento
fördjupning profundo, *(liten)* fossetta; *med fördjupningar:* alveolate; *borra fördjupningar:* fresar
fördold celate, secrete, abstruse, clandestin, occulte
fördom prejudicio
fördrag tractato, convention, pacto
fördriva chassar [sh-], disposseder, expeller, proscriber; *fördriva från ett land:* dispaisar
fördrivande dispossession
fördrivning expulsion
fördröja retardar, morar
fördröjning demora, mora, remora, retardamento, retardation
fördubbla duplar, duplicar, redupl(ic)ar, geminar
fördubblas redupl(ic)ar
fördubbling duplamento, duplication, gemination
fördunkla obscurar, eclipsar
fördunklad *(överdragen av skyar)* obnubilate
fördämma barrar
fördämning barrage [-adʒe], dica, vallo; *bygga fördämning:* incassar
fördärv corruption, perdita, pernicie, pravitate, ruina; *rel* perdition
fördärva corrumper, ruinar, depravar, deteriorar, guastar, perverter, vitiar; *(skada)* nocer; *(förslösa)* guastar; *(omintetgöra)* frustrar; *en som fördärvar:* guastator; *som lätt kan fördärvas:* corruptibile
fördärvad corrupte, perverse, vitiose; *(moraliskt)* depravate, prave
fördärvande vitiation
fördärvlig deleterie
fördöma condemnar, damnar, denunciar, reprochar [-sh-]; *rel* damnar, reprobar; *värd att fördömas:* damnabile
fördömande *sb* anathema, condemnation, denunciation; *adj* condemnatori
fördömelse damnation
före *(innan)* ante (que), avante, anteriormente; *(framtill)* al testa de; *före sin ålder:* precoce; *komma före:* preceder
förebild exemplar, exemplo, ideal, modello, prototypo, symbolo, typo; *vara en förebild:* dar un exemplo
förebrå blasmar, reprochar [-sh-], reprimendar; *som ej kan förebrås:* irreprehensibile, irreprochabile [-sh-]
förebråelse blasmo, reproche [-sh-]
förebud portento
förebygga prevenir, obviar; *(hindra)* impedir
förebyggande *sb* prevention; *adj* preventive, *med* prophylactic; *förebyggande av havandeskap:* anticonception; *förebyggande medicin:* medicina preventive
förebåda portender
föredra anteponer, optar; *(hellre vilja)* preferer; *som kan el. är värd att föredras:* preferibile
föredrag conferentia, discurso; *hålla föredrag:* conferentiar, pronunciar un discurso; *föredrags-:* conferential
föredragningslista agenda
föredöme modello, exemplo
förefalla *det förefaller mig:* il me sembla/pare

föregiven pretense

föregripa anticipar

föregripande anticipation

föregå *(komma före)* anteceder, preceder

föregående *adj* antecedente, anterior, precedente

föregångare antecessor, predecessor

föregångsman pionero; *bildl* porta-bandiera

förekomma figurar; *(ngt)* prevenir

förekommande *(förbindlig, tillmötesgående)* affabile, obligante; *ofta förekommande:* frequente

föreläsa conferentiar, leger, facer le lectura, professar

föreläsning conferentia, lectura, curso, lection; *föreläsnings-:* conferential

förelöpare precursor

föremål objecto, subjecto; *gammalt föremål:* antiquitate

förena junger, unir, associar, adjunger, coalisar, conjunger, reunir, sociar, copular; *förena sig med:* affiliar se con/a; *förena till ett helt:* totalisar

förenad conjuncte, juncte, unite; *förenat: adv* conjunctemente; *Förenta Nationerna:* le Nationes Unite

förenande copulative

förenas reunir se

förening adjunction, association, conjunction, junctura, unimento, union; *kem* composito; *förening för ömsesidigt stöd:* societate de succursos mutual

föreningsmöte reunion

förenkla simplificar

förenkling *grov förenkling:* vulgarisation

förenlig accordabile, compatibile

Förenta Nationerna le Nationes Unite

föresats proposito

föreskrift precepto; *med* prescription; *samling föreskrifter:* ordinario

föreskriva prescriber

föreslå proponer, suggerer

förespegla illuder

förespråka interceder

förespråkare advocato, intercessor

förestående *omedelbart förestående:* imminente

föreståndare *föreståndaren för dataria:* datario

föreställa figurar, presentar; *föreställa sig:* idear, figurar se, imaginar, visualisar; *föreställa sig i förväg:* prefigurar; *som man inte kan föreställa sig:* inimaginabile

föreställbar imaginabile

föreställning imagination, visualisation

föresätta *föresätta sig att:* proponer se (de)

företag interprisa, operation, stabilimento

företaga interprender

företagare interprenditor

företagsam interprendente, interprenditor

företagsfusion *(samgående av företag)* fusion, fusionamento

företal prefacio, introduction, preambulo, proemio, prologo; *hålla företal till:* preambular

företeelse phenomeno

företräda representar

företräde preferentia; *ge företräde:* haber/dar precedentia, ceder le passo, dar le preferentia (a); *ha företräde:* preceder; *företrädes-:* preferential

företrädesberättigande prioritate

företrädesrätt derecto de prioritate, precedentia, prerogativa

föreviga eternisar

förevisa demonstrar

förevisare demonstrator

förevisning demonstration

förevändning pretexto, subterfugio; *ta som förevändning:* subterfugir

förfader ancestre, antecessor, ascendente, atavo, progenitor

förfall ruina, decadentia, declino, decomposition, deterioration, dilapidation; *gå mot sitt förfall:* ir a ruina; *moraliskt förfall:* depravation, pravitate; *stadd i förfall:* decadente

förfalla cader in ruina, decader, deteriorar se, periclitar

förfallen arretrate; *förklara förfallen (om yrkande): jur* prescriber; *förfallen betalning:* pagamento arretrate

förfalska falsar, falsificar, adulterar, contrafacer, sophisticar; *(ändra)* alterar; *som kan förfalskas:* falsificabile; *som lätt kan förfalskas:* corruptibile

förfalskad contrafacte, corrupte, inauthentic

förfalskande falso

förfalskare contrafactor, falsario, falsificator

förfalskning alteration, contrafaction, corruption, falsification
förfaringssätt methodo, processo; *jur* procedura
författa componer
författare autor, scriptor, homine de litteras
författarrättigheter derectos de autor
författarskap autorato
författning *(stats)* constitution; *författnings-:* constitutional
författningsvidrig inconstitutional
förfina affinar, raffinar
förfinad preciose
förfining finessa
förfluten passate, preterite; *förfluten tids-:* imperfecte; *det förflutna:* passato
förflyktiga volatilisar; *förflyktigas:* evaporar
förflyktigande *sb* evaporation, volatilisation
förflyktigas evaporar
förflyta *(om tiden)* passar
förflytta transportar, transferer, translatar; *(rubba)* displaciar; *förflytta ngt från dess plats:* dislocar
förflyttning dislocation, displaciamento
förfogande disposition; *till förfogande:* disponibile
förfranska francisar
förfriska *förfriska sig:* refrescar se
förfriskning refection
förfrusen gelate
förfrysa gelar se
förfrågan demanda, interrogation, inquesta, interpellation; *göra en förfrågan:* inquirer
förfula fedificar
förfång detrimento
förfäder ancestres, atavos
förfäkta defender, professar (un opinion)
förfära espaventar; *göra förfärad:* consternar
förfärdiga fabricar, confectionar
förfärlig terribile, horribile; *som låter förfärlig:* horrisone
förfölja *(ihärdigt söka)* persequer
förföljare persecutor
förföljelse persecution
förföljelsemani paranoia; *(ihärdigt sökande)* mania de persecution
förföra seducer; *(förleda)* subornar
förfördela prejudiciar
förförelse seducimento
förförisk seductive
förgapa *förgapa sig i:* infatuar se de
förgasa gasificar
förgasare carburator
förgasning gasification
förgifta invenenar, intoxicar
förgiftning intoxication, invenenamento
förgrena ramificar, deramar, bifurcar; *förgrena sig:* deramar se, furcar se
förgrening ramification
förgrova vulgarisar
förgrund prime plano
förgrymmad furiose, furibunde
förguda deificar; *(betrakta som gudomlig)* divinisar
förgudning deification, divinisation
förgylla aurar, dorar; *'förgylla', göra ngt mera smakligt:* aurar le pilula
förgylld dorate
förgyllning doratura
förgången passate, preterite
förgård *anat* vestibulo; *helvetets förgård:* limbo
förgås perir, obir
förgängelse morte, destruction, deterioration
förgänglig peribile; *äran är förgänglig:* le gloria es ephemere
förgät-mig-ej *bot* non-me-oblida, myosotis
förgäves *adj* van, frustranee; *adv* in van
förgörande *adj* deleterie
förhala morar, procrastinar; *(tiden)* temporisar, tardar
förhalning mora
förhand *på förhand:* in anticipation, in avantia; *vetskap på förhand:* precognition
förhandla tractar, *(om)* negotiar
förhandlare negotiator
förhandling negotiation, deliberation, negotio; *öppning i förhandling:* overtura
förhandlingsledare moderator
förhandsföreställning prefiguration
förhastad hastive, precoce
förhatlig detestabile; *(ondskefull)* odiose, despectose
förhindra impedir, obviar
förhistoria prehistoria
förhistorisk prehistoric
förhoppning sperantia, spero; *som man kan ha*

förhoppning om, vag förhoppning: velleitate
förhoppningsfull sperantiose
förhud *anat* preputio
förhyrning location
förhållande facto, condition, relation, conjunctura, proportion, situation; *mat* ration; *i förhållande till:* relative a
förhållningsregel instruction, norma, indication
förhårdnad *(av huden)* callositate; *med förhårdnad hud:* callose
förhårdning *med, biol* sclerosis
förhänge velo, cortina
förhärda indurar *(t.ex.* su corde)
förhärdad impenitente, indurate
förhärdelse induration
förhärja devastar, desolar, ruinar, deteriorar, destruer, deler, desolar
förhärjande *förhärjande eld:* holocausto
förhärliga exaltar, glorificar
förhärligande apotheosis, exaltation, glorification
förhärligare glorificator
förhärska predominar, prevaler
förhärskande predominante; *förhärskande tillstånd: bildl* prevalentia
förhäxa incantar
förhöja elevar, augmentar, stimular
förhör audition, inquesta, interrogation, examine; *jur* interrogatorio, inquisition
förhöra interrogar, questionar
förhörare inquiritor
förhörsledare inquiritor, interrogator
förinta annihilar
förintelse annihilation; *förintelsen av judar under andra världskriget:* holocausto
förirra *förirra sig:* aberrar
förjäsa *(med el. utan objekt)* fermentar; *som kan förjäsas:* fermentabile
förkalka calcificar; *kem* calcinar; *med* calcificar se
förkalkning calcification; *med, biol* sclerosis
förkasta cassar, condemnar, rejectar, repulsar, refusar, repudiar; *jur* recusar; *(en lärosats)* reprobar
förkastande cassation, repudiation, repudio
förkastlig damnabile, rejectabile
förkastning *geol* fallia
förklara explicar, clarar, clarificar, dar conto de, declarar; *(om yrkande) jur* prescriber; *(tillkännage)* declarar, proclamar; *förklara för oskyldig:* exculpar; *förklara ogiltig: jur* vitiar; *förklara som:* votar; *som förklarar:* explicative; *som kan förklaras:* explicabile; *en som förklarar:* expositor
förklarande *adj* declarative, explicative, expositive, interpretative; *jur* declaratori
förklarare explicator
förklaring clarification, declaration, enarration, explanation, explication, illumination, profession; *(tolkning)* interpretation; *(avgiven)* pronunciamento
förklenande derogation
förkläda disguisar; *förkläda sig:* travestir
förkläde avantal; *bildl* chaperon [sh-]; *vara förkläde åt ngn:* chaperonar [sh-]
förklädnad disguisamento
förknippa associar
förknippning association; *upplösa förknippning:* disassociar
förkola carbonisar
förkolning carbonisation
förkomma perder se
förkonstlad affectate; *göra förkonstlad:* sophisticar
förkorkad suberisate
förkorta accurtar, abbreviar; *förkorta alla toners/noters tidsvärden: mus* diminuer
förkortande *adj* abbreviative
förkortning abbreviamento, abbreviation; *mat* reduction; *(förkortad form av ord)* abbreviatura; *förkortnings-:* abbreviative
förkortningsord *(t.ex. UNESCO)* acronymo
förkroma chromar
förkromning chromage [-adʒe]
förkroppsliga corporar, incarnar
förkroppsligad in corpore, incarnate
förkroppsligande incarnation
förkrossa contunder
förkrympt nanin, rudimentari
förkunna predicar, professar
förkunskaper cognoscentias preliminar
förkvinnliga feminisar
förkyla *förkyla sig:* prender frigido
förkyld *bli förkyld:* prender frigido, rheumatisar se

förkylning frigido, grippe, rheuma; *med* coryza
förkämpe advocato, campion, protagonista
förkänsla premonition, presagio [-sadʒo]; *ha en förkänsla av:* presentir
förkärlek predilection, preferentia
förlag *(värden)* fundos; *(bok- etc)* editor, firma editorial
förlama esturdir, paralysar; *lättare förlamad: med* paretic
förlamad *(lättare) med* paretic
förlamning *med* paralyse; *halvsidig förlamning:* hemiplegia; *lättare förlamning:* paresia, paresis
förleda captar, seducer
förledande *sb* captation
förliden passate; *(senaste)* ultime
förlika accommodar, arbitrar, conciliar
förlikning *jur* transaction; *ingå förlikning:* transiger
förlisa perir; *(om fartyg)* naufragar
förljuva dulcificar
förlopp lapso, curriculo; *(tidsskeende)* curso
förlora perder; *den förlorade sonen:* le filio prodige
förlossa *rel* redimer
förlossning parturition, parto; *med* delivrantia; *rel* redemption
förlossningshem maternitate
förlossningskonst *med* obstetricia
förlossningsläkare obstetrico
förlossningstång forcipe
förlova fidantiar
förlovad fidantiate
förlovning fidantiamento
förlust perdita; *förlust av medborgerliga rättigheter:* morte civil; *vinst och förlust:* profitos e perditas; *förluster (antalet döda och sårade): mil* perditas
förlustbringande costose, ruinose
förlustelse attraction
förlångsamma relentar
förlåt *förlåt!:* pardono!
förlåta pardonar, remitter; *förlåt!:* pardono!
förlåtelse pardono, remission
förlåtlig gratiabile, pardonabile, venial; *förlåtlig synd:* peccato venial
förlåtlighet venialitate
förlägen embarassate, irresolute, timide, verecunde; *göra förlägen:* embarassar
förlägenhet embarrasso, verecundia
förlägga misplaciar; *(bok)* publicar; *(till en plats)* situar; *förlägga i kvarter: mil* billetar
förläggande publication
förläggare editor
förläna impartir, infeudar; *(utmärkelse/värdighet)* conferer
förlänga allongar, prolongar, elongar, extender; *förlänga alla notvärden: mus* augmentar; *förlänga i det oändliga:* eternisar
förlängande prolongation
förlängning allongamento, elongation, prolongamento, prolongation
förläning infeudation; *ge som förläning:* infeudar; *en som fått en förläning:* feudatorio
förlöjliga derider, ludificar
förlöjligande *sb* derision, irrision, ridiculo; *adj* derisori, irrisori
förlöjligare irrisor
förlösa *med* delivrar
förmak *(hjärtats) anat* atrio, auricula
förman capite, guida, maestro; *förman (verkmästare) för byggnadssnickare:* maestro carpentero
förmana exhortar, admoner, admonestar, moner
förmanande hortative, monitori
förmaning admonition, admonestation, monition, exhortation
förmedla mediar
förmedlande intermediari
förmena denegar; *(hindra)* impedir; *förmena sig:* abnegar
förment putative
förmiddag antemeridie, ante meridie, matino; *bildl* matinata; *i förmiddags, idag på f.m.:* iste antemeridie; *förmiddags-:* antemeridian
förmildra ablandar, adulciar, attenuar, dulcificar, extenuar
förmildrande *sb* extenuation; *adj* attenuante; *förmildrande omständigheter:* circumstantias attenuante
förmildring attenuation, dulcification
förminska diminuer, discrescer, minuer, reducer, remitter
förminskande diminutive
förminskning diminution, decremento, reduc-

tion; *förminsknings-:* diminutive

förminskningsform *(smeksam form) gram* diminutivo

förmoda presumer, putar, supponer; *(gissa)* conjecturar, conjicer, divinar

förmodad attributive, presumptive, putative

förmodan presumption

förmodlig presumibile

förmultna putrer, putrescer

förmyndare *jur* tutor, curator, *(kvinnlig)* tutrice; *vara förmyndare för:* tutorar; *förmyndar-:* tutelar(i)

förmyndarskap *jur* curatela, tutela, tutoria

förmå poter, saper; *(övertala, förmå ngn att)* persuader, incitar, inducer, instigar; *(tvinga)* obligar, fortiar

förmåga capacitate, disposition, facultate; *ha förmåga att:* haber le facultate de

förmån avantage [-adʒe], privilegio, favor

förmånstagare beneficiario

förmäten presumptuose; *vara förmäten:* presumer

förmätenhet arrogantia, presumption, pretention

förmätet *förmätet göra anspråk på:* arrogar se

förmögen ric, fortunate, opulente, affluente

förmögenhet fortuna

förmörka obscurar, eclipsar, offuscar; *astron* occultar

förmörkelse offuscation, *(också astron)* obscuration

förnagla *(kanon) mil* inclavar

förnamn prenomine

förnedra abassar, incanaliar; *förnedra sig:* incanaliar se

förnedring abassamento

förneka disdicer, negar, denegar, renegar; *(ngn)* repudiar; *(rätt/tro)* abnegar; *(sanningshalten)* dismentir

förnekande abnegation, denegation, negation

förnekelse repudiation, repudio

förnickla nickelar

förnimbar perceptibile, apprehensibile, sensibile

förnimma apperciper, perciper, sensar, sentir

förnimmelse sensation; *bildl* impression; *fysiol* perception

förnuft intellecto, intelligentia, ration; *sunt förnuft:* bon senso, senso commun

förnuftig avisate, prudente, rationabile, rational, sensate

förnuftighet prudentia

förnuftsmässig rational

förnuftsmässighet rationalitate

förnuftsvidrighet irrationalitate

förnya innovar, renovar, regenerar; *(upprepa)* repeter, reprender, iterar

förnyare innovator

förnyelse innovation, regeneration

förnäm gentil, distinguite, nobile, de alte rango, exclusive

förnämhet nobilitate

förnämlig de qualitate

förnärma offender, insultar, injuriar, disobligar, piccar

förnärmad *bli förnärmad:* offender se, piccar se; *bli förnärmad för:* resentir

förnärmande *sb* contumelia; *adj* injuriose, contumeliose

förnärmelse injuria, offensa, picca

förnödenhet requisito

förnöjelse delectation

förolämpa insultar

förolämpande injuriose; *ej förolämpande:* inoffensive

förolämpning affronto, indignitate, injuria, insulto, ultrage [-adʒe]

förord prefacio, proemio; *skriva förord till:* prefaciar

förordna decerner, decretar, ordinar, prescriber

förordning decreto, edicto, regulamento, rescripto, statuto

förorena impurificar, polluer; *en som förorenar:* contaminator

förorening contamination, pollution

förorsaka occasionar, producer

förorsakande causation

förort suburbio

förorätta prejudicar, ultragiar [-dʒar]

förorättande prejudicial

förpacka imballar

förpesta appestar, infectar

förpestad infecte, mephitic

förpestande mephitic

förplikta obligar

förpliktelse obligation

förpläga nutrir, alimentar, regalar

förpost *mil* avantiata, picchetto [-k-]; *(framskjuten ställning)* posto avantiate

förr *(i tiden)* ante, olim; *förr än:* ante que; *(tidigare)* plus tosto, anteriormente

förre anterior, precedente, passate; *förra året:* le anno passate

förresten a proposito, in plus

förrgår *i förrgår:* ante-heri

förringa degradar, depreciar, detraher, diminuer, pejorar

förringande degradation, detraction

förrum antecamera; *(t.ex. på teater)* foyer *fr* [foaje]

förruttna *få att förruttna:* putrefacer

förruttnelse corruption, putrefaction, putrescentia; *förruttnelse-:* septic

förrycka dislocar, displaciar

förryckt folle; *(omplacerad)* dislocate

förryckthet *tillfällig förryckthet:* rapto

förryska russificar

förråa brutalisar, imbrutir

förråande *adj* imbrutiente; *sb* imbrutimento

förråd *(upplagt)* provision(es); *(lager)* stock; *(reserv-)* dispensa, deposito

förråda trair; *(ange)* denunciar

förrädare traitor

förräderi traition, alte traition, perfidia

förrädisk perfide, perfidiose

förrädiskhet insidia

förrän ante que

förrätt *gastr* entrée *fr* [ãtre], hors-dœuvre *fr* [ordoe:vr]

försagd timide, diffidente, pusillanime; *göra försagd:* intimidar

försaka renunciar

försakelse renunciamento, renunciation, sacrificio

församla congregar; *församla (sig):* assemblar

församling communitate, congregation; *(kyrklig)* parochia [-k-], pastorato; *(samling)* reunion; *(av ledamöter)* assemblea; *(av åhörare t.ex. i kyrkan)* congregation; *församlings-:* parochial [-k-], parochian [-k-]

förse approvisionar, fornir, munir de; *förse med:* munir de, provider de, subministrar, suppler; *försedd med fingrar:* *(även bot)* digitate; *försedd med gälar:* *med* branchiate

förseelse delicto, falta; *(mindre)* peccadilio; *begå förseelse:* delinquer

förseende *förseende med livsmedel:* alimentation

försegel *sjöt* trinchetto [-k-]

försegla sigillar

försena retardar, tardar

försenad tardive; *bli försenad:* facer se tarde

försening retardamento, retardation, retardo

försiggå evenir, occurrer, haber loco

försigkommen avantiate, precoce, prematur

försiktig caute, prudente, circumspecte

försiktighet caution, circumspection, discretion, prudentia; *med försiktighet:* con precaution

försiktighetsmått precaution

försiktighetsåtgärd *vidtaga försiktighetsåtgärder:* premunir se, prender precautiones

försilvra argentar

försimpla incanaliar

förskingra disperger, dispersar, malversar, pecular; *(pengar etc)* dilapidar, dissipar

förskingring peculation

förskjuta displaciar, dislocar, repudiar, *refl* glissar

förskjutande repudiation, repudio

förskjutning displaciamento

förskott *(betalning)* avantia

förskottsbetala anticipar un pagamento, francar

förskottsbetalning *jur* arrha

förskräcka terrificar, espaventar

förskräckelse espavento, horror

förskräcklig espaventabile, horribile, terribile; *(fantastiskt bra)* terrific

förskräcklighet horribilitate

förskräckt *bli förskräckt:* espaventar se

förskrämd terrificate, consternate

förskämd *(matvaror)* rancide, avantiate, corrupte; *(ruttnande)* putrescente

försköna imbellir

försköning imbellimento

förslag proposition, suggestion, projecto, plano; *(öppning i förhandling, erbjudande)* overtura; *(i riksdag o.dyl.)* motion

förslagsställare proponitor

förslappa relaxar, debilitar, enervar

förslå esser sufficiente, bastar
förslöa enervar, imbrutir
förslösa deperir, guastar, dissipar, profunder
försmå disdignar, rejectar
försmädlig *(förtretlig)* venatori
försmäkta languer
försnilla dissipar, depredar, fraudar
försoffning apathia, torpor, imbrutimento
försona conciliar, reconciliar, reunir, appaciar; *(gottgöra)* expiar, reparar
försonande conciliative, conciliatori, expiatori
försoning conciliation, expiation, propitiation
försonlig accordabile, placabile, reconciliabile; *göra försonlig mot:* conciliar
försonlighet spirito conciliante, placabilitate
förspel *mus* preludio
försprång avantia; *(fördel)* avantage [-adʒe]
först *adv* primo; *(ej förrän)* solmente; *(den) först/e, -a:* prime; *(den) förste (i rang):* principe; *för det första:* primarimente; *först och främst:* primarimente; *vid första anblicken:* a prime vista
första *adj* prime; *för det första:* pro primo
förstad suburbio; *förstads-:* suburban
förstahands- de prime mano
förstarangs- de prime ordine
förstatliga nationalisar, socialisar
förstatligande nationalisation
förstaupplaga edition principe
förstavelse *gram* prefixo
förstena fossilisar, lapidificar, petrificar
förstenad fossile
förstening fossile, fossilisation, petrification
förstfödd primogenite
förstföderska primipara
förstfödslorätt primogenitura
förstnämnde ille, prime
förstoppad constipate
förstoppande *verka förstoppande:* constipar
förstoppning *med* constipation, obstruction
förstora aggrandir, ampliar, amplificar, magnificar; *refl* accrescer, augmentar
förstoring aggrandimento, amplification
förstoringsapparat magnificator
förstoringsglas lente de aggrandimento, magnificator
försträcka *(sena etc)* distender
förströ distraher, diverter, amusar; *vara förströdd:* preoccupar se
förstuga vestibulo
förstulen furtive, obreptitie
förstå comprender, intender, conciper; *låta förstå:* dar a intender; *som kan förstås:* concipibile
förståelig comprensibile, intelligibile
förståelighet comprensibilitate
förståelse comprension, intelligentia, intendimento
förstående comprensive, perceptive
förstånd intelligentia, intellecto, ration; *(i motsats till vilja och känsla)* cognition
förståndig intelligente, sensate
förståndsmässig intellective, intellectual
förställa dissimular, contrafacer; *förställa sig:* dissimular
förställning dissimulation, simulation
förstämd triste, deprimite
förstämning *mus* disaccordo
förstärka augmentar, fortificar, infortiar, reinfortiar, confortar, redupl(ic)ar, roborar; *elektr* amplificar
förstärkande *gram* intensive
förstärkare amplificator
förstärkas redupl(ic)ar
förstärkning amplification, reinfortiamento
förstärkningssträng *(i instrument) mus* choro
förstärkningsstämma *(i instrument) mus* choro
förstäv *sjöt* proa
förstöra destruer, deler, abolir, demolir, destruer, everter; *(ha sönder)* disfacer; *förstöra gods:* avariar; *en som förstör nöjet/festen:* guasta-festa; *som förstör/kan förstöra:* destructive
förstörande perniciose
förstörbar destructibile
förstörelse deletion, demolition, destruction, pernicie; *('utochinpåvändning')* eversion
försumbar *(som man kan bortse ifrån)* negligibile
försumlig negligente
försumma dilapidar, negliger
försummad neglecte
försummelse dilapidation, negligentia, omission
försvaga debilitar, enervar, extenuar; *(hälsan)* infirmar, minar; *(minska)* diminuer, amortir,

attenuar
försvagning amortimento, debilitation, extenuation, infirmation
försvar defensa, apologia, justification
försvara defender
försvarande apologetic
försvarare defenditor, defensor, justificator
försvarbar defendibile
försvarlig defendibile, defensibile, justificabile
försvarsallians alliantia defensive
försvarsattityd defensiva
försvarsposition stato de defensa
försvarstal apologia
försvinna disparer, eclipsar se, evanescer, evaporar; *få att försvinna:* escamotar; *låta komprometterande papper försvinna:* escamotar papiros compromittente
försvinnande *sb* disparition, evanescentia, evanescimento; *adj* evanescente
försyn *(försynen)* providentia, Providentia
försynda *försynda sig mot gud:* offender Deo
försynt timide, modeste, discrete
försynthet discretion
försångare *mus* cantor, chorista
försåt insidia; *(bakhåll)* imboscada; *ligga i försåt:* insidiar
försåtlig insidiose
försäkra assecurar, asserer, averar, professar, votar; *(förklara att ngt är riktigt)* assecurar; *(göra säker)* assecurar; *(påstå)* sustener, asserer, mantener; *(ta en försäkring)* assecurar; *högtidligt försäkra:* asseverar
försäkran affirmation, assertion; *(förklaring att ngt är riktigt)* assecurantia; *edlig skriftlig försäkran:* affidavit *lat*
försäkrande assertori
försäkring *(liv- o.dyl.)* assecurantia
försäkringsbonus *(på gr. av att man ej råkat ut för olyckor)* disconto pro absentia de sinistros
försäkringsbrev polissa de assecurantia
försäkringspremie premio
försäkringsstatistiker actuario
försäljare venditor; *kringvandrande försäljare:* venditor ambulante
försäljning vendita
försäljningsautomat venditor
försämra aggravar, deteriorar, pejorar, bassar; *försämras:* deteriorar se
försämrande pejorative
försämring deterioration
försända inviar, expedir
försändelse invio
försättande *försättande i visst tillstånd:* conditionamento
försättsblad *(i bok)* folio de guarda
försök proba, essayo, experimento, tentativa, test; *göra försök:* experimentar
försöka essayar, probar, tentar, experimentar, testar; *värd att försöka:* essayabile
försörja supportar, sustener, nutrir, provider, subministrar, sustentar; *försörja sig:* nutrir se, sustener se, subsister
försörjning mantenentia, provision, sustentation; *(med ngt)* fornimento
förtal calumnia, calumniation
förtala calumniar, denigrar, blasmar
förtalande calumniose
förtalare calumniator, detractor
förtappad damnate, perdite; *förtappad själ: rel* reprobato
förtappelse *rel* perdition
förteckning lista, registro, catalogo, tabula (del materias); *förteckning över dödsfall:* obituario; *förteckning över ett fartygs last:* manifesto
förtegen discrete, reservate, taciturne, reticente
förtenna stannar
förtid *i förtid:* ante le tempore
förtida prematur
förtidig anticipate, prematur, precoce
förtiga tacer, dissimular, subnegar
förtjocka inspissar, spissar
förtjockning inspissation; *(i ena ändan av hårstrå, tand o.dyl.) anat* bulbo
förtjusa incantar, seducer, charmar [sh-]; *vara förtjust i ngt:* esser incantate de un cosa
förtjusande adorabile, deliciose
förtjusning incantamento, rapimento
förtjust incantate, affectionate
förtjäna ganiar, lucrar, meritar; *göra sig förtjänt av:* merer, meritar
förtjänst lucro, profito, merito; *(det man tjänat in)* ganio; *göra förtjänst:* lucrar ganio
förtorkad aduste, marcide, torride

förtreta vexar, despicer, despectar
förtroende confidentia; *bristande förtroende:* discredito; *förlora förtroende:* cader in discredito; *förtroende för:* confidentia in; *ha förtroende för:* confider in, haber confidentia in; *i förtroende:* in confidentia
förtroendefull confidente
förtroendeomröstning voto de confidentia
förtroendeuppdrag mission de confidentia
förtrogen familiar; *en förtrogen:* confidente; *göra förtrogen med:* familiarisar con; *vara förtrogen med:* esser familiar con
förtrolig confidential, familiar, intime; *förtroligt:* in confidentia
förtrolighet confidentia, familiaritate
förtrolla incantar, charmar [sh-], fascinar
förtrollande incantatori, fascinante
förtrollning fascino, incantamento, incantation, magia, prestigio; *häva förtrollning:* disincantar
förtrupp *mil* vanguarda
förtryck oppression, repression, suppression; *förtrycks-:* repressive
förtrycka opprimer; *som förtrycker:* oppressive
förtryckande oppressive, repressive
förtryta indignar, vexar, despicer
förträfflig excellente, perfecte, exquisite
förträfflighet excellentia
förtränga obstruer, strangular, dislocar; *psyk* reprimer
förträngning constriction; *med* stenosis
förtrösta confider (se in), sperar
förtulla declarar (in doana), quitar le doana
förtunna diluer; *(luft etc)* rarefacer; *(platta etc)* attenuar
förtunning dilution, rarefaction
förtvining deperimento; *med* atrophia, dystrophia, tabes
förtvivla desperar
förtvivlad desolate; *få att bli förtvivlad:* desperar; *göra förtvivlad:* desolar
förtvivlan desolation, desperantia, desperation, despero
förtyska germanisar
förtälja contar, relatar
förtänksam previdente
förtänksamhet previdentia
förtära consumer, devorar, corroder; *förtäras av (t.ex. sorg):* consumer se de
förtärande consumptive
förtäta condensar, concentrar, spissar; *(föra över i fast form)* solidificar; *(göra flytande)* liquidar; *som kan kondenseras/förtätas:* condensabile
förtätning condensation
förtöja amarrar
förtörnelse resentimento
förundersökning *jur* instruction
förundersökningsdomare *jur* judice instructor; *(i vissa länder)* magistrato
förundran meravilia, surprisa
förundras meraviliar
förut avante, ante; *adv* anteriormente, antea; *sjöt* in avante, al proa
förutbestämma *(någons öde)* predestinar; *(avgöra på förhand)* predeterminar
förutbildning avantia
förutom a parte, ultra, sin contar, excepte, foras de
förutsatt suppositive; *förutsatt att:* si solmente, a condition que, supponite que, viste que, previste que
förutse provider, previder
förutsebar previsibile
förutsedd previste, provise
förutseende *sb* providentia; *adj* presage [-adʒe], previdente; *vara förutseende:* prospicer
förutskicka premitter
förutspå augurar
förutsäga presagir, predicer, divinar, prognosticar, prophetisar
förutsägande fatidic
förutsägare predictor
förutsägelse prediction
förutsätta premitter, supponer, presupponer
förutsättning condition, postulato, premissa, presupposition
förutvarande *(förre)* anterior
förvalta administrar, gerer
förvaltare gerente; *jur* curator
förvaltarskap curatela
förvaltning gerentia; *(bl.a. av fastigheter)* economato
förvandla transformar, converter, commutar, mutar, reducer, transfigurar, transmutar; *för-*

vandla till: transformar in; *(brödet till Kristi lekamen etc) rel* transsubstantiar
förvandling cambiamento, conversion, convertimento, permutation, transfiguration, transformation, metamorphose
förvandlingsbar transmutabile
förvandlingsbarhet convertibilitate
förvanska alterar, adulterar, corrumper, falsar, falsificar; *som lätt kan förvanskas:* corruptibile
förvanskad corrupte
förvanskning falsification
förvar confinamento; *ta i förvar:* confinar
förvaring custodia; *ha till förvaring:* custodiar
förvaringslokal *(för frukt)* fructiera
förvaringsskrin *(för hostia/nattvardskalk)* ciborio
förvaringsutrymme *(för levande djur)* vivario
förvarna premoner, prevenir
förveckling complication, conflicto, imbroglio, imbroliamento, intrico, trica
förveda *(göra vedartad) bot* lignificar
förvekliga effeminar
förvekligad effeminate
förvekligande effemination
förverkliga realisar; *som kan förverkligas:* realisabile; *omöjlig att förverkliga:* irrealisabile
förvilla disorientar, imbroliar
förvirra confunder, disconcertar, disorientar, disrangiar [-dʒar], distemperar, embarassar, esturdir, imbroliar, intricar, offuscar
förvirrad confuse, esturdite, perplexe
förvirrande tumultuari
förvirring confusion, disconcertamento, disordine, esturdimento, imbroliamento, intrico, offuscation, tumulto, turbation
förvisa relegar, bannir, exiliar, deportar, ostracisar
förvisning deportation, expatriation, relegation
förvissa *förvissa sig om:* assecurar se
förvisso certo
förvittringsgrus detrito
förvittringsprodukt detrito
förvrida deformar, contorquer, distorquer, torquer, perverter
förvridning contortion, distortion
förvränga contorquer, disfigurar, denaturar, falsificar, sophisticar, torquer
förvrängning distortion, falsification
förvålla causar
förvåna surprender, astonar, meraviliar
förvåning surprisa; *stark förvåning:* stupefaction
förväg *(i förväg)* antea, in avantia; *ta ut i förväg:* anticipar; *överväga i förväg:* premeditar
förvänd perverse, prave
förvänta expectar
förväntad provise
förväntan expectation
förvärldsliga secularisar
förvärra aggravar, complicar, exacerbar, exasperar, impejorar; *förvärras:* impejorar
förvärrande exacerbation
förvärring aggravamento, aggravation, exasperation
förvärv acquesto, acquisition
förvärva acquirer
förväxla confunder
förväxling confusion
föryngra rejuvenescer
förzinka zincar
förzinkning zincage [-adʒe]
föråldrad antiquate, desuete, inveterate, obsolete, vetuste; *(språk)* archaic; *(börja) bli föråldrad:* obsolescer
förånga evaporar, vaporisar, volatilisar
förångning volatilisation
förädla affinar, innobilir, sublimar
förädling affinamento, innobilimento; *psyk* sublimation
förälder parente; *föräldrar:* parentes; *föräldra-:* parental
föräldrahem focar paternal
föräldralös orphane; *föräldralöst barn:* orphano; *hem för föräldralösa barn:* orphanato
föräldramördare parricida
föräldrar parentes, genitores
föräldraskap parentato
förälska inamorar; *förälska sig i:* inamorar se de
förälskad inamorate, amorose
förälskelse *blind förälskelse:* infatuation
föränderlig alterabile, varie, variabile, instabile, inconstante, transmutabile, versatile
förändra cambiar, alterar, modificar, mutar,

transmutar; *(göra omväxlande/skiftande)* variar; *förändras:* cambiar *se; förändra form el. utseende:* transfigurar; *förändra naturen hos ngn/ngt:* alienar; *som kan förändras:* cambiabile

förändring alteration, cambiamento, innovation, permutation, vicissitude

förära munerar

föräta *föräta sig:* ingorgar, ingurgitar

förätning ingorgamento, ingurgitation

föröda devastar

förödande *adj* deleterie

förödmjuka humiliar, mortificar, abassar, despectar, prosternar

förödmjukad prostrate

förödmjukelse abassamento, humiliation, prosternation

föröka accrescer, aggrandir, augmentar, multiplicar; *föröka sig:* multiplicar se, accrescer

föröva committer, perpetrar (un crimine)

förövande perpetration

G

g *tonen G: mus* sol; *g-klav:* clave de sol

gabardin gabardina

gabardintyg gabardina

gabon *från Gabon:* gabonese

gadd *zool* aculeo; *försedd med gadd:* aculeate

gaffel furca, furchetta; *sjöt* gaffa; *sätta på gaffel:* furcar

gaffelformad furcate; *göra/bli gaffelformad:* furcar

gaffelgren furca

gaffelsegel *sjöt* vela de cappa

gage gage *fr* [ga:ʒ]

gagn beneficio, avantage [-adʒe], utilitate

gagna beneficiar

gaillarde *(tretaktsdans med muntra språng) mus* galliarda

gala *sb* gala; *vb* cantar, critar

galadräkt habito de gala

galaktisk galactic

galant galante

galanteri galanteria

Galatien *(i Mindre Asien)* Galatia

galatier galata; *(Pauli) brev till galaterna:* epistola al galatas

galatisk galatic

galax *astron* galaxia

galeas galeassa

galeja *(en sorts segelfartyg)* galera, galea

galen folle, rabiose, vesanic; *(oriktig)* false, absurde; *(om hund etc)* inrabiate, inragiate; *bli galen:* affollar se; *göra galen:* affollar

galenisk galenic; *galeniska läkemedel (örtmediciner):* remedios galenic

galenskap affollamento, follia, furor, vesania

galge furca, patibulo, porta-mantello

galgenfrist hora de gratia

Galicien *(provins i nordvästra Spanien)* Gallecia; *(provins uppdelad mellan Polen o. Ukraina)* Galicia, Galizia

galicier galleciano, galleco, gallego, galiciano, galiziano

galicisk gallecian, galician, galizian; *galiciska språket:* galleciano, galleco

galilé galileo

Galileen Galilea

galileisk galilee

galjon *(fartyg med förstävsutbyggnad) sjöt, hist* galeon

galla *sb anat* bile; *full med galla: med* biliose; *gall-: med* biliose, biliari

gallblåsa *anat* vesica/vesicula biliari

gallego galleciano, galleco, gallego

galleott *(mindre, flatbottnad galär) sjöt* galeota

galler gallico; *(elektr, nät etc)* grillia; *(grövre)* cancello; *(framför eld)* guarda-foco

galleri galeria; *(i kyrka)* tribuna; *teat* galeria

galliard *(tretaktsdans med muntra språng) mus* galliarda

gallicism *(franskt ord el. uttryck i annat språk)* francesismo, gallicismo

Gallien Gallia

gallier gallo

gallikansk *(kyrkligt)* gallican

gallimatias galimatias

gallion galeon, rostro

gallisk *(fransk)* gallic; *galliska språket:* gallico

gallium *(grundämnet gallium, Ga) kem* gallium

gallomani *(överdriven förkärlek för allt franskt)* gallomania

gallon *(rymdmått i Storbritannien 4,546 l, i*

USA 3,785 l) gallon
gallra assortir, classificar; *gallra ur:* seliger, eliminar
gallsjuk *med* biliose
gallskrika critar al lupo
gallsten *med* calculo biliari, petra biliari
galläpple *bot* cecidio, galla
galnas facer le follo
galning phrenetico
galon *galon:* tressa; *(gradbeteckning i form av en snodd)* galon; *förse med galoner:* galonar
galontillverkare galonero
galopp galopo
galoppera galopar; *galopperande lungsot (tbc med hastigt förlopp):* phthisis galopante
galopphäst galopator
galosch galocha [-sh-]
galt *zool* verre
galvanisera galvanisar
galvanisk *elektr* voltaic
galvanometer galvanometro
galvanotypi *typ* electrotypia
galär *sjöt* galera
galärslav galeriano
gam *zool* vulture; *svart gam:* urubu; *gam-:* vulturin
gamba *(viola da) gamba:* viola da gamba
gambit *(i schack)* gambito
gamet *(könscell) biol* gameta
gamfåglar *zool* vulturides
gamliknande *adj* vulturin
gamma *(grekisk bokstav)* gamma
gammal vetule, vetere, antique; *(före detta)* ancian; *(ur-)* archaic, vetuste; *bli gammal:* inveterar; *hur gammal är du?:* qual etate ha tu?
gammaldags ancian, antique, archaic
gammalmodig passate de moda
gammalpreussisk borusse
gamman gaitate
gammastråle radio gamma
Ganges *(indisk flod)* Gange; *Ganges-:* gangetic
ganglie *(nervknuta)* ganglion; *ganglie-:* ganglionar
ganglieformad gangliforme
gangster bandito, gangster *eng*
ganska assatis, satis
gap bucca, buccastra, gurgite, gorga, hiato
garage garage [-adʒe]; *innehavare av garage:* garagista [-dʒi-]
garant garante
garantera garantir
garanti garantia
garde guarda
gardenia *bot* gardenia
garderob cabinetto, guarda-roba; *(kapprum, på teater o.dyl.)* vestiario
gardin cortina, drapperia; *förse med gardiner:* incortinar
garn filo, stamine; *(nät)* rete
garndocka mataxa
garnera guarnir
garnering guarnimento
garnison garnison, guarnition
garnityr guarnitura
garnnystan glomere, mataxa
garrott *(anordning för avrättning genom strypning)* garrote *sp*
garva tannar; *garv-:* tannic
garveri tanneria
garvning tannage [-adʒe]
garvningsbark tanno
garvsyra acido tannic, tannino
gas *(ämne)* gas; *(tyg)* gaza; *för full gas:* a tote gas; *ge gas:* dar gas; *ugn för framställning av gas:* gasogeno
gasartad gasose
gasbehållare gasometro
gasbinda gaza hydrophile
gasbrännare becco (de gas)
gasell *zool* gazella
gasform stato gasose
gasformig gasiforme, gasose
gasledning gasoducto
gasläcka fuga de gas
gaspedal accelerator
gasstrumpa manica
gast *sjöt* marinero; *(spöke)* phantasma
gastronom gastronomo
gastronomi gastronomia
gastronomisk gastronome, gastronomic
gastroskop *med* gastroscopio
gastroskopi *med* gastroscopia
gasutsläpp fuga de gas
gasutvecklande gasogene

gata strata; *(mindre)* vico
gathörn angulo (de strata)
gatlykta reverbero
gatubeläggning pavimento
gatukorsning cruciata (de vias), cruciamento
gatuorgel *mus* organo a cylindro(s)
gauss *(äldre enhet för magnetisk fältstyrka) elektr* gauss
gavel fronton; *på vid gavel:* toto aperte
gavelfält *arkit* fronton, tympano
gavelspets *arkit* fastigio
gaveltrekant *arkit* fronton
ge dar, donar; *ge efter:* ceder; *ge efter för ngn:* deferer; *ge igen:* retaliar; *ge sig in på (ett företag):* imbarcar se in (un interprisa); *ge sig på:* aggreder; *ge tillbaka:* retornar; *ge upp ett arbete:* disoccupar se; *ge ut:* erogar, *(pengar)* dispender; *ge vika:* ceder; *inte ge sig:* perseverar
gedigen massive, solide, pur
geigerräknare contator Geiger *ty*
geisha geisha *jap*
gejser *(varm källa)* geyser [geiser]
gelatin gelatina
gelatinartad gelatinose
gelé gelea
gemen *(vanlig)* simple, commun; *(nedrig)* indigne, ignobile, meschin [-k-], vil, infame
gemensam collective, commun; *gemensamt planera:* concertar
gemenskap communitate, communion; *i gemenskap:* collective; *gemenskaps-:* corporative
gemmula *zool* gemmula
gems *zool* camoce
gemshorn *(även som orgelregister) mus* capricorno
gemyt jovialitate
gemytlig convival, jovial
gemytlighet jovialitate
gemål consorte
gen *biol* gen
genast tosto, subinde, immediatemente, simul, (mox)
gendarm gendarme *fr* [ʒãdarm]
gendriva refutar, confutar
gendrivande confutation
genealog genealogista, genealogo
genealogisk genealogic
genera embarassar
general general
generalförsamling *FN:s generalförsamling:* assemblea general del Nationes Unite
generalisera generalisar
generalisering generalisation
generalissimus *(högste befälhavare)* generalissimo
generalitet generalitate
generalmajor *mil* major general
generalrepetition proba general
generalsekreterare secretario general
generalstab *mil* stato major
generalsämbete generalato
generande embarassose
generation *(släktled)* generation
generator *tekn* generator; *(i motor)* magneto, machina [-k-] magneto-electric
generell general; *som kan göras generell:* generalisabile
generera generar
generositet generositate, largessa; *brist på generositet:* illiberalitate
generös generose
Genesis *bibl* genese, Genesis
genetik *(ärftlighetslära)* genetica
genetisk genetic
genett *zool* genetta
Genève Geneva; *från Genève:* genevese; *invånare i Genève:* genevese
Genèvesjön Lemano, Laco Leman
gengäld recompensa, compensation
gengälda *(göra en gentjänst)* reciprocar
geni genio
genial genial
genialitet genio
genital genital
genitiv *(kasus som anger ägare)* genitivo; *genitiv-:* genitival, genitive
genitivisk *gram* genitival, genitive
genius *(skyddsande)* genio
genklang echo, resonantia
genljuda resonar, repercuter, reverberar
genljudande *adj* echoic [-k-]; *sb* reverberation
genmäla replicar, objectar, retorquer
genom per, a(l) transverso de
genomblöt humide, inbibite de aqua, molliate

usque al ossos
genomblöta imbiber
genomblötning imbibimento
genomborra perforar, perciar, transfiger; *med* trepanar; *omöjlig att genomborra:* imperforabile
genomborrning transfixion, perforation
genomdriva *(en lag, dom)* passar
genomdränka impregnar, imbiber, saturar
genomföra realisar, effectuar, executar, complir; *person som genomför:* executor
genomförande *sb* effectuation, execution; *adj* executive
genomförbar agibile, executabile, facibile, realisabile
genomförbarhet facibilitate
genomgång passage [-adʒe], transito, transition; *genomgång för kontroll:* compulsion
genomgångstrafik transito
genomkorsa traversar, cruciar
genomluftning aerage [-adʒe]
genomlysa translucer; *(röntgen)* radioscopiar
genomlöpa transversar, percurrer
genomse perspicer
genomseende revision
genomskinlig transparente, diaphane, limpide, pellucide, translucide; *vara genomskinlig:* translucer
genomskinlighet diaphaneitate, transparentia
genomskåda perspicer
genomskådande perspicace
genomskära *mat* intersecar
genomskärning section
genomskärningsmått transverso
genomslagskraft preponderantia
genomsnitt *(medeltal)* media, medio; *i genomsnitt:* in media; *genomsnitts-:* in media, medie
genomsnittligt medio
genomsyn revista
genomsyra imbuer; *genomsyra med något (idé e.dyl.):* imbiber; *genomsyras av:* penetrar se de
genomtränga penetrar; *(vätska)* permear
genomträngande argute
genomtränglig permeabile, penetrabile, pervie
genomträngning penetration
genomtänkt sagace
genotyp *biol* genotypo
genre *litt* genere
gensaga objection, protestation
gentemot vis à vis *fr*; *(modsats)* contra
gentiana *bot* gentiana
gentleman gentilhomine, gentleman *eng*
Genua Genova; *från Genua:* genovese
genuin genuin, ver, veritabile; *(oblandad)* pur
genus *gram* genere
genväg *data* accesso directe, via rapide
geocentrisk *(med jorden som medelpunkt)* geocentric
geod *geol* geode
geodesi geodesia
geodetisk geodetic
geofysik geophysica [-fi-]
geofysisk geophysic [-fi-]
geogeni *(jordens uppkomst)* geogenia, geogonia
geognosi geognosia
geognosiexpert geognosta
geograf geographo
geografi geographia
geografisk geographic
geolog geologista, geologo
geologi geologia
geologisk geologic
geometri geometria
geometriker geometra
geometrisk geometric
geopolitik geopolitica
geopolitisk geopolitic
georama georama
geotermi *fys* geothermia
geotropisk geotropic
geotropism geotropismo
geranium *bot* geranio
geriatri *(läran om ålderdomens sjukdomar) med* geriatria
geriatrik *(läran om ålderdomens sjukdomar) med* geriatria
gerillaförband guerrilla *sp* [gerilja]
gerillakrig guerrilla *sp* [gerilja]
gerillasoldat guerrillero [geriljero]
german germano, teutono
germanist germanista
germanistik *(studiet av tyska språket)* germanistica
germanistisk germanistic
germanium *(grundämnet germanium, Ge)* ger-

manium

germansk germanic, teutone, teutonic; *germanska språk:* linguas teutonic/germanic

germinal *(i franska revolutionskalendern)* germinal

gerontolog *(åldringsforskare)* gerontologo

gerontologi *(läran om åldrandet)* gerontologia

gerontologisk gerontologic

gerundium *gram* gerundio

gerundiv *gram* gerundivo; *gerundiv-:* gerundive

gerundivisk *gram* gerundive

gerundivum *gram* gerundivo

gesims *arkit* modulatura, cornice

Gess *mus* sol bemolle

gest gesto

gestalt forma, figura; *(växt)* statura, talia; *(personlighet)* personage [-adʒe]

gestikulera gesticular

gesäll (obrero) companion

get *zool* capra, capro; *get-:* caprin

getabock *zool* capro; *getabocks-:* hircin

getherde caprero

geting *zool* vespa

getingbo nido de vespas, vesp(i)ario

getlukt odor hircin

getrams *bot* sigillo de Salomon

getto *(kvarter/stadsområde bebott av folkminoritet)* ghetto *ital* [geto]

gevär fusil, muschetto [-k-]

gevärskolv calce

gevärssalva fusilada

gevärsskytt fusilero

Ghana Ghana

ghanes *(invånare i Ghana)* ghanese

ghanesisk *(från Ghana)* ghanese

ghibellinsk *hist* ghibellin *ital* [gi-]

Gideon Gedeon

gift *sb (substans)* toxico; *(från djur)* veneno; *(från växt)* succo toxic; *innehållande gift:* venenifere; *adj* maritate, sposate, sponsate

gifta *gifta sig:* maritar se, sposar, sposar se, sponsar se; *gifta sig med:* sponsar; *gifta sig igen med:* resposar; *gifta om sig:* remaritar se

giftasvuxen nubile

giftdryck *med* potion

giftermål maritage [-adʒe], nuptias; *(inom stammen)* endogamia; *(utanför stammen)* exogamia

giftgas gas toxic

giftig toxic, venenose, venenifere, virose; *med* virulente; *tillståndet att vara giftig: med* virulentia

giftmord veneficio

giftspindel *zool* tarantula

gigabyte *data* gigabyte *eng*

gigant *giganternas kamp:* gigantomachia

gigantisk gigantic, gigantesc, gargantuesc

gigolo *(köpt kavaljer)* gigolo *fr*

gikt *med* arthritis (uric), gutta, podagra; *full av gikt:* guttose; *gikt-:* guttose

giljotin guillotina [gi-]

giljotinera guillotinar [gi-]

giljotinering guillotinamento [gi-]

gilla approbar

gillande approbation

gille (skrå) corporation, guilda; *(kalas)* festa, festivitate, partita

giltig valide, effective; *förklara giltig:* validar; *göra giltig igen:* revalidar

giltighet validitate, vigor

ginseng *bot* ginseng

ginsengrot *bot* ginseng

ginst *bot* genista

ginstkatt *zool* genetta

gips gypso; *en som sysslar med gips:* gypsero; *lägga i gips:* ingypsar

gipsa ingypsar, stuccar

gipsalabaster alabastrite

gipsarbete plastre

gipsartad gypsose

gipsbrott gypsiera

gipsfabrik gypseria

gipsförande gypsifere

gipshaltig gypsose

giraff *zool* girafa [dʒi-]

girig avar, avaritiose, cupide

girigbuk avaro, thesaurisator

girighet avaritia; *full av girighet:* avaritiose

girland feston; *smycka med girlander:* inguirlandar [-gir-]

girlang guirlanda [gir-]; *pryda med girlanger:* guirlandar [gir-]

giro *komm* giro *ital* [dʒiro], conto currente

gissa divinar; *(förmoda)* conjicer, conjecturar, supponer; *en som gissar:* divino

gissel flagello, fustigation; *biol* flagello; *försedd med gissel: zool* flagellate
gisseldjur *(encellig mikroorganism) zool* flagellato
gissla *sb* flagello, fustigation; *vb* flagellar
gisslan hostage [-adʒe], ostage [-adʒe]; *ta gisslan:* sequestrar
gisslantagande sequestration
gisslare *hist* flagellante
gissning conjectura
gitarr *mus* gitarra, guitarra [gi-]
gitarrist gitarrista, guitarrista [gi-]
gitter *elektr* grillia
gitterverk grilliage [-adʒe]
giva dar, donar; *giva ut:* expender, dispender; *giv akt:* attention!, guarda!
givande productive
givare dator, donator
givmild liberal, magnific, munificente, profuse
givmildhet generositate
gjord *lägga gjord om:* cingular
gjuta funder; *(blod)* sanguinar; *(tårar)* lacrimar; *gjuta över:* transfunder
gjuteri funderia
gjutform matrice, modulo
gjutjärn ferro fundite
glacé- glacé *fr* [glase]
glacera glaciar
glacerad glacé *fr* [glase]
glaci *(sluttning framför fästningsvall)* glacis *fr* [glasi]
glaciär glaciero
glad allegre, hilare, gai, gaudiose, contente, jocular; *bli glad:* allegrar se; *göra glad:* allegrar, gauder
gladhet gaitate
gladiator gladiator; *gladiator-:* gladiatori
gladiatorkamp gladiatura
gladiolus *bot* gladiolo
gladlynt gai, galliarde; *gladlynt mansperson:* galliardo
glans brillantia, fulgiditate, fulguration, lucentia, lustro, lustrina, nitor, polimento, splendor; *(strålglans)* nimbo; *(efter polering)* brunitura; *(på penis) anat* balano, glande; *bländande glans:* fulgor; *ge glans:* brillantar, lustrar; *ta bort glansen från:* dispolir
glansfull fulgente
glansig lisie
glanslös mat; *göra glanslös:* matar
glas *(både ämnet och dricksglas)* vitro; *förvandla till glas:* vitrificar; *glas-:* vitree, vitrose
glasa vitrar
glasartad vitree, vitrose
glasbehållare bocal
glasblåsare crystallero, sufflator
glasbutik crystalleria
glasharmonika *mus* harmonica a vitros
glasklar limpide
glasmålning vitriera
glasmästare vitrero
glaspärla perla de vitro
glass glacie, gelato
glasskål bocal
glasyr smalt
glasögon berillos
glatt lisie, lubric; *(hal)* glissante; *mus* allegro
gles rar
glida glissar
glidflyga *(sväva i luften)* planar
glimma brillar, scintillar, coruscar, fulger, fulgurar
glimmande *sb* fulguration; *adj* fulgurante
glimmer *min* mica
gliring sarcasmo, insinuation
glissando *(löpning via alla mellanliggande toner) mus* glissando
glitter scintillation; *(konkret)* auripelle; *(för prydnad)* auripelle
glittra relucer, scintillar
glob globo, orbe, sphera
global global
globform globositate
globformad globose
globliknande globoide
glomerulus *(kapillärnystan i njurarna) anat* glomerulo
gloria aureola; *omge med gloria:* aureolar
glorifiera glorificar
glosa glossa, vocabulo
glosbok glossario, vocabulario
glossar glossario
glossarförfattare glossator
glottis *anat, zool* glotta, glottis; *glottis-:* glottic
glupande *glupande aptit:* appetito enorme

glupsk avide, edace, glutte, vorace; *glupsk person:* glutton

glupskhet aviditate, edacitate, gluttonia, voracitate

gluten glutine

glycerid *kem* glycerido

glycerin *kem* glycerina

glycerinfosforsyra acido glycerophosphoric

glycerinsurt *glycerinsurt salt: kem* glycerato

glycerol *kem* glycerol

glyceryl *kem* glyceryl

glycin *kem* glycina

glykocid *kem* glucosido

glykogen *biokem* glycogeno

glykokol *kem* glycina

glykol *kem* glycol

glykos *kem* glucosa

glåpord injurias, invectivas

glädja allegrar, placer, delectar; *glädja sig:* allegrar se, gauder; *glädja sig åt:* fruer, gauder de

glädjas gauder, delectar se, allegrar se; *glädjas åt:* gauder de, delectar se de

glädje allegressa, delecto, delicia, gaudio, joia, placer; *med glädje:* de bon corde

glädjebudskap message [-adʒe] gaudiose; *(bibl 'goda nyheter')* evangelio

glädjefylld gaudiose

glädjeskutt gambada; *ta glädjeskutt:* gambadar

glänsa brillar, refulger, relucer; *glänsa rött:* rutilar

glänsande *adj* brillante, splendide

glätta polir, lustrar

glättig gai, hilare; *(munter)* allegre

glättighet gaitate, hilaritate

glöd brasa, ferventia, fervor; *(glödande tillstånd)* incandescentia; *med värme/glöd:* con fervor; *bildl* ardor; *glöder:* brasa

glöda incandescer, arder, caler; *få att glöda:* incandescer; *glöda rött:* rutilar

glödande ardente, ardorose, fervente, fervide

glödlampa ampulla (electric), globo, lampa de incandescentia

glödpanna brasiero

glömma oblidar, disapprender, esser obliviose de, omitter; *glömma bort vad man lärt:* disapprender

glömsk obliviose, oblidose, omittente; *vara glömsk beträffande:* esser obliviose de

glömska oblido, oblivion; *falla i glömska:* cader in oblido

gnaga roder; *gnaga sig in i:* corroder

gnagare rodente(s)

gnejs *geol* gneis

gnida fricar, frottar; *gnida in:* frictionar

gnidare avaro

gnidig avar, avaritiose

gnidljud *fon* affricata; *gnidljuds-: fon* fricative

gnidning fricamento, friction, frottamento, frottage [-adʒe]

gnidningselektricitet triboelectricitate

gnissel critamento, stridor

gnissla strider

gnisslande *adj* stridule

gnista scintilla

gnistgaller guarda-foco

gnistra coruscar, resplender, scintillar

gnosticism gnosticismo

gnostiker gnostico

gnostisk gnostic

gnu *zool* gnu

gny *sb* ruito, murmure, rumor; *vb* ruitar, murmurar, rumorar

gnägg hinnimento

gnägga hinnir

gnäggning hinnimento

gnäll critamento; *(klagan)* plancto, lamento; *(knarrande)* stridor

gnälla critar, planger, strider

god bon, caritabile, benigne; *god utbildning:* education liberal; *gott minne:* memoria retentive; *var god ...:* per favor; *'var så god!':* si il vos place; *det goda:* bono

godartad *med* benigne

godartadhet *med* benignitate

goddag bon die, bon jorno

godhet bonitate; *ha godheten att:* haber le bonitate de

godhetsfull amabile, gratiose

godis bonbon

godisaffär bonboneria, confecteria

godisask bonboniera

godisburk bonboniera

godisskål bonboniera

godkänna approbar, acceptar, consentir al,

sanctionar
godkännande approbation; *(högtidlig bekräftelse)* sanction
godmodig bonacie
godo *komma till godo:* redundar
gods mercantia(s), merce(s), substantia; *(lant-)* proprietate rural, latifundio
godsint bonacie
godståg traino de merces
godsvagn wagon coperte/aperte
godtaga acceptar, adoptar; *som kan godtas:* admissibile
godtagande acceptation
godtagbar acceptabile, plausibile
godtagbarhet acceptabilitate, admissibilitate
godtrogen credente, credule, naive
godtrogenhet credulitate, naivitate
godtycklig arbitrari, discretional, discretionari
godtycklighet arbitrarietate
godvillig benevole, voluntari
golf golf, golfo
golfbana percurso de golf
Golfströmmen Currente del Golfo, Gulf stream *eng* [gʌlf stri:m]
golv solo, pavimento
golvmatta carpetta
gom *anat* gingiva, palato; *gom-:* gingival, *anat, fon* palatal, palatin
gomsegel *anat* velo del palato, velo palatin; *gomsegel-: anat, fon* velar
gomsegelljud *fon* velar
gondol gondola
gondoljär gondolero
gonggong gong
gonorré *med* gonorrhea
gordisk *gordisk knut:* nodo gordian
gorgo *(vidunder med skräckinjagande huvud) myt* Gorgon
gorgonisk *myt* gorgonee
gorilla *zool* gorilla
gorma critar, tempestar
gosse puero, pupo; *(ung man)* garson
got gotho
gotik *arkit* gothico
gotisk *(hörande till goterna, gotiken)* gothic; *gotiska språket:* gothico; *gotisk skrift: typ* gothico
gott *adv* ben; *gott!:* ben! bon!; *göra gott:* benefacer; *så gott som:* quasi
gottfinnande discretion, option; *efter gottfinnande:* a discretion, a voluntate
gottgöra indemnisar, recompensar, reimbursar, remunerar, reparar; *gottgöra för:* recompensar de
gottgörelse recompensa, remuneration, reparation
gottskriva creditar
gourmand gourmand *fr* [gurmã]
gourmet gourmet *fr* [gurme]
grabba *grabba tag i:* impugnar
grace gratia; *brist på grace:* disgratia
gracil gracile
gracilitet gracilitate
graciös gratiose
grad *(även på skala)* grado; *(även bildl)* mesura, nivello
gradera *(indela i grader)* graduar; *graderat mätglas etc:* graduato
gradering graduation
graderingsinstrument graduator
gradient *meteorol* gradiente
graduera *(tilldela akademisk grad)* graduar
gradvis gradual; *gradvis övergång:* gradation
gradvishet gradualitate
grafik graphica; *(grafisk framställning)* graphico
grafiker graphico
grafisk graphic; *grafiskt blad:* graphico
grafit graphite, plumbagine
grafolog graphologo
grafologi graphologia
grafologisk graphologic
gral gral; *den heliga gral:* le Sancte Gral
gram gramma; *tio gram:* decagramma
grammatik grammatica
grammatiker grammatico
grammatisk grammatic, grammatical
grammofon grammophono, phonographo
grammofonskiva disco
grammofonstift agulia
gran *bot* picea; *(ädel-)* abiete
granat granata; *(halvädelsten) min* granato
granatförande granatifere
granatkartesch *mil* shrapnel *eng*
granatsplitter *mil* shrapnel *eng*
granatäpple *bot* granata

granatäpplesaft grenadina

grand *litet grand:* grano, granulo, corpusculo, iota; *(bildl även)* atomo; *grand danois (hund):* danese

grande *(spansk adelsman)* grande

grandios grandiose

granit granito; *granit-:* granitic

granitliknande granitoide

grann belle, superbe, magnific; *lite grann:* un pauco/poco de; *grann-:* vicin, vicinal

granne vicino, proximo

grannlaga delicate, discrete, conscientiose

grannlåt auripelle

grannskap vicinitate; *nära grannskap:* contiguitate; *i grannskapet runt omkring:* circumvicin

granska examinar, revider, verificar, controlar, perscrutar, scrutar; *(ingående, grundligt)* revisar, scrutiniar

granskare revisor

granskning *(ingående)* scrutinio

granulera *(ge en kornig yta)* granular

granulering granulation

granulit *min* granulite

grapefrukt pompelmus

gratie gratia

gratis *adj* gratuite; *adv* gratis, pro nihil; *gratis-:* gratuite

gratisvara *data* freeware *eng*, programma libere e gratuite

grattis bon anniversario

gratulation congratulation, gratulation; *gratulations-:* congratulatori, gratulatori

gratulationsbrev lettera/littera gratulatori

gratulera congratular, gratular

gratäng gratin *fr* [gratẽñ]

grav *sb* fossa, fossato; *(ngt utgrävt)* fossa; *(för död)* tumba, sepulcro, tumulo; *(sista viloplats, graven)* ultime demora; *adj gastr* marinate; *grav accent (även tecknet `):* accento grave; *grav-:* fossori, funerari, sepulcral, tumbal

gravand *zool* tadorna

gravera *gravera i metall o. utfylla fördjupningarna med en mörk legering:* niellar

graveringskonst gravure *fr* [gravyr]

graveringsnål burin

gravhög tumulo

gravid gravide, pregnante, in stato interessante; *göra gravid:* pregnar

graviditet graviditate, pregnantia

gravitera *(sträva mot tyngdpunkten)* gravitar

gravkammare camera sepulcral/mortuari; *(egypt.)* hypogeo; *(för urnor)* columbario

gravmonument sepulcro

gravskrift *(minnestavla över döda)* epitaphio

gravsten petra tumbal; *(byggnad)* mausoleo; *(flat upprättstående)* stela, stele

gravsättning inhumation

gravyr *(tryck från en graverad platta)* gravure *fr* [gravyr]

gravör burinator, gravator

gregoriansk gregorian; *gregorianska kalendern:* le calendario gregorian

grej dispositivo

grek greco

grekinna greca

grekisk grec, hellenic; *grekiska språket:* greco; *grekiskt ord el. uttryck i annan språk:* grecismo, hellenismo; *grekisk-latinsk:* grecolatin; *göra grekisk:* grecisar, hellenisar

grekiskstuderande hellenista

grekiskvänlig philhellen(ic)

grekiskvänlighet philhellenismo

Grekland Grecia, Hellade, Hellas

gren branca, ramo; *(av flod etc)* bracio; *dela sig i två grenar:* bifurcar

grenadjär *mil* granatero, grenadier *fr* [grenadje]

grendelad furcate

grenig *(med yviga grenar)* ramose

grenverk ramada, ramage [-adʒe]

grep furca

grepp impugnatura, manico; *(öra)* ansa; *(abstrakt)* prisa; *(på fiol, etc)* tocca

greve conte; *greve-:* contal

grevinna contessa

grevskap contato

griffel stilo, stilo de ardesia

griffeltavla ardesia

grift fossato

griftetal oration funebre

griljera grilliar

grill grillia, luna

grilla *gastr* brasar, grilliar, rostir

grillning grilliada

grillrum rotisserie *fr* [rotisri]

grillrätt grilliada

grimas *grimasse fr* [grimas]; *(skrattande)* rictus

grimasera grimassar

grimma capistro

grin *(hån-)* derision, grimasse derisori

grind barriera; *(mindre)* grillia

grinig petulante

grip *(lejon med örnhuvud och vingar) gr myt* grypho; *grip-: zool* prehensile

gripa caper, captivar, sasir, impugnar, attrappar, prender, serrar; *(en misstänkt)* apprehender; *(djupt röra, framkalla känslor)* emover; *gripa in:* intervenir; *gripa omkring sig:* rampar; *gripa tillfället:* prender/sasir le occasion; *gripas av:* penetrar se de; *låta gripa in i varandra: mek* ingranar

gripande *sb (av misstänkt)* apprehension; *adj* emotionante, pathetic

griparm bracio prehensile

gripenhet pathos

griptång forcipe

gris porco; *(kött)* porco

grisaktig porcin, immunde, fangose

grisett *(i Frankrike flicka av arbetarklassen)* grisette *fr* [griset]

grishårig a gris capillos

grizzlybjörn grizzly *eng* [grizli]

gro germinar; *gro-, som befrämjar groning:* germinative

groblad *bot* plantagine

groda *zool* rana

grodd germine; *anat* embryon

groddamm raniera

grodman homine rana

grodsamling *(på zoo)* ranario

grodyngel larva de rana

grogg grog *eng*

groning germination

grop fossa, cava, cavitate; *med* fossa

gropig cavernose

gross *(12 dussin)* grossa

grosshandel commercio in grosso

grotesk grottesc; *(konst)* grottesco; *typ* sans-serif

grotta antro, cavo, grotta; *en som bor i grotta:* cavernicola

grottforskning speleologia

grottinvånare troglodyta

grov crasse, grosse, grossier, indelicate, rustic; *(tjock)* grosse, massive; *(rå)* rude, crude, aspere; *(om person)* rude; *(klumpig)* grossier; *tillyxa grovt:* rusticar

grovhet crassitate, grosseria, vulgaritate

grovtarm *anat* colon

grubbel contemplation

grubbla meditar, specular, cogitar, contemplar; *grubbla på:* meditar super, specular super

grubbleri hypochondria

grumlig feculente, turbide

grumlighet feculentia

grund basamento, base, causa, ration, occasion; *(jord)* solo; *(grundval)* fundo, fundamento, base; *(orsak)* causa; *(grunt ställe)* basse fundo; *gå på grund:* insablar (se); *i grund och botten:* in le fundo; *lägga till grund:* basar; *på grund av:* a causa de, gratias a; *de första grunderna i ngt:* abc; *grund -:* basal, basic, cardinal, essential, fundamental, primari

grunda basar, constituer, fundar

grundfond capital social

grundform thema, typo; *substantivs grundform: gram* nominativo; *adjektivs och adverbs grundform: gram* positivo

grundlag lege fundamental, constitution, fundamento

grundlagsgivande *adj* constituente

grundlig profunde, radical, perfecte, minutiose; *grundligt:* a fundo

grundlägga fundar, crear, establir, stabilir

grundläggande basic, elementari, essential, fundamental; *av grundläggande betydelse:* de primari importantia

grundläggare establitor, fundator

grundläggning establimento, fundation, stabilimento

grundlös sin fundamento

grundprincip principio fundamental/primordial

grundsats maxima

grundspråk lingua matre

grundsten petra fundamental

grundstötning arenamento, insablamento

grundtal numeros cardinal

grundtanke idea fundamental

grundton *mus* tonica; *grundtons-:* tonic

grundundervisning instruction primari
grupp gruppo, lotto, gruppamento; *biol* phylo; *grupp på tre:* terno
gruppera aggruppar, gruppar
gruppering aggruppamento, gruppamento
gruppspråk slang *eng*
grus gravella, gravilla; *med* arena; *(sand)* sablo, arena
grusa gravillar, sablar, arenar; *(förstöra)* ruinar, deler, demolir
grusad arenose
grusande frustratori
grustag sabliera
gruva mina
gruvarbetare minator
gruvarbete *arbeta med gruvarbete:* minar
gruvdrift exploitation de minas
gruvgas gas de miniera; *explosiv gruvgas:* grisu
gruvgasdetektor grisumetro
gruvlig impressionante, atroce, terrificante
gruvstad urbe minerari
grym cruel, feroce, bestial, atroce
grymhet atrocitate, cruelitate
grymta grunnir, murmurar
grymtning grunnimento
grymtoxe *zool* yak
gryn grano; *(av säd)* semola
gryning alba, aurora
gryta marmita; *(stek-)* fritoria; *(maträtt)* estufata
grå gris; *grått i grått: (konst)* grisalia
gråaktig grisastre
grålila mauve *fr* [mo:v]
gråsugga *zool* isopode; *ordningen gråsuggor:* isopodos
gråta plorar, lacrimar
gråtmild lacrimose
gråtrut laro argentate
grått *grått i grått: (konst)* grisalia
grädda *(bröd)* cocer
grädde crema; *gräddan (högsta societeten):* crema del crema
gräddliknande cremose
gräddning coction
gräl querela, disputa, altercation, lite
gräla querelar
grälsjuk contentiose, disputative
gräma penar, vexar; *gräma sig:* penar se
gränd stratella, vico
gräns frontiera, limine, confinio, demarcation; *(högsta el. lägsta)* limite; *(lands) gränser:* confinios
gränsa *gränsa till:* adjacer, avicinar, confinar
gränsavspärrning *gränsavspärrning mot farsoter:* cordon de sanitate
gränsland marca
gränslinje linea de demarcation
gränslös illimitabile, infinite, immense
gränssnitt *data* interface *eng*, interfacie
gräs herba, herbage [-adʒe]; *gräs-:* herbal, herbose
gräsartad *bot* graminacee, graminee
gräsbevuxen herbose
gräshoppa *zool* grillo, locusta, saltator
gräslighet enormitate
gräsmatta gazon
gräsätande *zool* herbivore
gräva foder, fossar, excavar; *gräva upp:* disinterrar; *gräva ur:* eroder; *gräv-:* fossori
grävling *zool* taxon
grävlingsgryt taxoniera
grävmaskin cavatrice, (ex)cavator; *(muddermaskin)* draga
gröda messe, recolta
grön verde, in herba; *ständigt grön:* semperverde; *ständigt grön växt:* semperverde; *spanskt grönt: kem* flor de cupro
grönaktig verdastre
grönfink *zool* verdon
grönfoder herbage [-adʒe]
gröngöling *zool* pico verde
Grönland Groenlandia
grönländare groenlandese
grönländsk groenlandese; *grönländska språket:* groenlandese
grönsak vegetal, legumine; *grönsaker:* verdura, legumine; *grönsaks-:* vegetabile, vegetal
grönsaksodlare verdurero
grönska *sb (löv, gräs)* verdura; *vb* verdear
grönt *spanskt grönt: kem* flor de cupro
gröt pappa, purée *fr* [pyre]
grötaktig *(mjuk som gröt)* pultacee
grötomslag *med* cataplasma, embroca
guano guano
gubbe vetulo
gubbvälde gerontocratia

gud deo, Deo
gudabild idolo
gudablod *myt* ichor
gudadryck nectare
gudalära mythologia
gudamat ambrosia
gudbarn filiolo
guddotter filiola
gudfader compatre, patrino
gudfruktig pie
gudinna dea
gudmor commatre
gudom deitate, divinitate, divo
gudomlig dive, divin, celeste
gudomlighet divinitate
gudsdyrkan culto
gudsförnekande *gr* athee
gudsförnekelse atheismo
gudskelov gratia a Deo, Gratia
gudson filiolo
gudsstyre *anhängare till gudsstyre:* theocrate; *gudsstyres-:* theocratic
gudstjänst officio, servicio divin
gudstjänstritual liturgia
guelf *(under medeltiden anhängare av påvedömet i Italien) hist* guelfo
guelfisk *hist* guelfe
Guinea Guinea [gi-]; *guinea, gammalt engelskt mynt:* guinea
Guineabukten Golfo de Guinea [gi-]
gul jalne; *Gula havet:* Mar Jalne
gulasch *(ungersk maträtt)* gulash *ung*
gulbrun fulve, marronee
guld *(grundämnet guld, Au)* auro; *av guld:* de auro; *av guld och elfenben:* chryselephantin; *fylla (tänder) med guld:* aurificar; *fyllande (av tänder) med guld:* aurification; *guld-:* auree
guldfisk pisce aurate
guldfiskskål bocal de pisces rubie
guldförande aurifere
guldglitter *(för prydnad)* auripelle
guldklump pepita
guldopuntia *bot* opuntia
guldreserv reserva metallic
guldsmed aurifice
guldtacka lingoto
guldtråd filo de auro
guldålder etate de auro
gulhet jalnessa
gullregn *bot* laburno
gullviva *bot* primavera, primula
gulna jalnir
gulsot *med* jalnessa, ictero, hepatitis viral; *gulsots-:* icteric
gulsparv *(Emberiza citrinella) zool* citrinella
gultörne *bot* ulex
gumma vetula; *(hustru)* uxor
gummera collar, gummar, ingummar
gummi *bot* gumma, gumma elastic/arabic, latex; *gummi arabicum:* gumma arabic; *gummi-:* gummose
gummiaktig gummose
gummiavsöndrande gummifere
gummiband elastico
gummidragant *bot* tragacantha
gummidäck pneu
gummigutta gutta
gummilacka lacca
gummilösning *bot* mucilagine
gummisaft latex
gummiträd *bot* gummiero
gunga *sb* balanciatoria; *vb* balanciar; *(vaja)* nutar
gunst favor, benevolentia, gratia
gunstig prospere
gunstling favorito; *gunstlings-:* favorite
gurgla gargarisar; *(ljudhärmande)* gurguliar
gurka cucumbre, cucumere; *gurk-:* cucurbitacee
gurkmeja *bot* curcuma
gurkväxter *(familjen) bot* cucurbitaceas
guru *(andlig vägledare, lärare)* guru
gutta *arkit* gutta; *gutta serena (en ögonsjukdom): med* gutta seren
guttaperka guttapercha [-sh-], percha [-sh-]
guttural guttural
guvernant governante, institutrice
guvernör governator
gyckel joculeria
gyckelbild simulacro
gyckla jocular, illusionar, buffonar, derider
gycklare joculator
gyllenblond flave
gyllene auree, aurin, de auro
gyllenlack *bot* matthiola
gyllenläder corio aurin

gylling *zool* oriolo
gymnasium gymnasio, lyceo
gymnast gymnasta
gymnastik gymnastica
gymnastikhall palestra
gymnastiksal gymnasio
gymnastisk gymnastic, gymnic
gymnoblastisk *zool* gymnoblaste
gymnosofist gymnosophista
gymnosperm- *bot* gymnosperme
gymnosporisk *bot* gymnospore
gynekolog gynecologista, gynecologo
gynekologi *(läran om kvinnosjukdomar)* gynecologia
gynekologisk gynecologic
gynna favorar, favorir, proteger, beneficiar
gynnsam favorabile, propitie
gyroskop gyroscopio
gyroskopisk gyroscopic
gyrostabilisator gyrostato
gyrostat gyrostato
gyrostatisk gyrostatic
gytter conglomeration
gyttja fango, limo
gyttjig fangose
gyttra *gyttra ihop sig:* conglomerar
gå ambular, ir, marchar [-sh-], passar, vader; *(vandra)* ambular, promenar se, ir a pede; *gå av och an:* deambular; *gå bakåt:* retroceder; *gå bort:* transpassar; *gå emellan:* interceder, intervenir; *gå fortare:* allongar le passo; *gå fram till:* acceder, adir; *gå fram till/tilltala ngn:* abbordar; *gå framför:* anteceder; *gå framåt:* proceder, *(göra framsteg)* progreder, progressar; *gå från den ena ytterligheten till den andra:* passar de un extremo al altere; *gå för långt:* passar le mesura; *gå förbi:* passar, preterir; *gå i bitar:* crepar; *gå i land:* disimbarcar; *gå i utkanten av en skog:* costear un foreste; *gå igenom:* passar; *(checka)* compulsar; *gå in för:* sponsar, sposar; *gå in i:* invader; *gå isär:* diverger; *gå itu:* rumper; *gå lös på:* assalir, assaltar; *gå med ngn:* affiliar se con/a; *gå med på:* acceder, acquiescer; *gå ned(för):* descender; *gå omkring:* ambir, deambular; *gå runt:* ambir, circuir, circular; *gå runt om(kring):* ambir, contornar; *gå till verket:* proceder; *gå tillbaka:* receder, retrogradar, *(i utvecklingen)* regreder, regressar; *gå upp(för):* ascender; *gå upp i:* penetrar se de; *gå ut:* exir, sortir; *gå ut igen:* resortir; *gå vidare:* proceder, prosequer; *gå över:* transversar; *gå över till 'andra sidan':* transpassar; *gå!:* va!; *som går in inuti:* invasive; *åter gå förbi:* repassar
gång ambulatura, curso; *(maskins)* functionamento; *(omgång)* vice; *(passage)* passage [-adʒe], tubo; *anat* ducto; *en gång:* un vice, *(i förfluten tid el. i framtiden)* olim; *andra gånger:* altere vice; *det var en gång:* il habeva olim; *en gång till!:* *interj* bis!; *flera gånger:* plure vices; *någon gång:* aliquando, alquando, un die, un vice; *några gånger:* al(i)cun vices; *två gånger:* *mus adv* bis; *gång som en gås:* passo de oca; *gång-:* ambulatori
gångart ambulatura, passo
gångbana trottoir *fr* [trotoar]
gångbar nomic; *gångbar i bank:* bancabile
gången *(förgången)* passate
gångjärn cardine; *lyfta av gångjärnen:* discardinar
gångspel *sjöt* cabestan
gångstig sentiero, semita
gångväg cammino (a pedones)
går *i går:* heri; i *går kväll:* heri vespere; *född i går:* nascite heri
gård corte, cortil; *(bond-)* ferma; *gård med mjölkkor:* vaccheria; *kringbyggd gård:* atrio
gårdsplan corte, cortil
gås *zool* ansere, oca; *gås-:* anserin
gåsgam *zool* grypho
gåshud *bildl* horripilation; *ge gåshud:* horripilar
gåsmarsch fila indie
gåta enigma
gåtfull enigmatic, mysteriose, oracular, sibyllin
gåva dono, donation, presente, gratification; *(främst pastorat o.dyl.) jur, hist* donativo; *'främlingsgåva', gåva till betydande gäst:* xenio; *gåva till kyrkan:* oblation; *testamenterad gåva:* legato
gäcka eluder, frustrar
gäckande *sb* elusion; *adj* elusive, frustratori
gädda *zool* lucio

gäl *zool* branchia [-k-]
gäldenär *(den som är skyldig ngn ngt)* debitor
gälisk gaelic; *gäliska språket:* gaelico
gäll perciante, stridente
gälla caponar
gällande *gällande tillsvidare:* interim
gällock *zool* operculo
gängse currente, cognite, commun, normal, nomic, usual, vulgar
gärde *(inhägnat)* haga
gärdesgård sepe
gärdsmyg *zool* rege del sepe, troglodyta
gärna sponte, voluntarimente, con placer, de bon corde, de bon grado, de bon voluntate, con bon gratia
gärning facer, action, activitate, acto, opera, pragma *gr*
gärningsman perpetrator
gäspa oscitar
gäst hospite, visitante, visitator, invitato, commensal; *(inbjuden)* convitato
gästabud partita, festa, banchetto [-k-]
gästfri hospital
gästfrihet hospitalitate
gästgivaregård albergo
gästgiveri hosteria
gästhem hospicio, hostello
göda fertilisar, ingrassiar
gödningsmedel fertilisante
gödsel stercore
gödselstack stercorario
gödselstad stercorario
gödsling fertilisation
gök *zool* cucu
göktyta *zool* torquicollo
gökur pendula a cucu
gömfröig *gömfröiga växter: bot* angiospermas
gömma celar
göra facer; *(så att ngn/ngt blir...)* render; *(tillverka)* fabricar, producer; *(utföra)* executar, effectuar; *göra bra:* bonificar; *göra fast: sjöt* invirgar; *göra igen/om:* refacer; *göra orolig:* agitar; *göra redo:* apprestar; *göra sig av med:* disfacer se de; *göra till:* facer, reducer; *den som gör (ngt):* facitor
görande *sb* facer
gördel cinctura
görlig agibile, facibile
görlighet facibilitate

H

h *tonen H: mus* si
ha *(hava)* haber, posseder; *(hjälpverb)* haber, *(i pres. användes vanligen formen)* ha; *jag har just besökt en vän:* io veni de visitar un amico; *ha omsorg om:* prender cura de; *ha sönder:* disrumper; *just ha ...-t:* venir de + *infinitiv*
Haag le Haga
habeas corpus *(engelsk lag från 1679 som stadgar att ingen får hållas fängslad utan domstolsprövning)* habeas corpus *lat*
hack indentation; *göra inskärningar/hack:* insecar
hacka *sb* hacha [-sh-], hachetta [-sh-]; *(spetsigt redskap)* picco; *(flå-)* sarculo; *vb* hachar [-sh-]; *(med näbb)* beccar; *(jordbruk)* sarcular; *hacka i små bitar:* minutiar; *hackat kött:* carne hachate [-sh-]
hackande hachamento [-sh-]
hacker *data* hacker *eng*, pirata informatic
hackkniv hachatoria [-sh-]
hafnium *(grundämnet hafnium, Hf)* hafnium
hage *(betesmark)* pastura; *(äng)* prato
hagel balletta; *(bly-)* plumbo; *(nederbörden)* grandine
hagelby grandine, grandinamento
hagla grandinar
hagmark fascia
hagtorn spino blanc/albe
haiku *(treradig dikt)* haiku *jap*
Haiti *från Haiti:* haitian
haj *zool* squalo
haka *anat* mento
hake croc, uncino; *försedd med hakar:* gammate; *som kan hakas av:* distachabile [-sh-]
hakkors cruce uncinate, cruce gammate, svastica
hal glissante
halka *sb* glissantia; *vb* glissar
hall sala, entrata; *stor hall:* hall *eng*
halleluja alleluia; *halleluja!:* hallelujah!
hallick proxeneta, ruffiano
hallon *bot* frambese
hallonbuske *bot* frambesiero

hallucination hallucination; *hallucinations-:* hallucinatori
hallucinatorisk hallucinatori
hallucinera *(ha sinnesvillor)* hallucinar
hallå *hallå!:* hallo!, holla!
hallåman annunciator; *hallåman i radio (kommentator):* speaker *eng* [spi:ker]
halm palea; *halm-, bemängd med halm:* paleose
halmbädd paleassa
halmgubbe *('halmgubbe')* homine de palea
halmmadrass paleassa
halmskulle paleario
halmstack paleario
halmtäcka impalear
hals collo, gorga, gurgite, gutture, jugulo; *anat* cervice; *(på fiol)* manico; *framsidan av halsen: anat* jugulo; *hals över huvud:* precipite; *skära halsen av:* jugular; *hals-:* cervical, jugular
halsband collar
halsbrytande collorumpente
halsbränna *med* pyrosis
halscittra *('halscittra') mus* cithera
halsduk cravata, fichu *fr* [fishy], pannello de collo
halsfluss *med* angina; *halsfluss-:* anginose
halsgropen *anat* fossa jugular, jugulo
halshugga decapitar, decollar
halshuggning decapitation
halsinflammation *med* angina; *halsinflammations-:* anginose
halskota jugulo
halsmandel *anat* tonsilla
halspulsåder *anat* carotide
halsstarrig contumace, obstinate
halsstarrighet intransigentia, obstination
halster grillia
halstra grilliar, rostir
halt *sb (stopp)* halto; *göra halt:* facer halto; *halt!:* halto!; *adj* claude
halta claudicar
haltande claude; *haltande gång:* claudication
halv medie; *halva världen:* le medietate del mundo; *halv-: i smnstn* semi-, hemi-
halva medio, medietate
halvannan *halvannan fot lång:* sesquipedal; *halvannan gång så stor som:* sesquialtere
halvbarbarisk semibarbare
halvbror medie fratre
halvcirkel semicirculo
halvcirkelformad semicircular
halvdöd semivive
halvera bisecar, partir in duo, divider in duo
halvflytande semifluide
halvgenomskinlig semitransparente
halvgud semideo
halvgudinna semidea
halvhopp caracol
halvhuvudvärk migraine *fr* [migræn]
halvklot hemispherio; *halvklots-:* hemispheric
halvklotformig hemispheric
halvkrets hemicyclo
halvmesyr semimesura
halvmåne semi-luna
halvmånformad semilunar
halvmånformig lunate; *halvmånformig figur: geom* fuso
halvnaken seminude
halvnot *mus* minima
halvofficiell semiofficial, officiose
halvpart medietate
halvrim assonantia
halvsidesförlamnings- *med* hemiplegic
halvsidig *halvsidig förlamning: med* hemiplegia
halvskugga penumbra
halvsovande semisomne
halvsprång *(i ridning)* caracol
halvtimma medie hora
halvtjog *ett halvtjog:* decena
halvton *(halvt tonsteg) mus* semitono
halvvante miton
halvvers hemistichio [-k-]
halvvuxen adolescente
halvvåning *arkit* entresol *fr* [ãtresol]
halvvägs medie via; *halvvägs-:* a medietate
halvvärld *av halvvärld:* semimundan, demimondain *fr*
halvårs semestral
halvårsvis *(varje halvår)* semestralmente
halvö peninsula; *halvö-:* peninsular
halvöformad peninsular
Ham *bibl* Cham [kam]
Hamburg *från Hamburg:* hamburgese
hamitisk chamitic [k-]
hammare martello, malleo

hammarhaj *zool* martello
hamn porto; *(inre)* darsena; *(skepnad)* phantasma
hamnarbetare discargator
hamnpir mole, jectata
hamnstad urbe portuari
hampa *bot* cannabe
hampfält cannabiera
hampodlare cannabero
hamra *hamra (ut):* mallear
hamster *zool* hamster
hamstra accaparar, stockar
han *pers pron sing mask.* ille
hand mano; *efter hand:* pauco a pauco, poco a poco; *anhålla om någons hand:* demandar le mano de un persona; *den ena handen tvättar den andra:* un mano lava le altere; *ge ngn fria händer:* dar carta blanc a un persona; *höger hand:* derecta; *lägga sista handen vid:* dar le ultime mano a; *tvätta händerna, två sina händer:* lavar se le manos; *hand-:* manual
handalfabet dactylologia
handaskicklig dextere, dextre
handbalsam lotion
handboja manica
handbok manual; *('oumbärlig')* vademecum *lat*
handbroms freno de mano
handduk essuga-manos, pannello, toalia
handdukshängare porta-toalias
handel negotio, commercio, mercantia, traffico; *driva handel:* commerciar; *handels-:* mercantil
handelsbalans balancia de commercio, balancio
handelsbod boteca
handelsfartyg nave mercantil
handelsflotta marina mercante
handelsförbindelse traffico
handelsplats emporio
handelsresande commisso viagiator [-dʒa-]
handelsrestriktion *handelsrestriktioner:* embargo
handelssjöfart commercio maritime
handelsstation factoria
handfallen stupite, stupefacite, consternate
handflata palma
handformad *bot* palmate
handfull manata, pugnata
handfullsvis a plen manos
handgemäng *komma i handgemäng:* venir al manos
handgriplig corporee
handikapp disavantage [-adʒe], handicap *eng*, imparitate; *ge handikapp:* disavantagiar [-dʒar]
handikappa disavantagiar [-dʒar]
handla ager, mercar, negotiar, commerciar; *gå och handla:* facer (le) compra; *handla emot:* contravenir a; *handla hos/med:* commerciar con; *handla med (varor):* commerciar in, trafficar; *handla om:* tractar; *handla om ett ämne:* tractar de un thema
handlande mercator, mercante, negotiante
handlare mercator, mercante, negotiante
handled *anat* carpo; *handleds-:* carpal
handling action, acto, operation, pragma *gr*, *(dokument)* acto, documento, scriptura; *handlingen i bok el. pjäs:* fabula
handlingskraft energia
handlingskraftig energetic, energic
handlovsben *anat* osso carpal
handläggning tractamento; *jur* instruction, inquesta
handpenning *jur* arrha
handsbredd palmo
handskaffär guanteria
handske guanto; *förse med handskar:* guantar; *kasta handsken:* jectar le guanto; *ta på sig handskar:* guantar se
handskhandlare guantero
handskmakare guantero
handskmakeri guanteria
handskrift manuscripto; *handskrift på pergament som skrivits över med annan:* palimpsesto; *utsmycka handskrifter:* miniar
handskriven manuscripte
handstil scriptura, mano
handsättare *typ* cassista
handtag manico, impugnatura; *(på dörr/korg/hink, öra)* ansa; *(på vev)* manubrio; *(hjälp)* assistentia; *sätta handtag på:* immanicar; *ta bort handtaget:* dismanicar
handväska sacco a mano
handyxa *(liten)* hachetta [-sh-]
hane masculo; *(på gevär)* can; *(tupp)* gallo; *han-:* mascule, masculin, *bot* staminate

hangar hangar
hangarfartyg porta-aviones
hankatt catto
Hannover *från Hannover:* hannoverian
hanrej *(bedragen äkta man)* cornuto, cucu; *vara hanrej:* portar cornos; *hanrej-:* cornute
hans su; *(utan subst. efter)* sue
hansa- hanseatic
hanseatisk hanseatic
hantera manear, manipular, manovrar, operar
hanterlig agibile; *(som man kan handskas med)* maneabile
hantlangare adjuta, mano de obra
hantverk artisaneria, mestiero
hantverkare artisano, artifice
har *(presens av haber att ha)* ha
harakiri *(japansk självmordsmetod)* harakiri *jap*
harang haranga
harangera sermonisar
hare lepore; *har-:* leporin
harem harem *arab,* seralio
haricot vert *bot* faseolo, phaseolo
harlekin arlequin [arlekin]
harlik leporin
harläpp *(kluven överläpp)* labio leporin
harm indignation, resentimento, displacer
harmas *harmas över:* indignar se de/contra
harmlös innocente, innocue, inoffensive
harmlöshet innocentia, innocuitate
harmoni accordo, harmonia, unisono; *brist på harmoni:* inconsonantia
harmoniera harmonisar; *harmoniera (med):* consonar
harmonilära *mus* harmonica
harmonisera *mus* harmonisar, accordar
harmonisk harmonic, harmoniose; *(poetisk, mus)* numerose
harmonium *mus* harmonium
harmsen vexate, indignate, resentite
harnesk harnese, cuirasse
harpa *mus* harpa; *grekisk harpa:* sambuca
harpun harpon
harpunerare harponero
harpunering harponage [-adʒe]
harpunskaft fuste
harpya *(stormvindsdemon till hälften kvinna till hälften rovfågel) myt* harpyia [-ija]; *(sydamerikansk rovfågel) zool* harpyia [-ija]
harsyra *bot* oxalide
harts resina; *(bl.a. för fiolstråke)* colophonio
hartsartad resinose
hartsgummi gumma resina
hartslack lacca resinose
harv hirpice
harva hirpicar
hasard hasardo
hasch hachich [hashish]
hassel avellaniero
hasselbuske *bot* avellaniero
hasselmus *zool* muscardino
hasselnöt *bot* avellana
hast haste, pressa; *i hast:* in haste
hasta hastar
hastig hastive, rapide, veloce
hastighet rapiditate, velocitate; *minska hastigheten:* decelerar
hastighetsmätare tachometro, velocimetro
hastighetsökning acceleration
hastigt rapido, rapidemente; *(skyndsamt)* prompte
hat odio; *full av hat:* odiose
hata odiar
hatisk despectose
hatt cappello; *(på sak)* capsula; *(doktors-)* pileo, cappello doctoral; *hög hatt:* cappello cylindro; *mjuk, bredbrättad hatt:* sombrero
hattaffär cappelleria
hatthylla porta-cappellos
hattmakare cappellero
haustorie *(växters sugorgan) bot* haustorio
hav mar, oceano; *på öppna havet:* in plen mar; *belägen bortom havet:* ultramar; *länder på andra sidan havet:* paises de ultramar; *havs-:* marin, maritime, nautic, oceanic, pelagic
hava haber
havande gravide, gestatori, parturiente; *vara havande:* gestar
havandeskap gestation, pregnantia; *förebyggande av havandeskap:* anticonception
havandeskapsförebyggande anticonceptional, contraceptive
havandeskapskramps- *med* eclamptic
haverera avariar
haveri avaria; *gemensamt/enskilt haveri:* avaria general/particular

havre *bot* avena
havregryn floccos de avena
havsfisk pisce de mar
havsforskare oceanographo
havsforskning oceanographia
havsgrön verdemar
havskatt *zool* lupo de mar
havskräfta langusta
havslök *bot* squilla
havsnymf nereide
havssalt sal marin
havsström deriva
havstrut laro marin
havsvind vento del largo
havsväxt planta marin
havsål *zool* congro
havsörn aquila de mar
hearing *offentlig hearing:* audition public
hebefreni *med* hebephrenia
hebré hebreo; *göra till hebré:* hebraisar
hebreisk hebraic, hebree; *hebreiska språket:* hebreo; *använda hebreiska uttryckssätt:* hebraisar; *göra hebreisk:* hebraisar; *expert på hebreiska:* hebraista; *hebreisk språkegendomlighet:* hebraismo
hed landa
hedendom paganismo, gentilismo, gentilitate
heder honor, gloria; *göra heder åt (t.ex. anrättningen):* facer honor a; *heders-:* honorari, honorific
hederlig honeste, recte
hederlighet honestate, honestitate
hedersbevisning honoration
hedersborgare citatano honorari
hedersdoktor doctor honoris causa
hedersgåva presente honorific
hedersknyffel brave garson
hederslegion *(fransk orden)* legion de honor
hedersman homine de honor
hedersomnämnande mention honorabile
hedersord parola de honor
hederssak puncto de honor
hederstecken titulo honorific
hedervärd honorabile, respectabile; *ej hedervärd:* dishonorabile
hednafolket *tillhörande hednafolket (ur judisk synpunkt):* gentil
hedning pagano; *(icke-jude)* gentil
hednisk pagan
hedonism *(läran om njutningen som det högsta goda) filos* hedonismo
hedra honorar, dignificar, venerar, coler
hedrande honorific
hej *hej!:* holla!, hallo!, salute!, salve!
heja acclamar
hejda retener, moderar, stoppar, arrestar
hejdande arrestation, arresto
hektar *(ha) (100 ar = 10000 m^2)* hectar
hekto hectogramma
hektograf hectographo
hektogram hectogramma
hektoliter *(hl)* hectolitro
hel integre, tote; *hel, helt, hela (med subst. efter):* tote; *av hela hjärtat:* de tote le corde; *hela osten:* tote le caseo; *det hela:* le toto; *(fyld)* plen; *(oskadd)* intacte, indemne
hela sanar
helg festa, ferias
helga consecrar, dedicar, sacrar, sanctificar; *(åt)* devotar, *(välsigna)* benedicer; *(göra helig)* sanctificar
helgande consecration, dedication
helgd *hålla i helgd:* sanctificar
helgdag die feriate
helgdagsafton *(kväll före högtidsdag)* vigilia
helgedom fano
helgeflundra *zool* halibut, hippoglosso
helgelse consecration
helgerån sacrilegio
helgon *(manligt)* sancto, *(kvinnligt)* sancta; *alla helgons dag:* die de omne sanctos
helgonbeskrivning hagiographia
helgonförklara canonisar
helgonförklaring canonisation
helgonkult *rel* dulia
helhet totalitate, integritate, ensemble *fr*
helhetsfilosofi holismo
helhetsverkan insimul
helig sancte, sacrate, sacre, inviolabile, benedicte, hieratic; *det allra heligaste (i templet):* sanctuario; *Den Helige Ande:* le spirito sancte; *heliga landet:* le terra sancte
helikon *mus* helicon
helikontuba *mus* helicon
helikopter helicoptero
heliocentrisk *(med solen som centrum)* helio-

centric
heliograf *(apparat som sänder signaler med hjälp av speglar)* heliographo
heliotrop *bot* heliotropio
helium *(grundämnet helium, He)* helium
Hellas Hellade, Hellas
helleborus *bot* elleboro
hellenisera hellenisar
hellenism *(grekisk civilisation)* hellenismo
hellenist hellenista
hellenistisk hellenistic
hellensk hellenic
heller *inte heller:* ni, non etiam
hellre plus tosto
helnot *mus* semibreve
helomvändning contramarcha [-sha]
helot *hist* helota, ilota
helst *när som helst:* aliquando, quandocunque
helt toto, totalmente; *helt och hållet:* integral, in toto e per toto
helvete inferno; *(alla onda andars boning)* pandemonio; *helvetets förgård:* limbo
helveteskval *eviga helveteskval:* supplicios eternal
helvetesmaskin machina [-k-] infernal
helvetessten machina [-k-] infernal; *kem, med* petra infernal
helvetier *hist* helvetio
helvetisk infernal
helylle lana pur
hem focar (domestic), home *eng* [houm]; *(härd)* focar, domicilio; *bildl* penates, lares e penates; *(hemåt)* a casa, a domo; *hemma:* in casa; *hem-:* domestic
hematologi *(läran om blodet) med* hematologia
hembygd pais natal
hemfall *jur* reversion
hemfallen *hemfallen åt:* pron
hemförlova disbandar; *(t.ex. trupper)* licentiar
hemförlovning *(av trupp)* disbandamento
hemgift dote; *ge hemgift till brud:* dotar; *tilldelning av hemgift:* dotation
hemhjälp domestico, *(kvinnlig)* domestica
hemisfär hemispherio
hemlig secrete, clandestin, arcan, esoteric, occulte, obreptitie, collusive; *hemligt ställe:* secreto
hemlighet secreto, clandestinitate, arcano; *i hemlighet:* in secreto; *vara invigd i en hemlighet:* esser in secreto
hemlighetsfull secrete, secretive
hemlighetsfullhet mysterio
hemlighålla dissimular, celar
hemlighållande *sb* celamento
hemliv domesticitate
hemlockgran abiete de Canada
hemlängtan mal de pais, nostalgia
hemma in casa; *hemma hos:* a presso de, in domo de
hemman ferma
hemmansägare fermero
hemoglobin *(färgämnet i de röda blodkropparna) med* hemoglobina
hemorrojd *med* hemorrhoide
hemort domicilio; *byta hemort:* cambiar domicilio; *fritt hemorten:* franc a domicilio; *hemorts-:* domiciliari
hemsida *data* home page *eng*, pagina personal/initial/principal
hemsk horribile, horride, sinistre, lugubre
hemsöka affliger, infestar, plagar
hemsökelse infestation
hemul *jur* garantia, caution
hemvist demora, habitation, domicilio
hemåt a casa, a domo
henne la; *åt henne:* la; *(efter preposition)* illa
hennes su, *(utan subst. efter)* sue
heptarki *('de sjus välde')* heptarchia
heraldik heraldica; *(läran om vapensköldar)* blason
heraldisk *(som berör vapensköldar)* heraldic
herbarium *(örtsamling)* herbario
herde *(alla bet.)* pastor; *herde-:* pastoral
herdedikt ecloga, pastoral; *(provensalsk)* pastorella
herkulisk herculee
hermelin *zool* armenio
hermetisk hermetic
Herodes Herode
herodisk herodian
heroin *kem* heroin
heroism heroismo
herpes *med* herpete; *herpes-:* herpetic; *utbrott av herpessjukdomen:* eruption herpetic
herpesliknande herpetiforme

herr senior
herravälde domination, dominantia, dominio
herre senior, domino; *(i Indien tilltal till européer)* sahib *arab; (turkisk titel)* efendi *turk; herr:* senior; *vår Herre:* Nostre Senior; *Herren Gud:* le Senior
herrelös derelicte
herrgård castello, dominio
herrskap senioria
hertig duce, duc; *hertig-:* ducal
hertigdöme ducato
hertiginna duchessa [-k-]
hertiglig ducal
hertigskap ducato
hertigtitel ducato
hertz *(måttenhet för frekvenser) tekn* hertz
hes rauc; *(mållös)* aphone; *göra hes:* inraucar
heshet raucitate, inraucamento; *ta bort heshet:* disinraucar
het calide, calde, calorose, caldissime, focose
heta appellar se; *jag heter:* io me appella
heterodyn *(radio)* heterodyne; *heterodyn mottagare (radio):* receptor heterodyne
heterogami *(egenskapen att vara skildkönad) bot* heterogamia
heterosexuell heterosexual
hetlevrad choleric, irritabile
hets *(rådska)* pressa; *bildl* excitation
hetsa *hetsa upp:* agitar, stimular
hetsig irascibile
hetta ardor, calor, fervor
hettit hittita
hettitisk hittita
hetär *(grekisk historia)* hetera
heureka *heureka! (jag har funnit det!):* eureka!
hexacord *(medeltida sextonsskala med sex toner) mus* hexacord(i)o
hexameter hexametro; *hexameter-:* hexametre
hiatus *fon* hiato; *ha hiatus: fon* hiar
hibiskus *bot* hibisco
hicka *sb* singulto; *vb* singultar
hickning singulto
hidalgo *(spansk adelsman)* hidalgo *sp*
hidjra *(Muhammeds flykt till Medina 622)* hegira, hedjira *arab*
hidjrakalendern *(muslimernas tideräkning)* hegira, hedjira *arab*
hierarki *(rangordning i ett samhälle)* hierarchia; *den högste i en hierarki:* hierarcha
hierarkisk *(noggrant rangordnad)* hierarchic
hierofant *(överstepräst vid de eleusinska mysterierna) hist* hierophanta
hieroglyf *(tecken i bildskrift)* hieroglyphico
hieroglyfisk hieroglyphic
hillebard *(hake o. yxa på lång stång)* hallebarda
hilus *anat* hilo
himlafäste firmamento
himlakropp corpore celeste, astro, planeta
himlavalv firmamento; *himlavalvet:* sphera celeste, volta celeste
himmel *(även rel)* celo; *den högsta himlen:* empyreo; *under bar himmel:* a celo aperte; *under öppen himmel:* in aere libere; *himmels-, som hör till himlen:* celeste, uranie
himmelrike regno celeste
himmelsblå azur, cerulee
himmelsblått azur(at)o
himmelsekvator linea equinoctial
himmelseld *('himmelseld')* foco de celo
Himmelsfärd *Kristi himmelsfärd: rel* le Ascension; *Marie himmelsfärd: rel* le Assumption
Himmelsfärdsdag *Kristi Himmelsfärdsdag: rel* le Ascension
himmelsk celeste, celestial, empyree; *Det himmelska riket (Kina):* le Celeste Imperio
hin *(onde)* diabolo
hind cerva
hinder barriera, barrage [-adʒe], embarasso, imparitate, impedimento, inhibition; *bildl* obstaculo; *ett hinder för planens förverkligande:* un embarasso pro le realisation del plano; *övervinna ett hinder:* superar un obstaculo; *hinder-:* inhibitori
hindra impedir, inhiber, inhibir, obstar, obstruer, remorar, barrar, comprimer, transversar
hindrande *sb* obstruction; *adj* obstructive, impeditive, inhibitori
hindu *sb, adj* hindu
hinduism *rel* hinduismo
hindustani *(indiskt språk)* hindustani
hingst cavallo, stallon
hink situla
hinkfull *en hinkfull:* situlata
hinna *sb* pellicula, membrana; *anat* integu-

mento, tegmento; *(ythinna)* culicula; *vb* haber tempore; *hinna fram till:* attinger; *hinna med:* attinger; *ej hinna:* mancar, faller

hinsides *prep* ultra; *(belägen på andra sidan)* ulterior

hippiatri *(hästläkekonst)* hippiatria

hippodrom hippodromo

Hippokrates *(läkekonstens beskyddare)* Hippocrate

hippokratisk hippocratic

hirs *(sädesslag) bot* milio

hisna haber le vertigine

hisnande vertiginose

hiss ascensor, elevator, lift

hissa hissar; *hissa upp:* hissar

hisskabin cabina

hisskorg cabina

hissna haber le vertigine

hissnande vertiginose

historia historia, *(liten)* historietta; *(berättelse)* narration, conto, fabula; *(saga)* saga; *berätta en historia:* historiar; *påhittad historia:* fabula

historicitet *(egenskapen att vara historiskt dokumenterad)* historicitate

historieskrivare historiographo

historiker historico

historisk historic

hit hic, usque hic

hithörande parental, de iste categoria

hitintill usque hic

hitta trovar; *(upptäcka)* discoperir; *hitta på:* fabular, imaginar, *(en historia)* fabricar; *som kan hittas:* trovabile

hittilldags usque hodie, usque nunc

hittills usque ora, usque nunc, usque (a) ci/hic

hjord grege; *samla till hjord el. flock:* gregar; *hjord-:* gregari

hjort cervo

hjortbock *zool* cervo

hjortbröl bramo, bramamento

hjortron rubo de palude

hjul rota

hjulaxel axe de rota, axe

hjulbent valge, var

hjuldjur *zool* rotifero

hjuleker radio

hjulgiga viella a rota

hjulnav modiolo

hjälm casco

hjälmbuske cresta

hjälmgaller visiera

hjälp adjuta, auxilio, succurso, assistentia, suffragio; *komma till hjälp:* subvenir; *med hjälp av:* con assistentia de, a fortia de, per medio de; *hjälp-:* adjuvante, auxiliar, succursal, suffraganee

hjälpa auxiliar, adjutar, adjuvar, assister, juvar, succursar, sustener, suffragar; *hjälpa till:* coadjuvar

hjälpare adjutor, succursor, assistente, auxiliator

hjälpbiskop episcopo suffraganee

hjälplös inope

hjälplöshet inopia

hjälpmedel medio, ressource *fr* [resurs], ressources

hjälpsam adjuvante

hjälpsamhet complacentia, adjuvantia

hjälpsats *filos* lemma

hjälpspråk lingua auxiliar, lingua franc

hjälpsökande sollicitator

hjälptygel martingala

hjälpverb verbo auxiliar

hjälte heroe, heroina; *göra till hjälte:* heroificar; *hjälte-:* heroic

hjältedikt epopeia

hjältediktning epica

hjältemod heroicitate, heroismo

hjältemodig heroic

hjältesaga mytho

hjältinna heroina

hjärna *anat* cerebro; *lilla hjärnan:* cerebello; *hjärn-:* *anat* cerebral

hjärnbark *anat* cortice cerebral

hjärnhinna *anat* meninge

hjärnhinneinflammation *med* meningitis

hjärninflammation encephalitis

hjärnskakning *med* commotion cerebral

hjärnslag apoplexia cerebral

hjärnspöke chimera, phantasma

hjärntumör tumor cerebral

hjärnverksamhet cerebration

hjärnvindling *anat* gyro

hjärta *anat* corde; *i djupet av hjärtat:* al fundo del corde; *hjärtats förmak:* *med* atrio, auricu-

la; *hjärtats kranskärl:* venas coronari; *hjärtats mitralklaff:* bicuspide
hjärtblad *bot* cotyledon
hjärtfel insufficientia de corde
hjärtformad cordiforme
hjärtförstoring dilatation cardiac
hjärtinfarkt infarcto cardiac, necrosis cardiac
hjärtklaff valvula (del corde)
hjärtklappning palpitation
hjärtlig cordial; *med hjärtliga/vänliga hälsningar:* con salutes cordial
hjärtlighet bonhomia, cordialitate
hjärtlös incaritabile
hjärtnupen sentimental
hjärtslag *patol* apoplexia
hjärtsäck *anat* pericardio
hjärtängslig anxie
hjässa summitate del testa, occipite; *anat* vertice
hl *(100 l)* hectolitro
ho *(krubba)* mangiatoria [-dʒa-]
hobby occupation favorite, hobby *eng*
hockey hockey *eng* [hoki]
hojta critar, vociferar
holism holismo
holk *(blom-)* spatha; *(fågel-)* nido
Holland Hollanda (provincia de Nederland(ia))
holländare hollandese
holländsk hollandese
hologram *(tredimensionell bild)* hologramma
homeopat *med* homeopatho
homeopati *med* homeopathia
homerisk homeric; *homeriskt skratt (glatt och bullrande):* riso homeric
Homeros Homero
homofon *mus* homophone
homogen homogene, homogenee; *göra homogen:* homogen(e)isar
homogenitet homogeneitate
homograf *(ord som skrivs likadant som ett olikbetydande)* homographo
homolog *(överensstämmande)* homologe
homologi *(överensstämmelse)* homologia
homonym *sb (ord som låter el. skrivs likadant)* homonymo; *adj (likalydande el. likadant skrivet)* homonyme
homosexualitet sodomia, uranismo
homosexuell homosexual; *en homosexuell:* invertito
hon *pers pron sing fem.* illa, ella
hona femina
hondjävul diabolessa
honkatt catta
honkyckling gallinetta
honkön sexo feminin
honlig feminin
honnör honores, salute militar; *göra honnör:* salutar, presentar le armas
honom le; *åt honom:* le; *(efter preposition)* ille
honorar derectos de autor
honorera honorar
honung melle; *tillaga honung:* mellar; *som innehåller honung:* mellifere
honungsaktig mellose
honungsbi apicula
honungsdrypande melliflue
honungslen melliflue
honungsrik mellose
hop massa, multitude, congerie, hoste; *(varelser)* grege, turba; *(stapel)* pila, mole, cumulo; *('hopen')* hoi polloi *gr, göra en hop:* accumular
hopa amassar, acccumular, cumular; *som hopar sig:* cumulative
hopdikta fabular
hopdragbar contractile
hopfoga adjunger, assemblar
hopfällbar contractile
hopgyttra agglomerar
hopklistrande agglutinante
hopklistring agglutination
hopknåpande confection
hoplit *(forngrekisk tungt beväpnat krigare) hist* hoplita
hopp *sport* salto; *(själsl.)* spero, sperantia; *förlora hoppet:* desperar; *grunda sitt hopp på:* fundar su sperantia super
hoppa salir, saltar; *hoppa av till fienden:* passar al inimico; *hoppa över (utelämna):* saltar
hoppare saltator
hoppas sperar; *som inte går att hoppas på:* insperabile; *som man ej hoppats på:* insperate
hoppfull plen de sperantia
hopplös insperabile, van

hopplöshet desperantia
hoprynkning corrugation
hopsnöra constringer
hopsättning *(av maskins delar)* adjustage [-adʒe]
hor fornication
hora *sb* bagassa, meretrice, put(an)a; *vb* fornicar
hord horda
horisont horizonte; *horisontal-:* horizontal
horisontell horizontal
hormon hormon
hormonbehandling *med* opotherapia
horn *(djur-)* corno; *(blåsinstrument) mus* corno, trompa; *engelskt horn i F (altoboe):* corno anglese in Fa; *litet horn:* cornetto; *blåsa i horn:* cornar; *förse med horn:* cornar; *av horn (som ämne, material):* de corno; *horn-:* cornee
hornblåsare *(även folklig vallhornsblåserska) mus* cornista
hornförsedd cornee
hornhinna cornea
hornhinneinflammation *med* keratitis
hornist *mus* cornista
hornämne keratina
horoskop horoscopo
hortensia *bot* hortensia, hydrangea
hos apud, a presso de, presso
hosianna hosanna
hospits hospicio
hosta *sb* tusse; *vb* tussir; *hosta upp:* expectorar
hostdämpande *med* bechic
hostia *rel* hostia
hot menacia; *(något omedelbart förestående)* imminentia
hota menaciar
hotande *(omedelbart förestående)* imminente
hotell hotel, hostello; *(mindre)* albergo
hotellinnehavare hotelero
hotellpiccolo piccolo *ital*
hotellägare hotelier *fr*
hotelse *utslunga hotelser:* fulminar; *utslungande av hotelser:* fulmination
hov *(furste-)* corte; *(måtta)* moderation, discretion; *(på häst etc)* ungula; *hov-:* ungulate
hovdam dama de honor
hovdjur ungulato
hovleverantör fornitor del corte
hovman cortesano
hovmästare dispensero, economo; *(chefen för husets tjänare)* majordomo
hovpoet poeta laureate
hovsam moderate, cortese
hovslagare ferrator, ferrero
hovslageri ferreria
hovtång tenalia (a taliar)
hud *anat* cute, derma, (in)tegumento; *(skinn)* pelle; *(tunn)* pellicula; *(över-)* epidermis; *hård hud:* callo; *ta/skrapa huden av:* excoriar; *som ligger/insprutas under huden:* hypodermatic, hypodermic; *hud-:* cutanee
hudavskrapning excoriation
hudflänga flagellar
hudfärg *(hy)* carnation, tinta
hudinflammation dermatitis
hudpigment *mörkt (hud)pigment:* melanina
hudretande *hudretande medel: med* vesicante
hudsjukdom maladia cutanee
hudspecialist dermatologo
hudtalg smegma
hudutslag *med* exanthema
hudvalk callositate
hudömsning muta de pelle
hugenott *(fransk kalvinist på 1500- o. 1600-talen)* huguenot *fr* [ygeno]
hugg colpo; *(slag)* battimento
hugga colpar, hachar [-sh-]; *(forma)* sculper; *hugga av:* defalcar; *hugga fatt:* sasir, attrappar; *hugga ned:* passar al filo del spada; *hugga till:* taliar
huggare *(kort böjt svärd)* cultellasso
huggning hachamento [-sh-]
huggorm *zool* aspide, vipera; *huggorms-:* viperin
huggtand *zool* defensa
hugskott capricio, phantasteria
huk *sitta på huk:* quattar
huld dulce, bon, clemente
hulling dente, barbo; *(på krok, t.ex. metkrok)* unco
human human
humaniora *(humanistiska läroämnen)* artes liberal, humanitates
humanisera humanisar
humanism humanismo

humanitet humanitate

humbug bluff, charlataneria

humbugmakare saltimbanco

humla *zool* bombo

humle lupulo

humlemjöl lupulino

hummer homaro

hummersläktet *zool* homarides *plur*

humor humor, animo; *sinne för humor:* humorismo

humorist humorista

humoristisk humoristic, humorose, facete, facetiose

humorlös infacete

humus humus

humör humor, temperamento, stato de anima; *vara på gott/dåligt humör:* esser de bon/mal humor

hund can, *(liten)* canetto; *par el. grupp av hundar på jakt:* muta; *en som är sjukligt rädd för hundar:* cynophobo; *hund-:* canin

hundgård canil

hundkapplöpningsbana cynodromo

hundkål *bot* attrappa-muscas

hundkännare cynophilo

hundlik canin

hundliv vita de can

hundra cento

hundracka canastro

hundrade centesime

hundradel centesimo

hundrafaldig centuple

hundrafaldiga centuplar

hundrafaldigad centuplicate

hundratal *ett hundratal (cirka hundra):* centena

hundraårig centenari, secular

hundraåring centenario

hundraårs- centenari, secular

hundraårsfest centenario

hundraårsjubileum centenario

hundskall latrato

hundstjärnan *astron* canicula

hundvän cynophilo

hunger fame

hungersnöd fame

hungra haber fame; *hungra efter:* appeter

hungrande famelic

hungrig *vara hungrig:* haber fame

hunn hunno

hunnisk hunnic

hur *(i frågor)* como; *hur dags:* que hora; *hur länge:* quante tempore; *hur många ...:* quante *(med ngt subst. efter); hur mycket...:* quante *(med ngt subst. efter)', hur mycket?:* quanto *(utan subst. efter); hur ska man göra?:* como facer?; *hur som helst:* comocunque; *hur än, på vilket sätt som helst:* comocunque

hurra *hurra!:* hurrah!, hurra!

hurtig alerte; *(rask)* alacre; *(glad)* gai; *(frimodig)* franc; *(käck)* coragiose [-dʒo-]

hurudan de que qualitate, de que natura, qual; *hurudan, -t, -a:* qual *(med subst. efter)*; *hurudan som helst:* qualcunque

huruvida si, an, esque

hus domo, casa; *(hem)* domicilio, focar; *det vita huset:* le casa blanc; *(by) med hundra hus (eldstäder):* (village [-adʒe]) de cento focos; *hus-:* domiciliari, domestic

husar *mil* hussar

husdjur animal domestic

husera infestar

husfru domina

husgeråd utensilios *plur*

husgudar penates; *(hemmets beskyddare)* lares; *hus- och skyddsgudar:* lares e penates

hushåll menage *fr* [-a:ʒ]

hushålla economisar

hushållare economo

hushållning economia

hushållsföreståndare dispensero, economo

huslig domestic

huslighet domesticitate

hustomte kobold

hustru marita, sponsa, sposa, uxor

hustrumord uxoricidio

hustrumördare uxoricida

husundersökning perquisition, perquisition domiciliari

husvill sin focar; *(efter katastrof)* sinistrate

huv cappello, cappotta, coperculo, capsula

huva bonetto, cappucio; *(basker)* beretto basc; *huva för tekanna:* coperi-theiera; *sätta huva över:* incappuciar

huvud capite, testa; *huvud på trycksaker:* testa; *krönt huvud:* testa coronate; *bry sitt huvud:*

ingeniar se; *hålla huvudet högt:* levar le cresta; *tappa huvudet:* perder le bussola/testa; *huvud-:* chef [sh-], capital, principal
huvudbonad coperi-capite; *ta av huvudbonaden:* discoperir se
huvudbry *(svårlösligt problem)* rumpe-capite; *ha huvudbry med ngt:* rumper se le capite
huvuddrag *(i huvuddrag)* principalmente
huvudduk fichu *fr* [fishy]
huvudform *(av verb) gram* voce
huvudinnehåll argumento, substantia; *litt* summario
huvudkvarter quartiero general
huvudman principal
huvudmassan grosso
huvudnerv *(i blad) bot* nervura
huvudnyckel passe-partout *fr* [paspartu]
huvudorsak causa prime
huvudparten grosso
huvudperson protagonista
huvudprydnad *(av t.ex. fjädrar) zool* aigrette *fr* [egret]
huvudpunkt lo essential, puncto essential
huvudrollsinnehavare protagonista
huvudsak *i huvudsak:* in substantia
huvudsaklig capital, principal; *huvudsakligt innehåll:* substantia; *huvudsakligen:* primarimente
huvudsallad *bot* lactuca
huvudsats *gram* proposition principal
huvudsele testiera
huvudskalleplatsen *(Golgata)* calvario
huvudskål cranio
huvudstad capital, metropole, citate capital; *huvudstads-:* metropolitan
huvudvärk mal de capite, mal de testa, cephalalgia
hux *hux flux:* subito
hy carnation
hyacint *bot* hyacintho; *(ädelstenen) min* hyacintho; *hyacint-:* hyacinthin
hybrid *adj* hybrida [hi-]
hybridform *biol* hybridismo
hybridisering *biol* hybridation
hyckla esser hypocrita, simular
hycklande *adj* bigot
hycklare hypocrita, bigot
hyckleri hypocrisia
hydda barraca, cabana; *(herde-)* rancho *sp*
hydra *(färskvattenpolyp) zool* hydra; *(månghövdat vidunder) myt* hydra
hydrat *kem* hydrato
hydratering *kem* hydratation
hydraulik *(läran om vätskors rörelser i rör och ledningar)* hydraulica
hydraulisk hydraulic
hydrera *(förena med väte) kem* hydratar, hydrogenar
hydrering *kem* hydrogenation
hydrid *kem* hydrido
hydrocefali *(hjärnvattusot) med* hydrocephalia
hydrocefalus *(hjärnvattusot) med* hydrocephalo
hydrodynamik *(läran om vätskors rörelse)* hydrodynamica
hydrografi *(forskning o. beskrivning av hav, sjöar etc)* hydrographia
hydrolys *kem* hydrolyse; *hydrolys-:* hydrolytic
hydrolytisk *kem* hydrolytic
hydrometer hydrometro
hydroplan *(flygplan som kan landa på vatten)* hydroaeroplano, hydroplano
hydrostatisk hydrostatic
hydroxid *kem* hydroxydo
hyena *zool* hyena
hyende cossino
hyfsad polite
hygglig amabile, gentil, accommodante, bonacie, decente; *(om pris)* rationabile
hygglighet decentia
hygien hygiene; *läkare specialiserad på hygien:* hygienista
hygienisk hygienic
hygrograf *meteorol* hygrographo
hygrometer *meteorol* hygrometro
hygroskop *(apparat som visar ändringar i luftfuktigheten)* hygroscopio
hyla ulular
hylla *sb* planca; *vb* render homage [-adʒe] a, acclamar, incensar, ovationar
hyllande *(överdrivet)* elogistic
hyllare incensator
hylle *bot* inveloppe
hyllfack compartimento, planchetta
hyllning homage [-adʒe], acclamation, tributo; *(folkets)* ovation, tributo; *ge sin hyllning till:* render homage [-adʒe] a

hyllningstal *en som håller lovprisning/hyllningstal:* elogista
hylsa capsula, inveloppe
hymn *mus* hymno, cantico
hymndiktare hymnographo
hymndiktning hymnographia
hyperbel *mat* hyperbola; *hyperbel-:* hyperbolic
hyperbolisk *mat* hyperbolic
hyperlink *data* hyperlink *eng*
hypertension *(mycket högt blodtryck)* hypertension
hypertoni hypertonia
hypertrofi *(sjuklig tillväxt av ett organ) med* hypertrophia
hypnos hypnose; *(animal magnetism)* mesmerismo; *behandling med hypnos:* hypnotherapia; *läran om hypnos:* hypnotismo; *hypnos-:* hypnotic
hypnotisera hypnotisar
hypnotisk hypnotic
hypnotisör hypnotisator, hypnotista
hypofys *(hjärnbihang) anat* hypophyse, hypophysis
hypogeum *arkit* hypogeo
hypoklorit *kem* hypochlorito
hypokondri *(sjuklig ängslan för hälsan) med* hypochondria
hypokondriker hypochondriaco
hypokondrisk *med* hypochondriac
hypostas *med* hypostase; *(väsen, substans, verklighet)* hypostase
hypostatisk hypostatic
hypotalamus *(del av mellanhjärnan) anat* hypothalamo
hypotek hypotheca; *hypoteks-:* hypothecari
hypotenusa *mat* hypotenusa
hypotes hypothese
hypotetisk hypothetic, suppositicie
hypotoni *(för lågt blodtryck) med* hypotonia
hypsometer *(apparat för höjdbestämning genom mätning av vattnets kokpunkt)* hypsometro
hyra *sb* location; *(priset)* location; *(sjömans-)* paga, salario; *vb* locar; *(som gäst)* locar, prender in location; *hyra ut:* arrentar, locar; *hyres-:* locative
hyrbil taxi
hyresgäst locatario, tenente
hyreskasern *(med gator runtom, främst under antiken)* insula
hyresrättsinnehav tenentia
hyresvärd locator, proprietario, arrentator
hyrvagn fiacre
hysa dar hospicio, albergar, allogiar [-dʒar]; *hysa varma känslor för:* affectionar
hyska uncino
hysteri hysteria
hysterika hysterica
hysteriker hysterico
hysterisk hysteric
hytt cabina; *(sov-)* cubiculo
hyvel plana
hyvla planar, rabotar; *hyvla till:* applanar
hyvling applanamento
håg mente, anima, spirito, interesse, disposition
hågad desirose; *hågad för:* desirose de
hågkomst retention; *(ngt man minns)* memoria
håglös disanimate; *göra håglös:* disanimar
hål foramine, apertura; *(ngt utgrävt)* fossa; *(i tand)* cavitate (dental); *(i giljotinen för offrets huvud)* lunetta; *(halvmånformat, i välvt tak)* lunetta; *full av hål:* cavernose; *genomborrad av hål:* foraminose
håla cavitate, cava, cavo, caverna, antro
hålig cavernose
hålighet cavitate; *med* fossa, geode
håll latere; *från alla håll:* de tote lateres; *på långt håll:* de longe; *åt bara ett håll:* unidirectional
hålla tener, retener; *hålla av:* affectionar; *hålla en konferens/kongress:* tener un conferentia/congresso; *hålla fast vid:* adherer, persister; *hålla för:* tener pro; *hålla gående:* sustener; *hålla i:* perdurar; *hålla i med ngt:* perseverar; *hålla isär:* dissociar; *hålla nere:* reprimer; *hålla sig:* continer; *hålla sig borta från:* absentar se; *hålla stånd:* resister; *hålla tillbaka:* restringer, retener, refrenar; *hålla tätt:* tener hermeticamente, *bildl* tener su lingua; *hålla (sig) uppe:* sustener (se); *hålla ut:* indurar, pertiner, perseverar, sustener; *hålla ut till slutet:* perdurar; *som kan hållas:* tenibile; *som kan hållas isär:* dissociabile
hållare supporto, tenente

hållbar durabile, solide, tenace, robuste, perdurabile; *(försvarbar, t.ex. teori)* tenibile; *(om tyg etc)* resistente
hållning attitude, positura, postura, statura, tenentia, tenor; *(karaktär)* consistentia; *(uppförande)* conducto
hållningslös inconistente, versatile
hållplats station
hålrum *med hålrum:* sinuose
hålväg ravina
hån derision, irrision, insulto, contumelia
håna derider, insultar, irrider
hånande *adj* derisori
hånare irrisor
hånfull insultatori, derisori, contumeliose, sardonic
hår capillo, capillos, capillatura, pilo; *få håret att resa sig:* horripilar; *med strävt hår:* hirsute; *ta bort hår:* depilar; *hår-:* capillar
håravfall depilatura
hårbevuxen pilose, hirsute
hårborttagnings- depilatori
hårborttagningsmedel depilatorio
hårbotten corio capillute
hård dur; *(sträv)* rude; *(sträng)* rigorose, sever; *(som gör motstånd mot tryck)* renitente; *göra fast/hård:* concretar
hårddisk *data* disco dur
hårdhet duressa, induration, rigor
hårdhjärtad insensibile
hårdhudad callose; *egenskapen att vara hårdhudad:* callositate
hårdna indurar
hårdnackad contumace, obstinate, pertinace
hårdnad duressa; *(på hud)* callo, callositate
hårdsmält indigeste, indigestibile
hårdstekt dur a cocer
hårdvaluta devisa dur
hårdvara *data* hardware *eng*
hårfin subtil, fin de pilo; *fys* capillari
hårig capillute, hirsute, pilose, villose, villute
hårklyveri sophisteria, argutia, subtilitate, byzantinismo; *komma med hårklyverier:* argutiar
hårkors *(i kikarsikte)* reticulo
hårkräm pomada
hårlock bucla
hårlöshet *(skallighet)* calvitia
hårnät rete, reticulo
hårpomada brillantina
hårresande horripilante, horrific
hårrör tubo capillari
hårrörskraft capillaritate
hårstrå capillo; *(i päls, skägg etc)* pilo; *ta bort hårstrån:* epilar
hårtork essuga-capillos, sic(c)a-capillos
hårtorkare sic(c)a-capillos
hårtvätt shampooing *eng* [shempu:ing]
hårvatten lotion capillari
hårömsning muta
håv bursa de rete; *(kyrk-)* bursa de collecta
häck sepe, haga
häcka nidificar, covar
häckla *sb* cardo; *vb* pectinar, cardar
häcklöpning cursa de hagas
häda blasphemar
hädan de hic
hädande *adj* blasphematori
hädanefter de nunc, in futuro
hädelse blasphemia; *hädelse-:* blasphematori
hädisk blaspheme
häfta *(bokb.)* brochar [-sh-], cartonar; *(fästa)* fixar, attachar [-sh-], adherer; *(med klammer)* crampar; *häfta fast (vid):* collar, adherer; *häfta samman:* compaginar
häfte quaderno, brochure *fr* [broshy:r], fasciculo, opusculo
häftig vehemente, violente, impetuose, acute, focose, tumultuose; *(snabb)* rapide, veloce; *(livlig)* vivace; *(rå)* brusc
häftighet fuga, impetuositate, vehementia
häftklammer crampa
häftplåster emplastro adhesive/collante, sparadrapo, taffeta de Anglaterra
häftstift cimice
häger *zool* aigrette *fr* [egret], egretta, hairon, guarda-boves
hägg *bot* pruno, prunopado
hägn haga
hägring mirage [-adʒe]; *bildl* illusion, chimera
häkta *sb* uncino; *(på klädedräkt)* fibula; *vb (sätta i fängelse)* arrestar, incarcerar
häkte carcere; *sätta i häkte:* carcerar, incarcerar; *häktes-:* carcerari
häktning arrestation, arresto, carceration; *häktnings-:* carcerari
häl *anat* calce, talon

häla *(ta emot stöldgods)* receptar

hälare receptator

hälben *anat* calcaneo

hälft medietate, medio; *till hälften:* medio, a medietate; *min kära hälft:* mi car medietate

hälgångare *zool* plantigrado

häll petra platte, rocca platte

hälla infunder; *hälla av:* decantar; *hälla ut:* effunder; *hälla över:* transfunder

hälsa *sb* sanitate; *själslig/psykisk hälsa:* sanitate mental; *vb* salutar; *(högtidligt)* facer le reverentia; *hälsa med glädje:* acclamar, reciper con gaudio/acclamation; *hälsa på:* salutar; *var hälsad:* ave *lat*; *hälso-:* sanitari

hälsning salute, salutation, reverentia; *(genom omfamning)* accollada; *med bästa hälsningar, med vänlig hälsning:* con le optime salutes; *med hjärtliga hälsningar:* con salutes cordial; *respektfulla hälsningar:* respectos

hälsoanstalt sanatorio

hälsobad *(varma källor el. mineralbad)* balneos

hälsobrunn spa

hälsosam benefic, salubre, san

hälsosamhet salubritate

hälsotillstånd stato de sanitate, valetude

hälsovårdspolis policia sanitari

hämma comprimer, inhiber/inhibir, reprimer, refrenar, restringer

hämmande *adj* inhibitori, obstructive

hämna vindicar; *hämnas:* vindicar se de

hämnande vengiative [-dʒa-]

hämnare vengiator [-dʒa-], vindicator, vindice

hämnas retaliar, vengiar [-dʒar], vindicar, vindicar se de

hämnd retaliation, vengiantia [-dj-], vindicantia; *ta hämnd:* vengiar [-dʒar] se; *ta hämnd för:* vindicar se de

hämndlysten assetate de vengiantia [-dʒantsia]

hämndlystnad vengiantia [-dʒantsia]

hämning inhibition, restriction, repression; *hämnings-:* inhibitori

hämpling *zool* linotto

hämsko freno, remora

hämta apportar, levar; *hämta (frisk) luft:* prender (le) aere; *hämta sig:* recuperar se, restablir se; *hämta sig efter en förlust:* recuperar se de un perdita; *hämta ut, tömma:* haurir

hämtare situla

hända evenir, occurrer, accider, continger; *(äga rum)* haber loco; *råka hända:* advenir

händelse evenimento, evento, occurrentia; *(plötslig)* incidente, accidente, contingentia; *tänkt följd av händelser:* scenario

händelsevis per aventura

händig agile, dextere, dextre; *(om sak)* practic

händighet dexteritate

hänföra *(till)* referer

hänga pender; *hänga fast (vid):* adherer; *hänga ihop:* coherer; *hänga upp:* appender, suspender; *hänga vid:* appender; *ngn el. ngt som hänger upp:* suspensor

hängare uncino

hängbana funicular

hängbro ponte suspendite

hänge *sb bot* aguliettta, amento; *vb, hänge sig åt:* abandonar se a, dedicar se a

hängglidare deltaplano

hängivelse dedication

hängiven devote; *hängiven person:* devoto

hängivenhet devotion

hängkoj *(på fartyg)* hamaca

hänglampa pendente

hängmatta hamaca; *vila i hängmatta:* hamacar se

hängsjuk dolente, languide

hängslen suspensores

hängsmycke pendente

hänrycka ecstasiar, incantar, raper, transportar

hänryckning ecstase, extasis, incantamento, incantation, rapimento, rapto, transporto

hänryckt ecstatic

hänskjuta remitter, referer se

hänsyn respecto, reguardo; *med hänsyn till (att):* considerante (que), in consideration de, in vista de, viste (que); *ta hänsyn till:* prender in consideration, respectar

hänsynsfull respectuose, attentive

hänsynsfullhet reguardo, discretion

hänsynslös brutal, inscrupulose, impietose

hänsynstagande reguardo

häntyda alluder, indicar brevemente

hänvisa adverter, referer; *hänvisa till:* referer se a

hänvisning advertimento, indication, referentia, remissa; *med hänvisning till:* con referentia a

hänvända *hänvända sig till:* accostar, adressar

hänvändelse adresse, appello

häpen stupefacte, stupefacite

häpenhet stupefaction

häpnad consternation

häpnadsväckande stupefaciente, espaventabile, horride, horrific

här *sb* arma, armea; *adv* ci, hic; *de här:* istes; *här och där:* passim; *här och nu:* hic e nunc, ci e ora; *här är:* ecce [ektse]

härbärge albergo, asylo, hospicio; *(ungdoms-)* albergo de juventute, hostello

härbärgera albergar, dar quartiero a, quartierar

härd focar (familial), penates *plur, (i smedja)* foco; *vid hemmets härd:* al focar

härda concretar, indurar, temperar; *(glas, metall)* temperar; *härda ut:* durar, perdurar; *som kan härdas:* indurabile

härdad indurate

härdig *(om växt)* resistente

härdning induration

härefter de nunc, in futuro, hinc

härfågel *zool* upupa

härifrån de hic, hinc; *en km härifrån:* dista 1 km de ci/hic; *härifrån till:* de ci/hic a

härja *(förhärja)* devastar, ruinar, deler, vastar

härjad dissipate, dissolute

härjning devastation

härjämte con isto, in plus, ci juncte

härkomst ascendentia, descendentia, extraction, genealogia, provenientia, origine, pedigree *eng* [pedigri:]; *av dålig härkomst:* mal nascite

härleda deducer; *(från, även gram)* derivar; *som kan härledas:* deducibile

härledning deduction

härlig magnific, splendide, gloriose, delectabile

härlighet fulgor, gloria

härma imitar, contrafacer

härmande mimetic

härmed ci juncte; *(i brev)* ci incluse

härnedan ci infra

härnäst le proxime vice

härold heraldo

härröra emanar

härska regnar, dominar, imperar; *härska med våld:* despotisar

härskande dominante

härskara hoste, legion

härskare dominator, maestro, dynasta, soverano, emir *arab; kvinnlig härskare:* matriarcha

härskarinna *(husets härskarinna)* domina

härsken rancide; *vara härsken:* rancer

härskenhet rancor

härsklysten imperiose

härskna rancir

härstamma descender; *(från ort)* esser originari de, traher su origine de; *(från familj)* descender de, provenir de; *(i tid)* datar de

härstamning derivation, extraction, filiation

härunder hic subtus; *(om tid)* durante ille tempore

härutöver in ultra, in plus

häst cavallo, *litt* equo; *(m. vingar och griphuvud) myt* hippogrypho; *en häst tappar skorna:* un cavallo se disferra; *till häst:* a cavallo; *sitta av häst:* dismontar; *häst-:* equin, hippic

hästdressyr dressage [-adʒe]

hästhov *bot* tussilagine

hästkapplöpningsbana hippodromo, turf *eng*

hästkraft *tekn* cavallo-vapor

hästkännedom hippologia

hästkött *som äter hästkött:* hippophage; *person som äter hästkött:* hippophago

hästlass carrettata

hästläkare hippiatro; *hästläkar-:* hippiatric

hästräfsa rastrellator

hästsko ferro de cavallo

hästskoning ferratura

hästsport sport hippic, equitation

hästtävling concurso hippic

hätsk maligne, odiose, rancide, rancorose; *(full av hat)* odiose

hätskhet despecto, rancor

hätta cappellina, cappucio, cofia

häva *som kan hävas:* terminabile

hävda affirmar, allegar, asserer, insister, mantener, pretender, professar, revindicar

hävdande *sb* insistentia, mantenentia; *adj* assertori

hävdvunnen consuetudinari

hävstång levator, vecte

häxa maga, viragine

häxeri fascino

häxprocess processo de magia, processo de sortilegio

hö feno; *bärga hö:* fenar

höbärgning fenation

höfeber febre del feno

höft *anat* coxa, hanca; *på en höft:* al hasardo; *höft-:* coxal, sciatic

höfthållare porta-garrettieras

höftled *anat* coxa, articulation; *höftleds-:* coxal

höftsjuka coxalgia, ischialgia

höftvärk *med* sciatica

hög *sb (mängd)* massa, cumulo, monticulo, pila, mole; *samla på hög:* cumular; *adj (motsats till låg)* alte, elevate, celse; *(om person)* grande, eminente, auguste; *hög hatt:* cappello cylindro; *Höga porten (turkiska regeringen): hist* Porta Sublime; *Höga visan:* cantico del canticos

högaffel furca

högakta estimar, venerar

högaktning estimation

högaktningsfull respectuose; *Högaktningsfullt:* sincermente, vostre

högblad *bot* bractea

högeligen extrememente, forte, grandemente

höger *adj* dextere, dextre, derecte; *högern: pol* dextera, dextra; *höger hand/sida:* dextera, dextra, derecta; *på höger sida, till höger:* a dext(e)ra, a/al derecta; *höger-/vänster- inner/ytter:* avantero interior/exterior de dextra/sinistra; *höger- (även pol):* derecte, dextere, dextre

högerhänt dexteromane, dextromane

högersida *högersida i bok:* recto

högfärd orgolio, arrogantia

högförräderi crimine de alte traition

höghet *(även som titel)* altessa

högklassig de prime classe/ordine

högkvarter quartiero general

högmod orgolio, superbia

högmodig orgoliose, superbe

högmässa missa solemne

högplatå plateau *fr* [plato:] alte, altiplano

högre supere, superior

högrelief alte relievo

högröd carmesino, vermilie

högröstad vociferante, stentoree, clamorose; *vara högröstad:* vociferar

högsinnad generose, magnanime

högsinthet nobilitate

högskola schola superior, universitate

högslätt plateau *fr* [plato:]

högsommar plen estate, corde del estate

högspänning tension alte

högst summe, maxime, supreme, *(superlativ)* -issime; *(mycket) adv* multo, altemente, le plus, al maximo; *(ytterst) adv* multo, extrememente, *(superlativ)* -issimemente; *i högsta grad:* in le supreme grado; *högsta domstolen:* corte supreme; *Högsta sovjet:* le Soviet supreme

högstbjudande *(den som får varan vid auktion)* adjudicatario

högstpris precio maxime

högtalare altoparlator

högtals in massa

högtid festa, solemnitate, ceremonia

högtidlig solemne, festive, grave

högtidlighet solemnitate

högtidlighålla celebrar

högtidlighållande celebration

högtidsstund hora de festa; *(andakt)* hora solemne, hora de devotion

högtlovad benedicte, glorificate

högtravande pompose, grandiloquente

högvakt grande guardia

högvatten marea alte, fluxo

högvördig reverende, multo reverende; *(i vissa länder titel för präst)* reverendo

höja altiar, levar, elevar, sublevar; *bildl* augmentar, stimular, exaltar; *höja rösten:* altiar le voce; *höja sig:* elevar se; *höja sig över ngt:* surmontar; *höja till skyarna:* exaltar; *åter höja:* realtiar; *den/det som höjer:* levator

höjd alto, altitude, altor, celsitude, colle, collina; *(en höjd)* altura; *(topp)* summitate, apogeo; *i höjd med situationen:* al altitude del situation

höjdled senso vertical

höjdmätare altimetro, hypsometro

höjdpunkt climax, culmination, culmine, maxi-

mo; *bildl* apogeo
höjdroder elevator
höjdsträckning catena de collinas
höjning altiamento, levation, elevation, levatura
hölja *hölja in (i):* inveloppar (in)
hölje *anat, bot, zool* theca; *(naturligt)* (in)tegumento
hölster *bot* spatha
höna gallina; *(kyckling)* pullo; *(gödhöna)* pullardo
höns volatiles; *(kokt höns)* pullo cocite
hönsavel gallinicultura
hönseri pulleria
hönseriägare gallinero
hönsfåglar *zool* gallinaceas; *hörande till hönsfåglarna:* gallinacee
hönsgård galliniera, pullario
hönshus galliniera, pullario
höra audir; *(lyssna)* ascoltar; *(bön)* exaudir; *höra efter/på:* ascoltar; *höra till:* pertiner (a)
hörande audientia, audition; *hörande av vittnen:* le audition de testes
hörbar audibile, perceptibile
hörförmåga *förlust av hörförmågan:* perdita del audito
hörlur *(till telefon)* receptor
hörn angulo; *(gat-)* cruciata
hörnsten petra angular, petra fundamental
hörntand dente canin
hörsal aula, auditorio, sala de conferentias
hörsam docile, obediente
hörsamma obedir, esser docile
hörsel audientia, audita, audition; *(-sinne)* audito; *hörsel-:* auditive
hörselstörning turbation del audito
hörsägen narration, tradition
hörtelefon receptor (telephonic)
höräfsa rastrellator
höskulle fenil
höslåtter fenation
hösnuva febre del feno; *med* pollinosis
höst autumno; *höst-:* autumnal
höstdagjämning equinoctio autumnal, equinoctio de autumno
höstflytta *(om fåglar)* emigrar
höstflyttning *(fåglars)* emigration
höstlig autumnal
hövan *över hövan:* ad excesso, excessivemente
hövding chef [sh-], governator, capite
hövisk *(belevad)* cortese, polite, palatian; *(anständig)* honeste, decente
hövitsman *hist* centurion
hövlig polite, cortese, civil
hövlighet cortesia

I

i *prep* in, a; *adv* intra, intro
iakttaga observar, remarcar; *(efterleva)* respicer, respectar, attender, sequer
iakttagande observation
iakttagare observator
iakttagbar observabile
iakttagelse observation
Iberien Iberia
iberier ibero
iberisk iber, iberic; *Iberiska halvön:* Peninsula Iberic
ibisfågel *zool* ibis
ibland *prep* inter; *adv* a vices, aliquando, alcun/alicun vices
icke non; *icke alls:* nullemente; *icke desto mindre:* nonobstante; *icke heller:* ni; *icke mer:* non plus; *om icke:* si non; *icke-existens:* inexistentia; *icke-existerande:* inexistente; *icke-expert:* laico; *icke-jude (hedning):* gentil; *icke-sinnlig:* platonic; *icke-ställningstagande:* indifferentismo
idag hodie
ide *ligga i ide:* hibernar
idé idea, notion, conception, concepto; *(inblick)* cognoscentia; *ljus idé:* idea luminose; *framkasta en idé:* suggerer
ideal ideal
idealisera *(göra till sin förebild)* idealisar
idealisk ideal
idealism idealismo
idealist idealista
idealitet idealitate
ideell ideal
idégivare impulsor
idegran *bot* taxo
idel mer, pur, tote; *av idel nyfikenhet:* per mer curiositate; *vara idel öra:* esser tote aures
ideligen perpetuemente, continuemente

identifiera identificar
identifierbar identificabile
identifiering identification
identisk *(helt lik, samma)* identic
identitet identitate; *annan identitet:* alias; *personlig identitet:* individuation
ideolog ideologo
ideologi ideologia
idésystem ideologia
idiomatisk idiomatic
idiosynkrasi idiosyncrasia
idiot imbecille, insano, idiota
idioti idiotia
idissla remasticar; *(även bildl)* ruminar
idog laboriose, industriose, active
idol *(dyrkad el. beundrad person)* idolo
idrott sport, exercitio physic; *(som skolämne)* education physic; *ledare för idrottsanläggning: gr hist* gymnasiarcha
idrottare sportivo
idrottshus centro sportive
idrottskvinna sportswoman *eng*
idyll idyllio
idyllisk idyllic
ifall si, in caso que
ifrågasätta contestar; *som kan diskuteras/ifrågasättas:* debattibile
ifyllnad completion
ifyllnadstest test de completion
igel sangui-suga
igelkott ericio
igen *(ånyo)* de nove, de novo; *(översättes ofta med verb, början på re-)*
igenkänna recognoscer
igenkännande recognition, recognoscentia
igenkännlig identificabile, recognoscibile
igenom per, a transverso; *(om tid)* durante
igång *sätta igång:* poner se in marcha [-sh-]
igångsätta *(en verksamhet)* initiar
igångsättning initiation
igår heri
ihjäl a morte
ihop *sätta/samla ihop igen:* reassemblar; *sy ihop:* sarcir
ihopfallande lapso
ihoplimning conglutination
ihåg *komma ihåg:* memorar; *som ej kan ihågkommas:* immemorabile
ihålig cave; *ihålig stämma:* voce cavernose
ihållande persistente, continue
ihärdig assidue, persistente, perseverante, tenace
ihärdighet assiduitate, perseverantia, persistentia, pertinacia, pertinacitate, tenacitate
ikarisk icarie; *Ikariska havet:* Mar Icarie
ikläda *(i synnerhet fotsid högtidsklädsel)* inrobar
ikon icone; *läran om ikoner:* iconologia; *vetenskaplig beskrivning av ikoner:* iconographia
ikondyrkan iconolatria
ikosaeder *(en kropp med 20 plana begränsningsytor) mat* icosa(h)edro
ila currer, hastar; *(om smärta)* doler
iland *gå iland:* disbarcar
ilandgående disimbarcamento
ilbud expresso; *(kurir)* currero; *(till häst)* staffetta
illa *adj+adv* mal; *taga illa upp för:* resentir
illaluktande fetide, malodor; *(t.ex.. om andedräkt)* miasmatic
illamående suffrente, indisposite
illasinnad malevole, malevolente, mal intentionate
illavarslande de mal augurio, ominose, portentose
illdåd maleficio, atrocitate
illfundig astute, insidiose, malitiose
illgärning maleficio
illojal disloyal
illojalitet disloyalitate
illuminator *(bok-)* illuminator
illuminatsekten *medlem av illuminatsekten:* illuminato
illuminera *(förse handskrift med färgglada bilder)* illuminar; *(ordna festbelysning)* illuminar
illuminering *(färgglada bilder i medeltida handskrift)* illumination
illusion delusion, illusion; *(-snummer)* prestigio; *tendensen att göra sig illusioner:* illusionismo
illusionist illusionista, prestigiator
illusionsnummer prestigio
illusorisk illusori, insubstantial
illustration illustration

illustratör illustrator
illustrera *(förse med bilder)* illustrar
illvilja malevolentia
illvillig malevole, malevolente
Illyrien Illyria
illyrier illyrio
illyrisk illyric
ilmarsch marcha [-sh-] fortiate
ilning fremito; *(smärta)* dolor
ilska ira, rage [radʒe], furiositate, rabie
imaginär imaginari, suppositicie
imbecill *med* imbecille
imbecillitet imbecillitate
imitation imitation, simulacro
imitatör imitator
imma vapor, humectation
immanens immanentia
immateriell immaterial, incorporal
immersion *astron* immersion
immun immun; *göra immun:* immunisar
immunitet immunitate
impala *(en slags afrik. antilop) zool* impala
impasto *(målning med tjock färgpåläggning)* impastamento
impedans *elektr* impedantia
imperativ *gram* imperativo, modo imperative; *kategoriskt imperativ: filos* imperativo categoric; *imperativ-: gram* imperative
imperfektum *(tempus för förfluten tid) gram* imperfecto
imperialism imperialismo
imperialist imperialista
imperialistisk imperialista
imperie- imperial
impetigo *(slags hudutslag) med* impetigo
implicera implicar
implicit *mat* implicite
implikation implication
imponera imponer
imponerande affectibile, imponente, impressive, portentose
impopularitet impopularitate
impopulär impopular
import importation
importera importar; *som kan importeras:* importabile
importverksamhet importation
importör importator
impost *(översta delen av valvbärande pelare) arkit* imposta
impotens *med* impotentia
impotent *med* impotente
impregnera imbuer, impregnar; *som kan impregneras:* impregnabile
impressario impresario *ital*
impressionism *(konstriktning)* impressionismo
impressionist *(konstnär)* impressionista
improvisatör improvisator
improvisera improvisar; *improviserad, improviserat:* extemporanee, ex tempore
impuls impulsion, impulso
impulsiv impulsive
impulsivitet impulsivitate
impulsköp compra impulsive
in *in i:* in, intus
inackordering pension; *(i skola)* internato
inadekvat *(ej anpassad för ändamålet)* inadequate
inalles in toto, in toto e per toto, in summa
inandas aspirar, inhalar, inspirar, respirar; *med* inhalar; *som inte kan inandas:* irrespirabile
inandning inhalation, inspiration
inandningsapparat inhalator
inbaka *(i deg)* impastar
inbegripa comprehender, implicar
inbegripande *sb* comprehension, implication, inclusion; *inbegripande det mesta:* comprehensive
inbilla facer creder, illuder, persuader; *refl* blandir se, imaginar se, figurar se
inbillad chimeric, imaginari
inbillning imagination
inbillningsförmåga imagination, phantasia
inbillningssjuk *adj med* hypochondriac; *sb* hypochondriaco
inbilsk arrogante, fatue, presumptuose, superbe, van, vanitose
inbilskhet arrogantia, egotismo, presumption, superbia
inbinda *(bok)* ligar; *inbinda i papp/kartong:* cartonar
inbindning *(alla bet.)* ligatura; *inbindning i papp/kartong:* cartonage [-adʒe]
inbjuda invitar, convitar
inbjudan invitation
inbjudande *adj* invitatori, attrahente, seducente

inbjudare invitator

inblanda immiscer, ingerer

inblandning immixtion, ingerentia; *statens inblandning:* ingerentia del stato; *störande inblandning:* interferentia

inblick cognoscentia, apperception

inblåsa *(även med)* insufflar

inblåsning *(även med)* insufflation

inblåsningsapparat insufflator

inbringande remunerative; *(ekonomiskt)* lucrose

inbrott effraction; *fiendes inbrott:* irruption, invasion; *dagens inbrott:* alba, levata del jorno; *vid nattens inbrott:* al cadita del nocte

inbrottstjuv effractor

inbrytning irruption; *göra inbrytning:* irrumper

inbura incaviar

inbyggare habitante

inbyggnad incastratura

inbördes mutue, mutual, reciproc

inbördeskrig guerra civil

incest incesto; *begå incest:* incestar

incestuös incestuose

incident incidente

incitament incitamento, incitation

indata *data* input *eng*, datos entrate, entrata

indela gruppar, aggruppar, classificar

indeterminism *(tron på viljans frihet)* indeterminismo; *anhängare till indeterminismen:* indeterminista

index indice; *(katolska kyrkans förteckning över förbjudna böcker)* indice; *indextillägg:* supplemento al indice; *uppföra på index:* poner al indice

indian indiano, pelle rubie

indiankrasse *(lat Nasturtium) bot* cappucina, nasturtio

indiansk indian; *expert på indiansk kultur:* indianista

indiantält wigwam *eng*

indicium indicio; *indicier: jur* indicios

Indien India

indier indiese, indiano

indignera *(göra indignerad)* indignar

indignerad indignate

indigo indigo

indigoblått indigo

indikation indication

indikativ *(verbform som anger verklig handling) gram* indicativo

indikator indicator

indirekt indirecte, mediate, oblique

indisk indian; *Indiska oceanen:* le Oceano Indian

indiskret indiscrete

indiskretion indiscretion

indium *(grundämnet indium, In) kem* indium

individ individuo, subjecto

individualisera individualisar

individualitet individualitate

individuell individual, particular

indoeuropé indoeuropeo

indoeuropeisk indoeuropee

Indokina Indochina [-sh-]

indokinesisk indochinese [-sh-]

indoktrinera indoctrinar, catechisar [-k-]

indones indonesiano

Indonesien Indonesia

indonesier indonesiano

indonesisk indonesian; *indonesiska språket:* indonesiano

indraga retirar; *(till kronan)* confiscar

indragande *(av luft)* aspiration

indragen *bli indragen i ngt:* intricar se

indriva incassar, recovrar; *(skatt)* recoperir, perciper

indrivare exactor

indrivning exaction

indroppa *med* instillar

indrypa instillar

indränka imbiber

inducera *fys* inducer

induktans *elektr* inductantia

induktion *fys* induction

induktionsapparat inductor

induktionsspole bobina de induction

induktionsström *(inducerad strömkrets) fys* circuito inducite; *behandla med induktionsström: med* faradisar

induktiv inductive

industri industria; *industri-:* industrial

industrialism industrialismo

industriell industrial

industriman industrial

ineffektiv inefficace, inefficiente

ineffektivitet inefficacia, inefficientia

inemot *prep* verso; *adv* quasi, circa
inexakt inexacte
inexakthet inexactitude
infall idea, incidentia; *(nyck)* capricio, phantasia; *(fientligt)* incursion; *(kvicka/skämtsamma)* facetias
infallande *adj* incidente
infallsvinkel angulo de incidentia
infam infame, villan
infant *(spansk el. portugisisk prins)* infante
infanteri infanteria
infanterisoldat *nordafrikansk infanterisoldat:* zuavo
infanterist pedon
infantil infantil
infarkt *(igenstoppning av blodkärl) med* infarcto
infart entrata, accesso
infatta incastrar, montar
infattning incastratura, montage [-adʒe]
infektera infectar
infektion infection
infertilitet infertilitate
infetta ingrassar
infiltration infiltration
infiltrera infiltrar se
infinitesimalkalkyl calculo infinitesimal
infinitiv *(verbets grundform) gram* infinitivo; *infinitiv-:* infinitive
infinitivisk *gram* infinitive
infinna *infinna sig:* apparer, comparer
inflammation *med* inflammation; *inflammation i flera nerver:* polyneuritis; *inflammation i nervcentrum:* ganglionitis; *inflammation i regnbågshinnan:* iritis; *inflammation i ögats bindehinna:* conjunctivitis; *som framkallar inflammation:* inflammative; *ta bort inflammation:* disinflammar
inflammatorisk *med* inflammatori
inflammera *med* inflammar
inflammerad injectate
inflation *ekon* inflation
inflationspolitik inflationismo
inflicka intercalar, inserer, interpolar
inflika intercalar, inserer, interpolar
influensa *med* grippe *fr* [grip], influenza
inflytande influentia; *ha inflytande på:* influer super; *utöva inflytande:* influentiar
inflytelserik influente
inflöde influxo
infoga inserer, insertar
information information; *(medvetet) felaktig information:* disinformation
informationsvetenskap informatica
informativ informative
informator preceptor
informell sin ceremonia
informera informar
infraljuds- *fys* infrasonor
infraröd infrarubie
infrastruktur infrastructura
infria *(gottgöra)* redimer; *(et löfte)* discargar (se de) un promissa, facer honor a
infrusen congelate
infundibulum *(trattformig gång) anat* infundibulo
infusion *med* infusion
infusionsdjur *zool* infusorio
infusorisk infusorial
infödd *sb* nativo; *adj* native
inföding nativo, indigena
inför ante, avante, in presentia de, coram; *inför allmänheten:* in publico; *inför folket:* coram populo
införa adoptar, ingerer, introducer; *(från utlandet)* importar; *(ny ordning)* instaurar; *(i en orden e.dyl.)* initiar; *(på kort)* cartar; *(på lista, i register)* inscriber
införande *sb* adoption, induction, ingestion, insertion, introduction; *fys, kem* intromission; *(försiktigt)* insinuation; *adj* introductive
införliva incorporar; *åter införliva:* reintegrar
införlivning incorporation, incorporeitate
införsel importation; *(införsel i lön)* sequestro del salario
ingalunda nullemente, in nulle modo
inge *(ingiva)* presentar, deponer; *bildl* inspirar; *inge mod:* incoragiar [-dʒar]
ingefära gingibre [dʒindʒibre]
ingen *ingen, inget, inga: (med subst. efter)* necun, nulle, *(utan subst. efter)* nemo, necuno, nulle persona, *(inget)* nil, nihil; *ingen orsak:* de nihil; *inget över detta:* non plus ultra
ingeniositet ingeniositate
ingenjör ingeniero
ingenjörsarbete ingenieria

ingenjörssoldat sappator

ingenstans in nulle parte

ingenstädes nusquam, in nulle parte

ingenting nihil, nullo, nil; *ingenting att tacka för:* non de que; *för ingenting:* pro nihil

ingivelse inspiration, idea; *(plötslig)* impulso

ingjuta infunder; *(gradvis/droppvis)* instillar; *ingjuta mod:* incoragiar [-dʒar]

ingjutande infusion

ingravera burinar, gravar; *ingraverat arbete:* intalio

ingravering inscription

ingrediens ingrediente

ingrepp intervention, interferentia, ingranage [-adʒe]; *med* incision

ingress introduction; *(i tal)* exordio

ingripande intervention; *(besvärande)* ingerentia

ingrodd radicate, inveterate; *bli ingrodd:* inveterar

ingång entrata, accesso, adito, ingresso, ostio

ingångsdata *(datorterm)* entrata

ingångsfras ingresso

ingångspsalm *rel* introito

inhalator inhalator

inhalera inhalar; *person som inhalerar:* inhalator

inhemsk autochtone, indigena, vernacular; *(om vara)* interior, national, del pais; *inhemskt språk:* lingua vernacular

inhyrare ingagiator [-dʒa-]

inhysa dar asylo/albergo a, albergar

inhyses indigente

inhysning allogiamento [-dʒa-]

inhägna clausurar

inhägnad clauso, clausura, inclusura; *(för kreatur)* corral; *inhägnad plats:* clausura

inhölja inveloppar, coperir

inhölje inveloppamento

inhösta recolliger

inifrån de intra

initial initial

initiativ initiativa; *ta initiativet:* prender le initiativa; *ta initiativ till:* initiar

initiativtagare initiator

initiera initiar

initierad *en initierad:* initiato

initiering initiation

injektion injection, syringation

injektionsspruta injector

injicera injectar, injicer, syringar

inkalla advocar

inkapsla incapsular, incastrar

inkassera *(pengar)* cassar, imbursar, incassar

inkasserare collector, incassator

inkassering incassamento

inklarera *(inklarera ett fartyg)* declarar un nave al entrata

inklination *gram, astron* inclination

inkludera includer; *inkluderad: adj* incluse

inklusive incluse, inclusive

inklämd serrate, comprimite, strangulate; *inklämt bråck:* hernia strangulate/incarcerate

inkoativ *gram* inchoative

inkoda *data* codificar

inkognito incognito

inkompatibel *tekn* incompatibile

inkomst revenito, recepta, invenito

inkomstbringande lucrative, lucrose, profitabile

inkongruens incongruentia

inkongruent incongrue, incongruente

inkonsekvens inconsequentia

inkontinens *med* incontinentia

inkontinent *(som ej kan hålla urinen) med* incontinente

inkorg *data* inbox *eng*

inkorporera incorporar

inkorporering incorporation, incorporeitate

inkorrekt incorrecte

inkorrekthet incorrection

inkräkta intruder, invader

inkubationstid *med* incubation

inkunabel *(bok från före år 1500)* incunabulo

inkvartera quartierar, albergar

inkvisition *rel* inquisition; *inkvisitions-:* inquisitori, inquisitorial

inkvisitor *rel* inquisitor

inkvisitorisk inquisitori, inquisitorial

inkännande empathia

inköp compra(s), shopping *eng*; *göra inköp:* facer (le) compra

inköpa comprar; *(förvärva)* acquirer

inköpsrunda shopping *eng*

inkörande entrata

inlaga acto, requesta, demanda

inland interior (del pais); *inlands-: (liggande mitt inne i ett landområde)* mediterranee

inleda aperir, inducer, introducer, preluder; *(börja)* comenciar; *(skriva förord till)* prefaciar; *(ett tal)* exordir; *(hålla företal till)* preambular; *mus* preludiar; *inleda i frestelse:* inducer in tentation, seducer; *en som öppnar/inleder:* aperitor

inledande *adj* initial, initiative, introductive, introductori, preliminar; *inledande förhandlingar:* preliminares

inledare introductor

inledning introduction, exordio; *inlednings-:* initiative

inlemma annecter; *inlemma i en helhet:* integrar

inlevelseförmåga empathia

inlogera allogiar [-dʒar]

inlogering allogiamento [-dʒa-]

inlopp entrata

inlån deposito

inlåta *inlåta sig med:* ingerer se; *inlåta sig på:* prestar se a

inlägga incrustar; *inlagt arbete:* incrustation

inläggningsarbete marqueteria

inlära *som kan inläras:* apprensibile

inlärning apprehension, apprension

inlöpa *inlöpa i:* incurrer

inlösa reimbursar; *(en check i kontanter)* cassar

inmatning *data* input *eng*, entrata de datos

inmundigande imbuccamento

innan ante que; *(med infinitiv)* ante de

innanför in, intra, intro, intus

innanhav mediterraneo

inne al interior; *inne i:* in, intra

inneboende *sb* sublocatario; *adj* inherente, virtual; *(t.ex. om egenskap)* immanente; *inneboende i:* intrinsec; *vara inneboende (i ngt):* immaner, inherer; *det att ngt är inneboende i ngt:* inherentia

innebära implicar

innebörd senso, signification, valor

innefatta implicar

innefattad implicite

innefattande *sb* implication, inclusion; *adj* inclusive

inneha detener

innehav *(hyresrätts-)* tenentia

innehavare proprietario; *(av rättigheter, titlar o.dyl.)* detentor

innehåll contento; *huvudsakligt innehåll:* substantia

innehålla continer; *(rymma)* tener, caper; *(lön e.dyl.)* retener

innehållande continente; *innehållande av utdelningen på aktier:* blocamento de dividendos

innehållsförteckning tabula del materias

innerlig intime, cordial, profunde, devote

innerlighet fervor

innerst intime; *innerst inne:* in le fundo

innertak plafond

innervation innervation

inneröra labyrintho (del aure)

innesko calceo

innesluta investir

inneslutning investimento; *(av kärnreaktor etc)* blinda

innestängande *(inom någon slags gränser)* confinamento

innästla *innästla sig:* insinuar se

innästlande *(genom smicker)* insinuation

inom in, intra, al interior (de); *(om tid)* intra; *inom kort:* in pauco, ben tosto

inomhus al interior, in casa

inpackning *(i lådor)* incassamento

inpassa adjustar

inpassning accommodation, adjustamento

inplacering *inplacering mellan:* interposition

inplantera implantar

inplantering implantation

inprägla imprimer, inculcar

inpränta impressionar

input *(datorterm)* entrata

inpå *prep* presso, ben presso; *adv* ben presso

inrama inquadrar, installar; *(juvel e.dyl.)* incastrar

inramare inquadrator

inramning inquadramento

inre *sb, det inre:* le interior; *i vårt inre:* in le fundo del corde; *adj* interior, interne, immanente, intime, intrinsec; *inre liv:* vita interior; *inre vinkel:* angulo interne

inreda arrangiar [-dʒar], installar, decorar, mobilar

inredning *tömning på inredning:* dismantella-

mento
inresegodkännande visa
inresekretorisk endocrin
inrikes- interior
inrikeshandel commercio interior
inriktning adjustamento, punctage [-adʒe]; *bildl* orientation, trend
inrim assonantia
inringa incircular; *mil* investir
inrätta arrangiar [-dʒar], establir, installar, organisar, constituer, disponer, instituer; *inrätta efter:* regular; *inrätta sig:* arrangiar [-dʒar] se
inrättande instauration; *(av institution)* constitution
inrättning establimento, institution
insalta insalar, salar
insamla colliger, recolliger
insamling collecta
insats effortio; *(spel)* misa; *hand* misa (de fundos); *(i ugn)* furnata; *uppförstorad insats:* bravada
insatt *insatt i:* versate in; *en som är insatt i (t.ex. hemlighet):* initiato
inscenering inscenation
insekt insecto; *läran om insekterna:* insectologia; *vinglösa insekter: zool* apteros *gr*
insektsavvisare insectifuge
insektsforskare entomologo
insektsgift insecticida
insektskännare entomologista
insektslära entomologia
insektsätande insectivore
insektsätare insectivoro
inseminera *(företa konstgjord befruktning)* inseminar
insida latere interne, interior; *(avigsida)* reverso
insignier insignias
insikt intelligentia, cognoscentia, gnosis; *ha insikt i:* haber intelligentia de
insiktsfull perceptive
insilning infiltration
insinuant insinuante
insinuation insinuation
insinuera insinuar
insippring infiltration
insistera *insistera på:* insister super
insjukna cader/devenir malade
insjunken cavate, cave
insjö laco; *insjö-:* lacustre
inskeppa imbarcar
inskeppning imbarcation, imbarcamento
inskjuta inserer, insertar, ingerer, interponer; *(mellan)* intercalar; *(mellan två poler)* interpolar; *inskjuta ngt i ett samtal:* interloquer
inskjutande interposition; *(mellan)* intercalation
inskjutning interpolation
inskott intercalation; *inskotts-:* intercalari
inskrida intervenir
inskridande intervention
inskrift inscription, legenda; *inskrifts-:* epigrammatic
inskription *göra inskription:* inscriber
inskriva *geom* inscriber
inskrivning *(på lista/i register)* inscription
inskränka circumscriber, limitar, restringer, reducer
inskränkning circumscription, freno
inskärande incisive
inskärning incision; *geol* indentation; *göra inskärningar (i snickeriarbete):* indentar; *göra inskärningar/hack:* insecar
inskärpa inculcar, emphasisar, injunger
inslag infusion, addition; *bildl* nuance *fr*
insmickrande *vara insmickrande:* insinuar
insmord lubric
insmörja ingrassar, unctar
insnärja intricar; *insnärja sig:* intricar se
insolvens *ekon* insolventia
insolvent insolvente
insomna addormir se
inspektera inspicer, inspectar
inspektion inspection
inspektor inspector
inspektör inspector, superintendente, visitator
inspektörsbefattning inspectorato
inspela *(film etc)* registrar
inspelningsband banda, banda de registrar, banda registrate
inspiration inspiration
inspiratör inspirator
inspirera *(inge idéer)* inspirar
inspruta injicer, injectar, syringar
insprutning injection, syringation
inspärra imprisionar, confinar, incaviar, recluder; *(i kloster)* claustrar; *(olagligen)* seques-

trar

inspärrning confinamento, incarceration

instabil instabile

installation *(t.ex. i ämbete, av maskin)* installation

installera *(t.ex. en maskin, i ett ämbete)* installar

instans *jur* instantia; *de dömande instanserna:* le instantias judicative

insteg *vinna insteg:* introducer se, implantar se, accreditar se, ganiar terreno

instifta constituer, fundar, instaurar, instituer, stabilir

instiftande fundation, instauration, institution

instiftare institutor

instinkt instincto

instinktiv instinctive

institut instituto

institution institution, stabilimento

instjälpa *zool* introverter; *instjälpa en tarmbit i en annan: med* invaginar

instjälpning *zool* introversion; *en tarmbits instjälpning i en annan: med* invagination; *instjälpning av tarmbit i en efterföljande: med* intussusception

instormning irruption

instruera instruer

instruktion instruction

instruktiv instructive

instruktör instructor

instrument *(även mus)* instrumento; *instrument för kauterisering: med* cauterio

instrumental *mus* instrumental

instrumentalis *gram* instrumental

instrumentalist *mus* sonator; *(motsats till sångare)* instrumentista

instrumentalstycke *mus* toccata

instrumentalsång *(solosång utan text) mus* vocaliso

instrumentbräda tabuliero de instrumentos

instrumentera *mus* instrumentar

instrålning irradiation

inströmma affluer

inströmmande *(av vatten)* influxo

inströmning fluxion

inställa regular, adjustar, cancellar; *(ngt som pågår)* discontinuar; *(tillfälligt)* suspender; *ogynnsamt inställd:* antipathetic

inställande discontinuation; *(tillfälligt)* suspension

inställbar adjustabile

inställning adjustamento, attitude; *(av radio el. TV-station)* intonation

inställningsnoggrannhet *(radio o.dyl.)* selectivitate

instämma concordar, esser de accordo, approbar; *jur* citar; *(till domstol)* assignar

instänga includer

instörta collaber; *(om mark)* effunder se

insufficiens *med* insufficientia

insugande *adj* aspirante

insulin insulina

insupa aspirar, absorber, sorber

insvepa involver

insylta conficer; *insylta sig:* implicar se

insända inviar, remitter, mandar

insätta instituer; *(i bank)* deponer; *(i ämbete)* introducer, installar, investir; *insätta ngn som arvinge:* instituer alcuno herede

insättande *(i ett ämbete)* installation; *(i fängelse)* imprisionamento

insättning incastratura, insertion; *(i ett ämbete)* investimento

insöva addormir

intaga *(inta) (t.ex. föda)* ingerer; *(måltid)* mangiar [-dʒar], prender repasto; *(medlem i förening)* reciper; *(tidning)* inserer; *(erövra)* prender, conquirer; *intaga last:* prender cargo

intagande *adj* charmante [sh-], incantante, seducente; *sb (av t.ex. näring)* ingestion

intakt intacte

intala inspirar, incitar; *(på band, etc)* dictar

inte non; *inte ens:* non mesmo; *inte ens hans mor hjälpte honom:* non mesmo su matre le adjutava; *inte längre/mer:* non ja, non jam, non plus; *inte någonsin:* non jammais; *inte sant?:* nonne?

integral *mat* integral

integralkalkyl calculo integral

integration integration

integrera integrar

integrerande *(ingående som oumbärlig beståndsdel)* integrante

integument *zool* integumento

intellekt intellecto; *förståelse/uppfattning genom intellektet:* intellection

intellektuell intellectual; *intellektuell person:* intellectual

intelligens intelligentia

intelligenstest test de intelligentia

intelligent intelligente

intendent intendente

intendentur intendentia

intensifiera intensificar

intensifiering intensification

intensitet intensitate

intensiv intense, intensive; *intensivt jordbruk:* cultura intensive

intercurrent *med* intercurrente

interdikt *(förbud från katolska kyrkan)* interdicto; *belägga med interdikt:* interdicer

interferens *fys* interferentia

interferera *fys* interferer

interfoliera interfoliar

interim *interim(s)-:* interime

interimistisk temporanee

interiör interior, aspecto interior

interjektion *gram* interjection

interlingua interlingua; *person som använder interlingua:* interlinguista; *studiet av interlingua:* interlinguistica; *interlingua-:* interlingual

interlinguistisk interlinguista

interlingvistik *person som studerar interlingvistik:* interlinguista, interlinguistico

interlingvistisk *(som hör till interlingvistiken)* interlinguistic

interludium *mus* interludio

intermezzo incidente

intermittent *intermittent sken:* luce intermittente

intern interne

internat internato

internationalisera internationalisar

internationalism internationalismo

internatskola internato

internera detener, internar; *internerad:* internate; *en internerad:* internato

internering detenimento, internamento

interneringsläger campo de internamento

internuntius *(påvligt diplomatiskt sändebud)* internuncio

interpellant interpellante

interpellation interpellation

interpellera *(begära svar i parlament)* interpellar; *person som interpellerar:* interpellante, interpellator

interplanetarisk *(mellan planeterna)* interplanetari

interpolera *mat* interpolar

interpolering *mat* interpolation

interpunktera *(sätta ut skiljetecken)* punctuar

interpunktering *(utsättande av skiljetecken)* punctuation

interregnum *(period med övergångsstyre)* interregno

interstellär *(mellan stjärnorna)* interstellar

intervall intervallo

intervenera intervenir

intervention intervention

intervju interview *eng* [intevju:], intervista

intervjua interviewar [-vjuar]

intetsägande casse, insignificante, nulle; *bildl* insipide; *(om sak)* frivole

intill juxta, al latere de; *(om tid)* usque (a)

intilliggande contigue

intim familiar, intime

intimitet *(nära förhållande)* intimitate; *intimiteter:* familiaritates

intjäna *tr* ganiar; *som kan vinnas/intjänas:* ganiabile

intolerabel intolerabile

intolerans intolerantia

intolerant intolerante

intonation *(språkmelodi)* intonation

intonera intonar

intrados *(invändiga sidan av välvning el. båge)* *arkit* intradorso

intransitiv *(som inte tar ackusativobjekt)* *gram* intransitive; *intransitivt verb:* verbo neutre

intrassla intricar, imbroliar

intravenös *med* intravenose

intressant *(som intresserar)* interessante

intresse interesse; *fatta intresse:* prender interesse; *i någons intresse:* in le interesse de un persona; *mista intresset för:* disinteressar se de; *tappa intresset:* perder interesse; *väcka intresse/nyfikenhet hos:* intrigar

intressera interessar; *bli intresserad:* prender interesse

intresserad interessate; *en intresserad:* interessato; *bli intresserad:* prender interesse

intressesammanslutning syndicato
intrig intriga, cabala; *(handlingen i litterärt verk)* intriga, intrico; *intrig(er):* machination [-k-]
intrigant *intrigant person:* intrigante
intrigera cabalar, intricar, intrigar, machinar [-k-]
intrigerande *adj* intrigante
introducera introducer
introduktion introduction
introduktör introductor
introitus *rel* introito
introspektiv *psyk* introspective
intryck impression; *göra intryck (på):* impressionar; *mottaglig för intryck:* impressionabile; *mottaglighet för intryck:* impressionabilitate
intrång usurpation, intrusion
inträda entrar; *(gå/komma/köra osv in i)* entrar (in); *inträda i ngns ställe:* subrogar
inträdande *sb* ingresso; *(handling) adj gram* inchoative
inträde *ge/bevilja inträde:* admitter
inträdesberättigad admissibile
inträffa advenir; *(anlända)* venir, arrivar; *(hända)* arrivar, accider, haber loco, occasionar, continger; *(händelsevis)* continger; *(oväntat)* supervenir
intränga irrumper, intruder, invader
inträngande *sb* irruption; *fys, kem* intromission; *adj* invasive
inträngling intruso
inträngning penetration
intuition *(omedelbar uppfattning)* intuition
intuitiv intuitive
intyg assecurantia, certification, certificato; *(edligt)* affidavit *lat*
intyga affirmar, attestar, certificar
intygande attestation
intäkt recepta, invenito
inuti *prep* in, al interior de, intra; *adv* intro, intus; *finnas inuti:* immaner
invadera invader; *invaderande fiende:* invasor
invagga cunar (in false sperantias)
invalid *sb* invalido, mutilato, stropiato
invalidiserad mutile
invaliditet invaliditate
invalla *(befästa med vallar)* vallar
invand habitual, solite
invandra immigrar
invandrare immigrante, immigrato
invandring immigration
invasion invasion; *invasions-:* invasive
inveckla inveloppar, intricar, complicar, involver; *bli invecklad i ngt:* intricar se; *inveckla som i ett nät:* immaliar
invecklad complexe, intricate; *göra invecklad:* complicar; *invecklad situation:* imbrolio
inveckling intrico, involution
inventarieförteckning inventario
inventera facer le inventario, inventariar
inverka influer super; *inverka på:* afficer
inverkan affection, influentia, effecto, impacto
invertin *(ett slags enzym) biokem* invertina
investera *ekon* investir
investering *ekon* investimento
invid a presso de; *adv* presso, juxta, al latere
inviga dedicar, consecrar, sanctificar, benedicer, initiar, sacrar; *(öppna)* inaugurar
invigande *invigande av ngn i ngt:* familiarisation
invigare inaugurator
invigd benedicte; *en invigd:* adepto, initiato
invigning consecration, dedication, inauguration, initiation
invigningstalare inaugurator
involution *biol, med* involution
involvera involver
invånare residente, habitante, regnicola
invälja cooptar
invända objectar, opponer se
invändig interior, interne; *det invändiga: sb* interior; *invändigt: adv* intra, al interior, internemente, intus
invändning objection; *göra invändningar:* remonstrar; *resa en invändning:* facer/sublevar un objection
invärtes interne; *läkemedel för invärtes bruk:* medicamento pro uso interne; *specialist på invärtes medicin:* internista
invärtesmedicin medicina interne
inympa *med* implantar, inocular; *inympa ett virus på ngn:* inocular un virus a un persona; *som kan inympas:* inoculabile
inympning *med* implantation, inoculation
inåt al interior, verso le interior; *prep* intro

inåtrullad *bot* involute
inåtvridning intorsion
inåtvänd contemplative, introvertite; *inåtvänd person:* introvertito; *vara inåtvänd:* introverter
inåtvändhet *psyk* introversion
inåtvändning *zool* introversion
inälvor *anat* entranias, visceras, intestinos; *inälvs-:* intestin(al), visceral
inälvsmask *vet* helminthe; *inälvsmasks-:* helminthic
inälvsmaskutdrivande helminthic; *inälvsmaskutdrivande medel:* helminthico
inöva exercitar, repeter, studiar
ipekakuana *bot* ipecacuana
irakisk irakian
iransk iranian
iridiscens iridescentia
iridium *(grundämnet iridium, Ir) kem* iridium
iris iride, iris
irisbländare *foto* diaphragma
iriserande *(skimrande i regnbågens färger)* iridescente
irisk *iriska språket:* irlandese
Irland *hist* Hibernia
irländare irlandese
irländsk irlandese
ironia ironia
ironiker *(ironisk författare)* ironista
ironisera ironisar
ironisk ironic; *vara ironisk:* ironisar
irra errar, deambular, vagar; *irra omkring:* circumerrar, errar
irrande errante
irrational *mat* irrational
irrationalitet irrationalitate
irrationell disrationabile, irrational
irrbloss foco fatue
irredentism *(motstånd mot främmande herravälde)* irredentismo; *anhängare till irredentismen:* irredentista
irreell irreal
irrelevans impertinentia
irrelevant impertinente
irreligiös irreligiose
irrfärd curso vagabunde/errante
irrgång labyrintho, dedalo
irritabel irritabile
irritabilitet *abnormt förhöjd irritabilitet: med* erethismo
irritation irritation, enoio, exasperation, vexation
irritera enoiar, irritar, vexar; *(smärta)* doler
irriterande enoiose, irritante
irrlära heresia, heterodoxia
irrlärig heterodoxe
is glacie; *bli till is:* gelar; *bryta isen:* rumper le glacie; *is-:* glacial
isa glaciar
isbana pista de glacie
isberg iceberg *eng* [aisboe:g]
isbjörn urso polar/blanc
isbrytare rumpe-glacie
iscensätta inscenar, mitter in scena, poner in scena
iscensättare inscenator
iscensättning inscenation, mise en scene *fr* [mizãsæ:n]
ischemi *(otillräcklig blodförsörjning) med* ischemia [iskemia]
ischias *med* sciatica
isflak banchisa [-k-] flottante
isfågel *zool* martin piscator
isfält banchisa [-k-]
ishockey hockey *eng* [hoki] su(pe)r glacie
isig glaciate, coperite de glacie
iskall gelide, glacial
iskällare glaciario, glaciera
islam *rel* islam; *anhängare till islam:* islamita
islamisera *(utbreda islam) rel* islamisar
islamisk *rel* islamic
islamitisk islamitic
Island Island(i)a
islossning disgelation
isländsk islandese, islandic; *isländska språket:* islandese
isländning islandese
ismaelit *rel* ismaelita
isning congelation
isobar isobaro; *isobarer:* linea(s) isobare; *isobar-:* isobaric
isobarisk *meteorol* isobare
isoklinalveck *geol* isoclino
isokronisk *(som varar lika länge)* isochrone
isolator *elektr* insulator, isolator
isolera *elektr* insular, isolar; *person som iso-*

lerar: isolator

isolerad insular, solitari; *egenskapen att vara isolerad:* insularitate

isolerande *adj* insulator

isolering *(även elektr)* insulation, isolamento

isomer *kem* isomere

isomeri *kem* isomerismo

isometrisk isometric

isomorf isomorphe

isomorfism *bot* isomorphismo

isoterm *(linje som förenar alla punkter med samma temperatur på en klimatkarta) meteorol* isotherma; *isoterm-:* isotherme

isotop *kem* isotopo

isotopisk *kem* isotope

ispigg glacion

Israel Israel; *israel (invånare i det moderna Israel):* israeliano, israelita, israeli

israelisk israeli, israelita, israelian

israelit *hist* israelita

israelitisk *hist* israelita

istadig restive, intractabile

istapp stalactite de glacie

ister grassia; *ister-:* adipose

istid *(istiden)* epocha glacial, periodo glacial; *istids-:* glacial

istäcke strato de glacie

isynnerhet super toto, specialmente

isär *som kan hållas isär:* dissociabile

isärkoppling disjunction

isärlöpande *('isärlöpande')* divergentia

Italien Italia

italienare italiano

italiensk italian; *italienska språket:* italiano; *italiensk språkegendomlighet:* italianismo

italisk italic

iterativ *gram* iterative

itu in duo, in pecias; *ta itu med:* imbraciar

itudelning bisection

iver anxietate, ardor, ferventia, zelo; *(starkare)* fervor; *(brinnande)* ardor, alacritate; *(ångestfylld)* anxietate; *(glad)* alacritate; *iver efter:* aviditate

ivra ferver; *ivra för:* zelar

ivrare zelator, zelote

ivrig alacre, anxie, ardorose, fervente, fervide, zelose; *ivrig efter:* avide, desiderative

iväg *(bort)* via

ivägskickande dimission

iögonenfallande *adj* conspicue, evidente, saliente, spectacular; *vara iögonenfallande:* saltar al oculos; *inte iögonenfallande:* inconspicue

iögonfallande clar, manifeste, frappante

J

ja si; *säga ja:* dicer si, affirmar

jacka jaco, jachetta [-k-]

jade *min* jada

jag io; *(variant använd bl.a. i sånger av metriska skäl)* yo; *jaget:* ego; *framhävande av det egna jaget:* egotismo

jaga chassar [sh-]; *(förfölja)* persequer; *(vilt)* venar; *(bort)* expeller, chassar [sh-]; *jaga med falk:* falconar; *jaga på flykt: mil* deroutar [derutar]

jagare *mil* chassa-torpedero [sh-], destructor

jaget ego

jak *zool* yak

jaka affirmar, conceder, permitter

jakande *svara jakande:* responder affirmativemente

jakaranda *(träd o. träslag) bot* jacaranda

jakobin jacobino

jakobit jacobita

jakt *sjöt* yacht; *(på vilt)* chassa [sh-], veneria; *(med falk)* falconeria; *gå på jakt efter:* venar; *jakt-:* venatori

jaktbyte prisa de chassa [sh-]

jaktfalk *zool* gerfalcon

jakthorn corno de chassa [sh-]

jaktiller *zool* furetto

jaktparti partita de chassa [sh-]

jaktvårdare guarda-chassa [-shasa]

jaktväsen veneria

jalusi jalousie *fr* [ʒaluzi]

jama miaular; *jama med:* dicer si a toto

jamb *(en kort och en lång stavelse)* iambo

jambisk iambic; *jambisk vers:* iambico

januari januario

Japan Japon, Nippon; *japan:* japonese

japansk japonese; *japanska språket:* japonese

jargong jargon *fr* [ʒargõ]; *(fackmäns språk, obegripligt språk)* jargon; *prata jargong, tala en jargong:* jargonar

jasmin *bot* jasmin

jaspis *min* jaspe
jaså ah si?, vermente?
jazz *mus jazz eng* [dʒæz]
jeans jeans *eng* [dʒi:nz], blue-jeans *eng* [blu:-dʒi:nz]
Jehova Jehovah; *Jehovas vittnen:* testes de Jehovah
jejunum *(tunntarmens mittre, långa del) anat* jejuno
Jemen Yemen
jemenit *(invånare i Jemen)* yemenita
jen *(japansk myntenhet)* yen *jap*
jeremiad jeremiade
Jesaja Isaia
jesuit jesuita
jesuitisk jesuita
jetdrift propulsion a jecto
jetflygplan avion a jecto
jetmotor motor a jecto
jetplan avion a jecto
jiddisch *sb* yiddish, judeogermano; *jiddisch-:* yiddish
jigg *(en dans)* jiga
jiujitsu jujutsu *jap*
jo si; *jo visst:* claro, certemente
jobspost mal nova, nova triste
jod *(grundämnet jod, I) kem* iodo; *behandla med jod: med* iodar; *jod-:* iodic
jodat *kem* iodato
jodförgiftning *med* iodismo
jodhaltig *kem* iodic, iodose
jodlager *belägga med ett jodlager: foto* iodurar
jodoform *kem* iodoformo
jodometri *kem* iodometria
johannit *(ledamot av johanniterorden)* johannita
jojo yo-yo
jolle *sjöt* barchetta, yole
joller garrulage [-adʒe], garrulamento
jon *fys* ion; *jon-:* ionic
jonglera jocular, prestidigitar
jonglering joculeria
jonglör joculator, prestidigitator
jonisera *fys* ionisar
jonisering *fys* ionisation
jord terra; *(mark)* solo, terra; *(åker)* terra cultivate; *(krono-)* dominio public; *den brända jordens taktik:* politica/tactica del terra ardite/torrite; *röra upp himmel och jord:* mover celo e terra; *sätta foten på jorden:* poner/mitter pede a terra; *jordens bana kring solen: astron* ecliptica; *jord-:* terranee, terren, terrestre, terrose
jorda interrar, inhumar; *elektr* terrar, mitter a terra
jordabalk codice rural
jordaktig terrose
Jordanfloden le Jordan
Jordanien Jordania
jordat *jordat eluttag: elektr* prisa de terra
jordaxel axe terrestre
jordbeck bitumine
jordbruk agricultura; *(gård)* ferma
jordbrukare cultivator, cultor
jordbunden materialista
jordbävning tremor de terra, seismo, terremoto; *jordbävnings-:* seismal, seismic
jordegendom proprietate, dominio
jordfästa inhumar
jordfästning inhumation, ceremonia funebre
jordglob globo
jordgubbe *bot* fraga
jordgubbsförsäljare fragero
jordgubbsland frageto
jordgubbsplanta fragiero
jordhyena *zool* protele
jordisk terrestre; *(som finns under månen)* sublunar
jordklotet terra
jordkoka gleba
jordledningskontakt *elektr* prisa de terra
jordlott parcella de terreno
jordlöpare *zool* carabo
jordmånslära pedologia
jordmånsmätare pedometro
jordnöt *bot* arachide
jordpol polo terrestre
jordrök *bot* fumoterra
jordskalv tremor de terra, terremoto; *(litet)* microseismo; *(stort)* macroseismo
jordstam *bot* rhizoma
jordvall rampa, levata de terra; *mil* rampart, bastion
jordvarg *(Proteles cristatus) zool* protele
jordvärme geothermia
Josua Josue

jota *(minsta bokstaven i grek alfabetet)* iota
joule *fys* joule [dʒul]
jourhavande de servicio
journal jornal
journalist jornalista
journalistik jornalismo
jovialisk jovial
jovialitet jovialitate
ju *(vanl. ej översatt)* nonne, non es ver?; *(det bekräftande ordet)* ya; *då ju ...:* pois que; *ju ... desto:* quanto ... tanto; *ju mer... desto mer:* plus ... plus, quanto plus... tanto plus; *du är ju min vän:* tu es ya mi amico
juan *(kinesisk myntenhet)* yuan
jubel jubilation, jubilo, allegressa, gaitate, exultation, ovation
jubelfest jubileo
jubelår *rel* anno jubilari, jubileo
jubilerande *adj* jubilari
jubileum jubileo; *jubileums-:* jubilari
jubileumsår anno jubilari
jubla jubilar, exultar, ovar; *en som jublar:* jubilator
jublande *sb* jubilation; *adj* exultante, jubilante
Juda Juda
judaistik *(studiet av judendomen)* judaistica
Judas Juda
judaskyss basio de Juda
jude judeo, israelita; *jude från Sydeuropa:* sefardi
Judeen Judea
judeförföljelse pogrom *ry*
judekvarter ghetto
judendom judaismo; *expert på judendomen:* judaista
judespanska ladino
judisk judaic, judee, mosaic; *judisk fredag:* parasceve; *behandla matvaror enligt judisk ritual:* kasherar *hebr; göra judisk:* judaisar
judo *sport* judo; *utövare av judo:* judoista, judoka *jap*
judogrepp prisa de judo [dʒudo]
jugoslav yugoslavo
Jugoslavien Yugoslavia
jugoslavisk yugoslave
jul Natal
jula passar le Natal
julferier congedo de Natal
julgran arbore de Natal
julhelg festa de Natal
juli julio
juliansk julian; *julianska kalendern:* calendario julian
Julius Julio
julklapp presente/dono natal
julotta matinas de Natal
julros *bot* elleboro
jultomte *jultomten:* Sancte Nicolaus, papa Natal
jungfru damisella, doncella, virgine *(ex.:* Le Sancte Virgine); *(tjänsteflicka)* camerera, domestica; *Jungfru Maria:* le Virgine; *stjärnbilden Jungfrun: astron* virgine
jungfrudom flor
jungfrufödsel parthenogenese, parthenogenesis
jungfrulig virginal
jungfrulighet virginitate
jungfrutal prime discurso
juni junio
junior junior
junta junta *sp*
Jupiter *(även astron) myt* Jove
juraperioden *tillhörande juraperioden:* jurassic
juridisk forense, juridic
jurisdiktion jurisdiction; *hörande till jurisdiktionen:* jurisdictional
jurist jurisconsulte, jurista; *(lagkunnig person)* legista
jurta *(asiatisk nomads tält)* yurta
jury *jur* juratos, jury *eng; jury-:* juratori
jurydom judicio per juratos
jurymedlem jurato
just *adj* juste, correcte, eque; *adv* justo, exactemente, precisemente; *(nyss)* recentemente, subito; *just idag:* hodie ipse; *just nu:* justo nunc/ora, nunc/ora mesmo, pro le presente; *just precis i dag:* hodie mesmo
justera adjustar, corriger, regular; *(mått och vikt)* verificar; *(jämna ut rader) typ* justificar
justerbar adjustabile
justering adjustamento
jute jute
juvel joiel, gemma
juvelerarbutik joieleria

juvelerare joielero

juver ubere

jägare chassator [sh-], venator; *jägar-:* venatori

jägmästare inspector del foresteria

jäkt pressa, pression

jäkta hastar, pressar se

jämbördig del mesme classe, equivalente; *vara jämbördig:* equalar

jämföra assimilar, comparar, conferer

jämförande comparative; *jämförande prövning:* concurso

jämförelse comparation, parallelo, simile, similitude

jämförlig comparabile, analoge, similar

jämka *jämka ihop:* approchar [sh-]; *bildl* conciliar, mitter de accordo

jämlik par, equal; *vara jämlik:* equalar

jämlike par, equal

jämlikhet paritate, equalitate

jämlikt secundo, conformemente a

jämmer lamento, lamentation, gemimento, plancto

jämmerdal valle/vallea de lacrimas/miseria

jämmerlig lamentabile, deplorabile

jämmervisa jeremiade

jämn plan, lisie, equabile; *(om nummer)* par; *(regelbunden)* regular, uniforme, constante; *göra jämn:* applattar

jämna lisiar; *jämna till:* applattar; *jämna ut:* explanar

jämnande explanation

jämnbred del mesme largor

jämnhöjd *i jämnhöjd med:* a flor de

jämnlöpande parallel

jämnmod serenitate, calma

jämntjock del mesme spissor

jämnårig coetanee

jämra *jämra (sig):* gemer, lamentar se, miserar se

jämrande lamentation

jäms *jäms med:* a nivello de; *(längs med)* secundo, al latere de

jämställa equar

jämt semper, sempre; *(evigt)* sempiterne; *jämt och samt:* semper, semper e semper, continue, sin interruption

jämvikt equilibrio, balancia, contrapeso; *(själslig)* equanimitate; *behålla jämvikten:* mantener le equilibrio; *bringa i jämvikt:* equilibrar; *brist på jämvikt:* disequilibrio; *förlora jämvikten:* perder le equilibrio; *hålla i jämvikt:* contrapesar; *i jämvikt:* equabile, *(själslig)* equabile; *jämvikt i betalningsbalansen:* equilibrio del balancia del pagamentos

jämviktslära statica

jämväl equalmente, etiam, anque

jänkare *(typisk nordamerikan)* yankee *eng* [jengki]

järn ferro; *(grundämnet järn, Fe) kem* ferro; *ha många järn i elden:* multiplicar se; *järn-:* ferree, siderurgic

järnaffär quincalieria

järnarbetare obrero in ferro

järnbearbetning siderurgia; *järnbearbetnings-:* siderurgic

järnbeslå ferrar

järnek *bot* ilice

järnförande ferrifere

järngrå ferree

järnhaltig ferrose; *kem* martial

järnhandlare quincaliero

järnkonstruktion ferramento

järnkram quincalia

järnskrot ferralia

järnsäng lecto de ferro

järntråd filo de ferro

järnvaror *(varorna i en järnhandel)* quincalia

järnverk ferriera, acieria

järnväg ferrovia; *(järn- el. spårväg i stad)* metropolitano; *järnvägs-:* ferroviari

järnvägsbiljett billet ferroviari

järnvägsbro ponte ferroviari

järnvägsförbindelse communication ferroviari

järnvägsman ferroviario

järnvägsnät rete ferroviari

järnvägsskena rail *eng* [reil]

järnvägsvagn wagon

järnvägsväxel cambio

järnålder epocha de ferro

järnört *bot* verbena

järpe *zool* tetraste

järtecken signo, augurio, portento, prodigio

järv *zool* glutton

jäsa *tr, itr* fermentar; *(om deg)* levar

jäsmedel fermento

jäsning fermentation; *som åstadkommer jäs-*

ning: fermentative
jäsningsmedel fermento; *(jäst)* levatura
jäst fermento, levatura
jätte gigante, ogro; *jättarnas strid:* gigantomachia
jättebarrträd *bot* sequoia
jättegryta *geol* marmita de gigante
jättelik gigantesc, titanic
jätteödla dinosauro
jättinna ogressa
jäv recusation; *(mot testamente)* contestation
jäva *jur* recusar
jävig recusabile; *jur* incompetente
jävighet *jur* incompetentia
jökel glaciero

K

kabal *(hemlig kunskap, senjudisk mystisk vishetslära)* cabala
kabaré cabaret *fr*
kabaréartist cabaretero
kabel cablo; *kabel-:* funicular
kabelbana funicular
kabeljo *zool* merlucio
kabelslagning cordage [-adʒe]
kabeltelegram cablogramma
kabin cabina; *(på flygplan)* carlinga
kabinett *(inre krets inom regering)* cabinetto
kabinettsfråga *(angelägenhet som kan orsaka regeringskris)* cabinetto de lectura, question de cabinetto
kabla cablar
kabyss *sjöt* cambuso
kackel *(höns)* cacarear, critar; *(prat)* garrulada
kackerlacka *zool* blatta
kadaver cadavere, carcassa, caronia; *kadaver-:* cadaverose
kadens *mus* cadentia
kadensera cadentiar
kadett cadetto
kadmium *(grundämnet kadmium, Cd) kem* cadmium
kadrilj *(dans där paren ställer upp i fyrkant)* quadrilla; *dansa kadrilj:* quadrillar
kafé café, *(liten)* bistro
kaféinnehavare caffetero
kaffe caffe; *(obränt)* caffe verde
kaffebryggare percolator
kaffefrukost jentar al caffe
kaffekokare filtrator (a caffe)
kaffekvarn molino de caffe
kaffepanna caffetiera
kafferostare tostator
kaffesil filtro
kaffesked coclear de caffe
kaffetår tassa de caffe
kaftan caftan
kagge barril, barriletto
kaj *(tilläggsplats för båt)* disbarcatorio, imbarcatorio, quai *fr* [ke]
kaja cornicula
kajak *(eskimåisk kanot)* kayak
kajuta cabina
kaka *(matbröd)* pan; *(hård)* pan dur; *(mjuk)* torta
kakadua *zool* cacatua
kakao cacao
kakaoböna cacao
kakaosmör butyro de cacao
kakaoträd cacao
kakel bricca glacé *fr* [glase]
kakelugn estufa, furno de faience *fr* [fajã:s]
kakofoni cacophonia
kakofonisk cacophonic
kakografi *(dålig skrivning, dålig stavning el. ful handstil)* cacographia
kaktus *bot* cacto
kal nude, denudate; *(skallig)* calve
kalamitet calamitate
kalas festa, festino, partita; *(njutning)* regalo; *fint kalas:* regalo
kalasande festeamento
kalasmat platto de regalo
kalcedon cornalina
kalcinera calcinar
kalcinering calcination
kalcium *(grundämnet kalcium, Ca) kem* calcium
kalejdoskop *(betraktningsapparat med många färger i geometriska mönster)* kaleidoscopio
kalejdoskopisk kaleidoscopic
kalender calendario, almanac, ephemeride; *gregorianska kalendern:* le calendario gregorian; *julianska kalendern:* le calendario julian

kalendermånad mense solar
kalenderår anno civil
kalfatra *(täta mellan däcksplankor) sjöt* calfatar
kaliber *(mått på vapens lopp)* calibre
kalibrera *(bestämma en skala)* calibrar
kalif *(titel på bl.a. turkiska sultaner)* califa
kalifat califato
kalifvälde califato
kalifvärdighet califato
kalikå *(tätvävt bomullstyg)* calico
kalilut lixivia de potassa
kalium *kem* kalium, potassium; *(grundämnet kalium, K)* kalium
kalk *(bägare)* calice; *(nattvards-) rel* calice; *formad som en kalk/bägare:* caliciforme; *bot* calice; *kem* calce; *släckt kalk:* calce extincte; *osläckt kalk:* calce vive
kalkbruk *(bränneri)* calcinatorio
kalkera calcar, traciar; *ngt kalkerat:* calco
kalkerpapper papiro autographic, papiro de calco
kalkgödning calcerage [-adʒe]
kalkning *(jordbruk)* calceration
kalkon gallo de India, gallo pavo
kalkonhöna gallina de India
kalkontupp gallo de India
kalkspat spat calcari/de Islanda
kalksten calcario, petra de calce
kalkylator calculator
kalkylera calcular
kall *sb* vocation, mission, deber, carga; *adj* frigide; *(iskall)* glacial; *bli kall:* frigidar, refrigidar; *det är kallt (väder):* il face frigido; *vara kall:* friger
kalla *(benämna)* appellar, nominar; *(ropa på)* appellar; *kalla samman:* convocar; *kalla tillbaka:* revocar; *kallas:* appellar se
kallas appellar se
kallaväxt *bot* aro
kallbad banio frigide
kallblodig de sanguine frigide; *bildl* temerari; *kallblodiga djur:* animales de sanguine frigide
kallblodighet sanguine frigide
kallbrand *med* gangrena; *angripa med kallbrand:* gangrenar; *angripen av kallbrand:* gangrenose; *framkalla kallbrand: med* mortificar
kalldusch ducha [-sh-] frigide; *bildl* surprisa
kallelse vocation
kalligraf calligrapho
kalligrafi calligraphia
kalligrafisk calligraphic
kallna refrigidar
kallprata confabular, garrular
kallsinnighet alienation
kallsvett sudor frigide
kalmia *(en ljungväxt) bot* kalmia
kalomel *(kvicksilverklorid, för svampbekämpning i jordbruket) kem* calomel
kalops ragout *fr*
kalori *(värmeenhet)* caloria
kalorimätare calorimetro
kalsonger calceones; *(dam-)* pantalones
kalv vitello; *kalv-:* vitellin
kalvdans cualio
kalvinism *rel (efter Jean Calvin 1509-64)* calvinismo
kalvinist calvinista
kalvkött vitello
kam pectine; *(tupp-)* cresta; *(excenter-) tekn* cam(m)a; *försedd med kam:* crestate
kamarilla camarilla
kambrisk *geol* cambrian
kamé cameo
kamel *zool* camelo
kameldrivare camelero
kameleont *zool* chameleonte
kamelia *bot* camellia
kamera camera/apparato photographic; *foto* kodak *(ursprungligen varumärke)*
kamfer camphora
kamgarn stamine
kamikaze *(självmordspilot)* kamikaze *jap*
kamin camino, estufa
kamkofta peignoir *fr* [penjoa:r]
kamma pectinar
kammare cabinetto, camera, *(liten)* cameretta; *(i hjärnan och hjärtat) anat* ventriculo; *underjordisk kammare: arkit* hypogeo
kammarherre camerero, chambellan [sh-], chamberlan
kammarjungfru camerera
kammarjunkare gentilhomine del camera
kammarmusik musica de camera

kammarorgel *mus* harmonium

kammarstycke *cylindriskt kammarstycke på revolver:* cylindro

kammartjänare camerero

kammussla *zool* pectine

kamning pectinatura

kamomill *bot* camomilla

kamomillte tisana de camomilla

kamouflage camouflage *fr* [kamufla:ʒ]

kamp lucta, combatto; *(slag) mil* battalia; *kampen för tillvaron:* le lucta pro le existentia

kampa campar

kampanj campania

kampare campator

kampglad bellicose

kamping camping

kampingplats campamento

kamrat camerada, companion, collega

kamratlig cameradesc

kamratskap cameraderia

kamrer experto contabile

kana glissada, glissiera

Kanaan *bibl* Canaan

Kanada Canada

kanadensare canadiano

kanadensisk canadian

kanal cannella, manica, tubo; *(i flera betydelser)* canal; *anat* ducto; *bildl* via

kanalbyggare canalisator

kanalisation canalisation

kanalisera canalisar

kanalje canalia

kanariefågel *zool* canario

Kanarieöarna Canarias

kanarisk *(från Kanarieöarna)* canari

kancer *med* cancer

kancerös cancerose

kandelaber candelabro

kandera *(doppa i socker)* candir

kandidat aspirante, candidato; *(som önskar ett ämbete)* pretendente; *kandidat till/för:* candidato a

kandidatur candidatura

kanel cannella

kanelträd *bot* cannelliero

kanfas canevas

kanhända forsan

kanik canonico; *kaniks ämbete:* canonicato

kanin *zool* conilio

kaninpest *med* myxomatosis

kanjon *(djup, trång floddal)* cañon *sp*

kanna jarra, olla, vaso, carrafa, bidon, urceo

kannelur *arkit* cannellatura

kannibal cannibal; *kannibal-:* cannibal

kannstöpa politicar

kannstöpare politicastro

kannväxt *bot* attrappa-muscas

kanon *mil* cannon, bucca de foco; *mus etc* canone; *beskjuta med kanon:* cannonar; *liten (skepps)kanon:* falconetto

kanonad cannonada

kanonbatteri cannoneria

kanonbåt cannonera

kanongjuteri cannoneria

kanonisera canonisar

kanonisering canonisation

kanonisk canonic; *kanonisk lag:* canone; *kanoniska böcker:* libros canonic; *kanoniska timmar:* horas canonic

kanonkula balla

kanonlopp cannon

kanonsalvor cannonada

kanonskytt cannonero

kanonställning *mil* implaciamento

kanot canoa

kanotpaddlare canoero

kanske forsan

kansler cancellero

kansli *(-byrå)* cancelleria

kant bordatura, bordo, fimbriation, lista, margine, orlo; *(bröd)* crusta de pan; *(utstående)* flangia [-dʒa]; *ta bort kanten från:* emarginar

kanta bordar; *(textil)* orlar, guarnir, galonar

kantarell *bot* cantarello

kantat *('sjungstycke', motsats till sonata 'spelstycke') mus* cantata

kantband galon, banda, orlo, bordura

kantig angulate

kantighet angularitate; *bildl* asperitate; *(i stil)* character angulose

kantin cantina

kantlinje contorno, bordura

kantning fimbriation

kanton *(delstat i Schweiz)* canton; *kanton-:* cantonal

kantor *mus* cantor

kantra inverter, volver, capovolver

kantstött a bordo contuse, con bordo deteriorate/defectuose

kantsy orlar

kanvas canevas

kaolin *(porslinslera)* kaolin

kaos chaos

kaotisk chaotic

kap *geogr* capo; *(fångst)* captura, prisa

kapa *(flygplan)* sequestrar, piratar

kapabel capabile

kapacitet capacitate; *(förmåga att rymma ngt)* capacitate

kapare corsario

kapell *(mindre kyrkobyggnad)* cappella; *mus* orchestra [-k-]; *(överdrag)* copertura

kapital capital, fundo

kapitalintäkt renta

kapitalism capitalismo

kapitalist capitalista

kapitalistisk capitalista

kapitel *(alla bet.)* capitulo

Kapitolium Capitolio

kapitulation capitulation, rendition

kapitulera capitular

kapitäl *(övre delen av pelare) arkit* capitello

kaplan capellano, vicario

kapning sequestration, acto de pirateria

kapok *(glansull, växtdun)* kapok

kappa mantello, paletot *fr* [palto], supertoto; *(regn-)* impermeabile; *lätt kappa:* mantelletto; *grekiska bokstaven kappa (κ):* kappa

kapphängare porta-mantello

kappkörningsbana *(för bilar)* autodromo

kapplöpning cursa

kapplöpningsbana pista, carriera

kapplöpningshäst cursero

kappsegling regata, regata de velieros

kappsäck porta-mantello, valise

kaprifolium *bot* caprifolio

kapriol capriola

kapris *(krydda)* capparis; *(nyck)* capricio; *bot, gastr* cappero

kapsel *(alla bet.)* capsula; *anat, bot, zool* theca

kapselformad capsular

kapsellock *bot* valva

kapstan cabestan

kapsyl capsula; *sätta kapsyl på:* capsular

kapten capitano

kaptensrang capitania

kapuschong cappucio

kaputt perdite, disparite

kar *(kärl)* alveo, cupa, vaso, vasculo; *(stort)* cupa

karaff carrafa

karakterisera characterisar

karakteristik characteristica; *(karakteristiskt drag)* idiosyncrasia

karakteristisk characteristic; *karakteristisk för:* proprie a

karaktär character, natural

karambol *(i biljard)* carambola

karamell caramello; *syrliga karameller:* bonbones acidulate

karantän quarantena; *hålla i karantän:* quarantenar

karantänbyggnad lazaretto

karat *(viktmått för ädelstenar)* carat

karate karate *jap; utövare av karate:* karateka *jap*

karavan caravana

karavanseralj caravanseralio

karavell *(medeltida tremastare) sjöt* caravella

karbad banio calde

karbin carabina

karbol- *kem* phenic

karbolsyra *kem* acido phenic

karbonat *kem* carbonato

karbonisera carbonisar

karburator carburator

karburera carburar

karcinom *med* carcinoma

karda *sb* cardo, pectine; *vb* cardar, pectinar

kardanknut juncto de cardan

kardborre *bot* bardana

kardemumma cardamomo

kardinaldygder virtutes cardinal

kardning cardatura

karfunkel *(röd ädelsten) min* carbunculo

karg magre, paupere; *(om jord)* aride

Karibiska *Karibiska havet:* Mar Caribe; *Karibiska öarna:* insulas Caribe

karies *med* carie; *angripa med karies:* cariar

kariesangripen cariose

karikatyr caricatura; *karikatyr-:* caricatural

karikatyrtecknare caricaturista
karikera caricaturar
karisma charisma
karismatisk charismatic
Karl Carolo; *Karl den Store:* Carolo Magne; *karl:* homine, viro
karm bracio; *(fönster-)* quadro de fenestra
karma *(i indisk religion beteckning för alla levande varelsers aktivitet) rel* karma *sanskrit*
karminröd carmino
karmosinröd *karmosinröd färg:* carmesino
karneol cornalina
karneval carneval
karnevalsartad carnevalesc
karnis *arkit* talon
kaross *(stor fyrhjulig täckt vagn)* carrossa
karott platto (cave), legumiera
karottlock coperi-platto(s)
karp *zool* carpa
Karpaterna le Carpates
karpfisk *en slags karpfisk: zool* barbo
karriär carriera
karsk galliarde; *(morsk)* intrepide
kart fructo verde/immatur
karta mappa, carta
kartagisk carthaginese
Kartago Carthagine, Carthago; *invånare i Kartago:* carthaginese
kartell *(överenskommelse mellan producenter)* cartel; *(sammanslutning av företag)* trust *eng* [tr^st]
kartlägga metir
kartograf cartographo
kartografi cartographia
kartografisk cartographic
kartong carton
kartongarbete cartonage [-adʒe]
kartotek cartotheca
kartritare cartographo
kartritning cartographia
kartusianmunk cartusiano
kartusiansk cartusian
karusell carosello
karva insecar, taliar; *(okunnigt)* taliadar
karyatid *(pelare i form av draperade kvinnofigurer)* caryatide
kasern *mil* caserna
kasernera *(förlägga i kasern)* casernar
kasernvakt casernero
kashew *bot* acaju [-dʒu]
kashewnöt nuce de acaju [-dʒu]
Kashmir Cachmir [-sh-]
kashmirtyg cashmir [-sh-]
kasino reducto; *(spelhus)* casino
kaskad cascada
kaskelott cachalote [katshalote]
kaspisk caspie; *Kaspiska havet:* le Caspio, Mar Caspie
kassa cassa; *kassa i förening:* tresor
kassabok libro de cassa
kassafack coffro-forte
kassapjäs pièce *fr* [pjæ:s] de successo
kassation cassation
kassationsdomstol corte de cassation
kassavalv camera-forte
kasse sacchetto
kassematt *mil* casamata
kassera rejectar, rejicer, cancellar; *(mildare)* refusar, annullar, invalidar; *(förklara för oduglig)* cassar
kassering cassation
kassett cassetta
kassettband banda de cassetta
kassun caisson *fr* [kesõ]
kassör cassero, tresorero, thesaurero
kast *(samhällsklass i Indien)* casta *portug; (-rörelse)* jectada
kasta lancear, jectar, jacular; *(om vind)* saltar; *kasta bort:* abstruder; *kasta ner:* precipitar; *kasta om:* permutar; *kasta om den elektriska strömmen:* inverter le currente electric; *kasta på nytt:* rejectar; *kasta runt:* ballottar; *kasta sig, om trä:* curvar se; *kasta tillbaka:* reverberar; *kasta upp:* regurgitar, vomir, vomitar; *kast-:* jaculatori
kastanda *sb* spirito de casta; *adj* jaculatori
kastanje *bot* castania; *(äkta)* marron
kastanjebrun castanie
kastanjeträd castaniero, castanio, marroniero
kastanjett castanietta, crotalo
kastare *sport* lancero
kastby raffica
kastilian castiliano
kastiliansk castilian; *kastilianska språket ('riksspanska'):* castiliano

Kastilien Castilia
kastmaskin *hist* catapulta
kastning jaculation
kastpil dardo
kastrat *(en som blivit kastrerad)* castrato
kastrera caponar, castrar, emascular
kastrering emasculation, emasculation
kastrull casserola
kastspjut dardo, javelina, lancea
kastspö canna a lancear, canna de lanceamento
kastvind *meteorol* borrasca
kastväsen systema del castas
kasuar *(stor struts) zool* casuar
kasuist *rel* casuista
kasuistik *rel* casuistica
kasus *gram* caso
katafalk *(ställning på vilken kista placeras)* catafalco
kataklysm cataclysmo
katakomb catacomba; *katakomberna (underjordiskt system av gångar med gravar):* catacombas
katalan catalano
katalansk catalan; *katalanska språket:* catalano
katalog catalogo; *data* directory *eng*, catalogo de files
katalogisera catalogar
Katalonien Catalonia
katalys catalyse
katalysator *(ämne som medverkar till kemisk process)* catalysator
katalysera catalysar
katalytisk catalytic
katamaran *sjöt* catamaran
katapult catapulta; *utslunga med katapult:* catapultar
katapultstol sede ejector
katarakt *med* cataracta
katarr *med* catarrho, coryza
katarsis *psyk* catharsis
katastrof catastrophe, calamitate, disastro, holocausto
katastrofal catastrophic, disastrose, funeste
kateder cathedra
katedral cathedral
kategori categoria
kategorisk categoric, peremptori
katekes *(grunderna i religionen)* catechismo; *katekes-:* catechistic
katet *(sida i rätvinklig triangel) mat* catheto
kateter *med* catheter
katjon *(positivt laddad jon i en elektrolyt) fys* cation
katod *elektr* cathodo
katolicism catholicismo
katolik catholica, catholico
katolsk *rel* catholic
katrinplommon pruna sic
katt catto, catta
katta catta
kattdjur *zool* felino
kattlik felin
kattuggla *zool* aluco
kattunge catton
katzenjammer charivari [sh-]
Kaukasien Caucasia
kaukasier caucasiano
kaukasisk caucasian
Kaukasus *(bergskedja i södra Ryssland)* Caucaso
kausal causal
kausalitet causalitate
kaustisk caustic; *med* urente
kauterisation *med* ustion
kauterisering cauterisation
kautschuk cautchuc, gumma elastic; *(rågummi)* cauchu [-tshu]; *(rader-)* gumma
kav perfectemente, absolutemente
kavaj jaco, jachetta [-k-]
kavajkostym habito
kavaljer cavallero
kavaljerskap cavalleria
kavalkad *bild* cavalcada
kavalleri *(beriden trupp)* cavalleria
kavat audace, hardite
kavern *med* caverna, geode
kaviar caviar
kavitet cavitate
kaxe galliardo, 'grande cannon'
kaxig arrogante, de attitude importante
kediv *(herre, titel för den turkiske vicekungen i Egypten)* khedive
kedja *sb* catena; *(armband)* manilla, bracialetto; *vb* catenar; *(slå i bojor)* incatenar
kedjande *(det att slå ngn i kedjor) sb* incatenamento

kedjereaktion reaction catenari
kedjeskydd coperi-catena
kedjeslutledning *filos* sorites
kejsardöme imperio
kejsare imperator; *japansk kejsare:* mikado *jap; tysk kejsare: hist* kaiser *ty* [kaizer]; *kejsar-:* cesaree, imperial
kejsarinna imperatrice
kejsarrike imperio
kejsarsnitt operation/section cesaree
kejsarörn aquila imperial
kejserlig imperial
kela caressar
kelt celta
keltisk celtic
kemi chimia; *organisk kemi:* chimia organic
kemikalieaffär drogeria
kemikaliehandlare drogista
kemisk chimic
kemist chimico
kemoterapi *kem* chimotherapia
kemtvätta nettar a sic
kennel canil
kentaur *(hälften häst hälften människa) myt* centauro, hippocentauro
Kenya Kenya
kenyansk kenyan
kepi *(militärmössa)* kepi
keramik ceramica
keramiker ceramista
keramisk ceramic
keratin keratina
kerub cherub [k-]
kex biscuit; *(tjat)* grunnimentos
khaki *(gulbrunt uniformstyg)* khaki, kaki
khakifärgad khaki, kaki
kibbutz *(israeliskt kollektivjordbruk)* kibbutz *hebr*
kidnappare abductor
kidnappning abduction; *(bortrövande av barn)* kidnapping *eng*
kikare binoculo, lorgnette
kikhosta pertusse
kil cuneo, cala; *slå in en kil:* cunear
kila *kila in:* cunear; *kila iväg: (fam.)* filar, escappar; *kila mellan:* intercalar; *kila under:* calar
kilformig cuneal, cuneiforme
kilindrivning cuneage [-adʒe]
kille *hård kille:* duro
killing capretto
kilo *(kilogram)* kilo
kilocykel *(kilohertz per sekund) elektr* kilocyclo
kilogram *(kg, 1000 g)* kilogramma
kilogrammeter *(måttsenhet)* kilogrammetro
kilohertz *(måttsenhet för frekvenser)* kilohertz
kilometer kilometro; *kilometer-:* kilometric
kilowatt kilowatt
kilskrift scriptura cuneiforme
kimono *(japansk, lång rock)* kimono *jap*
Kina China [sh-]
kinabark *bot* quina, quinaquina, cinchona
kinaträd *bot* quina, quinaquina, cinchona
kind *anat* gena; *kind-:* genal
kindben *anat* zygoma
kindgrop fossetta genal
kindtand *anat* dente bicuspide, molar, dente molar
kines chinese [sh-]
kinesisk chinese [sh-]; *kinesiska språket:* chinese [sh-]; *kinesisk-japansk:* sino-japonese; *Kinesiska muren:* muralia de China [sh-]; *Kinesiska sjön:* mar de China [sh-]
kinetik *(läran om massors inbördes rörelser) fys* cinetica
kinetisk cinetic
kinin *kem* quinina
kinka *(klaga)* planger se; *(gnata)* grunnir
kinkig difficile, delicate, embarassose, fastidiose, petulante; *(petig)* meticulose, discontente; *(om barn)* lacrimatori, gemitori
kiosk kiosque *turk via fr* [kiosk]
kiromant *(en som spår i handen)* chiromante
kirurg chirurgo
kirurgi chirurgia
kirurgisk chirurgic
kisa semiclauder le oculos
kisel *kem* silicium; *min* silice; *kisel-:* silicee
kiseljord terra silicose
kiselsyra acido silicic, silice
kissa pissar; *(barnspråk)* facer le pipi
kista cassa, coffro, coffron; *(lår)* casson
kitslig irritabile, meticulose, vexatori
kitt mastico, cemento
kitta masticar

kittel caldiera, *(liten)* caldieretta, *(stor)* caldieron
kitteldal *geol* bassino
kittelfull *en kittelfull:* caldierata
kitteltillverkare caldierero
kittla titillar
kittlig titillabile
kiv altercation, disputa, querela, litigation
kivas altercar, litigar
kiwifrukt *bot* grossula chinese [sh-], kiwi
kiwifågel *zool* kiwi
kjol gonna, gonnella, subgonnella
kjoltygsjakt donjuanismo
kjortel cotta
klabba collar
klack calce, talon
kladd minuta
klaff *anat* valvula; *(bords-)* battente; *klaff-:* valvular
klaffbro ponte levatori
klaga lamentar (se); *jur* querelar
klagan lamento, plancto, querela; *(hos högre rätt)* appellation
klagande *sb* lamentation; *adj* lamentose
klagofylld lamentose
klagomur muro de lamentationes
klagomål plancto, querela; *framföra klagomål:* querelar
klagoskrift *jur* libello
klagosång elegia, threnodia
klagovisa jeremiade
klammer *(krok)* croc, crampon; *(tecken)* parenthese quadrate; *klammer över flera notsystem: mus, typ* accollada
klan *(grupp av familjer)* clan
klander animadversion, blasmo, critica, reprehension, reproche [-sh-], reprobation
klanderfri irreprochabile [-sh-], irreprehensibile
klandervärd blasmabile, reprehensibile
klandra accusar, animadverter, blasmar, culpar, reprehender; *som ej kan klandras:* irreprehensibile
klandrande reprehensive
klang *(ljud)* sono, sonoritate; *(mus, målning)* tono; *(av klocka, glas etc)* tintinnamento; *(åter-)* resonantia
klangfull sonor, sonorose
klangfärg *mus* timbro
klanglös mat, extincte; *fys* insonor
klanmönster *(skotskrutigt mönster)* tartan
klantig grumose
klapp colpetto; *(smekning)* caressa
klappa batter; *(om hjärtat, även)* palpitar
klar clar, decise, distincte, explicite, limpide, lucide, nitide, perspicue, plan, seren; *(om ljud) klar(t):* argute; *(om person el. framställning)* lucide; *göra klar:* clarar; *göra fullt klart:* evidentiar; *göra klart för sig:* facer se clar; *göra skinande/klar:* lucidar; *klar/stark färg:* color vive; *klar över:* conscie de; *så klart:* naturalmente
klara clarificar; *kem* filtrar, colar; *(ordna)* arrangiar [-dʒar], regular; *klara sig:* arrangiar [-dʒar] se
klarera *(ett fartyg)* declarar
klargöra apparar, arguer, clarificar
klargörande *sb* clarification; *adj* demonstrative
klarhet claritate, serenitate
klarinett *mus* clarinetto; *klarinett i C, C-klarinett:* clarinetto in Do
klarino *mus* clarino
klarinregister *(på horn, trumpet o.dyl.)* clarino
klarlägga elucidar
klarläggande clarification
klarseende *sb* clarividentia
klarsynt perspicace, clarividente
klarvaken allerte
klase *bot* racemo
klasformig *bot* racemiforme
klass *allm* classe, categoria; *biol* phylo; *(grad)* grado, rango, ordine; *av första klass:* de prime ordine/classe
klassa classar
klassicism classicismo
klassicist classico
klassificera classar, classificar
klassificering classification
klassifikation classification, classamento
klassiker classico
klassisk classic
klasskamp *klasskampen:* le lucta del classes
klassrum classe
klaustrofobi *(fruktan för det slutna rummet) psyk* claustrophobia

klausul *jur* clausula, stipulation

klav clave (de violino, de basso etc)

klavbinda incatenar

klaver *mus* claviero

klaviatur *mus* claviero

klavikord *mus* clavichordio

klemig troppo tenere; *(veklig)* hypersensibile

klen debile, delicate, fragile, tenue; *klen hälsa:* sanitate delicate

klenod joiel, gemma; *bildl* tresor

klensmed serraturero

kleptoman kleptomano

kleptomani *(sjuklig drift att stjäla)* kleptomania

kli crusca, furfure; *kli-:* furfuracee

klia *itr* prurir, formicar; *tr* grattar, *refl* grattar se

kliande *sb* grattamento; *adj* pruriente

klibba *klibba fast (vid):* adherer; *klibba ihop:* agglutinar

klibbig adhesive, collante, glutinose, mucilaginose; *(seg)* viscose; *(med klister)* collose

klibbighet glutinositate

kliché cliché *fr*

klick *(kotteri, liten intrigerande grupp)* clique *fr* [klik], clic, faction; *(sammansvurna)* camarilla, junta *sp; (smör etc)* un poco de (butyro); *(ljudhärmande t.ex. med datormusen)* clic; *klick-:* factiose

klicka mancar; *(misslyckas)* faller; *(om vapen)* blocar se; *(med datamusen)* clic/c/ar

klickgrupps- factiose

klient cliente

klientel clientela

klimakterium *med* climacterio; *klimakterie-:* climacteric

klimat climate; *klimat-:* climatic

klimatisera climatisar

klimatisering climatisation

klimatologi *(läran om klimat)* climatologia

klimatologisk climatologic

klimax climax, culmination; *(stegring i ett tal)* gradation

klimp grumo

kling-klang tintinno

klinga *sb* lamina; *vb itr* sonar, tintinnar

klingande *sb* tintinnamento

klinik clinica

klinisk clinic

klint *(kulle)* collino

klippa *sb* rocca, saxo; *med mycket klippor: roccose; vb tonder, taliar*; *klippa ihop (om film):* editar

klippblock bloco de rocca

klippfyr pharo intermittente

klippig roccose, saxose; *(med mycket klippor)* roccose; *klippig terräng:* saxeto; *Klippiga Bergen:* Montanias Roccose

klippning tonsura

klipprev scolio

klipsk astute; *(elak)* maligne; *han är inte så klipsk:* ille non ha inventate le pulvere

klirr tintinnamento, tintinno

klirra tintinnar

klister colla, glutine

klistra collar, glutinar; *(med gummi)* gummar; *klistra ihop:* agglutinar

klitoris *anat* clitoride, clitoris

klo ungula, ungue, *(liten)* unguiculo

kloak cloaca; *kloak-:* cloacal

klocka horologio, pendula; *(dörr-)* tintinnalia, campanella; *(kyrk-)* campana; *(som ringer/klämtar)* campana; *hur mycket är klockan?:* que hora es (il)?; *klockan ett:* un hora; *klockan två:* duo horas

klockare sacrista, sacristano

klockhyacint *bot* squilla

klockkläpp battente

klockljung erica

klockren argentin

klockspel carillon *fr* [karijõ]; *spela på klockspel:* carillonar

klockspelare carillonator

klockstapel campanil

klok judiciose, prudente, sapiente, intelligente, sage [sadʒe], considerate

klokhet prudentia, sagessa [-dʒ-]

klor chloro; *(grundämnet klor, Cl) kem* chloro; *klor-:* chloral, chloric

klorat *kem* chlorato

klorid *kem* chlorido

kloroform *kem* chloroformo

kloroformera chloroformar, chloroformisar

klorofyll chlorophylla

klorofyllbrist *bot* chlorosis

klorur *kem* chloruro

klosett cabinetto, privata

kloster claustro, convento, monasterio; *sätta i kloster:* claustrar; *kloster-:* abbatial, claustral, conventual, monastic
klosterbroder fratre
klostergång claustro
klosterliknande *adj* conventual
klosterväsen monachismo, organisation monastic
klot globo, orbe, sphera; *(litet)* spherula; *(i spel)* balla; *(tyg)* tela, percalina; *klot-:* orbicular
klotformat *klotformat föremål:* rondo
klotformig spheric
klotrund spheric, globular
klotter scribalia
klottra scribaliar
klubb club, circulo
klubba mallette, malleo, massa, fuste; *slå med klubba:* massar
klubbhus reducto
klubbist clubista
klubbmedlem clubista
klubbslag *(vid auktion)* adjudication; *få klubbslag på (vid auktion):* adjudicar a
klucka gurguliar
klump gleba, grumo, massa, pecia compacte, pepita
klumpa *klumpa ihop sig:* agglutinar
klumpfot pede equin
klumpig agreste, disgratiose, inepte, inhabile; *(tafatt)* grossier, grumose, saturnin; *(full med klumpar)* grumose
klumpighet disgratia, ineptitude, inhabilitate
klunga gruppo, banda; *bot* glomerulo, racemo; *i klunga: bot* racemiforme
klunk bibita, gorgata
klut panno, pannello, pecia de panno
kluven findite, fisse
klyfta ravina, fissura; *bildl* abysmo; *bilda en klyfta:* hiar
klyftig astute, perspicace
klyka furca; *(år-)* tolete
klyva finder, scinder
klyvbar fissile, scissile
klyvning fission
klå *(ge stryk)* batter, fustigar
klåda prurientia, prurito, formicamento, furfure
klåfingrig tocca-toto
klä vestir, revestir; *klä av:* disvestir; *klä i/med:* vestir de; *klä på igen:* revestir; *klä ut sig:* travestir
kläcka covar, incubar
kläckning incubation
kläda vestir; *kläda av sig:* disvestir se
klädedräkt habito
kläder vestimentos; *färdigsydda kläder:* confection; *kläderna gör inte mannen:* le habito non face le monacho; *utstyra med kläder:* revestir
klädeshandel drapperia
klädeshandlare drappero
klädesplagg veste, vestimento
klädhängare porta-habito, porta-vestimentos
klädnad roba
klädsam decorose; *passa, vara klädsam för ngn:* ir a un persona
klädsel *(stor toalett)* toilette *fr* [tualet]
klämma *sb* crampa; *(knipa)* dilemma; *vb* serrar, stringer, crampar, pinciar; *klämma samman:* serrar
klämmig alerte, vigorose
klämta sonar, alarmar
klänga scander, rampar
klängväxt planta rampante
klänning *(även ämbetsdräkt)* roba
klänningsliv corsage [-adʒe]
klärobskyr clarobscuro
klärvoajans clarividentia
klärvoajant clarividente
klättra scander, rampar; *klättra uppför:* ascender
klösa grattar
klöv pede furcate, pata findite, ungula; *klöv-:* ungulate
klövbärande *adj* fissipede
klövdjur fissipede, ungulato
klöver *bot* trifolio; *klöver i kortspel:* trifolio
klöverblad *arkit* trifolio
klövsjuka *mul- och klövsjuka:* aphta (epizootic)
knacka colpar, batter
knackning battimento, colpetto
knagglig rude
knaka crac(c)ar
knall crac, detonation, fracasso
knalla crepar

knallhatt capsula, capsula fulminante

knallkvicksilver *kem* fulminato

knallpulver pulvere fulminante

knallsyra acido fulminic

knapp *sb* button; *adj* modic, magre, exigue, limitate, paupere, succincte, insufficiente

knappast a pena

knapphet insufficientia, penuria

knapphål buttoniera

knappnål spinula

knappt a pena

knark droga, narcotico

knarr crac

knarra crac(c)ar, crepitar, critar, streper, strider

knastra crac(c)ar, crepitar, decrepitar

knattra crepitar

knep artificio, maneo, stratagema, truc, truco

knepig un poco complicate, penibile, dur, rude

knippa fasce, fasciculo, fagotto

knippe fasce, fasciculo; *liten knippe av ngt:* flocco

knipslug astute

knipslughet astutia

kniptång tenalia; *(endast i plur)* pincias

kniptångsmanöver *mil* tenalia

kniv cultello; *(stor, slakt- el. jaktkniv)* cultro

knivblad lamina

knivfabrik cultelleria

knivtillverkare cultellero

knog pena, travalio

knoge *anat* condylo, nodo; *sjöt* nodo

knop *sjöt* nodo

knopp *bot* button, gemma, *(liten)* gemmula; *knopp på en växt:* oculo de un planta

knoppas *bot* gemmar

knoppbärande gemmifere

knoppning gemmation

knorr bucla; *(klagan)* grunnimento, lamentation

knorra grunnir, lamentar se, murmurar

knotig ossose, ossute; *(om trä)* nodose

knottrig *allm* granulose; *(hud)* papillari; *(rynkig)* rugose

knubbig grosse, replete

knuff pulsata, pulso, colpo

knulla *(vulgärt)* futuer

knussel parsimonia, avaritia

knut nodo; *(hus-)* corno; *bot* nodulo; *gordisk knut:* nodo gordian; *utan knutar:* disnodose

knuta *med* nodo, *(liten)* nodulo, tuberculo

knutformat nodular

knutpiska knut *ry*

knutpunkt centro, nucleo, (puncto de) junction; *fys* nodo

knyckla crispar

knyppel fuste

knyta *(knyta samman)* nodar, junger, alligar; *knyta till något:* attachar [-sh-]; *knyta upp:* dislaciar, disligar, disnodar

knytnäve pugno

knåda *(deg)* impastar

knåpa *knåpa ihop:* confectionar

knä *anat* genu, geniculo; *(på växt)* nodo; *tekn* cubito

knäbyxor bracas

knäböja genicular, genuflecter

knäböjning geniculation, genuflexion

knäcka franger, rumper

knäckas rumper

knäckebröd pan dur (svedese), knäckebröd *sv*

knäfall prosternation

knäfalla *(kasta sig för någons fötter)* prosternar se

knähund canetto de gremio

knäppa crepitar; *(knapp)* buttonar; *(på strängar) mus* pizzicar [-ts-], toccar; *knäppa på gitarrsträngar:* toccar le chordas de un gitarra; *knäppa upp:* disbuttonar

knäppande *(på fiolens strängar) mus* pizzicato *ital* [pitsikato]

knäppinstrument instrumento a pizzicar [-ts-]

knäskydd *sport* geniculiera; *(för stensättare osv)* geniculiera

knäskål *anat* patella, rotula

knästycke *(på rustning) hist* geniculiera

knästående a genu

knäveck garretto

knävärmare *sport* geniculiera

knöl bulbo, nodo, nodulo, tubere, tumor; *(härdnad i huden)* callo; *(person)* grossiero, rudo; *bot* tubere; *med* nodo, *(liten)* nodulo, tuberculo

knölartad tubercular

knölig nodular, tubercular; *(med knutar)* tuberculose; *(med knölar el. förtjockningar)* tube-

rose
knölpåk *(grov)* fuste
knölsvan cygno mute
knös nabab; *(fam.)* matador
ko vacca
koagulera *(stelna om blod o.dyl.)* coagular
koagulering coagulation
koalabjörn *zool* koala
koalition coalition; *föra samman i koalition:* coalisar; *gå i koalition:* coalisar se
kobent (genu) valge, var
kobolt *(grundämnet kobolt, Co)* cobalt
koboltblå azur/blau de cobalt
kobra *zool* cobra
kock coco, cocinero, cocinera
kod codice
koda *(omvandla till kod)* codificar
kodex *(gammal handskrift)* codice
kodicill *(tilläggsbestämmelse i testamente) jur* codicillo
kodifiera codificar
kodifiering codification
koefficient *mat* coefficiente
koffein caffeina, coffeina
koffert coffro, *(liten)* coffretto
kofot *tekn* pede-de-capra; *(bräckjärn)* vecte
kofta veste
kofångare para-choches [shokes]
koger pharetra
kognition cognition
kohandel *pol* cambio de voto
koherde bovero
kohesionskraft cohesion
kohorn corno de vacca
koine *(den form av grekiska språket som användes som gemensamt språk i den hellenistiska världen)* koine *gr*
koja cabana; *(enkel)* rancho *sp*
kojplats lectiera
koka cocer, ferver; *(laga mat)* cocinar; *itr* bullir; *koka kaffe, soppa etc:* facer caffe, suppa etc; *koka upp:* ebullir; *koka vid svag eld:* estufar; *kok-:* culinari
kokain *kem* cocaina
kokainist cocainomano
kokande *adj* bulliente
kokapparat furnello (electric)
kokard *(möss- el. uniformsmärke i nationens färger)* cocarda
kokbok libro de cocina
kokett *(kvinna el. flicka) sb* coquetta; *adj* coquette
kokettera coquettar
koketteri coquetteria
kokhet bulliente
kokkonst gastronomia; *kokkonsts-:* gastronome, gastronomic
kokkärl *mil* gamella
kokning ebullition
kokong *(kring puppa)* cocon
kokosnöt *bot* coco
kokospalm *bot* coco
kokplatta placa electric
kokpunkt puncto de ebullition
koksalt sal, sal de cocina, chlorido de natrium
kokseldning calefaction a carbon
kol *(grundämnet kol, C) kem* carbon; *(brun)* lignite; *(rit-)* fusano; *glödande kol:* brasa; *kol-14, radioaktivt kol:* radiocarbonio; *ta bort kol (ur järn och stål):* discarburar; *kol-:* carbonic
kolanhydrid anhydrido carbonic
kolchos kolkhoz *ry*
koldioxid anhydrido carbonic; *ta bort koldioxid:* discarbonatar
kolera *kem* cholera; *kolera-: med* choleric
kolerisk biliose, choleric
kolförande carbonifere
kolförening carburo
kolhydrat *kem* hydrato de carbon
kolibri *zool* colibri
kolik *med* colica
kolja *zool* aglefino, eglefino
kollaps *med* collapso
kollationering *(jämförelse mellan original och avskrift)* collation
kollega associato, confratre; *(ngn med samma yrke)* collega
kollegium *(grupp av personer med bestämd funktion/värdighet)* collegio
kollekt collecta; *rel* questa
kollektiv *sb* collectivo; *adj* collective
kollektivjordbruk kolkhoz *ry*
kollektor *(strömväxlare i dynamo etc) elektr* collector
kollidera collider

kollimation collimation
kollodium *kem* collodio
kollra *kollra bort:* confunder, facer confuse
kollyrium *(ögondroppar) med* collyrio [-lirio]
kolofon *(blad med uppgift om tryckare, tryckort och tryckår) typ* colophon
kolombian *(invånare i Colombia)* colombiano
kolombiansk colombian
kolon duo punctos
koloni colonia
kolonisera colonisar
kolonn columna; *mil* colonna
kolonnad *arkit* colonnada
koloradoskalbagge *zool* doryphora [dorifora]
koloratur *mus* vocaliso, fiorituras *ital*
kolorit *(konst)* colorito
koloss colosso; *koloss på lerfötter:* colosso al pedes de argilla
kolossal colossal, tremende
kolsyrad gasose
kolteckning fusano, designo a fusano
koltrast *zool* merla
kolumn columna
kolumninställare tabulator
kolv piston; *bot* spadice; *(behållare)* retorta, ballon; *(på skjutvapen)* fuste
kolvagn *(på ånglok.) tekn* tender *eng*
kolvstång biella de piston
kolväte hydrocarbon
komage tripa
kombination combination
kombinera combinar
komedi comedia
komet *astron* cometa
komfort conforto
komiker comed(ian)o
komisk burlesc, comic, drolle
komma *sb gram* comma, virgula; *(musikaliskt intervall) mus* comma; *vb* venir; *(ankomma)* arrivar; *komma efter:* retardar; *komma före:* anteceder; *komma hem:* reentrar, revenir a casa; *komma i handgemäng:* venir al manos; *komma ifrån (rätta vägen):* deroutar [-rut-]; *komma in på ett (samtals)ämne:* abbordar un thema/subjecto; *komma med (ngt), ha ngt med sig:* apportar; *komma och gå:* commear, ir *e* venir; *komma på:* inventar; *komma runt:* circumvenir; *komma springande:* accurrer; *komma tillbaka:* revenir; *komma tillsammans:* convenir; *komma undan:* escappar, salvar se, evader; *komma upp:* emerger; *komma ut:* sortir, *(igen)* resortir; *komma åt, nå:* attinger, attrappar; *komma åter:* revenir; *komma överens:* convenir, accordar, accordar se, intender se; *som kommer emellan:* intercurrente
kommabacill *med* bacillo virgula
kommanditbolag societate in commandita
kommando commando
kommandobrygga ponte de commando
kommatecken comma
kommatera punctuar, virgular
kommendera commandar
kommentar commentario, commento, glossa; *kommentarer med anteckningar:* annotation
kommentator explicator, glossator
kommentera *(lägga till förklarande noter)* commentar; *(med anteckningar)* annotar
kommersialisera *(göra affärsmässigt lönande)* commercialisar
komminister pastor auxiliar; *(katolsk)* vicario
kommissarie *(flera betydelser, som i sv, ledamot av Europakommissionen)* commissario
kommission commission
kommissionär factor; *(mellanhand i olika affärstransaktioner)* commissionero
kommissur *anat* commissura
kommitté committee *eng*, comité
kommod commoda
kommun communa, municipalitate
kommunal municipal
kommunalstyrelse municipalitate
kommunaltjänsteman functionario public
kommunfullmäktige consilio municipal
kommunfullmäktigemedlem consiliero municipal
kommunicera communicar
kommunikation communication
kommuniké communicato
kommunist communista
kommunstyrelse consilio municipal
kompani *mil* compania
kompanjon consorte
komparation comparation
komparationsgrad *gram* grado de comparation
komparativ *gram* comparativo

kompass bussola, compasso

kompasshus *sjöt* habitaculo

kompassnål agulia magnetic

kompassros *sjöt* rosa nautic

kompatibel compatibile

kompendieform *i kompendieform:* compendiose

kompendium compendio

kompensation compensation

kompensera compensar

kompetent competente, efficiente

kompilera *data* compilar

kompilator *data* compilator

komplement complemento

komplementär *(utgörande komplement/fullständigande av ngt)* complementari

komplett complete, integre, integral

komplettera completar, supplementar

kompletterande completive, supplementari

komplex *sb* complexo; *adj* complexe

komplicera complicar

komplicerad complexe, intricate

komplikation intrication, trica

komplimang complimento; *framföra komplimanger:* facer complimentos; *säga en komplimang:* complimentar

komplimentera complimentar

komplott complot, conspiration

komponent componente, constituente

komponera componer

komposition composition

kompositör compositor

kompost composto; *förvandla till kompost:* converter in composto

kompostera converter composto

komposthög pila de composto

kompott compota

kompress *med* compressa

kompression compression

kompressor pumpa de compression; *med* tourniquet *fr* [turnike]

kompromettera compromitter

kompromiss compromisso, composition

kon cono; *(kil)* cuneo; *kon-:* conic

kona *tekn* cono

koncentration *(inre samling)* recollection

koncentrera concentrar

koncentrisk *(med gemensam medelpunkt)* concentric, homocentric; *icke koncentrisk:* eccentric

koncept concepto

koncertina *(litet sexkantigt dragspel) mus* concertina

koncession concession

koncessiv *gram* concessive

koncilium concilio

koncis compendiose, concise, succincte

koncishet concision

kondensation condensation

kondensationsrör serpentino

kondensationsslinga serpentino

kondensator condensator, refrigerante

kondensera condensar; *som kan kondenseras:* condensabile

konditionalis *(skulle + infinitiv) gram* conditional

konditor confectero, pastissero

konditori confecteria, pastisseria

konditorivaror confecteria

kondolens condolentia

kondolera condoler

kondom condom, preservativo

kondor *zool* condor

konduktör conductor

konfederation confederation; *gå samman i konfederation:* confederar

konfederationalister *konfederationalister i amerik. inbördeskriget:* confederatos

konfederativ confederative

konfekt confecto

konfektion confection

konfektyr confecteria

konfektyraffär confecteria

konfektyrhandlare confectero

konferens conferentia; *hålla konferens:* conferentiar, conferer; *konferens-:* conferential

konferera abuccar se; *(hålla konferens)* conferer

konfetti confetti

konfiguration configuration

konfigurera *(forma så att några saker passar ihop)* configurar

konfirmation *rel* confirmation

konfirmera *rel* confirmar

konfiskation caption, confiscation

konfiskatorisk confiscatori

konfiskera confiscar
konflikt conflicto; *komma i konflikt med:* confliger; *konflikt(s)-:* conflictual
konfliktforskning polemologia
konformad coniforme
konformist conformista
konfrontation confrontation
konfrontera confrontar
konfucian confuciano
konfucianism confucianismo
konfuciansk confucian
Konfucius Confucio
konfundera confunder
konfys confuse
kongenial congenial
kongenialitet congenialitate
konglomerat conglomerato
Kongo *(en period kallat Zaire)* Congo; *Belgiska Kongo: hist* Congo Belge/Belgic; *Franska Kongo: hist* Congo Francese; *invånare i Kongo:* congolese; *kongo-:* congolese
kongolesisk congolese
kongregationalism *(rörelse för kyrklig självstyrelse) rel* congregationalismo
kongress congresso; *kongress-:* congressual
kongressdeltagare congressista
kongruens *mat* congruentia
kongruent *mat* congruente
konicitet conicitate
konisk conic; *(spiral- el. snäckformat vriden)* turbinate; *konisk sektion: mat* section conic
koniskhet conicitate
konjak brandy *eng,* cognac *fr* [konjak]
konjunktion *gram* conjunction
konjunktiv *gram* conjunctivo, subjunctivo
konjunktivisk subjunctive
konjunktivitis *med* conjunctivitis
konjunktur *ekon* conjunctura
konkav *(med fördjupning)* concave
konklav *(möte för kardinalernas val av påve) rel* conclave
konkludera concluder
konklusion conclusion
konkret concrete; *göra konkret:* concretisar
konkretisera concretisar
konkretisering concretion
konkubin concubina
konkubinat *man som lever i konkubinat:* concubino
konkurrens concurrentia
konkurrenskraftig competitive
konkurrent concurrente, rival, emulator
konkurrera concurrer
konkurrerande *adj* rival
konkurs fallito, fallimento, bancarupta; *gå i konkurs:* faller; *göra konkurs:* facer bancarupta, facer fallito
konkursförvaltare *jur* syndico
konnossement polissa de cargamento
konnässans cognoscentia
konsekutiv *(på varandra följande)* consecutive; *konsekutiv tolkning:* interpretation consecutive
konsekvens consequentia; *logisk konsekvens:* corollario
konsekvent consequente
konselj consilio de ministros, consilio ministerial
konsensus consenso
konsert *(föreställning) mus* concerto
konservativ conservative; *konservativ politiker: pol* conservator
konservator conservator, taxidermista; *(av tavlor och konstföremål)* restaurator
konservatorium *mus* conservatorio
konserver conservas
konservera conservar; *(djurfoder)* insilar; *konservera frukter:* conservar fructos
konserverad in conserva
konserverande *adj* preservative
konservering conservation
konserveringsmedel preservator
konservöppnare aperi-latta
konsignation consignation
konsistens consistentia
konsistorium *rel* consistorio
konsol *(stöd på möbler)* consola
konsolidera consolidar
konsoliderande consolidative
konsolidering consolidation
konsonant *sb fon* consonante; *adj mus* consonante
konsonera *konsonera med: mus* consonar
konsonerande *adj mus* consonante
konspirera conspirar
konst arte; *(svårighet)* difficultate; *de sköna*

konsterna: le belle artes; *konst-:* artificial
konstant *sb, adj* constante
Konstantinopel Constantinopole
konstantinopolitansk constantinopolita, constantinopolitan
Konstanz Constantia
konstart stilo, genere, genere de arte
konstatera constatar
konstbilaga supplemento artistic/de arte
konstellation constellation
konstflit industria
konstfärdig dextere, habile; *(sak)* artistic
konstförlag casa editorial de arte
konstgjord artificial
konstgjordhet artificialitate
konstgrepp artificio
konstgummi cauchu [-tshu] synthetic
konstgödsel fertilisante
konstig curiose, singular, bizarre, estranie, peculiar
konstighet curiositate, estranitate
konstituerande *adj* constitutive; *(som fastslår riktlinjer i förening)* constituente
konstitution constitution
konstitutionell constitutional
konstlad artificial, posticie; *(tillgjord)* affectate
konstmuseum galeria
konstnär artista
konstnärlig artistic
konstprodukt *(föremål skapat av människohand)* artefacto
konstruera construer
konstruktion *(handlingen el. resultatet)* construction
konstruktiv constructive
konstsiden seta artificial
konstsilke rayon *eng*, seta artificial
konstskicklig habilitate professional
konststycke tour de force *fr* [tu:r de fors]
konstverk obra de arte, opera de arte
konsul consule
konsulat consulato
konsult consultor
konsultation consultation
konsultativ consultative
konsultera consultar
konsulär *(hörande till konsulat)* consular
konsument consumitor
konsumera consumer
konsumtion consumo, consumption
konsumtionsavgifter accisia
kontakt contacto; *vara i kontakt med:* continger
kontant contante; *kontanter:* moneta contante
kontemplativ contemplative
konteramiral contraadmiral
kontinent continente
kontinental continental
kontingent quota, contingente, comtribution
kontinuitet continuitate
konto conto
kontokurant conto currente
kontor officio, bureau *fr* [byro], cancelleria
kontorist commisso
kontrabas *mus* basso, contrabasso; *(stor basfiol)* violon
kontrabassist *mus* contrabassista
kontrabasspelare *mus* bassista
kontrakt contracto; *ingående av kontrakt:* contraction; *kontrakts-:* contractual
kontraktera contractar
kontrakterande contraction
kontraktion contraction
kontraorder contraordine; *ge kontraorder:* contramandar
kontrapunkt *mus* contrapuncto
kontrapunktisk *mus* contrapunctic
kontrasignera contrasignar
kontraspionage contraspionage [-adʒe]
kontrast contrasto
kontrastera contrastar
kontroll controlo, freno, supervision; *genomgång för kontroll:* compulsion
kontrollera controlar, verificar
kontrollör controlator
kontrovers controversia
kontroversiell controverse
konträr contrari
kontur contorno; *dra konturer av:* traciar
konung rege, monarcha
konvalescent convalescente
konvalje *(lilje-)* lilio del valles
konvenans convenientia
konvenansäktenskap maritage [-adʒe] de convenientia

konventikel conventiculo
konvention *(vedertaget skick)* convention
konventionalism *(fasthållande vid det konventionella)* conventionalismo
konventionell conventional
konvergens convergentia
konvergera *(löpa samman till en punkt)* converger
konversation conversation
konversatör conversator
konversera conversar, colloquer; *trevlig att konversera med:* conversabile
konvertibel *(som kan förvandlas/växlas)* convertibile; *icke konvertibel:* inconvertibile
konvertibilitet *ekon* convertibilitate
konvex *(med utbuktning)* convexe
konvoj convio; *(skepp eskorterade av krigsfartyg) mil* convoyo; *ledsaga i konvoj:* conviar, convoyar
konvolvulus *bot* convolvulo
kooperativ *kooperativ förening:* cooperativa
kooperatör cooperator
koordinater *mat* coordinatas
koordination coordination
koordinator coordinator
koordinera coordinar
koordinerad coordinate
kopek *(1/100 rubel)* kopeka *ry*
kopernikansk copernican
Kopernikus *(polsk astronom 1473-1543)* Copernico
kopia copia, duplicato; *foto* copia; *kopia av konstverk:* replica
kopiera copiar, reproducer
kopiering copiage [-adʒe], reproduction, duplication; *foto* tirage [-adʒe], recopiage [-adʒe]
kopist copista
kopiös copiose
kopp cuppella, tassa
koppa pustula; *(smittkoppor)* variola
koppar *(grundämnet koppar, Cu)* cupro; *koppar-: kem* cupric
kopparförande cuprifere
kopparhaltig cuprose
kopparmynt moneta de cupro
kopparsmed caldierero
kopparstick gravure *fr* [gravyr] sur/in cupro; *göra kopparstick:* burinar
kopparstickare gravator in cupro
kopparsulfat *(sulfat som kopparvitriol)* vitriolo
koppla copular, accopular; *(binda samman)* adjunger, attachar [-sh-]; *elektr* connecter, accopular; *tekn* ingranar; *koppla av:* relaxar; *koppla på (elektrisk apparat):* accender; *koppla av/ur radion/TV:* disconnecter le radio/television; *koppla från/ur: tekn* disaccopular, decopular, disingranar; *koppla isär:* disjunger
kopplingspedal pedal de ingranage [-adʒe]
koppning scarification
koppärr marca de variola
koppärrig variolose
kor *(i kyrka)* choro
kora *(till)* eliger
koral *mus* choral, cantico
korall corallo; *korall-:* corallin
koralldjur *zool* corallina
korallrev scolio de corallos
Koranen *(muslimernas heliga bok)* Koran
korda *mat* chorda
kordit *(röksvagt krut)* cordite
kordong cordon
Korea Corea
korean coreano
koreansk corean; *koreanska språket:* coreano
koreograf choreographo
koreografi *(instruktion om dans)* choreographia
koreografisk choreographic
korg corbe, paniera, paniero, *(liten)* corbetta; *en korg full:* corbata
korgblomstrig composite
korgboll basket-ball *eng*
korgflaska flasco
korgmakare corbero
korgmakeri corberia
korgstol sede de vimine/salice
korgvide vimine, salice
Korint Corintho; *invånare i Korint:* corinthio; *korint:* uva de Corintho
korintierbreven Epistolas al Corinthios
korintisk corinthie
korist *mus* chorista
kork corco; *(-vävnad)* suber; *dra korken ur:* discorcar

korka *(igen)* corcar
korkartad suberose
korkskruv tira-corcos
korkvävnad suber
korn *allm* grano; *(sädesslaget)* hordeo; *(litet korn)* granulo; *(på skjutvapen)* mira; *korn-:* granular
kornbagge *zool* calandra *(lat Calandra granaria)*
kornblixt fulgure
kornblått *sb* cyano
kornett *mus* cornetta a pistones; *(ventil-) mus, mil* cornetta
kornettblåsare *mus* cornettista
kornformig graniforme, granuliforme
korngryn hordeo granulate
kornig granular, granose
kornätande granivore
kornätare granivoro
korona *(sol-) astron* corona; *koronar-:* coronari
korp *zool* corvo; *korp-:* corvin
korporation corporation
korporativ corporative
korpral *mil* caporal
korpsvart corvin, nigre corvin
korpulens corpulentia
korpulent corpulente; *vara korpulent:* esser in carne
korpulpet faldistorio
korrekt correcte
korrekthet correctessa
korrektion correction
korrektiv *(ngt som förbättrar)* correctivo
korrektur *typ* proba; *läsa korrektur:* corriger le probas, leger le probas; *sista korrektur:* revision
korrekturläsare lector de probas; *(en som rättar)* corrector
korrekturläsning lectura del probas
korrelation *(ömsesidigt förhållande)* correlation
korrelativ correlative
korrespondens correspondentia
korrespondent correspondente
korrespondera corresponder
korridor corridor, passage [-adʒe]
korrigera corriger
korrigerande *adj* corrective, correctori
korrosion corrosion
korrugering corrugation
korrumpera corrumper; *som kan korrumperas:* corruptibile
korrumperad corrupte; *icke korrumperad:* incorrupte
korrupt corrupte
korruption corruption
kors cruce; *mus* diese; *(på en häst)* cruppa; *i kors:* in cruce; *kors och tvärs:* sin ordine; *kors-:* crucial
korsa cruciar, transversar; *biol* cruciar, hybridar; *(om vägar)* cruciar; *(raser)* mesticiar; *korsa sig (göra korstecken):* cruciar se, signar se; *korsa varandra:* intercruciar se; *person som korsar (en gata):* cruciator
korsage corsage [-adʒe]
korsblomma passi-flor
korsblommig *bot* crucifere
korsblomstrig crucifere
korsdrag currente de aere
korseld foco cruciate
korsett corset
korsettförsäljare corsetero
korsettillverkare corsetero
korsfarare cruciato
korsformad crucial, cruciforme
korsformig cruciforme, crucial
korsfästa crucifiger
korsfästelse crucifixion
korsfästningsstraff supplicio del cruce
korsförhör interrogation contradictori
korsförtecken *mus* diese
korsning cruciata; *(ras)* mesticiage [-adʒe]; *biol* cruciamento, hybridation, mesticio; *korsnings-:* hybrida [hibrida]
korsnäbb *zool* becco cruciate
korsord parolas cruciate
korsordsgåta crucigramma
korsryggen regiones lumbar
korstecken signo del cruce; *göra korstecknet:* facer le signo del cruce
korstol *(i kyrka)* stallo
korståg cruciada
korsvalv volta cruciate
korsväg transversa
korsögd strabe

korsört senecio (vulgaris)
kort *sb (alla bet.)* carta; *litet kort för kartotek:* fiche *fr* [fish]; *spela kort:* jocar a cartas; *adj* curte, breve; *en kort stund:* un momento; *inom kort:* in pauco, in poco; *kort och slående:* terse; *kort sagt:* summarimente
korta *korta av:* curtar
kortask cartotheca
kortfattad compendiose, breve, concise, curte, succincte, summari
korthet brevitate, curtitate
korthuggen laconic, lapidari
kortison *med* cortison
kortlek joco
kortlivad ephemere, passager [-dʒer]
kortskallig *anat* platycephale
kortskriftssystem stenotypia
kortslutning curte circuito
kortsynt imprevidente, a vistas basse; *vara kortsynt:* haber le vista curte
kortsystem cartotheca, schedario
kortvarig breve, passager [-dʒer], fugace
kortvarighet fugacitate
kortvaruhandel merceria
kortvaruhandlare *(en som handlar med småting)* mercero
kortvåg unda curte; *(radio)* undas curte
kortväxt basse, de parve statura
korv salsicia
korvaffär salsicieria
korvett *mil, sjöt* corvetta
korvfabrik salsicieria
korvgubbe salsiciero
korvhandlare salsiciero
korvkiosk salsicieria
korvstånd salsicieria
korvtillverkare salsiciero
kosa curso, via, direction
kosack cosaco; *kosack-:* cosac
kosackisk cosac
koschenill *(ett rött färgämne)* cochinilia [-shi-]
koscher *(enligt judisk ritual slaktade och tillredda maträtter)* kasher *hebr*
kosköterska vacchero
kosmetik cosmetica
kosmetiker cosmetico
kosmetisk cosmetic
kosmetolog cosmetico
kosmisk cosmic
kosmopolit cosmopolita
kosmopolitisk cosmopolitic, cosmopolita
kosmos cosmo
kost nutrimento, victo; *daglig kost:* ordinario; *mager kost:* pitancia, paupere pitancia
kosta costar, valer; *(vara värd)* valer; *vad kostar:* quanto costa...?
kostbar costose, preciose, sumptuose, de grande valor
kostlig *bildl* impagabile, gai, comic; *(löjlig)* ridicule, risibile
kostnad costo, expensa; *(om-)* expensa
kostsam costose, sumptuose, onerose; *(mycket)* dispendiose
kostym vestimento; *(herr-)* habito; *(dam-)* toilette *fr* [tualet]; *(för teater etc)* costume
kostymera costumar
kostymväska porta-mantello
kota condylo; *(rygg-)* vertebra
kotiljong *(gammal sällskapsdans)* cotillon *fr* [kotijõ]
kotlett cotelette *fr* [kotlet]
kotpelare *anat* spondylo
kottbärande *bot* conifere
kotte *bot* cono
kottformad pineal
kovändning *göra en kovändning: sjöt* girar del vento; *bildl* cambiar su opinion subito
krabba *zool* crabba
krafs bagatellas, bric-à-brac *fr*; *billigt krafs:* auripelle
kraft fortia, vigor, potentia, nervo, impacto, impulsion, intension, virtute; *(i rörelse)* impeto; *ge kraft/styrka:* vigorar; *i kraft av:* per virtute de; *levande kraft, rörelseenergi:* fortia vive
kraftfoder pastura forte
kraftfull vigorose, forte, dynamic, nervose, spirituose
kraftfullhet verve *fr* [verv]
kraftförlust infirmation
kraftig forte, energetic, energic, intensive, robuste; *kraftig(t verkande):* soveran; *kraftigt: adv* forte; *mus* forte
kraftkälla fonte de energia
kraftlös adyname, impotente; *med* adynamic
kraftlöshet impotentia; *med* marasmo

kraftmoment momento de un fortia
kraftmätare dynamometro, orgometro
kraftprov tour de force *fr* [tu:r de fors]
kraftstation central electric
kraftuppbåd concentration del effortios
kraftutveckling displicamento de fortia
kraftyttring manifestation de fortia
krage collar, collar duple/recte, collo; *(lös-)* collar false
kragsten *(stöd för balkong o.dyl.) arkit* consola
Kraków Cracovia
kram *(varor)* merceria; *(omfamning)* imbracio, imbraciamento; *adj* molle
krama imbraciar; *krama ihop:* comprimer; *krama sönder:* contunder
kramp *med* crampo, spasmo, convulsion
krampa crampa
krampaktig convulsionari, convulsive; *med, bildl* spasmodic
kramplindrande *med* antispasmodic
krampryckning *framkalla krampryckningar hos:* conveller
kramsfågel (rostito de) avettos
kran *(på rör)* valvula; *(lyft-) tekn* grue
kranbil camion grue
kranium *anat* cranio; *kranie-:* cranian
krans corona (de flores), guirlanda; *bot* corolla; *arkit* cornice; *krans-:* coronari
kranskärl *(hjärtats) anat* venas coronari
krapp *bot* rubia
krapprot *bot* garancia; *(med rött färgämne)* rubia
krappväxt *bot* garancia; *krappväxter:* rubiacee
krasa crepitar
krasch crac, fracasso; *hand* fallimento; *(t.ex. börskrasch)* crac
krascha crac(c)ar
krass crasse; *(grov, rå)* grossier, rude
krasse *bot* cresson; *(indiankrasse)* nasturtio
krasslig malsan, suffrente, debile
krater crater
kraterformad crateriforme
kratta *sb* rastro, rastrello; *vb* rastrellar
krav demanda, reclamation, pretention, requirimento, requisition; *(fordran)* exaction, exigentia; *(penning-)* credito active; *lägga krav på: jur* vindicar
kravall tumulto, disturbo, disturbation
kravatt cravata
kravberättigad vindicabile
kravla reper, reptar
krax coax
kraxa coaxar
kreativ creator, creative
kreativitet creativitate
kreatur bestial; *allm* creatura; *(djur)* animal
kreaturfoder *(konserverat)* insilage [-adʒe]
kredit credito; *sälja på kredit:* vender a credito
kreditera creditar
kreditivbrev letteras/litteras credential/de credentia
kreditor creditor
kreera crear
kreerande *adj* creator
kremation cremation
krematorium crematorio
kremera cremar, incinerar
kremering incineration; *kremerings-:* crematori
kremeringsugn furno crematori
Kreml *(regeringsbyggnader i Moskva)* Kremlin
kremlolog *(expert på sovjetisk/rysk politik)* kremlinologo
kreol *(ättling till vit och färgad i Mellan- o. Sydamerika)* creolo
kreolspråk *(blandning mellan inhemskt o. kolonialmakts språk)* creolo
kreosot *(olja ur boktjära el. stenkolstjära) kem* creosoto
Kreta Creta; *från Kreta:* cretese
kretensisk *(från Kreta)* cretese
kreti *kreti och pleti:* gente mixte, populo basse
kretin *(imbecill person)* cretino
kretong *(tyg av linne el. bomull)* cretonne *fr*
krets circulo, rondo, cyclo, orbe, cenaculo; *geogr* districto; *(av människor)* circulo
kretsa tornar, girar
kretslopp circuito; *(himlakroppars omloppsbana)* orbita; *kretslopps-:* circulatori
krevera crepar, decrepitar
kria thema, composition
krig guerra, bello; *föra krig:* bellar, facer (le) guerra, guerrear; *vänja vid krig:* aguerrir; *kallt krig:* guerra frigide; *en som för krig:* guerreator; *krig-, krigs-:* bellic, militar, mar-

tial
krigare guerrero, milite
krigförande belligerente, guerreator
krigisk bellic, bellicose, guerrier, martial
krigiskhet bellicositate
krigmakt potentia militar
krigsbyte butino
krigsfara periculo de guerra
krigsfartyg nave de guerra
krigsflotta marina de guerra
krigsfolk soldatesca
krigsfånge prisionero de guerra, captivo de guerra; *avtal om utväxling av krigsfångar:* cartel
krigsförnödenheter munitiones
krigshets bellicismo
krigsinvalid mutilato de guerra
krigskonst strategia, tactica
krigslag lege martial
krigslist astutia de guerra, stratagema
krigsmakten militares
krigsman guerreator
krigsmateriel munition
krigsråd consilio de guerra
krigsrätt corte martial
krigsskådeplats theatro del guerra
krigstillstånd stato de guerra
krigsvan aguerrite
krikon *bot* damasceno
Krim Crimea
kriminalitet criminalitate
kriminell criminal
kriminolog criminalista, criminologista, criminologo
kriminologi *(brottslära)* criminologia
kriminologisk criminologic
kring *(omkring)* circum, circa; *kring-: i smnstn* circum-
kringboende *sb* vicino(s); *adj* vicin, vicinal
kringflackande *sb* vagabundo, nomade, peregrino; *adj* circumerrante, errante, erratic, vagabunde; *kringflackande liv:* peregrination, vita ambulante
kringflyta circumferer, circumfluer; *itr* flottar sur le aqua
kringgå aberrar, contornar, circumferer, circuir, evader; *bildl* evitar
kringgående evasion
kringla gimbellina
kringliggande circumjacente, ambiente, vicin, vicinal
kringresande *sb* itinerantia; *adj* itinerante
kringränna investir, incircular, blocar
kringsmygande *adj* furtive, insidiose
kringsprida disseminar, facer cognoscite
kringströdd dispergite, dispersate, sparse
kringströvande vage
kringsvängning revolution
kringsvärmad circumvolvite, essamate
kringvandrande peripatetic
kringvandring itinerantia
krinolin crinolina
kris crise (mundial, ministerial etc); *kris-:* critic
krisartad critic
krisma *(helig olja) rel* chrisma
kristall crystallo
kristallglas crystallo
kristallisera crystallisar
kristallisk crystallin
kristallit crystallite
kristallklar crystallin
kristallograf crystallographo
kristallografi crystallographia
kristallografisk crystallographic
kristallsliperi crystalleria
kristalltillverkare crystallero
kristallvaror crystalleria
kristen *sb* christiano; *adj* christian
kristendom christianismo
kristenhet christianitate
Kristi *Kristi födelse: rel* nativitate; *Kristi Himmelsfärd:* le Ascension
kristlig christian
Kristus Christo
krita creta; *krita-, av krita:* cretose
kritartad cretacee
kriterium *(särskiljande kännetecken)* criterio
kriticism criticismo
kritik critica, animadversion, commento; *skarp kritik:* diatriba; *överdriven kritik:* hypercritica
kritiker censor, critico, recensente; *överdriven kritiker:* hypercritico
kritisera animadverter, criticar; *nagelfara och skarpt kritisera: bildl* calfatar
kritisk critic, climacteric; *(bedömande)* critic;

överdrivet kritisk: hypercritic; *kritisk period: med* climacterio; *kritisk skrift:* pamphleto
kritklippa rocca cretacee
kritpenna creta
kritteckning pastello
krittiden *geol* cretaceo
kroat croato
Kroatien Croatia
kroatisk croate; *kroatiska språket:* croato
krocket croquet *fr* [kroke], malleo; *spela krocket:* croquetar
krocketklubba malleo, mallette
krog albergo, taverna
krogvärd tavernero
krok croc, unco, uncino; *(fiske-)* hamo; *(krök)* curva; *(omväg)* rondo, deviation
krokett *(bulle m inbakat kött el. fisk)* croquette *fr* [kroket]
krokformad uncinate
krokförsedd hamate
krokig curvate, curve, arcate, sinuose, serpentin, tortuose
kroknäsa naso aquilin
krokodil *zool* crocodilo
kroksabel cimitarra
krokus *bot* crocus
krollsplint crin vegetal, lana de ligno
krom *(grundämnet krom, Cr)* chromo
kromatisk *mus* chromatic; *kromatisk skala:* scala chromatic
kromhaltig chromic
kromläder corio a chromo
kromosom *biol* chromosoma
kromsalt chromato
kromstål aciero chromic
kromsyra acido chromic
krona corona; *(blom-)* corolla; *(ljus-)* lustro; *(myntet)* corona; *krona och klave:* obverso e reverso; *kron-:* coronal
kronblad *bot* petalo
kronbladslös *bot* apetale
kronhjort cervo elapho
kronhjortbock *zool* cervo
kronhjortshind cerva
kronisk *(utsträckt i tiden)* chronic; *kroniskt sjuk:* invalide
kronoallmänning terra national
kronodomän dominio public
kronologi chronologia
kronologisk chronologic
kronolots pilota
kronometer chronometro; *ta tid med kronometer:* chronometrar
kronopark foreste dominial
kronoskatt imposto governamental
kronprins prince royal herede, prince royal; *hist* delphino
kronärtskocka *bot* artichoc [-sh-]
kropp corpore; *(bål) anat* trunco; *(på staty)* torso; *fast kropp:* solido, corpore solide; *kropps-:* somatic
kroppsaga castigo/castigation corporal, labor
kroppsarbetare obrero manual
kroppsarbete travalio corporal/manual, labor
kroppsbalsam lotion
kroppsbyggnad corporatura, statura; *(människans)* membratura; *(fysik)* physico
kroppshydda corpore mortal
kroppskonstitution constitution
kroppskraft fortia physic
kroppslig corporal, corporee, somatic
kroppslighet corporalitate, corporeitate
kroppslängd talia
kroppsrörelse exercitation (physic)
kroppsskada lesion
kroppsställning attitude, posa, postura
kroppsvisitering perquisition
kroppsvärme calor vital/animal
kroppsvätska humor; *de fyra kroppsvätskorna:* le quatro humores; *läran om kroppsvätskorna: med* humorismo; *specialist på kroppsvätskorna:* humorista; *kroppsvätske-:* humoral, humorose
krossa fracassar, tunder, reducer in pulvere; *(malm etc)* triturar; *(fin-)* pulverisar; *som krossar:* molar
krossande fracassatura
krosskada contusion
krossten macadam *eng*
krossår contusion; *åstadkomma krossår:* contunder
krubba crippa, mangiatoria [-dʒa-]
krucifix crucifixo
kruka olla, vaso; *(stor)* jarra; *(mugg)* urceo; *(antik)* amphora; *bildl* poltron; *(med öra på båda sidorna)* amphora

krukmakare ollero
krukmakeri olleria
krukmakerigods ceramo
krukskärva *arkeol* testo
krukväxt planta in vaso
krum curve; *krumma ben:* gambas torte
krumbukt subterfugio
krumelur arabesco, figura de phantasia, parapho; *bildl* canalia, burlator
krumhorn *mus* crumhorno
krumsprång capriola, gambada; *göra krumsprång:* gambadar
krupp *med* croup *eng* [krup]
krus *(kärl)* urceo, cuppa, bicario; *(uppträdande)* complimentos, ceremonias
krusa plicar, crispar; *bildl* facer ceremonias
krusad crispe, buclate, ondulate
krusbär *bot* grossula; *krusbärs-:* grossular
kruserlig ceremoniose
krusig crispe
kruskål caule verde/crispe
krusning crispation
krut pulvere; *mil* pulvere (explosive); *han har inte uppfunnit krutet:* ille non ha inventate le pulvere
kruthorn flasco
kry san; *(livlig)* vivace, alerte; *bli kry igen:* restablir se
krya *krya på sig:* refacer se, restablir se, convalescer
krycka crucia
krydda *sb* specie, condimento; *bildl* sal sapor; *vb* condir, condimentar
kryddbod specieria
kryddbröd pan de specie
kryddost caseo de cumino
kryddpeppar *bot* pimento
kryddsill haringo condite
kryddväxt planta aromatic
krylla pullular
krympa *(om tyg etc)* rugar, *refl* rugar se; *(genom avkylning)* retraher, contraher; *krympa ihop:* contraher se
krympling infirmo, mutilato
kryp insecto, verme
krypa reper, reptar; *(i nerverna)* formicar; *krypa ihop:* quattar
krypande *adj* reptile, abjecte, serve
krypdjur reptile
kryperi abjection, servilitate, obsequiositate
kryphål escappatoria
krypskytte chassa [sh-] furtive
krypta *(kapell under kyrka)* crypta [kripta]
krypteringsmaskin cryptographo
kryptisk cryptic
kryptograf cryptographo
kryptografi cryptographia
kryptografisk cryptographic
kryptogram *(ngt skrivet på chiffer el. i kod)* cryptogramma
krypton *(en ädelgas) kem* krypton [kripton]
kryptor decifrator
krysantemum *bot* chrysanthemo
kryss cruce; *arkit* nervatura
kryssa cruciar, intercruciar; *sjöt* cruciar
kryssare *mil* cruciator
kryssning cruciada, cruciera
kråka *zool* cornice, cornicula; *(märke)* marca
kråkfötter patas de gallina
kråkslott casa decadente
kråma *kråma sig:* pavonisar
krångel imbrolio, imbroliamento
krångla imbroliar, embarassar; *krångla sig ur:* disembarassar se de; *krångla till:* imbroliar
krånglig *(sak)* difficile, complicate; *(person)* intrigante, imbroliante, difficile
krås volante
kräfta *zool* cambaro, cancer(e); *med* cancer; *Kräftans vändkrets:* Tropico del Cancer(e); *kräft-:* cancerose
kräftartad cancerose
kräftdjur crustaceos
kräftklo unco, tenalia
kräftknöl tumor maligne
kräftsvulst *med* carcinoma
kräk bestia, animal; *bildl* bruto
kräkas vomir, vomitar, regurgitar
kräkmedel *med* emetico, vomica, vomitivo
kräkningsframkallande emetic
kräkrot *bot* ipecacuana
kräla reper, reptar
krälande *adj* reptile
kräldjur *zool* reptile; *vetenskapen om kräldjuren:* herpetologia
kräldjursliknande *zool* herpetiforme
kräm crema

krämaraktig mercantil, mercenari

krämare mercero; *(föraktl.)* mercerastro

krämartad cremose

krämpa infirmitate

kränka violar, infringer, contravenir, despectar, leder, mortificar, polluer; *(förolämpa)* offender, injuriar; *(starkt)* ultragiar [-dʒar]

kränkande *adj* injuriose, invective, offensive, ultragiose [-dʒo-]

kränkning infraction, infringimento, injuria, resentimento, ultrage [-adʒe], violation

kränkt lese

kräpp crepe *fr* [kræp]

kräppapper crepe *fr* [kræp]

kräsen selective, difficile a satisfacer, fastidiose

kräva demandar, exiger, necessitar, peter, pretender, requirer; *(åter-)* reclamar, requirer, requisitionar, pretender a; *(tillkämpa sig)* revindicar; *(ställa som villkor)* postular; *kräva tillbaka:* revindicar; *som kan krävas:* exigibile, vindicabile; *som inte kan krävas:* inexigibile

krävande *sb* requisition; *adj* exigente, laboriose, delicate

krögare albergero, tavernero

krök incurvatura

kröka curvar, flecter, plicar; *kröka inåt:* incurvar

krökning curva, curvatura, flexion

krön cresta, summitate

kröna coronar; *kröna mått:* verificar

krönika chronica, annales

krönikör chronista

kröning coronamento, coronation

Krösus Creso; *(mkt rik person)* creso

kub cubo; *mat* hexahedro; *göra kub(er) av:* cubar; *upphöja till kub:* cubar, elevar al cubo

kubformad cubic

kubik *upphöja i kubik: mat* cubar; *kubik-:* cubic

kubikinnehåll *mäta kubikinnehållet i ngt: mat* cubar; *uträkning av kubikinnehållet:* cubatura

kubikmeter *(m^3)* metro cubic, stereo

kubikrot radice cubic

kubisk cubic

kubism *(konstriktning)* cubismo

kubist cubista

kubistisk cubista

kudde cossino, *(liten)* cossinetto

kufisk eccentric

kugga *(lura)* dupar; *(underkänna)* refutar; *förse med kuggar:* dentar

kugge dente (de rota); *tekn* cam(m)a

kugghjul rota dentate, ingranage [-adʒe]

kugghjulsbana ferrovia cremaliera

kugghjulsutväxling ingranage [-adʒe]

kugghjulsväxel *(skruv- el. spiralformad)* ingranage [-adʒe] heliocoidal

kuggstång cremaliera

kuggväxel ingranage [-adʒe]

kuguar *zool* cuguar

kula balla, balletta, bolletta, globo, orbe, sphera, *(liten)* bolletta, globulo; *(pistol-)* bolletta; *(blykulor)* plumbo; *(marmor-)* marmore; *(håla)* caverna; *sammansatt av små kulor:* globulose

kulak kulak *ry*

kulbana trajectoria

kulblixt fulgure globular

kulform globositate

kulformad globular, globulose, orbicular

kulformig spheric

kuli coolie *eng* [ku:li]

kulinarisk culinari

kuling vento forte

kuliss coulisse *fr* [kulis], decoration de theatro

kull *(av fågelungar)* covata, nidata; *(däggdjur)* portata; *(valpar osv)* ventrata

kullager cossinetto de ballas

kulle altura, colle, collina, monticulo, *(liten)* collinetta; *(på hatt)* calotta

kullersten petra rotunde/ronde

kullkasta abatter, subverter; *bildl* annullar, controverter, disconcertar, frustrar

kullkastande *sb* disconcertamento

kulmen culmine; *bildl* apogeo; *(spets)* apice

kulmination culmination

kulminera culminar

kulram abaco

kulspetspenna stilo, penna stilographic

kulspruta mitralia, mitraliatrice

kult culto; *(-handling)* rito

kultivera cultivar

kultiverad culte

kultje brisa; *hård kultje:* grande brisa
kultur cultura, civilisation
kulturell cultural
kulturspråk lingua civilisate
kulturuppgift mission civilisatori
kulör color, colorito
kulört colorate
kummel tumulo, tumba; *(fisk)* merlucio
kummin *bot* cumino, carvi
kumminlikör kümmel *ty* [kymel]
kumminört *bot* cumino
kumpan companion, confratre
kumulusmoln *meteorol* cumulo
kund cliente
kundkrets clientela
kundmottagare receptionista
kundvagn caddie *eng*
kung rege; *(i Etiopien)* negus *etiop*
kungadöme monarchia
kungamord regicidio
kungamördare regicida
kungarike regno; *Förenade kungariket Storbritannien och Nordirland:* le Regno Unite de Grande Britannia e Irlanda del Nord
kungatrogen royalista
kunglig regal, royal
kunglighet regalitate
kungsfågel *zool* martin piscator, regulo
kungsstjärna *('kungsstjärna', särskilt ljusstark) astron* regulo
kungsörn aquila regal
kungöra annunciar, notificar, proclamar, promulgar, publicar
kungörelse annuncio, proclamation; *(officiell)* banno
kunna poter, saper; *(förmå)* poter, esser capabile; *kunna ett språk:* posseder un lingua; *kunna göra ngt:* saper facer un cosa; *som kan ...: adj* potente
kunnande *sb* saper
kunnig habile, capabile, instruite, intelligente, experte; *kunnig i:* versate in
kunskap cognoscentia, sapientia; *kunskap i:* cognoscentia de; *system som förkastar nyttan av kunskap:* ignorantismo; *ytliga kunskaper, 'svaga aningar':* notiones
kunskapa recognoscer, explorar, spionar
kunskapsgren branca scientic, disciplina
kunskapslucka *ha kunskapsluckor:* haber lacunas in su cognoscentia
kunskapslära epistemologia
kunskapsrik instruite, docte, erudite
kupa globo, campanella (de vitro); *(potatis) vb* calcear
kupé compartimento, coupé *fr* [kupe]
kupig convexe
kuplett cansona
kuplettsångare cansonero
kupol cupola, domo
kupong cedula, coupon *fr* [kupõ]; *(berättigande till inköp)* bono
kupp colpo (de stato), revolta
kur *med* cura; *(for vaktpost)* guarita; *göra någon sin kur:* cortesar, facer le corte a, galantear
kuranstalt balneos, establimento therapeutic
kurare curare
kurator *(den som tar hand om t.ex. museum)* curator
kurd kurdo
kurdisk kurde; *kurdiska språket:* kurdo
kurera *med* curar
kurerbar curabile
kurfurstendöme electorato
kuriositet curiositate
kurir currero, staffetta
kuriös curiose, bizarre
kurrande *(i magen) sb med* borborygmo [-rigmo]
kurs *(alla bet.)* curso; *(t.ex. räntesats)* rata; *(valutakurs)* cambio; *följa en kurs i:* sequer un curso de
kursfall cadita del cursos, baisse *fr*
kurshöjning altiamento, hausse *fr*
kursiv *(löpande och sammanbunden)* cursive; *kursiv skrift/stil:* cursiva, italico; *kursiv-: (stil)* italic
kursnotering quotisation, bulletin commercial
kursplan plano de studio
kurtis corte
kurtisan *(egentl. hovdam)* cortesana
kurtisera facer le corte a
kurva curva, curvatura, graphico; *(väg-)* torno, ambito
kurvig curve, flexuose
kusin *(kvinnlig)* cosina, *(manlig)* cosino

kusk cochiero [-shi-]

kuska *kuska omkring:* vagabundar, ambular, currer le pais

kuslig sinistre, lugubre, macabre

kusp *(på tand)* cuspide

kust costa, litore, bordo del mar, litoral; *segla längs kusten:* costear; *kust-:* costari, litoral

kustfarare cabotero

kustfartyg cabotero, nave de cabotage [-adʒe]

kusthandel cabotage [-adʒe]; *bedriva kusthandel:* cabotar

kustlinje linea del costas

kustod custode; *typ* reclamo

kustsequoia sequoia sempervirente

kustsjöfart cabotage [-adʒe]

kuststräcka litoral

kustvakt guarda-costas

kuta *(springa)* currer; *kuta iväg:* filar

kutryggig gibbose

kutter *sjöt* cutter *eng*; *(duv-)* susurro

kutting barriletto

kutym costume, usage [-adʒe], uso

kuva domar, maestrar, domesticar, submitter, comprimer; *(undertrycka)* reprimer, vincer

kuvert inveloppe; *(på matbord)* coperto

kuvös *med* incubator

kvack *(lätet hos ankor och gäss)* quac

kvacksalvare charlatan, medicastro

kvadrat quadrato; *kvadraten på x:* x (a) quadrato; *kvadrat-:* quadrate, quadratic

kvadratisk quadratic

kvadratmeter m^2, metro quadrate

kvadratrot radice quadrate

kvadriljon *(en biljon biljoner/miljon triljoner)* quadrillion

kval dolor, suffrentia, supplicio, tormento, pena; *(ångest-)* anxietate, angustia; *lida svåra själsliga kval:* agonisar

kvalfull angustiose

kvalificera *(göra skickad att)* qualificar; *kvalificera sig:* habilitar se

kvalificerad competente

kvalitativ qualitative

kvalitet qualitate; *kvalitets-:* de qualitate

kvalitetsvin vino de marca

kvalm calor suffocante, manco de aere

kvalmig suffocante, oppressive

kvant *fys* quanto

kvantitativ quantitative

kvantitet quantitate

kvantteorin theoria del quantos

kvantum quanto, quantitate

kvar in plus, restante; *vara kvar:* restar

kvardröja demorar

kvarhålla detener, retener; *(olagligt)* sequestrar

kvarhållande *sb* detenimento, detention, retention; *adj* retentive

kvarleva resto, vestigio; *(helgon-)* reliquia

kvarlämna lassar, quitar, abandonar

kvarn molino

kvarnsten mola

kvarsittare *(skola)* repetente, retenito

kvarskatt impostos restante

kvarstå restar, demorar

kvart *(1/4)* quarte, le quarto, le quarte parte; *(om tid)* un quarto de hora; *akademisk kvart:* quarto de gratia; *(fyrtonsintervall, fjärde skaltonen) mus* quarta

kvartal trimestre; *kvartals-:* trimestral

kvarter *mil* quartiero; *(mån-)* quartiero; *(stads-)* quartiero, bloco; *(härbärge)* quartiero, albergo

kvarteron *(barn till mulatt och vit)* quarteron

kvartett *mus* quartetto

kvartformat (formato in) quarto

kvarts *min* quarz *ty* [kvarts]

kvarvarande *adj* residual, residue

kvast scopa; *liten kvast av ngt:* flocco

kvav suffocante, pesante; *(luft)* miasmatic

kverulera argutiar

kverulerande captiose

kvestor questor

kvestorsämbete questura

kvick vive, vivace, agile, mercurial; *(skämtsam)* jocose, galliarde, facete, facetiose; *kvickt: adv* presto, *(snabbt)* cito

kvickhet facetia, vivacitate, agilitate, prestessa; *(fyndighet)* verve, spirito

kvicksilver *kem* argento vive, mercurio; *(grundämnet kvicksilver, Hg)* hydrargyrio [hidrargirio]; *innehållande kvicksilver:* mercuriose

kvicksilveraktig mercurial

kvicksilvertermometer thermometro mercurio

kvicktänkt intelligente, a spirito vive, spiritual

kvida gemer

kvidd *zool* varion

kvinna femina; *(nedsättande)* feminastra, viragine
kvinnlig feminin; *göra kvinnlig:* feminisar
kvinnlighet femininitate
kvinnobröst mamma, sinos
kvinnohatare misogyno *gr*
kvinnokamp feminismo
kvinnoläkare gynecologista, gynecologo
kvinnomössa cofia
kvinnorörelse feminismo
kvinnosak feminismo
kvinnosakskvinna feminista
kvinnostyre gynecocratia; *kvinnostyres-:* gynecocratic
kvinnotjusar- donjuanesc
kvinnotjusning donjuanismo
kvint *(femtonsintervall, femte skaltonen) mus* quinta
kvintessens essentia, succo
kvintett *mus* quintetto
kvissla button, pustula
kvist rametto; *(i trä)* nodo
kvista deramar
kvistig *kvistig fråga:* question spinose
kvitt *bli kvitt ngt:* disfacer se de
kvitten *bot* cydonia
kvittens quitantia
kvitter pipiada, canto
kvittning *(av skuld) jur* condonation
kvitto quitantia, recepta
kvittra pipar
kvot contingente; *mat* quotiente; *(proportionell andel)* quota
kvotera contingentar
kvotering contingentamento
kväka coaxar
kväkare *rel* quaker *eng* [kweiker]
kväljande nauseabunde
kväljning nausea
kväll vespere, vespera; *i kväll:* iste vespere; *i går kväll:* heri vespere; *i morgon kväll:* deman vespere; på *kvällen:* del vespere, le vespere; *sen kväll:* nocte; *kvälls-:* vesperal, vespertin
kvälla *kvälla fram:* surger (del terra etc)
kvällsmål cena
kvällsmåltid souper *fr* [supe]
kvällsstund vespera, hora vesperal
kväsa domar, reprimer
kväva suffocar; *med* asphyxiar
kvävas suffocar
kväve nitrogeno
kvävgas azoto
kybernetik cybernetica
kyckling pullo, galletto, gallinetta
kyffe cabana
kyla *sb* frigiditate, frigor, frigido; *(lindrig)* fresco; *vb* frigidar, frigorificar, refrigidar; *som kyler ner:* frigorifere
kylande *adj* frigorific
kylare *(i motor)* radiator
kylas refrigidar
kylbox glaciera
kylig fresc; *(avvisande)* repellente, frigide
kylighet fresco, frescor
kylmedel *med* refrigerante, refrigerativo
kylskada gelatura
kylskåp refrigerator
kylslagen tepide
kynne genio, character, temperamento; *som ej passar för ens kynne:* incongenial
kypare servitor
kyrassiär *(pansrad ryttare)* cuirassero
kyrett *(instrument för gynekologisk skrapning) med* curetta
kyrillisk *(med ryska/bulgariska/serbiska bokstäver)* cyrillic
kyrka ecclesia; *ej vara överens med etablerad kyrka:* dissider; *läran om kyrkorna:* ecclesiologia
kyrkbröllop maritage [-adʒe] religiose
kyrklig ecclesiastic
kyrkmusik musica sacre
kyrkoadjunkt pastor adjuncte
kyrkobroder laico
kyrkogård cemeterio, necropole; *kyrkogårds-:* cemeterial
kyrkoherde vicario; *(katolsk)* curato; *(protestantisk)* pastor, parocho
kyrkoherdeboställe presbyterio
kyrkolag canone
kyrkoman ecclesiasta, ecclesiastico
kyrkomöte *(ekum.)* synodo, concilio
kyrkoråd *rel* consistorio
kyrkosamfund synodo
kyrkostaten Statos pontifical, Stato del Ecclesia
kyrkoton *mus* modo

kyrkotonart *mus* modo
kyrktorn campanil
kyrkvaktmästare sacrista, sacristano, bedello
kyrkvärd sacrista, sacristano
kysk caste, pudic, virtuose
kyskhet castitate, virtute
kyss basio, osculo
kyssa basiar, oscular; *kyssas:* basiar se, imbraciar se
kåda resina
kådig resinose
kåk cabana, casastra
kål caule
kåldolma farce *fr* in caule
kålmask *zool* eruca
kålrot caule-rapa, caule-nave
kåpa cappa, cotta; *(kappa man sveper om sig)* sortita; *rel* mantello, cappa, cappucio; *tekn* cappa, copertura, mantello; *kåpan skapar inte munken:* le habito non face le monacho
kår corpore; *(organiserad)* corps *fr* [ko:r]
kåranda spirito de corps *fr*/corpore/corporation; *(nedsättande)* spirito de casta
kåre *(vind)* brisa, colpo de vento
kåsera parlar, conversar
kåsör chronista
kåta cabana (de lappon)
käbbel disputas, querelas
käck gai, spirituose, valente, vivace
käft bucca, buccastra
kägelform conicitate
kägelformad conic
kägelformig conic
kägelsnitt *mat* section conic
kägla cono; *(spel)* quillia
käkben osso maxillar
käke maxilla; *(under-)* mandibula
käklåsning *med* trismo
käl cannellatura
käla cannellar
kälkborgare parve burgese, philisteo
kälke slitta
källa fontana, fonte, puteo; *bildl* origine; *(för tidningsman)* informante; *Nilens källor:* fontes del Nilo; *käll-:* fontal, fontanari
källare cava, caverna, cella; *(värdshus)* taverna, cantina, restaurante
källarvåning basamento, subterraneorio, etage [-adʒe] subterranee
källflöde fonte (surgente)
källklar limpide, clar
källsjö laco fontal
källskrift texto original, texto de fonte
källsprång surgente
källstudium studio del fontes
källvatten aqua vive, aqua de fonte
källåder vena, fonte
kält grunnimentos, lamentationes
kämpa luctar, combatter, contender, militar; *kämpa ansikte mot ansikte:* luctar corpore a corpore; *kämpa emot:* reluctar; *kämpa för:* militar in favor de, propugnar; *kämpa mot:* militar contra; *kämpa om:* disputar
känd cognite, cognoscite, note; *(nedsättande)* mal note; *också känd som:* alias; *vara känd för:* esser reputate de
känga botta; *(hög)* bottina
känguru *zool* kanguru; *(en sorts liten känguru)* wallaby *eng* [wolebi]
känna *(känna till)* cognoscer; *(förnimma)* sentir, sensar, perciper; *(med handen, känna på)* palpar, tastar, toccar; *känna igen:* recognoscer; *känna sig väl/dåligt till mods:* sentir se ben/mal; *som man inte kan känna på:* impalpabile
kännare cognoscitor
kännbar sensibile
kännedom cognoscentia; *kännedom om:* cognoscentia de
kännemärke characteristica
kännetecken attributo, marca, insignia; *(på en sjukdom)* diagnostico; *typiskt kännetecken för en sjukdom: med* symptoma diacritic
känsel sensibilitate, senso tactile; *känsel-:* tactile
känselnerv nervo tactile
känselspröt *zool* antenna, tentaculo
känsla *(själs-)* sentimento; *(sinne för)* senso; *(fysisk)* sensation, emotion, flair *fr* [flæ:r]; *framkalla känslor:* emover; *känslo-:* affective, sensational
känslig sensibile, sensitive, sentimental, susceptibile, delicate, perceptive; *(lättrörd)* tenere, emovibile; *(rörande)* emotional, emotive; *(mkt känslig)* susceptibile; *känslig for intryck:* receptive, impressionabile; *känslig*

punkt: puncto delicate; *som känner:* sentiente
känslighet susceptibilitate; *(för smärta) med* algesia
känslobetonad affective, emotive
känsloförnimmelse sensation
känslokall cynic
känsloladdad emotive
känslolös insensibile, impassibile, apathic, torpide; *vara känslolös:* torper
känslolöshet insensibilitate
känslomässig affective
känslosam emotional, passibile, sentimental
känslosamhet sentimentalitate
känslotänkande rationamento del corde
käpp baston, virga; *(promenad-)* canna
käppsställ porta-bastones
kär car; *(älskad)* amate; *(förälskad)* amorose
kärl vasculo, vaso, recipiente; *överföra till ett annat kärl:* transvasar; *kärl-: anat* vascular, vasculose
kärlek amor; *kärlek till musiken:* philharmonia; *kärlek till främlingar el. det främmande:* xenophilia; *kärleks-:* amorose, amatori
kärleksaffärer amores
kärleksdikt madrigal
kärleksdryck aphrodisiaco, philtro
kärleksfull amorose, affectuose, affectionate
kärleksfullhet dilection
kärlekskrank languorose
kärleksäventyr intriga/intrico amorose, intriga galante
kärlsammandragning *anat* vasoconstriction
kärlsystem *anat* systema vascular
kärlvidgning *anat* vasodilatation
kärna *(sten)* nuce; *(i nöt)* amandola; *(i äpple, druva etc)* pepita; *astron, biol, atomfys* nucleo; *kärna ur: vb* enuclear; *kärn-:* nucleal, nuclear
kärnenergi energia nuclear
kärnfullhet pregnantia
kärnfysik physica atomic/nuclear
kärnhus *ett äpples kärnhus:* corde de un pomo
kärnis glacie vive
kärnkemi chimia nuclear
kärnklyvning fission nuclear
kärnkraft energia nuclear
kärnminne *data* memoria a nucleos magnetic/de ferrite
kärnmjölk lacte de butyro
kärnpunkt puncto central
kärnreaktor *fys* pila
Kärnten *(landskap i södra Österrike)* Carinthia
käromål demanda/action judiciari
kärr marisco, palude; *(salt-)* maremma
kärra carretta; *en kärra full:* carrettata
kärring *(föraktl.)* feminastra; *(prat-)* commatre
kärrlast *en kärrlast:* carrettata
kärrmark terreno mariscose/paludose
kärv acre; *(om person)* reticente, aspere; *(om röst)* acerbe, aspere
kärve fascina, garba
kättare heretico
kätteri heresia
kättersk heretic
kätting catena
kö cauda; *stå i kö, bilda kö:* facer cauda
kök cocina, culina
köksmästare chef [sh-] de cocina, cocinero
köl *sjöt* carina, quilla
köld frigor, frigido; *bildl* frigiditate
köldalstrande cryogene
kölhala carinar
kölhalning carinage [-adʒe]
Köln Colonia; *från Köln, kölner-:* coloniese
kölnsk coloniese
kölvatten sulco
kön sexo; *gram* genere; *det täcka könet:* le sexo belle; *för båda könen:* unisex; *två kön hos samma varelse:* hermaphroditismo; *köns-:* genital, sexual, veneree
könslig sexual
könlös *biol* neutre, asexual
könlöshet asexualitate
könsmognad pubertate
köp compra, emption
köpa comprar, emer; *(åter-)* redimer; *köpa upp:* accaparar; *köpa ut:* disinteressar
köpare emptor; *(av egendom)* mancipe
Köpenhamn Copenhagen
köpenhamnare copenhagese
köpenhamnsk copenhagese
köpenskap *idka köpenskap:* mercar
köpkraft poter de compra
köpman commerciante, mercator, mercante,

negotiante

kör *(sång) mus* choro

köra *(tåg, häst etc)* conducer, pilotar, cochiar [-shi-], guidar, menar; *(med plog)* laborar; *köra vagn:* cochiar [-shi-]; *köra vilse:* deroutar [derutar]

körbana pista; *(i gata)* strata carrossabile

körbar carrossabile

körkarl cochiero [-shi-]

körkort permisso/licentia de conducer

körsats *mus* choro

körsbär *bot* ceresia

körsbärslikör maraschino [-k-]

körsbärslund ceresieto

körsbärsträd *bot* ceresiero

körsnär pelliciero

körsångare *mus* chorista

körtel *anat* glande, glandula, aden; *rik på körtlar:* glandulose; *körtel-:* adenose, glandular

körtelinflammation adenitis

körvel *bot* cerefolio

körväg route *fr*, curso, via carrossabile

kött carne; *(-mat)* vianda(s); *(kalv-)* vitello; *(ox-)* bove; *(frukt-)* carne, pulpa; *hackat kött:* carne hachate [-sh-]; *torkat kött:* pemmican; *taga av kött:* discarnar

köttaffär macelleria

köttartad carnee; *bot* pulpose

köttbesiktning inspection del vianda

köttbulle bolletta, bolletta de carne

köttfärg carnation

köttfärgad incarnate, incarnatin

köttfärs farce *fr* (de carne), carne hachate [-sh-]

köttgryta *(maträtt)* ragout *fr*

kötthandel macelleria

köttig carnute; *(med mycket kött)* carnose

köttighet carnositate

köttkvarn hachatoria [-sh-]

köttslig carnal

köttsoppa *(klar köttsoppa, buljong)* consommé *fr*, bouillon *fr* de vianda

köttvaror macellatas

köttätande carnivore, creophage *gr*

köttätare creophago *gr*

L

la *(solmisationsstavelsen la) mus* la

labb pata

laber *(vind)* debile

labial labial

labil *(även med)* labile

laborant laborante, preparator

laboratorium laboratorio

labradorit *geol* labradorite

labyrint labyrintho, dedalo

lack lacca, cera, vernisse

lacka sigillar; *(om svett)* perlar

lackera laccar, vernissar

lackfernissa lacca

lackfärg lacca

lackmus *kem* torna-sol, tinctura de torna-sol

lackmuspapper papiro de torna-sol

lackskin corio vernissate

lackstång baston de cera

lada granario

ladda cargar; *ladda ner: data* discargar; *ladda ur: elektr* discargar

laddare *elektr* excitator

laddning carga, cargamento, cargo

ladin romancio

ladinska ladino

ladinsktalande *ladinsktalande person:* ladino

ladugård boveria, stabulo, vaccheria

ladugårdskarl vacchero

ladusvala hirundine rustic

lag lege, jure, statuto; *jur* lege; *(grund-)* constitution; *(sällskap)* partita, compania, banda, gruppo, lotto; *(grupp av medarbetare/spelare)* equipa; *enligt lagen:* de jure; *i lagens namn:* in le nomine del lege; *vedergällningens lag:* lege de talion; *lag-:* statutari

laga reparar, emendar, sarcir; *laga mat:* cocer, cocinar

lagbalk codice

lagenlig legitime

lager stock, deposito; *geol* strato, stratification; *(av t.ex. malm, oljeförande) geol* jacimento; *(djupare) (biokem, geol, språkvet.)* substrato; *uppdela i lager: geol* stratificar; *bot* lauro; *vila på sina lagrar:* reposar su(pe)r su lauros

lagerkrans *bot* laurea

lagerkransad laureate

lagerkrönt laureate

lagerkällare cava; *(för vin etc)* cellario

lagerlokal magazin
lagerträd lauriero
lageröl bira forte
lagfart ratification legal
lagfästa legalisar
lagförslag projecto de lege, bill *eng*; *(i det antika Rom)* rogation
lagklok jurisprudente
laglig legal; *göra laglig:* legalisar
laglös anarchic
lagning reparation
lagom adequate, a puncto, satis, moderate
lagra immagazinar, stockar; *lagra i minnet: data* cargar/stockar in le memoria
lagring stockage [-adʒe]
lagsamling codice; *fullständiga lagsamlingar:* pandectas
lagstifta legiferar
lagstiftande *adj* legifere, legislative
lagstiftare legislator
lagstiftning legislation
lagtima ordinari
lagtävling concurso per equipas
lagun laguna
lagväsen justitia, jurisprudentia
lagöverträdare contraventor, delinquente
lagöverträdelse delinquentia
laka *laka ur:* macerar
lakan drappo (de lecto)
lakas *lakas ur:* macerar
lake *zool* lotta; *(lösning)* muria
lakej lacai
lakejsjäl anima servil
lakonisk laconic
lakrits glycyrrhiza, glycyrrhizina; *(farmakologi)* liquiritia
laktos *kem* lactoso
lakun lacuna
lalla balbutiar
lam paralysate, paralytic; *bildl* molle, debile; *(likgiltig)* nonchalant [-sh-], disinteressate
lama *(munk) rel* lama
lamadjur *zool* lama
lambda *(bokstav i grekalfabetet)* lambda
lamell *(tunn skiva) (även bot och zool)* lamella
lamhets- paralytic
laminera *(belägga m. tunt skikt)* laminar
lamm agno; *(sibir.)* astracan
lampa lampa, lampada; *elektr* ampulla
lampförsäljare lampista
lamphållare porta-lampa
lampkupa globo
lampmakare lampista
lampsockel porta-lampa
lamslå immobilisar, paralysar
land pais; *(ej stad)* campania; *(ej vatten)* terra; *(område)* dominio, territorio; *det förlovade landet:* terra promittite/de promission; *flytta från sitt land:* expatriar se; *till lands och havs:* per terra e per mar; *lands-:* vernacular
landa *(båt)* abbordar, accostar; *(gå i land)* disimbarcar; *(flyg)* atterrar, *(på vattnet)* amarar
landgräns frontiera
landgång ponte de disbarcamento
landning atterrage [-adʒe]
landområde territorio
landsbo rustico, paisano
landsbygd campania; *landsbygds-:* rural
landsbygdsbo rustico
landsdel region, districto, dominio
landsflykt exilio
landsförrädare traitor
landsförsamling parochia [-k-] rural
landsförvisa bannir, exiliar; *landsförvisad person:* exiliato
landsförvisning bannimento, banno, exilio
landshövding prelecto, governator
landskamp match international
landskap paisage [-adʒe], provincia; *som hör till landskapet:* provincial
landskapsmålare paisagista [-adʒista]
landsknekt *hist* lansquenet
landskommun communa rural
landsman conational, compatriota
landsort provincia, campania; *landsorten:* le provincia; *landsorts-:* provincial
landsplåga plaga, calamitate national
landsspråk lingua vernacular
landstigning abbordo
landstrykare vagabundo
landställe villa, domo de campania
landsväg via, itinere, strata, autostrata
landsätta disimbarcar
landsättning disimbarcamento
landtunga isthmo, lingua de terra
landå landau; *(lätt, enspänd täckt kupé)*

brougham *eng* [bru:m]
langett *arkit* feston
lans lancea, picca
lansera lancear
lansett lancetta; *(tveeggad operationskniv) med* lancetto
lansformat *lansformat blad: bot* lanceola
lansiär lancero; *(ryttare med lans och pik) mil, hist* ulano
lansskaft fuste
lantarbetare laborator
lantbruk agricultura, cultura del terra; *lantbruks-:* agrari, agricole
lantbrukare agricola, agricultor
lantbruksvetenskap agronomia
lantdag *hist, pol* dieta
lantegendom terra
lanternin cupola
lantgreve *hist* landgrave
lanthushållning economia agricole
lantlig agreste, de campania, rustic, rural
lantlighet rusticitate
lantliv vita campestre
lantmätare agrimensor, geometra
lantmäteri agrimensura, geodesia
lantmätnings- geodetic
lantpolis guarda campestre
lantvärn militia
lapa lamber
lapidarisk lapidari
lapis lapis, nitrato de argento; *lapis infernalis: kem, med* petra infernal; *lapis lazuli:* lazuli
lapp *(tyg-)* pecietta de panno; *(pappers-)* schedula; *(folk)* lappon
lappa emendar, reparar, sarcir
Lappland Lapponia
lappri bagatella, futilitate
lapska *lapska språket:* lappon
lapsus error, lapso; *(oavsiktligt fel)* lapsus *lat*
laptop *data* laptop, computator portabile
larm charivari [sh-]; *mil* alarma, al(l)erta; *(buller)* strepito, ruito, rumor; *(bråk)* tumulto; *slå larm:* allertar
larma alarmar, strepitar, ruitar; *(havet etc)* mugir
larmande clamorose, grandisone, rumorose
larv *zool* larva, eruca
larva trottar, marchar [-sh-] a passo trainante
larvfötter erucas
larvig stupide, nescie
laryngoskop *(instrument för att se ned i halsen)* laryngoscopio
lasarett hospital
lasarettsfartyg nave hospital
laser laser
laserskrivare impressor a laser
laskjärn coperi-juncto
lass cargo; *(vagns-)* wagonata, carrettata
last cargo; *(börda)* carga, fardello, cargamento, onere; *(moral)* vitio, defecto; *(svår ovana)* vitio
lasta cargar; *lasta kol:* prender carbon
lastbar vitiose, perverse
lastbil camion
lastbilsfrakt camionage [-adʒe]
lastfartyg nave de cargo
lastgammal decrepite, cargate de annos, vetuste
lasting *(ylletyg)* prunella
lastning cargamento, imbarcamento
lastpråm alleviator
lastrum *sjöt* cala
lasurblått lapislazuli
lasursten lazulite, lapislazuli
lat indolente, pigre
latent latente, virtual
later manieras; *(åtbörder)* gesticulationes
laterit laterite
latin latino (classic, vulgar, medieval, de breviario, de cocina)
Latinamerika America Latin
latinsegel vela latin; *latinsegelriggad läktare/pråm: sjöt* fusta
latinsk latin
latitud *geogr* latitude, parallelo; *latitud-:* latitudinari
Latium Latio; *invånare i Latium:* latino
latrin latrina
latringrop latrina
lav *bot* lichen
lava lava
lavafragment *små lavafragment:* lapilli
lavemang *med* clyster, clysma, lavage [-adʒe]
lavemangsspruta *med* irrigator
lavendel *bot* lavandula
lavera *(målning)* lavar
lavett *(underlag för artilleripjäser) mil* affuste

lavin avalanche *fr* [avalâsh]
lax *zool* salmon
laxera *med* laxar, purgar
laxering *med* catharsis
laxermedel *med* laxativo
laxfärgad salmon
laxodling salmonicultura
laxöring tructa
le surrider
led *sb (länk)* membro; *anat, bot* articulo; *(bot även)* nodo, nodulo; *(finger, tå)* phalange; *(ledgång) anat* articulation, junctura; *(riktning)* direction, senso, route *fr*; *i rakt nedstigande (släkt)led:* in linea directe; *vrida/gå ur led:* disarticular, dislocar; *adj (utledsen)* fatigate, lasse; *(ful)* fede, villan; *(ond)* vil, mal, odiose; *led-:* synovial
leda *sb* disgusto, aversion, repugnantia, tedio; *vb (böja)* articular, flecter; *(föra)* ducer, conducer, menar; *(om ström)* conducer; *(styra)* diriger, governar, guidar, regentar; *(förvalta)* gerer, administrar; *leda bort:* diverter; *leda på avvägar:* perverter; *leda runt omkring:* circumferer; *leda tvärs över:* transverter; *som kan ledas:* dirigibile
ledad articulate
ledamot membro
ledande directive
ledare capite, chef [sh-], director, dirigente, gerente, guida; *(politisk)* leader *eng* [li:der]; *(för kättersk sekt)* heresiarcha; *(i tidning)* articulo de fundo, editorial
ledband longa; *hålla ngn i ledband:* conducer un persona per le naso
ledbrott fractura articulari
ledförbindelse *anat* articulation, conjunctura
ledgångsreumatism arthritis rheumatoide
ledig *(fri)* libere, vacante; *(om kläder)* facile, leve; *vara ledig:* vacar
ledinflammation *med* arthritis
ledkapsel capsula articulari
ledknöl *anat* condylo
ledmotiv motivo
ledning conducto, direction, gerentia, gestion, administration, governamento; *(rör-)* pipa; *elektr* flexo; *(förmåga att leda värme el. elektricitet)* conduction; *gemensam ledning:* cogestion; *under ledning av:* sub gerentia de
ledningsförmåga *fys* conductivitate; *elektr* conductantia
ledningsstolpe pylon
ledningstrumma ducto; *elektr* conductor
ledsaga accompaniar, escortar
ledsagande *sb* accompaniamento; *adj* concomitante
ledsagare accompaniator, escorta
ledsam enoiose, triste, vexante, moleste
ledsen triste, *(mycket)* desolate; *göra ledsen:* attristar, contristar; *vara ledsen för:* regrettar
ledstycke *bot* internodio
ledstång barra-guida
ledvrickning distorsion
ledvätska synovia
leende *sb* surriso; *adj* surridente
legalisera legalisar
legat legato
legation *(utsända representanter)* mission
legato *(bundna, täta toner, motsats till staccato) mus* legato
legatobåge *mus* ligatura
legend legenda
legendarisk legendari
legera *(göra en legering)* alligar
legering alligato
legio innumerabile
legion *mil* legion
legionär legionario
legitimera *(förklara äkta)* legitimar
lego- mercenari
legosoldat soldato mercenari
leguan *(en ödla) zool* iguana
Leguminosae *bot* leguminose
legymer legumines, verduras
lejd *adj* mercenari; *fri lejd: sb* salveconducto, salveguarda
lejon leon; *lejon-:* leonin
lejonartad leonin
lejoninna leonessa
lejonkula leoniera
lejonlik leonin
lek joco, ludo; *(skådespel)* ludo; *(om fisk)* frega; *(kort-)* joco
leka jocar; *(om fisk)* fregar
lekman laico; *(pietetslös el. okunnig person)* profano
lekplats corte de recreation

leksak joculo
lektion lection
lektor lector
lektör lector
lekverk joco, joculo
lem membro, parte del corpore
lemlästa dismembrar, mutilar; *(göra till invalid)* stropiar
lemlästad mutilate, mutile, stropiate
lemlästning dismembramento
lemma *filos* lemma
lemur *(en halvapa) zool* lemur
len dulce, molle
leo *stjärnbilden Leo: astron* Leon
leopard leopardo
lera argilla
lergods ceramo
lerig argillose
lerkruka testo
lerskiffer schisto argillose
lerskärva *arkeol* testo
lervälling fango (argillose)
lesbisk lesbian
leta cercar; *leta efter:* querer
lett latviano, letton
lettisk latvian, letton; *lettiska språket:* latviano, letton
Lettland Latvia, Lettonia
lettländare latviano, letton
leukemi *med* leucemia
leva viver; *leva av:* viver de; *leva längre än:* superviver a; *leva upp igen:* reviver
levande vive
levandegöra avivar, vivificar
levandegörande vivification
levantinsk levantin
leve toast *eng*, acclamation; *leve!:* vivat! *lat*
levebröd pan quotidian, sustenimento
lever *anat* ficato, hepate; *läran om leverns sjukdomar:* hepatologia; *lever-:* hepatic
leverans livration, fornimento
leverantör fornitor, livrator
leverera livrar, fornir, suppler, munir, approvisionar, subministrar
leverfläck lenticula hepatic
leverinflammation *med* hepatitis
leverne vita; *(oväsen)* ruito, perturbation
leversmärta *med* hepatalgia
leversocker *biokem* glycogeno
levnadbana carriera
levnadsbeskrivare biographo
levnadsbeskrivning biographia
levnadsduglighet vitalitate
levnadskall vocation
levnadslopp curriculo de vita, curriculum vitae *lat*
levnadsstandard standard *eng* de vita
levnadsstil tenor de vita
levnadssätt maniera de viver
levnadsteckning biographia
levnadsöde destino, sorte
levra *levra sig:* coagular
lexikalisk lexical
lexikon dictionario; *(ett språks ordförråd)* lexico
lian *(slingerväxt) bot* liana
libanes libanese
libanesisk libanese
Libanon Libano
libbsticka *bot* levistico, ligustico
liberal *pol* liberal
Libyen Libya
libyer libyano
libysk libyan
licens licentia; *ge licens:* licentiar
licensvara *data* programma/software licentiate
licentiat *(innehavare av licens)* licentiato
licentiatgrad licentia; *utdela licentiatgrad:* licentiar
licet *('det är tillåtet')* licet *lat*
lichen *(slags hudutslag) patol* lichen
lida patir, suffrer; *(förgå)* passar; *(kval)* suffrer, affliger se, patir; *(utstå)* supportar, digerer; *lida med:* doler se de
lidande passion, suffrentia; *(tillfogat)* affliction; *Jesu Kristi lidande:* le passion de Jesus Christo
lidelse passion, pathos; *lidelse för musik:* passion pro le musica
lidelsefri calme, sin passion
lidelsefull affective, passionate, violente
lider hangar; *(öppet skjul)* appendente
liderlig licentiose, luxuriose, lascive, pruriente, salace
liderlighet luxuria
lie falce; *formad som lie:* falciforme

lieman falcator
lierad alliate, intime, familiar
lieslag *ett lieslag:* falcata
lifta autostopar, facer le autostop
liftare autostopista
liftning autostop
liga banda, clique, liga
ligamedlem gangster *eng*
ligament ligamento, tendine, tendon; *(tungband bl.a.) med* frenulo
ligapojke ligista
ligatur *med* ligatura; *(sammanbindning av två bokstäver) typ* ligatura
ligga jacer, cubar; *(befinna sig)* esser, esser situate, trovar se; *(vetta mot)* dar super; *ligga an mot:* adjacer; *ligga intill:* adjacer; *ligga nära:* avicinar; *ligga runt omkring:* circumjacer; *ligga sjuk:* allectar; *ligga under:* succubar; *liggande på rygg:* supine
liggare registro, jornal
ligghall galeria de cura
liggplats cubiculo
liggsår decubito, plaga decubital
liggunderlag *(för djur)* lectiera
lignin lignina
liguster *bot* ligustro
ligustersvärmare *zool* sphinge
lik *sb* corpore, morto, cadavere; *adj* simile, similar, compare, affin; *(som ser ut som)* similante; *helt lik:* equal, par, identic (a), conforme; *göra lik:* adequar, assimilar; *lik-:* cadaverose
lika *adj* par, equal; *adv* equalmente; *göra lika:* equalar, equalisar
likafullt nonobstante, totevia
likaledes etiam, anque, de mesme, equalmente, item
likalydande *likalydande kopia:* copia conforme
likare standard *eng*
likartad homogene, homogenee; *göra likartad:* adequar, homogen(e)isar
likaså assi, mesmo, item, equalmente
likbent *(om triangel)* isoscele
likbesiktning examine del corpore, autopsia, obduction; *med* necropsia
likbetydande synonyme; *likbetydande ord:* synonymo
likblek pallide como un cadavere
likbål pyra
like par, equal; *utan like:* sin equal, sin par
likforma uniformar
likformad uniforme
likformig uniforme, congruente; *(med samma form)* homomorphe
likformighet uniformitate; *bot* isomorphismo
likfotad *zool* isopode
likfärg livor
likförgiftning infection cadaveric
likgift *anat* ptomaina
likgiltig indifferente, apathic, inerte, incuriose, stolide, supine; *(inför njutning och smärta)* stoic; *bli likgiltig för:* disinteressar se de
likgiltighet indifferentia, indifferentismo, nonchalance *fr* [nõshalã:s]; *(sjuklig)* apathia
likhet resimilantia, semblantia, similantia, similitude, similaritate, equalitate
likhetstecken *sätta likhetstecken mellan:* equar
likkapell camera mortuari
likkista sarcophago
likljudande consonante
likna *(se ut som)* similar, resimilar
liknande *sb* affinitate, semblantia; *adj* affin, analoge, semblabile, simile, similante, compare; *göra liknande:* assimilar
liknelse allegoria, metaphora, parabola, simile, similitude
liknämnd homonyme
liknöjd indifferente, inerte, apathic
likplundring piliage [-adʒe]/brigantage [-adʒe] de cadaveres
likrikta conformar, uniformar, unificar; *elektr* rectificar
likriktare *elektr* rectificator
liksidig equilateral, equilatere
liksom como, assi como; *(lika mycket som)* tanto ... como
likstavig parisyllabic, parisyllabe
likström *elektr* currente continue
likställa adequar
likställdhet equalitate, paritate
likställighet equalitate, paritate
likstämmig de accordo, unisone
liktidig contemporanee, simultanee, synchrone
liktorn callo
liktornsplåster callicida
likvagn carro funebre

likvid pagamento; *(avlösning)* soldo
likvidation *gå i likvidation:* liquidar
likvidera pagar, soldar, regular contos; *(ta död på)* liquidar
likviditet solventia
likvinklig equiangular, equiangule, isogone
likväl totevia, tamen, nonobstante, mesmo
likvärdig equivalente
likvärdighet *(lika kraft)* equivalentia
likör liquor; *fransk tjock likör:* crema
lila *adj* lilac
lilja *bot* lilio; *franska liljan:* flor de lilio/lis, fleur de lis *fr* [floe:rdeli]
liljekonvalj *bot* lilio del valles
lillfinger (digito) auricular
lillhjärnan *anat* cerebello; *lillhjärne-: anat* cerebellar, cerebellose
lim glutine, colla
lime *bot* lima
limefrukt *bot* lima
limfärg tempera
limma collar, glutinar; *limma ihop:* agglutinar, conglutinar
limpa pan de secale
limsocker *kem* glycina
lin lino
lina corda, fun, linea; *(grövre)* cablo, fun
linbana funicular; *(på räls)* ferrovia funicular; *varutransport på elektrisk linbana:* telepherage [-adʒe]
linbanevagn telephero
lind *bot* tilia
linda bandar, involver; *elektr* bobinar
lindansaraktig funambulesc
lindansare funambulo
lindbast *bot* libro
lindblomma *bot* tilia
lindblomste infusion de tilia
lindra alleviar, ablandar, adulciar, calmar, mitigar, sedar; *med* palliar; *(dämpa)* amortir, attenuar
lindrande lenitive
lindring alleviation
lingon *bot* vaccinio, myrtillo rubie
lingonsylt confectura de vaccinio
lingua franca lingua franc
lingul jalne clar; *(om hår)* blonde clar
liniment *(flytande salva)* linimento
linjal regula; *(på maskin)* guida
linje linea; *'Linjen': geogr* le linea; *i linje: adj* linear
linjera *tr* linear, regular
linjär *(i linje)* linear
linka claudicar
linne *(tyg)* (panno de) lino; *(plagg)* camisa; *(fint)* linon; *(grovt oblekt)* hollanda
linneduk canevas, panno de lino
linnelärft tela de lino
lins *(optisk)* lente; *bot* lente, lenticula; *ögats lins: anat* lente, crystallino
linsinfattning porta-lente
lira *(stråkinstrument från renässansen, folkligt stråkinstrument av rebec-typ i Grekland) mus* lira
lisa adulciamento, alleviamento
lisma adular, esser melliflue
Lissabon Lisbona
list astutia, sagacitate; *(trick)* stratagema, artificio; *(kant-)* lista, bordatura
lista lista, indice, registro, rolo; *lista över fel (i bok):* erratum *lat (plur* errata); *sätta upp på en lista:* listar
listig artificiose, astute
listighet astutia
listverk *arkit* modulatura; *listverk kring bågöppning, dörr etc:* architrave
lit *sätta sin lit till:* remitter se a
lita *lita på:* confider in, haber fide in, remitter se a; *lita på ngn:* creder in un persona
Litauen Lituania
litauer lituano
litauisk lituan; *litauiska språket:* lituano
lite *adj* pauc, poc; *adv* pauco, poco, al(i)quanto; *lite ,..:* un poco de ...
liten parve, pusille, micre, minute; *liten lob el. flik:* lobulo; *mycket liten:* diminutive, minime, minuscule; *oändligt liten:* infinitesimal, infinitesime
liter *(l)* litro; *tio liter:* decalitro
litet *(något)* pauco, poco, un poco de
litografi lithographia, stampage [-adʒe]
litosfär *(fasta jordskorpans översta lager)* lithosphera
litterat litterate
litteratur litteratura; *(humanistisk lärdom)* litteras

litteratör homine de litteras
litterär litterari; *litterär äganderätt/egendom:* proprietate litterari
liturgisk *liturgisk föreskrift: rel* rubrica
liv vita; *(tillvaro även)* existentia; *(varelse)* esser, anima; *(sköte)* sino; *full av liv:* plen de vita; *få nytt liv:* reviver; *utan liv:* sin vita; *vara i livet:* spirar; *vid liv:* vive, in plen vita
liva *liva upp:* animar, stimular, vivificar, exhilarar
livboj cinctura de salvamento
livbälte cinctura (de salvamento)
livegen *sb* servo, servo del gleba, villano; *adj* serve
livegenskap servage [-adʒe]
livfull spirituose, vivide
Livland Livonia
livlig vive, vivide, vivace, animate, plen de vita, alacre, ebulliente, spirituose, mercurial; *(livaktig)* active
livlighet alacritate, ebullientia, vivacitate, vividitate
livlös morte, inanimate, sin vita, exanime
livmoder *anat* utero, matrice; *bortoperering av livmodern: med* hysterectomia; *inuti livmodern:* intrauterin; *livmoder-:* uterin
livmoderhals *anat* cervice; *livmoderhals-:* cervical
livnära nutrir, alimentar, sustentar; *livnära sig:* nutrir se, *(med möda)* vegetar, subsister
livré livrea
livrem cinctura; *mil* cincturon; *ta på sig livrem:* cinger (se)
livrädd pavorose del morte
livräddning salvamento
livränta renta annual
livrätt platto favorite
livsduglig vital, forte, viabile
livselixir elixir de longe vita
livsfarlig periculose
livsfrukt fructo de su entranias
livsförnödenheter medios de subsistentia
livsglädje gaudio, delicia, jubilo de viver
livskraft fortia de vita, vigor, vitalitate; *borttaga livskraften:* devitalisar
livskraftig vital; *vara livskraftig:* viger
livslevande in persona, in carne e osso
livslust amor de vita
livsmedel alimento; *plur* comestibiles, vivandas, medios de subsistentia, viveres, victualia *lat*
livsmedelshandlare vivandero
livssyn conception del vita
livstecken signo de vita
livstidspension pension perpetual/pro le resto del vita
livstidsstraff pena perpetual
livstråd filo del vita
livsträd arbore genealogic, filo del vita
livsuppehälle mantenentia, subsistentia, sustenentia, sustentamento
livsviktig vital, de importantia vital
livvakt corpore de guardia, guarda
ljud sono; *(klingande)* tono, sono; *(oväsen)* rumor; *ljud-:* phonic
ljuda sonar, resonar; *gram* pronunciar
ljudband phonobanda
ljudbeteckning signo phonetic
ljuddämpare amortisator, silentiator
ljudfilm film sonor
ljudhärmande *adj fon* onomatopoetic, onomatopeic, echoic [-k-]; *sb (även ljudhärmande ord) fon* onomatopeia, onomatopea
ljudinspelning registration phonic
ljudisolerad insonorisate
ljudlig sonor, rumorose
ljudlikhet assonantia
ljudlära phonetica
ljudlös silentiose, mute; *med* aphone
ljudmätare sonometro, phonometro
ljudskridning *(språkvet.)* mutation consonantic
ljudskrift scriptura phonetic
ljudspår *(på film)* tracia sonor
ljudstyrka potentia sonor, volumine
ljudvåg unda sonor
ljudvärde valor
ljudövergång *gram* permutation de sono
ljuga mentir, dicer mentitas, contar historias
ljum tepide; *bildl* indifferente, neutre; *vara ljum:* teper
ljumhet tepiditate, tepor
ljumskbråck hernia (inguinal)
ljumske *anat* inguine; *ljumsk-:* inguinal
ljung *bot* erica
ljunga fulgurar; *ljunga och dundra:* fulminar

ljungande *adj* fulminee
ljungeld fulgure
ljunghed landa
ljungpipare pluviero aurate
ljus *sb fys* lumine; *(abstrakt)* luce, lumine; *bildl* claritate, jorno; *(flamma)* flamma; *(stearinljus)* candela, *(stort)* cereo; *föra bakom ljuset:* dupar, imponer; *kasta ljus över:* elucidar, illuminar; *ljus från blixt:* fulgure; *tända ljus:* illuminar; *adj* clar, luminose, lucide, nitide; *ganska ljus:* clarette; *ljus idé:* idea luminose; *ljust öl:* bira clar
ljusaktig clarette
ljusbild *foto* diapositiva; *betraktningsapparat för ljusbilder:* visor
ljusbrun cervin
ljusbrytning refraction
ljusbåge arco (de lumine)
ljusdunkel clar-obscuro
ljusfylld luminose
ljusgul flave
ljusgård *fys* halo, aureola
ljushet claritate
ljushuvud persona intelligente
ljushårig blonde
ljusknippe fasce
ljuskopiering reproduction lumographic
ljuskrona lustro
ljuskvantum photon
ljuskänslig sensibile al lumine
ljuslätt blonde
ljusmätare photometro
ljusna luminescer; *(det dagas)* il se jorna
ljusning *(gryning)* alba; *bildl* melioration; *(på himmeln)* exclaramento; *(sken)* lustro
ljusröd rosee, rosate, incarnatin; *(starkt)* vermilie; *(obestämt)* rosastre
ljusskygghet photophobia
ljusstake candeliera, candeliero, candelabro
ljusstark luminose
ljussvag de debile lustro
ljuster harpon
ljustryck phototypia
ljusvåg unda luminose
ljusår anno de lumine
ljuv dulce, suave, deliciose, melliflue; *egenskapen att vara ljuv:* dulcor
ljuvhet dulcor, suavitate, charme [sh-]
ljuvlig adorabile, delectabile, suave
lo *zool* lupo cervari, lynce
lob lobo
lock coperculo; *anat* operculo; *(på mossors sporkapsel) bot* operculo; *(på snäcka)* operculo; *(över tallrik med mat)* coperi-platto(s); *(av hår)* bucla, anello, *(liten)* bucletta
locka captar, escar, tentar; *(hår)* buclar, undular; *(jakt etc)* appellar, escar, seducer, persuader; *locka hår:* anellar; *locka till sig:* attraher
lockande *sb* captation; *adj (på avvägar)* seductive
lockbete esca
lockelse attraction, persuasion, seduction
lockfågel ave de appello
lockton appello
locktång ferro de undulation
loda sondar; *(med blysänke)* plumbar
lodjur *zool* lupo cervari, lynce
lodlina *kontrollera med en lodlina:* plumbar
lodlinje perpendiculo
lodning *(mätning med lod)* sondage [-adʒe]
lodrät vertical, perpendicular, a plumbo; *lodrät linje:* perpendiculo
lodrätt a plumbo
loft granario, camera subtectal
logaritm *mat* logarithmo
loge *(för tröskning)* aira; *(ordens-)* logia [lodʒa]; *(teater-)* loge *fr* [lo:ʒ]
logera habitar; *(övernatta)* pernoctar
logg log
logga *sjöt* logar; *logga in: data* connecter se/entrar in communication; *logga ut: data* disconnecter se/finir le communication
loggbok diario de bordo, diario de navigation
loggia logia [lodʒa], loggia *ital* [lodʒa]
logglina linea de log
logi demora, albergo; *ge logi:* albergar
logik logica
logisk logic
logotyp *(firma- el. föreningssymbol)* logo(typo)
loj indolente, apathic, pigre, supine
lojal loyal
lojhet inapplication, indolentia
lokal *sb* loco, sede; *adj* local; *(hörande till en plats)* topic, local
lokalbedövning anesthesia
lokalisera localisar, *refl* orientar se

lokaltåg traino omnibus
lokativ *gram* locativo
lokförare machinista [-k-]
loko *hand* in sede, in placia
lokomotiv locomotiva
lomhörd dur de aure, assurdite
lommeört *(lat Capsella bursa-pastoris) bot* bursa de pastor
londonbo londonese
longitud longitude; *longitud-:* longitudinal
longitudinell longitudinal
longör prolixitate, tedio
lopp cursa, curso; *(kapplöpning)* cursa; *i loppet av:* in le curso de; *inom loppet av:* intra, in le lapso de; *i långa loppet:* al longe; *dött lopp:* dead heat *eng* [ded hi:t]
loppa *zool* pulice; *ta bort loppor:* expulicar
lornjett binoculo
lort *(smuts, dy)* fango; *(avföring)* excremento, fece, fecula
lortig fangose, immunde
lossa laxar; *(last)* discargar; *(lösa upp lödningen)* dissoldar; *som kan lossas:* distachabile [-sh-]
lossna relaxar
lossning discarga
lossningsplats discargatorio
lots pilota
lotspengar pilotage [-adʒe], guastos de pilotage
lott *(andel)* lot, parte, portion; *(öde etc)* sorte, destino, fato, fortuna; *dra lott:* tirar al sorte
lotta tirar al sorte
lotteri lotteria
lotterivinst lot
lottospel lotto
lottsedel billet de lotteria
lottägare partenario, participator
lotus *bot* loto, flor de loto
lov gloria; *sjöt* bordada; *(beröm)* elogio, laude; *(tillstånd)* permisso, permission; *(ledighet)* congedo, vacantias; *(löfte)* parola; *(högtidl.)* voto; *få lov att:* poter; *ge lov:* permitter
lova promitter; *(högtidligt)* sponder; *lova guld och gröna skogar:* promitter montes e meravilias
lovdag jorno de congedo
lovlig permissibile, permisse; *(enligt lag)* licite, legitime
lovord elogio(s), laude(s), panegyrico
lovorda commendar, elogisar, laudar
lovordande elogiose
lovprisa aggrandir, elogisar, exaltar, glorificar, magnificar, panegyrisar
lovprisande elogiose, elogistic, encomiastic
lovprisare glorificator
lovprisning encomio, exaltation, glorification; *filos, rel* doxologia; *en som håller lovprisning:* elogista
lovsång *lovsång(er): rel* laudes
lovtal elogio, encomio, panegyrico
lucern *bot* lucerna
lucka apertura; *(mellanrum)* intervallo, interstitio; *mil* brecha [-sh-]; *(i ledet)* vacantia; *(fall-)* trappa; *skottsäker lucka: mil* mantelletto
luckra *(jord)* scarificar
ludd *(på kläder)* pilo; *försedd med ludd:* pilose
luden villose, pilose, hirsute, villute
luder put(an)a, bagassa
Ludvig Ludovico
lufsa camminar/trottar pesantemente
luft aere, atmosphera, pneuma; *hämta luft:* prender le aere; *hämta frisk luft:* prender le fresco; *i friska luften:* in le aere libere; *osund luft:* miasma; *släppa luften ur:* disinflar; *luft-:* aeree, *i smnstn* aero- *gr*
lufta *(även lufta ut)* aerar, ventilar
luftande *(kvinnlig)* sylphide, *(manlig)* sylpho
luftballong *(styrbar)* aerostato
luftfart aviation, aeronautica
luftform *i luftform:* aeriforme
luftfylld pneumatic
lufthamn aerodromo, aeroporto, porto aeree
luftig aeree, aperte; *bildl* legier [-dʒer], vaporose
luftkanal porta-vento
luftkonditionera climatisar
luftkonditionering climatisation, conditionamento del aere
luftpost posta aeree
luftring pneumatico, pneu
luftrör *anat* trachea; *luftrörs-:* tracheal
luftrörskatarr *med* bronchitis [-k-]
luftskepp aeronave, aerostato, dirigibile, zeppelin *ty* [ts-]

luftskydd defensa passive

luftskygg aerophobe

luftskygghet aerophobia

luftslott castello in aere; *bygga luftslott:* facer castellos in le aere

luftstrupe trachea

luftström currente de aere

lufttom vacue

lufttomhet vacuo, vacuitate

lufttrycksutjämning *(t.ex. i flygplan)* pressurisation

lufttät hermetic, impermeabile al aere

luftvapen armea aeree

luftvägar *anat* vias respiratori, vias aeree

luftvärns- *mil* antiaeree

luftväxling ventilation, aeration, aerage [-adʒe]

lugg pilo, capillos à la can; *(pann-)* frangia [-dʒa]

luggsliten usate, raspate

lugn *sb* calma, pace, equanimitate, quiescentia, quiete, quietude, tranquillitate; *adj* calme, equabile, equanime, pacific, placide, tranquille; *lugn och klar:* seren; *orubbligt lugn:* stoic; *ta det lugnt:* otiar

lugna appaciar, calmar, pacificar, quietar, sedar, tranquillisar; *lugna sig:* tranquillisar se; *lugna ner sig:* subsider

lugnande hypnotic; *lugnande medel: med* sedativo

luka disherbar, sarcular

Lukas Luca

lukrativ *(ekonomiskt inbringande)* lucrose

lukredskap sarculo

lukt odor; *lukt-:* olfactive, olfactori

lukta *(avge lukt)* oler, odorar, fragrar; *(stinka)* puter; *(känna lukt)* olfacer, sentir

luktande odorifere

luktborttagande disodorante

luktfri inodor

luktsalt sal volatile

luktsinne olfaction; *(väderkorn)* flair *fr* [flæ:r]

luktärt piso odorose

lukullisk *lukullisk måltid:* repasto de gourmetes *fr* [gurmetes]

lummig foliose

lump *(trasa)* chiffon *fr* [sh-], robalia, bric-à-brac *fr*, cosalia; *lumpor:* chiffones, robalia

lumpsamlare chiffonero [sh-]

lunch lunch; *(middags-)* prandio; *äta lunch:* prander

luncha lunchar, prander

lunchrestaurang *(enkel)* snackbar *eng*

lund *(träddunge)* arboreto, boschetto

lunga *anat* pulmon; *med sina lungors fulla kraft:* a plen pulmones; *lung-:* pulmonar

lungblödning hemoptysis

lunginflammation *med* pulmonia, pneumonia; *lunginflammations-:* pneumonic

lungmos pulmon triturate

lungport *anat* hilo

lungsiktig *med* consumptive

lungsot *med* consumption, phthisis, tuberculosis (pulmonari)

lungsäck *anat* pleura

lungsäcksinflammation pleuritis

lungtuberkulos *med* phthisis, tuberculosis pulmonar; *patient med lungtuberkulos:* phthisico

lungvolymsmätare spirometro

lunk trotto, passo lente

lunnefågel *(mindre liran) (lat Puffinus puffinus anglorum) zool* puffino

luns grumo

lunta *(veke)* micca; *(bok)* (vetere) libro; *nådiga luntan:* (svedese) budget *eng* [b^dʒet] governamental

lupin *bot* lupino

lupp lenticulo, lente de aggrandimento, magnificator

lupus *(hudsjukdom) med* lupus

lur *(blåsinstr.) mus* corno, trompa; *(sömn)* somno

lura deciper, defraudar, dupar, escar, fraudar; *(narra)* deluder, jocar; *lura på:* defraudar de; *som lurar:* delusori

lurendrejare dupator

lurendrejeri fumisteria

lurig devie

lurvig hispide

lus *zool* pediculo

lusitansk lusitan

lust *(fröjd)* placer, gaudio, gaitate, delectation; *(önskan)* desiro, desiderio, inclination, gusto, grado, invidia; *(vällust)* appetentia, voluptate, luxuria; *(läggning)* disposition; *ha lust efter:* appeter; *ha lust på:* invidiar; *utan lust* *till:* disinclinate

lusta desiro sensual, passion, luxuria

lustbarhet divertimento, festivitate

lustgas gas hilare, gas hilarante

lustgård *Edens lustgård:* Eden

lusthus pavilion

lustig drolle, hilare; *(munter)* gai, allegre, jocose; *(rolig)* gai, amusante, facete, facetiose; *(starkare)* buffonari, burlesc; *(underlig)* comic, bizarre, estranie; *göra sig lustig över:* rider se de; *inte lustig:* infacete

lustighet drolleria

lustigkurre buffon, burlator

lustjakt yacht *eng* [jot]

lustpel comedia, farce *fr*

lustrum *(femårsperiod)* lustro

lut *(lösning)* lixivia

luta *sb mus* lut; *dubbelkörig (dubbelsträngad) luta:* lut a choros duple; *liten luta:* mandola, mandora; *vb* appoiar, clinar, inclinar, esser oblique; *(tvätt etc)* lixiviar; *luta ngt mot:* appoiar alque/qualcosa contra; *luta sig tillbaka:* reclinar

lutande *adj* declive, inclinate, oblique; *(sluttande)* descendente, vergente; *(benägen)* propense

lutbad banio alcalin

lutenist *mus* lutista

lutfisk *(skand.)* gado lixiviate

lutning declivitate, gradiente, inclination, obliquitate; *(sluttning)* rampa, scarpa, vergente, pendente; *(vid tvätt etc)* lixiviation; *med samma lutning:* isocline

lutningsmätare clinometro

lutningsvinkel angulo de inclination

lutpulver lixivio

lutspelare *mus* lutista

lutter pur, simplice

luttra raffinar, purgar, purificar; *rel* lustrar, expiar

luttrande *adj* purgative

luttring purgation

lux *(ljusenhet) fys* lux

luxuös luxuose

lya cubil, tana

lyceum lyceo

lycka *(sällhet)* felicia, felicitate; *(framgång)* prosperitate, fortuna, successo; *(tur)* bon fortuna

lyckad succedite

lyckas succeder

lycklig felice, fortunate

lyckosam prospere, successose; *ej lyckosam:* adverse

lycksalig beate, beatific; *bildl* radiose

lycksaliggöra beatificar

lycksaliggörande beatific

lycksalighet beatitude, felicitate

lyckträff fortuna, hasardo

lyckönska complimentar, congratular, felicitar, gratular

lyckönskan congratulation, felicitation, gratulation

lyckönskning complimento; *lyckönsknings-:* congratulatori

lyckönskningsbrev lettera/littera congratulatori

lyda obedir, obedir a; *lyda en lag:* obedir a un lege; *lyda ett råd:* sequer un consilio; *lyda under:* esser subordinate (a); *ej lyda ngn:* disobedir a un persona

lydaktig obediente, docile

lydelse texto, contento, terminos

lydig obediente, submissive

lydisk *mus* lydic; *lydisk kyrkoton(art):* modo lydic

lydnad obedientia

lyfta levar, elevar, sublevar; *(höja)* altiar; *lyfta (från marken):* levitar; *lyfta upp:* sublevar; *(åter) lyfta upp:* realtiar; *den/det som lyfter:* levator

lyftkran *tekn* grue

lyftmuskel *anat* elevator

lyftning altiamento, elevation, levatura; *bildl* relevamento

lyhörd perceptive

lykta lanterna; *kinesisk lykta:* lampion

lyktstolpe palo de reverbero

lykttändare lampista

lymfa lympha, phlegma; *lymf-:* lymphatic

lymfkärl vaso lymphatic

lymfkörtel glandula lymphatic; *svullen lymfkörtel: med* bubon

lymmel canalia, villano

lymmelaktig villan, grossier

lyncha lynchar [lintshar]

lynett *(slags utanverk på fästning) mil* lunetta

lynne character, temperamento, natura, humor; *(någons)* disposition; *dåligt lynne:* bile, cholera, mal humor

lynnig capriciose, petulante

lynnighet capricio

lyra volata; *(i tennis)* lob; *mus* lyra; *Lyrans stjärnbild: astron* lyra

lyrfågel *zool* lyra

lyrik poesia lyric, lyrica

lyriker lyrico

lyrisk lyric

lysa lucer, luminar, illuminar, splender, brillar, irradiar, resplender; *lysa upp:* exclarar, *(festl.)* illuminar; *lysa igenom:* translucer, transparer; *som kan lysas upp:* illuminabile

lysande *adj* fulminee, fulgural, fulgurante, irradiante, lucide, luminescente, luminose

lysboj boia luminose

lysis *(långsamt temperaturfall) med* lyse, lysis

lysmask *zool* lampyride

lysning bannos

lysrör lampa fluorescente

lyssna ascoltar, esser tote aures; *med* auscultar; *lyssna på ngn:* prestar le aure a; *lyssna till:* ascoltar

lyssnande ascolta, ascoltamento

lyssnare ascoltator, auditor, audientia, auditorio; *lyssnar-:* auditori

lyssnarpost ascolta

lyssnarskara audientia, auditorio

lyssning ascolta, ascoltamento

lyssningspost ascolta

lysten assetate, concupiscente, cupide, desiderose, desirose, avide, pruriente, voluptuose; *lysten efter:* avide; *vara lysten:* concupiscer

lystenhet concupiscentia, prurientia

lyster lustro, polimento, splendor

lyte defecto physic, infirmitate

lytt infirme, stropiate, mutilate

lyx luxo; *lyx-:* sumptuari

lyxartiklar articulos de phantasia

lyxig sumptuari

lyxlag lege sumptuari

låda cassa, cassetta, pyxide; *(av spjälor)* cavia, paniero; *(brev-)* cassetta de letteras; *inpackning i lådor:* incassamento; *lägga i lådor:* cassar; *låda för hostian:* pyxide

lådtillverkare cassero

låg basse; *(moral)* vil, mal, basse, meschin [-k-]; *av låg klass:* ignobile; *lågt: adv* basso

låga flamma; *bildl* ardor, passion; *stå i ljusan låga:* deflagrar

låghalt claude

låghet bassessa

lågmäld basse; *lågmält: adv* basso

lågrelief basse relievo

lågsinnad basse, meschin [-k-], vil

lågspänning tension basse

lågstadieskola schola primari

lågstadium *(skola)* classes inferior

lågvatten marea basse

lån presto; *ta till låns:* facer se prestar

låna *låna ut:* prestar, *(en sak)* commodar; *låna upp:* facer se prestar, imprestar; *låna sig till:* prestar se a

lånesats *filos* lemma

lång longe; *(om person)* grande, de alte talia; *lång och smal:* svelte

långbent macroscele

långfinger digito medie

långfredag venerdi sancte; *långfredagen:* Venerdi Sancte

långfärdsbuss autocar

långhuvad dolichocephale

långivare prestator

långivning prestation

långlivad longeve

långmjölk lacte cualiate

långmodig patiente, indulgente, tolerante

långnäst a naso aquilin; *zool* nasic

långrandig verbose, diffuse, enoiose; *(långt utdragen) bildl* sesquipedal

långresa viage [-adʒe] de longe curso

långrock *(advokats)* roba de advocato

långsam lente, tardive; *(dröjande)* morose; *bli långsammare:* relentar se

långsamhet lentor, tardivitate, morositate

långsamt *mus* adagio [-dʒo], largo; *(om tempo)* grave; *(stycke musik) sb* lento; *adv* lento

långsamtgående tardigrade

långskallig *anat* dolichocephale

långsynt *med* presbyopic, presbyte

långsynthet *med* hypermetropia, presbyopia, presbytia, presbytismo

långsökt recercate, immotivate

långt *adv* longe, longemente, distante; *långt borta:* longe; *långt efteråt:* multe tempore postea
långtråkig fastidiose, enoiose, tediose
långtråkighet enoio
långvarig longe, de longe duration; *(ihållande)* tenace
långvåg *(radio)* undas longe
låntagare prestatario
lår *(kista)* coffro; *anat* femore, coxa; *lår-:* femoral, coxal
lås serratura
låsa serrar, clauder (a clave); *låsa in:* recluder; *låsa inne:* serrar; *låsa upp:* disserrar
låskolv pessulo
låt sono, voce, canto, melodia; *(klago-)* gemimento, lamentationes
låta lassar; *(ljuda)* sonar, resonar; *(lämna)* lassar, donar; *(till-)* permitter; *låta gällt:* strider; *låta göra:* lassar facer; *låta illa: mus* dissonar; *låta veta:* intimar; *låta vila:* reposar; *ngt som låter illa:* cacophonia; *som låter illa:* cacophone; *låt oss ...:* vamos ... = que nos + *presens*
låtsas affectar, finger, simular
låtsasspel simulation
läcka *sb* foramine, fissura, via de aqua; *tekn* perdita, fuga; *vb* facer aqua
läcker gustose, deliciose, delicate
läckergom gourmet *fr* [gurme], gastronomo
läckerhet delicatessa
läder corio
läderartad coriacee
läderhud *anat* derma
läderlapp *zool* vespertilion
lädersäck *(för vatten el. vin) hist* utre
lädervaror corios
läge situation, position, sito; *ofördelaktigt/ogynnsamt läge:* disavantage [-adʒe]
lägenhet *(tillfälle)* occasion, momento favorabile, opportunitate; *(våning)* appartamento
läger lecto, cubiculo, campamento, campo; *mil* campo, bivac; *bo i läger, slå läger:* campar; *bryta läger:* discampar; *uppbrott av läger:* discampamento
lägerliv campamento
lägerplats campamento
lägervall ruina, decadentia
lägg *(på vadben)* sura
lägga mitter, poner, placiar; *(tillfrysa)* gelar; *lägga beslag på först:* preoccupar; *lägga emellan:* interponer; *lägga fram:* presentar; *lägga för:* servir; *lägga i aska:* incinerar; *lägga ihop:* adder; *lägga in:* impacchettar, imballar; *lägga märke till:* prender nota de; *lägga ned:* deponer; *lägga näsan i blöt i ngt:* mitter le naso in un cosa; *lägga om (trafiken):* diverter; *lägga ovanpå:* superponer; *lägga pengar på:* deponer; *lägga på hög:* pilar; *lägga sig (om t.ex. oro):* subsider; *lägga sig i...:* miscer se in...; *lägga sig till med:* adoptar; *lägga till:* abbordar, adder; *lägga tillbaka (låta vila):* reposar; *lägga upp (sport etc):* abandonar; *lägga över:* coperir
läggning natural, constitution, disposition; *(medfödd)* predisposition
läglig opportun, convenibile; *lägligt:* opportunmente; *komma lägligt:* arrivar a proposito
lägre *adj* plus basse, inferior, minor; *bot* infere; *(om rang)* subalterne; *till lägre pris:* a melior mercato; *adv* plus basse, minus alte
lägst le plus basse, ultime; *lägsta pris:* precio minime
läka curar, sanar, remediar
läkande medicamentose
läkare doctor, medico; *läkares mottagning:* consultorio; *läkar-:* medic, medical
läkared juramento hippocratic
läkarkandidat medico sub education
läkarkonst medicina, therapeutica
läkartermometer thermometro clinic/medical
läkarvård curation medical
läkas curar se, sanar; *(sår)* cicatrisar se; *(med ärr)* cicatrisar
läkbarhet curabilitate
läkekonst medicina; *läkekonstens gud:* Esculapio
läkemedel remedio, medicamento, droga, pharmaco; *(som ingnides) med* embrocation
läkemedelsexpert pharmacologo
läkemedelslära pharmacologia
läkemedelsupplag dispensario
läkning *med* curation
läktare galeria, tribuna; *(båt)* alleviator; *latinsegelriggad läktare: sjöt* fusta
lämna lassar, abandonar, ceder, relinquer;

(t.ex. ett rum) quitar; *(till ngn)* dar; *hastigt lämna (en plats):* discampar; *lämna tillbaka:* remitter, restituer; *lämna åt sitt öde:* derelinquer

lämning resto, residuo; *(spår)* vestigio; *lämningar:* reliquias, restos, ruinas

lämpad *göra lämpad:* conformar

lämplig adequate, apte, appropriate, proprie, convenibile, accommodabile, commode, eligibile, expediente; *det är lämpligt att:* il conveni de; *göra lämplig:* aptar

lämplighet aptitude, convenientia, eligibilitate

län provincia; *(förlänat område)* feudo; *som hör till länet:* provincial; *läns-:* feudal

länd *anat* lumbo; *(på häst)* cruppa; *länder:* renes; *länd-:* lumbar

längd longitude, extension; *(tid)* duration; *i längden:* al longe

längdskidåkning ski de fundo

längdtecken *längdtecken över vokal:* macron

länge longe, longemente, durante longe tempore; *för länge sedan:* olim, pridem; *sedan länge:* depost longe tempore

längs secundo, preter; *längs med:* secundo

längst le plus longe, le plus lontan; *längst in:* al fundo; *längst ned:* toto in basso

längta desirar, desiderar; *(tråna)* languer; *längta efter:* suspirar a

längtan desiro, desiderio, languimento; *(hem-)* nostalgia; *längtan efter:* aspiration a; *trött längtan:* languor

längtansfull nostalgic

länk *(i kedja)* anello; *data* ligamine

länka incatenar, concatenar; *(samman)* unir; *länkar:* ferros

läns sic, vacue; *(utan pengar)* sin moneta

länsa disaquar, vacuar

länsförhållande feudalitate

länstol confortabile, chaise *fr* [shæ:z] a/de bracios, sede a/de bracios

läpp *anat* labio; *hänga läpp:* facer le muso; *läpp-:* labial

läppblomstrig *bot* labiate

läppformad labiate

läppljud labial

läppstift stilo de carmino

lära *sb* doctrina, systema, theoria; *gå i lära:* facer su apprentissage [-adʒe]; *vb tr* inseniar, instruer, docer; *itr* apprender, studiar; *lära ngn ngt:* inseniar un cosa a un persona; *lära folk läsa:* alphabetisar; *lära sig:* apprehender, apprender; *lära ut:* instruer; *ovillig att lära:* indocile; *läro-:* doctrinal

läraktig docile, receptive

lärare inseniante, inseniator, instructor, maestro (de schola), magistro, pedagogo, professor; *(i bottenskola)* institutor, maestro; *(privat)* informator, preceptor; *(kvinnlig)* governante; *(ålderdomligt lärd man)* doctor; *lärare i retorik (talekonst):* rhetor; *lärare vid högre skolor:* professor; *vara lärare:* maestrar; *lärar-:* maestral

lärarhögskola schola normal

lärarinna institutrice, maestra, governante

lärarkall professorato

lärartjänst professorato

lärarverksamhet maestria

lärd *sb* sapiente, erudito, homine de litteras; *(mycket lärd person)* un puteo de scientia; *adj* erudite, docte, litterate, sciente

lärdom saper, erudition, cognoscentias, sapientia

lärdomsgrad grado academic

lärdomsgren branca de saper, facultate

lärdomsstad citate/urbe universitari

lärft tela, canevas

lärjunge scholar, discipulo, studente, lyceano, collegiano

lärka *zool* alauda, aloda

lärkträd larice

lärling apprentisse

lärlingstid apprentissage [-adʒe]

lärobok manual

lärokurs curso, programma de inseniamento

läroplan syllabus

lärorik instructive

lärosats doctrina, dogma, these, theorema

lärostol *(professur)* cathedra

lärosäte universitate

lärotid noviciato

läroverk gymnasio, lyceo

lärvillig docile; *(som lätt tar till sig undervisning)* inseniabile

lärvillighet docilitate

läsa leger, studiar; *läsa igenom ngt flyktigt:* percurrer; *läsa om (på nytt):* releger

läsare lector; *(sekt)* pietista, sectario
läsesal atheneo
läsglas lente
läska refrescar; *(bläckskrift)* sic(c)ar
läskedryck biberage [-adʒe], bibitura refrescante, aqua gasose; *(fruktdryck)* sorbetto
läskpapper papiro sic(c)ante/sic(c)ative
läslig legibile
läsning lection, lectura; *(tydning)* deciframento
läspa blesar, zezear, esser blese; *som läspar:* blese
läspning *med* sigmatismo (interdental)
läst forma
lästermin semestre
läsår anno scholar
läte sono (inarticulate)
lätt *(ej tung)* leve, legier [-dʒer]; *(ej svår)* facile; *lätt och rörlig:* legier [-dʒer]; *göra lätt(are):* facilitar
lätta *tr* alleviar, sublevar, relevar; *(mildra)* adulciar, attenuar; *(göra ngt mindre tungt el.svårt)* alleviar; *itr* sublevar, adulciar; *dimman lättar:* le nebula se leva; *lätta ankar:* levar le ancora; *lätta (från marken):* levitar
lättande alleviation
lättantändlig accendibile, accensibile, inflammabile
lättfattlig clar e simplice, comprehensibile
lättflyktig *(om vätskor och fasta ämnen)* volatile
lättflytande fluide, multo liquide
lättfärdig libidinose, libertin, licentiose, luxuriose; *(om person)* frivole
lätthet facilitate; *som handlar med lätthet:* agile
lättillgänglig accessibile; *pers* facile
lättja indolentia, pigressa, pigritia
lättlurad credule
lättretad irritabile, irascibile
lättretlig excitabile
lättretlighet bile
lättrogen credule
lätträrd excitabile, impulsive, impressionabile
lättrörlig vivace, agile, inflammabile, mercurial
lättsam legier [-dʒer] facile
lättsinnig legier [-dʒer]; *(om person)* frivole; *(obetänksam)* irreflexive; *(som tar lätt på livet)* leve
lättskrämd pavorose, timide
lättsmält fusibile; *(om mat)* legier [-dʒer]; *med* digestibile
lättsåld currente, facile a vender
lättupphetsad inflammabile
lättvindig facile, practic, commode
lättåtkomlig accessibile
läxa deber, deberes, lection; *(tillrättavisning)* reproche [-sh-], reprimenda, admonition
löda *tekn* soldar; *(bly-)* plumbar; *(hård-)* brasar
lödder scuma, scuma de sapon
löddra scumar
löddrande scumose
lödmedel soldatura
lödning soldatura; *lösa upp lödningen:* dissoldar
löfte promissa, parola; *(högtidligt)* voto; *avge ett högtidligt löfte att:* facer voto de; *avge löfte:* sponder; *avlägga ett löfte:* votar
lögn mendacio, mentita; *(falskhet)* mendacio; *vit lögn:* mendacio officiose
lögnaktig mendace
lögnare mentitor
löje riso; *väcka löje:* facer rider
löjlig inepte, risibile, ridicule, grottesc
löjlighet ridiculessa, ridiculo, risibilitate
löjtnant *mil* locotenente
lök *bot* bulbo, cibolla; *(vit-)* allio; *(röd-)* cepa, cibolla; *(purjo-)* porro; *(gräs-)* cibolletta
lökformad bulbiforme, bulbose
lökformig bulbose
lömsk perfide, perfidiose, insidiose
lön salario, paga, remuneration; *mil* soldo; *(artist-)* gage *fr* [ga:ʒ]; *(läkare etc)* honorario, gage *fr*, paga, stipendio; *löne-:* stipendiari
löna *som ej lönar sig:* irremunerabile
lönande remunerative
lönlös van, inutile, infructuose; *lönlöst: adv* in van
lönn *bot* acere; *(hemlig plats)* secreto, celatorio; *i lönn:* in secreto, secretemente
lönnbrännare distillator clandestin
lönndörr porta secrete
lönnmord assassinamento, assassination
lönnrum secreto
löntagare empleato, salariato
löpa currer; *(glida)* glissar; *(tid)* passar; *(tävla)*

concurrer; *löpa av stapeln:* lancear; *löpa risk:* riscar
löpande currente
löparbana pista
löpare cursor, currero
löpe cualio
löpeld foco rapide
löpgrav *mil* parallela, sappa
löplina *(lång löplina för hästträning)* longa
löpmage *anat* abomaso
löpning curso, cursa
löpsedel bulletin (de summarios)
löptid *(för kontrakt)* termino
lördag sabbato
lös laxe, disligate, distachate [-sh-]; *(fri)* libere; *(om deg etc)* molle, poco solide, legier [-dʒer]
lösa laxar, relaxar, disligar, disnodar, exonerar; *kem, bildl* solver; *(från löfte)* relevar; *(från en förpliktelse)* relaxar; *lösa ett problem:* resolver un problema; *lösa in:* pagar, reimbursar; *lösa upp:* disfacer, macerar; *lösa ut:* redimer
lösaktig libertin
lösaktighet libcrtinage [-adʒe]
lösas *lösas upp:* macerar
lösbar resolubile
lösen *(for pant e.dyl.)* liberation; *(för brev)* taxa, supertaxa; *(för handlingar)* derectos; *(lösenord)* contrasigno
lösenord contrasigno
lösenpenning reompensa
lösgöra *lösgöra sig (från):* seceder
lösgörande secession
löshängande discincte
lösköpa redimer
löslig resolubile
löslighet solubilitate
lösmynt garrule, indiscrete
lösning solution, dissolution, resolution; *jur* retraite *fr* [retræt]; *kem* lyse, lysis
lösningsmedel dissolvente, solvente
lösrycka eradicar, extirpar, distachar [-sh-]
lössläppt dissolute
lössläppthet abandono
löst laxe, laxemente, solute
lösöre benes mobile, benes mobiliari
löv *bot* folio, foliage [-adʒe], verdura
lövbärande foliate
lövfällning defoliation, exfoliation
lövhydda cabana de folios; *bibl* tabernaculo
lövkoja *bot* matthiola
lövmask *zool* eruca
lövruska rametto
lövsprickning foliation
lövträd arbore frondifere
lövverk foliage [-adʒe]

M

machete *(stor, tung kniv)* machete *sp* [-tsh-]
machtal numero de Mach
mack *(bensin-)* posto de gasolina
madame madama
mademoiselle madamisella
madrass matras
madresläktet *(hörande till krappväxterna) (Asperula madra) bot* asperula
madrigal madrigal
maffia mafia
maffiamedlem mafioso
magasin magazin; *(tidning)* magazine *eng*; *(i skjutvapen) mil* magazin
magasinera immagazinar, magazinar
magasinering *(förvaring i magasin)* immagazinage [-adʒe]
magbesvär indigestion
magbråck *med* gastrocele
mage *anat* abdomine, gastro, stomacho, ventriculo; *(buk)* ventre; *idisslares första mage, våm:* rumine; *idisslares andra mage:* reticulo; *tjock mage:* pancia; *mag-:* abdominal, gastric, stomachal, ventral
mager magre, tenue, discarnate; *(jord)* aride; *bli mager:* magrir
magerhet macie
maggrop *anat* epigastrio
maggördel cinctura
magi magia, prestigio; (magia blanc, magia nigre)
magiker magico; *(trollkarl)* mago; *(häxa)* maga
magister *(akademisk grad)* magistro; *(fil. mag.)* magistro de artes, mag(ister) artium lib(eralium)
magistral magistral, maestral
magkatarr *med* gastritis
magknip colica
magkramp *med* colica

magmun *(övre) anat* cardia; *(nedre)* pyloro

magnat *(stor makthavare)* magnate, taikun *jap*

magnet magnete

magnetfält campo magnetic

magnetisera magnetisar

magnetisering magnetisation; *elektr* excitation

magnetisk magnetic; *göra magnetisk:* magnetisar

magnetspole solenoide

magont dolor de stomacho; *med* gastralgia

magoperation *med* gastrotomia

magplågor dolor de stomacho, gastralgia

magra discarnar, magrir

magsaft succo gastric

magsmärta dolor de stomacho; *med* gastralgia

magstärkande *magstärkande medel:* tonico

magsyra acido de stomacho

magsår ulceration, ulcere

magtarm- *med* gastroenteric

magtarmkatarr *med* gastroenteritis

mahogny *bot* acaju, mahagoni

maj maio

majestät majestate [-dʒe-]

majestätisk majestatic; *(imponerande)* majestose

majolika *(slags fajans)* majolica

majonnäs mayonnaise *fr* [majonæ:z]

major *mil* major

majoritet majoritate, pluralitate; *majoritets-:* majoritari

majorsrang *mil* rango/grado de major, majoria, majoritate

majs *bot* mais

majskolv spica de mais

majviva *bot* primavera farinose, primula farinose

maka *sb* marita, sposa; *äkta maka:* sposa legitime, conjuge; *f.d. maka:* ex-marita; *adj* par; *vara maka:* facer le par; *vb, maka på:* dislocar, displaciar; *maka på sig:* facer/lassar placia

makaber macabre

makalös incomparabile, sin par, unic, sublime

makaroner macaroni, pastas

make *(motstycke)* par, equivalente; *(äkta man)* marito, sposo (legitime), conjuge; *f.d. make:* ex-marito

Makedonien Macedonia

makedonsk macedone

makeup fardo; *anlägga make-up:* fardar

maklig indolente, disinteressate, tardive

makrill maquerello [makerelo]

makrillmoln *meterol* cirrocumulo

makro *i smnstn* macro-; *(kombinerat datorkommando)* macro

makt poter, dominio, fortia, potentia, potestate; *(kraft)* fortia; *(välde)* potentia, poter; *vara i ....s makt:* esser al mercede de; *makt-, vilande på någons makt:* potestative

makthavare potentato

maktlysten despotic, tyrannic

maktspråk ordine peremptori

maktutövning exercitio del poter/potentia

makulatur papiralia

makulera obliterar

mal *(fisk)* siluro; *(insekt)* tinea; *(päls-)* tineola

mala moler, molinar, farinar; *(kött)* hachar [-sh-]; *mala till mjöl:* farinar; *mala sönder:* triturar; *som maler:* molar

malaj malay

malajisk malay; *malajiska språket:* malay

malja anello

mall matrice, modello; *(för skyltmålning o.dyl.)* carton

mallig orgoliose

malm mineral

malmberg montania metallifere

malmklang sono metallic

malmlager jacimento, filon, strato

malmåder filon

malning molage [-adʒe]; *(fin-)* tritura, pulverisation

malplacerad inepte, foras de proposito

malpulver pulvere insecticida

malström gurgite, vortice

malt malt

maltdryck biberage [-adʒe] de malt

maltesare maltese

maltesisk *(från Malta)* maltese; *maltesiska språket:* maltese

malva malva

malware *data* programma maligne

maläten tineose; *bildl* magre, exhaurite

malör malaventura, calamitate

malört *bot* absinthio; *bildl* amaritude

malörtsbägare calice (de amaritude)

mamma mamma, matre
mammon *bibl* mammona
mammutträd *(art av sequoiadendron)* sequoia gigante
mamsell senioretta; *(nedsättande)* viragine; *(gammal ungmö)* solitaria
man *sb (på djur)* criniera; *(människa)* homine; *(maskulin)* viro; *belevad/erfaren man:* homine de mundo; *liten man:* pusillo; *man med smak:* homine de gusto; *man som står vid sitt ord:* homine de parola; *'mannen på gatan':* homine del strata; *per man:* per persona; *(obest, pron.)* on; *mans-:* mascule, masculin
mana exhortar, incitar; *(tvinga)* fortiar
manbar pubere; *(om flicka)* nubile
manchester *(tjockt bomullstyg)* fustanio, villuto costate
manchestertyg fustanio, villuto costate
Manchuriet Manchuria [-tsh-]; *manchurier:* manchu [-tshu]; *manchuisk/manchurisk:* manchu; *manchuriska språket:* manchu
mandarin *(frukten)* mandarina; *(kinesisk ämbetsman)* mandarin; *(språket)* lingua mandarin
mandat mandamento, mandato
mandel *bot* amandola; *(öron-)* tonsilla
mandelkaka macaron
mandelträd *bot* amandoliero
mandolin *mus* mandolino, *(stor)* mandola
mandom virilitate
mandrill *(en smalnäsapa) zool* mandrill
mandråp homicidio
manege maneo
manér maniera, modo; *(i konst)* stilo, mano; *fina manér:* bon manieras; *med fina manér:* manierose
manet *zool* medusa
mangan *(grundämnet mangan, Mn) kem* manganese
mangel calandra
manhaftig viril, valente, brave, coragiose [-dʒo-], audace, audaciose, intrepide; *(om kvinna)* masculin
mani mania; *med* cacoethe; *mani på böcker:* bibliomania
manick dispositivo
manifest manifesto
manifestera manifestar
manillahampa *bot* abaca
manipulera manipular
manipulerande manipulative
manisk maniac
manke *(hästs)* criniera
mankemang mancamento
mankön sexo masculin
manlig mascule, masculin, viril
manlighet virilitate, energia/character viril, virtute
mannagryn semola; *bot* semola de glyceria
mannagräs *bot* glyceria
mannakraft fortia viril, virilitate
mannaminne *i mannaminne:* de memoria de homine
mannamån partialitate
mannaålder etate viril
manschett manchette *fr* [mãshet]
manskap equipa; *sjöt* equipage [-adʒe]
manskör choro de homines
manslem penis
mansperson masculo
mansröst voce mascule
manstark numerose
mansvälde patriarchia [-k-]
mansålder generation
mantalsblankett formulario de censimento
mantel mantello, toga; *tekn* manica, camisa
mantimmar horas homine
mantissa *(bråkdelen av en logaritm) mat* mantissa
manual *(på orgel) mus* claviero; *(bruksanvisning)* manual
manuell manual
manufakturaffär drapperia
manufakturhandlare drappero
manuskript manuscripto
manöver manovra; *mil* manovras; *avledande manöver:* diversion
manövrera *mil, bildl* manovrar
manövrering *(handhavande av maskiner)* manovra
mapp dossier *fr* [dosje], portafolio; *(mindre)* cartiera; *(omslag om lösa papper)* camisa; *data* dossier *fr*
mara incubo; *(häxa)* maga
marabustork *zool* marabu

mardröm incubo
Margareta Margarita
margarin margarina
marginal margine; *med bred marginal:* marginose
marginalanteckning nota marginal
marginalskatt imposto progressive, imposto marginal
marginell marginal
marguerite *bot* margarita
mariadyrkan mariolatria
marijuana marihuana, marijuana
marin *sb* marina; *adj* marin
marinera marinar
marininfanteri infanteria de marina
marinministerium *(i vissa länder)* admiralitate
marinmålning *(målning med havsmotiv)* marina
marinväsen marina
marionett marionette *fr*
marionetteater theatro de marionettes *fr*
maritim maritime
mark *(jord)* solo, terra, terreno; *bildl* dominio, territorio; *(mynt)* marco; *kasta ned på marken:* prosternar; *utsträckt på marken:* prostrate
markant marcate, manifeste
markatta *zool* cercopitheco
markera *(sätta märke på)* marcar
marketentare vivandero
marketenteri cantina
markfuktighet uligine
markgreve marchese [-k-]; *hist* margrave
markis tenta; *(solskydd)* tenta (ante fenestras); *(adelsman)* marchese [-k-]
markisinna marchesa [-k-]
marknad feria, mercato, kermesse; *nedåtgående marknad:* mercato bassista
marknadsplats mercato
marknadstält barraca de feria
markör *(på datorskärm)* cursor
markörgrav *mil* mantelletto
marmelad confectura, marmelada
marmor marmore
marmorbrott marmoriera
marmorera venar
marmorkula marmore
marockan maroccano, marocchino [-k-]
marockansk maroccan, marocchin [-k-]
Marocko Marocco
marodera predar
marodör piliator, predator
marokäng marocchin [-k-]
mars *(månaden)* martio; *(planet och romersk gud)* Marte, Mars
marsch marcha [-sh-]; *marsch i snabb takt:* passo de carga; *göra på stället marsch:* marcar le passo
marschera marchar [-sh-]; *marschera förbi (i led): mil* defilar; *marschera tillbaka:* contramarchar [-sh-]
marschtakt passo/cadentia de marcha [-sh-]
Marseille *från Marseille:* marsiliese
marsipan marzapane *ital* [martsapane]
marskalk marechal *fr* [marshal]
marskland palude, maremma, terra paludic
marsvin porco de India
martall *bot* pino maritime, pino torte
martialisk martial
martyr martyre
martyrkrona palma del martyrio
martyrskap martyrio, calvario
maräng meringue
mask verme; *(dagg-)* lumbrico, verme de terra; *(skydds-, för maskering)* masca; *(ansikts-)* masca, mascara; *(skräck-)* mascara; *mask-:* vermicular
maska *sb (i en stickning, i ett nät)* malia; *riva upp en maska på (t.ex. strumpa):* dismaliar; *vb* travaliar lento, simular travaliar, absentar se
maskbo vermiera, larviera
maskdrivande vermifuge
maskera mascar, mascarar; *maskerad person:* masca
maskerad mascarada
maskformig vermiforme, vermicular; *blindtarmens maskformiga bihang:* appendice vermicular
maskin machina [makina]; *(koll.)* machineria [-k-], ingenio; *för full maskin:* a tote vapor
maskinell machinal [-k-]
maskineri machineria [-k-]
maskinfabrik fabrica mechanic
maskinfel *tekn* panna
maskingevär maxim, mitraliatrice

maskingevärsskytt fusilero
maskinist machinista [-k-]
maskinlära mechanica
maskinmässig machinal [-k-]
maskinpistol pistola mitraliatrice
maskinskrift dactylographia
maskinskrivare dactylographo
maskinskriven dactylographic
maskinskrivning dactylographia; *maskinskrivnings-:* dactylographic
maskinstenograf stenotypista
maskinvara *data* hardware *eng*
maskmedel vermicida, vermifuge
maskopi conniventia; *stå i maskopi med:* colluder
maskros *bot* dente de leon
maskulin *adj gram* masculin
maskutdrivande vermifuge
massa massa, multitude, mole, substantia, materia; *(folk-)* le massas, le vulgo, le populaceo; *den stora massan:* vulgo, hoi polloi *gr; massorna:* le massas; *mjuk massa, pappersmassa:* pulpa; *mass-:* massive
massaker massacro, carnage [-adʒe]
masse *en masse:* in massa
massera massar
massgiljotinering guillotinada [gi-]
massgrav fossa commun
massiv massive, solide
massvis in massa
massör masseur *fr* [masör]
massös masseuse *fr* [masö:z]
mast mast
mastix *(ett slags harts)* mastico
mastodont *zool (även bildl)* mastodonte
masturbera masturbar (se)
masugn alte furno
masur ligno crispe/lupoide
masurbjörk betula lupoide
mat *(föda)* mangiar [-dʒar], alimento, nutrimento, vivanda, viveres; *(måltid)* repasto; *(för djur)* pastura, mangiabiles [-dʒa-]; *laga mat:* cocinar
mata *(även tekn)* alimentar
matare *(radio)* excitator; *tekn* alimentator
matberedning coction
matbestick coperto
matbit buccata
match *sport* match, partita
matematik mathematica
matematiker mathematico
material materia, material, equipamento
materialistisk materialistic
materiel material
materiell material, corporee
matexpert gastronomo
matgaffel furchetta
matgäst hospite, pensionario
matiné *(tidig föreställning, eftermiddagsföreställning)* matinée *fr*
matkniv cultello (de tabula)
matlagnings- culinari
matlust appetito
matordning regime *fr* [reʒi:m] (de repasto)
matrikel matricula
matris matrice
matrisform *typ* flaon
matrisskrivare *data* imprimitor/impressor a matrice de punctos, imprimitor/impressor matricial
matros marinero
matrum cenaculo
maträtt platto
matsal sala a mangiar [-dʒar]; *(på kloster, internat)* refectorio
matsedel menu *fr* [meny:], lista de plattos
matservering taverna, restaurante
matsmältning digestion, pepsia, pepsis, coction; *dålig matsmältning:* indigestion; *matsmältnings-:* digestive
matsmältningsbefrämjande *adj* digestive; *matsmältningsbefrämjande medel:* digestor
matsmältningskanal *anat* enteron, vias digestive
matstrupe esophago, tubo digestive
matställe casa de repasto, pension
matsäck paniero de provision
matt mat, opac; *(glanslös)* mat; *(om glas)* opac; *(trött)* fatigate, debile, languide, lasse; *schack matt:* chaco [sh-] mat; *göra matt:* matar
matta tapis *fr* [tapi], tapete; *(liten dörrmatta)* matta
mattera *(metaller etc)* matar, dispolir
matthet fatiga, debilitate, extenuation, languor; *(glanslöshet)* matitate; *(ogenomskinlighet)*

opacitate

mattpiskare battitor

matvaror alimentos, comestibiles, victualia

matvrak glutton, gourmand *fr* [gurmã]

matälskare gourmand *fr* [gurmã]

mausergevär mauser *ty*

mausoleum *(monumental grav)* mausoleo

maxim maxima

maximal maximal

maximum maximo

mazurka *(en dans)* mazurka

mecenat mecenas

med *sb (på kälke)* patin; *prep* con, per, per medio de, via; *tillsammans med:* con; *(som har...)* con, a; *adv (= också)* anque, etiam; *till och med:* mesmo; *med-: i smnstn* con- (com- före m, b och p; col- före l; cor- före r; co- före h och vokal)

medalj medalia

medaljong medalion

medaljsamling medaliario

medan dum, durante que

medarbeta collaborar

medarbetare collaborator, cooperator

medborgare citatano, cive, regnicola

medborgerlig civic, civil

medbroder confratre

medbrottsling complice

meddela informar, communicar, advertir, avisar; *(i förtroende)* confider

meddelande message [-adʒe], annuncio, aviso, communication; *(skrivet, brådskande)* depeche *fr* [depæ:sh]

meddelare informante, informator

meddelägare associato, coassociato

meddirektör cogerente

mede *(på kälke)* patin

medel expediente, medio, medios; *medel mot hosta:* remedio contra tusse; *ekonomiska medel:* ressources *fr* [resurs]; *offentliga medel:* fundos public

medelbar mediate

Medelhavet Mar Mediterranee, le Mediterraneo; *medelhavs-:* mediterranee

medelklass burgesia; *person ur medelklassen:* burgese

medelmåtta *pers* mediocritate

medelmåttig mediocre

medelpunkt centro, puncto central

medelst per, per medio de

medelstarkt *mus* mezzoforte *ital*

medelstor de grandor medie

medelsvagt *mus* mezzopiano *ital*

medelsvensson homine del strata

medeltal media, medio, a medie

medeltid *(medeltiden) hist* medie etate/evo, medievo; *medeltids-:* medieval

medeltida medieval

medelvärde media; *(hälft)* medietate

medelålder etate median; *medelålders-:* de etate median

meder *(folk i det gamla Persien)* medo

medfödd innate, natural, congenital, congenite, connatural, native

medföra apportar, involver; *(ha med sig)* apportar; *(vara förbundet med)* involver; *(innebära, t.ex. risker)* comportar, implicar; *(vålla)* causar

medge admitter, comportar, conceder; *(erkänna)* admitter, conceder, confessar; *(tillåta)* permitter, comportar

medgiva admitter, comportar, conceder; *(erkänna)* admitter, conceder, confessar; *(tillåta)* permitter, comportar

medgivande *sb (erkännande)* admission, concession, confession; *tyst medgivande:* coniventia; *adj* concessive

medgång prosperitate, felicitate

medgörlig acquiescente, agibile, complacente, docile, mansuete, consiliante, placabile, tractabile

medgörlighet acquiescentia, docilitate

medhjälpande coadjuvante

medhjälpare adjuta, adjutante, adjutor, coadjutor

medhåll favor, sustenimento, sustention

median *mat* mediana

mediant *(tersbesläktad tonart/ackord) mus* mediante

medicin medicina, droga; *föreskriva medicin:* medicinar; *sätta in medicin:* drogar

medicinalväxter *med* simplices

medicindos *med* potion

medicine *medicine doktor:* doctor in medicina

medicinera prender medicina

medicinflaska *(liten)* phiala

medicinsk medic; *(om läkekonst, läkar-)* medical; *(om läkemedel)* medicinal; *(som rör läkarvetenskapen)* medicinal

medikus medico; *(nedsättande)* medicastro

medisk mede; *mediska språket:* medo

meditera meditar

medium medio, intermediario; *(spirit.)* medium

medkännande empathic

medkänsla condolentia, empathia, sympathia; *(medlidande)* compassion; *ha medkänsla med:* doler se de; *utan medkänsla:* impietose; *uttrycka sin medkänsla:* condoler

medla mediar, intervenir, arbitrar

medlande intermediari

medlare intercessor, intermediario; *(försonare)* conciliator

medlem membro, socio, societario; *medlem av en förening:* associato; *medlem av råd:* consiliero; *upptaga som medlem:* affiliar

medlemsavgift quota, quotisation, contribution

medlemsförteckning matricula

medlidande pietate, compassion, misericordia; *av medlidande:* per compassion; *ha medlidande med:* commiserar, compatir (a); *väcka medlidande hos ngn:* facer pietate a un persona

medlidsam pietose

medljud *fon* consonante

medmänniska proximo, socio, consocio

medryckande animate, stimulante

medräkna includer, comprender

medskyldig complice

medskyldighet complicitate

medsols dextrogyr, in senso horari; *bot (vridande sig uppåt åt höger)* dextrorse

medta *(ta med sig)* apportar; *(inkludera)* includer

medtaga *(ta med sig)* apportar; *(inkludera)* includer

medtagen *(utmattad)* abattite, exhaurite, exhauste, fatigate; *(inkluderad)* includite, incluse

medtävlare competitor, concurrente, rival

medurs dextrogyr, in senso horari; *bot (vridande sig uppåt åt höger)* dextrorse

medusa *myt (vidunder med skräckinjagande huvud)* Medusa, Gorgon; *zool* medusa; *medusa-:* *myt* gorgonee

medverka assister, collaborar, contribuer; *medverka till att:* contribuer a

medverkande contributive, cooperative

medvetande *sb* conscientia; *(sans)* sensos; *förlora medvetandet:* perder conscientia, perder le sensos; *vid medvetande:* consciente

medveten consciente; *medveten om:* conscie de; *vara väl medveten om:* non ignorar

medvetslös sin sensos

medvind vento in poppa, vento favorose; *bildl* favor, successo

medvurst salsicia fumate

medägande coproprietate

medägare coproprietario

medömkan pietate

megabyte *data* megabyte *eng*

megafon porta-voce, megaphono

meja *(slå gräs etc)* falcar, defalcar

mejeri cremeria, lacteria

mejeriprodukt producto lactic

mejerist lactero

mejning falcatura

mejram *bot* majorana

mejsel *(skruv-)* torna-vite; *(hugg-)* cisello

mejsla *mejsla in:* cisellar

mejsling cisellatura

mekanik mechanica

mekaniker mechanico

mekanisk mechanic; *(maskinmässig)* machinal [-k-]

melankoli melancholia; *med* atrabile

melankolisk melancholic, atrabiliari

melass melassa

mellan inter; *mellan-:* inter-, median, interstitial

mellanakt interacto, intervallo

mellanaktsmusik *mus* intermedio

Mellaneuropa Europa Central

mellanfolklig international

mellanfot *anat* metatarso

mellangärde *anat* diaphragma; *mellangärdes-:* diaphragmatic

mellanhand *anat* metacarpo; *bildl* mediator, intermediario, agente

mellankommande *(åkomma) adj med* intercurrente

mellankomst intervention; *(ingripande till för-*

mån för ngn) intercession
mellankäks- intermaxillar
mellankäksben osso intermaxillar
mellanlandning scala
mellanled *anat* phalangina; *mat* termino medie; *utan mellanled:* del mano al mano; *mellanleds-:* intermediari
mellanliggande intermediari, intermedie
mellanmål gustata
mellanrum spatio, spatio intermedie, hiato, interstitio; *anat, bot* areola; *mellanrum mellan två rader:* interlinea; *placera med mellanrum:* spatiar; *som uppträder med mellanrum:* intermittente; *mellanrums-:* interstitial
mellanrätt intramesso
mellanslag *typ* spatio; *göra mellanslag mellan:* spatiar
mellanspel *mus* interludio
mellanspråk interlingua; *mellanspråks-:* interlingual
mellanspråklig interlingual
mellanstads- interurban
mellanstämma *mus* medio
mellantid intervallo, epocha intermediari; *sport* tempore intermedie; *i mellantiden:* intertanto, in le intervallo
mellanvåg *(radio)* undas medie
mellanvåning *arkit* entresol *fr* [ãtresol], mezzanin
mellanvägg pariete median; *anat etc* diaphragma
mellersta del medio, medie, median, central; *Mellersta östern:* oriente Medie
melodi melodia, aria, aere
melodiös melodiose
melodramatisk *(med starka teatraliska effekter)* melodramatic
melon melon
membran membrana
memoarer memorias
memorandum memorandum
men sed, ma, mais
mena opinar, pensar, creder, intender, voler dicer; *jag menar:* io vole dicer
mendelevium *(grundämnet mendelevium, Md) kem* mendelevium
mened perjurio, false testimonio; *begå mened:* perjurar se
menedare perjuro
menedig perjur
menig *mil* conscripto; *menige man:* le populo
menighet congregation
mening opinion, pensata, idea, judicio, aviso; *(avsikt)* intention; *(betydelse)* senso; *gram* phrase; *allmän mening:* consenso; *förutfattad mening:* preconception; *ha förutfattad mening:* preconciper; *ha avvikande mening:* dissentir; *vara av annan mening:* dissider
meningslös sin senso, absurde, inan
meningslöshet inanitate; *meningslöshet(er):* nonsenso
meningsskiljaktighet disaccordo, dissentimento
meningsutbyte discussion; *(gräl)* altercation
menlig nocive, detrimentose
menlös innocente, naive, innocue, fatue
menstruation menstruation, menstruo; *menstruations-:* menstrual
menstruera menstruar
mental mental
mentalitet mentalitate
mentor mentor
menuett menuetto, minuetto
meny menu *fr* [meny:]
mer plus, in plus; *mer eller mindre:* plus o minus; *mer och mer:* de plus in plus; *mera än:* plus de; *(vid jämförelse)* plus que; *med mera:* etc; *mera pengar:* plus de moneta
mera plus, in plus; *mera än:* plus de; *(vid jämförelse)* plus que; *med mera:* etc; *mera pengar:* plus de moneta
merendels le plus sovente, ordinarimente
meridian- meridional
merit merito
meritförteckning curriculo de vita, curriculum vitae *lat*
merkostnad dispensa, expensa supplementari
Merkurius *myt, astron* Mercurio
mervärde *ekon* plus-valor
mes *zool* paro; *bildl* coardo, poltron
mesost caseo de sero
Messias Messia
mest le plus
mestadels quasi semper/sempre, ordinarimente
mestbjudande le plus offerente
mestis *(avkomling till vit och indian)* mesticio
meta piscar al canna

metafor *(ord använt i överförd bemärkelse)* metaphora
metaforisk metaphoric
metafysik metaphysica
metall metallo
metallartad *kem* metalloide
metallförande metallifere
metallglänsande metallin
metallhaltig metallifere
metallisk metallic
metallofon *lyrformad metallofon (klangspel): mus* lyra
metalloid *kem* metalloide
metallplatta latta, platta
metalltråd filo metallic
metalltrådsväv tela metallic
metallverk latoneria
metallvärde valor intrinsec
metamorfos metamorphose
metan *kem* methano
metanol *kem (träsprit)* methanol, alcohol methylic, methyleno
metates *(omflyttning av två ljud) fon* metathese
meteor *astron* bolide, meteoro
meteorsten aerolitho
meter metro; m^2 = metro quadrate; m^3 = metro cubic; *(versmått)* mesura; *tio meter:* decametro; *meter-:* metric
metermått metro
metersystem systema metric
metertal metrage [-adʒe]
metkrok hamo
metod methodo, processo
metonymi *(användning av ett ord för att beteckna något annat än vad det egentl. betyder)* metonymia
metrev linea (de pisca)
metrik *(verslära)* metrica; *fon* prosodia
metrisk metric
metropolit metropolitano
metspö canna de pisca
Metusalem Mathusala
metvurst (= **medvurst**) salsicia fumate
metyl *kem* methylo; *metyl-:* methylic
metylalkohol *kem (träsprit)* alcohol methylic, methanol, methyleno
mexikanare mexicano
mexikansk mexican
mezzoforte *mus* mezzoforte *ital*
mezzopiano *mus* mezzopiano *ital*
mi *(solmisationsstavelsen mi) mus* mi
middag *tid* meridie, mediedie; *(måltid)* dinar, prandio; *äta middag:* dinar, prander
middagsgäst dinator
middagsmål dinar, prandio
middagstid meridie
middagsvila siesta
midja cinctura
midnatt medie nocte, medienocte
midsommar medie-estate, solsticio de estate
midsommarblomster geranio
midsommarstång mast floride
midvinter solsticio de hiberno
mig *pron* me; *åt (till, för) mig:* me
migrän migraine *fr* [migræ:n]
mikrob microbio
mikrobiolog microbiologo
mikrofilm microfilm
mikrofon microphono
mikrokosmos *(värld i smått)* microcosmo
mikroskop microscopio
mikroskopi *(utforskande medelst mikroskop)* microscopia
mikrospår microsulco
mil dece kilometros; *(engelsk, nautisk)* millia, millia nautic; *mil-:* milliari
mila carboneria
mild dulce, blande, tenere, benigne, indulgente; *(angenäm)* suave; *(nådig)* clemente; *(klimat)* clemente; *vara mild:* indulger
mildhet benignitate, clementia, indulgentia, lenitate, suavitate
mildra ablandar, adulciar, appaciar, attemperar, lenificar, mitigar, moderar, mollificar, temperar
mildrande *sb* appaciamento; *adj* emolliente
mile *(1609 m)* millia
milis militia
milissoldat militiano
militant *adj, sb* militante
militarisera militarisar
militär *sb* militar; *militären:* militares; *adj* militar; *militär-:* militar
militärattaché attaché *fr* [atashe] militar
militären militares

militärfientlig antimilitarista

militärmössa *hög militärmössa:* shako

militärtjänst servicio militar; *frivillig militärtjänst: mil* voluntariato

militärväg route *fr* strategic

militärvälde militarismo

miljard *(tusen miljoner)* milliardo

miljardär milliardario

miljon million; *två miljoner människor:* duo milliones de homines

miljondel millionesime; *en miljondel:* le millionesime parte, le millionesimo

miljonär millionario

miljö ambiente, milieu *fr* [miljö]

miljöskadad lese per le milieu *fr*

miljövårdande conservative

miljövän ecologista, ecologo

milligram milligramma

milsten petra milliari

milstolpe columna milliari, petra milliari

miltals plure kilometros

mima mimar

mimik mimica

mimisk mimic; *(som uttrycker ngt med gester)* mimetic

mimosa *bot* sensitiva

min *sb* aere, aspecto, physiognomia; *pron (med subst. efter)* mi, *(utan subst. efter)* mie; *min och din:* le mie e le tue

mina *sb mil* mina; *pron (med subst. efter)* mi, *(utan subst. efter)* mie; *de mina:* le mios

minaret *(torn på moské)* minaret

mindervärde inferioritate

mindervärdeskomplex complexo de inferioritate

mindervärdig inferior, de valor inferior

minderårig *jur* minor

minderårighet minoritate

mindre *adj (komparativ)* minor, plus parve; *adv (bildar negativ komparativ)* minus; *med mindre än (att):* a minus que; *mer el. mindre:* plus o minus; *mindre pengar:* minus de moneta; *mindre vacker än:* minus belle que; *mindre än tio år:* minus de dece annos; *Mindre Asien:* Asia Minor

mindretal minoritate

minera minar

mineral mineral; *mineral-:* mineral

mineralexpert mineralogo

mineralkälla puteo de aqua mineral

minerallager *geol* jacimento

mineralriket le regno mineral

mineralvatten aqua mineral

minering pone-minas, sappamento

minfält campo minate, campo de minas

mingång galeria de minas

miniatyr miniatura; *i miniatyr:* in miniatura; *måla miniatyrer ('mönjemålningar'):* miniar

miniatyrisera miniaturisar

minimal minime, minimal

minimera *(få ner till minsta möjliga)* minimisar

minimum minimo

minister *(regeringsmedlem el. sändebud)* ministro; *minister utan eget departement:* ministro sin porta-folio

ministerium ministerio

ministerråd consilio de ministros

mink *zool* vison

minnas memorar, facer memoria de, commemorar, rememorar se, recordar se, retener

minne *(minnesförmåga)* memoria, retention; *(ett minne)* recordation; *(ngt man minns)* commemoration, memoria; *(minnessak)* souvenir *fr* [suvenir]; *ha gott minne:* haber memoria/retention, esser retentive; *till minne av:* in commemoration de, in memoria de, in memoriam; *minnes-:* memorative, mnemonic

minnesbefrämjande mnemonic

minnesbeta correction, lection a non oblidar

minnesförlust *med* amnesia *gr*

minnesgåva souvenir *fr* [suvenir]

minneskonst mnemotechnica

minnesmärke memorial, monumento

minnessak souvenir *fr* [suvenir]

minnesskrift memorial

minnessten stela/stele commemorative

minnesstod colonna/statua commemorative

minnesteckning biographia; *(efter död)* necrologo

minnesteknik mnemotechnica, mnemotechnia

minnesteknisk mnemotechnic

minnesvärd memorabile

minoisk *(från Minos)* minoan

minoritet minoritate

minsann *interj* vermente, in effecto; *jaså min-*

sann: vermente?, realmente?

minska diminuer, decrescer; *(försvaga)* attenuar; *(dämpa)* moderar, temperar, adulciar; *(om smärta)* calmar se, sedar se; *minska i värde:* diminuer de valor

minskning diminution, decremento, decrescentia

minspel mimica, pantomimo, gesto

minst *adj* minime, le minor, le plus parve; *inte på minsta sätt:* nullemente; *nedsätta till minsta möjliga:* reducer al minimo; *adv* le minus; *den minst vackra/vackre:* le minus belle; *(åtminstone)* al minus

minstbjudande le minimo offerente

minsvepare *mil* draga-minas

minus minus; *fyra minus tre:* quatro minus tres

minuskel littera minuscule, minuscula

minustecken minus

minut minuta; *bildl* momento; *i minut: hand* in detalio

minutiös minute, minutiose

minutläggare *mil* minator, pone-minas

mirakel miraculo

mirakulös miraculose, prodigiose

miss fallimento, manco, colpo fallite

missa mancar, faller; *missa ett tåg:* perder un traino; *missa tillfället:* perder le occasion

missakta disestimar, disdignar

missanpassad *sb* inadaptato; *adj* inadaptabile, inadaptate

missbelåten miscontente, discontente

missbilda deformar

missbildad deforme, deformate, torte

missbildning deformation

missbruk abuso, misusage [-adʒe], misuso, exploitation; *missbruks-:* abusive

missbruka abusar, profanar, misusar, exploitar

missdåd maleficio

missdådare malfactor

missfall abortamento, aborto, parto false; *få missfall:* abortar

missfirma diffamar, offender, injuriar

missfoster infante deforme; *bildl* monstro

missförhållande anomalia, disconvenientia

missförstånd contrasenso

missgrepp error tactic, passo false

missgärning felonia

misshag disfavor, disgratia

misshaga displacer; *misshaga ngn:* disagradar a

misshagande displacente

misshaglig displacente, disagradabile

misshandel maltracto

misshandla *(behandla illa)* maltractar

misshumör mal humor; *råka i misshumör:* vexar se, infuriar se

misshushålla guastar, mal economisar

missil missile

mission mission

missionera evangelisar

missionär missionario

misskläda ir mal a, non ir ben a

misskredit *råka i misskredit:* cader in discredito

misskreditera discreditar

misskrivning lapsus calami *lat*

misskund misericordia

missleda disviar, disorientar

missljud cacophonia, dissonantia, disharmonia; *mus* discordantia

missljuda dissonar, discordar

missljudande dissone, dissonante, malsonante; *(som låter illa)* malsonante

misslyckad infortunate, fallite, abortive

misslyckande fiasco

misslyckas faller; *få att misslyckas:* frustrar

missmodig discoragiate, abattite

missnöjd discontente, malcontente, miscontente; *göra missnöjd:* disaffectionar, discontentar

missnöje disaffection, discontentamento, discontento

missnöjesanledning gravamine

missräkning delusion, deception

misstag error, falta; *begå ett misstag:* committer un error

misstaga *misstaga (sig):* errar, deluder se

misstanke suspicion; *(förmodande)* supposition

misstolka misinterpretar

misstro *sb* diffidentia, incredulitate; *vb tr* diffider; *misstro ngn:* diffider de un persona

misstrogen incredule

misströsta desperar

misströstan desperantia, despero

misstycka prender mal, offender se (de)

misstämning disaccordo

misstänka suspectar

misstänksam suspiciose, diffidente

misstänkt suspecte

missunna invidiar

missunnsam invide, invidiose

missunnsamhet invidia

missvisa *(om kompass)* deviar, declinar

missvisning *(kompassens)* deviation

missägning lapsus linguae *lat*

missöde misaventura

mist bruma, nebula

mista perder

miste *gå miste:* perder le via; *ta miste:* errar, deluder se

mistel *bot* visco

mistral *(nordvästvind i Sydeuropa)* mistral

misär miseria

mitra mitra

mitralklaff *hjärtats mitralklaff: anat* bicuspide

mitt *sb (mitten)* medio, centro; *mitt i:* in medio de; *mitt i ansiktet:* in plen facie; *mitt på dagen:* a meridie; *sätta i mitten:* centrar; *pron (med subst. efter)* mi, *(utan subst. efter)* le mie; *mitt-:* medial, median, medie

mittemot vis-à-vis *fr* [vizavi]

mittlinje linea median; *mat* mediana

mittpunkt centro; *mittpunkten för en jordbävning:* epicentro seismic

mittpå in medio de; *sätta mittpå:* centrar

mittsjöss in alte mar

mixa miscer

mixtra *mixtra med:* manear, experimentar con

mixtur mixtura; *med* potion

mjau miau

mjuk molle, blande, tenere; *(böjlig)* flexibile; *bildl* suave, dulce; *(konst)* morbide; *bli mjuk:* mollir; *göra mjuk:* mollificar, adulciar

mjuka mollificar; *mjuka upp:* mollificar, adulciar

mjukdelar *anat* partes molle

mjukhet mollessa

mjukmetall metallo dulce

mjukna amollir se, adulciar se

mjukvaluta devisa debile

mjukvara *data* software *eng*

mjäkig molle, effeminate

mjäll *sb* furfure, squama; *full av mjäll:* furfurose; *ta bort mjäll:* squamar; *adj* pur, fin, delicate; *(mör)* tenere; *mjäll-:* furfuracee

mjällartad furfuracee

mjälliknande *täckt av mjälliknande fjäll:* furfuracee

mjältbrand *vet* anthrace

mjälte *anat* splen

mjärde nassa, trappa a pisces

mjöd hydromel(le)

mjödört *bot* ulmaria

mjöl farina; *det finaste vita mjölet:* flor de farina

mjöla *mjöla in:* infarinar

mjölaktig farinacee

mjölartad farinacee

mjölbagge *zool* tenebrion

mjölbinge fariniera

mjöldagg mildew *eng* [mildju:]

mjöldrygeförgiftning *med* ergotismo

mjölhaltig farinose

mjölhandlare farinero

mjölig farinacee, farinose

mjölk lacte; *mjölk-:* lactee, lactic

mjölka mulger; *mjölka ur:* emulger

mjölkaktig lactee; *mjölkaktigt utseende:* lactescentia

mjölkare mulgitor

mjölkavsöndring lactation

mjölkbud lactero

mjölkbutik lacteria

mjölkdiet dieta lactee

mjölkdrivande lactifere, galactogene

mjölke lacte, semine

mjölkerska mulgitrice

mjölkförsäljare lactero

mjölkglas *(ett glas mjölk)* un vitro de lacte; *(opalglas)* vitro opalin/opalescente

mjölkkanna bidon a lacte

mjölkkruka lactiera, jarra a lacte

mjölkliknande *adj* lactee; *bli mjölkliknande:* lactescer

mjölkmagasin cremeria, lacteria

mjölkning mulgitura

mjölkprovare galactometro

mjölksil colatorio

mjölksocker *kem* lactoso

mjölksyra acido lactic

mjölktand dente de lacte; *mjölktänder:* prime dentes

mjölktistel lacteron

mjölmat farinoses
mjölnare molinero
mjölsikt colo
mo landa
moaré *(vattrat tyg)* tabi
mobb plebe, populaceo
mobil *adj, sb* mobile
mobilisera mobilisar
mobilisering mobilisation
mobiltelefon telephono mobile, telephono cellular, telephono de tasca
mocka *(kaffe)* moka; *(skinn)* corio camociate, camoce
mockasin *(indiansk sko)* moccasin
mod corage [-adʒe], braveria, fortitude, valentia, valor, virtute; *(djärvhet)* intrepiditate, audacia, harditessa; *ha modet att:* osar; *inge mod:* inhardir; *se* **mode**
modal *gram* modal
modd fango
mode moda (del jorno), trend, voga, fashion *eng*; *på modet:* al moda; *senaste modet:* le moda del momento; *vara på modet:* esser in voga
modeaffär magazin de novellitates/modas
modell *(förebild)* modello, *(mönster)* patrono, *(urtyp)* prototypo, *(för konstnär etc)* modello, *(skalenlig kopia)* modello, *(tankeschema)* modello; *(gjutform)* modulo
modellera modellar
modelleringsställning cavalletto de sculptor
modem *data* modem *eng*, modulator-demodulator
moder matre, mamma; *moders-:* maternal, materne
moderera moderar, (at)temperar
moderering temperamento
moderiktig fashionabile; *vara moderiktig:* esser de moda
moderkaka *anat* placenta
moderlig materne, maternal
moderlighet maternitate
moderliv sino, ventre
moderlut lixivia matre, aqua matre
moderlös orphano (de matre)
modermord matricidio
modern moderne, al moda, de moda, fashionabile; *bygga i modern stil:* construer al moderne
modernäring industria principal, agricultura
moderskap maternitate
moderskapshjälp indemnitate de maternitate
modersmål lingua materne, lingua maternal, vernaculo
modersprÃ¥k lingua matre
modevara novellitate; *modevaror:* modas
modevärlden fashion *eng*
modfälld discoragiate, dismoralisate, abattite
modifiera modificar
modig coragiose[-dʒo-], brave, intrepide, audace, prode, spirituose, valente, valorose; *vara modig:* valer
modist modista
modlös disanimate; *göra modlös:* disanimar, discoragiar [-dʒar]
modlöshet discoragiamento [-dʒa-]
modul *arkit* modulo
modulation modulation; *modulation av rösten:* inflexion de voce
modulera *(t.ex. rösten)* modular; *modulera sin röst:* inflecter su voce; *(byta tonart) mus* modular
modus *gram*; *mus* modo
mogen matur; *tidigt mogen:* precoce, prematur
mogenhet maturitate
mogna maturar, arrivar al maturitate
moj *(om vind)* calme
mojna mollir, calmar se
mojäng dispositivo
molekulär molecular
molekyl molecula
moll *(textil)* musselina; *mus* minor; *c-moll:* do minor
mollton tono minor
mollusk *zool* mollusco
moln nube; *(oväders-)* nubilo; *vara uppe bland molnen:* esser in le nubes
molnbildande nubifere
molnfri seren, clar
molnig nubilose
molybden *(grundämnet molybden, Mo)* molybdeno
moment *fys, tekn* momento; *bildl* factor; *(i handling)* clausula, puncto, articulo; *(inslag)* elemento, factor; *(omständighet)* circumstantia; *(stadium)* phase; *(tid)* momento, instante

monaco *invånare i Monaco:* monegasco
monark monarcha
monarki monarchia
monarkist monarchista
monarkistisk monarchista
mondän mundan
monetär monetari
mongol mongol
Mongoliet Mongolia
mongolisk mongolic; *mongoliska språket:* mongol
mongolism *(Downs syndrom) med* mongolismo
mongoloid mongoloide
monitor monitor
monografi *(avhandling om en person el. ett område)* monographia
monogram cifra, monogramma
monoinspelning registration monophonic
monokel monoculo
monolit *(skulptur el. minnesmärke uthugget ur ett stenblock)* monolitho
monolog monologo, soliloquio
monopol monopolio
monopolisera monopolisar
monoteist *(en som tror på en enda gud)* monotheista
monoteistisk monotheista
monster monstro
monsterlik monstruose
monstruös monstruose
monsun monson
monsunvind monson
montage montage [-adʒe]
monter monstra, vitrina
montera montar; *montera ihop:* assemblar; *montera om:* remontar
montering montage [-adʒe]
montör montator
monument monumento; *monument över döda:* cenotaphio
moped velomotor, motocycletta
mopp brossa/scopa de flocco
mopsig impertinente
mor matre; *en mor(ier) (folkslag):* mauro
moral moral, moralitate
moralisk moral, ethic
moraliskhet moralitate
moralkaka sermon
moralpredikant sermonator
moras maremma, palude
morbid morbide
morbror oncle, oncle maternal, avunculo
mord homicidio; *(lönnmord)* assassinato; *överlagt mord:* homicidio/assassinato premeditate; *mord-:* homicidal
mordbrand incendio voluntari; *(anläggande av bränder)* incendiarismo
mordbrännare incendiario
mordent *(nedåtriktad kortdrill) mus* mordente
mordvapen arma homicidal
mordängel angelo exterminator
morfader avo, avo maternal, granpatre
morfar avo, avo maternal, granpatre
morfem *(språkets minsta betydelsebärande enhet) gram* morphema
morfin *med* morphina
morfinmissbruk morphinomania
morföräldrar granparentes maternal
morgon matino, matinata; *(bildl även)* origine, aurora; *(tidig)* matutino; *av i morgon:* crastine; *god morgon!:* bon jorno!; *i morgon:* deman; *i morgon bitti(da):* deman matino; *i morgon kväll:* deman vespere; *tidigt på morgon:* le matino, de bon hora; *morgon-:* matinal, matutinal
morgondagen le futuro, le die sequente
morgondagens *adj* crastine
morgondräkt matinée *fr*
morgonmål jentaculo
morgonpigg matinal, matutinal
morgonrodnad aurora
morgonsol sol levante
morgonstjärna stella del matino
morgonstund hora matinal, matinata
morgontidig matinal, matutinal
morgontoffel calceo
morier *(folkslag)* mauro
morisk maure(sc)
morkulla beccassa
morla formicar, irritar
mormoder ava, ava maternal, granmatre
mormon *(medlem i mormonkyrkan)* mormon
mormonsk *rel* mormonic
mormor ava, ava maternal, granmatre
morot *bot* carota
morra grunnir

morsk hardite, brusc, intrepide
mortel mortero
mortelstöt pistillo
morän *geol* morena
morängrus *geol* morena
mos pappa, purée *fr* [pyre]; *(frukt-)* compota; *(äppel-)* purée de malos
mosaisk mosaic
mosebok *de fem moseböckerna:* pentateucho [-teuko]; *Första Mosebok: bibl* Genese, Genesis; *Andra Mosebok:* Exodo; *Tredje Mosebok:* Levitico; *Fjärde Mosebok:* Numeros; *Femte Mosebok:* Deuteronomio
Moses Moses, Moyse
moské moschea [-k-]
moskit mosquito
moskitnät mosquitiera
Moskva Moscova; *floden Moskva:* Moscova; *invånare i Moskva:* moscovita
mossa *bot* musco; *läran om mossorna:* bryologia, muscologia
mosse maremma, marisco, palude; *(torv-)* turfiera
mossfylld muscose
mossjord terreno paludose
mosstäckt muscose
moster amita, amita materne
mot contra, adverso; *(riktning)* verso; *vätta mot:* dar super
mota impedir
motarbeta opponer, contrariar, antagonisar, combatter
motbevisa confutar, refutar; *som ej kan motbevisas:* irrefragabile; *ej motbevisad:* irrefutate
motbevisande confutation
motbjudande repugnante, disgustose, repulsive, villan
motbok libretto de controlo
motell motel
motett *(flerstämmig kyrkosång) mus* mottetto
motförslag contra-proposition
motgift antitoxico, antitoxina; *med* antidoto, contraveneno; *motgift mot:* antidoto de
motgång adversitate, insuccesso, infortuna, contrarietate, tribulation
mothugg opposition
motig contrari
motighet obstaculo, contrarietate
motion *(rörelse)* motion, exercitio; *(förslag)* proposition
motionär *(person som utövar motion)* persona qui face exercitio; *(förslagsställare)* propositor
motiv motivo, ration; *(för konstverk)* motivo
motivera motivar
motkandidat candidato adverse
motkämpe antagonista
motocross motocross
motor motor
motorbåt motobarca, motolancha [-sh-], motorbarca, motor-lancha [-sh-], yacht [jot] a motor
motorcykel motocyclo, motorcyclo
motorcyklist moto(r)cyclista
motorder contraordine
motorfartyg nave a motor, motonave
motorfel *tekn* panna (del motor)
motorisera *(förse med motor)* motorisar
motorolja carburante
motorstopp panna (del motor)
motorväg autostrata
motpart adversario, antagonista
motpropaganda contrapropaganda
motrevolution contrarevolution
motsats opposito, contrario, contrarietate; *filos* antithese; *i motsats till:* al contrario de, contra; *motsats-: gram* adversative
motsatt *adj* contrari, opposite, adverse, reverse; *prep* al contrario de; *bildl* antipode; *diametralt motsatt:* antipodic; *det motsatta:* contrario; *motsatt sida:* reverso
motsols levogyr, in senso antihorari; *bot (vridande sig uppåt åt vänster)* levorse
motspänstig *(om person)* restive, recalcitrante
motstrid contrarietate, contravention
motstridig contradictori, contrari, discrepante; *med motstridiga känslor: adj* ambivalente
motsträvig recalcitrante, refractori, rebelle, obstinate, reluctante
motsträvighet contumacia, reluctantia
motstycke pendant *fr*, replica; *utan motstycke:* sin par, incomparabile
motstå resister, resister a, opponer se a; *som kan motstås:* resistibile
motstående opposite
motstånd resistentia, opposition; *elektr* resi-

stentia; *göra motstånd mot:* adversar; *motstånd mot framsteg:* immobilismo; *som gör motstånd mot tryck:* renitente

motståndare adversario, opponente, contenditor, objector; *(i strid el. tvist)* antagonista; *(en som bestrider ngt)* contendente

motståndskraftig resistente; *vara motståndskraftig:* resister

motställd *adj* adverse, *adv* adverso

motställning contraposition, opposition

motsvara correlatar, corresponder a, equivaler

motsvarande *adj* correspondente

motsvarighet correspondentia, analogia

motsäga contradicer, contestar, disdicer

motsägande contradictori

motsägelse contradiction, incongruentia, repugnantia

motsätta adversar, contraponer; *motsätta sig:* resister (a), opponer se (a), adversar, contrariar, objectar

motsättning antithese, contrasto, contrarietate, opposition, antagonismo; *(skillnad)* differentia; *motsättnings-: gram* adversative

motta reciper, acceptar

mottaga reciper, acceptar

mottagande acceptation, reception; *erkänna mottagandet av:* accusar reception de; *ge ngn ett hjärtligt mottagande:* facer festa a un persona

mottagare receptor; *(adressat)* destinatario; *(av varor)* consignatario; *(i flera betydelser)* acceptor

mottaglig affectabile, passibile, predisponite, receptive, recipiente, susceptibile; *(för intryck)* sensibile, aperte, emotive; *göra/vara mottaglig:* predisponer; *mottaglig för förbättring:* susceptibile de melioration

mottaglighet susceptibilitate

mottagning *(kunglig)* audientia; *(bjudning)* reception; *(läkares etc)* consultation, consultorio

mottagningsbevis recepta

motto devisa, motto, slogan *eng*

moturs levogyr, in senso antihorari; *bot (vridande sig uppåt åt vänster)* levorse

motverka *(motarbeta)* contrariar, antagonisar, combatter; *(minska affekten av)* neutralisar; *(förebygga)* prevenir

motverkan *(av ngt)* discoragiamento [-dʒa-]

motvikt contrabalancia, contrapeso, peso equilibrante; *som bildar motvikt:* equilibrante

motvilja aversion, antipathia, repugnantia, repulsion; *hysa motvilja mot ngn:* haber un aversion a un persona; *känna motvilja mot att göra ngt:* sentir repugnantia a facer un cosa; *väcka motvilja:* repugnar

motvillig reluctante, recalcitrante; *motvillig att göra en sak:* mal disposite a facer un cosa

motvillighet reluctantia

motvilligt con repugnantia, de mal grado, de mal voler

motvind vento de proa, vento contrari, contravento

motväga contrabalanciar, compensar

motvärn defensa

motåtgärd contramesura, mesura reactive/contrari

mouche musca; *mouches volantes (svarta fläckar för ögonen): med* muscas volante

moussera effervescer; *mousserande vin:* vino spumante

mudd miton, manica

muddermaskin *(grävmaskin, som skrapar botten på vattendrag)* draga

mudderverk draga, ponton-draga

muddra dragar

muff manica, manichetto [-k-]

mufti *(muslimsk rättslärd)* mufti

mugg cuppa, tassa, bicario

Muhammed Mahomet

muhammedan mahometano, mohammedano

muhammedansk mahometan, mohammedan

mul- *mul- och klövsjuka:* aphta (epizootic)

mula mula; *(hanne)* mulo

mulatt *(barn till neger och vit)* mulatto

mule muso

mulen tenebrose, nubilose; *(helt)* obnubilate

muljera *(språkvet.)* mollir, molliar, palatalisar

mull solo, terra, humus

mulla *(muslimsk lärd) rel* mullah

mullbär *bot* mora

mullbärsträd *bot* moriero, moro

mullra grunnir, tonar, murmurar

mullrande grunnimento; *(åska)* tonada

mullvad *zool* talpa

mullvadshög monticula de talpas

mulna coperir se de nubilos, obnubilar se
mulskötare mulero
multen decomposite, putride, putrite
multilateral multilateral; *multilateral överenskommelse:* accordo multilateral
multipel *mat* multiplo
multiplicera *mat* multiplicar
multna putrer, decomponer se
mulåsna *zool* mula; *(hanne)* mulo
mumie mumia
mumifiera mumificar
mumifiering mumification
mumla murmurar, susurrar
mummel murmure
mumsa manducar
mun bucca, ore; *zool, bot* stoma *(plur* stomata) *gr; inflammation i munnen: med* stomatitis; *dra på mun(nen):* surrider; *hålla mun:* tacer; *stoppa ngt i munnen:* imbuccar; *sätta ett (blås)instrument till munnen: mus* imbuccar; *mun-:* buccal
munart dialecto, patois *fr* [patoa]
munblåsor aphta
mundering *mil* equipamento, armatura
munfull buccata
mungiga *mus* trombula
mungipa commissura del labios
munhuggas discuter, disputar
munhåla cavitate buccal
municipal- municipal
municipalsamhälle communa rural
munk fratre (religiose), monacho, religioso; *(katolsk)* tonsurato
munkavle musello, mordacia; *sätta munkavle på:* musellar
munkhätta *bot* aro maculate
munkkåpa cappucio
munklikör benedictino
munkorden ordine monastic
munkorg capistro, musello
munsbit buccata
munskänk cuppiero
munspel *mus* harmonica
munstycke *(på blåsinstrument)* imbuccamento, imbuccatura; *(på cigarr)* porta-cigarro
munter gai, allegre, alacre, hilare, galliarde; *(kvick)* facete; *(skämtsam)* jocose, jocular
munterhet gaitate, allegressa, alacritate, hilaritate
muntlig oral, verbal; *(t.ex. testamente)* nuncupative
muntligt de vive voce, oralmente
muntra *muntra upp:* allegrar
munvatten dentifricio
munvig de lingua volubile, volubile
munvighet volubilitate
munvinkel commissura del labios
mur muro; *(fästnings-)* muralia
mura murar
murararbete masoneria
murare mason, murator
murbruk mortero (de calce, de cemento)
murbräcka ariete
mureri masoneria
murgröna *bot* hedera
murken putrite; *(maskstungen)* vermiculate
murkla *bot* morilla
murkna putrer
murmeldjur *zool* marmotta
mursand sablo a mortero
murslev trulla
mursten bricca
mus mus, mure; *data* mus
musa musa
musch musca
museum museo
musicera musicar
musik musica; *musik-:* musical
musikalisk music, musical; *(välljudande)* harmoniose, melodiose
musikant musicante
musikantisk *(musikaliskt fri = ej stelt notbunden)* musicantic
musikdirigent dirigente
musiker musico; *dålig musiker:* musicastro
musikhandel magazin de musica
musikhäfte quaderno de musica
musikinstrument *mus* instrumento
musikkapell *mus* cappella, orchestra [-k-], banda
musikstycke pecia de musica, pièce *fr* [pjæ:s], pecia
musiköra aure musical
muskatelldruva muscat(ell)o
muskatellvin muscat(ell)o
muskel *anat* musculo

muskelbristning ruptura muscular
muskelinfiltration *med* myosis
muskelsammandragning succussion muscular
muskelsträckning distorsion muscular
muskelvärk myalgia
musketör muschettero [-k-]
muskot muscato, muscatello
muskotnöt nuce muscate
muskulatur musculatura
muskulös musculose
musköt muschetto [-k-]
muslim moslem, musulman
muslin musselina
musselartad conchoidal
musselformad conchiforme
musselskal concha, scalia, conchyle, conchylio; *halva av musselskal:* valva, valvula
musserande spumante
mussla musculo
must succo; *(ojäst vin)* musto; *bildl* succo, sapor; *suga musten ur:* tirar le succo de; *utan must:* sin sapor
mustang *(halvvild präriehäst)* mustang
mustasch mustachio [mustashio]
mustig succose, succulente; *bildl* saporose, grossier
muta corrumper, subornar; *(till tystnad)* comprar le silentio; *som kan mutas:* corruptibile
mutbar corruptibile, venal
mutter *tekn* matre-vite, matre vite
mutterbricka rondella
muttra murmurar, grunnir, parlar inter le dentes
muttrande murmure
mycken multe, multo de, numero de
myckenhet multitude, quantitate
mycket *adj* multe, *adv multo; för mycket: adj* nimie, troppo de, *adv* troppo, nimis, de troppo; *hur mycket: adj* quante, *adv* quanto; *för mycket vatten:* troppo de aqua; *mycket bra:* multo bon, multo ben; *mycket bättre:* multo melior, multo melio; *så mycket: adj* tante, *adv* tanto; *så mycket som:* quanto; *så mycket... som: adj* tante ... como, *adv* tanto ... como/quanto; *så mycket mer som:* tanto plus que; *så mycket bättre:* tanto melior, tanto melio
mygg culice, mosquito; *mygg-:* culiciforme
mygga *zool* culice, mosquito
myggbett piccatura de culice
myggliknande culiciforme
myggnät mosquitiera
myggsvärm essame, turba de mosquitos
mykolog mycologista, mycologo, fungologista
mykologi mycologia, fungologia
mylla humus, solo; *mylla ned:* coperir de terra
myller formicamento
myllra pullular; *(myror)* formicar
München Munich [-k]
myndig major, magistral; *(befallande)* imperiose, autoritari; *(mäktig)* potente; *(över myndighetsåldern) jur* major; *myndig ålder:* majoria
myndighet autoritate, potestate; *(dömande)* jurisdiction
myndighetsdag jorno de majoria
myndighetsålder *jur* majoria, majoritate
myndling *(flicka under förmyndare)* pupilla; *(pojke under förmyndare)* pupillo
mynna *mynna ut:* disbuccar; *bildl* terminar se
mynnande *mynnande i (ett hav):* imbuccamento
mynning imbuccatura, estuario; *(på kanon etc)* bucca, orificio; *bot* stoma *(plur* stomata) *gr*
mynt moneta, numerario, numisma; *klingande mynt:* moneta sonante; *prägla mynt, slå mynt:* batter moneta, cunear; *mynt-:* monetari
mynta *sb bot* mentha (piperate); *vb* batter moneta
myntenhet unitate monitari
myntfot titulo/valor monetari; *enkel myntfot:* monometallismo
myntkunskap numismatica
myntlära numismatica
myntslagning cuneage [-adʒe]
myntstämpel cuneo
myntsystem systema monetari
myntverk moneta
myntvärde valor monetari
myr marisco, palude; *(salthaltig)* maremma
myra *zool* formica; *vit myra:* formica blanc; *myr-:* formic
myriad myriade
myrjord terra paludose
myrkott *zool* pangolin
myrkrypning *med* formicamento
myrmedel formicida

myrodling cultura de marisco
myrra myrrha
myrslok *zool* formichero [-k-]
myrstack formicario
myrsyra *kem* acido formic
myrten myrto
myrätande formicivore
myrätare *zool* myrmecophage(s)
mysa surrider (de placer)
mysk musco
myskhjort *zool* musco
myskmalva rosa muscate
myskoxe bove muscate, ovibos
myskros rosa muscate
mystagog *(en som inviger i kulter och mysterier)* initiator, mystagogo
mysteriespel mysterio
mysterium arcano, mysterio
mysteriös mysteriose
mystifiera *(föra bakom ljuset)* mystificar
mystik- mystic
mystiker mystico
mystisk mystic, mysteriose, arcan, transcendental
myt mytho
myteri motin; *göra myteri:* motinar (se); *orsaka myteri:* motinar
mytisk mythic
mytologi *(läran om gamla gudar)* mythologia
mytomani *(sjukligt ljugande)* mythomania
myxomatos *(smittosam kaninsjukdom) med* myxomatosis
myxödem *med* myxedema
må *(om hälsan)* sentir se; *hur mår du?:* como sta tu?; *må vara:* sia, pote esser; *(måste)* deber; *må han leva:* que ille vive; *må han komma!, låt honom komma!:* que ille veni!
måfå *på måfå:* al aventura, al hasardo
måg filio affin
mål *(syfte)* fin, scopo, objecto; *(slutmål)* objectivo; *(måltavla)* cible; *fys* cible; *(mått)* mesura; *jur* caso, causa, processo; *(måltid)* repasto; *(språk)* lingua, linguage [-adʒe], dialecto; *(röst)* voce; *sport* goal *eng* [goul]
måla pinger, picturar; *(hyn)* fardar; *måla av:* depinger; *måla med tjock färgpåläggning:* impastar
målande pictoresc, vive, animate
målarduk canevas, tela
målare pictor
målarfärg color, pigmento
målarskrin cassetta de pictor
målarstaffli cavalletto de pictor
målbrott mutation del voce
måldomare judice (de goal *eng*/de tocca)
målerisk pictoresc
målföre loquacitate
mållös mute; *helt mållös:* assurdite; *sport* sin goal *eng*
målmedveten consciente del scopo
målning pictura
målskjutning tiro al cible
måltavla cible, scopo
måltid refection, repasto; *rejäl måltid:* ventrata; *smaklig måltid:* bon appetito
målvakt goal-keeper *eng* [goulki:per]
mån *sb* grado, mesura, proportion; *i mån av:* a mesura de, secundo; *i samma mån som:* a mesura que; *adj vara mån om:* haber cura de; *vara mån om sig:* haber cura de su interesses; *vara mån om sin heder:* esser jelose de su honor
månad mense; *som inträffar två gånger i månaden:* bimensual; *månads-:* mensual
månadsberättelse reporto mensual
månadsinbetalning mensualitate
månadslön mense
månadsrasande lunatic
månadsrening menstruation
månadsskrift revista mensual
månadstidskrift magazin
månadsvis pro mense, mensualmente
månatlig mensual
månben *anat* semilunar
måndag lunedi
måne luna; *(flint)* cranio calve; *mån-:* lunar
månformig luniforme
månförmörkelse eclipse lunar
många *adj* multe; *för många:* troppo multe, nimie; *för många böcker:* troppo de libros, troppe libros; *oerhört många:* un myriade de
mångahanda diverse, varie
mångalen lunatic
mångbetrodd de confidentia
mångdubbel multiple
mångdubbla multiplicar

mången multes; *mången gång:* repetitemente
mångfald multitude, grande numero (de), diversitate
mångfaldig multiple, innumerabile; *mat* multiplice
mångfaldiga multiplicar
mångflikig *bot* multilobe
mångformig polymorphe
mångformighet polymorphismo
mångfoting *zool* scolopendrio
mångfärgad multicolor, versicolor
månggifte polygamia; *(om kvinna, även)* polyandria
månggudadyrkan polytheismo
mångguderi polytheismo
månghörning polygono
månghövdad a plure testas; *(vetensk.)* polycephale
mångledad *zool* multiarticulate
mångmiljonär multimillionario
mångordig verbose
mångsidig multilateral, multilatere; *mat* polyhedre
mångsiding *geom* polygono; *(kropp) mat* polyhedro
mångskiftande kaleidoscopic
mångspråkig polyglotte; *mångspråkig person:* polyglotto
mångstammig *bot* multicaule
mångstavig polysyllabe; *mångstavigt ord:* polysyllabo
mångstämmig multisone, a plure voces; *(flerstämmig)* polyphonic, polyphone
mångtydig equivoc, ambigue
mångvälde polyarchia
mångård halo lunar
mångårig de plure annos, vetule; *bot* perenne
måninvånare selenita
månljus clara de luna
månne esque, an
månraket rocchetta pro (attinger a) luna
månskifte phase de luna
månskära falce (de luna); *(i tilltagande)* crescente
månsten *kem* selenite
månvarv lunation
mård *zool* marta, martara
mås *zool* laro; *tretåig mås (Rissa tridactyla):* laro tridactyle
måste *(vara tvungen)* deber
mått mesura, mensura, dimension; *gott mått:* bon mesura; *ha ett gemensamt mått:* commensurar; *mått för ngt:* standard *eng*; *mått och steg:* mesura; *vidtaga mått och steg/åtgärder:* prender su mesuras; *måtts-:* metric
måtta *sb* mesura, moderation, sobrietate, temperantia; *bringa till måtta:* moderar; *utan måtta:* sin mesura; *vb (sikta)* mirar, punctar
måttband mesura
måtte *(inledande huvudsats)* que
måttenlig secundo mesura
måttfull moderate, frugal; *(rimlig, billig)* modic
måttfullhet frugalitate
måttlig moderate, modic, frugal, sobrie, temperate; *(med mat och dryck)* abstemie
måttlighet temperantia
måttlös sin mesura, illimitate, excessive
måttstock regula, metro, scala, mesura; *(norm)* norma, standard *eng*
Mähren *(del av Tjeckien)* Moravia
mäkla arbitrar, mediar
mäklare intermediario, moderator, courtiero; *(fond-)* mediator, agente
mäkta *vb* poter; *adv* multo
mäktig potente, influente, magne, soveran; *vara mäktig att:* esser capabile de
mängd quanto, multitude, quantitate, massa, volumine, mesura; *(samling)* multitude; *(av folk)* grege, turba; *ngn liten mängd:* aliquanto, alquanto
människa homine, humano, esser human, persona, individuo; *människor:* gente; *människo-:* hominal, human, *i smnstn* anthropo- *gr*
människoapa anthropoide
människofientlig misanthropic *gr*
människohatare misanthropo *gr*
människokär philanthrope, caritabile, human
människokärlek caritate, humanitarismo, humanitate; *människokärleks-:* caritabile
människoliknande *adj* anthropoide, hominiforme, humanoide
människoliv vita human
människonatur natura human
människor gente
människosjäl anima/spirito human
människosläktet genere human, humanitate

Människosonen Le Filio del Homine
människovän humanitario, philanthropo
människovänlig philanthrope, human
människovänlighet humanitarismo, philanthropia
människovärdig digne del homine
människoätare cannibal, anthropophago
mänsklig human, hominal; *göra mänsklig:* humanisar; *mänsklig natur:* humanitate
mänsklighet humanitate, genere human
märg medulla; *ända in i märgen:* al/in le vive
märgel marna
märgfull medullose
märgpipa osso a medulla
märka *(sätta märke på)* marcar; *(förnimma)* sentir; *märka ut farled:* boiar
märkbar perceptibile, remarcabile, sensibile; *knappast märkbar:* insensibile
märke *allm* marca, signo; *(tecken)* signo; *(kännetecken)* marca, insignia; *(varumärke)* marca; *(emblem)* insignia; *(avtryck av ngt)* impression; *(spår)* tracia; *(stämpel)* stampa, timbro; *(brännmärke)* stigma; *bot* stigma; *av yppersta märke:* de marca superior; *lägga märke till:* notar, observar, remarcar, prender nota de, perciper, prestar attention a; *ngt värt att lägga märke till:* notabilitate
märkesdag jorno memorabile/anniversari
märkesman homine eminente, notabilitate
märklig bizarre, curiose, notabile, peculiar, remarcabile
märkvärdig estranie, singular, curiose, bizarre, extraordinari
märkvärdighet curiositate
märr cavalla
mäss *(lokal)* casino, club (de repasto); *mil* quadro de officieros
mässa *sb hand* feria, kermesse; *rel* missa, missa basse, missa solemne; *läsa mässan:* dicer le missa; *stilla mässa:* missa basse; *vb* celebrar/cantar le missa
mässbok missal
mässhake casubla, casula
mässing laton
mässingsblåsinstrument *mus (även)* (instrumento de) cupro
mässingsextett sextetto de cupros
mässingsinstrument (instrumento de) cupro
mässkjorta *rel* alba, surplicio
mässkåpa *rel* vestimento; *(katolsk)* pluvial
mässling morbillo
mässordning liturgia
mästare adepto, domino, maestro, virtuoso; *(i sport)* campion, champion [sh-]
mästarinna maestra
mästerkock chef [sh-] de cocina
mästerlig maestral, magistral, inimitabile, virtuose
mästerskap maestria, superioritate, campionato
mästerverk opera magistral, opera de maestro, obra maestrose
mästra reprochar [-sh-], criticar, censurar
mät *taga i mät:* sequestrar
mäta mesurar, mensurar, metir; *(landomr.)* metir; *mäta sig beträffande:* valer se in, equivaler se in; *mäta sig med:* equalar se a; *mäta sig med någon:* mesurar se con un persona; *kunna mäta sig med:* equalar; *som inte kan vägas el. mätas:* imponderabile
mätbar mesurabile, mensurabile
mätglas vitro graduate; *(för små mängder)* buretta
mätt satiate; *vara mätt på:* haber satis de
mätta dar a mangiar [-dʒar], satiar; *kem* saturar; *(genomsyra)* imbuer; *(med fuktighet)* impregnar
mättad *kem* saturate, sature; *(om färg)* color nutrite
mättnad satietate
mö damisella, doncella, virgine
möbel mobile
möbelrenoveringsarbete tapisseria
möbelrenoveringsfirma tapisseria
möbelsnickare ebenista
möbelsnickeri ebenisteria
möblemang mobiliario, mobiles
möbler mobiles
möblera mobilar
möda labor, pena, travalio, fatiga, molestia, tribulation; *med möda:* con fatiga/pena; *vb, refl* fatigar se, molestar se
möderne latere maternal; *på mödernet:* del latere maternal
mödernearv patrimonio maternal
mödernet *på mödernet:* maternal, materne
mödom virginitate, flor; *anat* hymene

mödomshinna *anat* hymene

mödosam ardue, laboriose, penose

mögel mucor

mögla mucer

möglig mucide

möglighet muciditate

möjlig *allm* possibile; *(görlig, genomförbar)* agibile, facibile, practicabile; *(eventuell)* eventual; *(potentiell)* potential; *(föreställbar)* imaginabile; *(godtagbar)* admissibile; *så bra som möjligt:* le melio possibile; *så lite som möjligt:* le minus possibile; *så mycket som möjligt, mesta möjliga:* le plus possibile; *så sent som möjligt:* le plus tarde possibile; *så snabbt som möjligt:* le plus rapidemente possibile; *så snart som möjligt:* le plus presto/tosto possibile; *göra det möjliga, sitt bästa:* facer lo possibile

möjliggöra render possibile, permitter, fornir le occasion de

möjlighet possibilitate, eventualitate, contingentia

möjligtvis forsan, possibilemente

mönja *sb* minio; *vb (bestryka med mönja)* miniar

mönster modello, patrono, designo, specimen, specimine, exemplo, exemplar, figura; *(på tyg)* designo; *(mall för sömnad)* modello, patrono; *(förebild)* modello, exemplo, exemplar, typo, ideal

mönstergill exemplar

mönstergård ferma modello

mönsterkarta carta de specimens

mönsterskydd protection de designos/de marcas de fabrication

mönsterveckning *mönsterveckning på papper el. tyg:* gaufrage [-adʒe]

mönstra *mil* conscriber; *mönstra brokigt:* damascar

mönstring *mil* conscription

mör tenere; *(om bröd)* crac(c)ante; *(-bultad)* mollite, mitigate, rupte

mörda assassinar; *(mass-)* massacrar; *(döda)* occider

mördande *sb* assassinamento; *adj* homicidal; *mördande kritik: bildl* critica fracassante

mördare assassino, assassinator, homicida

mördegsbotten *gastr* flaon

mörhet teneritate, mollessa

mörk obscur, tenebrose; *(dyster)* lugubre, triste, fusc; *mörkt öl:* bira obscur

mörkblå blau marin

mörkbrun marron

mörker tenebras, obscuritate; *gravens mörker:* le nocte del tumba

mörkerman obscurante, obscurantista

mörkerrädsla nyctophobia

mörklägga obscurar

mörkläggning obscuration, *(även)* 'blackout'

mörkna annoctar, obscurar; *det mörknar:* le nocte cade

mörkrum *foto* camera obscur

mörkrädd *vara mörkrädd:* haber pavor del obscuritate

mörkröd rubide

mörsare mortero

mört *zool* rubellio, varion; *(vetensk.)* rutilus

mössa bonetto; *(basker)* beretto; *(kvinno-)* cofia

mösskärm visiera

möta incontrar, ir al incontro de

mötas incontrar se, convenir, reunir se

möte assemblea, incontro, intervista, convention; *(förenings-)* reunion, session; *(för överläggning)* colloquio; *(offentligt)* meeting *eng* [mi:ting]; *avtalat möte:* rendez-vous *fr* [rãdevu]; *gå ngn till mötes:* ir al incontro de; *möte ansikte mot ansikte:* confrontation; *mötes-:* conferential

mötesbeslut resolution

mötesplats loco de incontro

N

nacka trenchar [-sh-] le capite de, decapitar

nackdel disavantage [-adʒe], inconvenientia; *(skada)* detrimento, injuria; *ge nackdel:* disavantagiar [-dʒar]; *till nackdel för:* al detrimento de; *väga för- och nackdelar:* pesar le pro e le contra

nacke collo, nuca; *(hjässa)* occipite; *bryta nacken av sig:* rumper se le collo

nackskydd *(på hjälm)* coperi-nuca

nackspärr *med* torticollis

nackstelhet *med* torticollis

nadir *(bildl bottenläge)* *astron* nadir

nafta naphta
naftalen *(gammaldags malkulor)* naphtalina
naftalin *(gammaldags malkulor)* naphtalina
nagel ungue, ungula, *(liten)* unguiculo; *klippa naglarna:* taliar se le ungulas; *putsa naglarna:* facer le ungulas
nagelband cuticula
nagelbitning *med* onychophagia [onikofagia]
nagelfara examinar minutiosemente/rigorosemente, criticar
nagelformig unguiforme
nagelförsedd ungulate
nageltrång ungula incarnate, ungulada
nagla *(fast)* clavar; *(nita)* rivetar
naiv naive, candide, ingenue, innocente
naivitet credulitate, innocentia, naivitate
naja *tekn* ligar
najad naiade
naken nude; *nakna sanningen:* le veritate nude
nakenfröig *bot* gymnosperme; *nakenfröiga växter:* gymnospermas
nakenhet nuditate
nakenkultur nudismo
nalkas adir, approchar [-sh-], approximar se (a)
namn nomine; *till namnet:* de nomine, *adj* titular; *vid namn:* del nomine de; *i ngns namn:* in nomine de; *med samma namn:* homonyme; *utan namn:* anonyme; *som har gett namn till ngt:* eponyme; *namn-:* nominal
namnchiffer monogramma
namne homonymo
namnforskning onomatologia
namnförteckning matricula
namnge nominar
namngivare nomenclator
namnkunnig celebre, famose, renominate
namnkunnighet renomine
namnlikhet homonymia
namnlös sin nomine, anonyme, innominabile, inexprimibile, innominate
namnsdag festa de nomine
namnteckning signatura; *egenh. namnteckning:* autographo
namnupprop appello nominal; *rösta genom namnupprop:* votar per appello nominal
napp tettina; *(vid fiske)* morsura, tocca
nappa toccar; *(även bildl)* sasir; *(om fisk)* morder; *nappa på kroken: bildl* lassar dupar se; *nappa till sig:* attrappar
nappatag lucta
nappflaska biberon
narciss narcisso
nardus *(välluktande drog) bot* nardo, spicanardo
narig *(om hud)* crude, granose, rugose
narkos narcose
narkotikum narcotico
narr follo, buffon; *teat* comico, dupe; *göra narr av:* burlar se de, derider, irrider, ridiculisar; *godtrogen narr:* dupe
narra dupar, deciper; *(bedraga)* fraudar
narraktig ridicule, risibile, comic
narras mentir
narrkonster buffoneria
narrstreck farsa, buffoneria
narv *(på läder)* grano; *(hudskorpa)* cicatrice
nasal *fon* nasal
nasaré *från Nasaret:* nazareno
nation nation, populo; *Nationernas Förbund:* le Societate del Nationes; *national-:* national
nationalekonom economista
nationalitet nationalitate
nationalsocialism nazismo
nationalsång hymno national
nationell national
Nationernas Förbund le Societate del Nationes
natrium *(grundämnet natrium, Na)* natrium, sodium
natriumbikarbonat bicarbonato de natrium/sodium
natriumhydroxid soda caustic
natriumkarbonat soda
natron soda
natronlut soda caustic
natt nocte; *(en hel) natt (av):* noctata; *god natt:* bon nocte; *gå mot natten:* annoctar; *i natt:* iste nocte; *om/på natten:* de nocte; *tillbringa natten:* pernoctar
nattblind nyctalopic
nattblindhet cecitate de nocte; *med* nyctalopia, hemeralopia
nattfjäril *zool* phalena
natthärbärge asylo de nocte
nattkärl vaso de nocte
nattlig nocturne, noctal

nattlinne camisa de nocte
nattlogi asylo de nocte
nattmössa cofia de nocte
nattrock veste domestic
nattskatta *bot* solano
nattskjorta camisa de nocte
nattskärra *zool* caprimulgo
nattsmyg *zool* lepisma
nattstämning nocturno
nattsudd orgias nocturne/noctal
nattsvart nigre
nattuggla strigide; *bildl* vigilante, noctambule
nattvaka vigilia
nattvakt vigilator
nattvard *(nattvarden) rel* communion, *(katolsk)* eucharistia; *gå till nattvarden:* communicar
nattvardsbröd *rel* hostia, oblato, *(i katolska kyrkan)* oblata
nattvardskalk *rel* calice
nattvardsläsning catechismo
nattviol *bot* platanthera, habenaria (bifolie)
natur natura; *(kynne)* character, temperamento; *av naturen:* naturalmente; *till (sin) natur:* de natura; *natur-:* natural
natura *betala in natura:* pagar in natura
naturaförmån compensation in natura
naturalisera *(göra till medborgare)* naturalisar
naturalistisk naturalistic
naturalön pagamento in natura
naturdrift instincto; *(vetensk.)* appetentia
naturforskare naturalista
naturgas gas natural
naturhistoria historia natural
naturkatastrof cataclysmo
naturkunskap cognoscentia/scientia de natura
naturlig natural; *göra naturlig:* naturalisar; *på ett naturligt sätt:* naturalmente
naturlighet naturalitate, simplicitate
naturligtvis naturalmente, evidentemente
naturmänniska homine primitive
naturnödvändighet necessitate physic
naturtrogen realistic, exacte, ver
naturtrumpet *mus* clarino
naturvidrig contra natura, innatural
nautilus *zool* nautilo
nautisk nautic
navel *anat* omphalo, umbilico; *bot* hilo; *navel-:* omphalic, umbilical
navelsträng *anat* cordon umbilical, funiculo umbilical
navigation nautica
nazism nazismo
Neapel Neapole
neapolitanare neapolita, neapolitano
neapolitansk neapolita, neapolitan
Nebukadnessar *hist* Nabuchodonosor
nebulosa *astron* nebulosa
necessär *(liten väska med nödvändiga toalettsaker)* necessaire *fr* [nesesæ:r]
ned *(nedåt)* a basso
nedan *sb* declino del luna; *adv* infra
nedanför infra
nedanstående citate hic infra
nedbruten demolite, abolite, destructe; *(om person)* abattite, exhaurite, extenuate
nedbryta corrumper; *som lätt kan nedbrytas:* corruptibile
nedbrytande destructive, disruptive, subversive
nedbrytning corruption, destruction
neddoppa immerger
neddoppning immersion, submersion
neddykning submersion
neddykt submerse
nederbörd precipitation; *(regn)* pluvia; *(snö)* nive
nederbördsmätare pluviometro, udometro
nederdel *(på pelare)* trunco
nederlag defaite *fr* [defæt], deroute *fr* [derut], disfacta, reverso; *(varu-)* deposito
nederlagsplats *(för viss vara)* deposito
nederländare nederlandese, hollandese
Nederländerna Pais Basse
nederländsk nederlandese, hollandese; *nederländska språket:* nederlandese, hollandese
nederst *adv* al plus basse; *nedersta: adj* le plus basse, le inferior
nedfall cadita
nedfläcka macular
nedfrysning congelamento
nedför a basso
nedföra (trans)portar a basso; *(rör) med* intubar
nedgräva *(i jord)* infoder; *(begrava)* interrar

nedgång declino
nedhängande pensile
nedifrån de basso, del basso
nedkomst *med* delivrantia; *(förlossning)* parturition, parto
nedkyla refrigerar
nedkylning refrigeration
nedlåta *nedlåta sig:* condescender, abassar se; *nedlåta sig till:* dignar
nedlåtande *vara nedlåtande:* condescender; *vara nedlåtande mot:* dispreciar
nedlåtenhet condenscendentia; *(vänlig)* affabilitate
nedmeja falcar; *(fiende)* massacrar
nedmontera dismantellar, dismontar
nedmontering dismontage [-adʒe]
nedre inferior, (plus) basse; *bot* infere
nedrig basse, vil, infame, atroce, villan
nedriva demolir; *(förstöra)* destruer
nedrivning demolition
nedrusta disarmar
nedrustning disarmamento
nedsalta salar, salmuriar
nedsatt *(pris)* abassate, reducite
nedskrift nota
nedskriva notar, fixar per scripto; *hand* reducer, deducer; *(i värde)* devalutar
nedskrivning devalutation
nedskrota reducer in ferralia
nedskärning reduction
nedslagen abattite, deprimite, depresse, affligite; *(ledsen)* triste
nedslagenhet abattimento
nedslående deprimente, discoragiante
nedsmitta contaminar
nedsmittning pollution
nedsmälta refunder
nedsotad fuliginose
nedstiga descender
nedstigning descendita, descension
nedsvälja deglutir, inglutir, trincar
nedsväljning inglutimento
nedsvärta denigrar
nedsvärtning denigration
nedsänka immerger
nedsänkning immersion
nedsätta abassar, minuer, moderar, detraher; *(pris)* reducer; *(minska)* diminuer; *(i anseende)* depreciar; *(förklena)* diffamar; *nedsätta ett straff:* moderar un pena; *nedsätta till minsta möjliga:* reducer al minimo
nedsättande *adj* derogatori, pejorative; *tala nedsättande om:* vilipender
nedsättning abassamento
nedtaga deprender, descender
nedtagning deposition; *nedtagningen från korset:* le Deposition del Cruce
nedtill infra, in basso
nedtrycka deprimer
nedtryckande depressive
nedtryckt depresse; *göra nedtryckt:* deprimer
nedtryckthet depression
nedtysta facer tacer
nedvärdera degradar, depreciar, dispreciar
nedvärderande *adj* degradante, derogatori
nedvärdering degradation, depreciation, derogation
nedåt a infra, a basso, verso le basso
nedåtgående *adj (börsterm)* bassista; *nedåtgående marknad:* mercato bassista
nedärvd ancestral
negation *(nekande ord) gram* negation
negativ *sb foto* negativo, cliché *fr; adj* negative
neger negro
negerkvinna negressa, negra
negerlik negroide
negroid negroide
nej no
nejd parages [-adʒes] *plur*
nejlika *bot* caryophyllo, diantho; *(krydd-)* clavo
nejonöga *zool* lampreda
nejsägande negative
neka negar; *(vägra)* refusar; *(motsäga)* contestar
nekande *sb* negation, refutation, contestation; *(avslag)* refusa; *adj* negative; *svara nekande:* responder negativemente
nektar nectare
neofyt *(en nyomvänd)* neophyto
neologism *(nytt ord)* neologismo
ner a basso; *ner med förrädarna!:* a basso le traitores!
nere infra, in basso; *nere under: prep* infra
nerium *bot* oleandro
nerlusad cimicose
nermjölad farinose

nerskrivning *(av värdet)* depreciation
nerts *zool* vison
nerv nervo; *stil med 'nerv':* stilo nervose; *nerv-:* nerval
nervcell *nervcell med utlöpare: med* neuron
nervchock choc [sh-] nervose
nervfeber typhoide
nervläkare neurologo
nervmedel nervina
nervositet nervositate
nervsammanbrott *med* collapso
nervsjukdom neurosis; *specialist på nervsjukdomar:* neurologo; *läran om nervsjukdomar:* neuropathologia
nervsjukdomsspecialist neuropathologo
nervsmärta neuralgia
nervsvaghet nervosismo
nervös nervose; *lätt för att bli nervös:* excitabile; *lätthet att bli nervös osv:* excitabilitate; *nervös oro:* trepidation
neråt a basso
nesa dishonor, ignominia, infama
neslig infame, infamante, ignominiose
neslighet infamia
nestor nestor
netto nette, (peso nette, precio nette); *netto-:* nette
nettopris precio nette
nettovikt peso nette
nettovinst beneficio nette
neurolog *(specialist på nervsjukdomar)* neurologo
neuros neurosis
neurotisk neurotic
neutral neutral; *kem, elektr* neutre
neutralitet neutralitate; *väpnad neutralitet:* neutralitate armate
neutralitetspolitik neutralismo
neutrin *fys* neutrino
neutron *fys* neutron
neutrum *gram* neutro, neutre
New York Nove York
Newfoundland le Terra Nove
newfoundlandshund can de Terra Nove
nevö nepote, nepto
nexus *gram* nexo
ni *(artigt tilltalsord till en el. flera)* vos; *säga ni till ngn:* vosear
nia *(säga ni till ngn)* vosear
nick signo de testa, nutation
nicka nutar, inclinar le capite; *nicka till:* addormir levemente
nickel nickel
niding scelerato, malfactor
nidingsdåd sceleratessa; *(brott)* crimine
nidskrift scripto diffamatori, libello, pamphleto
nidskrivare pamphletero, libellista
niga facer un reverentia
nigning reverentia
Nikolaus *Sankte Nikolaus:* Sancte Nicolaus
nikotin nicotina
nikt pulvere de lycopodio
nimbus nimbo
nio novem
niobium *(grundämnet niobium, Nb) kem* niobium
niofaldig nonuple
niofaldiga nonuplar
nionde none, novesime
niondedel nono, none/novesime parte
niondel nono, none/novesime parte
nipper joieles
nisch niche *fr* [ni:sh]; *tekn* recesso
nit zelo, ardor, fervor, rivete; *(i lotteri)* billet blanc; *blint nit:* fanatismo
nita rivetar
nitisk ardente, fervorose, zelose
nitnagel *tekn* rivete
nitrat nitrato
nitrit nitrito
nitrocellulosa *(ett sprängmedel)* nitrocellulosa
nitrogen nitrogeno
nittio novanta
nittionde novantesime, nonagesime
nittioårig nonagenari
nitton dece-novem, dece-nove
nittonde dece-none, dece-novesime
nittondedel dece-none parte, dece-nono
nittonhundratalet le vigesime/vintesime seculo
nitälskan zelo, zelotismo
nivelleringsinstrument nivello
nivå nivello, standard *eng*; *i nivå:* a nivello; *på nivå med:* a flor de; *vara i nivå med:* esser al nivello de
nivåmätare hydrometro

nivåskillnad differentia de nivello
njugg parsimoniose, avar
njugghet parsimonia, avaritia
njure *anat* ren; *belägen ovanför njurarna:* suprarenal; *njur-:* renal
njurformad reniforme
njurinflammation *med* nephritis
njursten *med* calculo renal, petra renal/nephritic
njuta fruer, gauder; *(smaka)* gustar; *njuta av:* delectar se in, fruer, gauder de
njutbar gaudibile, placente; *(mat)* gaudimento, fruition, placer
njutning delicia, fruition, gaudimento, voluptate
njutningslysten avide de placer/gaudimento
njutningsmedel gustositate(s); *(mat)* alimento; *(dryck)* biberage [-adʒe]
njutningssökande *adj* epicuree
Noa Noe; *Noas ark:* arca de Noe
Noak Noe; *Noaks ark:* arca de Noe
nobel nobile
nobelpris premio Nobel, precio Nobel
Nobelpristagare laureato del precio Nobel
nobless noblesse
nocturne *mus* nocturno
nog bastante, assatis, satis, sufficiente; *(sannolikt)* probabilemente; *(kanske)* forsan; *(säkert)* certo; *ofta nog:* multo sovente; *nog!:* basta!, suffice!; *ha nog, ha fått nog:* haber satis; *nog med tid:* satis de tempore; *vara nog:* esser satis
noga exacte, precise, minutiose, detaliate
noggrann accurate, minute, punctual; *(samvetsgrann)* juste, conscientiose; *(överdrivet)* meticulose; *göra ngt noggrant:* compassar; *noggrann i det minsta:* minutiose; *ytterst noggrann:* meticulose, pedantesc, scrupulose; *icke noggrann:* imprecise, inexacte
noggrannhet exactitude, precision; *bristande noggrannhet:* imprecision, impunctualitate, inexactitude
nogräknad scrupulose, punctual
nojs *(skoj)* burla, buffoneria; *(skämt)* placentia, facetia
noll zero
nolla zero; *en nolla:* nullitate
nollpunkt zero; *absoluta nollpunkten:* zero absolute
nomad nomade
nomadisk nomade
nomadliv vita errante/nomade; *leva nomadliv:* nomadisar
nomen *(substantiv, ibland också adjektiv) gram* nomine
nomenklatur *(fackterminologi)* nomenclatura
nomenklaturexpert nomenclator
nominell nominal; *nominellt värde:* valor nominal
nominera nominar
nominering nomination
nona *(niotonsintervall, oktav + sekund) mus* nona
nonchalans nonchalance *fr* [nõshalã:s]
nonett *(ensemble av nio instrument/röster) mus* nonetto
nonius *(mätinstrument) mat* vernier *fr*
nonsens nonsenso, ineptia
nord nord, septentrion; *mot nord:* al nord; *nord-:* septentrional
Nordamerika America del Nord
nordamerikansk statounitese
nordanvind vento del nord, tramontana; *(poetisk)* aquilon
nordbo nordano, habitante del nord
Nordeuropa Europa Septentrional, Nord-Europa, Europa del Nord
nordisk *(dansk-finsk- isländsk-norsk-svensk)* nordic
Nordkorea Corea del Nord
nordlig nordic, del nord, septentrional, boreal
nordman *hist* normanno
nordost nord-est
nordpol polo nord; *nordpolen:* polo arctic
Nordsjön Mar del Nord
nordstjärnan stella polar
nordvart verso le nord
nordväst nord-west
nordöst nord-est
Norge Norvegia
norm norma, standard *eng*, modello, typo, prototypo, canone; *göra till norm:* normalisar
normal normal, usual; *göra normal:* normalisar
normalljus candela (normal)
normand normanno

Normandie Normandia

normandisk normanne

normera normar

norr nord; *åt norr:* al nord; *Norra ishavet:* Mar/Oceano arctic, Mar Polar del Nord

norrman norvegiano

norrsken aurora boreal

norrut *åka/fara norrut:* ir al nord

nors *zool* eperlano

norsk norvegian; *norska språket:* norvegiano; *norska (norsk kvinna):* norvegiana

nos muso

nosa flairar, olfacer

nosgrimma musello

noshörning *zool* rhinocero(n)te

nostalgisk nostalgic

not memorandum, nota, factura, glossa; *mus* nota; *(fiske-)* rete (a traction); *(fotnot)* nota

nota nota

notarie notario

notblad *mus* folio de musica

notera *(lägga märke till)* notar, prender nota de; *(en kurs på börsen)* quotar; *(skriva ned)* notar

notering nota, notation

notis notitia, information; *(kortare nyhet)* notitia; *inte ta notis om:* ignorar

notlinje *mus* linea de notas

notorisk egregie, notori

notsida pagina de musica

notsystem *mus* notation

Nova Scotia Nove Scotia

novell novella

november novembre

novis novicio

nu nunc, ora; *nu for tiden:* ora, actualmente, a nostre epocha; *en timma från nu:* de hic a un hora

nubier nubio

nubisk nubie

nudist nudista

nudlar pastas de suppa, vermicelli *ital plur* [vermitsheli]

nuklein *kem* nucleina

nukleär nuclear

numera hodie, al presente; *(hädanefter)* de nunc

numerisk numeral, numeric

numerus *gram* numero

numismatik numismatica

nummer numero

nummerföljd ordine numeric

nummerlotteri lotto

nummerväljare selector de numeros

numrera numerar

nunna monacha [-k-], soror, religiosa; *bli nunna:* prender le velo

nunnekloster convento de feminas

nuntie *(påvligt sändebud)* nuncio

nutid presente; *gram* presente

nutida moderne

nutidsform *gram* presente

nuvarande *adj* presente, actual, currente; *nuvarande tid:* le tempore presente; *det nuvarande:* presentia

ny *(ny/nytt/nya)* nove, novelle, recente, moderne, fresc; *(förändrad)* novelle; *Nya Guinea:* Nove Guinea [ginea]; *Nya Zeeland:* Nove Zelanda; *Nya testamentet:* le Nove Testamento; *på nytt:* de novo, de nove

nyans nuance *fr* [nyã:s], tinta, gradation, tincto; *(skiftning i betydelse, färg etc)* nuance *fr*

nybildning *språk* neologismo

nybyggare colonisator, colono

nybörjare comenciante, debutante, novicio; *(som lär sig alfabetet)* abecedario

nyck capricio, luna

nyckel clave

nyckelben *anat* clavicula; *nyckelbens-: anat* clavicular

nyckelharpa viella a claves

nyckelhål foramine de(l) serratura

nyckelknippa fasce de claves, porta-claves

nyckelpiga *zool* coccinella

nyckfull capriciose

nyckfullhet capricio, capriciositate

nyfiken curiose; *ej nyfiken:* incuriose

nyfikenhet curiositate; *väcka nyfikenhet hos:* intrigar; *som väcker nyfikenhet:* curiose

nyfödd *sb* neonato; *adj* neonate

nygrekisk romaic; *nygrekiska språket:* romaico

nyhet actualitate, innovation, nova; *(förut okänd)* nova; *(i ny form)* novellitate, novitate

nyhetsblad notitiario

nyhetsbyrå agentia de novas

nyhetsförmedling servicio de informationes
nykomling recente venito, novicio
nykter sobrie; *(lugn)* calme, prosaic; *(hel-)* abstinente
nykterhet sobrietate, temperantia
nykterhetsförening societate de temperantia
nyktra *(få att) nyktra till:* disinebriar
nylatinsk neo-latin
nylig recente; *nyligen:* recentemente; *nyligen inträffad:* recente
nymf *myt* nympha
nymodig moderne
nymodighet novitate
nymålad recentemente pingite, justo picte/ pincelate; *(som skylt)* pictura fresc!
nymåne novilunio
nynna susurrar
nynnande susurration
nyodlare colono
nyodlat noval
nyomvänd *sb (en nyomvänd)* neophyto; *(nyvunnen anhängare)* proselyto
nyp pincimento
nypa pincer, pinciar
nypas pincer
nyplöjt noval
nypon fructo de rosa
nyponbuske rosa
nyproduktion reproduction
nysa sternutar
nysning sternutamento, sternutation
nysros *bot* elleboro
nyss recentemente, ante poco; *alldeles nyss:* justo nunc/ora
nyssnämnd justo/nunc mentionate
nysta glomerar
nystagmus *(ofrivilliga ögonrörelser från sida till sida) med* nystagmo
nystan glomere
nytryck reimpression
nytt *på nytt:* de novo, de nove; *senaste nytt:* actualitates
nytta utilitate, avantage [-adʒe], beneficio, profito; *ha/dra nytta av:* beneficiar de, profitar de; *en som drar nytta av ngn/ngt:* exploitator; *som kan nyttjas/vara till nytta:* utilisabile; *nytto-:* utilitari
nyttig adjuvante, avantagiose [-dʒo-], utile; *(som kan göra tjänst)* servibile
nyttighet utilitate
nyttighetslära utilitarismo
nyttja usar, utilisar, emplear, servir se de; *(förbruka)* usar; *(med nyttjanderätt)* usufruer; *som kan nyttjas/vara till nytta:* utilisabile
nyttjanderätt usufructo
nyttjanderättsinnehavare usufructuario
nyttoföremål utensilios *plur*
nyttomoral utilitarismo; *anhängare av nyttomoralen:* utilitario
nyzeländare neozelandese
nyzeländsk neozelandese
nyår anno nove
nyårsafton Silvestre, vigilia del anno
nyårsdag jorno del anno
nyårsgåva strena
nyårsönskningar augurios pro le/del nove anno
nå *(ernå)* obtener; *(räcka)* attinger; *(uppnå)* attinger, arrivar a; *nå fram:* pervenir; *nå fram till en plats:* ganiar un loco; *nå!, nå ja!:* bon!, ben!
nåd clementia, gratia, mercede, misericordia; *(gunst)* favor; *Hans nåd:* Su Gratia; *nådens år:* anno del gratia; *som kan beviljas nåd:* gratiabile
nådastöt colpo de gratia
nådig gratiose, indulgente; *(mild)* clemente; *(bevågen)* favorabile, propitie; *(barmhärtig)* misericorde
nådighet gratiositate
någon alcun, alicun, ulle, qualque [kualke]; *(utan subst. efter)* alcuno, alicuno, qualcuno; *någon gång:* alquando, aliquando, jammais, unquam
någonsin jammais, unquam; *aldrig någonsin:* non jammais
någonstans alicubi, in alicun loco, usquam
någonting al(i)cun cosa, qualcosa
något *(med subst. efter)* alcun, alicun, qualque [kualke], ulle, un poco de; *(utan subst. efter)* alique, alco, alque, alcun cosa, un pauc, un poco, aliquanto; *något som:* lo que
några qualque [kualke], alcun, alicun, ulle; *(självst.)* unes, unos, al(i)cunos
nål agulia, aco; *(knapp-)* spinula; *nål att fästa med:* spinula; *sitta som på nålar:* esser super le spinas

nålask aguliera
nålhuvud testa de spinula
nålpengar spinulas
nålsöga oculo de un agulia
nåväl *adv* ben; *interj* bon!, ben!
näbb becco, rostro; *hacka med näbben:* beccar
näbbdjur *zool* ornithorhynco
näbbmus *zool* musaranea, sorice
näck undina
näckros *bot* nymphea, *(vit)* nenuphar
näktergal *zool* rossiniolo; *(vetensk.)* luscinia
nämligen in effecto, a saper, il es
nämna nominar; *(om-)* mentionar; *(ange)* indicar; *som inte kan nämnas vid namn:* innominabile
nämnare denominator
nämnbar nominabile
nämnd committee *eng*, commission; *jur* jury *eng*; *nämnds-:* juratori
nämnddom judicio per juratos
nämndeman jurato
nämndemannadom judicio per juratos
nämndemän *jur* juratos
nämnvärd mentionabile, digne de esser mentionate
näpen graciose, nitide, gentil
näppeligen a pena
näpsa castigar, corriger; *(banna)* reprimendar; *(straffa)* punir
när *tidskonj* quando; *när som helst:* aliquando, quandocunque; *när väl (detta är gjort):* un vice que; *när?: (frågeord)* quando
nära *prep* proxime, apud, a presso de, juxta; *adj* approximative, propinque, vicin, vicinal; *adv* juxta, presso; *vb (förse med föda)* nutrir, alimentar
närande alimentari, nutriente, nutritive, alibile, sustenente
närbelägen vicin, vicinal, contigue, propinque
närboende *sb* vicino
närgången indiscrete; *(näsvis)* impertinente, insolente
närhelst quandocunque
närhet proximitate, propinquitate; *i närheten (av):* in le proximitate (de), juxta; *omedelbar närhet:* contiguitate
näring economia, industria, activitate industrial; *(föda)* alimentation, nutrimento, pabulo; *(yrke)* profession, mestiero; *närings-:* alimentari
näringsrik alimentose, nutritive
närliggande *adj* adjacente, propinque, vicinal
närma approximar, approchar [-sh-]; *närma sig:* acceder, adir, approximar/approchar [-sh -] se
närmande approche [-sh-], approximation
närmaste le plus proxime
närmre approximative
närsluten adjungite, adjuncte, annexate
närsynt myope; *vara närsynt:* haber le vista curte
närsynthet myopia
närvara assister, esser presente
närvarande *adj* presente; *allestädes närvarande:* omnipresente; *för närvarande:* al presente
närvaro assistentia, presentia
näs isthmo, lingua de terra, puncta; *näs-: (landtunge-)* isthmic
näsa naso; *fin näsa:* flair *fr* [flæ:r]; *inte se längre än näsan räcker:* non vider multo ultra su naso; *lägga näsan i blöt:* mitter le naso in un cosa; *näs-: (uttalad genom näsan)* nasal
näsapa *zool* nasica
näsblod epistaxis
näsblödning sanguimento de naso, epistaxis
näsborr nare
näsduk pannello, pannello de naso
näsljud *fon* nasal
nässelfeber *med* urticaria
nässelsilke *bot* cuscuta
nässla *bot* urtica; *bränna som nässla:* urticar
nässpegel *med* rhinoscopio
näst secunde, secundari; *näst intill:* juxta; *näst bäst:* secunde in qualitate
nästa *sb* proximo; *adj* sequente, proxime
nästan quasi
näste nido; *bygga näste:* nidificar; *(kyffe)* cabana
nästla *nästla sig in:* insinuar; *som nästlar sig in:* insinuative
näsvis impertinente
näsvishet impertinentia
nät rete
näthinna *anat* retina
näthinneinflammation *med* retinitis

nätkasse reticulo
nätliknande *adj* reticular
nätmage *anat* reticulo
nätt *(trevlig)* nitide, gentil, chic [sh-]; *(otillräcklig)* insufficiente
nättröja malia
nätverk rete, plexo, reticulo; *data* rete; *nätverk av bedrägerier:* texito de fraudes; *skapa ett nätverk:* reticular
näve pugno; *en näve ...:* pugnata
näverlur trompa alpestre
nöd necessitate; *(brist)* carentia, indigentia; *(belägenhet)* urgentia; *(elände)* miseria; *(förtvivlan)* desperantia
nödbroms freno de alarma
nödfall i *nödfall:* in caso de necessitate
nödga constringer, fortiar, obligar; *(övertala)* persuader
nödhjälp recurso; *(utväg)* expediente
nödig necessari
nödlidande indigente
nödläge desperantia, situation desperate
nödlögn mendacio officiose
nödrop crito de succurso
nödsignal signal de succurso
nödsituation emergentia
nödställd indigente, carente
nödtillstånd stato de emergentia
nödtorft subsistentia
nödtrappa scala de emergentia
nödtvång necessitate, constringentia
nödvändig necessari, necesse; *om nödvändigt:* in caso de necessitate
nödvändiggöra necessitar
nödvändighet necessitate; *göra en dygd av nödvändigheten:* facer de necessitate virtute; *tvingande nödvändighet:* exigentia
nödvärn defensa legitime
nöja *nöja sig med:* contentar se de/con
nöjaktig satisfacente
nöjd contente, satisfacte
nöje placer, agradamento, amusamento, divertimento, attraction, delecto; *finna nöje i:* delectar se in; *med (stort) nöje:* de bon grado
nöjeslysten avide de placeres; *(om person)* frivole
nöjesläsning lectura de agradamento, lectura recreative
nöjsam placente, amusante, agradabile, delectabile
nöjsamhet delectation
nöt *bot* nuce; *(boskap)* bestial; *(nedsättande om person)* stupido, imbecille, asino
nöta abrader, usar; *nöta ut:* perusar
nötformig nuciforme
nötknäppare rumpe-nuces
nötkråka *zool* nucifraga
nötkött carne bovin
nötskrika *zool* garrulo
nött usate; *(luggsliten)* raspate
nötväcka *zool* sitta

O

oaktat malgrado
oaktsam inadvertente, negligente, nonchalant *fr*, incaute
oaktsamhet inadvertentia
oanad inexpectate, insupponite
oangenäm disagradabile, ingrate
oangripbar inattaccabile
oanpassbar inadaptabile
oansenlig inconspicue, insignificante, mediocre
oanständig indecente, obscen, choc(c)ante [sh-], dishoneste, immodeste, scabrose
oanständighet dishonestate, dishonestitate, immodestia, indecentia
oansvarig irresponsabile
oansvarighet irresponsabilitate
oantagbar inacceptabile, inadoptabile
oantaglig inacceptabile
oantastlig incontestabile, inviolabile
oanvändbar inusabile; *förklara för oanvändbar:* condemnar
oaptitlig disgustose, nauseose
oart mal habitude
oartig impolite, discortese, incivil, inurban
oartighet discortesia, impolitessa, incivilitate
oartikulerad inarticulate
oas oasis, oase
oavbruten ininterrupte, continue; *(ständig)* constante, permanente, perpetue
oavgjord indecise, indeterminate; *jur* pendente
oavhjälplig irremediabile
oavhängig independente (de)
oavhängighet independentia

oavkortad integre, total, complete

oavlåtlig perpetue, incessante

oavlönad irremunerate, irremunerative; *(om tjänst, även)* honorari

oavsett malgrado, in despecto de

oavsiktlig accidental, involuntari

oavsättlig *(som ej kan flyttas bort)* inamovibile

oavvislig indeclinabile, incontestabile, indiscutibile; *jur* irrecusabile; *(trängande)* pressante, urgente

oavvändbar indeclinabile

obalanserad mal equilibrate

obanad impassabile, impracticabile

obarmhärtig cruel, inhuman, sin misericordia, incaritabile, impietose, inclemente

obarmhärtighet inclementia

obduktion *med* obduction, autopsia

obeaktad neglecte, inconsiderate

obearbetad rude

obebodd deserte, inhabitate, vaste

obeboelig inhabitabile

obefintlig non existente, introvabile

obefläckad immaculate; *den obefläckade avlelsen:* le Conception Immaculate

obegriplig incomprehensibile, incomprensibile, inintelligibile

obegriplighet incomprensibilitate

obegränsad illimitate

obegränsbar illimitabile

obegåvad poco dotate, inintelligente

obehaglig disagradabile, displacente, fastidiose

obehandlad grossier

obehärskad distemperate, impetuose

obehörig *jur* incompetente, non autorisate; *(om sak)* illegal, illicite, abusive; *obehöriga äga ej tillträde:* ingresso/entrata interdicte (al publico)

obehörighet *jur* incompetentia

obehövlig inutile, superflue

obekant *adj* incognoscite, estranie(r); *sb* incognoscito, estraniero

obekväm incommode

obekymrad tranquille, indifferente

obelevad mal educate, impolite, inurban

obelisk *(högt pelarformat minnesmärke)* obelisco

obemannad sin equipage [-adʒe], non equipate

obemedlad impecuniose

obemärkt inobservate

obenägen disinclinate, disfavorabile

oberoende *sb* independentia; *adj* independente, libere; *oberoende av:* independente de

oberäknad impreviste; *(ej medräknad)* exclusive

oberäknelig incalculabile, inestimabile; *(om person)* versatile, capriciose

oberättigad injuste, injustificabile, non autorisate, sin autorisation

oberörbar intangibile, intoccabile, sacrosancte

oberörbarhet intangibilitate

oberörd insensibile, indifferente

obesatt vacante; *vara obesatt:* vacar

obesegrad invicte

obeskrivbar indescriptibile, inqualificabile

obeskrivlig indescriptibile

obeslutsam hesitante, indecise, indeterminate, irresolute, vacillatori

obeslutsamhet indecision, indetermination, irresolution

obeslöjad sin velo, discoperite

obesmittad incontaminate

obestridd inconteste

obestridlig incontestabile, indisputabile, irrefutabile

obestånd ruina, decadentia; *(konkurs)* fallimento; *komma på obestånd:* ruinar se

obeställbar indelivrabile

obestämbar indefinibile, indeterminabile

obestämd indeterminate, indefinite, indistincte, incerte, indecise, vage

obestämdhet indetermination

obeständig inconsistente, inconstante, variabile; *(om sak, även)* instabile

obeständighet inconsistentia, inconstantia

obesudlad immaculate

obesvärad franc, natural, disinvolte; *egenskapen att vara obesvärad:* disinvoltura

obetingad inconditional, sin condition/restriction

obetonad *fon* atone, atonic, inaccentuate

obetvinglig incoercibile, irrepressibile

obetydlig exigue, inconsequential, insignificante, futile, sin importantia, non importante,

humile, tenue, frivole; *(värdelös)* van
obetydlighet exiguitate, insignificantia, frivolitate, nullitate, tenuitate
obetänksam *(oklok)* imprudente; *(oförsiktig)* imprevidente, incaute, inconsiderate; *(oförvägen)* temerari, temere
obetänksamhet indiscretion, imprevidentia, imprudentia
obevakad non surveliate, sin surveliantia, non attendite
obeveklig inexorabile, inflexibile, adamante, implacabile
obevisad non provate, problematic
obevisbar indemonstrabile
obevislig indemonstrabile, improvabile
obevittnad non attestate, sin testimonios
obeväpnad non armate, disarmate; *med obeväpnad ögon:* a oculo nude
obildad inculte, mal educate; *obildad person:* inerudito
obildning inerudition
obillig injuste, inequal, irrationabile
objekt objecto; *(mål)* fin, scopo; *(föremålet för en handling) gram* objecto
objektglas *(på mikroskop)* porta-objecto
objektiv *sb (optiskt)* objectivo; *adj* objective
objektivitet objectivitate
objuden non invitate, sin esser invitate
oblat *rel* oblato; *ask för oblater:* pyxide
oblidkelig implacabile
obligation obligation
obligatorisk compulsori, obligatori
oblodig insanguilente, sin effusion de sanguine
oblyg immodeste, impudic, cynic, impudente
oblyghet impudentia, cynismo, immodestia
oboe *mus* oboe; *(fransk, särskilt bretonsk, folklig)* bombarde
oborstad inculte, villan
obotfärdig impenitente
obotfärdighet impenitentia
obotlig immedicabile, insanabile, incurabile, irremediabile; *bildl* incorrigibile
obrottslig inviolabile; *(om uppförande)* irreprochabile [-sh-]
obrukbar inutilisabile
obruklighet disuso
obrytbar irrefrangibile
obscen obscen
observation *(även med)* observation
observatorium observatorio
observatör observator
obstetrik *med* obstetricia
obstruktion *(parlamentarisk)* obstruction
obunden libere; *(om bok)* non ligate
obygd pais salvage [-adʒe]/incultivate
obändig impetuose, intractabile, infrenabile
oböjlig inflexibile, adamante, intransigente, rigide; *gram* indeclinabile
oböjlighet inflexibilitate, intransigentia, rigiditate
obönhörlig ineluctabile, inexorabile, implacabile
occitansk occitan; *occitanska språket:* occitano
ocean oceano
oceansk oceanic
oceremoniell inceremoniose
och e; *både och:* e ... e, tanto ... como; *och så vidare:* et cetera, etc
ock tamben, etiam, anque [angke]
ocker usura, usuria; *ocker-:* usurari
ockludera *kem* occluder
ockra *sb* ochre, ocra, terra de umbra/de Siena; *vb* usurar
ockrare usurero
också tamben, etiam, anque [angke]; *inte bara ... utan också:* non solmente ... ma tamben/etiam/anque; *jag också:* tamben/etiam/anque io; *om också:* mesmo si
ockult occulte, hermetic
ockultism *syssla med ockultism:* cabalar
ockupation occupation
ockupera occupar
ockuperad occupate
odaterad sin data
odefinierbar indefinibile
odelad indivisibile, insecabile, impartibile, integre; *jur* indivise
odiskutabel indiscutibile
odjur monstro, bruto, ogro
odla cultivar; *bildl* elevar; *(bearbeta jorden)* laborar, coler
odlad culte
odlare cultivator, cultor
odling civilisation, cultivation, cultura
odlingsbar arabile, cultivabile
odlingslån prestation agricole

odrickbar non potabile/bibibile, imbibibile

odryg non durabile, poco economic

odräglig insupportabile, intolerabile

oduglig inhabile, incapabile, incompetente, insufficiente; *(sak)* inapte

oduglighet inaptitude, incapabilitate, incompetentia

odygd *(lastl.)* vitio; *(bus)* buffoneria, burla, maleficio

odygdig vitiose, burlesc, malitiose

odygding *(om barn)* infante terribile

odåd maleficio, crimine

odödlig immortal

odödliggöra immortalisar

odödlighet immortalitate

odört conio

oeftergivlig indispensabile, essential; *oeftergivligt villkor:* conditio sine qua non *lat*

oefterhärmlig inimitabile

oefterrättlig incorrigibile

oegennytta altruismo

oegennyttig disinteressate; *oegennyttig person:* altruista

oegennyttighet disinteresse

oegentlig improprie; *oegentligt bråk: mat* fraction improprie

oelegant disgratiose

oemotståndlig irresistibile

oemotsäglig incontestabile, irrefutabile

oemottaglig insensibile; *(sjukdom)* immun

oemottaglighet immunitate; *(för intryck)* insensibilitate

oenig *(med annan uppfattning)* dissidente; *vara oenig:* disconvenir

oenighet discordo, discordia, discordantia, dissension, dissidentia, disunion, disunitate

oense dissidente, discordante; *vara oense:* dissider, disaccordar, discordar, esser in discordo

oerfaren *adj* imperite, inexperte, inexperimentate; *sb* novicio

oerfarenhet inexperientia, imperitia

oerhörd inaudite, enorme, colossal, egregie, immense

oersättlig incompensabile, irreimplaciabile, irrecuperabile, irreparabile

ofantlig enorme, immense, gigantesc

ofarbar intrafficabile, impracticabile; *(med båt/fartyg) sjöt* innavigabile; *ofarbar väg:* via impracticabile

ofarlig innocive, inoffensive, innocue

ofarlighet innocuitate

ofattbar incomprehensibile, incomprensibile, inconcipibile, insondabile

ofattbarhet incomprensibilitate

ofelbar indefectibile, infallibile; *ej ofelbar:* fallibile

ofelbarhet infallibilitate

offensiv *sb* offensiva; *adj* offensive

offentlig public

offentliganställd functionario public

offentliggöra promulgar, publicar

offentliggörande publication

offentlighet publicitate; *(allmänheten)* le publico

offer *(handling)* sacrificio, immolation; *(måltid)* oblation; *(för t.ex. våld)* victima; *rel* oblation; *(helig handling)* sacro; *slakta till offer:* immolar

offerera offerer

offerlamm victima innocente, agno

offersten petra de altar

offert offerta

offertorium *(kollekt el. körsång under mässoffer) rel* offertorio

offervillig generose

offervillighet spirito de generositate

officer officiero; *(under kaptens grad)* officiero subalterne; *(över kaptens grad)* officiero superior

officiell official, autoritari

officin officina; *(avdelning på apotek)* officina

officiös *(halvofficiell)* officiose

offra sacrificar, devotar, immolar

offset *(tryckmetod)* offset

ofin grossier, indelicate

ofinhet indelicatessa

ofog maleficio, buffoneria

oformlig deforme, monstruose

oframkomlig impervie

ofreda molestar

ofrivillig involuntari

ofruktbar improductive, infecunde, infertile, sterile, aride

ofruktbarhet ariditate, infecunditate

ofruktsam infertile

ofruktsamhet infertilitate

ofrånkomlig ineluctabile, inevitabile
ofrälse imprivilegiate, burgese; *(person)* burgeso
ofta sovente, frequentemente
ofullbordad incomplite, imperfecte
ofullkomlig imperfecte, incomplete, deficiente, fallibile
ofullkomlighet deficientia, falta, imperfection, vitio
ofullständig deficiente, incomplete; *göra ofullständig:* discompletar
ofullständighet deficientia
ofärd infortuna, calamitate, catastrophe
ofärdig infirme, valitudinari, stropiate; *(ofullbordad)* incomplete, non finite
ofödd nonnate
oförarglig exigue, inoffensive, naive
oförberedd impreparate, improvise, extemporanee
oförberett ex tempore
oförbätterlig incorrigibile, imperfectibile
oförbätterlighet incorrigibilitate
ofördelaktig disavantagiose [-dʒo-]
ofördragsam intolerante
ofördröjligen immediatemente
ofördärvad innocente, natural, incorrupte, pristine; *(om sak)* intacte; *(moraliskt)* incorrupte
oförenlig discrepante, incompatibile, inconciliabile; *(om metaller)* inalligabile; *vara oförenlig:* discrepar
oförenlighet discrepantia
oförfalskad genuin, natural, pur, non falsificate, mer
oförfärad intrepide, coragiose [-dʒo-], valente
oförglömlig inoblidabile
oförgänglig indestructibile, imperibile, indefectibile, perdurabile; *(evig)* immortal
oförgätlig inoblidabile
oförhindrad libere
oförklarlig inexplicabile, mystic, mysteriose
oförliknelig incomparabile, sin par
oförlåtlig impardonabile, irremissibile
oförminskad intacte, inreducite
oförmodad impreviste, brusc, inopinate
oförmåga incapabilitate, impotentia
oförmögen impotente, incapabile, incapace
oförnimbar imperceptibile
oförnimbarhet imperceptibilitate
oförnuft imprudentia, irrationalitate
oförnuftig imprudente, insensate, irrational, irrationabile
oförnöjd miscontente
oförorenad incontaminate
oförrätt injustitia
oförsiktig incaute, imprudente
oförskräckt intrepide, coragiose [-dʒo-], prode
oförskyld inculpabile, immeritate
oförskämd insultante, insolente, immodeste, impertinente, impudente; *vara oförskämd mot:* affrontar; *oförskämd person:* insultator; *skandalöst oförskämt:* ultragiose [-dʒo-]
oförskämdhet effronteria, immodestia, impudentia, insolentia
oförsonlig irreconciliabile, implacabile
oförståelig incompre(he)nsibile, inintelligibile
oförståelse incomprehension, incomprension
oförstående non volente compre(he)nder
oförstörbar indelibile, indestructibile
oförsvarlig indefendibile, indefensibile
oförsynt indiscrete, arrogante, immodeste
oförsynthet immodestia
oförtjänt immeritate, gratuite; *(ovärdig)* indigne
oförtruten infatigabile, perseverante
oförutsebar imprevisibile
oförutsedd impreviste, improvise
oförutseende imprevidente
oförvitlig irreprochabile [-sh-], honeste
oförvägen audace, hardite, temerari; *vara oförvägen:* hardir
oförvägenhet audacia, hardimento; *full av oförvägenhet:* audaciose
oförytterlig inalienabile; *(rätt)* imprescriptibile
oföränderlig constante, immutabile, impermutabile, inalterabile, incommutabile, intransmutabile, invariabile, stereotype, stereotypic
oföränderlighet fixitate, impermutabilitate
ogenerad libere, franc, sincer, natural
ogenerös ingenerose, illiberal
ogenomförbar impracticabile, inexecutabile, infacibile
ogenomförbarhet inoperabilitate, inexecutabilitate
ogenomskinlig opac, non transparente; *fys* adiaphane; *göra glas ogenomskinligt:* devitrificar
ogenomtränglig impermeabile, impenetrabile,

impervie; *göra ogenomtränglig:* impermeabilisar

ogenomtränglighet impermeabilitate

ogift *adj* singule, celibe; *sb* celibatario/a

ogilla disapprobar; *(vara ovänligt stämd mot)* disfavorar

ogillande disapprobation

ogiltig casse, non valide; *jur* invalide; *(om t.ex. testamente) jur* inofficiose; *(som gått över tidsfristen)* perempte; *bli ogiltig:* perimer; *förklara ogiltig (om yrkande): jur* prescriber; *göra ogiltig:* invalidar

ogiltigförklara nullificar

ogiltigförklarad *jur* irrite

ogiltigförklarande *jur* invalidation, vitiation

ogiltiggörande invalidation

ogiltighet invaliditate

ogrannlaga indiscrete

ogrundad sin fundamento

ogräs mal herba; *medel mot ogräs:* herbicida; *rensa ogräs:* disherbar

ogudaktig impie, irreligiose

ogudaktighet impietate

ogunst disgratia

ogynnsam disavantagiose [-dʒo-], disfavorabile, antipathetic

ogärna involuntarimente, con regret, de mal grado, de mal voluntate, con mal gratia

ogärning enormitate

ogästvänlig inhospital

ogästvänlighet inhospitalitate

ogörlig impracticabile, irrealisabile, infacibile

ohanterlig immaneabile, inagibile

oharmonisk inconsonante, inharmonic

ohederlig inhoneste, dishoneste, dishonorabile, improbe

ohederlighet dishonestate, dishonestitate, improbitate

ohejdad immoderate, discatenate

ohejdbar irresistibile, infrenabile, non frenabile

ohelga profanar, violar

ohjälplig *(sak)* irreparabile, irremediabile; *(person)* incorrigibile; *(situation)* desperate

ohjälpsam poco servicial, inservicial, poco succurribile

ohmmätare *elektr* ohmmetro

ohoj *ohoj!:* holla!, ohoy!

ohyfsad impolite, inculte, malgratiose, rustic

ohygglig horribile, terribile; *(grym)* atroce

ohygglighet atrocitate

ohygienisk inhygienic

ohyra vermina; *full av ohyra:* verminose

ohyvlad *(om person)* rude

ohålad imperforate

ohållbar non durabile, poco solide; *(situation)* intenibile, precari

ohållbarhet intenibilitate

ohälsa insanitate

ohälsosam insalubre, malsan

ohörbar inaudibile

ohörsam *(mot rätten)* contumace

ohövlig disobligante, impolite, incivil

Oidipus Edipo

Oidipuskomplex *psyk* complexo de Edipo

oinlöslig irredimibile

ointaglig inexpugnabile, imprendibile; *en ointaglig fästning:* un fortalessa imprendibile/inoccupabile

ointelligent inintelligente

ointressant incuriose; *ointressant bok:* libro sin interesse

ointresse disinteresse

ointresserad disinteressate, incuriose; *göra ointresserad:* disinteressar

oj *oj!:* oh!

oja *oja sig:* lamentar se, gemer

ojämförbar *(som inte kan mätas med samma mått)* incommensurabile

ojämförbarhet incommensurabilitate

ojämförlig incomparabile

ojämlik inequal

ojämlikhet inequalitate

ojämn *(om yta)* non lisie, rude, aspere; *bildl* inequabile, inequal, irregular; *(udda) (även mat)* impar, impare; *göra ojämn:* asperar

ojämnhet inequalitate

ojäst azyme *gr*

ojävig *jur* irrecusabile

ok jugo; *bringa under oket, lägga under ok:* subjugar; *O.K.:* de accordo; *OK!:* bon!

oklanderlig irreprochabile [-sh-], impeccabile

oklanderlighet impeccabilitate

oklar opac, mat, equivoc, vage; *bildl* vaporose; *(om väder)* nubilose, brumose; *(otydlig)* obscur, diffuse, incomprensibile

oklarhet obscuritate
oklok imprudente; *oklokt:* mal avisate
okonstlad natural, simplice
okroppslig immaterial, insubstantial, incorporal, incorporee
okränkbar inviolabile; *(oberörbart helig)* sacrosancte
okränkbarhet inviolabilitate
oktan *kem* octano
oktantal numero de octano
oktav *(bokformat)* octavo; *mus* octava
oktavintervall *mus* octava
oktett *(grupp av åtta) mus* octetto
oktober octobre
okunnig insciente, ignorante, inexperte, nescie
okunnighet ignorantia, nescietate; *(grov)* crassitate
okuvlig indomabile, invincibile
okvalificerad incompetente
okväda insultar, inveher, injuriar
okvädande *adj* invective
okvädingsord invectiva
okysk incaste, impudic, obscen, impur, incontinente
okyskhet impuressa, impuritate, incontinentia
okänd *adj* incognite, incognoscite; *(om land)* inexplorate; *(om person)* obscur, sin nomine; *sb (person)* incognito
okänslig insensibile, impassibile, dur; *(likgiltig)* indifferente, apathic; *(för smärta)* analgesic; *egenskapen att vara okänslig:* callositate
okänslighet insensibilitate; *(för smärta)* analgesia
olag disordine; *bringa i olag:* disordinar, disrangiar [-dʒar]
olaga illegal; *(utan tillstånd)* illicite
olaglig illegal
olaglighet illegalitate
oleander *bot* lauriero rosa
oledad *anat* inarticulate
olik differente, inequal, dissimilar, dissimile, disparate, dispare; *göra olik:* dissimilar; *vara olik:* differer
olika diverse, varie
olikartad differente, varie, disparate, dispare, heterogene, heterogenee, inequabile; *egenskapen att vara olikartad:* heterogeneitate; *göra olikartad:* diversificar
olikhet differentia, diversitate, dissimilantia, dissimilitude, diversitate, inequalitate, disparitate, imparitate
oliv oliva
olivformad *anat* olivari
olivfärg oliva
olivgrön olivacee
olivträd oliv(ier)o
olja oleo; *olja in:* lubricar, lubrificar, olear; *gjuta olja på elden:* jectar oleo super le foco; *måla i olja:* pinger a(l) oleo; *olje-: kem* oleic
oljeaktig oleaginose
oljeborrtorn turre de sondage [-adʒe]
oljefat bidon a oleo
oljefält campo petrolifere
oljeförande oleifere
oljehaltig oleaginose, oleose
oljekanna *(med pip)* oleator a becco
oljekälla puteo
oljeledning oleoducto
oljemålning pictura a(l) oleo
oljerörledning oleoducto
oljig unctuose, oleaginose
oljud charivari [sh-], tintinnamento, critada, ruito; *mus* discordantia, cacophonia
ollon *(på penis) anat* balano, glande; *bot* glande
ollonborre *zool* melolontha
ollonbärande glandifere
ollonformad glandiforme
ologisk illogic, inconsequente
ologiskhet inconsequentia
olovlig impermisse, prohibite, illicite
olust disgusto, indisposition
olustig indisponite, moleste
olvon *bot* viburno
olycka accidente, adversitate, contrarietate, disastro, fatalitate, infelicitate, infortuna, sinistro; *(bil-)* panna; *(lands-, stor)* catastrophe, disastro, calamitate; *olycks-:* calamitose
olycklig infelice, infortunate, fatal, disastrose, funeste; *(eländig)* miserabile, misere
olycklighet infelicitate
olycksbringande *adj* calamitose, funeste, fatal
olycksbådande sinistre, ominose; *ngt olycksbådande:* omine
olycksfall accidente
olycksfallstation posto de succurso
olycksfågel infortunato

olycksförsäkring assecuration contra accidente

olyckshändelse accidente, fatalitate; *(större)* sinistro

olycksprofet alarmista

olyckstillbud menacia de accidente

olycksår anno fatal

olydig disobediente; *(mot överordnad)* insubordinate; *vara olydig:* disobedir

olydnad disobedientia; *(mot överheten)* insubordination; *civil olydnad:* insubordination civil

olympiad *(olympiska spel)* olympiade

olympisk olympic; *olympiska spel:* jocos olympic [dʒokos olimpik]

olägenhet detrimento, disavantage [-adʒe], inconvenientia; *(besvär)* molestia, embarasso, disrangiamento [-dʒa-]

oläglig incommode, inopportun, inconveniente

olägligbet incommoditate, inconveniente, inopportunitate; *förorsaka olägligbet:* incommodar

olämplig inapte, inepte, improprie, irrelevante

olämplighet inaptitude, ineptitude, indecentia

oländig sterile, aride

olärd laic, ignorante, illitterate

oläslig illegibile

oläslighet illegibilitate

olöslig insolubile, irresolubile

olöslighet insolubilitate

om *konj* si; *om icke:* si non; *om än, även om:* ben que, mesmo si, tamben si, etiam si, anque si; *som om:* quasi; *(fråg. konj)* si, an, esque; *prep (beträffande)* de, super, sur, in re, re, concernente; *(omkring)* circa; *bedja om:* peter de; *om morgonen:* le matino; *om natten:* de nocte; *om onsdag:* mercuridi (proxime); *om två dagar:* post/in duo dies/ jornos

omak embarasso, disrangiamento [-dʒa-], molestia; *göra sig omaket:* dar se pena, penar se

omaka impare

omanlig poco viril, effeminate

omarbeta refacer, relaborar, revider

ombesörja arrangiar [-dʒar], gerer

ombilda transformar, reformar, reorganisar

ombord a bordo; *ombord på:* a bordo de; *föra ombord:* transbordar

ombordstigning *(på flygplan)* imbarcation

ombryta *typ* mitter in paginas

ombud agente, representante, delegato, emissario; *(befullmäktigat): jur* cessionario, deputato, legato, ministro, procurator; *(utsänt)* delegato, deputation; *utse ombud:* deputar

ombudsman *(ämbetsmannaövervakare)* ombudsman

ombyte cambio, cambiamento

ombytlig capriciose, variabile, versatile

omdana transfigurar, transformar *(till:* in); *en som omdanar:* transformator

omdaning conversion, transformation

omdestillera *kem* rectificar

omdirigera *(avleda)* derivar

omdirigering *(avledning)* derivation

omdöme aviso, judicamento, judicio; *(åsikt)* opinion; *vara mild i sina omdömen:* haber le manica large

omdömesförmåga judicio, facultate judiciari

omdömesgill judiciose

omedelbar immediate, prompte, directe, spontanee; *omedelbar orsak:* causa efficiente

omedelbart immediatemente; *omedelbart förestående:* imminente

omedgörlig intractabile, indocile, inflexibile, recalcitrante; *(i åsikter)* intransigente

omedgörlighet intransigentia

omedveten inconsciente

omedvetenhet inconscientia

omega *(grek. alfabetets sista bokstav)* omega; *alfa och omega:* alpha e omega

omen *(varsel, ngt olycksbådande)* omine, portento

omfamna imbraciar, accollar

omfamning imbraciamento

omfatta includer, comprehender, continer, imbraciar, inglobar

omfattande ample, comprehensive, comprensive, extense, extensive, large; *ej omfattande:* minute; *göra mer omfattande:* ampliar

omfattning comprehension

omflyttning dislocation, transposition

omforma reformar, modificar

omformande reformative

omformbar transformabile

omfång comprehension, extension, amplitude, dimension, gamma, volumine

omfångsrik voluminose, spatiose

omge ambir, cincturar
omgiva circumferer, circumstar, ambir, cinger
omgivande *adj* ambiente
omgivning ambiente, vicinitate; *omgivningar:* parages [-adʒes]
omgjorda cincturar, cinger, cingular; *(fästa ihop kläder med ett bälte)* succinger
omgjutning *(metall)* refusion
omgruppera *mil* evolver
omgruppering *mil* evolution
omgående immediatemente, prompte; *med omgående post:* per retorno del posta
omgång torno, vice; *(i sport)* ronda
omgärda cincturar; *mil* circumferer, circumvallar
omhulda proteger, favorisar
omhänderhava gerer, curar, procurar
omhändertaga prender in cura/sollicitude
omhölja inveloppar
omhölje inveloppamento; *anat* involucro
omild dur, rude, aspere; *(sträng)* sever, brusc
omintetgöra frustrar, destruer, annullar
omintetgörande frustratori
ominös ominose
omisskännelig flagrante, obvie
omisskännlig evidente, manifeste
omistlig imperdibile, imprescriptibile, inalienabile, indispensabile
omkomma perir, obir
omkostnad costo, expensa, guastos, sumpto
omkrets ambito, circumferentia, peripheria, perimetro; *omkrets-:* circumferential
omkring circa, circum
omkringströvande *sb* divagation
omkringstående circumstante
omkringvandrande deambulatori, errante, erratic
omkull a basso; *falla omkull:* cader
omkväde refrain *fr*, reprisa
omlasta transbordar, recargar
omlastning transbordo
omledning *(av trafiken)* deviation
omlopp circulation, rotation; *astron* revolution, percurso, orbita; *(bana)* orbita
omloppsbana *(himlakroppars)* orbita
omloppstid *astron* periodo
omläggning diversion
omnämna mentionar, facer mention de, citar
omnämnande mention
omodern passate de moda
omogen crude, immatur, verde, in herba; *omogen frukt:* fructo verde
omogenhet cruditate
omoralisk immoral, vitiose
omoraliskhet immoralitate
omordnande remaneamento
omplacera displaciar
omplantera transplantar, replantar
omprövning revision, reexamination
omrama inquadrar
omringa incircular; *mil* cernar
område ambito, area, region, sphera, territorio, terreno, zona; *(självstyrande)* dominio; *(litet) anat, bot* areola; *bildl* branca; *indela i områden:* zonar; *områdes-:* zonal
omrörare agitator
omrörning attisamento
omröstning votation; *(hemlig)* scrutinio; *(sluten)* ballottada
omsegling circumnavigation
omsider finalmente, al fin
omskaka agitar, succuter
omskakning agitation, commotion, succussa; *med* succussion
omskapa transformar, reorganisar, recrear
omskifte alternativa
omskolning reeducation
omskriva *(på nytt)* rescriber, transcriber; *(omarbeta)* refacer; *(i andra ord)* periphrasar; *tekn* incircular, *(även geom)* circumscriber
omskrivande periphrastic
omskriven periphrastic
omskrivning circumlocution, paraphrase, rescription, transcription, refacer, refaction, periphrase; *tekn (även geom)* circumscription; *(förmildr.)* euphemismo
omskära circumcider
omskärelse circumcision
omslag *(ändring)* cambio, cambiamento, alteration, mutation; *(paket-)* imballage [-adʒe], inveloppe, inveloppamento; *(bok-)* copertura, banda(ge); *(nederlag)* reverso; *med* crise; *(varmt) med* embroca; *behandla med varma omslag:* fomentar; *behandling med varma omslag:* fomentation
omsluta circumferer, incircular

omsorg sollicitude, attention, reguardo, cura, carga; *(ömhet)* affection; *ha omsorg:* coler; *ha omsorg om:* prender cura de, *(vakta på)* attender, reguardar

omsorgsfull attente, minutiose, meticulose; *(samvetsgrann)* scrupulose

omstridd contestate, contentiose, controvertibile, disputate

omstående *omstående sida:* reverso, *typ* verso

omställbar regulabile

omställning convertimento

omstämma *mus* reaccordar

omständighet circumstantia, condition; *förmildrande omständigheter: jur* circumstantias attenuante; *försvårande omständigheter: jur* circumstantias aggravante; *särskild omständighet:* particularitate; *som beror på omständigheterna:* circumstantial

omständlig complicate, intricate, ceremoniose, minutiose, prolixe

omstörta subverter, revoltar

omstörtande subversive

omstörtning subversion, revolta, revolution

omsvep *(undanflykt)* escappatoria, circumlocution; *utan omsvep:* sin digression

omsvängning giration; *(i mening)* alteration, cambio; *(varv, varvtal)* revolution

omsätta *omsätta i handling:* mitter in practica; *omsätta i pengar:* realisar; *omsätta i kontanter:* negotiar

omsättning *(varor)* vendita, rotation, movimento; *(pengar)* circulation monetari; *(växlar)* renovation; *omsättning i praktiken:* realisation, le mitter in practica

omtagande reiterative

omtagning repetition; *mus, teat* reprisa

omtala relatar, narrar, contar, reportar; *(nämna)* mentionar, informar; *mycket omtalad:* rumorose

omtanke sollicitude, precaution, cura, previdentia; *ha omtanke:* coler, sollicitar

omtryckning reimpression

omtumla esturdir

omtumlad esturdite

omtumling esturdimento

omtvistad contestate, discutite, controverse, litigiose

omtvistlig arguibile, disputabile

omtyckt amate, popular; *(om person, även)* estimate; *ej omtyckt:* impopular

omtänksam sollicite, previdente; *(försiktig)* prudente, caute, circumspecte

omtöckna offuscar, obscurar, velar, imbroliar

omtöckningstillstånd torpor, torpiditate, stato lethargic

omutlig incorruptibile

omutlighet incorruptibilitate

omval reelection

omvandla converter; *(t.ex. ett straff till böter)* commutar

omvandling convertimento

omväg ambito, deviation

omvälja reeliger

omvälvning revolta, revolution

omvänd invertite, inverse, inversive, revertite, reverse; *rel* convertite; *det omvända:* le inverso; *i omvänd ordning: adj* retrograde

omvända inverter, reverter; *rel* converter

omvändelse *rel* conversion

omvändning inversion

omvärva circumstar

omväxla alternar, variar; *omväxla med:* interfoliar

omväxlande *göra/vara omväxlande:* variar

omväxling alternation, alternativa, cambiamento, variation, varietate, vicissitude

omyndig *jur* minor; *förklara omyndig:* incapacitar

omyndighet minoritate

omåttlig immoderate, illimitate, excessive, disme(n)surate, intemperate; *(som inte kan hålla måttan)* intemperante; *vara (osedvanligt) omåttlig:* exorbitar

omåttlighet excesso, immoderatessa, immoderation, intemperantia

omänsklig inhuman, barbare; *göra omänsklig:* dehumanisar

omänsklighet inhumanitate

omärkbar indiscernibile

omärklig imperceptibile, insensibile

omätbar immesurabile

omätbarhet imponderabilitate

omätlig immesurabile, immense

omättad insatiate; *kem* insaturate

omättbar inappaciabile

omättlig insatiabile; *kem* insaturabile

omöjlig impossibile; *(människa)* insociabile
omöjlighet impossibilitate
onanera masturbar (se)
onaturlig innatural; *(tillgjord)* affectate
ond mal, infeste, malefic, malfaciente, virulente; *(till humöret)* biliose, choleric; *onda ögat:* le mal oculo; *det onda: sb* mal
ondska virulentia
ondskefull mal, malitiose, maligne
ondulera *(förse med vågor)* undular
ondulering *(av hår)* undulation
onkel oncle, avunculo
onormal heteroclite
onsdag mercuridi
ont *sb* (le) mal; *adv* mal; *göra ont:* doler; *göra ngt ont:* malfacer; *göra ngn ont:* facer mal a un persona; *ha ont:* patir; *ha ont om pengar:* esser curte de moneta; *jag har ont i huvudet:* le capite me dole
onykter ebrie, vinolente, insobrie
onykterhet insobrietate
onyttig inutile, otiose
onyttighet inutilitate
onyx onyche [-k-], onyx
onåbar *(som man ej kan meddela sig med)* incommunicabile
onåd disfavor, disgratia; *falla i onåd:* cader in disgratia; *falla i onåd hos:* cader del gratia de; *försätta i onåd:* disgratiar
onådig disgratiose, ingratiose
onämnbar immentionabile
onämnd innominate
onödig innecesse, innecessari, inutile
oomskuren incircumcise
oomtvistlig incontrovertibile
oordentlig disordinate, negligente
oordnad indigeste; *oordnat liv:* disregulamento
oordning disordine, disrangiamento [-dʒa-], disregulamento, perturbation, turbation; *i oordning:* in disordine; *bringa i oordning:* disordinar, disorganisar, disrangiar [-dʒar], disregular, perturbar, turbar
oorganisk inorganic; *oorganisk kemi:* chimia [kimia] inorganic
opal opalo
opalskimrande *(i alla regnbågens färger)* opalescente
opartisk impartial, neutral
opartiskhet impartialitate
opassande improprie, inconveniente, incorrecte, indigne; *(oanständig)* indecente, indecorose; *(olämplig)* inapte; *(stötande)* choc(c)ante [sh-]; *opassande uppförande:* inconvenientia
opasslig indisposite; *göra opasslig:* indisponer
opasslighet indisposition
opera opera
operahus opera
operastjärna stella de opera
operation *med, mil* operation; *operation under nedkylning:* cryochirurgia
operationssal sala de operation
operativ operative
operativsystem *data* systema operative
operera *med* operar; *som ej kan opereras:* inoperabile
operett *mus* operetta
operforerad imperforate
opersonlig impersonal
opieförgiftad opiate; *sb* opiato
opiehaltig opiacee
opierus ebrietate del opium
opietinktur laudano
opium opium; *opie-:* opiate
opiumhaltig opiate
opolerad impolite
opolitisk impolitic, non politic, sin color politic
opossum *zool* opossum
opponent contradictor, disputator, objector; *(vid disputation)* opponente
opponera *opponera sig:* opponer se (a)
opposition opposition
opraktisk non practic
oprecis imprecise, impunctual
oprövad non examinate, inexperimentate
optativ *(modus som uttrycker önskan) gram* optativo
optik optica
optiker optico
optimist optimista
optimistisk optimista
optisk optic
opublicerad inedite
opunktlighet impunctualitate
opåkallad non advocate, immotivate, inexpectate

opålitlig insecur, non franc, illoyal, qui non merita confidentia, perfide, perfidiose

opåverkbar inexcitabile; *(med känsloskäl)* impassibile

oraderbar indelibile

orakel oraculo; *orakel-:* oracular

oral oral

orange *(apelsinfärgad)* orange *fr* [orãʒ]

oratorium *mus* oratorio

ord parola, verbo; *(glosa)* vocabulo, glossa; *(uttryck)* termino, expression; *föra ordet:* presider; *ge sitt ord:* dar su fide; *hålla sitt ord:* tener su parola; *ha ord om sig att:* esser reputate de; *man som står vid sitt ord:* homine de parola; *med ett ord:* in un parola; *välja sina ord:* mesurar su parolas; *ord som blir lika om det läses bakifrån:* palindromo; *ord-:* verbal

ordagrann litteral

ordalag terminos, expressiones

ordalydelse contento, texto, enunciato, tenor

ordbehandlare *data* processor de textos

ordblindhet dyslexia

ordbok dictionario, lexico; *(mindre)* vocabulario; *(spec.)* glossario; *ordboks-:* lexical

ordboksförfattare lexicographo

orden *(även utmärkelse och ordenssällskap)* ordine

ordensband cordon

ordensbroder *(religiös)* religioso

ordensdräkt *rel* habito

ordensföreskrift regula

ordenslöfte voto

ordensregel regula

ordenssamfund congregation (religiose etc)

ordenssyster *(religiös)* religiosa

ordenstecken insignias, decoration(es)

ordentlig correcte, regular, convenibile; *(duktig)* bon, assidue; *(noggrann)* punctual, minutiose, methodic; *(punktlig)* exacte

order mandato, ordine; *(påbud, sträng order, ukas)* ukaz *ry; ge order om:* ordinar

Ordet *rel* le Verbo

ordfläta parolas cruciate

ordflöde abundantia de parolas, fluxo de parolas, verbositate, prolixitate, loquacitate

ordforskning etymologia

ordföljd *omvänd ordföljd: gram* inversion

ordförande preside, presidente; *f.d. ordförande:* ex-presidente

ordförandeskap presidentia

ordförklaring glossario; *förse med ordförklaringar:* glossar

ordförkortning *gram* apocope

ordförråd vocabulario

ordgåta logogripho

ordhållig fidel, loyal, secur

ordinarie *(innehavare av ett ämbete)* ordinario

ordinera *med* prescriber, ordinar; *(präster) rel* ordinar; *ordinera igen:* reordinar

ordinär ordinari

ordkarg laconic, taciturne

ordklasserna *(satsdelarna)* le partes de discurso, le partes del oration

ordlek joco de parolas, calemburo, calembour *fr*

ordlista vocabulario; *(i läsebok)* glossario

ordna ordinar, arrangiar [-dʒar], classar, collocar, disponer, regular, struer; *ordna i rad:* rangiar [-dʒar]; *allt ordnar sig:* toto se arrangia [-dʒa]; *ordna igen:* reordinar, remanear; *ordna upp:* assortir

ordning ordine, positura; *biol* ordine; *bringa i ordning:* disfalsar; *ställa i ordning:* poner in ordine; *ordnings-:* ordinal

ordningssinne senso de ordine

ordningstal ordinal

ordonnans *mil* planton

ordspråk adagio [-dʒo], proverbio; *ordspråks-:* proverbial

Ordspråksboken *rel* le Proverbios

ordspråkssamling paremiologia

ordstrid disputation

ordstäv dicto

ordvändning diction. tornatura

orealistisk *vara orealistisk:* esser in le nubes

oreda disordine, confusion, imbroglio, imbrolio; *ställa till oreda:* disconcertar

oredlig improbe

oreformerbar irreformabile

oregano *bot* origano

oregelbunden heteroclite, inequal, irregular; *oregelbunden puls:* pulso intermittente

oregelbundenhet heteroclito, irregularitate

oregerlig indomabile, intractabile, rebelle; *(om person)* restive

oren impur, immunde; *(smutsig)* sordide; *(om*

luft) vitiate
orena render immunde; *(besmitta)* contaminar; *(smutsa ner)* sordidar; *(vanhelga)* profanar
orenhet impuressa, impuritate; *mus* disaccordo
orenlig sordide
orenlighet *avlägsna orenligheter: kem* defecation
orera orar
oresonlig obstinate, irrationabile
organ *(alla bet.)* organo; *organ-:* organic
organdi *(ljus bomullstyg)* organdi
organisera organisar
organisk organic
organism organismo
organist organista
orgasm orgasmo
orgel *mus* organo
orgelpipa tubo de organo
orgiastisk orgiastic
orgie orgia
orientera orientar (se)
orientering *tappa orienteringen:* disorientar se
original *(originell person, ursprungsdokument)* original; *original-:* fontal, fontanari
originalupplaga edition principe
originell original
oriktig fallibile, false, incorrecte, erronee, improprie, injuste
oriktighet improprietate
orimlig absurde, insensate, disrationabile, exorbitante; *vara orimlig:* exorbitar
orimlighet absurditate, ineptia; *(överdriven omfattning)* exorbitantia
orka poter, esser capabile, haber fortia a
orkan huracan, tornado
orkeslös decrepite, debile, invigorose, sin fortia, otiose
orkeslöshet decrepitude
orkester orchestra [-k-], banda
orkesterdike orchestra [-k-]
orkesterplats *(på teater)* orchestra [-k-]
orkestrera *mus* instrumentar; *(skriva ut noter för orkestern)* orchestrar [-k-]
orkidé *bot* orchidea [-k-]
orlov *(permiss från tjänst)* congedo, commeato
orm *zool* angue, serpente; *läran om ormarna:* ophiologia [ofiologia]; *orm-:* serpentin
ormbunke *bot* filice; *ormbunks-:* filical
ormbunksblad *bot* fronda
ormbunkslik filiciforme
ormlik *zool* serpentin, viperin
ormskinn spolia
ormslå angue
ormvråk *(lat Buteo buteo) zool* busardo *sp*, buteo
ormörn *zool* circaeto
ornament ornamento
ornamentera ornamentar
ornamentik ornamentation
ornitologisk ornithologic
oro perturbation; *(inre)* inquietude; *(yttre)* intranquillitate, agitation; *(nervös)* trepidation; *(i urverk)* balanciero
oroa distemperar, inquietar, alarmar, perturbar
oroande *sb* agitation, disconcertamento
orolig inquiete; *göra orolig:* alarmar
orostillstånd alarma
orre tetrice, gallo silvestre
orsak causa; *bidragande orsak:* concausa; *(skäl, även)* motivo; *(förnuftsgrund)* ration; *orsaks-:* causal
orsaka causar
orsakssammanhang causalitate
ort loco, placia; *på ort och ställe:* in loco, in situ *lat*
ortnamn nomine geographic
ortodox *sb* orthodoxo; *adj* orthodoxe; *ortodoxa kyrkan:* Ecclesia orthodoxe
ortoped orthopedista
ortopedisk orthopedic
orubblig immobile, immovibile, stabile; *orubbligt lugn: pers* stoic, adamante, intransigente, rigorose, tenace
orubblighet intransigentia, tenacitate
oråd *ana oråd:* haber mal presentimentos, suspectar alique
orädd impavide, intrepide, temerari, audaciose, coragiose [-dʒo-]
oräddhet intrepiditate
oräknelig innumerabile
oräntabel irremunerabile
orätt injustitia, injuria; *(fel)* torto; *ha orätt:* esser injuste, haber torto; *med orätt:* a torto; *tillfoga ngn orätt:* injuriar
orättfärdig inique
orättfärdighet iniquitate, injustitia

orättmätig illegitime, injuste
orättvis injuste
orättvisa injustitia
orörd intacte
orörlig immobile, immovibile; *göra orörlig:* immobilisar
orörlighet immobilitate
os *(lukt)* odor (de carbon, de fumo)
osa (mal)odorar; *(ryka)* fumar; *osa ihjäl sig:* perir pro gas, asphyxiar se
osadlad con dorso nude
osalig damnate, reprobate
osammanhängande incoherente, distachate [-sh-], discontinue, inconsequente, inconsequential, inconsistente
osams dissidente, discordante; *vara osams:* dissider, discordar, disunir
osande fumose
osann false, inexacte, erronee, mendace
osannfärdig mentitori
osanning mentita, falsitate
osannolik improbabile, inverisimile, inverosimilante
osannolikhet improbabilitate, inverosimilantia
oscillation oscillation
oscillerande oscillatori
osed mal habitude, vitio
osedlig immoral, improprie, impudic; *(otuktig)* obscen
osedvanlig exceptional
osjälvisk *vara osjälvisk:* esser un altruista
osjälvständig dependente
oskadad intacte, indemne, san e salve, illese; *(själsligt)* innocente
oskadd salve
oskadlig innocente, innocive, innocue, inoffensive
oskadlighet innocentia, innocuitate
oskattbar inappreciabile, inestimabile
oskicklig inhabile, incapabile
oskicklighet inhabilitate
oskiljaktig inseparabile
oskiljbar inseparabile
oskodd *(om häst etc)* non ferrate
oskolad non cultivate, inculte
oskriven non scribite, blanc; *oskrivet utrymme:* blanco
oskrymtad sincer
oskuld innocentia, candor; *jungfrulig oskuld:* virginitate, castitate, flor
oskuldsfull innocente
oskulera *mat* oscular
oskummad non scumate; *(mjölk)* non discremate
oskyldig innocente, candide, naive; *(harmlös)* inoffensive; *(obrottslig)* inculpabile
oskyldighet innocentia
oskälig excessive, immoderate; *(förnuftslös)* irrationabile; *oskälig djur:* bestia brute
osläckt *osläckt kalk:* calce vive
osmaklig non gustabile, ingustabile, immangiabile [-dʒa-]; *bildl* insipide, disgustose
osmidig *(karaktär)* dur, inflexibile, inconsiliative
osmotisk osmotic
osmält *(om mat)* indigeste; *(t.ex. kunskap)* indigeste
osmältbar indigestibile
osnygg immunde; *bildl* impur
osnygghet insobrietate
oss nos; *åt oss:* nos
OSSE *(Organisation för säkerhet och samarbete i Europa)* OSCE, Organisation pro Securitate e Cooperation in Europa
ost caseo
ostadig instabile, invariabile, inconstante, labile
ostadighet inconstantia, instabilitate
ostlig *(vind)* del est
ostlöpe cualio
ostraffad impun, impunite
ostraffbar impunibile
ostridig irrefutabile
ostron ostrea
ostronbank ostreiera
ostronbädd ostreiera
ostronkniv aperi-ostrea(s)
ostronodling ostreicultura
ostvind vento del est
ostämt *värmen får pianot att bli ostämt:* le calor disaccorda le piano
ostörbar imperturbabile
ostörd indisturbate, immolestate
osund insan, insalubre, malsan, nocue; *(luft)* miasmatic
osundhet insalubritate
osv. *och så vidare:* et cetera, etc

osviklig infallibile

osympatisk pauco sympathic

osynlig invisibile

osynlighet invisibilitate

osyrad azyme *gr; osyrat bröd:* azymo *gr; Det osyrade brödets fest:* Festa del Azymos

osårad illese

osårbar invulnerabile, illedibile

osäker incerte, insecur, dubitabile, equivoc, infirme, precari; *(tvekande)* hesitante, diffidente; *vara osäker:* balanciar; *vara osäker om:* diffider

osäkerhet incertitude, insecuritate, diffidentia

osäljbar invendibile

osällskaplig insociabile

osällskaplighet insociabilitate

osämja discordo, discordia

osänkbar insubmersibile

osökt natural, simplice, spontanee

otack ingratitude

otacksam ingrate; *otacksamt arbete:* labor ingrate

otacksamhet ingratitude

otadlig irreprehensibile, irreprochabile [-sh-]

otagbar imprendibile

otal myriade

otalig innumerabile

otid *i otid:* a contratempore, foras de proposito

otillbörlig indebite, indecorose, inconveniente

otillfredsställande *(t.ex. hälsotillstånd)* insufficiente

otillfredsställbar incontentabile, insatisfacibile

otillfredsställd discontente; *göra otillfredsställd:* discontentar

otillfredsställdhet discontentamento, discontento

otillgänglig inaccessibile; *(främst om person)* inabbordabile; *(om person)* insociabile

otillgänglighet inaccessibilitate

otillräcklig insufficiente

otillräcklighet insufficientia

otillräknelig irresponsabile

otillåten illicite

otillåtlig inadmissibile, non permissibile

oting monstruositate

otippad *otippad vinnare: (hästsport)* outsider *eng*

otjänlig inapte, inusabile

otjänst disservicio

otrevlig disagradabile

otro infidelitate, irreligiositate

otrogen infidel

otrogenhet infidelitate

otrolig incredibile

otrolighet incredibilitate

otrygg insecur

otrygghet insecuritate

otröstlig inconsolabile, disconsolate

otta alba, aurora, matutino; *i ottan: adv* matutin, de bon hora

ottesång *(katolsk)* matutinas, matinas; *(protestantisk)* servicio matutinal; *(jul-)* matinas de Natal

ottoman *(liggmöbel)* ottomana

ottomansk ottoman; *ottomanska väldet:* Imperio Ottoman; *invånare i ottomanska väldet:* ottomano

otukt fornication, impudicia; *(leverne)* luxuria, lascivitate, prostitution; *bedriva otukt:* fornicar

otuktad non castigate; *(om träd)* non taliate

otuktig impudic, lascive, luxuriose, inceste

otur contratempore, infelicitate, infortuna, disgratia, malchance [-sh-]

oturlig infortunate

otursam infelice

otvetydig inambigue, evidente, clar, indubitabile

otvetydighet inambiguitate

otvivelaktig indubitabile

otvungen inceremoniose

otvungenhet familiaritate

otydlig vage, inarticulate, indistincte, illisibile; *som talar otydligt:* blese

otydlighet indistinction

otyg vermina; *full av otyg:* verminose

otyglad infrenate

otymplig deforme; *(tafatt)* inhabile, rustic

otålig impatiente; *bli otålig:* impatientar se; *göra otålig:* impatientar

otålighet impatientia

otäck disagradabile; *(ful)* fede, repugnante

otämjbar indomabile

otämjd indomate, salvage [-adʒe]

otänkbar inimaginabile, inconcipibile

otät permeabile, inhermetic

oumbärlig indispensabile, necessari

oumbärlighet indispensabilitate

oundgänglig *oundgängliga saker:* cosas de prime necessitate

oundviklig inevitabile

ouppfattbar imperceptibile

ouppfostrad sin education

ouppfylld incomplite

oupphörlig continue, incessante, perpetue

oupplyst illitterate, insciente

olupplöslig indissolubile, insolubile, irresolubile

oupplöslighet insolubilitate

ouppmärksam inadvertente, inattente, incuriose, inobservante

ouppmärksamhet inadvertentia, inattention, inobservantia; *av ouppmärksamhet:* per inadvertentia

ouppnåelig inaccessibile, inattingibile

ouppodlad inculte

ouppriktig insincer

ouppriktighet insinceritate

ouppsåtlig involuntari

oursäktlig inexcusabile

outforskad inexplorate

outförbar impracticabile, irrealisabile

outgiven inedite

outgrundlig impenetrabile, inscrutabile, insondabile

outgrundlighet inscrutabilitate

outhärdlig insuffribile, insupportabile, intolerabile

outhärdlighet intolerabilitate

outnyttjad inutilisate

outplånlig indelibile

outplånlighet indelibilitate

outrotlig ineradicabile, inextirpabile

outsläcklig inappaciabile, inextinguibile

outsäglig indicibile, inexprimibile, ineffabile

outtrycklig inexprimibile

outtröttlig inexhauribile, inexhaustibile, infatigabile

outtröttlighet infatigabilitate

outtömlig inexhauribile, inexhaustibile

outvecklad rudimentari

ouvertyr *mus* overtura, introduction, preludio

ovan *(ej van)* inaccostumate, non experte; *(upptill)* in alto, (in) supra

ovana *med* cacoethe

ovanför *prep* super; *adv* (in) supra

ovanifrån de supra

ovanlig inusual, extraordinari, insolite; *ovanlig i sitt uppträdande:* extravagante

ovanlighet infrequentia

ovannämnd in supra citate

ovanpå sur, super

ovansida superfacie, superficie

ovansklig imperibile; *(evig)* immortal

ovarsam negligente, incaute

ovation *ge ovationer:* ovar

ovederhäftig insecur, non meritante confidentia; *hand* insolvente

ovederlägglig irrefragabile, irrefutabile

ovedersäglig incontestabile

overalls supertoto

overheadprojektor retroprojector

overklig irreal, fictive, imaginative, insubstantial, intemporal, chimeric

overklighet irrealitate

overksam inactive, inefficace

overksamhet inaction, inertia

ovetande *adj* ignorante, insciente, nescie, inconsciente; *adv* inconscientemente; *vara ovetande:* ignorar, non saper; *som man kan vara ovetande om:* ignorabile

ovetskap ignorantia, inscientia

ovett reprimenda(s)

ovettig insultante

ovidkommande irrelevante, impertinente, extranee; *något ovidkommande:* impertinentia

ovig ingraciose, inagile

oviktig futile, insignificante, non importante

oviktighet futilitate

ovilja antipathia, aversion, despecto, disaffection, indisposition, repugnantia; *(harm)* indignation; *(stark)* animositate

ovillig disinclinate, disfavorabile; *vara ovillig:* reluctar; *ovilligt:* con mal gratia

ovillkorlig inconditional, sin condition, definitive

ovis imprudente

oviss incerte, insecur, vage, dubitabile

ovisshet incertitude

ovårdad inculte, neglecte, disordinate; *(slarvig)* negligente, nonchalant *fr*

oväder tempesta, intemperie

ovädersmoln nubilo

ovän inimico; *göra sig ovän, bli ovän:* inimicar se
ovänlig inimic, inamical, non amical, ingratiose; *ovänligt stämd:* indisposite; *stämma ovänlig mot:* indisponer un persona contra un persona; *vara ovänligt stämd mot ngn:* esser indisposite contra un persona
ovänskaplig inamical
oväntad inattendite, inexpectate, inopinate
ovärderlig inestimabile, preciose
ovärdig indigne, ignobile
ovärdighet ignobilitate, indignitate
oväsen ruito, charivari [sh-]; *(bråk)* tumulto
oväsentlig accidental, poco importante, secundari
oxe bove; *ung oxe:* bovello; *stjärnbilden Oxen: astron* Tauro; *ox-:* bovin
oxhud pelle bovin
oxid *kem* oxydo
oxidera *oxidera(s): kem* oxydar; *som ej oxiderar:* inoxydabile
oxidering *kem* oxydation
oxkött bove, carne bovin
oxstek fritura de bove; *(av fransyskan)* lumbo de bove
oxöga oculo de bove
ozelot *(sydamerikansk vildkatt) zool* ocelot
ozon ozono
ozonlager sphera/strato de ozono
oåterhållsam inabstinente, intemperante
oåterkallelig irrevocabile
oåtkomlig inaccessibile
oåtkomlighet *oåtkomlighet för vissa förpliktelser:* immunitate
oädel innobile; *(metall etc)* impreciose
oäkta false, imitate, contrafacte, facticie, inauthentic, posticie, suppositicie; *(född utom äktenskapet)* bastarde, illegitime; *oäkta barn:* bastardo; *oäkta son:* filio illegitime
oändlig eterne, eternal, infinite, interminabile; *i det oändliga:* al infinito
oändlighet infinitate, infinitude, infinito
oärlig inhoneste, dishoneste, fallace
oärlighet dishonestate, dishonestitate
oätlig inedibile
oätlighet inedibilitate
oäven *inte oäven:* non mal
oöm insensibile; *(sak)* incassabile, durabile
oövad non exercite
oöverensstämmande discorde, inconsonante
oöverensstämmelse contrarietate, disconvenientia, discordantia, discordo, repugnantia
oöverförbar intransferibile; *(som inte kan sändas)* intransmissibile
oöverkomlig insuperabile
oöverlagd inconsiderate, irreflectite, impremeditate
oöverskådlig non supervisibile, immense, enorme, non clar
oöverstiglig insurmontabile
oöversättlig intraducibile
oöverträffad insuperate
oöverträfflig insuperabile
oöverträfflighet perfection, excellentia
oövervinnelig imprendibile, invincibile; *(om svårighet)* insurmontabile, insuperabile

P

pacifist pacifista
pack canalia, gentalia, plebalia, populaceo; *pick och pack:* bagage [-adʒe]; *(skräp)* bric-à-brac *fr*
packa paccar, imballar, (im)pacchettar; *(stoppa ihop)* borrar; *packa in:* impaccar, inveloppar; *packa i lådor:* incassar; *packa in i halm:* impalear; *packa samman:* paccar; *packa upp:* disimballar, *(ur låda)* discassar, disincassar, *(ur paket)* dispacchettar [-k-]
packe *(stort paket)* pacco
packhus magazin
packlåda cassa de imballage [-adʒe]
packning *(handling)* paccada, paccamento; *(resultat)* cargo, paccage [-adʒe], bagage [-adʒe]
packsadel basto
padda *zool* bufon
paddel *(åra)* pagaia
paddla pagaiar; *(i kanot)* canoar
pagina pagina
paginera paginar
pagod *(kinesiskt tempel)* pagoda
paj pasta, pastisso
pajas arlequin [arlekin], buffon, paleasso, clown *eng; pajas-:* buffonesc
pajaseri arlequinada [arlekinada], buffoneria
pajazzo paleasso

pajdegsbotten *gastr* flaon
paket pacchetto; *(större)* pacco; *slå in paket:* pacchettar [paketar]
paketera imballar, impacchettar
pakethållare porta-pacchetto
paketinlämning deposito de bagage [-adʒe]
pakt pacto, convention
palatal *anat, fon* palatal, palatin
palats palatio; *palats-:* palatin
Palestina Palestina
palestinier palestino
palestinsk palestin
palett paletta
paletå paletot *fr* [palto]
palisander *(mörkbrunt-violett träslag)* palissandro
palissad palissada
pall scabello
palladium *(grundämnet palladium, Pd) kem* palladio
Pallas Pallade
palm palma
palmblad (folio de) palma
palmkvist ramo de palma
palmlilja *bot* yucca
palmlund palmeto
palmsöndag dominica del palmas; *palmsöndagen:* Dominica de Palmas
palsternacka *bot* pastinaca
paltor vestalia(s)
pamp notabilitate; *(kakse)* grossiero
pampig notabile, grandiose, imposante; *(kaksig)* orgoliose
Panama Panama
panamahatt panama
Panamanäset le Isthmo de Panama
panel pannello; *arkit* lambriso; *(golv-)* socculo
panela lambrisar
panelvägg pariete lambrisate
panera panar
panflöjt syringa, syringe
pang *pang!:* paf!
panik affollamento, panico
panisk panic
pank sin moneta, ruinate
panna *anat* fronte; *(stek-)* fritoria, patella, *(djup)* casserola
pannben *anat* osso coronal, osso frontal
pannbiff beefsteak *eng* [bi:fsteik] hachate [-sh-]
pannhår capillos à la can
pannkaka torta de patella; *(tunn)* crepe *fr* [kræp]
pannspröt *zool* antenna
pannsten *tekn* incrustation (calcari), deposito
panorama panorama; *panorama-:* panoramic
pansar cuirasse, armatura
pansarbekläda cuirassar
pansarbeklädnad cuirasse
pansarbeklädning blinda
pansarglas vitro cuirassate
pansarklädd cuirassate, blindate
pansarkryssare *mil* cuirassato, cuirassero
pansarplåt placa de blindage [-adʒe]
pansarskjorta cotta de malia
pansarvagn carro blindate, tank
pansarvapen arma blindate
pansra cuirassar, blindar
pant pignore, securitate; *(säkerhet, även)* garantia
pantbank monte de pietate
panter *zool* panthera
pantlånare prestator super pignores
pantomim pantomima, mimodrama
pantomimisk pantomime, pantomimic
pantsedel quitantia de pignoration
pantsätta pignorar, sponder
pantsättare pignorator
papegoja *zool* papagai, parochetto [-k-], psittaco
papegojsjuka *med* psittacose, psittacosis
papegojspråk *(fåglars härmning av människospråk)* psittacismo
papill *(vårtliknande utskott) anat, bot* papilla
papist papista
papp carton
pappa papa, patre
pappask carton, cass(ett)a de carton
papper papiro
pappersbruk papireria
pappersdrake cometa de papiro
pappershandel papireria
papperskniv aperi-lettera/littera, seca-papiro
papperskorg corbe de papiro
pappersskräp papiralia
papperslapp scheda, schedula
pappersledare *(på skrivmaskin)* guida-papiro

pappersmassa pasta de papiro, cellulosa
papperspengar papiro moneta
papperssnäcka *zool* nautilo
pappersstämpel cuneo
pappersvikt carga-litteras, carga-papiros
pappfabrik cartoneria
papplåda carton
paprika *bot* paprika, pimento
papyrus papyro
par copula; *(två)* par; *ett par kalsonger:* un par de calceones; *äkta par:* copula; *sammanföra i par:* accopular; *sammanförande i par:* accopulamento; *par-:* geminate
para accopular, copular; *para ihop:* copular; *para sig:* copular se; *para sig med:* coperir
parabel *mat* parabola
parabol parabola
parabolantenn parabola
parad defilata, parada
paradera *mil* defilar
paradis paradiso, elysio
paradisfågel ave del paradiso
paradisisk paradisiac, elysie
paradox *(skenbar motsats)* paradoxo
paradoxal *(skenbart motsatt)* paradoxe
paragraf paragrapho
paragraftecken paragrapho
parakit *zool* parochetto [-k-]
parallell *sb* parallelo; *(parallell linje)* parallela; *adj* parallel
parallellcirkel *geogr* parallelo
parallellogram *mat* parallelogramma
paranoid paranoide
parant elegante, chic [sh-]
paranöt nuce de Brasil
paranötträd *bot* brasil
paraply para-pluvia, umbrella
paraplyställ porta-parapluvia, porta-umbrellas
parasit parasito; *(gästorganism) biol* commensal; *(utanpå andra djur)* epizoon
parasitdödande parasiticida
parasitstekel *zool* ichneumon [ikneumon]
parasoll para-sol, umbrella
parasollställ porta-umbrellas
paratyfus parathyphoide
pardon *ge pardon:* dar quartiero
parenkym *(organs specifika vävnad) anat* parenchyma [-enkima]
parentes parenthese; *inom parentes:* in parentheses
parentetisk parenthetic
parera parar
parering *(i fäktning)* parada
paretisk *med* paretic
parfym perfumo
parfymera perfumar
parfymflaska flacon
pari *ekon* valor nominal, par; *över/under pari:* super/sub par
paria intoccabile
parikurs paritate
paritet paritate
park parco
parkanläggning jardin public
parkera parcar, stationar
parkering parcamento; *parkering förbjuden:* nulle parcamento
parkeringsmätare parcometro
parkeringsplats parcamento, parco
parkeringsvakt guardiano/surveliante de autoparco
parkett parquet *fr* [parkæ]
parlament parlamento
parlamentarisk parlamentari
parlamentsledamot membro del parlamento, parlamentario
parlamentsval election parlamentari
parlör manual de conversation
Parma *person från Parma:* parmesano
parmesanost parmesano
Parnass Parnasso
parning accopulamento, copula, copulation
parodi burlesco, mimologia; *(förlöjligande härmning)* parodia
parodiera travestir
parser parsi
part *(del)* parte; *jur* parte; *med många parter:* multipartite
parterr *teat* parterre
parther partho
Parthien *(forntida stat i norra Iran)* Parthia
parthisk parthe
parti *(del)* parte, partita, quantitate; *(politiskt)* partito; *(spel)* partita; *(förmånligt gifte)* partito; *ta parti för ngn:* prender le partito de
partianda partitarismo

particip *gram* participio; *perfekt particip:* participio passate; *presens particip:* participio presente; *particip-:* participial
participiell *gram* participial
partiell partial
partigängare partitario; *(starkare)* partisano
partihandel commercio in grosso
partikel particula
partilös libere, independente
partimedlem partitario
partipris precio de grosso
partisan partisano
partisk partial
partitiv *gram* partitive
partitur *mus* partition, partitura
partner consorte, partenario, socio
partriarkat patriarchia [-k-]
party partita
parvel *(barn)* parvulo
parvis in par(es), in tandem
pascha *(en som lever flott)* pasha
pass passage [-adʒe]; *(resepass)* passaporto; *(bergspass)* passo; *pass! (kortspel):* passa!
passa convenir; *(om kläder)* convenir (a), ir (ben) a; *(anpassa sig)* conformar se; *(avpassa)* adaptar, adjustar, accommodar; *(i spel)* passar, renunciar; *(ge akt på)* observar; *(vakta)* guardar; *(vårda)* custodiar, curar; *(övervaka)* surveliar, attender; *passa ihop:* equalar, appariar, accordar; *passa ihop rör:* abuccar; *passa tillfället:* sasir le occasion; *passa upp:* servir; *inte passa (för):* disconvenir (a); *som kan passas in:* accommodabile
passabel passabile
passadvind vento alisee, (vento-)aliseo
passage passada, passage [-adʒe]
passagerare passagero [-dʒero]
passamezzo *(dans av pavankaraktär) mus* passemedio
passande *adj* apte, adequate, convenibile, appropriate, apposite, eligibile, idonee, proprie, expediente; *(läglig)* opportun; *(anständig)* decente, decorose; *(enligt uppförandenorm)* conveniente; *passande just där:* opportun; *vara passande:* comportar, convenir; *det passande: sb* decorum
passare compasso; *bestämma med hjälp av passare:* compassar
passbyrå officio de passaportos
passera passar, traversar; *(förflyta)* passar; *(hända)* evenir; *(sila)* passar, filtrar; *han har passerat de 60:* ille ha passate le sexanta; *låta passera genom ett såll:* passar per un cribro; *åter passera/gå förbi:* repassar
passerad passate
passerkort lassa-passar
passgång amblo
passgångare *zool* haquenea
passion passion; *(ibland)* furor, follia
passionerad passionate
passionsblomma *bot* passiflor, flor de(l) passion
passionstid quaresima
passionsvecka septimana sancte
passiv *sb gram* passivo; *adj* neutre, *(även gram)* passive
passivum *gram* passivo, voce passive
pasta pasta
pastej pastata, pastisso
pastell pastello; *i pastell:* al pastello
pastellfärg (color de) pastello
pastellkrita pastello
pastellmålning pastello
pastill pastilla
pastor pastor
pastorat *(förlänat)* beneficio
pastorsboställe presbyterio
pastorsämbete ministerio
pastörisera pasteurisar [-ör-]
paté pastata
patent patente, breveto
patentansökan demanda de patente
patentera patentar, brevetar
patentinnehavare patentato
pater patre
paternoster patre-nostre
patetisk pathetic
patience patientia
patiens *(kortspel)* patientia
patient patiente
patina patina, verdigris
patos pathos
patrask gentalia, plebalia
patriark patriarcha, exarcho
patriarkat exarchato [-k-]
patricier *(romersk adelsman)* patricio

patricisk patricie
patriot patriota
patriotisk patriota, patriotic
patron *(skydds-)* patrono; *(gevärs-) mil* cartucha [-sh-]; *(godsherre)* patrono, domino, proprietario
patronhölster cartucheria [-sh-]
patronmagasin cargator, magazin
patronväska cartuchiera [-sh-]
patrull patrulia; *mil* ronda
patrullbåt barca patruliator, lancha [-sh-] patruliator
patrullera patruliar
paus pausa; *teat* interacto; *(avbrott)* intermission, interruption, silentio
pausera pausar
pavan pavan(e); *(långsam och värdig skriddans) mus* pavano
paviljong *(provisorisk byggnad)* pavilion
pedagog educator, pedagogo
pedagogik pedagogia
pedal pedal; *(på orgel) mus* claviero
pedantisk pedantesc, meticulose; *pedantisk efter boken:* libresc
pedikyrist pedicuro
Pegasus Pegaso
pegel scala fluvial
pejla sondar
pejling sondage [-adʒe], sondamento
peka indicar, monstrar; *peka på:* indicar, monstrar, punctar
pekande *pekande på:* indicative
pekfinger *anat* indice, digito indice
peking- pekingese
pekingdialekten *('rikskinesiska')* lingua mandarin
pekinges *(invånare i Peking/Beijing)* pekingese; *(hund) zool* pekingese
pekingesiska *sb (kinesisk dialekt)* pekingese
pekoral galimatias, nonsenso, absurditate
pekoralsamling collection de absurditates
pektin *kem* pectina
pekuniär pecuniari
pelagisk pelagic
pelare pilar, colonna, columna; *(mur-)* pilastro; *(i balustrad)* balustro
pelarfot basamento
pelargång *arkit* colonnada, claustro, galeria, portico, peristylo
pelarhelgon stylite
pelarhuvud capitello
pelarsal sala de colonnas
pelarstam trunco
pelikan *zool* pelicano
pellagra *(en bristsjukdom) med* pellagra
pelota *(baskiskt bollspel)* pelota
pen *(på hammare) tekn* panna
pendang pendant *fr*, pendiculo
pendel pendente, pendiculo, pendulo
pendla pendular; *(mellan orter)* commutar
pendyl pendula
pengabrist impecuniositate
pengabörs bursa
pengalös impecuniose
pengamäklare agente de cambio
pengar moneta, pecunia, numerario; *(mynt)* monetas; *få pengar tillbaka:* reincassar; *ha ont om pengar:* esser curte de moneta; *leva av sina pengar/pension:* viver de su rentas; *prägla pengar:* monetar; *tjäna pengar:* lucrar; *vältra sig i pengar:* natar in le auro; *penga-:* monetari, pecuniari
pengaresurser financias
pengastöd subsidio
pengaväxlare cambista
penicillin penicillina
penis penis; *(vulgärt)* verga, virga
penna penna; *(blyerts-)* stilo (de graphite); *(reservoar-)* penna stilographic
pennhållare porta-penna, porta-stilos
penning *(slant)* moneta; *penning-:* financiari, pecuniari
penninggalenskap rabie del moneta
penningmedel medios
penningmängd *minskning av penningmängden i omlopp:* deflation
penningsumma summa
penningtillgång *penningtillgångar:* ressources *fr* [resurs]
penningvälde plutocratia
penningvärde valor pecuniari
penningväsen financias (monetari)
pennkniv cultello de tasca
pennskaft porta-penna
pennvässare affila-stilos, talia-stilos
pensé *bot* pensata

pensel pincel, penicillo
pension *(alla bet.)* pension, renta; *leva av sina pengar/pension:* viver de su rentas
pensionat pension
pensionatsinackordering pensionario
pensionera pensionar; *(avgå)* retirar se
pensionerad emerite
pensionär pensionario; *(i vissa länder, särskilt i Östeuropa)* rentero
pensla pincelar
pentagram pentaculo
pentameter *(femfotad vers)* pentametro
peppar pipere; *spansk peppar: bot* pimento
pepparkaka pan de specie
pepparmynt mentha piperate
pepparrot *(Armoracia rusticana) bot* cren/kren, rafano, nasturtio
pepparrotskött bove bullite (con rafano)
peppra piperar
pepprad piperate
per per; *en dollar per pund:* un dollar le libra; *en krona per dussin:* un corona le dozena; *Per:* Petro
perenn *bot* perenne
perfekt perfecte
perfektum *gram* tempore perfecte, perfecto
perforation perforation
perforera perforar
perforerad foraminose
pergament pergamena
pergamentpapper papiro pergamena
pergola *(trädgårdsanläggning med växter som tak)* pergola *ital*
periferi circumferentia, peripheria; *periferi-:* circumferential
periferisk peripheric
perifras periphrase
perifrastisk periphrastic
perineum *anat* perineo
period cyclo, termino; *mat* periodo
periodisk periodic
periodsupare *med* dipsomano
periskop periscopio
peristaltik peristaltismo, peristole
perkussionsapparat *med* instrumento de percussion
perkussionsgevär fusil de percussion
perkutera *med* percuter
permanent permanente; *vara permanent:* permaner
permission permission, commeato; *(längre)* congedo
permittera permitter
permutation *(ett av de olika sätten att ordna ett antal element) mat* permutation
permutera permutar
perrong platteforma, quai *fr* [ke]
persedel objecto, cosa; *persedlar: mil* equipamento
perser parsi, persa, persiano
Persien Persia
persienn persiana, jalousie *fr* [ʒaluzi]
persika persica
persikaträd persico, persichiero [-k-]
persilja *bot* petrosilio
persisk perse, persian, persic; *persiska språket:* persiano; *persisk ståthållare: hist* satrapa; *Persiska golfen/viken:* le Golfo Persic
persiska *sb* persiana
person persona, figura; *teat* personage [-adʒe]; *(icke) välsedd person:* persona (non) grata *lat; (överdrivet) noggrann person:* pedante; *juridisk person:* persona juridic; *vit person: (av 'kaukasisk' ras)* caucasiano
personal personal, empleatos
personalier biographia, notitias biographic
personifiera personificar
personlig personal, subjective; *personligen:* in persona
personlighet personalitate, personage [-adʒe], celebritate; *(i roman el. pjäs)* personage [-adʒe]; *personligheter (personliga anmärkningar):* personalitates
personlighetsförändrad alienate
perspektiv perspectiva
pertinent pertinente
peruan peruano
peruansk peruan
peruk perrucca
perukmakare perrucchero
pervers perverse
pervertera perverter
peso *(myntenhet)* peso
pessar *med* pessario
pessimist pessimista
pessimistisk *(börsterm)* bassista; *pessimistisk*

föreställning om framtiden: dystopia
pest peste, pestilentia
pestalstrande pestifere
pestartad pestilente
pestförande pestifere
pestlukt odor pestilential
peta *(avskeda)* congedar, dimitter; *(röra vid)* toccar, palpar, tanger, tastar; *(sticka in)* figer; *peta naglarna:* nettar le ungues
petard *(kägelformad sprängkropp) mil* petardo
Peter Petro
petgöra travalio minutiose
petig minutiose, meticulose, pedantesc; *sb* pedante
petighet minutiositate, meticulositate, pedanteria
petnoga fastidiose
petrifikat fossile
petroleum petroleo
petroleumdestillat naphta
Petrus Petro
pfalzgrevskap palatinato
pi *mat* pi = 3,14
pianissimo *(mycket svagt) mus* pianissimo
piano *(instrumentet) mus* piano; *litet piano:* pianino; *(svagt)* piano
pianostämmare *mus* accordator
piaster *(myntenhet i bl.a. Egypten)* piastra
piccolo *mus* octavino, piccolo; *(hotell-)* piccolo *ital*
picka beccar, piccar; *(om ur)* facer tic-tac; *(om hjärta)* palpitar
pickelhuva casco
pickels pickles
picknick picnic
pickolaflöjt *mus* piccolo, octavino
piedestal pedestallo
pietet pietate; *brist på pietet:* indevotion
pietetsfull respectuose
pietetslös indevote, sin pietate, irrespectuose
pietist pietista
pigg *sb* puncta, spina; *zool* cheta; *adj* agile, alerte, vivace, spirituose, vegete; *(skämtsam)* galliarde, jocose; *(kvick)* facete, intelligente
pigga *pigga upp:* regalliardar, facer alerte, vivificar, reanimar, stimular
piggsvin *zool* porcospino
piggvar *zool* rhombo
pigment pigmento; *mörkt (hud)pigment:* melanina
pik *(yxa)* picca; *(stickord)* picca
pika piccar
pikant piccante
pikaresk picaresc
piké piqué *fr*
piket picchetto
pikrinsyra *kem* acido picric
piktur scriptura
pil *bot* salice; *(vapen)* sagitta, flecha [-sha]; *(i pilkastning)* flechetta [-sh-]
pilaster pilastro
pilbåge arco
pilformig sagittiforme
pilgift curare; *bot* upas
pilgrim pelegrino, peregrino, palmero
pilgrimsfalk falcon peregrin
pilgrimsfärd pelegrinage [-adʒe], peregrination
pilkoger flechiera [-sh-], pharetra
piller pilula
pilot pilota
pilregn pluvia de flechas [-sh-]
pilskytt archero
pilspets puncta de flecha [-sh-]
pimpinella *bot* pimpinella
pimpla *(fisk)* piscar in foratura de glacie; *(dricka)* biber, inebriar se; *pimpla vin:* avinar se
pimpsten pumice, petra pumice
pina *sb* angustia, pena, tortura, martyrio, supplicio, travalio; *(mest andl.)* tormento; *vb* plagar, torturar, tormentar, travaliar
pincené pince-nez *fr*
pincett pincette
pingla *vb* tintinnar; *sb* tintinnetto
pingst pentecoste; *pingst-:* pentecostal
pingstlilja narcisso poetic
pingvin *zool* pinguin
pinne bacchetta [-k-], spinula, cavilia; *(kägla)* quillia; *konisk pinne:* cono; *sätta/hänga upp på pinne:* incaviliar
pinsam penose, dolorose, penibile; *(oangenäm)* disagradabile, embarassose
pint *(i Storbritannien 0,57 l, i USA 0,47 l)* pinta
pion *bot* peonia
pionjär pionero, initiator

pip *(på kannor etc)* becco, tubo; *(pipande)* pipada

pipa *sb (vissel-)* sibilo; *mus* pipa, tubo; *(tobaks-)* pipa; *vb* pipar; *(blåsa flöjt o.dyl.)* pipar

pipande *adj* stridule

pipare sonator de pipa; *zool* pluviero

pipeline oleoducto

pipett pipetta

pipig *(om röst)* stridule, sibilante

pippi *ha pippi på:* haber le mania de

pipskägg barba imperial; *(litet)* musca

pir *sjöt* mole, jectata

pirat pirata; *pirat-* (de) pirata, piratic

piratverksamhet pirateria

piska *sb* flagello; *rysk piska:* knut; *vb* flagellar, batter

piskare flagellator

piskkäpp virga

piskning flagellation

piskrapp colpo de knut/flagello

pisksmäll crac de flagello

piss *(vulgärt)* pissa

pissa *(vulgärt)* pissar

pissoar pissatorio, urinatorio

pist pista

pistaschmandel *bot* pistacio

pistaschmandelträd *bot* pistaciero

pistill *bot* pistillo

pistillmärke *bot* stigma

pistol pistola

pistolkula bolletta

pistong *mus, mil* cornetta; *(i maskin)* piston

pittoresk pictoresc

pizza pizza *ital* [pitsa]

pizzeria pizzeria *ital* [pitseria]

pjoller puerilitate, nonsenso; *(prat)* garrulada

pjosk = **pjåsk** troppo de indulgentia, effemination

pjoska = **pjåska** *pjoska/pjåska bort:* guastar per indulgentia, effeminar, vitiar

pjoskig effeminate, debile, adyname; *(ängslig)* timorose

pjäs pecia, pecietta, objecto; *teat* pièce *fr* [pjæ:s]

pjäsmanuskript scenario

placebo *(overksamt medel) med* placebo

placera placiar, poner, mitter, investir, locar, situar; *placera i ställning: mil* displicar; *placera med ryggen mot:* adorsar a

placering location, placiamento

pladdra garrular

plagg vestimento(s), roba

plagiat plagiato [-g-], plagio

plakat placard; *(drucken) adj* ebrie, bibule

plan *sb* plano, projecto, designo; *(karta)* mappa, carta; *(gårds-)* corte; *(plats)* placia, piazza *ital*; *(utrymme)* spatio; *i samma plan som:* a flor de; *göra upp planer mot:* conjurar; *adj* plan, platte; *göra plant/slät:* planar

planera concertar, planar; *(jämna)* planar, nivellar; *(projektera)* projectar

planering explanation

planet planeta; *planet-:* planetari

planetarisk planetari

planetarium planetario

planetsystem systema planetari

plangeometri geometria plan

planka planca

plankton *biol* plancton

planlägga designar, planar, projectar, projicer

planläggare planificator, projectator

planlös casual, sin plano, sin methodo

planlöshet casualitate

planlöst al hasardo

planmässig methodic, systematic

planta planta, herba, vegetal; *sätta plantor:* implantar

plantage plantation

plantera plantar; *plantera vinrankor:* vitar

plantskola seminario

plantsättning implantation

plaska *(i vatten)* agitar le aqua; *(regna)* pluver; *(porla)* gurguliar

plasma plasma (del sanguine)

plast plastico

plastik plastica

plastikoperation operation plastic

plastisk plastic

platan *bot* platano

platanlund plataneto

platina platino; *(grundämnet Pt) kem* platino; *överdra med platina:* platinar

platinatryck platinotypia

platoniker *(anhängare till Platon)* platonico

platonisk platonic

plats loco, placia; *(öppen)* placia; *(sitt-)* sede;

(utrymme) spatio; *(befattning)* posto, empleo, placia; *befäst plats:* placia forte; *det är på sin plats:* il es convenibile, il es conveniente/decente; *historisk plats:* sito historic; *på platsen:* in situ *lat*

platsbeskrivning topographia

platt platte; *(tillplattad)* applattate; *bildl* deprimite; *(alldeles)* completemente, toto, absolutemente

platta *sb* platta, lamina; *(rund)* ronda, rondello, disco; *(slät yta att placera föremål på)* tabula; *vb, platta till:* applattar

plattform platteforma

plattfotad platypode

plattityd loco commun, platitude *fr*, banalitate

plattmaskar *zool* plathelminthes, platyhelminthes

platyhelminthes *zool* plathelminthes, platyhelminthes

platå plateau *fr* [plato:]

plausibel plausibile

plebej plebeio

plebejisk plebeie

plebs *(i det antika Rom)* plebe

plejad pleiade; *Plejaderna: astron* Pleiades

plektron *mus* plectro

plektrum *mus* plectro

plenum *(fulltalig beslutande församling)* plenum

pleonasm *(överflödigt språkligt uttryckssätt)* pleonasmo

plexus *med* plexo

pli stilo, forma, education; *sätta pli på:* formar, educar

pligg cavilia

pligga incaviliar

plikt deber, obligation, carga; *(böter)* mulcta

plikta mulctar; *plikta med döden:* expiar per su morte

pliktbud *filos* imperativo

pliktförgäten oblidante su deber

pliktförgätenhet oblido del deber

pliktförsummelse negligentia

pliktkänsla senso del deber

pliktlära deontologia

plikttrohet fidelitate

pliktuppfyllelse complemento del deber

pling *pling!:* tin!

plinga tintinnar

plingande *sb* tintinnamento

plint plintho; *(byggn., gymn.)* plinthe

plissera plicar

plissering plicatura

plocka *(ihop)* colliger; *(frukt)* disfructar, recolliger; *(fruktkärna etc)* enuclear; *(höns o.dyl.)* plumar; *(hacka)* beccar; *plocka ihop: data* compilar, colliger; *plocka ut ur (kuvert el. hölje):* disinveloppar

plockning *(hop-)* collection

plog aratro; *(snö-)* chassa-nive [sh-]

ploga *(plöja)* arar; *(snö)* chassar [sh-] (le nive)

plogkniv cultro

plogland aratura

plomb plumbo

plombera *(tänder)* plumbar

plommon *bot* pruna

plommonbärande prunifere

plommonträd pruno, pruniero

plommonträdsplantering pruneto

plotter scribaliage [-adʒe], patas de gallina; *(småsak)* bagatella

plottra *(klottra)* scribaliar; *plottra bort:* dissipar, guastar (in bagatellas), profunder

plugg cavilia, tappo, tampon, tenon; *(av kork)* corco; *(skol-)* studio intense/assidue

plugga tappar; *(läsa)* studiar assiduemente; *plugga igen:* obturar

plump *sb* macula; *adj* grossier, rude, rustic, malgratiose

plumpa macular, facer maculas

plumphet grossieritate, rudessa

plumpudding plumpudding

plums a plumbo

plumsa *(i snö)* vagar in le nive; *plumsa i:* cader in le aqua; *plumsa ned:* cader a plumbo

plundra despoliar, piliar, predar, rapinar, saccheár, spoliar; *(ta ngt olovandes)* rapinar

plundrare piliator, predator, depredator, saccheator

plundring despoliamento, preda, rapina, piliage [-adʒe], saccheamento, saccheo, sacco, spoliation

plunta flaschetto [-sk-]

pluralis *gram* plural, numero plural

pluralitet pluralitate

plus plus

pluskvamperfektum *gram* plusquamperfecto
Pluto *astron, myt* Pluton
plutokrat *(en som tycker att rikedom skall styra)* plutocrate
plutokratisk plutocratic
pluton *mil* peloton
plutonisk *geol* plutonic
plutonium *(grundämnet plutonium, Pu) kem* plutonium
plym pluma; *(häst)* criniera; *(-mössa) mil* shako
plymasch *(fjäderprydnad på uniformshatt)* plumage [-adʒe]
plysch pluche *fr* [plysh]
plywood ligno contraplicate
plåga *sb* dolor, pena, suffrentia, tormento, travalio, plaga; *(tortyr)* supplicio, tortura; *svår plåga: bildl* pestilentia; *svåra plågor:* agonia; *vb* affliger, infestar, plagar, torturar, supplicìar, tormentar, travaliar, tribular, vexar; *(oroa, besvära)* importunar, molestar, perturbar
plågande supplicio
plågas agonisar
plågoande tormentator, travaliator, vexator
plågofylld tormentose
plågsam dolorose, penose, tormentose; *(besvärlig)* moleste
plånbok portafolio, cartiera
plåster emplastro; *sätta plåster på:* emplastrar
plåstra emplastrar
plåt platta; *(tunn-)* latta, lamina; *(foto-)* placa, platta
plåtlåda (cassa de) latta
plåtmage *ha plåtmage:* haber un stomacho de (ave)struthio
plåtslagare lattero
plåttunna bidon
pläd copertura, plaid *eng* [plæd]
pläda soler, haber le habitude, esser habituate a (usar)
plädera plaitar
plägsed habitude, usage [-adʒe]
plätera *(belägga med metall)* placar
plätt *(fläck)* marca, parve placia; *gastr* crepetta
plättlagg *(panna)* patella a crepes *fr* [kræps]; *(en steksats)* patellata (de crepes)
plöja arar, laborar le terra, laborar le campo; *plöja igenom: bildl* studiar, recercar; *som kan plöjas:* arabile
plöjare arator
plöjning laborage [-adʒe], laboration, aration, aratura
plös linguetta
plötslig subitanee, subite, abrupte, inopinate; *plötsligen:* subito; *plötsligt:* subito
pocka *pocka på:* demandar/postular energicamente
podager *med* podagra
podium podio
poesi poesia
poet *usel poet:* poetastro
poeta laureatus poeta laureate
poetisk poetic; *poetisk frihet:* licentia poetic
pojkaktig garsonesc; *(barnslig)* pueril
pojkaktighet pueritia, puerilitate
pojke puero, pupo, *(liten)* pupo; *(ung man)* garson
pojkscout boy scout *eng*
pojkstreck garsoneria
pokal bocal, buccal, cuppa, *(liten)* cuppella; *(kalk)* calice
pokulera biber, facer libationes
pol polo; *positiv pol: elektr* anodo; *pol-, polar-:* polar
polack polaco, polonese
polarisar *(sätta i motsatsförhållande)* polarisar
polarisera polarisar
polarnatt nocte polar
polarsken aurora polar, lumine polar
polcirkel *(polcirkeln)* circulo polar, circulo arctic
polemik controversia; *(strid med ngn i skrift)* polemica
polemiker *(en som söker strid)* controversista
polemisk controvertibile, polemic
Polen Polonia
polera polir, lustrar, brunir, furbir
polerad polite
polerare furbitor
polering brunimento, polimento
polio *med* polio(myelitis)
polis *(-väsende)* policia; *(-man)* policiero; *(försäkring etc)* polissa; *polis-:* policiari
polisförordning ordinantia policiari
polisiär policiari
poliskommissarie commissario de policia
poliskordong cordon de policia

poliskår policia
polisman policiero, agente de policia
polismyndighet autoritate policiari
polismästare chef [sh-] de policia
polisonger barba favorite; *(fam.)* cotelettes *fr* [kotletes]
polispatrull patrulia de policia
polisstyrka fortia public, servicio de ordine; *(tungt beväpnad)* militia
polisundersökning inquesta
polisuppsikt surveliantia policiari
polisövergrepp excesso policiari
polisöverkonstapel sergente de policia
politik politica
politiker politico; *dålig politiker:* politicastro
politisera facer politica
politisk politic
polityr polimento, politura; *(ämne)* vernisse; *(pli)* stilo, education
polka *dansa polka:* polkar
pollare *sjöt* bitta
pollen *bot* polline
pollett marca, billet
pollution pollution
polo *sport* polo
polsk polac, polonese; *polska (polsk kvinna):* polonesa; *polska språket:* polonese
polstjärna stella polar
poltergeist *(bullrande spöke)* poltergeist *ty* [poltergaist]
polyeder *(mångsiding, kropp) mat* polyhedro
polyedrisk *mat* polyhedre
polymer *kem* polymero
polymerisera *kem* polymerisar
polymorf *(som förekommer i flera olika kristallformer) kem* polymorphe
polynes *(invånare i Polynesien)* polynesiano
Polynesien Polynesia
polynesisk polynesian
polynom *mat* polynomio
polyp *zool, med* polypo; *polyper: anat* adenoides
polyteknisk polytechnic; *polyteknisk läroanstalt:* polytechnico
pomada pomada
pommer *(rörbladsinstrument, föregångare till oboe) mus* bombarda
Pommern Pomerania; *pommern (invånare i Pommern):* pomerano
pommersk pomeran
pommes frites patatas frite
pomp pompa
pompa fasto; *pompa och ståt:* apparato
pompös pompose
poncho *(ärmlöst plagg med slits för huvudet)* poncho *sp* [pontsho]
ponera supponer
pontonbro ponte de pontones; *mil* ponton
pop musica pop
pop-up *data* pop up *eng* fenestra/menu *fr* saliente/invasive
poplin popelina
popmusik musica pop
poppel *bot* poplo
popularitet popularitate
populär popular
por poro
porfyr porphyro
porla gurguliar, murmurar; *(bubbla)* bullir
pormask comedo(n)
pornografi pornographia
porositet porositate
pors myrto, myrica
porslin porcellana; *holländskt porslin:* hollanda; *porslins-, av porslin:* porcellanari
porslinslera terra a porcellana
porslinsvaror porcellanas
port porta; *(stor)* portal
portal portal
portativ portative, portabile; *('knäorgel') mus* organetto
portbefästning antemural
portepé porta-spada
porter porter *eng*, bira forte, stout *eng*
portfölj porta-folio
portier portero
portion portion, ration
portionera portionar, rationar
portionsvis per portiones
portiär portiera
portklapp tapitor, martello
portklocka tintinnalia, sonalia
portmonnä porta-moneta
porto *(avgift)* porto, tarifa postal
portofri porto franc; *portofritt:* exempte/franc de porto

portofrihet franchitia [frankitsia] postal
portosats porto, taxa postal
porträtt portrait *fr* [porträ]
porträttera effigiar [-dʒar], portraitar [-tretar]
porträttering effigiamento [-dʒa-]
porträttmålare portraitista [-tretista]
porttorn antemural
Portugal Portugal
portugis portugese
portugisisk lusitan, portugese; *(språk, etc)* portugese
portugisisktalande lusophone
portvakt guarda-porta, portero/a
portvinstå *med* podagra
porös porose, spongiose [-dʒo-]
pose *(tillgjord ställning/hållning)* posa
posera *(inta en tillgjord ställning/hållning)* posar; *(ställa upp som)* eriger se in
position position
positiv *sb foto* positiva; *(fotografiskt avtryck) foto* proba positive; *(adjektivs och adverbs grundform) gram* grado positive, positivo; *(instrument)* organetto; *adj mat, elektr, foto* positive
positivform *(adjektivs och adverbs grundform) gram* positivo
possessiv possessive
post placia, posto; *(dörr-)* fodero (de porta); *(parti)* quanto, quantitate; *(vatten-)* posto de aqua; *(ämbete, anställning)* posto, empleo, placia; *(vakt-)* posto; *(brev-)* posta, correspondentia, currero; *(bokföringsterm)* partita; *post-:* postal
posta postar
postal postal
postament pedestallo
postanstalt officio postal, 'posta'
postanvisning mandato postal
poste restante posta restante, posta-restante
postera *postera ut:* postar
postförskott reimburso (postal)
postgirokonto conto de cheques [tsheks] postal, conto currente postal, ccp
postiljon postilion
postkontor officio postal
postkort carta postal
postludium *mus* postludio
postlåda cassa postal
postnummer codice postal
postpaket pacchetto
postskriptum *(PS, efterskrift i brev)* postscripto
poststämpel timbro
posttjänsteman empleato de posta
postulat postulato
postum post(h)ume
postunion union postal
postverk administration de posta
postväxel cheque postal (bancari), tratta bancari
potatis patata
potens potentia
potent potente
potentat potentato
potential *fys* potential
potentiell potential
potestativ *jur* potestative
potpurri *(kedja av fragment från olika melodier) mus* potpourri *fr*
pott pulla
pottaska *kem* potassa
pottval cachalote [katshalote]
poulard *(ung, fet höna)* pullarda
poäng puncto; *(i rolig historia)* puncta; *(i spel)* puncto
poängtera accentuar, punctuar
PR publicitate
Prag Praga
pragmatisk *(som ser till vad som verkligen görs)* pragmatic
Praha Praga
prakt brillantia, pompa, fasto, splendor, fulgor; *(överdåd)* sumptuositate
praktfull pompose, splendide, magnific, gloriose; *(skrytande)* fast(u)ose, sumptuose, luxuose
praktfullhet grandiositate
praktik practica
praktisera practicar, exercer, professar, mitter in practica
praktisk practic, commode
praktlysten luxuose
praktskrud panoplia
prassla murmurar, susurrar; *(starkare)* strepitar
prat confabulation, parlada, garrulada; *tomt prat:* commatrage [-adʒe]; *prat!:* bah!

prata parlar, garrular, confabular, commatrar; *prata i vädret/nattmössan:* parlar in le aere
pratig volubile
pratsam garrule, loquace, multiloque, multiloquente
pratsamhet garrulitate
praxis practica
prebende *(kyrklig egendom som används som betalning till präst)* prebenda
precedensfall *jur* precedente
precis accurate, exacte, precise, prompte; *adv* justo
precisera *(noggrant ange)* precisar, definir
precision precision; *brist på precision:* imprecision
predika predicar, sermonar, orar
predikament *(besvärlig situation)* predicamento
predikan predica, predication, sermon
predikant predicante, predicator, sermonator
predikare sermonator; *Predikaren: bibl* Ecclesiastes
predikat *gram* predicato
predikstol cathedra, pulpito
prefekt *(föreståndare för institution, poliskår etc)* prefecto
prefigera *(sätta framför) gram* prefiger
prefix *gram* prefixo
pregnans pregnantia
preja *sjöt* vocar, appellar
prejudikat *(normerande rättsfall) jur* prejudicio
prekär precari
prelat *(hög präst)* prelato
prelatämbete prelatura
preliminär *jur* interlocutori
preludiera *(spela en introduktion) mus* preludiar
preludium *mus* preludio, toccata
premie premio, bonus *lat; (försäkrings-)* premio
premiera premiar
premiss premissa
premium premio
premiär *(första föreställning) teat, mus* première *fr* [premjær]
premiärminister prime ministro
prenumerant abonato, subscriptor
prenumeration abonamento
prenumerera abonar se
preparat *med* preparation
preposition *gram* preposition
prerafaelism *(riktning inom engelsk målarkonst)* preraphaelismo
presbyterium *(koret i kyrkan)* presbyterio
presenning copertura (impermeabile)
presens *gram* presente
present presente, dono
presentabilitet prestantia
presentation presentation
presentera presentar; *presentera ngn för en annan:* presentar un persona a un altere
preses preside
president preside, presidente
presidentskap presidentia
presidenttid presidentia
presidera *(utöva ordförandeskap)* presider
presidium *(verkställande styrelseledamöter)* presidio
preskribering *jur* prescription
preskription *jur* prescription
press *(alla bet.)* pressa; *(tidningsvärlden)* pressa; *sätta press på:* pressurisar
pressa pressar, fortiar; *(byxor)* repassar; *pressa fram:* extorquer; *pressa ihop:* comprimer; *pressa på:* urger; *pressa ur:* exprimer; *pressa saften ur en citron:* exprimer le succo de un citro; *som ej kan pressas ihop:* incompressibile
pressbyrå agentia de information
pressjärn ferro de repassar
pressläktare tribuna del pressa
prestanda *(en maskins)* le rendimento de un machina [-k-]
prestation prestation; *verklig prestation:* tour de force *fr* [tu:r de fors]
prestationsduglig efficiente
prestera prestar
prestige prestigio
prestigefylld prestigiose
pretentiös pretentiose
preteritum *(förfluten tid) gram* preterito
preussare prussiano, prusso, borusso
Preussen Borussia, Prussia
preussisk prussian; *(gammal-)* borusse; *preussiska språket (utdött):* borusso; *preussiskt blå:* blau de Prussia

preventivmedel contraceptivo, medio anticonceptional
prick puncto; *sjöt* marca de navigation
prim *(två toner av samma höjd, första skaltonen) mus* prima
primadonna diva; *(ledande skådespelerska)* prima donna
primas primate
primat *zool* primate; *primater (apor och människor):* primates
primitiv primitive
primtal *mat* numero prime
primär *(kommande i första hand)* primari
primärminne *data* memoria interne/principal
princip principio, maxima; *i princip:* in principio
principal principal
principlös inconsequente
prins prince; *prins av födseln:* prince del sanguine
prinsessa princessa
prinsgemål prince consorte
printer *data* impressor, imprimitor
prior *(föreståndare för kloster)* prior
priori *a priori (grundad på tänkandet, teorin): filos* a priori
priorinna *(föreståndarska för kloster)* priora
prioritet prioritate
priorskap *rel* priorato
priorämbete *rel* priorato
pris costo; *(kostnad för vara)* precio; *(belöning)* premio; *(beröm)* gloria, laude; *(fångst)* raptura, captura; *en pris snus:* prisa de tabaco; *fastställa priset på:* preciar; *sänka priser:* deflar; *sätta pris på:* valutar; *till ett pris av en krona i timman:* a ration de un corona le hora; *till varje pris:* a omne costo, a tote costo
prisa laudar, celebrar, commendar, preciar
prisad celebre
prisbelöning precio
prisbelönt *sb* premiato; *adj* laureate
prisdomare adjudicator
prisförhöjning augmento del precios, hausse *fr*
prislista tarifa
prisnedsättning abassamento del precios
prisnivå *sänka prisnivån:* disinflar
pristagare laureato
pristävlan concurso
privat private, in privato, particular
privatlärare preceptor
privatsekreterare secretario particular, secretaria
privilegiera privilegiar
privilegium prerogativa, privilegio; *ge privilegium till:* chartar
pro forma *(för formens skull)* pro forma
proberugn *kem* cuppella
problem problema, question; *lösa ett problem:* resolver un problema
problematisk problematic, questionabile
procedur procedimento, processo; *jur* procedura
procent per cento, pro cento; *procent av:* percentage [-adʒe] de
procenthalt percentage [-adʒe]
procentsats percentage [-adʒe]
procenttal percentage [-adʒe]
process litigation, procedimento; *jur* processo
processa litigar, proceder
procession procession, convoyo; *processions-:* processional
processionspsalm processional
producera producer; *som inte producerar:* improductive
produkt producto
produktion production
produktionsförmåga productivitate
produktiv productive
profan profan, sacrilege
profanering sacrilegio
professor professor
professur professorato
profet propheta
profetera prophetisar, vaticinar
profetia prophetia
profetisk fatidic, presage [-sadʒe]
profil profilo; *arkit* modulatura
profit lucro, profito
profitera *profitera på:* profitar de
profoss *(föreståndare för akademiska el. kyrkliga institutioner)* prevosto
profylaktisk *med* prophylactic
profylax *(förebyggande behandling) med* prophylaxis, prevention
prognos *(förbedömning)* prognostico; *(även*

med) prognosis; *prognos-:* prognostic
prognostisk prognostic
program programma; *politiskt program:* platteforma
programenlig programmatic
programförklaring manifesto
programmera programmar
programmering programmation
programtal discurso-programma
projekt projecto, plano
projektera projectar, projicer
projektil projectil
projektilbana trajectoria, volata
projektion *mat* projection
projektor *('ljusbildsframkastare')* projector
projicera *mat* projectar, projicer
proklamera proclamar, predicar
prokonsul proconsule
prokura *jur* procuration
prolaps *med* prolapso
proletariat proletariato
proletarisk proletari
proletär *sb* proletario; *adj* proletari
prolog prologo
promenad promenada, camminata; *(-gata)* esplanada
promenadgata esplanada
promenadväg allée, promenada, sentiero, semita
promenera promenar se, ambular, camminar
prominent prominente
promiskuös promiscue
promontorium *anat* promontorio
pronomen *gram* pronomine
propaganda propaganda
propagandistisk propagandistic
propagera agitar
propan *kem* propano
propeller *tekn* propulsor, helice
proper pur, nette
propolis propolis
proportion proportion
proportionell proportional; *proportionell val:* votos proportional
propp tappo, corco, tampon; *med* embolia, thrombosis; *dra proppen ur:* discorcar; *sätta propp i:* tappar
proppa *proppa full:* stipar; *proppa i sig:* ingorgar, ingurgitar, borrar se (de); *proppa igen:* corcar; *proppa till:* stipar, borrar
proppfull plen, ben stipate/borrate; *vara proppfull:* disbordar
propsa *(pocka på)* exiger energicamente
prosa prosa; *skriva prosa:* prosar
proscenium *(utrymmet mellan ridån och salongen) teat* proscenio
proselyt *(nyvunnen anhängare)* proselyto
prosodi *fon* prosodia
prospekt prospecto
prospektera *(leta efter olja el. malm)* prospectar
prost decano, preposito
prostituera prostituer
prostituerad prostituta
protein *kem* albumina, proteina
protektor protector; *(romersk)* preside
protest protesto
protestant *rel* protestante
protestera protestar, remonstrar; *protestera mot:* contestar, reclamar contra
protesterande *adj* protestante
prothorax *zool* prothorace
protokoll protocollo
protokollchef protonotario
protokollföra protocollar
proton proton
prototyp prototypo
protuberans *astron* protuberantia
prov proba, essayo, test; *(bevis)* prova; *(varu-)* specimen, monstra; *på prov:* in judicio; *sätta på prov:* poner a proba
prova probar, essayar
provare *(hos skräddare)* essayator
provensalsk occitan
provexemplar *(exemplar av art)* specimen *(plur* specimens)
provföreläsning lection de proba
proviant provisiones, victo, victualia
proviantera provider, approvisionar, victualiar
provins provincia; *biol* phylo; *provins-, som hör till provinsen: adj* provincial
provinsiell provincial
provision commission
provisorisk interime, provisori, temporari
provning essayage [-adʒe]; *(av kläder)* essayo
provocera provocar

provokatör provocator

provrör tubo, tubo de reaction

provstycke monstra, exemplo

provtryck proba

prustrot *bot* elleboro

prustrotspulver *bot* pulvere de elleboro

pruta *(säljaren)* abassar le precio; *(köparen)* mercantar

prutning mercantage [-adʒe], abassamento del precio

pryd *sb, pryd person:* prude *fr* [pryd]; *adj* prude *fr* [pryd]

pryda adornar, decorar, ornamentar, ornar, parar; *pryda med:* ornar de; *pryda med fjädrar:* implumar; *pryda med girlander:* festonar; *pryda med ädelstenar:* gemmar

prydande decorative

prydlig belle, nette, nitide

prydlighet nettitate, prestantia

prydnad adornamento, ornamento, decoration, imbellimento

prydnadsföremål articulos de phantasia

prygel *(på fotsulorna)* bastonada

prygla fustigar, bastonar, verberar

pryl alesna

prål apparato, pompa, fasto, ostentation

prålig pompose, fastose, (super)cargate de ornamentos, ostentatiose; *(som gärna vill visa upp sig)* vistose

pråm chaland [sh-], gabarra; *(läktare)* alleviator; *latinsegelriggad pråm: sjöt* fusta

prång passage [-adʒe]

prägel marca, signo, character, impression

prägla stampar, marcar, characterisar, gravar, informar, impressionar, imprimer; *(slå mynt)* cunear; *prägla mynt/pengar:* batter moneta, monetar

prägling stampata, gravura, cuneage [-adʒe]

präglingsstämpel cuneo

präktig excellente, magnific

pränta calligraphar, scriber meticulosemente

prärie prairie *fr*; *(gräsbevuxen ängsmark)* prateria

präst *rel* clerico, sacerdote, prestre, curato, ecclesiasta, ecclesiastico, presbytero, ministro; *(kyrkoherde, protestantisk)* pastor; *(katolsk präst/munk)* tonsurato; *(ortodox, grek. katolsk)* pope; *(muslimsk)* imam *arab; präst-:* pastoral

prästerlig pastoral, clerical, hieratic, sacerdotal

prästerskap clero

prästgård presbyterio

prästgäll curato, prebenda

prästinna prestressa

prästkappa roba de prestre, sottana

prästkrage collar pastoral; *bot* margarita

prästman clerico

prästrock caftan, sottana

prästseminarium seminario

prästviga *rel* ordinar

prästvälde hierarchia

prästämbete clericato, ministerio, pastorato, sacerdotio, officio ecclesial; *(den tid ngn är präst)* vicariato

pröva examinar, experimentar, experir, probar, scrutar, tentar, testar, verificar; *(utforska)* experir, examinar; *pröva igen:* reprobar; *pröva lyckan:* tentar le fortuna; *pröva på:* probar; *pröva sig fram:* sondar, *värd att pröva:* essayabile

prövad veteran

prövande *(som försök)* tentative

prövare essayator

prövning essayo; *(frestelse)* tentation; *(undersökning)* examination; *under prövning:* in judicio

prövosten petra de tocca

prövotid noviciato, probation

psalm *mus* hymno, cantico; *(i psaltaren)* psalmo

psalmbok hymnario, psalterio

psalmdiktare hymnographo

psalmdiktning *läran om psalmdiktning:* hymnologia

psalmer *Davids psalmer: bibl* le Psalterio

psalmmelodi *mus* choral

psalmsång psalmodia

psaltare *(musikinstrument)* psalterio; *Psaltaren: bibl* le Psalterio

pseudonym pseudonymo

psyke psyche [psike]

psykedelisk *('medvetandeutvidgande' med hjälp av narkotika)* psychedelic

psykiater psychiatro; *(rätts-)* alienista

psykiatrisk psychiatric

psykisk psychic

psykolog psychologo
psykopat *(mentalt störd människa)* psychopathe
psykopatisk psychopathic
psykos psychose, psychosis
pubertet pubertate; *som är i pubertetsåldern:* pubere; *ännu ej i puberteten:* impubere
pubertetspsykos *med* hebephrenia
publicera editar, publicar
publicist publicista
publicitets- publicitari
publik *sb* publico; *(konsert-)* audientia, auditorio; *adj* public
publikation *(tryckt skrift)* publication
puckel gibbo; *med puckel, puckel-:* gibbose
puckelryggig gibbose
puckelryggighet gibbositate
pudding pudding
puddla *tekn* puddelar
puddling *(tillverkning av smidesjärn) tekn* puddelation
pudel can de aqua, pudel
puder pulvere (cosmetic)
pudersocker cassonada
pudervippa pincel (al pulvere)
pudra pulverar
puff pulsata, choc [sh-]
puffa pulsar, reclamar
puka *mus* timbal, tympano
pukaspelare *mus* timbalero, tympanista
pukslagare *mus* tympanista
pulka slitta lappon
pullover pullover
pulpa pulpa
pulpet scriptorio; *(i skola)* pulpito
puls pulso; *oregelbunden puls:* pulso intermittente
pulsera pulsar
pulserande *sb* pulsation
pulsslag pulso
pulsåder *anat* arteria; *pulsåder-:* arterial
pultron poltron
pulver pulvere
pulveraktig *(som finfördelats till stoft)* pulverulente
pulverisera pulverisar, reducer in pulvere, triturar
pulvrisera pulverisar, reducer in pulvere, triturar
pulvrisering trituration
puma *zool* puma
pump pumpa
pumpa *sb bot* cucurbita; *vb* pumpar
pumpning pumpage [-adʒe]
pumptillverkare pumpero
punch punch
pund libra; *brittiskt pund:* libra sterling
pung bursa, porta-moneta; *(testikel-) anat* scroto; *pung-: anat* scrotal
punga *punga ut med:* disbursar
pungbråck *med* hernia scrotal, varicocele
pungdjur *zool* marsupial
pungmård *zool* dasyuro
pungråtta *zool* opossum
pungslå extorquer
pungsten *anat* testiculo
punier *(invånare i Kartago)* puno
punisk punic; *puniska krigen:* guerras punic
punkt puncto; *typ* puncto; *död punkt:* puncto morte; *svag punkt:* puncto debile; *viktig punkt, point of honor:* punctilio; *öm punkt:* puncto delicate; *på den ömma punkten:* al/in le vive; *sätta fingret på den ömma punkten:* poner le digito super le plaga
punktera *mus* punctar; *(en fras)* punctuar; *(pricka, perforera etc)* puncturar
punkterad *punkterad not:* nota punctuate
punktering panna, panna de pneu, ruptura de pneu; *(hål i ngt)* punctura
punktlig exacte, punctual; *icke punktlig:* impunctual
punktskrivare impressor a matrice de punctos, impressor matricial
punktöga *punktöga hos ryggradslösa djur: zool* ocello
puns *tekn* punson
pupill *anat* pupilla; *(myndling)* pupillo/a
puppa *zool* chrysalide, pupa, nympha
pur pur
purgativ purgativo
puritan puritano
puritansk puritan
purjo *(-lök)* porro
purjolök *bot* porro
purken de mal humor
purpur *(röd färg)* purpura

purpura *(blödningar under hud o. i slemhinnor) med* purpura
purpurhäger hairon purpuree
purpurröd purpuree, purpurin; *purpurröd dräkt:* purpura
purpursnäcka *zool* purpura
purra *(väcka) sjöt* eveliar
purrning evelia
puss *(pöl)* aquage [-adʒe], stagnetto; *(kyss)* basio, osculo
pussa basiar, oscular
pussig inflate
pussighet inflatura
pust *(fläkt)* sufflator; *(bälg)* suffletto
pusta *(flämta)* anhelar, respirar, sufflar, flar
pustande halito, respiration penibile
puta cossino
puts *(skämt)* tric, buffoneria
putsa lisiar, nettar, furbir, purificar; *(polera)* polir, lustrar; *(på mur)* revestir
putsad polite
putsare furbitor
putslustig comic, buffonesc, burlesc
putsning polimento; *(på mur)* revestimento
puttra bullir lento; *(muttra)* grunnir, murmurar
pygmé *(folkslag i Afrika)* pygmeo
pyjamas pajama [padʒama], pyjama [pidʒama]
pylon *arkit* pylon
pynta ornar, decorar, guarnir; *pynta sig:* parar se
pyntande guarnition
pyntning guarnitura
pyra arder lentemente, arder sin flamma
pyramid pyramide
pyramidal pyramidal
pyramidformad pyramidal
Pyrenéerna le Pyreneos
pyreneisk *Pyreneiska halvön:* Peninsula Iberic
pyrit *kem,* pyrite
pyroman pyromano
pyrrhusseger *(dyrköpt seger)* victoria pyrrhic
pys pupo, pupillo
pyssla occupar se, esser occupate
pytagoreisk pythagoric
pytonorm *zool* python
pyts situla
pytteliten minuscule
pyttsan bah!
pyxis pyxide
på a, super, sur; *en sedel på 100 fr:* un billet de 100 *fr*; *fel på fel:* falta super falta; *på andra sidan:* trans; *på gatan:* in le strata; *på grund av:* a causa de; *på prosa:* in prosa; *på svenska:* in svedese; *svara på frågan:* responder al question/demanda
påbjuda ordinar, decretar, decerner, injunger; *(befalla)* commandar
påbud decreto, injunction; *(sträng order)* ukaz *ry*
påbörda imputar
påbörja comenciar, inceptar; *(en karriär)* imbraciar
påbörjande *sb* inception; *adj* inchoative
påfallande surprendente, clar, frappante
påflugenhet indiscretion, impertinentia
påfrestande penose, fatigante
påfyllning reimplemento
påfågel pavon
påföljande sequente
påföljd consequentia; *jur* sanction
pågå durar, continuar; *(äga rum)* evenir, haber loco
påhitt idea, invention, fingimento; *(nyck)* capricio; *(dikt)* fiction, historia; *komiskt påhitt:* gag *eng*
påhittad ficticie, fictive
påhittig imaginative, ingeniose, inventive
påhällning infusion
påhäng carga, incombrage [-adʒe], incombramento
påk fuste, baston, virga
påkalla appellar, advocar; *(fordra)* demandar, exiger
påkläda vestir
påklädning vestitura, toilette *fr* [tualet]
påkostande penose, molestante
påla palar; *(inhägna)* palissadar
pålaga exaction, imposition, imposto, carga
påle palo, pertica; *spetsning på en påle:* impalamento
påliggande incumbente
pålitlig fidel, digne de confidentia, solide, secur, autoritari; *(sannfärdig)* verace
pålrad palissada
pålverk barriera
pålägg application, additivo; *hand* augmento,

additivo; *(på smörgås)* guarnitura; *smörgås med pålägg:* sandwich *eng*

pålägga imponer, infliger, injunger, superponer; *med etc* applicar; *pålägga en skatt:* imponer un contribution/taxa

påläggande imposition, infliction

påminna admoner, admonestar, advertir, moner, rememorar (a), recordar (a); *påminna ngn om ngt:* recordar/rememorar un cosa a un persona; *påminna sig:* rememorar se; *som påminner:* memorative

påminnelse admonition, admonestation, monition; *(allvarlig)* memento; *(skriftlig)* memorandum

påpasslig attentive

påpeka monstrar, signalar, facer observar; *(ange)* indicar

påräkna contar super, previder

påse sacchetto, tasca

påseende *till påseende:* como specimen, pro examine/revision; *vid första påseende:* a prime vista

påsegla abordar

påsk pascha [-ka]; *påsk-:* paschal [-kal]

påskafton vespere paschal

påskdag dominica de pascha

påskina indicar, facer creder

påsklilja narcisso jalne, narcisso silvestre

påskrift etiquetta; *(inskrift)* inscription; *(underskrift)* signatura

påskveckan le septimana sancte

påskynda accelerar, celerar, precipitar, urger; *(skynda)* hastar

påssjuka *med* parotiditis

påstå asserer, assertar, allegar; *(vidhålla)* mantener, insister, pretender; *bestämt påstå:* affirmar, asserer

påstådd ostensibile, pretense

påståelig assertive

påstående *sb* assertion, pretension, insistentia, allegation; *bestämt påstående:* affirmation, assertion; *adj* assertive

påstötning *bildl* admonition

påsättande application

påtaga *påtaga sig:* assumer, interprender, cargar se de; *påtaga sig en uppgift:* assumer un carga

påtaglig evidente; *ej påtaglig:* immaterial; *göra påtaglig:* concretisar

påteckna *(skriva på baksidan)* avalisar

påtrycka impressionar

påtryckning *bildl* pression

påträda *(en synål)* infilar

påträffa trovar

påträffbar *(som kan hittas/finnas)* trovabile

påträngande indiscrete, importun, intruse; *(tvingande)* urgente; *egenskapen att vara påträngande:* importunitate

påtvinga imponer

påtänkt projectate, intendite

påve papa, pontifice; *påven:* le patre sancte; *kvinnlig påve:* papessa

påveanhängare papista

påvedöme papato; *(påves ämbetstid)* pontificato

påven le sancte patre

påverka afficer, affectar, influer super, influentiar, actuar, manipular; *tekn etc* actionar; *(t.ex. med hypnos)* suggerer; *påverka ömsesidigt:* interager; *som kan påverka/påverkas:* affectabile

påverkan affection

påverkbar affectabile, ductile

påvestolen le sancte sede

påvisa demonstrar, indicar

påvisbar demonstrabile

påvlig papal, papalin; *påvlig dispens: rel* indulto

påyrka insister a; *(fordra)* exiger

päls pellicia; *(skinn)* pelle

pälskappa pellicia, mantello-pellicia

pälssjal *(lång)* stola

pälsvaror pellicieria

pär *(brittisk adelsman, ledamot av Överhuset)* par

pärla *sb* perla, margarita; *vb* effervescer, perlar; *kasta pärlor för svinen:* jectar margaritas ante porcos

pärlbåt *zool* nautilo

pärlemor nacre, matre-perla

pärlfiskare piscator de perlas

pärlhalsband collar de perlas

pärlhöna *zool* pintada

pärlmussla ostrea perlifere

pärm copertura; *(på bok)* coperi-libro; *från pärm till pärm:* del prime pagina al ultime

päron pira

päronträd piriero

pöbel plebe, populaceo, canalia, turba

pöbelaktig vulgar

pöbelvälde ochlocratia

pöl aquage [-adʒe], stagnetto

pösa inflar, exuberar

pösig orgoliose

Q

Quartier latin *(studentkvarter i Paris)* quartiero latin

quicunx *(femtalet på en tärningssida, även astron)* quincunce

Quijote *Don Quixote:* Don Quixote [kihote]

R

rabalder tumulto, rumor, turba, excitation

rabarber *biol* rheubarbaro

rabatt disconto, reduction, deduction, rebatto; *(blom-)* lecto (de flores)

rabattera discontar, reducer

rabattkort carta de reduction

rabattkupong timbro de rebatto

rabbin rabbin

rabbla *rabbla upp:* recitar mechanicamente

rabiat rabide

rabies *vet* rabie; *få rabies:* rabiar

rabiessmittad rabide

racer *sport* racer

racerbil torpedine, torpedo

racerbåt batello de cursa

rackare canalia, bandito(s); *(hudavdragare)* excoriator

racket *sport* rachetta [-k-]

racketsträngar cordage [-adʒe]

rad *(linje)* linea; *(räcka)* rango, serie, fila; *(teater)* galeria; *en rad (av t.ex. dörrar):* infilada; *i rad:* successive; *mellanrum mellan rader: typ* spatio interlinear; *skriva mellan raderna:* interlinear; *stående mellan raderna:* interlinear

radavstånd interlinea, spatio interlinear; *fastställande av radavstånd: typ* interlineation

radband *rel* rosario

radera rader, raspar, grattar; *(konst)* gravar (a aqua forte); *typ* deler; *radera ut:* erader, eradicar; *som kan raderas:* delibile

radergummi gumma (elastic)

radering radimento

raderkniv grattator

radiator radiator, thermosiphon

radie radio; *radial-:* radial

radikal *pol* radical

radio radio

radioaktiv radioactive

radioföretag radiophonia

radiokontroll teleguidage [-adʒe]

radiolog *(expert på röntgen- el. strålbehandling)* radiologista, radiologo

radiomottagare radioreceptor, receptor

radiopejling radiolocalisation

radiorör *elektr* valvula/tubo de radio

radiosändare radiodiffusor

radioteleskop radiotelescopio

radioutsändning radiodiffusion, radiophonia

radiovåglängd *tekn* unda

radium radium

radja *(indisk furste)* raja *hindi* [radʒa]

raffinaderi raffineria

raffinera affinar; *(olja, socker etc)* raffinar

raffinerad *(göra förkonstlad)* sophisticar

raffinering affinamento, raffinamento

rafflande sensational

rafia *(en sorts palm) bot* rafia

rafsa *rafsa ihop:* amassar hastosemente/sin ordine; *rafsa ifrån sig:* expedir hastosemente, travaliar sin attention/sin sollicitude; *rafsa åt sig:* amassar/attrappar furtivemente

ragata diabolessa, viragine

ragg crin (caprin); *(hår)* villo

raggig hispide

ragla vacillar, titubar

raglan raglan

ragu *(maträtt)* ragout *fr* [ragu:]

raja *(indisk furste)* raja *hindi* [radʒa]

rak directe; *(rät)* recte; *(upprätt)* erecte; *rakt fram:* directe; *rakt igenom:* de parte a parte; *rakt på sak:* sin ceremonia

raka *sb (räfsa)* rastro; *(ugns-)* attisator; *vb* rasar, facer le barba; *raka ngn:* facer le barba (a un persona); *raka i vädret:* crescer rapidemente

rakapparat rasorio

rakblad lamina de rasorio

rakborste pincel a rasar
rakdon rasorio (electric)
raket rocchetta, missile
rakitis *(engelska sjukan) med* rhachitis
rakkniv cultello a rasar
rakning rasura
rakryggad recte
raksalong barberia
rakt *rakt igenom:* de parte a parte; *rakt på sak:* sin ceremonia
raktvål sapon a barba
raljera jocar, ralliar
rallfågel *(sumphöna) zool* rallo de aqua
ram quadro, inquadramento; *tekn* armatura; *(tass)* pata; *suga på ramarna:* tirar le succo del coclear
rama inquadrar; *adj* pur, plen, nude; *rena rama sanningen:* le pur/nude veritate; *på rama landsbygden:* in plen campania
ramla cader; *ramla ihop:* collaber
ramm rostro; *sjöt* speron
ramma arietar, massar, speronar; *mil* attaccar al speron
ramp rampa, proscenio; *(yta som förbinder en lägre nivå med en högre)* rampa
rampfeber timor de estrade
rampljus lumine del rampa; *teat* lumines de proscenio
ramponera destruer, deler
ramsa *(remsa)* lista; *bildl* litania, tirada
ramtillverkare inquadrator
ranch *(större djuruppfödningsgård)* rancho *sp* [rantsho]
rand *(kant)* bordo, bordatura, fimbriation, margine, orlo; *(gräns)* limine; *(strimma)* stria; *holkad rand:* vena, incisura; *rand-:* marginal
randa orlar, bordar, striar
randig listose, striate, bordate
randning bordatura, striage [-adʒe], striatura
randstat stato marginal
rang rango, grado, classe, ordine; *mil* rango; *av rang:* de rango; *med hög rang:* de alte rango
rangering *(av tåg)* manovra
rangordning hierarchia
rank gracile, svelte; *(om båt)* instabile, vacillante
ranka *(reva) (även bibl)* sarmento
rannsaka inquirer, investigar, perquirer, perscrutar
rannsakning inquesta, inquisition; *(undersökning)* investigation; *(rättslig undersökning)* perquisition
ranson ration, portion; *soldats (bröd)ranson: mil* pan de munition
ransonera *(utdela i ransoner)* rationar, contingentar
ransonering contingentamento
ranunkel *bot* ranunculo, button de auro
rapa eructar, ructar
rapning eructation, ructo
rapp *sb* colpo, flagellata; *adj* agile, prompte, alerte; *i rappet:* al instante
rappa *(murverk)* revestir; *mus* facer musica rap *eng*
rapphet prestessa, promptitude
rapphöna *zool* perdice
rappning *(mur)* revestimento
rapport reporto; *rapport från lärt sällskap:* memoria
rapportera reportar
raps *bot* colza, nave-rapa
rapsodi *mus, litt* rhapsodia
rapsodisk rhapsodic
rar dulce; *(snäll)* amabile, agradabile, placente, sympathic; *(nätt)* nitide, bellette, gentil; *(sällsynt)* rar; *(mild, ljuv)* suave; *egenskapen att vara rar:* dulcor
raritet raritate
ras *(av jord, snö etc)* avalanche *fr* [avalãsh]; *(hus)* collapso; *(folk- etc)* racia, populo; *(stånd)* casta; *(stam)* genere, tribo; *av (ädel) ras:* de racia; *ras-:* racial
rasa *(störta)* cader, collaber; *(av ilska)* rabiar, furer, ragiar [-dʒar], fulminar, tempestar; *(vara yr)* jocar, esser folle
rasande *adj* rabide, fer, fulminatori, furiose, furibunde, infuriate, rabiose, ragiose [-dʒo-]; *(vanvettig)* phrenetic; *(galen)* folle; *bli rasande:* inrabiar, inragiar [-dʒar]; *göra rasande:* furiar, infuriar, inrabiar, inragiar [-dʒar]; *vara rasande:* fumar, furer, rabiar
rasera demolir; *(totalt)* rasar
raseri furia, furiositate, furor, inrabiamento, inragiamento [-dʒa-], rabie, phrenesia, rage [radʒe]; *fylld av raseri:* rabiose

rashygien eugenica
rashygienisk eugenic
rasism raci(al)ismo
rasist racista
rasistisk racista
rask agile, expeditive, preste, prompte; *(munter)* alerte; *(frisk)* vigorose; *raskt (tempo): mus* presto
raska *raska på:* hastar
raskhet prestessa
raslig racial
rasp raspa, raspator; *bearbeta med rasp:* raspar
raspa raspar
rasren de pur racia/sanguine
rassla streper, strider
rast pausa, reposo, intervallo
rasta pausar, reposar
raster *typ* grillia
rastlös infatigabile, agitate, febril; *med* hectic
rastlöshet activitate febril/continue
rata refusar, rejectar
ratificera ratificar
ratificerad *jur* rate
ratio *mat* ration
rationalisera *(söka förnuftsmässig förklaring till)* rationalisar
rationell rational
ratt volante
rattfyllerist chauffeur *fr* [shofoe:r] ebrie/inebriate
ravin ravina
re *solmisationsstavelsen re: mus* re
reagens reactivo, reactor, reagente
reagensglas tubo de reaction
reagent reactivo, reactor, reagente
reagera reager; *reagera mot:* reager contra; *reagera välvilligt:* corresponder
reaktion reaction
reaktionär *sb* reactionario; *adj* reactionari
reaktor *atomfys* reactor
realisation realisation, vendita de reclamo; *(slut-)* liquidation; *(konkurs-)* vendita judiciari
realistisk realistic
realitet realitate
rebell rebello
rebellisk rebelle
rebus rebus
recensent recensente
recensera recenser
recension recension
recept recepta, prescription; *med* prescription; *enligt recept: med* magistral
receptionist receptionista
recidiv recidiva, relapso
recipient *kem* recipiente
recitatör declamator
recitera declamar, recitar
rectum *anat* recto
reda *sb* ordine; *ha reda på:* saper, cognoscer; *få reda på:* trovar; *taga reda på:* cercar, informar se in re; *vb, reda sig:* exister sin adjuta, *(nödtorftigt)* subsister; *reda ut:* mitter in ordine, clarar, elucidar, disintricar
redaktion redaction
redaktionschef redactor in chef [sh-]
redaktör redactor
redan ja, jam; *redan nu:* ja nunc
redang *(ett slags framskjutande fästningsverk) mil* redente
redare armator
redbar honeste, loyal
redd *sjöt* rada; *inre redd:* darsena
rede nido; *taga ut ur rede:* disannidar
rederi armatorio, societate de armatores
redig clar, distincte; *(om person el. framställning)* lucide
redigera rediger; *(om)* editar
redigering *(slutgiltig utformning av text)* redaction
redlig honeste, juste
redlighet honestate, honestitate, directura
redlös *(fartyg)* innavigabile, disarmate; *(drucken)* ebrie
redo preste, preparate; *(omedelbart)* prompte
redobogen voluntari, preste
redogöra reportar, declarar; *redogöra för:* dar conto de, facer relation de
redogörelse exposition, relation
redovisa render conto, poner le conto
redskap utensile, organo, apparato; utensilios *plur*; *(komplicerat redskap)* instrumento, ingenio
reducera reducer; *som ej kan reduceras:* irreducibile; *starkt reducera:* decimar
reduktion reduction; *kem* reduction

redundant redundante

redutt *(avskärmad skans) mil* reducto

redwood sequoia sempervirente

reell real, positive, solide

referat reporto; *göra ett referat:* referer

referens- *fys* fiducial

referera referer

reflektera reflecter *(alla bet.),* refulger

reflekterande reflexive

reflektion reflexion

reflektiv reflexive

reflektor *tekn* reflector

reflex reflexo, reflexion; *reflex-:* reflexe

reflexiv *gram* reflexive; *reflexivt verb:* verbo reflexive

reform innovation, reforma

reformator corrector, innovator

reformera innovar, reformar

reformerande reformative

refräng refrain *fr*

refuge *(i trafiken)* refugio

regal *(liten orgel med enbart tungstämmor) mus* regal

regalier *(kungliga värdighetstecken)* regales

regatta regata

regel canone, regula; *(lås)* pessulo; *(skjut-)* pessulo a tirar glissante; *(fall-)* pessulo cadente

regelbunden regular, normal

regelbundenhet regularitate, symmetria

regellös irregular

regelsystem codice

regemente *(styrelse)* regime *fr* [reʒi:m], regimento; *mil* regimento; *anvisa till ett regemente:* inregimentar; *regements-:* regimental

regenerera regenerar

regent regente, soverano

regentskap regentia

regera governar, imperar, reger, regnar; *som inte kan regeras:* ingovernabile

regering governamento, consilio de ministros; *ryska regeringen:* Kremlin; *regerings-:* governamental

regeringstid regno

regim *(ett lands styrelse)* regime *fr* [reʒi:m]; *(föreskrifter om diet och levnadssätt) med* regime *fr*

region region

regissör inscenator

register indice, registro, lista; *(på orgel) mus* registro

registerton tonnage [-adʒe] de registro

registrera registrar, matricular

registrering registration

regla barrar

reglemente regulamento, statuto; *reglements-:* regulamentari

reglera regular

reglering regulamento, regulation; *fysiol* menstruation

reglett *typ, arkit* reguletto; *typ* lingoto

regn pluvia; *regn-:* pluvial

regna pluver; *(starkt)* diluviar

regnbåge iride, iris; *skimra i regnbågens färger:* iridescer; *få till att skimra i regnbågens färger* irisar

regnbågsfärgad versicolor

regnbågshinna *anat* iride, iris; *inflammation i regnbågshinnan: med* iritis

regnbågsskimmer iridescentia

regndroppe gutta de pluvia

regnig pluviose

regnkappa impermeabile

regnmätare pluviometro

regnperiod tempore pluviose

regnrik pluviose

regnrock impermeabile

regntid station/*(saison fr)* pluviose; *(i Italien)* monson

regnvatten aqua pluvial

regnväder tempore de pluvia

regnårstid station/*(saison fr)* pluviose

regulator *tekn* moderator

reguljär regular

rehabilitera rehabilitar

rehabilitering *ekonomisk rehabilitering:* revalidation

rekapitulera *(kort sammanfatta)* recapitular

reklam reclamo; *(PR)* publicitate; *göra reklam:* reclamar; *göra reklam för ngt:* facer le reclamo pro un cosa; *reklam-:* publicitari

reklamera reclamar; *(en fordran etc)* pretender a

rekognoscera recognoscer

rekognoscering recognoscentia

rekommendabel recommendabile

rekommendera recommendar; *rekommendera*

ngn att göra ngt: recommendar a un persona de facer un cosa
rekonstruera reconstruer
rekord record; *slå rekord:* batter le record
rekreera recrear
rekryt recruta; *mil* conscripto
rekrytera recrutar
rekrytering recruta, recrutamento
rektal- *anat* rectal
rektangel rectangulo
rektangulär rectangular, rectangule
rektifiera *kem* rectificar
rektor director de schola, rector
rekviem requiem
rekvisita requisito
rekvisition requisition
rekylera *(om skjutvapen)* recular
relatera relatar
relation relation
relativ relative; *relativ-:* *gram* relative
relativpronomen pronomine relative
relegera relegar
relegering relegation
relevant *(hörande till saken)* pertinente
relief relievo; *framställa i relief:* relevar; *sätta i relief:* poner in relievo
religion religion
religionsblandning syncretismo
religionslös irreligiose
religionslöshet *(fientlighet mot religion)* irreligion
religiös religiose, devote; *ej religiös:* irreligiose
relik reliquia
relikskrin reliquario
relä relais *fr* [relæ]
rem corregia, cordon
remarkabel remarcabile
reminiscens reminiscentia
remissa *(överföring av pengar)* remissa
remont *mil* remonta
remonthäst *mil* remonta
remplacera reimplaciar
remsa banda, scheda
ren munde, nette; *göra rent hus med:* facer tabula rase de
rena affinar, clarar, purgar, purificar; *kem* defecar; *(rituellt)* lustrar
renande *adj* purgative, cathartic
renfana *(lat Tanacetum balsamita) bot* balsamita
rengöra deterger, epurar, mundar, mundificar, nettar, purificar
rengörande *adj* detergente, detersive
rengöring detersion
rengöringsmedel detergente
renhet puressa, puritate
rening affinamento, purgation; *kem* defecation; *psyk* catharsis
renklo pruna claudia
renlav lichen de ren
renlevnadsman puritano
renlig *(om person)* nette
renlighet munditia, nettitate, prestantia
renlärig orthodoxe
renommé renomine
renons *renons på:* sin; *vara renons på:* esser disproviste de, esser sin; *(spel) göra sig renons:* disprovider se de cartas inutile
rensa nettar, mundar, mundificar, purificar, purgar, absterger, appurar, depurar, deterger, epurar; *(tvätta)* abluer; *(från rost etc)* decapar; *(i trädgårdsland)* sarcular; *rensa ut (censurera):* expurgar
rensande *adj* purgative, cathartic, detergente, detersive
renskrapning rasura
renskriva transcriber; *en som renskriver:* transcriptor
rensning depuration, detersion, purgation; *(alla bet.)* appuramento
rentier *(som lever av räntor)* rentero
rentvå lavar
renässans renascentia; *renässansen:* le Renascentia
reostat *(variabelt motstånd) elektr* rheostato
rep corda, fun; *rep-:* funicular
repa *sb* grattatura; *vb* grattar; *repa sig:* convalescer
repande grattamento
reparation reparation, reparo
reparationsarbete reparo
reparationsverkstad garage [-adʒe]; *innehavare av reparationsverkstad:* garagista [-dʒi-]
reparera refacer
repertoar repertorio, repertoire *fr*

repetera *teat* probar
repetergevär fusil de repetition
repeterur horologio de repetition
repetition repetition, proba (de controlo)
repgunga balanciatoria
replik replica
replikera replicar; *replikera i en diskussion:* retorquer
reporter reportator, reporter, reportero
representant representante; *(för firma mm)* agente
Representanthuset le Camera del Representantes
representativ *(som representerar)* representative
representera representar
repressalie represalia
repris *mus, teat* reprisa
reproducera reproducer
reproduktion reproduction
repslagare cordero, funero
repstege scala de corda, scala de fun
republik republica
republikansk republican
repulsion *fys* repulsion
resa *sb* viage [-adʒe]; *(dags-)* jornata; *göra en resa:* facer un viage [-adʒe]; *vb* ir, viagiar [-dʒar], itinerar; *(upp-)* eriger, levar; *(uppror)* insurger, sublevar se, rebellar; *resa borst:* ericiar se; *resa genom:* percurrer; *resa omkring:* itinerar; *resa sig:* levar se; *resa sig igen:* resurger; *resa sig upp:* elevar se; *resa upp:* sublevar; *rese-:* itinerari
resande viagiante [-dʒa-], viagiator [-dʒa-], passagero [-dʒ-]; *(handels-)* representante commercial
resebeskrivning itinerario
resehandbok guida, itinerario
resenär viagiator [-dʒa-]
reserv reserva
reservdel pecia de reserva, pecia de recambio
reservera reservar, retener
reserverad reticente
reservoar reservoir *fr* [reservoar]
reservoarpenna penna stilographic
reservutgång exito de emergentia
resevärdinna hostessa
resgods *fritt resgods:* pacotilia
residens residentia
residera resider
resignation resignation
resignera resignar se (a)
reskript *(påves el. kejsares svarsskrivelse)* rescripto
reslig alte, grande, de alte statura
resning elevation, erection; *(av ngt fallet)* relevamento; *(hållning)* statura; *(uppror)* revolta, rebellion; *(överlägsenhet)* imponentia, eminentia
resolut resolute, energic
resolution resolution
reson ration, prudentia; *ta reson:* esser rationabile
resonans *med god resonans:* sonorose
resonemang *(logiskt tänkande)* ratiocination
resonera rationar; *resonera logiskt: (dra logiska slutledningar)* ratiocinar, *(dra förnuftiga slutsatser)* rationar
resonerande *(logiskt slutledande)* discursive
resorbera resorber
resorption resorption
respekt respecto, estima(tion), deferentia; *djup respekt:* reverentia; *visa respekt:* deferer a
respektabel respectabile
respektera respectar
respektfull respectuose, deferente
respengar viatico
respit moratorio, procrastination
resplan itinerario
responsorium *rel* responsorio
resrutt itinerario
rest resto, residuo; *för resten:* cetero, a proposito, del resto
restaurang restaurante, *(liten)* taverna
restauranginnehavare restaurator
restaurangvagn wagon restaurante
restauratör restaurator, tavernero
restaurera restaurar
restaurerande *adj* restaurante
resterande *adj* residual, residue; *resterande skuld:* arretrato
restriktion restriction
resultat resultato, successo; *få till resultat att:* resultar in
resultatrik fructuose
resultera resultar; *resultera i:* resultar in

resumé resumito, summario, resumé *fr* [rezyme], epitome; *jur* revision
resumera resumer, summarisar, epitomar
resurs ressource *fr* [resurs]; *resurs(er):* medio(s), ressource(s) *fr* [resurs], *(tillf.)* expediente(s)
resväg itinerario, itinere
resväska valise
resår resorto
resårfjäder resorto
reta *(förarga)* irritar, vexar; *(stimulera)* excitar, incitar, stimular; *reta upp:* irritar
retas burlar se (de); *(förlöjliga)* irrider
retention *med* retention
retlig irritabile, petulante
retlighet irritabilitate
retning irritation; *fysiol* irritation, inflammation
retorik *(läran om talekonst)* rhetorica
retorisk rhetoric
retorsion retorsion
retort *kem* retorta
retroaktiv retroactive
retrogradera *astron* retrogradar
reträtt retirada, retiramento, retraite *fr* [retræt]
retsam irritante, provocative
retur retorno; *adv* retro
returnera retornar, restituer
returnering restitution
returresa viage [-adʒe] de retorno
retuschera *foto* retoccar
retuschering retocco
reumatisk rheumatic; *göra reumatisk:* rheumatisar
reumatism *med* rheumatismo
rev barra; *(met-)* linea, filo (de pisca); *(klipp-)* scolio; *(grunt ställe)* basse fundo; *full av rev:* scoliose
reva *sb (hål)* fissura; *bot* sarmento; *vb* retirar velas
revansch revanche *fr* [rövā:sh]
revben *anat* costa; *mellan revbenen: adj* intercostal; *område nedanför revbenen:* hypochondrio; *revbens-:* costal
revbensspjäll costas de porco
revelj *mil* diana, evelia; *(slå revelj)* batter/sonar le diana
reverens *(vördnadsfull hälsning, djup bugning el. nigning)* reverentia
revers *(baksida)* reverso; *(skuldsedel)* recognoscentia de debita, obligation
reversibel *(som man kan ändra riktning/förlopp på)* reversibile
revetera *(beklä med bräder/murbruk osv)* revestir
revetering *(täckning av husfasad)* camisa
revidera revider; *(granska grundligt)* revisar
revision revision
revisor revisor, contabile, revisor de contos
revolt revolta
revoltera revoltar
revolution revolution
revolutionera revolutionar
revolutionär *sb* revolutionario; *adj* revolutionari
revolver revolver
revorm *med* tinea, herpete
revy revista, recension; *passera revy:* passar in revista
Rhen le Rheno
Rhenlandet Rhenania
rhensk rhenan
Rhetien *(romersk provins ungefär motsvarande Schweiz)* Rhetia
rhodisk rhodie
Rhodos Rhodos; *invånare på Rhodos:* rhodio; *kolossen på Rhodos:* le Colosso de Rhodos
Rhône le Rhodano
Rhône-Rhen-kanalen le Canal del Rhodano al Rheno
ribba latta
ricinolja oleo de ricino
rida cavalcar, equitar, ir a cavallo; *rida barbacka:* montar a pilo; *rida in:* manear
ridbana hippodromo, maneo
ridbyxor bracas
riddare cavallero; *(i det antika Rom) hist* equite; *kringströvande riddare:* paladin
riddarfärd quesita
riddarslag accollada
riddarsporre *bot* delphinium, consolida (regal)
ridderlig cavallerose
ridderlighet cavalleria, galanteria
ridderskap cavalleria, *(värdighet)* dignitate equestre/de cavallero; *(adel)* nobilitate
riddräkt costume de equitation; *(för herre)*

costume de cavallero
ridhäst cavallo de sella; *(i synnerhet f. damer)* palafreno
ridknekt groom *eng* [gru:m], staffero
ridning equitation; *ridnings-:* equestre
ridpiska flagello de equitation
ridskola schola de equitation, maneo
ridsport equitation
ridspö virga de equitation, cravache *fr*
ridsår excoriation, plaga
ridå *teat* cortina, tela
rigg *sjöt* apparato, aggregato
rigga aggregar; *rigga av: sjöt* dismantellar
riggning manovras
rigor mortis rigor del morte
rigorös rigorose
rik ric, opulente, affluente; *vara rik på:* abundar in; *(en) rik (man):* ric(c)o
rike regno, imperio; *(stat)* stato, principato
rikedom ric(c)hessa [rikesa], fortuna, opulentia, affluentia
rikhaltig ric, copiose, abundante
rikhaltighet copia, copiositate
riklig abundante, copiose, profuse; *förekomma rikligt:* abundar
riksbank banca national (de Svedia)
riksbekant cognoscite in tote le regno
riksdag parlamento; *hist, pol* dieta; *riksdags-:* parlamentari
riksdagsledamot membro del parlamento, parlamentario
riksdagsman parlamentario, deputato
riksdagsval election parlamentari
rikskansler cancellero imperial
rikssamtal appello telephonic interurban, telephonata interurban
rikta intentar; *rikta en beskyllning mot:* intentar un accusation contra; *rikta ett brev till ngn:* diriger un lettera/littera a un persona
riktare *(av kanoner vid artilleriet) mil* punctator
riktig juste, recte, correcte, derecte; *adv* justo; *skenbart riktig:* speciose
riktighet justessa
riktmärke proposito
riktning direction, senso, currente, deriva; *i en enda riktning:* unidirectional; *i motsatt riktning:* in senso inverse; *i riktning mot:* verso; *ta ut riktningen (i det militära):* definir le azimuth *arab*
rim rima
rimfrost gelatura, pruina; *lägga sig som rimfrost på:* pruinar
rimlig rationabile; *(antaglig)* acceptabile, plausibile; *(sannolik)* probabile, verosimile, verosimilante; *(rättvis)* juste, eque; *rimligt pris:* precio modic
rimlighet equitate
rimma rimar; *(i köld)* pruinar
rimordbok rimario
rimsmed rimator
rimsmidare rimator, poetastro
ring anulo, *(liten)* anuletto; *bildl* rondo, circulo; *(finger- etc)* anello; *(hals-)* collar; *hand* association, cartel; *(runt solen el. månen)* halo; *anat, bot* areola; *sätta ring på:* anellar; *ring!:* tin!; *ring-:* anular
ringa *vb* sonar; *(i bjällra)* tintinnar; *adj* povre, paupere; *(föraktlig)* simplice, basse; *(ödmjuk)* humile; *(föga)* poc, pauc; *inte det ringaste:* non mesmo le minor; *adv* poco, pauco
ringakta despectar, disdignar, disestimar, dispreciar, minuspreciar, vilipender
ringaktande disdignose
ringaktning depreciation, disdigno, disestima
ringande *(i örat) med* tinnitus
ringare sacrista, sacristano
ringblomma calendula
ringbrynja malia
ringfinger digito anular
ringformad anular
ringformig anular
ringhet simplicitate, humilitate, parvitate
ringklocka campanella, sonalia
ringmaskar *zool* anellides
ringmuskel musculo orbicular
ringmärka *(t.ex. fåglar)* anellar
ringorm serpigine
ringränning *(med häst el. i åkdon)* carosello
rinna fluer, currer; *(om tid)* passar, ir; *(översvämma flöda)* abundar; *rinna över:* disbordar
rinnande *(om vatten)* currente
ripa *zool* lagopede (blanc)
ripost *(fäktterm)* ri(s)posta
ris brossa; *bot* ris; *(-gryn)* ris; *(kvist)* rametto, branchetto [-k-]; *(-buske)* arbusto; *(pappers-*

mått: 500 ark) risma *arab; (stryk)* bastonada, verberation
risfält risiera
risk hasardo, risco; *löpa risken (att):* currer le risco (de)
riska *bot* lactario
riskabel hasardose, riscose
riskera riscar, aventurar, hasardar
riskfylld riscose
risktagande speculative
riskvarn riseria
risodling risiera
rispa *sb* fissura, grattage [-adʒe]; *vb* grattar; *rispa i huden: med* scarificar
rista *(på huvudet)* succuter; *(i trä etc)* gravar, taliar, sculper
rit rito; *rit-:* ritual
rita designar, schizzar [skitsar]; *(kopiera)* copiar; *(kalkera)* traciar; *rita av:* portraitar [-tretar]
ritare tirator
ritning designo; *göra upp ritningar till:* designar
ritredskap tirator
ritt cavalcada
ritual ritual
rituell ritual
riva *(klösa)* grattar; *(gastr etc)* raspar; *riva emot:* fricar contra; *riva itu:* lacerar, rumper, disfacer, diveller; *riva ner:* demolir; *riva sönder:* lacerar; *riva upp en maska på (t.ex. strumpa):* dismaliar; *riva upp söm:* dissuer
rival rival, concurrente, emulator; *vara rivaler:* rivalisar
rivaliserande *adj* rival
rivalitet rivalitate
rivande grattamento
rivjärn raspator; *bildl* viragine, xantippa
ro *sb (vila)* reposo, otio; *(lugn)* calma, quiescentia, quietude, tranquillitate; *vb (med åror)* remar
roa amusar, diverter, delectar
roande humorose
robot robot *tjeckiska*
robust *(om person)* resistente
rock jaco, jacchetta; *(över-)* paletot *fr* [palto], supertoto, mantello
rocka *zool* raia, *(elektrisk)* torpedine
rockhängare porta-mantello
rodd remada
roddare remator
roddbåt barca remate/a remos, yole remate/a remos
roder *sjöt* governaculo, timon
roderpinne *sjöt* timon, barra
rodium *(grundämnet rodium, Rh) kem* rhodium
rodna ruber, rubescer, erubescer
rodnad rubescentia, rubor; *(av hudirritation) med* rubefaction
rododendron *bot* rhododendro
roffa raper
rofferi rapto
rogivande quiescente
rojalist *(kungatrogen person)* royalista
rojalistisk royalista
rokoko rococo
rolig amusante, humoristic, humorose, comic, drolle; *(löjlig)* risibile
rolighet amusage [-adʒe], humor, buffoneria
rolighetsminister humorista, buffon
rolighetstillställning divertimento, amusamento
roll parte, rolo; *det spelar ingen roll:* il non face differentia, non importa
rom *(drycken)* rum *eng* [r^m]; *(fisk-)* ovo de pisce; *Rom:* Roma
roman romance, roman
romanaktig romancesc
romanförfattare romancero
Romania *(den del av världen som stått under Roms inflytande)* Romania
romans *mus* romance
romansk romanic; *(i romanska språk)* romance, romanic; *romansk stil: arkit* stilo romanic
romansskrivare romancero
romantiker romantico
romantisk romantic
romare romano
romb *geom* rhombo
rombformad rhombic
romboeder *(kropp begränsad av sex romber)* rhombohedro
romboid *(oliksidig parallellogram)* rhomboido
romersk roman; *romersk medborgare:* quirite
rond *mil etc* ronda

rondell *arkit* rotunda; *(runt föremål)* rondo, rotundo; *tekn* rondella, disco

rondo *mus* rondo; *(poetisk)* rondeau *fr*; *mus, litt* rondello

rop clamor, crito; *vara i ropet:* esser famose/moderne/appreciate

ropa clamar, exclamar, critar; *(kalla på)* appellar, vocar; *(skrika)* critar; *(skråla)* vociferar; *ropa tillbaka:* revocar; *ropa på vargen:* critar al lupo

ropande clamorose

rorskult barra, timon

rorsman *sjöt* timonero

rorspindel timon

ros *bot, med* rosa; *(beröm)* laude; *(lovtal)* elogio, commendation; *patol* erysipela, foco de Sancte Antonio; *(bält-)* zoster

rosa *vb* laudar, commendar, glorificar, elogisar; *adj* rosa, rosee, incarnatin

Rosaceae *bot* rosaceas

rosafärgad rosa

rosenbuske rosiero

rosenkors *(en orden)* rosacruce

rosenkrans *rel* rosario

rosenlager *bot* lauriero rosa, oleandro

rosenröd rosee

rosenträ palissandro

rosenträdgård rosario

rosett nodo, rosetta; *arkit* rosa

rosettfönster *arkit* rosa

rosfärgad rosate

rosmarin *bot* rosmarino

rossamling rosario

rossla haber stertores

rosslande *sb* stertor; *adj* stertorose

rossläktet *plur, bot* rosaceas

rost *(galler)* grillia; *(brödrost)* tostator; *(på järn)* oxydo, ferrugine, corrosion; *(växtsjukdomen)* ferrugine, rubigine, uredineas

rosta corroder, ferruginar, oxydar; *(malm)* calcinar; *gastr* grilliar, rostir, torrefacer, torrer; *(kaffe, bröd)* tostar; *rostat bröd:* toast *eng* [toust]

rostande corrosive

rostbiff roast beef *eng*, rosbif

rostfri inoxydabile

rostfärgad ferruginose

rostig ferruginose, ferruginate

rostning *gastr* rostimento, torrefaction; *(även järn)* ferruginada, oxydation; *(av malm)* calcination

rot *(på växt)* radice; *(av ord)* radical; *(till ngt)* radice; *rycka upp med rötterna:* displantar; *slå rot:* radicar; *rot-:* radical; *data* radice

rota *(gräva)* foder; *rota sig:* inradicar se

rotad inradicate; *bildl* inveterate

rotanlag *bot* radicula

Rotary *medlem i Rotary:* rotariano

rotation giration, revolution, rotation

rotationshastighet velocitate de rotation

rotationshastighetsmätare gyrometro

rote districto (rural); *mil* esquadra, section

rotera rotar, tornar, revolver

roterande giratori, rotative, vertiginose

rotfästa *rotfästa sig:* inradicar se

rotknöl bulbo; *bot* tubere

rotor *tekn* rotator

rots *med* muco; *vet* malleus

rotstock *bot* rhizoma

rotting *(käpp)* canna, canna de junco

rottråd *bot* fibrilla, radicella

rotunda *(rund byggnad) arkit* rotunda

rotvälska garrulage [-adʒe]

rotämne *bot* radicula

rov rapto, rapimento, rapina, piliage [-adʒe], saccheamento; *(litterärt)* rapina; *(byte)* preda, raptura, spolia(s), butino

rova *bot* beta, beta-rapa

rovdjur animal de preda

rovdrift exploitation; *idka rovdrift på:* exploitar

rovfågel ave de preda

rovgirig feroce, rapace

rovgirighet ferocitate

rovolja oleo de rapa

royalties derectos de autor

royalty derectos de autor, redemption de derectos

rubb *rubb och stubb:* omno in bloco

rubba *(ur stället)* dislocar; *(skaka)* succuter; *(störa)* turbar; *(vetensk.)* perturbar

rubel *(rysk myntenhet)* rublo

rubidium *(grundämnet rubidium, Rb) kem* rubidium

rubin rubino

rubricera rubricar

rubrik rubrica; *(överskrift)* testa, lineas de tes-

ta
rucklig *(byggnad)* caduc, ruinose
ruda *zool* carassio
rudiment *(outvecklat organ) biol* rudimento
rudimentär rudimentari
ruelse repententia, contrition
rufsa *rufsa till håret:* discapillar
rufsig discapillate
rugga *(fälla fjädrar)* mutar
ruin ruina; *ruiner:* restos, ruinas; *full av ruiner:* ruinose
ruinera ruinar
rulad *gastr* rolada
rulett roletta
rulla *sb* matricula; *(lista på deltagare)* rolo; *vb* bollar, rolar, volver; *(om skepp) sjöt* rolar; *rulla ihop:* inrolar; *rulla in i:* inrolar; *rulla runt:* volver, tornar; *rulla upp:* bobinar
rullager cossinetto de rolos
rulle rolo; *(spole)* bobina
rullfilm film in bobina, bobina de film
rullgardin cortina a rolar (bassar, levar)
rullning *(om fartyg)* rolamento
rullskridskor patines de rotas
rullstol chaise *fr* [shæ:z] rolante
rulltrappa scala mobile
rum camera, *(litet)* cameretta; *(plats)* loco, spatio; *(avgränsad del)* compartimento; *äga rum:* haber loco; *rum sjö:* alte mar
rumla bacchar, facer le bacchanalia
rumor rumor, strepito, ruito
rumslig spatial
rumsuppassare camerero
rumsuppasserska camerera
rumän romaniano, rumano
Rumänien Romania, Rumania
rumänsk romanian, ruman; *rumänska språket:* romaniano, rumano
runa *(fornnordisk bokstav)* runa; *run-:* runic
rund *sb* rondo; *adj* ronde, rotunde, orbicular; *(om klot)* spheric; *det runda bordet:* le tabula ronde; *göra rund:* arrotundar
runda *sb arkit* rotunda; *göra en runda:* facer un ronda; *vb (ett område)* circuir, arrondir; *sjöt (segla runt)* duplar; *runda av:* rotundar, arrotundar
rundbågsstil *arkit* romanic
rundhet rotunditate
rundhänt munificente
rundkörning circulation
rundresa circuito, viage [-adʒe] circular; *(kortare)* tour *fr* [tu:r]
rundskrivelse circular
rundstång barra ronde
rundtur cursa
runka *(skaka)* succuter; *(vagga)* vacillar
runkning succussion
runt *(omkring)* circum; *runt om:* circa, circum
rupie *(myntenhet)* rupia
rus ebrietate; *ta sig ett rus:* inebriar se
rusa inebriar, currer; *rusa iväg:* precipitar se, escampar; *rusa in:* irrumper
rusig ebrie
ruska *sb* branca; *vb* succuter, concuter
ruskig horribile; *(ful)* fede; *(om person)* disagradabile, nauseose; *(om väder)* disagradabile; *(om sak)* horribile, abominabile
russifiera russificar
russin uva sic
rusta preparar se; *mil* armar (se); *rusta till krig:* aguerrir
rustning armamento, armatura, harnese
ruta quadrato; *(i kortspel)* quadro; *(fönster-)* vitro; *ha ruter i sig:* esser energic; *ruta in:* quadrettar
rutenare rutheno
Rutenien *(område ungefär motsvarande Ukraina)* Ruthenia
rutenium *(grundämnet rutenium, Ru) kem* ruthenium
rutensk ruthenic; *rutenska språket:* rutheno
rutig *(rutad)* a/in quadratos
rutilium *min* rutilo
rutin *(oförändrad vana)* routine *fr* [rutin]
rutinmässig routinari [ru-]
rutt itinere, percurso, route *fr* [rut]
rutten putride; *bildl* corrupte; *göra rutten:* corrumper; *övergå i ruttet tillstånd:* putrescer
ruttenhet putriditate, corruption
ruttna putrer, putrescer, corrumper, decomponer; *som ej kan ruttna:* imputrescibile
ruttnande decomposition
ruva covar, incubar; *ruvande fågel:* covator
ruvning covada, incubation
ryck succusso, tirada brusc; *(stöt)* choc [sh-], attacco

rycka succuter, tirar brusco; *(i kramp)* conveller; *rycka fram:* avantiar; *rycka upp sig:* succuter se, reprender su energia, esurger; *rycka upp med rötterna:* displantar; *som kan ryckas upp med rötterna:* extirpabile
ryckning *(kramp-)* convulsion; *(i ansikte)* tic, spasmo; *(fram-)* avantiamento
rygg *anat* dorso; *zool* noto; *bildl* reverso; *rygg-: anat* dorsal, *zool* notal
rygga evitar, abstiner, non permaner; *rygga tillbaka:* retirar se, recular
ryggkota *anat* vertebra; *som ligger mellan ryggkotorna:* intervertebral; *ryggkote-:* vertebral
ryggmärg *anat* cordon medullar, medulla spinal; *ryggmärgs-:* spinal
ryggmärgsinflammation *med* myelitis
ryggmärgstvinsot tabes dorsal
ryggrad *anat* columna vertebral, spina, spina dorsal, spondylo; *ryggrads-:* spinal
ryggradsdjur *zool* vertebrato
ryggradsinflammation *med* spondylitis
ryggradslös *zool* invertebrate; *bildl* sin character, inconsistente; *ryggradslöst djur:* invertebrato
ryggsimmare *(en vattenlevande skinnbagge) zool* notonecta
ryggskott *med* lumbagine
ryggsträng *(rudimentär ryggrad/ryggmärg) zool* notochordo
ryggstöd appoio dorsal
ryggsäck sacco a dorso, sacco de montania
ryka fumar; *(ånga)* vaporar
rykt *(ans)* cura
ryktbar famose
ryktbarhet celebritate, renomine
rykte fama, rumor, reputation, ruito; *(hörsägen)* rumor; *(namnkunnighet)* renomine; *(dåligt)* diffamation; *skada någons rykte:* diffamar; *upprätta någons rykte:* disinfamar
ryktesvis per fama
rymd *(världs-)* spatio, universo; *(utrymme)* spatio; *(innehåll)* volumine; *rymd-:* spatial
rymdfarare astronauta
rymdfart astronautica
rymdskepp astronave, nave astral
rymlig spatiose, voluminose, ample, capace
rymma *(mått)* caper, continer; *(fly)* fugir, evader, escappar; *mil* desertar
rymmare fugitor, desertor, evasor
rymning fugita, fugition, escappata, desertion, evasion
rynka sb ruga, fossetta; *(fåra)* sulco; *vb* arrugar, rugar; *(bilda fåror)* corrugar; *rynka pannan:* arrugar le fronte
rynkig rugose
rysa *(darra)* fremer, tremular; *(skaka)* tremer
rysansvärd *(ryslig)* horripilante, horride, horribile; *(grym)* atroce
rysare thriller *eng*
rysk russe; *(en) ryska:* russa; *ryska språket:* russo
rysning tremor, fremito, fremimento; *skrämma till rysning:* horripilar
ryss russo
ryssja nassa
rysskräck russophobia
Ryssland Russia
ryssvän russophilo
ryssvänlig russophile
rysta *tr (skaka)* agitar, succuter, concuter; *itr* tremer, trepidar
ryta rugir
rytm rhythmo [-rit-]; *mus* cadentia
rytmförskjutning *mus* syncope
rytmik rhythmica [rit-]
rytmisera *mus* cadentiar
rytmisk rhythmic [rit-]; *(poetisk, mus)* numerose
rytmlära rhythmica [rit-]
ryttare cavallero; *ryttar-:* equestre
rå *sb (skogs-)* fee, nympha; *sjöt* virga; *(gräns)* limite, confinio; *adj (om person)* rude, grossier, barbaric, *(grym)* brutal, brute, bestial; *(om material)* crude, *(rå-)* prime; *(okokt)* crude; *vb, jag rår för:* il es mi culpa; *rå om:* posseder
råbock *zool* capreolo
råd *(som man ger el. får)* aviso, consilio; *(kommitté, styrelse)* consilio, commitee *eng; ta råd från ngn:* prender consilio de un persona
råda avisar, consiliar; *bildl* prevaler; *(disponera)* disponer; *råda över:* dominar, regnar super
rådbråka *(språk)* balbutiar, jargonar

rådfråga consultar
rådfrågning consultation
rådgivande consultative
rådgivare consiliator, consiliero, consultor
rådgivarehus domo del tribunal, domo municipal
rådhus casa municipal, municipalitate
rådig prudente, resolute
rådighet prudentia, resolution, presentia de spirito
rådjur capreolo
rådjursfärgad cervin
rådlös perplexe, irresolute
rådlöshet perplexitate
rådman conciliator; *hist* edil
rådpläga conferer, consultar, deliberar
rådplägning consultation
rådslag consulta, consultation
rådslå *rådslå (med):* consultar
rådvill perplexe, confuse, embarassate, indecise
rådvillhet indecision
råg *bot* secale
rågad troppo plen
rågbröd pan de secale
råge abundantia
rågmjöl farina de secale
råhet brutalitate, cruditate, grosseria
råma mugir
råmaterial materia prime
rån rapina, rapto, rapimento, robamento; *(bakverk)* wafla
råna raper, robar
rånare raptor, robator
rånmord assassinato de rapina
råskinn ruffiano
råsten matta
råstyrka fortia brute
råtta ratto, *(liten)* mus
råttfångare rattero
råttfälla rattiera, trappa
råttgift occide-rattos
råvaror materia(le)s prime
räcka *sb* fila; *vb (räcka till)* sufficer, bastar, esser satis; *(nå)* attinger; *(ngt till ngn)* dar, passar; *(erbjuda)* offerer; *(fortvara)* durar, continuar; *(sträcka)* extender; *det räcker!:* basta!; *räcka fram/ut:* extender; *räcka fram handen:* presentar/offerer le mano
räcke balustrada, barriera; *(bröstvärn)* parapetto *ital*
räckvidd portata
räd *(överraskande anfall)* raid *eng* [reid]
rädas *rädas för:* timer; *(ängslas för)* haber anxietate pro, intimidar se pro
rädd timorose, pavide, pavorose, apprehensive; *(skygg)* timide; *bli rädd:* prender pavor; *vara rädd för:* timer; *vara rädd om:* esser caute de/re
rädda salvar; *rädda sig:* salvar se; *rädda skenet:* salvar le apparentias
räddad salve
räddare salvator
räddhågad apprehensive, pavide, pusillanime, timide; *(ängslig)* anxie
räddning salvamento
räddningsbåt barca/lancha [-sh-] de salvamento
räddningsbälte cinctura de salvamento
räddningslös insalvabile
rädisa *bot* radice
rädsla pavor, horror, timor; *(skygghet)* timiditate
räffla *sb* cannellatura; *vb (göra räfflor)* cannellar
räfflingsverktyg moletta
räfsa *sb (kratta)* rastro, rastrello; *vb* rastrellar
räfst inquesta; *hålla räfst:* inquirer
räka *zool* crabbetta, crangon; *en sorts stor räka:* langustina; *skala räkor:* decorticar crangones
räkenskap conto, reporto; *avlägga räkenskap:* render conto
räkenskapsår *(för företag)* anno social
räkna contar, computar, calcular; *bildl* resumer, summar; *räkna bort:* discontar; *räkna fel:* miscalcular; *räkna med:* contar super, expectar; *räkna samman:* adder, facer le summa de, totalisar; *räkna upp:* contar, enumerar, numerar; *räkna ut:* computar; *räknat från:* a partir de
räknare contator
räknedosa calculator
räknefel miscalculation
räknelära arithmetica
räknemaskin calculator, machina [-k-] de calcular
räkneord numeral

räknesticka regula a calculo
räknesätt *de fyra räknesätten:* le quatro operationes arithmetic
räkning arithmetica, calculation, calculo, computation; *(nota)* nota, factura; *skriva ut räkning:* facturar
räkningshållande conto, conto currente
räls rail *eng* [reil]
rämna *sb* fissura, ruptura; *vb* finder se; *(med knall)* crepar
ränker intrigas, machination [-k-]; *smida ränker:* intricar, intrigar, machinar [-k-]; *smida ränker mot:* insidiar
ränkfull intrigante
ränksmidare intrigante, insidiator
ränksmidning intriga
ränna *sb* cannella, cannellatura, gubia; *(tak-)* guttiera; *vb* currer
rännil rivetto, filo de aqua
ränning *(textil)* stamine
rännsnara nodo currente
rännsten canaletto, guttiera
ränsel sacco a dorso
ränta *ekon (på kapital)* interesse (simplice); *(inkomst av kapital)* rendimento, lucro; *(ocker-)* interesse usurari; *ränta på ränta:* interesse composite; *inkomst av ränta:* renta
räntabel productive, lucrose, lucrative
räntefot taxa de interesse
räntefri libere de interesse
rät recte; *rät vinkel:* angulo recte
räta *sb (textil)* latere exterior; *vb* rectificar; *räta på sig:* extender se; *räta upp:* eriger
rätlinjig rectilinee
rätlinjighet directura
rätoromansk rhetoroman; *rätoromanska språket:* ladino, rhetoromano, romancio
rätt *sb* justitia; *jur* jure, derecto; *ge ngn hans/hennes rätt:* facer justitia a un persona; *genom rätt:* de jure; *göra rätt för sig:* honorar, facer honor a; *ha rätt:* haber ration; *(maträtt)* platto; *dagens rätt:* platto del die; *adj (riktig)* correcte, juste, derecte; *det rätta ordet:* le parola proprie; *det rätta:* derecto; *rätt och riktig:* proprie; *adv* justo, correctemente; *rätt så: adv* bastante; *rätts-: jur* judicial, judiciari
rätta *sb, finna sig till rätta:* accostumar se; *inför rätta:* coram le tribunal; *lägga till rätta:* ordinar, arrangiar [-dʒar]; *med rätta:* con jure/ration; *möta inför rätta:* comparer; *vb* corriger, emendar, rectificar; *rätta sig efter:* adaptar se a, sequer, obviar a, obsequer; *rätta till:* disfalsar, readjustar, rectificar, retoccar
rättande *adj* correctori
rättegång processo, action judiciari
rätteligen justo, justemente
rättelse correction, emendamento, emendation
rättesnöre directiva, norma, principio; *rel* canone
rättfram inceremoniose; *(ärlig)* sincer, franc
rättframhet sinceritate, franchitia [-kitsia], candor, directura
rättfärdig juste
rättfärdiga justificar; *(försvara såsom riktig)* justificar; *som inte kan rättfärdigas:* injustificabile
rättfärdigande *adj* justificative
rättfärdiggöra exculpar
rättfärdiggörelse exculpation
rättfärdighet equitate, justitia, justessa
rättighet derecto, jure, privilegio
rättika *bot* rafano nigre, cren nigre
rättmätig juridic, legal, legitime
rättning correction
rättrogen *sb* orthodoxo; *adj* orthodoxe; *icke rättrogen:* infidel
rättrådig honeste, juste
rättrådighet justessa
rättsbetjänt functionario judiciari
rättsinnad honeste
rättskaffenhet integritate
rättskaffens honeste, integre, probe
rättskipning judicio, judicamento
rättskrivning orthographia; *rättskrivnings-:* orthographic
rättskunskap jurisprudentia
rättslig *jur* judicial, judiciari, forense
rättslärd jurista, jurisprudente
rättslös sin jure
rättsmedicin medicina forense, medicina legal
rättsoförmögen *förklara rättsoförmögen: jur* incapacitar
rättspsykiater alienista
rättssak *jur* action, causa, judicio
rättsstat stato de derecto
rättstavning *gängse rättstavning:* orthographia

nomic
rättstvist processo, controverso, litigation
rättsvetenskap jurisprudentia
rättsvetenskaplig jurisprudente, jurisprudential
rättsvidrig contra (le) jure
rättsvård justitia
rättvis juste, eque
rättvisa justessa, justitia, equitate
rättänkande *adj* honeste, ben pensante
rätvinklig rectangule, rectangular, orthogonal; *göra rätvinklig:* esquadrar
räv *zool* vulpe; *räv-:* vulpin
rävaktig vulpin
röd rubie, rubee; *(gul-)* orange; *(gyllen-)* rutile; *(mörk-)* rubide; *(röd ockra)* rubre; *(om hår)* rosse; *bli röd:* rub(esc)er; *göra röd:* rubificar, *(irritera huden) med* rubefacer; *Röda havet:* Mar Rubie; *röda hund: med* roseola, rubeola; *Röda korset:* Cruce Rubie
rödaktig rubee
rödbeta *bot* betarapa (rubie)
rödbrusig rubicunde
rödek *bot* robore
rödfärg color rubre; *(röd ockra)* rubrica
rödfärgad rubricate; *med* rubifacte
rödglänsande rutilante, rutile
rödglödande rubicalente, rutilante, rutile
rödgyllene rutile
rödhake *zool* pectore rubie, rubecula
rödhet rubor
rödhårig a capillos rubie
rödkrita rubrica
rödlera laterite
rödlök *(lat Allium cepa) bot* cepa, cibolla (rubie)
rödmosig rubicunde
rödskinn pelle rubie
rödsot dysenteria
rödspotta *zool* platessa
rödspätta *zool* platessa
rödstjärt *zool* cauda rubie, cauda-rubie
rödvin vino rubie; *(färskt)* vino rosee; *(lätt)* claretto
röja divulgar; *(mark)* cultivar; *(yppa)* decelar, revelar, discoperir; *(förråda)* revelar; *röja undan:* remover, evacuar; *röja ur vägen: (döda)* assassinar, *(förinta)* annihilar

rök fumo; *gå upp i rök:* converter se in fumo, disparer in fumo; *ingen rök utan eld:* nulle fumo sin foco
röka *(tobak, fisk etc)* fumar; *(matvaror etc)* fumar, fumigar, suffumigar; *(ohyra)* fumigar
rökalstrande fumigene
rökare fumator; *för icke rökare:* 'nonfumatores'
rökbomb bomba fumigene
rökdesinfektions- fumigatori
rökelse incenso, olibano; *bränna rökelse:* incensar
rökelsekar incensario
rökelseoffer incensation; *den som förrättar rökelseoffer:* incensator
rökfylld fumose
rökgranat granata fumigene
rökig fumose
rökkupé (compartimento pro) fumatores
rökning *rökning för desinficering:* fumigation
rökpipa pipa
rökslukande fumivore
röksugande fumivore
rön attingimento; *(erfarenhet)* experientia; *(försök)* proba, prova
röna experir
rönn *bot* sorba, sorbiero
rönnbär *bot* sorba
röntgenapparat fluoroscopio
röntgenfoto röntgenogramma
röntgenfotografering radiographia
röntgengenomlysning fluoroscopia
röntgenplåt radiographia, röntgenogramma
röntgenstrålar radios Röntgen, radios X
röntgenstråle radio Röntgen, radio X
röntgenundersökning radioscopia
röntgenvetenskap röntgenologia
rör conducto, tubo, pipa; *anat* ducto; *(käpp)* canna; *(vass-)* canna; *(växt)* canna
röra *sb* mixtura, turbiditate; *(förvirring)* confusion, excitation, farragine, tumulto; *vb* concerner, mover; *(framkalla känslor) bildl* emover, emotionar, commover, toccar, afficer; *(fingra på)* tastar, palpar; *röra igen:* retoccar; *röra om (i brasa):* attisar; *röra om i:* agitar; *röra sig om:* concerner, tractar se de; *det rörar sig om:* il se tracta de; *röra upp känslor:* attisar; *röra vid:* toccar, tanger; *rör mig inte:* noli me tangere *lat*

rörande concernente, in re, re; *(gripande)* emovente, emotive, emotionante, emotional, pathetic
rörblomstrig *sb bot* flosculo; *adj* flosculose
rörd *(gripen)* emovite
rörelse movimento, motion, agitation; *(känsla)* emotion; *(oro)* confusion, excitation; *(fabriks-)* interprisa; *(samfärdsel)* communication; *(ständig, oupphörlig)* movimento perpetue; *rörelse mot kroppens mitt: fysiol* adduction; *sätta i rörelse:* agitar, mover; *sätta sig i rörelse:* poner se in marcha [-sha]; *rörelse-:* cinetic
rörelseenergi *(levande kraft)* fortia vive
rörelsemuskel musculo motor
rörelsenerv nervo motor
rörformig tubular
rörig turbide, confuse, chaotic, farraginose
rörledning pipa, tubo-conductor; *(för dränering)* aquiero; *(ledningsrör)* tubo de conducto/conduction
rörlig mobile, movibile; *pers* agile; *(verksam)* active
rörlighet agilitate, mobilitate
rörring *tekn* viriola
rörsocker sucro de canna
rörsopp *bot* boleto
rörtång clave a tubo
rörväxt canna
röst voce; *(vid val)* voto; *med dämpad röst: mus* sotto voce *ital* [soto votshe]; *räkna röster:* scrutiniar; *samvetets röst:* le dictamine del conscientia; *utan röst: med* aphone, aphonic; *röst-: mus* vocal
rösta votar; *(genom hemlig omröstning)* scrutiniar; *(genom namnupprop)* votar per appello nominal; *(med röstsedlar)* ballottar; *rösta på:* suffragar
röstförstärkare megaphono
röstning votation
rösträkning scrutinio
rösträtt suffragio; *allmän rösträtt:* suffragio universal
rösträttskvinna suffragette *eng* [safradʒet]
röstsedel ballotta, schedula de votation
röstspringan *(i struphuvudet) anat, zool* glotta, glottis
röstövning *(solosång utan text) mus* vocaliso
röta *sb* decomposition; *vb itr* putrer, putrescer, decomponer; *tr* putrefacer
rötmånad canicula, dies canicular; *som rör rötmånaden:* canicular
rötning putrefaction, decomposition
rötsår ulcere gangrenose
rötägg *(även bildl)* ovo putride
röva *(stjäla)* furar, robar; *(bortföra)* raper; *(plundra)* raper, rapinar, piliar, predar, sacchear
rövaraktig brigantesc
rövarband banda, banditos, banda de brigantes
rövare depredator, robator, raptor; *(bandit)* bandito, brigante; *rövar-:* brigantesc
rövarnäste nido de brigantes
röveri brigantage [-adʒe], rapineria, robamento; *(plundring)* rapto, rapina, piliage [-adʒe]

S

sabbat sabbato; *sabbats-:* sabbatic
sabel sabla; *hugga ned med sabel:* sablar
sabelkoppel porta-spada
sabin *(folkslag) hist* sabino; *sabinskornas bortrövande: hist* le rapto del sabinas
sabla *bildl* demolir, forte criticar; *sabla ned:* sablar
sabotera sabotar
sabotör sabotator
sachsare saxone
Sachsen Saxonia
sachsisk saxone
sackarin *kem* saccharina
sadel sella
sadelbom arcion
sadelbåge arcion
sadelgjord cingula, supercingula
sadelknapp pomo
sadelmakare sellero
sadelplats *(vid kapplöpningsbana)* paddock *eng*
sadeltäcke coperi-sella
sadist *(en som njuter av att plåga)* sadista
sadistisk sadista
sadla sellar, insellar; *sadla om: bildl* cambiar
saffian marocchin [-k-]
saffran safran
safir *(ädelsten)* sapphiro
saft succo; *(växt-)* lympha; *söt saft:* sirop; *saft-:*

succose
saftig succose; *(drypande av saft)* succulente
saftighet succulentia
saftkräm gelatina de succo
saga legenda, mytho; *(huvudsakligen om djur)* fabula; *(fornnordisk)* saga; *sago-:* feeric
sagesman informante, informator, narrator
sagoberättare fabulista
sagogryn sago
sagoland feeria
sagolik fabulose, legendari
sagospel *teat* feeria
Sahara Sahara; *Sahara-:* saharian
Saharaöknen Sahara
saharisk saharian
sak cosa, objecto; *(rätts-)* causa; *(angelägenhet)* affaire *fr*; *obetydlig sak:* iota; *till saken:* ad rem *lat; direkt till saken:* in medias res *lat*
sakförare advocato
sakförhållande facto
sakkunnig experte, competente
sakkunskap competentia
saklig objective, real
saklöst sin risco, tranquillemente
sakna carer, regrettar
saknad *(brist)* manco, carentia, privation; *i saknad av:* pro manco de; *känna saknad efter:* regrettar
saknas mancar, esser regrettate; *det saknas oss:* il nos manca
sakrament *(helig handling)* sacramento
sakramentskåp tabernaculo
sakta *adv* lentemente, lento; *mus* adagio [-dʒo]; *vb (minska)* diminuer; *(om klockor)* retardar; *klockan går 5 min för sakta:* le horologio se retarda 5 minutas; *sakta in/ner:* lentar, relentar, decelerar, bassar; *sakta!: interj* basso!, lento!
saktmod mansuetude, dulcor, moderation; *(eftergivenhet)* indulgentia
saktmodig dulce, mansuete, placide, indulgente
sakägare partita
sal sala, salon, hall *eng*
sala quotisar; *sala ihop till:* quotisar se pro
saladjär salatiera
salamander *zool* salamandra
salamanderaktig *zool* urodele
salami *(saltad och rökt korv)* salami
saldera saldar
saldo *(behållning på konto) ekon* saldo
salicylsyra acido salicylic
salig beate; *(lycklig)* felice; *min salig mor:* mi defuncte matre/mamma; *salig i åminnelse:* de memoria gloriose
saliggöra beatificar, salvar
saliggörande beatific, beatificante
salighet beatitude
salisk *hist* salic; *den saliska lagen:* le lege salic
saliv saliva; *avsöndra saliv:* salivar
sallad *bot* lactuca; *(mat-)* salata
salladsskål salatiera
Salomo *Salomos sigill: bot* sigillo de Salomon
Salomonöarna insulas Salomon
salong salon
salongsvagn wagon salon
salpeter salpetra, nitro, salnitro; *salpeter-:* nitric
salpeterhaltig nitrose
salpetersyra acido nitric, acido nitrose, aqua forte
salt *sb* sal; *engelskt salt:* epsomite; *med en nypa salt:* con un grano de sal, cum grano salis *lat; omvandla till ett salt: kem* salificar; *adj* salate, salin
salta salar
saltad salate
saltförande salifere
saltgruva salina, mina de sal
salthaltig salin
salthandlare salinero
saltkar saliera
saltlake muria, salmuria
saltning salatura
saltsur muriatic
saltsyra hydrato de chloro, acido chlorhydric acido, muriatic
salttillverkare salinero
saltväxt *bot* halophyta
salu *till salu:* a vender, vendibile
saluhall mercato coperite
salut salute, salva; *skjuta salut:* tirar un salva
salutera salutar
salva *(med skjutvapen) mil* salva; *avfyra en salva:* tirar un salva; *(marin)* bordada; *med* unction, unguento; *(kosmetik)* pomada
salvartad unctuose
salvelse unction

salvelsefull unctuose; *bildl* pathetic
salvia *bot* salvia
samarbeta collaborar, cooperar
samarbete collaboration
samarbetsvillig cooperative
Samarien *hörande till Samarien: adj* samaritan
samarier *(invånare i Samarien)* samaritano
samarit samaritano; *den barmhärtige samariten:* samaritano; *samariter-:* samaritan
samaritisk samaritan
samarium *(grundämnet samarium, Sm) kem* samarium
samband connexion, relation
sambo cohabitante
same lappon
samexistens coexistentia
samexistera coexister
samfund societate, association, federation; *(kyrka)* ecclesia
samfälld *(enig)* unanime; *(gemensam)* commun
samfärdsel communication, traffico
samhälle societate; *(ort)* communa; *samhälls-:* social
samhällelig social
samhällsanda civismo, solidaritate
samhällsfientlig antisocial, misanthrope
samhällsforskare sociologo
samhällsklass classe social
samhällslära sociologia
samhällsställning position social
samhörig affin, solidari
samhörighet connexion, relation, solidaritate, affinitate
samklang harmonia, accordo, unisono; *vara i samklang med:* harmonisar con
samkväm reunion, colloquio; *(afton-)* soirée *fr* [suare]; *(gästabud)* partita, reception
samla aggregar, colliger, concentrar, conglomerar, congregar, junger, recolliger, sociar, unir; *(sammansätta)* compilar, unir; *(folk)* assemblar; *(trupp)* attruppar; *samla ihop:* massar; *samla på hög:* accumular, cumular; *samla sig:* recolliger se; *samla till en flock:* attruppar
samlad collective, cumulative, unite
samlag copula, copulation; *med* coito
samlare collector, collectionista; *tekn* collector
samlas convenir, reunir, assemblar se, attruppar se
samling collection, gruppo, reunion, assemblea, aggregato, session, unimento; *(till enighet)* unification, association; *samling av tre:* triade; *samling med blandat innehåll:* miscellanea; *samling till en flock:* attruppamento; *stilla samling:* recolligimento
samlingssal *stor samlingssal:* aula
samljudande *adj* consonante
samma mesme, idem; *(helt lik)* identic; *på samma gång:* al mesme tempore, simul, al mesme momento; *på samma sätt:* del mesme maniera; *samma som:* identic a; *i samma verk, hos samma författare:* idem
sammaledes mesmo, equalmente
samman juncte, simul
sammanbinda junger, unir, conjunger
sammanblanda commiscer, miscer, mixtar; *(förväxla)* confunder
sammanblandad promiscue
sammanblandning commixtion, confusion
sammanbo cohabitar, conviver
sammanbrott fallimento; *med* collapso
sammandrabbning incontro
sammandrag compendio, resumito, summario, resumé *fr* [rezyme]; *göra sammandrag av:* compendiar; *sammandrags-:* contractile
sammandraga contraher, constringer; *(trupp)* concentrar, attruppar; *med* astringer; *sammandraga sig:* contraher se
sammandragande constringente; *sammandragande medel:* astringente
sammandragning constriction, contraction, convulsion; *med* succussion
sammanfall *astrol* synodo
sammanfalla *tid* coincider; *geom* congruer
sammanfallande congrue, congruente
sammanfatta resumer, epitomar
sammanfattare resumitor
sammanfattning compendio, resumito, summario, synopsis, resumé *fr* [rezyme]
sammanfattningsvis in summa
sammanflyta confluer
sammanflytande *sb* confluentia: *adj* confluente
sammanfoga adjunger, junger
sammanfogning adjunction, cohesion, contex-

tura, junctura

sammangadda *sammangadda sig:* conspirar

sammangyttra agglomerar

sammangyttring agglomeration, amassamento

sammanhang connexion, relation, coherentia, cohesion, continuitate, nexo; *(i sitt sammanhang)* contexto; *som beror på/framgår av sammanhanget:* contextual; *brist på sammanhang:* incoherentia, inconsistentia

sammanhållning solidaritate

sammanhäftande cohesive

sammanhäftning cohesion

sammanhängande coherente, cohesive, continue

sammanjämkning accommodation

sammankalla advocar, convocar

sammankallande *(av råd i romersk katolsk kyrka)* indiction

sammankallning convocation

sammankedja concatenar

sammankedjing concatenation

sammanklistra conglutinar

sammanklistring conglutination

sammankomst reunion, assemblea, convention; *(möte)* incontro, colloquio; *(hemlig)* conventiculo

sammanlagd total; *adv* in toto, in summa

sammanlänka concatenar, incatenar

sammanlänkning concatenation

sammanlöpande convergente

sammanpressa compactar, comprimer, constringer

sammanpressning compression, impaction

sammanrafsa colliger in haste/hastivemente

sammanrulla convolver

sammanrullad convolute

sammansatt complexe, composite; *ngt sammansatt:* composito

sammanslagning amalgamation, fusion, fusionamento

sammansluta *sammansluta sig:* unir se, associar

sammansluten *(i förbund)* federate

sammanslutning association, union; *(av företag)* trust *eng* [tr^st]

sammanslå unir, fusionar; *(lägga samman)* adder

sammansmälta funder se, unir se, fusionar

sammansmältning amalgamation, fusion, fusionamento; *(till en helhet)* integration

sammansnöra astringer

sammansnörning constriction

sammanströmning confluentia; *(av folk)* concurso

sammanställa collocar, combinar, juxtaponer; *(huvudsakligen ur andras verk)* compilar; *(ordna)* arrangiar [-dʒar]

sammanställd *(ej naturlig)* synthetic

sammanställning compilation, composition, synthese, synopse, synopsis; *(ställande sida vid sida)* juxtaposition

sammanstötning collision, choc [sh-], conflicto

sammansvärja *(göra upp planer mot)* conjurar; *sammansvärja sig:* conspirar

sammansvärjning conspiration, intriga, complot, conjuration

sammansätta componer, combinar

sammansättning composito

sammanträda reunir se

sammanträde reunion, session

sammanträffa coincider, concurrer, reunir

sammanträffande *sb* incontro, coincidentia, concurrentia, conjunctura; *adj* concurrente

sammantränga compactar

sammanväva contexer

sammanvävning contextura

sammanväxning coalescentia

sammastädes ibidem

sammelsurium farragine

sammet villuto

samordna coordinar

samordnad coordinate; *samordnade satser* propositiones coordinate

samordnare coordinator

samordning coordination

samovar samovar *ry*

samråda deliberar

samskola schola mixte

samspel insimul; *hemligt samspel:* collusion

samspela *(i hemlighet)* colluder

samspelande collusive, collusori

samspråk conversation

samstyre cogestion, condominio

samstämd *ej samstämd:* incongenial

samstämmig de concerto, unanime, unisone

samstämmighet accordo, consenso, unisono
samt *konj* e, assi que, assi como; *adv (vid uppräkning)* plus; *jämt och samt:* semper, sempre, semper e semper, continue, sin interruption
samtal conversation, discurso, dialogo, colloquio, interlocution; *vardagligt samtal:* confabulation; *samtals-:* interlocutori, *(som används i dagligt tal)* colloquial
samtala conversar, dialogar, colloquer, abuccar se
samtalsform *i samtalsform: adj* interlocutori
samtalspartner conversator
samtalsrum parlatorio
samtalsvis per conversation
samtalsämne thema de conversation, topico de conversation
samtid contemporaneitate
samtida contemporaneo; *samtida-:* contemporanee
samtiden le presente tempore, le tempore actual
samtidig contemporanee, simultanee, synchrone, synchronic; *samtidigt:* a mesme tempore, simul
samtidighet contemporaneitate, simultaneitate
samtliga omne; *(självst.)* omnes
samtycka consentir; *(godkänna)* approbar; *(instämma)* assentir; *(bevilja)* conceder
samtycke consentimento, assentimento, approbation, concession
samundervisning coeducation
samuraj samurai *jap*
samvaro reunion, passa-tempore commun
samverka collaborar, cooperar; *(till att)* concurrer
samverkan concerto, cooperation
samverkande *adj* cooperative; *samverkande grupp:* collectivo
samvete conscientia
samvetsagg remorso
samvetsbetänklighet remorso, scrupulo
samvetsgrann scrupulose, conscientiose, religiose
samvetskval remorsos
samvetslös inscrupulose, sin scrupulos
samvetsöm conscientiose; *vara samvetsöm:* non voler portar armas
samägande indivision
sanatorium sanatorio
sand sablo; *(fin)* arena; *täcka med sand:* arenar; *sand-:* arenari, arenacee
sanda arenar, sablar
sandad arenose
sandal sandalia
sandbank banco, arena, duna, sic(c)a
sandbehållare sabliera
sandig arenacee, sablose
sandjord terra sablose
sandjägare *zool* cicindela
sandkorn grano de sablo
sandlåda arenario, sabliera
sandning *(beströende el. täckning med sand)* insablamento
sandsten petra arenari
sandstrand arena
sandsäck sacco de terra
sandtag arenario, sabliera
sandwich sandwich *eng* [sändwitsh]
sanera *(sanera ngt förorenat, avlägsna föroreningar, sanera från smittoämne)* discontaminar
sangvinisk sanguinee
sanhedrin *(judiska Stora rådet) hist* Sanhedrin
sanitär sanitari
sank paludose; *gå i sank:* submerger
Sankte Nikolaus Sancte Nicolaus
sanktion sanction; *jur* sanction; *sanktioner (straffåtgärder mot ett land):* sanctiones
sanktionera sancir, sanctionar
sann ver; *(uppriktig)* sincer; *(verklig)* real
sannerligen vermente, realmente, de facto
sannfärdig verace, veridic
sannfärdighet veracitate
sanning veritate, facto; *i sanning:* in veritate; *sanningen att säga:* a dicer le veritate; *säga sanningen:* dicer le veritate
sanningsenlig ver, verace
sanningslös false, sin fundo, inverace
sannolik verisimile, verosimilante, probabile, presumptive; *sannolikt: adv* probabilemente
sannolikhet probabilitate, verisimilitude, verosimilantia; *jur* presumption
sannolikhetskalkyl calculo de probabilitate
sannskyldig verace, real
sans conscientia; *vid sans:* consciente; *sansa sig:* calmar se

sansad calme, quiete, sensate, sobrie; *(klok)* prudente
sanserif *typ* sans-serif
sanskrit *(fornindiskt indoeuropeiskt litteraturspråk)* sanskrito
sanslös inconsciente
sapotillväxt *(gummiträd) bot* sapotilia
sappör sappator
saprofyt *(växt som tar näring från ruttnande el. multnande ämnen) bot* saprophyto
saraband *(långsam, spansk dans) mus* sarabanda
saracensk saracen
sardell *zool* sardella
sardin *zool* sardina
Sardinien Sardinia; *från Sardinien:* sarde; *invånare i Sardinien:* sardo
sardinindustri sardineria
sardisk *(från Sardinien)* sarde; *sardiska språket:* sardo
sardonisk sardonic
sarga lacerar; *(såra)* ferir
sargassotång *bot* sargasso
sari *(indisk kvinnodräkt)* sari
sarkasm sarcasmo
sarkastisk mordente, sarcastic
sarkofag sarcophago
sarkom *(elakartad kräftsvulst) med* sarcoma
satan satan, diabolo
satanisk diabolic, satanic
satellit satellite
satinaktig satinate
satir satira
satiriker satirico
satirisk *(kvickt bitsk)* satiric
satkäring maga, viragine
sats *gram* phrase, proposition; *mat* proposition; *mus* tempore; *(t.ex. i symfoni)* movimento; *(blandning)* composition; *(botten-)* sedimento; *(läro-)* these; *(rund-)* these, principio; *(språng)* salto; *förbindelse av satser: gram* periodo; *i fyrstämmig sats:* in arrangiamento pro quatro voces; *logisk sats:* proposition
satsa *(kapital)* investir; *(pengar på)* deponer; *satsa en summa på ngt:* deponer un summa super un cosa
satsbyggnad composition del phrase
satsdel parte del phrase; *mus* phrase
satslära *gram* syntaxe
satt *(om person)* truncate, robuste
sattyg diaboleria
saturnisk saturnal, saturnie
Saturnus *(planeten)* Saturno
satyr satyro
sav *bot* savio; *träden savar:* le savio monta
savann savanna
sax cisorios *plur*
saxhorn *mus* saxcorno, saxocorno
saxofon *mus* saxophono
scen scena, estrade *fr* [estrad]; *ställa till en scen:* facer un scena (con alicuno); *utrymme under scenen: hist* hyposcenio
scenario scenario
sceneri scenas
scenisk scenic
scenmaskinist *teat* machinista [-k-]
scenmästare inscenator
scenografi scenographia
scepter sceptro
schack chaco [sh-], chacos; *schack!:* chaco!
schackbräde chachiero [shakiero]
schackel manilla
schackmatt chaco [sh-] mat, mat; *göra schackmatt:* matar
schackpjäs pecia de chacos [sh-]
schackra trocar
schacktävling partita de chacos [sh-]
schah *(persisk kejsare)* shah, schah
schakal *zool* chacal [sh-]
schakt *(gruv-)* puteo, ducto; *(urgrävning)* excavation; *(sand-)* arenario
schakta excavar, terrassar; *schakta bort:* levar le terra
schal chal [sh-], fichu *fr* [fishy]
schampo shampooing *eng* [shempu:ing]
schamponering shampooing *eng* [shempu:ing]
scharlakan scarlato
scharlakansfeber *med* scarlatina, febre scarlatin
scharlakansröd scarlatin, vermilie
schas *schas!:* foras!
schasa *schasa bort:* chassar [sh-]
schattering umbra, nuance *fr*
schatull cassetta
schavott scafolt
schavottera scafoltar

schejk sheik [sh-]
schema schema [sk-]
schematisera schematisar
schematisk schematic
scherzo *(glatt musikstycke) mus ital* scherzo [skertso]
schimpans *zool* chimpanze [sh-]
schizofren *med* schizophrenic [skitsofrenik]
schizofreni *med* schizophrenia [skitsofrenia]
Schlesien Silesia; *Övre/Nedre Schlesien:* Alte/ Basse Silesia
schlesier silesiano
schlesisk silesian
schottis schottisch *ty* [shotish]
schwabare suabo
Schwaben Suabia
schwabisk suabe; *schwabiska dialekten:* suabo
Schweiz Suissa, Helvetia, Switza [switsa]
schweizare suisso, switzo [switso]; *hist* helvetio
schweizergardist *(hos påven)* suisso, switzo [switso]
schweizerost caseo suisse, caseo switze [switse]
schweizisk suisse, switze [switse], helvetic, helvetie; *schweiziska gardet:* le guarda switze
Schwyz *kantonen Schwyz:* Switza [switsa]
schäslong lecto de reposo
Scipio Scipio
scirocco *(het, fuktig vind från sydost i Italien)* sirocco
scrotum *anat* scroto
se vider; *(titta)* reguardar; *(åse)* spectar; *(få se själsligt)* apperciper; *se!, se här!:* ecce! [ektse]; *se bort ifrån:* abstraher de; *se efter:* respicer; *se igenom:* perspicer, *(igen)* revider; *se ned på: bildl* despectar; *se på:* ocular; *se på TV:* televider; *se tiden an:* attender; *se till:* attender a, *se till att...:* attender que ..; *se upp!:* attention!; *se ut, synas:* semblar, parer; *se bra ut:* haber un belle aspecto; *se över, granska:* revider
sebra *zool* zebra
sebu *(indisk puckeloxe) zool* zebu
sed more; *(bruk)* costume, habitude, usage [-adʒe]; *goda seder:* mores; *seder och bruk:* costume
sedan *prep* ab, de, desde, post, depost, depois; *(orsaksgrund) konj* pois que, post que, depost que, viste que; *(därpå) adv* pois, pois illo, postea; *sedan länge:* desde longe; *allt sedan:* desde; *sedan dess:* desde alora; *sedan igår:* ab heri, depost heri, desde heri; *för 2 dagar sedan:* ante duo dies, duo dies retro
sedefördärv depravation, immoralitate, perversitate
sedel schedula; *(banksedel)* billet de banca, nota de banca
sedermera pois illo, plus tarde
sedesam decente, modeste; *(ärlig)* honeste
sedeslös immoral, luxuriose, lascive, sin mores; *(otuktig)* obscen, perverse
sediment sedimento
sedimentär *geol* sedimentari
sedlig moral, ethic
sedlighet moralitate, ethica
sedvanerätt derecto consuetudinari
sedvanlig consuetudinari, consuete, habitual, ordinari, usual, traditional; *sedvanligt:* de costume
sedvänja consuetude, costume, habito, habitude, uso, usage [-adʒe]
seg *(även bildl)* tenace, viscose; *(hård)* dur
segel *vela; för fulla segel:* a plen vela; *sätta segel:* facer vela, poner al vela; *under segel:* sub vela(s)
segelbar navigabile
segelbåt veliero, barca a vela
segelduk canevas, tela, tela a velas
segelfartyg nave a vela, veliero
segelflyg volo planate
segelflyga planar
segelgarn corda
segelled route *fr*/passage [-adʒe] de navigation
segelmakare velero
segelyta *sjöt* invirgatura
seger victoria, triumpho, vincimento
segerrik victoriose
segertecken tropheo, signo de victoria
segertåg procession triumphal
segerviss secur de vincer
seghet tenacitate
segla *allm* navigar, ir a velas, vogar; *segla längs kusten:* costear; *segla runt, runda:* duplar; *segla runt om:* circumnavigar
seglare marinero, nauta
segling navigation (a vela); *sport* voga, yachting *eng*

segment *geom* segmento

segna *segna ned:* cader, collaber

segra ganiar, vincer, triumphar

segrare victor, vincitor, triumphator; *sport* champion [sh-]

sejdel bicario; *en sejdel öl:* un pinta de bira, un bock

sekant *mat* secante

sekel seculo

sekelskifte cambio de seculo

sekret *(ngt avsöndrat från körtel)* secretion

sekretariat secretariato

sekreterare secretario, *(kvinnlig)* secretaria

sekreterarpost secretariato

sekreterarskap secretariato

sekretion secretion

sekt secta; *sekt-:* sectari

sekteristisk sectari

sektion section; *(del av sats) mus* parte

sektor sector

sekularisera secularisar

sekulär secular

sekund secunda; *(tvåtonsintervall, andra skaltonen) mus* secunda

sekundant secundo

sekundera secundar

sekundär secundari

sekvens sequentia

sele harnese

selektivitet *(radio o.dyl.)* selectivitate

selen *(grundämnet selen, Se) kem* selenium

selleri seleri

seltyg harnese; *sätta seltyg på:* harnesar

semafor semaphoro

semantik semantica

semantisk *(hörande till betydelseläran)* semantic

semasiologi semasiologia

semester vacantias, villegiatura; *ha semester:* feriar; *vara på semester:* vacar

semikolon puncto e virgula

seminarium *(forum för problemdiskussion)* seminario

semit semita

semitisk semitic; *semitiska språk (arab., hebr.):* linguas semitic

sen tarde, tardive; *(försenad)* in retardo, retardate; *sen-:* synovial

sena *anat* chorda, nervo, tendine, tendon

senap mustarda

senapsburk mustardiera

senapsgas *kem* yperite

senare depois, depost, plus tarde, postere, posterior, subsequente, ulterior

senast al plus tarde; *den senaste:* le plus tarde

senat *(ofta indirekt valt parlament)* senato

senator senator; *senators-:* senatorial

senband *anat* ligamento

sendrag *sendrag i nacken: med* torticollis

Senegal *invånare i Senegal:* senegalese

senegalesisk senegalese

senfärdig morose

senfärdighet morositate

sengångare *zool* tardigrado

senil senil

senior *(den äldre)* senior, patre; *Anders Berg senior:* Anders Berg patre

sensation sensation

sensationell sensational

sensualism *filos* sensualismo

sensuell sensual

sent *adv* tarde

sentens gnoma; *(stående talesätt)* sententia

sentimental sentimental

separatist secessionista, separatista

separator separator

separera separar; *som kan separeras:* dissociabile

sepiabrun sepia

september septembre

septett *(ensemble av sju instrument/röster) mus* septetto

septim *(septima, sjutonsintervall, sjunde skaltonen) mus* septima

sequoia *bot* sequoia

seraf serapho

serafisk seraphic

seralj seralio

serb serbo

Serbien Serbia

serbisk serbe; *(serbisk kvinna)* serba; *serbiska språket:* serbo

serbokroatisk serbocroate; *serbokroatiska språket:* serbocroato

serenad serenada

sergeant *mil* sergente [-dʒente]

sericin *(äggviteämne i silke)* sericina
serie serie; *serie-:* serial
seriell serial
serpentin *(gruvterm)* serpentino; *(smalt hoprullat pappersband)* serpentino
serum sero
serumaktig serose
server *data* server *eng*, servitor
servera servir
serveringsbord credentia
serveringsbricka tabuliero de servicio
servett servietta
service servicio
servicestation garage [-adʒe]; *innehavare av servicestation:* garagista [-dʒi-]
servil *(krypande)* serve
servis servicio
servitut *jur* servitude
servitör servitor
servosystem servomechanismo [-k-]
serös serose
sesam *(ört) bot* sesamo
setter *(en jakthund)* setter
Sevilla *från Sevilla:* sevillan
sex *(6)* sex; *(kön)* sexo
sexfaldig sextuple
sexfaldiga sextuplar, sextuplicar
sexfotad *zool* hexapode
sexfoting *zool* hexapodo
sexhörnig hexagon, hexagonal
sexhörning hexagono
sexig sexy *eng* [seksi]
sexmånaders- semestral
sexmånadersperiod semestre
sexsidig *mat* hexahedre
sexsiding *(kropp med sex begränsningsytor) mat* hexahedro, hexagono
sexstavig *litt* hexasyllabe
sext *(sextonsintervall, sjätte skaltonen) mus* sexta
sextant *sjöt* sextante
sextett *(ensemble av sex instrument/röster) mus* sextetto
sextio sexanta
sextionde sexantesime, sexagesime
sextioårig sexagenari
sexton dece-sex, sedece
sextonde dece-sexte
sfinx sphinge
sfär sphera
sfärisk globular, globulose, spheric
sfäroid *geom* spheroide
shareware *data* programma/software condividite, shareware *eng*
shogun *(japansk furste)* shogun *jap*
show show *eng* [shou]
shunt *elektr* derivation; *tekn* shunt *eng* [shant]
si *(solmisationsstavelsen si/ti) mus* si
sia predicer, vaticinar
Siam *invånare i Siam:* siamese
siamesisk siamese; *siamesiska tvillingar:* geminos siamese
siare mago
Sibirien Siberia
sibirier siberiano
sibirisk siberian, siberic; *sibirisk gran:* abiete siberic
sicilianare siciliano
siciliansk sicilian; *siciliansk herdedans:* siciliana; *sicilianska:* siciliana
Sicilien Sicilia
sickativ *(torkmedel för oljefärger och fernissor)* sic(c)ativo
sicksack *gå/röra sig i sicksack:* zigzagar
sida flanco, latere; *(av en sak)* aspecto; *(i bok m.m.)* pagina; *på andra sidan: prep* extra, ultra; *sätta i hop sidor:* compaginar; *vid sidan av:* a parte; *vid sidan om, vid någons sida:* al latere de; *åt sidan:* al latere; *sido-:* lateral, incidental
siden seta; *av siden: adj* seric; *siden-:* seric, setose
sidenaffär seteria
sidenduk foulard *fr* [fula:r]
sidenfabrik seteria
sidenglänsande setose
sidennäsduk foulard *fr* [fula:r]
sidenscarf foulard *fr* [fula:r]
sidenvaror seteria
sidnumrera paginar
sidobyggnad annexo
sidoinkomst emolumento
sidoordning *gram* parataxis
sidorot *bot* radicella
sidoskepp *(i kyrka) arkit* nave (lateral)
sidovinklar *mat* angulos adjacente

sierra sierra *sp*
sierska pythonissa, sibylla; *sierske-:* sibyllin
siffra cifra, numero
sig se; *sig själv:* se mesme
sigill sigillo; *bryta sigill:* dissigillar; *Salomos sigill (getrams): bot* sigillo de Salomon
sigillbevarare guarda-sigillos
sigma *(grekiska bokstaven)* sigma; *mat* sigma
signalera signalar
signalering signalamento
signalhorn klaxon
signalmast semaphoro
signatur firma, signatura
signera firmar, signar
sikt *(vy)* vista; *(i luft)* visibilitate; *(såll)* colatorio, cribro, setasso; *(för mjöl o.dyl.)* colo, setasso, tamisio
sikta colar, visar, punctar; *(mjöl o.dyl.)* cribrar, setassar; *(med skjutvapen)* visar, mirar; *(syfta till att)* mirar a; *(bli varse)* discoperir, apperciper; *sikta bort:* cerner; *sikta på:* visar a
sikte *mil* visor; *(synhåll)* vista; *(på skjutvapen)* mira; *icke lämna ur sikte:* non lassar ex vista; *tappa ur sikte:* perder de vista
siktlinje linea de collimation
siktning colatura
sil colo, colator, colatorio, cribro, filtro, percolator; *sil-, hålförsedd som en sil:* cribrose, cribriforme
sila filtrar, colar, cribrar, percolar; *sila igenom:* infiltrar se, percolar; *åter sila:* recolar
silhuett silhouette *fr* [siluet]
silikat silicato
silikos *med* silicosis
silke seta; *silkes-:* setose
silkepapper papiro de seta
silkesglänsande satinate
silkeslen setose
silkesmask bombyce, larva de seta
silkesmaskodlare seri(ci)cultor
silkesmaskodling seri(ci)cultura
sill *zool* haringo; *rökt sill:* haringo fumate
sillake salmuria de haringo
sillbulle *gastr* bolletta de haringo
silning colatura
silo silo *sp*
siluett profilo
silver argento; *(grundämnet silver, Ag) kem* argento; *av silver:* argentin; *silver-:* argentee, argentin, argentose
silverarbete argenteria
silverbröllop nuptias de argento
silverfisk *(fjällborstsvans) zool* lepisma
silverfärgad argentee, argentin
silverförgiftning *med* argyrismo
silvergran *bot* abiete albe
silverhaltig argentose
silvernitrat *kem, med* petra infernal
silversmed argentero
silversmedja argenteria
silversmide argenteria
silvrig argentee
simbassäng natatorio, piscina
simblåsa *zool* vesica natatori
simbyxor calceones de banio
simhall piscina
simhud membrana natatori
simhudsförsedd *(fot) zool* palmate
simma natar; *sim-:* natatori
simmare natator; *simmar-:* natatori
simmig dense, viscose
simning natation
simoni *(handel med andliga ämbeten)* simonia
simpel *(enkel)* simplice, ignobile; *(vanlig)* vulgar, ordinari, trivial; *(lumpen)* vil, infame
simpelhet bassessa
simskola schola de natation
simsnäppa *zool* phalarope
simsätt modo de natation
simtag braciata
simulant fingitor
simulera finger, simular
sin *(med subst. efter)* su; *(utan subst. efter)* sue; *(syftande på ord i 3 pers plur)* lor
sina *pron* su; *(syftande på ord i 3 pers plur)* lor; *vb* sic(c)ar se; *bildl* diminuer
Sinai *berget Sinai:* le monte Sinai
Sinaihalvön le peninsula del Sinai
sinekur *(ämbete utan plikter)* sinecura
singel *sport* singule; *(sten)* gravello
sinister sinistre
sinka *sb mus* cornetto; *vb (försena)* retardar; *sinka bort:* perder
sinkenist *mus* cornettista
sinnad *vara sinnad:* voler, esser inclinate, *(ämna)* intender

sinne mente, flair *fr* [flæ:r]; *(fallenhet)* interesse, inclination; *(sinnesorgan)* senso; *sjätte sinne:* secunde vista; *sinnes-:* mental
sinnebild emblema, symbolo
sinnebildlära symbolismo
sinnelag temperamento, character, disposition
sinnesbeskaffenhet temperamento, humor
sinnesförfattning mentalitate, constitution
sinnesförvirring confusion
sinneslugn tranquillitate de spirito
sinnesnärvaro presentia de spirito; *(kallblodighet)* sanguine frigide
sinnesro serenitate, tranquillitate mental
sinnesrubbad demente, insan, alienate; *(rasande)* maniac; *('konstig')* folle, lunatic
sinnesrubbning alienation
sinnesrörelse commotion, emotion, perturbation; *(stark)* passion
sinnessjuk alienate, insan
sinnessjukdom psychose, psychosis
sinnesslö mentecapte; *allm* imbecille
sinnesstämning stato mental/de anima
sinnestillstånd stato de anima
sinnesvilla hallucination; *ha sinnesvillor:* hallucinar
sinnevärld mundo visibile/physic
sinnlig sensual; *(kroppslig)* physic, material; *(förnimbar)* sensibile; *(vällustig)* voluptuose, carnal, voluptuari; *sinnlig som en faun:* faunesc
sinnlighet eroticismo, sensualitate, voluptate, voluptuositate; *filos* sensualismo
sinnrik genial, ingeniose; *(uppfinningsrik)* inventive
sinnrikhet finessa, ingeniositate
sinologi *(läran om kinesiska språket och litteratur)* sinologia
sinsemellan inter se, reciprocamente
sinuit *med* sinusitis
sinus *anat* sino; *mat* sino, sinus; *med* sinus
sionist sionista
sionistisk sionista
sipp prude *fr* [pryd]
sippa *bot* anemone; *(backsippa)* pulsatilla
sippra *itr* percolar, manar; *(droppa)* stillar; *sippra fram:* exsudar; *sippra igenom:* percolar; *sippra ut (t.ex. om nyhet): bildl* transpirar
sira ornar, decorar
sirad ornate
sirap sirop, melassa
sirapsaktig siropose
siren *(alla bet.)* sirena; *(mistlur, apparat för varningssignal)* sirena; *siren-:* sirenie
Sirius *astron* canicula; *som rör Sirius:* canicular
sirlig elegante, gratiose, ornate; *(om person)* ceremoniose
sirlighet elegantia, gratia, ceremonia
siska *(grå-) zool* Carduelis flammea *lat*; *(grön-)* Carduelis spinus *lat*
sist *adj* ultime, ultimate; *adv* le ultime, le ultime vice; *till sist:* finalmente, ultimemente, in fin; *näst sist:* penultime; *sista viloplats:* ultime demora
sistfödd *sb* ultimogenito; *adj* ultimogenite
sistliden ultime
sistnämnd *den/det sistnämnda:* isto
sits *(ett slags bomullstyg)* indiana
sitt *pron* su; *(syftande på ord i 3 pers plur)* lor
sitta seder, esser sedite; *(som skräddare)* quattar; *sitta av häst:* dismontar, descender; *sitta bredvid el. nära:* assider; *sitta fast (vid):* adherer; *sitta kvar:* restar; *sitta med (vid förhandlingar):* assider; *sitta modell:* posar (como modello); *sitta upp:* montar, ascender; *sitta uppe, vaka:* vigilar
sittande sedentari
sittbad medie-banio
sittbadkar semicupio
sittgöra travalio sedentari
sittning *(hos målare etc)* posa
sittplats sede
situation situation, conjunctura; *besvärlig situation:* predicamento; *invecklad situation:* imbrolio; *låst situation:* impasse *fr* [eñpas]
sjal chal [sh-]; *(lång)* stola
sju septe
sjuda bullir, effervescer, subbullir; *(koka)* bullir; *(om sinnet även)* ferver; *(skumma)* scumar; *tr* facer bullir
sjudubbla septuplar, septuplicar
sjufaldig septuple
sjufaldiga septuplar, septuplicar
sjuk malade, morbide; *bli sjuk:* cader malade
sjukavdelning infirmeria

sjukdom mal, maladia, morbo, affection; *som en sjukdom:* morbide
sjukdomsalstrande *sjukdomsalstrande bakterie:* germine pathogenic
sjukdomsfall caso de maladia
sjukdomsframkallande pathogene
sjukdomslära nosologia, pathologia
sjukdomstecken *tidigt sjukdomstecken:* prodromo
sjukgymnastik gymnastica medical; *med* physiotherapia
sjukhem hostello
sjukhus hospital; *(mental-)* hospital de dementes; *lägga in på sjukhus:* hospitalisar; *sjukhus-:* hospitalari
sjuklig delicate, infirme, invalide, morbide; *(med dåligt hälsotillstånd)* valetudinari; *sjuklig person:* valetudinario
sjuklighet infirmitate; *(sjukligt tillstånd)* morbiditate
sjukling malado, morbido
sjuksköterska infirmera
sjukstuga infirmeria
sjukvård servicio medical, assistentia public
sjukvårdare guarda-malades, infirmero
sjumannaråd septemvirato
sjunde septime
sjunga *mus* cantar; *sjunga igen:* recantar
sjunka merger, submerger; *(falla)* declinar, descender, decrescer; *(om fartyg)* naufragar; *(sätta sig, ge efter)* subsider; *sjunka till botten:* affundar se
sjusovare dormitor, grande dormitor
Sjustjärnorna *astron* Pleiades
sjusträngad *mus* heptachorde
sjuttio septanta
sjuttionde septantesime, septagesime
sjutton dece-septe
sjuttonde dece-septime
sjuttondedelen le dece-septime parte, le dece-septimo
sjuårig septennal
sjåare stivator; *(slusk)* vagabundo
sjåpig inepte
själ anima, spirito, mente, pneuma; *(vetensk.)* psyche [psike], pneuma
själamässa requiem; *årlig själamässa:* obito
själaringning soneria funebre
själasörjare pastor
själatåg *ligga i själatåget:* esser in agonia
själavandring transmigration (del animas); *rel* metempsychose
själavård cura
själfull animate, spiritual, expressive
själlös insipide, apathic, inanimate
själsbefryndad *ej själsbefryndad:* incongenial
själsfrånvarande distracte
själsfrände sympathisante, coidealista
själsförmögenhet facultate mental
själskval agonia
själslig psychic
själsliv vita mental/psychic
själsläkekonst psychiatria
själsrörelse emotion
själsstor magnanime
själsstyrka fortia mental, fortitude
själstillstånd stato mental
själv mesme, ipse; *(frivilligt)* sponte; *(till och med)* mesmo; *av sig själv:* automaticamente; *det förstås av sig själv:* illo es clar/evidente
självaktning respecto de se mesme, amor proprie
självanalys *(skådande in i sig själv) psyk* introspection
självantändning autoignition, combustion spontanee
självbedrägeri delusion, illusion
självbefruktande homogame
självbefruktning *bot* autofecundation
självbehärskning auto-controlo, autodomination; *utan självbehärskning:* incontinente
självberöm elogio de se mesme
självbevarelsedrift instincto de (su) conservation
självbildad autodidacte
självbiografi autobiographia
självbiografisk autobiographic
självdeklaration declaration (del revenitos/invenitos)
självdisciplin autodisciplina
självdyrkan egolatria
självförebråelse remorso
självförgudning egotismo
självförnekande abnegation
självförnekelse abnegation
självförsvar defensa legitime

självförsörjning autarkia
självförtroende confidentia in se mesme; *utan självförtroende:* diffidente
självgisslare *hist* flagellante
självgående *adj* automobile
självhäftande autoadhesive
självhärskardöme autocratia
självhärskare autocrate
självironi auto-ironia
självisk egoistic
självklar axiomatic, evidente, natural, obvie, trivial; *självklart: adv* naturalmente
självklarhet evidentia, truismo
självkänsla amor proprie
självljud *fon* vocal
självlysande fluorescente, phosphorescente
självlärd *adj* autodidacte; *självlärd person:* autodidacto
självmant sponte, de (bon) voluntate
självmedvetande conscientia de su proprie valor
självmord suicidio; *självmords-:* suicidal
självmotsägelse inconsequentia
självmördare suicida
självplågeri *med* masochismo [-k-]
självrådig autoritari; *(envis)* obstinate
självservering auto-servicio
självskriven natural, de derecto
självstudium autodidactica, studio sin maestro
självstyrande autonome
självstyre autonomia
självstyrelse autonomia; *(regionalt)* home rule *eng* [houm ru:l]
självständig independente, libere, substantive; *pol* autonome
självsupplering *(val där redan invalda väljer in ytterligare styrelseledamöter)* cooptation
självsvåld indisciplina, licentia, capricios; *(starkare)* dissolution
självsäker secur de se mesme
självsäkerhet securitate de se mesme
självtillit confidentia in se mesme
självuppoffring abnegation
självupptagen egocentric
självutplånande autoexterminante
självverkande automatic
självverksamhet activitate personal
självändamål fin proprie
sjö *(insjö)* laco; *(hav)* mar; *(våg)* unda; *gå till sjöss:* devenir marinero, *(om fartyg)* partir (del porto), prender le mar, poner le vela; *hög sjö:* mar grosse; *i öppen sjö:* in alte/plen mar; *sjö-:* nautic
sjöanemon *bot* actinia, anemone de mar
sjöborre *zool* echino [-k-]
sjöborresläktet *zool* echinoides [-k-]
sjöbuss lupo de mar
sjöduglig navigabile
sjöelefant elephante de mar
sjöfarare navigator, marinero, homine de mar
sjöfart navigation
sjöflygplan *(som kan landa på vatten)* hydroaeroplano
sjöfolk marineros, gente de mar
sjöfågel ave(s) marin
sjöfärd cruciera
sjöförklaring reporto/processo verbal de naufragio
sjöförsvar defensa maritime
sjöförsäkring assecurantia maritime
sjögräs *bot* fuco, fucus, herba marin
sjögrön verdemar, glauc
sjögång undeada, mar grosse
sjöhäst *zool* hippocampo
sjöjungfru sirena, undina; *den lilla sjöjungfrun:* le parve sirena
sjökapten capitano de mar; *mil* capitano de marina
sjökort carta marin
sjökrig guerra naval
sjölag codice maritime
sjöledes per mar
sjömakt potentia maritime/naval
sjöman marinero, marino, nauta
sjömansskap *mil* manovras
sjömil millia marin
sjömärke marca de navigation, boia
sjömärkessystem boiada, boiage [-adʒe]
sjönöd periculo de mar
sjöoduglig innavigabile
sjöofficer officiero de marina
sjöresa viage [-adʒe] naval/marin
sjörätt derecto maritime
sjörövare pirata, corsario, bucanero, filibustero
sjöröveri pirateria

sjösjuka mal de mar
sjöskada avaria
sjöskadad avariate
sjöskum scuma de mar
sjöslag battalia naval
sjöstad citate maritime
sjöstjärna *zool* asteria, stella de mar
sjöstycke *(målning)* marina
sjösätta lancear
sjösättning lanceamento
sjötransport transporto maritime
sjötunga *zool* solea
sjövan accostumate al mar
sjövärdighet navigabilitate
sjöväsen marina
skabb *med* scabie
skabbig scabiose
skabrös scabrose
skada *sb* damno, lesion, injuria, ferita, contusion, detrimento, prejudicio; *med, psyk* trauma; *det är skada att:* il es regrettabile que; *lida skada:* suffrer; *ta skada:* patir; *tillfoga skada:* damnificar; *som vållar skada:* maleficente; *vb* nocer, damnificar, injuriar; *(såra)* ferir, leder; *(slå sönder)* contunder; *skada ngn:* facer mal a un persona, nocer a un persona; *skade-:* damnose
skadad lese
skadande maleficente
skadedjur animal nocive, vermina; *utrota skadedjur:* disinfectar; *utrotning av skadedjur:* disinfection
skadeglad malitiose, maligne
skadeglädje malitia, gaudio maligne
skadelös indemne, compensate; *hålla skadelös:* disinteressar, indemnisar
skadeslöshet indemnitate
skadestånd indemnisation, indemnitate, reparation; *ge skadestånd:* reparar
skadlig damnose, detrimentose, infeste, malefic, malfaciente, nocente, nocive, nocue, perniciose, pestilente, prejudicial, deleterie; *(farlig)* periculose
skaffa procurar, acquirer; *(förse)* fornir, provider, suppler; *(fram)* procurar; *ha att skaffa med:* haber affaires con; *skaffa sig (ngt):* acquirer, procurar se (un cosa); *som kan skaffas:* acquiribile
skafferi dispensa, guarda-mangiar [-dʒar]; *(lokal från vilken mat utdelas)* dispensa
skaft fuste; *(handtag)* manico; *(på växter)* pedunculo; *(blom-)* pedicello; *(på kolonn) arkit* fuste
skaftad immanicate; *bot* pedunculate, pedicellate
skaka succuter, agitar; *itr* tremer, tremular, trepidar; *(kraftigt)* concuter; *(vibrera)* vibrar; *(svänga)* oscillar; *(vagga, om växter etc)* brandir, nutar; *få att skaka:* conveller; *skaka om:* perturbar
skakande concussive
skakel timon
skakning concussion, fremito, succussa; *(stark)* percussion
skal pelle; *zool (t.ex. hummer-)* scalia; *(snäck-)* concha, conchylio; *bot* gluma; *(skorpa)* crusta; *(bark)* cortice; *hårt skal: zool, bot* testa; *med skal:* crustose, scaliose
skala *sb* scala; *mus* gamma, scala; *i skala 1:10000:* a scala de un a dece milles; *vb* scaliar, pellar, decorticar
skalartad scaliose
skalbagge *zool* coleoptero, scarabeo
skald poeta, menestrel; *(framför allt hist)* bardo
skaldestycke poema
skaldinna poetessa
skaldjur *zool* crustaceo(s), testaceos; *skaldjurs-:* crustacee
skalenlig *minska/öka skalenligt:* reducer/augmentar secundo le scala
skalk *(skälm)* galliardo, burlator
skall sonantia; *(skarpt)* stridor; *(hund-)* latrato
skalla resonar
skalle *anat* cranio, testa
skallerorm *zool* crotalo
skallgång recerca per truppa de succurso; *(vid jakt)* battita
skallig calve
skallighet calvitia
skallra strepitar, strider
skalm gamba; *(på glasögon)* branca
skalmeja *mus* calamello, calamo
skalp scalp
skalpell *(kirurgisk kniv med infällbart blad)* bisturi
skalpera scalpar

skalv percussion, tremor; *(jord-)* tremor de terra

skam infamia; *(blygsel)* pudor, vergonia; *(vanära)* dishonor, ignominia; *(publ.)* disgratia; *bringa på skam:* falsificar

skamfilad maltractate

skamfläck macula de infamia

skamkänsla pudor

skamlig infame, ignobile, dishoneste, dishonorabile, ignominiose, indigne, vergoniose

skamlighet ignominia, indignitate

skamlös impudic; *(cynisk)* cynic

skamlöshet impudor

skampåle pilori

skamsen vergoniose

skamvrå angulo de dishonor

skandal scandalo

skandalpress pressa a scandalo

skandalös scandalose

skandera metir; *(vers)* scander

skandinav scandinavo

Skandinavien Scandinavia

skandinavisk scandinave

skandium *(grundämnet skandium, Sc) kem* scandium

skanna *data* scan/n/ar

skannare *tekn* scan/n/ator (*se* **bildläsare**)

skans *mil* reducto, fortino; *(på fartyg)* castello de proa

skapa crear, formar, generar, ingenerar, configurar, conformar; *(framställa)* producer

skapande *sb* configuration; *adj* creative, creator

skapare creator; *Skaparen:* le Creator

skaparförmåga creativitate

skaparlust creativitate

skapelse *(skapandet, ngt skapat)* creation; *(det skapade)* creatura; *skapelsen:* genese, genesis; *(världen)* creation; *skapelse-:* genesiac

skapelsedagarna le jornos genesiac

skaplig *('skaplig')* passabile

skaplynne character

skapular *(ärmlös kåpa) rel* scapulario

skara banda, truppa, grege, multitude

skarp acerbe, acre, acrimoniose, argute, mordente, pungente, trenchante [-sh-]; *(vass)* acute, acuminate, trenchante [-sh-]; *(genomträngande)* argute; *(besk)* acre; *(stickande)* piccante; *(kryddad)* condite; *(om person)* aspere, brusc; *(sträng)* sever; *(bitande, etsande)* parsimoniose, caustic; *mycket skarp:* vitriolic; *skarpt, surt vin:* vino verde

skarprättare executor

skarpsill *zool* sprat

skarpsinne astutia, sagacitate

skarpsinnig acute, argute, astute, sagace, subtil

skarpsinnighet acumine, penetration

skarpskytt tirator

skarpsynt perspicace

skarpsynthet perspicacia

skarv *zool* corvo marin, cormorano; *(fog)* junctura

skarva *(hopfoga)* junger; *(förlänga)* allongar, prolongar; *(ljuga)* mentir

skarvskena *(på räls)* coperi-juncto

skata *zool* pica

skatt *(även bildl)* tresor, thesauro; *(avgift)* taxa, imposto; *(påtvingad)* tributo, imposition; *skatt på varje enskild person:* capitation; *indriva skatter:* perciper; *samla skatter:* thesaurisar; *upptagning av skatter:* perception; *skatte-:* fiscal

skatta *(upp-)* valorar, evalutar; *pers* estimar; *betala skatta:* pagar imposto, contribuer

skatteflykt evasion fiscal, evasion de taxas

skatteindrivare perceptor, publicano

skattemässig fiscal

skattepliktig taxabile

skatteutjämning repartition

skatteutskrivning imposition

skatteverk thesaureria

skattkammare thesauro, thesaureria, tresoreria

skattmästare cassero, thesaurero, tresorero

skattskyldig *sb* contributario; *adj* tributari

skava *(riva)* raspar; *(skrapa)* grattar; *(nöta)* usar, fricar; *(på hud)* excoriar

skavank menda

skavsår excoriatura

ske evenir, occurrer, accider, haber loco

sked coclear; *en sked full:* coclearata

skede phase, periodo; *(långt)* epocha

skedformat cocleariforme

skedstork *zool* spatula

skela esser strabe

skelett skeleto

skelögd strabe; *vara skelögd:* esser strabe

skelögdhet *med* strabismo

sken brillantia, lucentia, lustro; *bildl* apparentia, semblantia; *ha sken av:* apparer; *under sken av:* sub le pretexto de; *sätta av i sken:* mitter se in fuga

skena *sb* rail *eng* [reil]; *(stöd-)* planchetta (de bandage [-adʒe]); *vb itr* mitter se in fuga; *bildl* currer/hastar furiosemente

skenbar apparente, semblante, illusori; *(efter vad man låter påskina)* ostensibile

skenben *anat* tibia; *skenbens-:* tibial

skendöd *sb* lethargia, lethargo, morte apparente

skenfäktning sciamachia [-k-]

skenhandling simulacro

skenhelig bigot; *vara skenhelig:* esser hypocrita

skenhelighet hypocrisia

skenmanöver *sport* finta

skepnad figura; *(skapnad)* forma; *(spöke)* phantasma

skepp nave, veliero, *(större)* vascello; *(i kyrka)* nave; *typ* galea; *skepp med tre årrader:* trireme; *skepps-:* naval

skeppsbro quai *fr* [ke]

skeppsbrott naufragio; *lida skeppsbrott:* naufragar

skeppsbruten naufrago

skeppsfart nautica

skeppsförråd *sjöt* cambuso

skeppskanon *(liten) mil* falconetto

skeppsklarerare consignatario de naves, agente maritime

skeppskock *sjöt* cambusero

skeppskocka darsena

skeppskök *sjöt* cambuso

skeppslast barcata

skeppsmäklare cortiero maritime

skeppsredare armator

skeppsrigg manovras

skeppsskrov corpore del nave

skeppssnabel rostro

skeppsvarv cantier naval

skeppsvrak *sjöt* carcassa

skepsis incredulitate

skeptiker sceptico

skeptisk incredule, sceptic

sketch *teat* sketch

skev oblique, prave, torte, torquite; *bildl* false

skick *(sätt)* maniera; *(uppförande)* conducta; *(sed)* costume, usage [-adʒe], more; *skick och bruk:* mores; *vedertaget skick:* convention; *(tillstånd)* stato; *i gott/dåligt skick:* in bon/mal stato; *sätta i skick:* reparar, renovar; *sätta i skick igen:* rehabilitar

skicka inviar; *(en person)* facer venir; *(en representant)* delegar; *skicka bort:* emitter, deportar; *skicka efter:* requirer, facer venir; *skicka runt:* circular; *skicka sig:* conducer se; *skicka ut:* mitter, expedir; *skickat: data* inviate

skickebud messagero [-adʒero]

skickelse providentia; *(öde)* fato

skicklig habile, capabile, capace, dextere, dextre, efficiente, proficiente, *(överlägset)* virtuose

skicklighet capabilitate, dexteritate, habilitate, *(utomordentlig)* virtuositate; *skaffa sig skicklighet:* habilitar se

skida *bot* gluma; *(frukt-)* siliqua; *anat, bot, zool* theca; *(fodral)* vaina; *(sen-)* vagina; *(snö-)* ski; *åka skidor:* skiar

skidbox *(på biltak)* porta-skis

skidlift teleski

skidlöpare skiator

skidstav baston de skiator

skidställ porta-skis

skidåkare skiator

skidåkning ski; *skidåkning i pist:* ski de pista; *skidåkning utanför pist:* ski extra pista

skiffer ardesia; *geol* schisto

skiffertak tecto de ardesia

skift *(arbets-)* periodo (de alternation)

skifta *(byta om)* cambiar; *(dela)* partir, divider; *(omväxla)* alternar; *(ändra)* variar

skiftande *adj* variante, oscillatori, variabile, volubile

skifte partition (legal), division, vicissitude; *(avlösning)* alternation; *(ombyte)* cambiamento

skiftesbruk alternation de cultura

skiftesvis alternativemente; *skiftesvis sittande (om blad): bot* alterne

skiftning *(förändring)* cambiamento, variation, oscillation; *(färg etc)* nuance *fr*, umbrage [-adʒe]

skiftnyckel clave universal

skikt strato; *geol* jacimento, strato; *(folk-)*

classe; *samhällets lägsta skikt:* le basse fundos del societate

skikta *(uppdela i skikt) geol* stratificar

skildra depinger

skilja appartar, separar, disjunger; *(dela)* divider; *(sär-)* distinguer; *(äkt makar)* divorciar; *(om mening)* diverger; *(av-)* separar, distachar [-sh-]; *skilja mellan:* differentiar; *skilja sig, vara olika:* differer; *skilja ut:* cerner

skiljaktig differente, discrepante

skiljaktighet diversitate

skiljande differentiation

skiljas *(i äktenskap)* divorciar

skiljbar separabile

skiljd discrete

skiljedom arbitrage [-adʒe], arbitramento, arbitration; *avgöra genom skiljedom:* arbitrar

skiljedomare arbitrator, arbitro

skiljedomsförfarande arbitration

skiljetecken signo de interpunction

skillnad differentia; *göra skillnad på:* differentiar, discriminar; *skillnads-:* differential

skilsmässa separation; *(äktensk.)* divorcio

skimmer lucer, brillar; *(glans)* brillantia, fulgiditate

skimra *(skina)* lucer; *(glänsa)* brillar

skimrande fulgide; *skimrande pärla:* perla oriente

skina brillar, lucer, splender; *skina igenom:* translucer

skinande *adj* brillante, flammante, fulgide, lucide, nitide, splendide; *göra skinande, klar:* lucidar

skingra disperger, dispersar; *(driva bort)* chassar [sh-], divulgar; *(bortslösa)* dissipar, prodigar

skingrad dissipate

skingras disperger, dispersar se, disperger se

skingring dispersion

skinka *(maträtten)* gambon

skinn cute; *(med hår)* pelle, tension; *(ytterhud)* epidermis; *(läder)* corio; *byta skinn:* spoliar se; *flå skinnet av:* pellar; *gyllene skinnet:* le tonsion de auro; *rädda skinnet:* salvar su pelle; *sälja sitt skinn dyrt:* vender car su pelle

skinna excoriar; *bildl* piliar

skinnbagge *(insekt) zool* hemiptero

skinnhandlare pelliciero

skinnpäls pellicia

skinnvaror pellicierias

skism schisma

skiss designo, plano, schizzo *ital* [skitso]

skissera contornar, delinear, esbossar, schizzar [skitsar]

skissering delineamento, delineation

skit merda

skiva *sb (rund)* disco; *tekn* rondella; *(för dator)* disco; *(tunn)* lamina, *(även bot och zool)* lamella; *(fest)* festa, festeada; *(bröd, kött)* trencho [-sh-]; *vb* laminar

skivbytare cambia-discos

skiventusiast discophilo

skivning *(svamp)* agarico

skivsamlare discophilo

skivsamling discotheca

skivspelare torna-discos

skivväxlare cambia-discos

skjorta camisa; *i skjortärmarna:* in gilet *fr* [ʒile], in bracio de camisa

skjortbröst *stärkt skjortbröst:* plastron

skjortärm *i skjortärmarna:* in manicas de camisa

skjul remissa; *(öppet)* hangar, appendente

skjuta *(m. gevär)* tirar; *(av-)* discargar; *(dräpa)* fusilar; *(förflytta)* dislocar; *skjuta fram:* avantiar; *skjuta ner:* fusilar; *skjuta på:* pulsar, ajornar; *skjuta skott: bot* germinar; *skjuta samman: bildl* quotisar; *skjuta in i varandra:* telescopar; *skjuta ngn med en pil:* flechar [-sh-]

skjutbana barraca de tiro

skjutdörr porta glissabile

skjutning tiro

skjuts equipage [-adʒe]; *(skjutsning)* transporto

skjutsa transportar (in cochi [-shi], auto etc)

skjutvapen arma de foco

skjutövning exercitio de tiro

skleros *med, biol* sclerosis

sko *sb* scarpa; *(toffel)* calceo, calceolo; *(stövel)* botta; *(känga)* bottina; *taga av sig skor:* discalcear (se); *vb (häst)* ferrar

skoband cordon

skock truppa, banda; *(djur-)* grege; *skocka sig:* attruppar se, amassar se

skodon calceatura

skog foreste, silva, bosco, *(liten)* boschetto; *(snår-)* macchia; *gå i utkanten av en skog:* costear un foreste; *plantera skog:* forestar; *skövla skog:* deforestar; *skogs-:* forestal, silvatic
skogig silvan
skogklädd silvan
skogrik forestose, silvose
skogsarbetare forestero
skogsavverkning exploitation del foreste; *(baggböleri)* deforestation
skogsbruk arboricultura, foresteria, silvicultura; *skogsbruks-:* forestal
skogsbryn bordo del foreste
skogsbygd region forestal
skogsdunge bosco, boschetto, arboreto
skogsgud *myt* fauno
skogshuggare abattitor, lignator
skogsinstitut instituto forestal
skogsnymf *bot* hamadryade
skogsrå fee del silvas
skogsskata *zool* gaio
skogvaktare forestero guarda-bosco, guarda-foreste
skohorn calceator, discalceator
skoj *(bedrägeri)* duperia, charlataneria; *(skämt)* joculo, burla; *(väsen)* ruito, rumor, charivari [sh-]
skoja dupar; *(väsnas)* ruitar, rumorar
skojare canalia, charlatan *fr* [sh-], cavallero de industria, saltimbanco; *ge sig i lag med skojare:* incanaliar se
skojeri charlataneria [sh-]
skojfrisk jocose, galliarde
skola *sb* schola; *(högre än grund-/folkskola)* schola secundari; *(högre än den obligatoriska)* collegio; *gå i skolan:* ir a schola; *hålla skola:* tener schola; *vb* deber; *du skall icke stjäla:* tu non debe furar; *(hjälpverb)* vader; *jag skall börja (inom nära framtid):* io va comenciar; *jag skall resa i morgon:* io va partir deman; *(fostra)* educar; *skol-:* scholar
skolastisk scholastic
skolbetyg attesto scholar; *(i enskilt ämne)* nota
skolflicka scholera
skolföreståndare director de schola
skolgosse scholero
skolios *(ryggradskrökning i sidled) med* scoliosis
skolkamrat camerada, conscholero
skollov vacantias; *ha skollov:* feriar
skollärare instructor, preceptor
skolman pedagogo
skolstyrelse direction de schola
skoltermin semestre
skolungdom juventute de schola
skomakare bottinero, scarpero
skona sparniar; *(benåda)* gratiar, amnestiar
skonare *sjöt* goletta, schooner *eng*
skoningslös sin pardono, sin misericordia
skonsam indulgente, venial; *vara skonsam:* indulger
skonsamhet indulgentia, venia
skopa alveolo; *(på mudderverk)* alveo
skoputsare lustra-scarpas
skorpa *(skal)* crusta, incrustation; *(bakverk)* biscuit; *med skorpa:* crustose; *omge med en skorpa:* incrustar
skorpbildning incrustation
skorpion *zool* scorpion; *stjärnbilden Skorpionen: astron* Scorpion
skorra *(i öronen)* strider; *skorra på r:* gutturalisar le r; *skorrat r:* r uvular
skorsten camino
skorstensfejare caminero, brossa-caminos, fumista
skorv *med* favo; *(på hud)* crusta, furfure; *(sjukdom)* scabie
skorvig furfuracee, furfurose; *med* favose
skoskav excoriation (al pede); *få skoskav:* excoriar se le pede; *jag har fått skoskav:* le scarpas me ha excoriate
skosmörja cera (pro scarpas), lustra-scarpas
skosnöre lacetto
skosula solea
skot *sjöt* scotta
skota *skota an:* attirar le scotta
skotsk scote, scotese, scotic
skott *(gevärs-)* tiro; *bot* graffo, branca germinante, planton; *(i fartyg)* clausura (hermetic)
skotta palar; *skotta snö:* palar/levar le nive
skottavla scopo; *fys* cible
skottdag die/jorno intercalari
skotte scoto
skotthåll distantia de tiro, portata
skottkärra carretta de mano

Skottland Scotia
skottlinje linea de foco
skottsår vulnere de tiro
skottvidd portata
skottår anno bissextil
skovel pala, *(liten)* spatula, paletta
skovelhjul rota de palettas
skral insan, debile, sin fortia
skramla *sb* stridalia, sonalia; *vb* streper, strider, strepitar, crepar, crepitar
skrammel crepito, strepito, ruito
skrank barriera, barra; *skrankor:* barrieras, limines
skrapa *sb bildl* blasmo, reprimenda; *vb* rader, grattar, dragar; *(med rasp)* raspar; *med* curettar; *skrapa rent:* rasar
skrapande grattamento
skrapig abrasive
skrapjärn grattator; *(rivjärn)* raspator
skrapning abrasion, radimento; *med* curettage [-adʒe]
skratt riso; *homeriskt skratt:* riso homeric
skratta rider; *skratta ut ngn:* derider alicuno; *skratta åt:* derider, irrider, rider de; *ngt värt att skratta åt:* risibilitate
skrattmås laro ridibunde
skrattretande risibile, ridicule
skrattsalva risada
skreva *sb* fissura; *vb* distender (le gambas), finder se
skri crito
skria critar; *(gällt)* strider
skribent scriptor
skrida passar/vader lentemente; *(glida)* glissar; *skrida fram:* avantiar, progreder; *skrida framåt:* proceder
skridsko patin; *åka skridsko(r):* patinar; *(rull-)* patin de rotas
skridskobana patinatorio
skridskolöpning patinage [-adʒe]
skridskoåkare patinator
skridskoåkning patinada
skrift scripto, scriptura; *(sättet att skriva ett ord)* graphia; *(det skrivna)* publication, brochure *fr* [broshy:r]; *i skrift:* in scripto; *den heliga skrift:* le sancte Scriptura; *gå till skrift:* confessar; *läran om forntida skrift:* paleographia; *skrift mellan raderna:* interlineation; *skrift-:* graphic
skrifta *skrifta sig:* preparar se al communion
skriftermål *(katolsk)* confession; *(protestantisk)* preparation al communion
skriftlig scripte; *skriftligen:* per scripto
skriftlärd scriba
skriftspråk lingua litterari
skriftställare autor, homine de litteras, scriptor
skriftväxling correspondentia
skrik crito, clamor
skrika critar; *(gällt)* strider; *(tjuta)* ulular; *(vråla)* vociferar; *(om spädbarn)* vagir; *skrika ut:* clamar
skrikhals critardo
skrikig critarde; *(om färg)* stridente
skrin cassa, cassetta; *(låda)* pyxide
skriva scriber; *(författa)* componer; *skriva av:* copiar; *skriva egenhändigt:* autographiar; *skriva in:* inscriber, matricular; *skriva in sig:* inscriber se; *(som student t.ex.)* matricular se; *skriva ner värdet på (en valuta):* depreciar; *skriva under:* subscriber; *skriva upp:* notar; *skriva (ut) på maskin:* dactylographar, typar; *skrivande mellan raderna:* interlineation; *en som skriver av:* transcriptor; *en som skriver dåligt:* cacographo
skrivare scriptor; *(offentlig)* scriba; *data* impressor, imprimitor
skrivblock submano
skrivbord scriptorio, tabula de scriber, bureau *fr* [byro]; *data* desktop *eng*, scriptorio
skrivbordslåda tiratorio
skrivelse scriptura; *(brev)* lettera, littera; *officiell skrivelse:* missiva
skrivfel error de scriptor/de copista
skrivhjulsskrivare impressor a margarita
skrivhäfte quaderno
skrivkramp crampo de scriptores
skrivmaskin machina [-k-] de scriber, dactylographo
skrivpapper papiro a scriber
skrivställ scriptoria
skrivtecken signo graphic, character; *(i bildskrift, t.ex. kinesiskt)* ideogramma
skrivteckensystem graphia
skrivunderlägg submano
skrock superstition

skrocka *(onomat.)* cluccar

skrockande cluccada

skrockfull superstitiose

skrodera fanfaronar

skrodör fanfaron

skrofler *med* scrofula

skrofulös *med* scrofulose

skrot cosalia, mitralia; *(järn-)* ferralia

skrota *skrota ned:* demolir

skrothög cumulo de ferralia

skrotmejsel cisello

skrov carcassa

skrovlig *(för känseln)* aspere; *(rynkig)* rugose; *(ojämn)* rude, inequal; *(röst)* rauc; *göra skrovlig:* inraucar

skrovlighet asperitate, rugositate, rudessa, raucitate, inraucamento

skrubba grattar; *(borsta)* brossar; *(gnida)* fricar; *skrubba golv:* lavar (le parquet)

skrubbsår abrasion, contusion

skrud *(klädsel)* vestimento, garbo

skrumpen corrugate, rugose

skrumpna contraher se; *skrumpna in:* crispar

skrumpning *biol, med* involution; *med* cirrhosis

skrupel scrupulo; *(gammal apoteksvikt)* scrupulo

skrupelfri inscrupulose; *skrupelfri ambition:* arrivismo

skrupulös scrupulose

skruv vite; *mat* helice

skruva vitar; *skruva i:* vitar; *skruva av/ur:* disvitar

skruvgänga filetto

skruvmejsel torna-vite

skruvmutter matre-vite

skruvnyckel clave a vite

skruvstäd tenalia de banco

skrymma esser spatiose

skrymsle angulo, retiro

skrymta esser hypocrita

skrymtaktig hypocritic

skrymtare hypocrita

skrymteri hypocrisia

skrynkla *sb* ruga; *vb* rugar, corrugar; *(vecka)* plicar, crispar

skrynklig rugose, corrugate, plicate, plicose

skryt fanfaronada, vanteria, vangloria; *skryt och skrävel:* rodomontada

skryta fanfaronar, vantar (se), vangloriar (se); *(göra en skrytsam uppvisning)* ostentar; *skryta om:* vantar se de

skrytmåns fanfaron, rodomonte

skrytsam vangloriose, vanitose, fanfaronic, ostentatiose; *(flärdfull)* vanitose, vangloriose; *skrytsam person:* fanfaron; *skrytsam uppvisning:* ostentation

skrytsamhet vangloria

skrå corporation, casta, guilda

skrål *(skrik)* critada, ululada; *(högröstat tal)* vociferation; *(stim)* charivari [sh-]

skråla vociferar

skrålande vociferante

skråma grattatura, contusion

skräck espavento, terror; *injaga skräck:* horrificar, terrer, terrificar; *injaga skräck i:* terrificar, terrorisar

skräckinjagande terribile, terrificante

skräckslagen terrificate; *(plågad)* terrorisate

skräckvälde terrorismo

skräddare sartor; *(tillskärare)* taliator; *skräddare-:* sartorial

skrädderi sartoreria; *skrädderi-:* sartorial

skräll crac, fracasso

skrämma espaventar, terrer, terrificar, intimidar; *skrämma bort:* chassar [sh-]; *skrämma upp:* alarmar; *'som kan skrämmas':* espaventabile, intimidabile

skrämmande espaventabile

skrämsel intimidation; *(rädsla)* timor, pavor; *(orsak)* terror, horror

skräna critadar, ulular, vociferar

skräp cosalia(s), bric-à-brac *fr*, immunditias; *(lumpor)* chiffonalia [sh-], robalia; *gammalt skräp:* antiqualia; *värdelöst skräp:* bric-à-brac *fr*

skräpa esser in disordine

skräppapper papiralia

skräpsak cosalia

skrävel fanfaronada, vanteria

skrävla fanfaronar, vantar

skrävlande magniloquente

skrävlare rodomonte

skröplig fragile, debile, caduc, decrepite, infirme, vetuste; *(moraliskt)* fragile; *göra skröplig:* infirmar

skröplighet decrepitude, delicatessa, infirmitate; *(också moraliskt)* fragilitate

skuff *(knuff)* pulsata

skuffa pulsar; *skuffa omkull:* subverter

skugga *sb* umbra; *i skuggan av:* al umbra de; *nattens skuggor:* umbras del nocte; *skuggan av ett tvivel:* umbra de dubita; *som ger skugga:* umbrifere; *vb* umbrar

skuggboxning sciamachia [-k-]

skuggig umbratile, umbrifere, umbrose

skuggrik umbrose

skuggsida latere umbrate/umbrose; *bildl* reverso (del medalia)

skuld debita, culpabilitate; *(förfallen)* debito; *(skuld(er), handelsterm)* passivo; *(fel, ngns)* culpa, falta; *(orsak)* causa; *(för ngt)* blasmo; *(för att ha gjort ngt ont)* culpa; *lägga skulden på:* incriminar; *resterande skuld:* arretrato; *stå i (tacksamhets)skuld till:* esser indebitate a

skuldavlastning *jur* discarga

skuldbelastad debitose, indebitate; *(av förseelser)* culpabile

skulderblad scapula; *anat* omoplate

skuldförbindelse obligation

skuldra *anat* spatula, humero; *skulder-: anat* humeral

skuldsatt debitose

skuldsätta indebitar; *skuldsätta sig:* indebitar se

skull *för ...s skull:* pro; *för den skull:* pro illo

skulle *sb (hö-)* fenario; *vb (av skola, kond.)* velle; *(uttryckes även med verbformen -ea) ex.:* haberea = velle haber, esserea = velle esser, venirea = velle venir

skulptera sculper

skulpterad sculpte

skulptris sculptrice

skulptur sculptura

skulptör sculptor

skum scuma, spuma; *med skum:* spumifere

skumartad spumicie, spumose, scumose

skumfylld scumose

skumgummi cauchu/gumma spuma

skumhöljd spumose

skumma *tr* scumar; *itr* spumar, effervescer; *(av vrede)* fumar; *(bilda skum)* scumar; *skumma av:* scumar; *skumma grädde:* scumar crema, discremar; *skumma mjölk:* disbutyrar

skummande *sb* effervescentia; *adj* scumose, spumante

skummig spumose; *(med skum)* spumifere

skummjölk lacte discremate

skumrask crepusculo

skumögd de oculos turbide

skunk *zool* skunk

skur *(regn-)* cadita/cascada de pluvia; *(av hagel)* ... de grandine

skura *(polera)* polir; *(putsa metall etc)* furbir; *(rensa)* deterger; *(golv)* lavar

skurborste brossa a lavar

skurk brigante, villano, scelerato, ruffiano; *(skojare) litt* picaro; *(skälm)* canalia

skurkaktig brigantesc, villan, scelerate; *skurkaktig verksamhet:* ruffianeria

skurkaktighet villania

skurkstreck briganteria, villania, sceleratessa

skuta navetta, veliero

skutt salto

skutta saltar, currer saltante, trottar

skvadron *mil* esquadron

skval *(-musik, etc)* ruito, gurgulio

skvala *(porla)* gurguliar, murmurar; *(strömma)* fluer lentemente; *regnet skvalar ned:* il pluve a torrentes; *skvala i t.ex. takränna:* gurguliar

skvalande gurguliada

skvaller garrulage [-adʒe], commatrage [-adʒe], reporto; *(förtal)* calumnia, calumniation, cancanes

skvallertant commatre

skvallra *(förtala)* calumniar, denigrar; *(om ditt och datt)* garrular, commatrar; *skvallra ur skolan:* reportar

skvalp clapotage [-adʒe], gurgulio

skvalpa *(stilla)* gurguliar; *(häftigt)* clapotar

skvätt *(droppe)* gutta; *liten skvätt:* qualque guttas

sky *sb (moln)* nube; *(ovädersmoln)* nubilo; *höja till skyarna:* panegyrisar; *överdragen av skyar:* obnubilate; *gastr* succo *(t.ex.* succo de carne); *vb (undvika)* evitar, fugir

skydd *(beskydd)* protection, prevention; *(försvar)* defensa; *(laglig)* tutela; *(konkret)* refugio; *skydds-:* protective

skydda proteger; *(bevaka)* guardar; *(försvara)* defender, tutorar, refugiar; *(trygga)* salveguardar

skyddande *adj* protective, tutelar(i)

skyddsande genio tutelari
skyddshelgon patrono/a (sancte)
skyddshäkte prision preventive, detention preventive
skyddslikhet *biol* mimetismo
skyddsling cliente protegé *fr*
skyddsmedel preservativo
skyddsrum camera protective, refugio
skyddsvall vallo; *(v. befästning)* terrapleno
skyddsvärn palladio
skyddsängel angelo-guardiano, angelo tutelar(i)
skyfall torrente de pluvia, pluvia torrential
skyffel pala; *en skyffel full:* palata
skyffla palar
skygg timide; *(om djur)* salvage [-adʒe]
skygghet timiditate, pavor
skygglapp *(även bildl)* paraoculo
skyhög altissime
skyl *(sädeskärvar)* mole de garbas
skyla *(täcka)* coperir; *(dölja)* celar, occultar
skyldig culpabile, debite; *(pengar)* debitose; *(straffbar)* culpabile; *vara skyldig:* deber, esser culpabile
skyldighet deber, obligation; *befria från skyldigheter:* redimer
skyldra *(gevär)* presentar le armas
skylla *skylla på:* blasmar, imputar, mitter le culpa a; *(urskulda sig)* excusar se
skylt *(dörr-)* placa; *(reklam-)* insignia
skylta *(med varor)* exponer, monstrar
skyltfönster vitrina
skyltvakt guardia
skymf offensa, insulto, affronto, indignitate
skymfa offender, insultar, dishonorar; *skymfa ngn:* inveher
skymflig dishonorante, disgratiante
skymma *tr* obscurar, impedir le vista, offuscar; *itr* crepuscular
skymmande offuscation
skymning crepusculo; *skymnings-:* crepuscular
skymningssvärmare *zool* sphinge
skymt umbra; *en skymt av hopp:* un grano de sperantia; *få en skymt av:* intervider
skymta apperciper, observar con pena/difficultate; *itr* esser a pena visibile, esser appercipite
skynda hastar; *skynda sig:* hastar, precipitar se; *skynda på:* accelerar, urger
skyndsam expeditive, rapide; *(trängande)* urgente; *skyndsamt: adv* rapido, rapidemente
skyndsamhet rapiditate, urgentia
skynke tela, pecia de tela
skyskrapa gratta-celo
Skytien Scythia; *invånare i Skytien:* scythico
skytisk scythic; *skytiska språket:* scythico
skytt tirator; *stjärnbilden Skytten: astron* Sagittario
skyttegrav *mil* trenchea [-sh-]
skyttelinje linea de tiro
skåda *(se)* vider; *(åse)* spectar; *(titta)* reguardar; *(få syn på)* apperciper; *skåda in i sig själv:* introspicer
skådeplats scena, arena
skådespel spectaculo, drama
skådespelare actor, actrice; *(med nedsättande bibetydelse)* histrion
skådespelerska actrice
skål bassino, bocal; *(mindre)* bassinetto; *(flat)* scutella; *(sopp-)* terrina; *(bägare)* bicario, cuppa, vaso; *(grund)* bassinetto; *(välgångs-)* toast *eng*; *interj, skål!:* salute!, a vostre sanitate!, *(töm glaset!)* toast *eng* [toust]
skåla toastar, tostar; *en som skålar:* tostator
skålla escaldar
skållning escaldatura
skålpund libra (svedese) = 425 g; *100 el. 122 skålpund:* quintal
skålsnäcka *zool* patella
Skåne Scania
skåp armario; *(kläd-)* guarda-roba; *(litet)* cabinetto
skåpbil furgon
skåpsupa biber furtivemente/secretemente
skåra incisura, fissura; *borra skåror:* fresar
skägg barba; *mumla i skägget:* murmurar intra su dentes; *(fäste för bl.a. galjonsfigur på träskepp) sjöt* talia-mar; *anlägga skägg:* barbar; *raka av skägg:* disbarbar
skäggig barbate
skägglös sin barba, imberbe
skäggstrå pilo de barba
skäl *(orsak)* causa, ration; *(bevisgrund)* argumento; *(bevekelsegrund)* motivo; *(förevändning)* pretexto; *göra skäl för sig:* meritar su salario
skälig juste, rationabile

skälla *sb* sonalia; *vb (om hundar)* latrar; *(gräla)* querelar; *(smäda)* insultar, vituperar, injuriar; *(tillrättavisa)* reprimendar; *skälla ut:* objurgar, vituperar; *skälla våldsamt på:* inveher

skällsord invectiva

skälm burlator; *(skojare)* charlatan *fr* [sh-], canalia; *skälm-:* picaresc

skälmaktighet joculo, burla

skälmsk joculose, burlesc

skälva fremer, tremer, succuter; *(av rädsla)* trepidar; *(darrning i lemmar el. underkäke) med* trepidation

skälvande *sb* trepiditate; *adj* tremule, trepide

skälvning fremito, fremimento, tremor

skämd guastate; *(rutten)* putride

skämma guastar; *(skada)* damnificar, deteriorar; *(klema bort)* amollir; *skämma bort, fördärva:* guastar, vitiar; *skämma ut:* dishonorar; *en som skämmer bort:* guastator

skämmas *(blygas)* vergoniar se, haber vergonia; *(ruttna)* putrer; *få att skämmas:* avergoniar

skämt burla, facetia, joco, joculo, gag *eng*; *(underhållning)* divertimento, amusamento; *litet skämt:* joculo

skämta burlar, jocar

skämtare burlator

skämtsam jocose, jocular, spiritual, facete, facetiose, burlesc

skämttidning magazine *eng* humoristic/de humor

skämttävlingar *(rid-, motortävlingar)* gymkhana

skända dishonorar, ultragiar [-dʒar], violar; *(vanhelga)* profanar, violar; *skända en flicka:* dishonorar un puera

skändlig atroce, ignominiose, infame

skändlighet atrocitate, ignominia

skändning violation

skänk *(gåva)* dono, donation; *till skänks:* como dono

skänka donar, munerar; *(efter-)* remitter; *skänka i:* infunder

skänkel *(på sax etc)* gamba; *(tekn även)* branca

skäppa *(gammalt rymdmått, 36,35 l)* modio

skär *sb mar* scolio, basse fundo; *(egg)* talia, filo; *adj* rosa, rosee; *skär-:* incisori

skära *sb* falce; *(mån-)* crescente, falce de luna; *formad som skära el. lie:* falciforme; *vb* secar, taliar, trenchar [-sh-]; *(meja)* falcar; *(om smärta)* lancinar; *skära av:* abscinder, defalcar, precider, secar, trenchar [-sh-], truncar; *skära bort: med* excisar, extirpar, resecar; *skära igen:* retaliar; *skära in:* incider, incisar; *skära ner:* reducer; *skära sig: mus* dissonar; *skära tänder:* strider; *skära ut/ur:* excider; *skära i små bitar:* minutiar

skärande *adj* incisori, trenchante [-sh-]; *(gäll)* stridente; *(skarp)* trenchante, taliante; *skärande ljud:* stridor

skärbar secabile

skärbräde planca de trenchar [-sh-]

skärbönor *gastr* haricots verts

skärfläcka *zool* avoceto

skärgård archipelago

skärm guarda, para-vento, para-fango, paratorrente, guarda-foco *(etc)*; *(film, TV-, data-, radar-)* schermo; *mil* mantelletto; *(på mössa)* visiera

skärmblad *bot* bractea

skärmmössa caschetto

skärmytsling scaramucia

skärning section; *mat* intersection

skärningspunkt puncto de intersection

skärp cinctura, charpa [sh-]

skärpa *sb* acuitate, acutessa; *vb* acutiar, acuminar; *(vässa)* affilar; *bildl* intensificar, aggravar, exacerbar

skärpning acutiamento, aggravation, exacerbation

skärpt acuminate

skärseld purgatorio

skärskåda examinar, analysar, scrutiniar

skärslipare affila-cultellos

skärtorsdag jovedi sancte

skärv obolo

skärva fragmento

sköka meretrice, prostituta

sköld scuto; *(harnesk)* plastron; *(vapen-)* insignia

sköldborg *(under antiken) mil* testudine

sköldbrosk- *anat* thyr(e)oide

sköldbärare scutero

sköldemärke figura/emblema heraldic

sköldkörtel glandula thyr(e)oide

sköldmö amazon, valkyria

sköldpadda *zool* tortuca, testudine

sköldtak *(under antiken) mil* testudine
skölja baniar, abluer; *skölja av:* abluer; *skölja halsen:* gurguliar; *skölja ut:* irrigar; *skölja över med kanna:* irrigar; *som kan sköljas ut: med* irrigabile
sköljkanna *med* irrigator
sköljning ablution; *med* lavage [-adʒe]
sköljspruta *med* irrigator
skön *sb* libere voler; *adj* belle
skönhet beltate, *(stor)* venustate; *litt* pulchritude
skönhetscrème crema
skönhetsmedel medio de beltate
skönhetsvårds- cosmetic
skönja apperciper
skönjas apparer, esser visibile
skönjbar apperceptibile, appercipibile
skönlitteratur belles-lettres *fr* [beletr], le belle litteras
skönlitterär belletristic
skönmålning *bildl* imbellimento
skönskrift calligraphia; *skriva skönskrift:* calligraphiar
skönsmässig discretional, discretionari
sköntal *(förskönande omskrivning)* euphemia
skör delicate, fragile, frangibile, friabile
skörbjugg *med* scorbuto
skörd recolta, messe; *(med lie el. slåttermaskin)* falcatura; *en dags skörd:* falcata
skörda recolliger, recoltar; *(med lie)* falcar; *skörda vindruvor:* vindemiar
skördearbetare falcator
skördemaskin recoltatrice
skördetröska recoltatrice combinate
skörhet fragilitate, frangibilitate
sköta *(vårda)* curar, coler; *(handha)* manear; *(tillse)* attender; *(behandla)* tractar
sköte gremio; *bildl* sino; *i familjens sköte:* in le gremio del familia, in le sino del familia; *som hör till skötet/famnen:* gremial
sköterska *(barn-)* nutrice; *(sjuk-)* infirmera
skötsam attente, diligente
skötsel cura, servicio; *(av jord)* cultura, agricultura
skövla devastar, piliar; *skövla skog:* deforestar
skövling piliage [-adʒe]
sladd corda, cordon; *elektr* cordon electric
sladder commatrage [-adʒe], garrulada, garrulage [-adʒe]
sladdra commatrar
sladdrig molle, lasse; *(pratig)* garrule
slag battimento, percussion, pulsata; *(hugg)* colpo; *(fält-) mil* combatto, battalia; *med* apoplexia; *(oroligt)* palpitation; *(puls-)* pulso, pulsation; *(hjärtats)* battimento; *på slaget 9:* a novem horas al puncto; *utdelande av slag:* ferimento; *utkämpa slag:* battaliar; *(fartygsskrovs rundning) sjöt* sentina; *(art)* genere, sorta, *(särskilt bot & zool)* specie; *alla slags:* omne/tote sortas de; *av annat slag:* alien; *i sitt slag:* sui generis *lat; vad för slag?:* que?; *vad för slags?:* qual?; *slag-:* percutente
slaga flagello; *tröska med slaga:* flagellar
slaganfall *med* apoplexia
slagbom barrage [-adʒe]
slagdänga cantion popular
slagfält campo de battalia
slagfärdig galliarde, agile, habile/prompte al responsa
slagg scoria
slaginstrument *mus* instrumento de percussion
slagkraft fortia combattive, fortia offensive
slaglåsgevär fusil de percussion
slagord phrase del jorno, slogan *eng*
slagordning *mil* phalange, ordine de battalia; *i slagordning:* in battalia
slagregn torrente, pluvia torrential
slagruta virga divinatori
slagruteman rhabdomante
slagsida inclination
slagskepp nave de battalia; *(en sorts) mil* dreadnought *eng* [dredno:t]
slagskugga umbra projecte
slagskämpe homine pugnace
slagsmål lucta, tumulto, rixa; *råka i slagsmål:* venir al manos
slagsvärd *(stort svärd)* spadon
slagträ batton
slagverkare *mus* percussionista
slagverksinstrument *mus* instrumento de percussion
slak laxe, flaccide; *(smuts)* fango, immunditias; *(avloppstratt)* bassino
slakhet flacciditate

slakt macellada, massacro
slakta abatter, macellar; *bildl* massacrar
slaktare abattitor, macellero
slaktboskap bestia de macello
slaktdjur bestial de macello
slakteri abattitorio, macelleria
slakthus macello, abattitorio
slaktkropp carcassa
slaktning massacro
slalom *sport* slalom
slam fango; *(avsättning)* sedimento; *(i kortspel)* slam
slamledning tubo, conductor tubular
slammer ruito, strepito
slammig fangose
slampa puera inepte/negligente
slamra ruitar, streper
slamsa *(kött- etc)* pecietta, trenchata [-sh-]; *(kvinna)* femina negligente/inepte
slamsig negligente
slang tubo (flexibile), siphon; *(cykel- etc)* pneumatico; *(språk)* argot *fr* [argo], jargon *fr*, slang *eng*; *på slangspråk:* argotic; *slang-:* argotic
slangbella funda; *skjuta med slangbella:* fundar
slangbåge funda; *skjuta med slangbåge:* fundar
slank gracile, svelte, tenue
slankhet gracilitate
slant moneta
slapp *(slak)* flaccide, laxe; *(kraftlös)* lasse, debile, apathic; *(viljesvag)* indolente; *(utan normal spänning i musklerna)* atone, atonic
slappa *slappa av:* relaxar; *'slappa':* otiar
slapphet flacciditate
slappna *slappna av:* relaxar; *få att slappna av:* disserrar
slarv negligentia, incuria, inattention; *av slarv:* per inadvertentia
slarva negliger, esser inattente
slarver negligente
slarvig negligente, impunctual
slaskhink situla
slaskig *(våt)* humide; *(smutsig)* immunde
slaskvatten aqua immunde
slaskvattenledning tubo de disaquamento
slaskväder tempore pluviose
slav sclavo, servo; *frigiven slav: hist* liberto; *son till frigiven slav: hist* libertino; *bildl* vassallo; *(folkslag)* slavo; *slav-:* servil, sclave
slava travaliar como un sclavo
slavaktig serve
slaveri *(status)* sclavitude, servage [-adʒe], servitude; *(system)* sclaveria; *(arbete)* sclaveria
slavhandel commercio del sclavos, sclaveria
slavhandlare negrero
slavinna serva
slavisk *(folk)* slave, slavic; *(tjänstvillig)* servil; *slaviska språk:* linguas slave
slavlik sclave
slavskepp negrero
slejf brida; *(slinga)* nodo
slem muco, phlegma; *slem-:* mucose
slemavsöndring secretion mucose
slemfylld mucose
slemhinna membrana mucose, mucosa
slemlösande *sb, slemlösande medel: med* expectorante
slemmig mucose; *(klibbig)* viscose
slemämne mucina
slentrian habitude, routine *fr* [rutin]
slev (grande) coclear
sleva *sleva i sig:* inhaurir, inglutir
slibbig lubric
slicka lamber, leccar; *slicka upp, etc:* lamber
slid *tekn* guida, glissiera; *slid-: anat* vaginal
slida vaina; *anat* vagina; *dra (t.ex. svärd) ur slidan:* disvainar; *sticka i slidan:* invainar
slidinflammation *med* vaginitis
slik tal; *(liknande)* simile
slinga nodo currente
slingra vacillar; *sjöt* rolar; *(krypa)* reptar; *(som en orm)* serpentar, serper; *(klänga)* rampar; *slingra sig:* evitar, equivocar; *slingra sig undan:* escappar; *slingra sig fram (om flod):* mear
slingrande *adj* serpente, serpentin, devie; *bot* volubile
slingrig serpentin, tortuose, undose
slingring *(flods)* meandro
slinka *sb* puerastra, virginastra; *vb* glissar
slint *slå slint:* mancar; *(misslyckas)* insuccceder; *(misslyckande)* insuccesso
slinta glissar
slip cala (de cantier)

slipa affilar, moler; *(av-)* abrader; *(skarp-)* acutiar; *(glatt-)* polir; *slipa ner:* obtunder
slipad artificiose; *bildl* astute
sliper transversa
slippa *(undgå)* evitar; *(icke behöva)* non deber; *slippa förbi:* poter passar; *slippa in:* poter entrar; *slippa lös:* esser liberate; *slippa ut:* escappar, poter exir
slipprig lubric; *(hal)* glisse; *(tvetydig)* obscen, equivoc, salace
slips cravata
slipsten mola
slira glissar
slirig glisse, lubric
slisk sucroses, dulces
sliskig troppo dulce/sucrose; *(lismande)* adulante
slit pena, travalio
slita travaliar; *(rycka)* succuter; *(draga)* tirar; *(nöta)* usar, consumer; *slita en tvist:* solver un disputa; *slita ont:* travaliar, penar se, exhaurir se; *slita sönder:* lacerar, dispeciar; *slita ut:* usar; *slita ut sig:* exhaurir se; *slita ut ur:* eveller
sliten *(använd)* perusate; *(trasig)* lacerate; *(lugg-)* raspate
slitning abrasion, usation; *(tvist)* querela
slockna extinguer (se)
slogan slogan *eng*
sloka pender laxe, esser laxe
slokhatt cappello molle
slokörad *(snopen)* vergoniose
slopa annullar, cassar
slott palatio; *(fästning)* castello
slottsfogde castellano
slottsherre castellano
slovak slovaco
Slovakien Slovachia [-k-]
slovakisk slovac; *slovakiska språket:* slovaco
sloven sloveno
Slovenien Slovenia
slovensk sloven; *slovenska språket:* sloveno
sluddra balbutiar
sluddrig non clar
slug artificiose, astute, sagace
slughet astutia, sagacitate
sluka devorar, ingurgitar, inglutir, vorar; *(svälja ned)* deglutir, glutir, trincar; *(vätska)* sorber; *sluka i sig:* sorber
slukande *sb* inglutimento; *adj* devorante
slum povrettos del strata, slum
slumkvarter quartiero povre
slummer dormetto
slump caso fortuite, casualitate, hasardo, contingente; *av en slump:* al/per hasardo; *i slump:* in bloco, in summa; *slumpa bort:* vender in bloco, vender a vil precio; *slumpa sig:* evenir al hasardo, continger, occasionar
slumpartad accidental, casual, fortuite, adventicie; *det slumpartade:* casualitate
slumpmässig aleatori
slumra dormettar
slunga *sb* funda; *vb* lancear, fundar, jacular; *(kasta)* jectar
slup *sjöt* chalupa [sh-], lancha [-sh-], sloop *eng* [slu:p]
sluss esclusa
slussa esclusar
slut *sb* fin, termination; *(ända)* extremitate; *göra slut på:* finir, consummar; *till slut:* al fin, in fin, finalmente; *tredje från slutet:* antepenultime; *adj (utröttad)* exhaurite, finite; *(slutlig)* final, definitive
sluta finir, terminar; *itr* finir, cessar, terminar se; *(draga slutsats)* concluder; *sluta fred:* facer pace; *sluta leden:* stringer le filas; *sluta sig till:* subintender; *sluta sig tillsammans:* unir/alliar se; *sluta till:* clauder; *som man kan sluta sig till:* deductibile, inferibile
slutbehandla pertractar, finir le discussion
sluten clause, incluse, secrete, secretive, hermetic; *(förtegen)* reservate, reticente
slutfall *mus* cadentia
slutgiltig final, definitive; *ej slutgiltig: jur* interlocutori
slutgiltighet finalitate
slutledning conclusion, deduction, syllogismo; *dra slutledning av:* deducer
slutlig final, definitive, terminal; *slutligen:* finalmente, in fin
slutmuskel *ringformig slutmuskel: anat* sphincter
slutmål objectivo
slutpunkt *(för t.ex. förhandling)* termino
slutsats conclusion; *mus* final; *(logisk) filos* inferentia; *dra en slutsats:* arguer, concluder,

inferer; *dra slutsats: filos* inducer

slutspurt effortio final

slutstavelse syllaba final

slutstycke *(på skjutvapen)* culatta

slutsumma total, summa total

slutsåld exhauste, toto vendite

slutsälja liquidar

slutta inclinar, scarpar

sluttande *adj* declive, inclinante, scarpate

sluttning declivitate, inclination, scarpa, costa, rampa; *brant sluttning:* scarpa

slyngel garsonastro, puerastro; *(skälm)* burlator, canalia

slyngelår annos de burla

slå *sb* barra; *(för dörr etc)* pessulo; *vb* batter, colpar, ferir, pulsar, tunder; *med* percuter; *(om hjärta)* pulsar; *(nervöst)* palpitar; *(besegra, i strid)* vincer, disfacer; *(om klocka)* sonar; *(ge stryk)* fustigar, castigar; *(packa)* imballar, inveloppar; *(inträffa)* evenir; *slå an på:* charmar [sh-], incantar; *slå bort:* effunder; *slå hö:* fenar, *(med lie, skära)* falcar, sarcular; *slå i, fylla i:* (in)funder; *slå i bitar:* fracassar, fragmentar, franger; *slå i bojor:* incatenar; *slå igen, stänga:* occluder, *(affärsrörelse)* liquidar; *slå igenom, lyckas:* successar; *slå ihjäl:* batter a morte; *slå in spikar etc:* immartellar; *slå in på:* adir; *slå ned/ner:* abatter, *(förinta)* nihilar; *slå ned ögonen:* rcguardar a basso; *slå ned modet:* discoragiar; *slå ner i havet:* amarar; *slå omkull:* facer cader; *slå på:* percuter; *slå samman (företag):* amalgamar; *slå sig ned/ner:* seder se, *(om folk)* colonisar, *(med en verksamhet)* installar se, stabilir se; *slå sönder:* fracassar; *slå tillbaka:* repercuter, retaliar; *slå under (segel): sjöt* invirgar; *slå upp: (fästa)* attachar [-sh-], *(öppna)* aperir, *(t.ex. i ordbok)* consultar, *(en förlovning)* rumper un fidantiamento, *(en flaska)* discorcar; *slå ut: (blomma)* florescer, *(om löv)* foliar, *(hälla ut)* effunder; *slå vad:* facer un sponsion

slående *sb* pulsation; *adj* colpante, impressive; *bildl* stupende, singular, extraordinari

slånbär *bot* pruno spinose, prunella

slåss battaliar, batter se, combatter, pugnar, militar; *slåss med:* combatter

slåtter recolta de feno

slåtterkarl falcator

slåttermaskin machina [-k-] a falcar, falcator, falcatrice

släcka extinguer; *släcka törsten:* dissetar, appaciar le sete; *som kan släckas:* extinguibile; *släckt kalk:* calce extincte

släckt *släckt kalk:* calce extincte

släde slitta, traha; *(lang och smal)* toboggan, bobsleigh *eng*

slägga malleo, massa

släkt *sb* lineage [-adʒe], parentela; *hist* genos; *biol* genere; *(stam)* tribo; *(familj)* familia, parentes; *göra släkt med:* apparentar; *kommande släkten:* posteritate; *adj (genom äktenskap)* affin; *släkt-:* generic

släkte gente; *(ras)* racia

släktforskare genealogista, genealogo

släktforskning genealogia; *släktforsknings-:* genealogic

släkting cognato, parente; *(med namn från morssidan) jur* cognato; *släktingar:* parentela

släktled generation; *i rakt nedstigande (släkt)led:* in linea directe

släktskap affinitate, filiation, parentato, parentela; *nära släktskap:* proximitate del sanguine; *släktskap genom gifte:* affinitate; *släktskaps-:* generic

släktstam stirpe

släktträd arbore genealogic

släkttycke similitate parental

slända fuso; *(hand-, för spinnrock)* rocca; *zool* libellula

slänga pendular; *(kasta)* jectar, jacular; *slänga i sig maten:* ingurgitar (le repasto, le buccata); *slänga omkring:* ballottar; *slänga omkring sig:* disjectar, disperger; *slänga ut på gatan:* evincer

slängkappa cappucio

slängkyss *kasta en slängkyss:* inviar un basio (con le mano)

släp traino; *(på klänning)* cauda; *(tungt arbete)* travalio/labor penose; *taga på släp:* remorcar

släpa trainar, tirar; *(träla)* penar se, travaliar

släpande *sb* trainamento

släpbärare caudatario

släppa lassar, relinquer; *(frigöra)* liberar; *(låta

falla) facer cader; *bildl* conceder, ceder; *släppa efter:* laxar; *släppa fram:* facer passar; *släppa fri:* relaxar; *släppa in:* admitter, facer entrar, *släppa loss:* relaxar; *släppa sig:* peder; *släppa ut luft:* deflar; *släppa ut ur häkte/fängelse:* disincarcerar

släpphänt indulgente, concessive

släptåg *ha i släptåg:* remorcar; *(om person)* esser sequite de

slät lisie; *(jämn)* plan; *(enkel)* simple, simplice; *göra en slät figur:* facer un triste figura; *göra plant/slät:* explanar, planar, lisiar; *rätt och slätt:* simplemente

släta *släta över:* *bildl* attenuar, indulger; *släta ut:* applanar

slätrakad disbarbate

slätt plana; *(öde-)* terra vaste

slö morose, stolide, supine, torpide; *(trög)* indolente, apathic; *(lat)* pigre; *(sinnesslö)* imbecille; *(oskarp)* obtuse

slödder gentalia, populaceo, canalia, plebe

slöfock pigron

slöhet morositate, obtusitate, torpiditate, apathia, imbecillitate

slöja velo

slöjd industria domestic

slöjdare artisano

slösa dispender, prodigar; *(strö omkring sig)* dissipar, profunder; *(ge ut)* dispender; *(förslösa)* deperir; *(fördärva)* guastar; *slösa bort:* prodigar, profunder; *slösa med:* esser prodige de

slösaktig extravagante, prodige

slösande profuse

slösare dispenditor, guastator, prodigante

slöseri dissipation, prodigalitate

smacka *(med tungan)* batter con le lingua; *smacka åt hästen:* excitar le cavallo per batter con le lingua; *smacka vid ätande:* mangiar ruitosemente

smak gustation; *(sinne)* gusto; *(för ngt)* gusto; *(av ämne)* sapor; *(smak och lukt)* aromate; *brist på smak:* insipiditate; *få smak för:* prender gusto a; *ha smak för något:* haber gusto pro; *utan smak:* insipide; *smak-:* gustative

smaka gustar; *(av-)* degustar; *(om ämne)* saporar; *(ha smak)* haber gusto; *låta sig väl smaka:* regalar se; *som kan smakas:* gustabile

smakande gustation

smakfråga question de gusto

smakfull de bon gusto

smaklig gustose, sapide, saporose, appetitive; *(som är värd att avsmakas)* gustabile; *vara smaklig:* gustar; *smaklig måltid!:* bon appetito!

smaklös de mal gusto, insipide, sin sapor, sin gusto; *bildl* abominabile

smaklöshet insipiditate, manco de sapor; *bildl* manco de gusto

smakriktning tendentia de gusto

smal *(ej bred)* stricte; *(tunn)* tenue, fin, subtil; *(om växt)* gracile, svelte; *göra tunn/smal:* affusar

smalben basso del gamba; *anat* tibia

smalbent a tenue gambas

smalna devenir plus stricte

smalspårig de largor stricte inter le rails [reils]

smaragd esmeraldo, smaragdo; *smaragd-:* esmeraldin

smaragdgrön esmeraldin

smart habile; *(slug)* astute

smaskig immunde; *(i tankarna)* obscen, salace

smattra crepitar, strepitar; *(om trumpet)* sonar

smattrande *sb* crepito, strepito; *adj* strepitante

smed ferrator, ferrero

smedja fabrica, ferreria, forgia [fordʒa]

smegma *(talgkörtelavsöndring under förhuden)* smegma

smek caressa

smeka caressar; *smekas:* caressar se

smekmånad luna de melle

smeknamn nomine de amicitia/amicitate

smekning caressa

smeksam caressive

smet pasta

smeta unguer; *(med fett)* ingrassar; *smeta fast:* collar; *smeta ner:* sordidar

smicker blandimento, blandir, flatteria; *(grovt)* adulation; *smicker-:* adulatori

smickra flattar, blandir; *(in-)* adular, incensar; *grovt smickra:* adular; *smickra sig med:* blandir se/flatter se con/de

smickrande adulatori, blande, complimentari

smickrare adulator, flattator, incensator

smida fabricar, forgiar [-dʒar], laborar le ferro

smidbar forgiabile

smide ferreria, forgiata
smidesgods ferramento
smidesjärn ferro forgiabile
smidig accommodabile; *(böjlig)* ductile, flexibile, plicabile, plicante; *(smärt)* gracile; *(flink)* agile
smidighet agilitate, flexibilitate
smidning forgiada
smil *mil* surriso
smila surrider; *(lisma)* adular, flattar
smilgrop fossetta
smink fardo
sminka fardar
smisk *ge smisk:* batter
smitare evasor
smitta *sb* infection, contamination; *(berörings-)* contagion; *vb* contaminar, infectar; *smitta ner:* appestar
smittbärande pestifere
smittkoppor *med* variola; *smittkopps-:* variolar
smittohärd centro de infection
smittosam contagiose, infectiose, infective, virose; *med* virulente; *tillståndet att vara smittosam:* virulentia
smittoämne virus, infectivo
smittskyddspolis policia sanitari
smittämne *med* miasma, virus; *smittämnen:* fomites; *smittämnes-:* miasmatic
smoking smoking
smolk un grano de fango
smord *Herrens smorde:* le Uncto del Senior
smuggelgods contrabando; *handla med smuggelgods:* contrabandar
smuggla contrabandar
smugglare contrabandero
smuggling contrabando; *syssla med smuggling:* facer (le) contrabando
smul *sjöt* calme
smula *sb* grano, fragmento, mica, morsello; *bildl* brin; *en smula:* un poco, un pauc, *(något)* al(i)quanto, *(lite) (följt av subst.)* poc, *(utan subst. efter)* poco; *en smula ...:* un poco de ...; *en liten smula av ngt:* un grano de; *bli till smulor: vb* micar; *smula sönder:* granular
smultron fraga
smultronplanta fragiero
smultronställe frageto
smussel dissimulation
smussla dissimular, intrigar; *smussla undan:* escamotar
smuts fango, immunditia; *bildl* immunditate, impuritate, sordiditate, sordidessa, porcheria
smutsa *smutsa ned:* sordidar
smutsbrun bistre
smutsig immunde; *(av gatsmuts)* fangose, sordide; *bildl* salace
smutsighet sordidessa
smutskasta *bildl* denigrar
smutslitteratur litteratura obscen/pornographic
smutta biber a parve bibitas, bibitar, sorber
smycka adornar, ornar, decorar, parar; *(klä)* revestir
smycke joiel
smyg angulo; i *smyg:* secretemente
smyga camminar glissante, glissar se; *smyga sig in:* inglissar se, insinuar se; *försiktigt smyga in:* insinuar
smyghandel commercio secrete
smygväg via secrete
små parve, pusille; *små bakelser:* le parve tortas; *små-: i smnstn* micr-
småaktig pedantic; *(tarvlig)* meschin [-k-]; *(snål)* avar, avaritiose; *(petig)* meticulose
småbagage pacotilia
småbarn pupillo, baby
småbröd panetto
smådel particula
småfolket *(lägre samhällsklasser)* populo minute, populo basse
småfranska panetto
småkaka biscuit
småkoka estufar, subbullir
småkornig granulose
småle surrider
småleende surriso
småmynt monetas
småningom *så småningom:* pauco a pauco, poco a poco, successivemente
småplock bagatellas
småprat commatrage [-adʒe], garrulada, garrulage [-adʒe]
småprata confabular
småregna pluviettar

småsak bagatella
småsaker minutias
småskola schola primari
småskratta surrider
småskrift brochure *fr* [broshy:r]
småskuren ingenerose
småsnål ingenerose
småstad citate provincial, parve citate
småstadsaktig provincial
småstadsbo citatano provincial
småsupa avinar se
småsynd *(mindre förseelse)* peccadilio
småväkst de parve talia, curte
smäcker gracile, svelte; *(tunn)* tenue
smäckerhet gracilitate
smäda libellar, insultar, vituperar; *(förtala)* calumniar, diffamar, denigrar
smädande *sb* vituperation; *adj* vituperative, diffamatori
smädelse injuria, diffamation
smädeskrift pamphleto, libello, diatriba, pasquinada; *(nidvisa)* cantion diffamatori; *författa smädeskrifter:* pasquinar
smädlig injuriose, calumniose, diffamatori
smäkta languer
smäktande *sb* languimento; *adj* languorose; *(för-)* languide
smälek ignominia
smäll crac, detonation; *(stryk)* castigation, bastonada; *(pisk-)* crac de flagello
smälla crac(c)ar, crepar, detonar; *tr* facer crac(c)ar, facer detonar; *(med piskan)* crac(c)ar
smällare petardo
smällkyss basio sonor
smälta *tr (göra flytande)* funder, liquidar, liquefacer; *(föda, information, oförrätter)* digerer; *som kan smältas:* digestibile; *itr* funder, dissolver, liquescer; *(snö, is)* disgelar; *smälta om (metall):* refunder; *smälta samman:* funder (se); *som inte kan smältas (ner):* infusibile
smältbar fusibile, digestibile; *som kan smältas:* digestibile
smältbarhet digestibilitate
smältdegel crucibulo
smälthytta *(gjuteri)* funderia
smältning fusion; *(mat-)* digestion
smältugn furno, fornace
smältvattens- diluvial, diluvian
smärgel *(slipmedel av mineralet korund)* smeril(io)
smärgelduk tela-smerilio
smärgelpapper papiro-smerilio
smärt gracile, svelte
smärta *sb* dolor, mal, suffrentia; *(huvuds, själsl.)* angustia, pena, tormento; *(tillfogat)*, affliction; *vb* affliger, doler, penar
smärtfri *med* indolor, indolente
smärtfrihet *med* indolentia
smärtsam afflictive, angustiose, dolorose, tormentose
smärtstillande sedative, calmante
smör butyro; *breda smör:* butyrar; *smör-:* butyrari, *kem* butyric
smörask butyriera
smörblomma *bot* button de auro, ranunculo
smörblomster *bot* ranunculo
smörfabrik butyreria
smörgås pan butyrate, sandwich *eng* [sändwitsh]; *(på rostat bröd)* toast *eng*; *breda smörgås:* butyrar, toastar
smörgåsbord hors-dœvre *fr* [ordoe:vr] svedese, smörgåsbord
smörj *(stryk)* bastonada
smörja *sb* lubricante, unguento; *(fett)* grassia; *(skräp)* cosalia; *(salva)* linimento; *vb (maskin)* lubricar, lubrificar, olear, ingrassar; *(ingnida)* unguer, linir; *(kosm.)* fardar; *bildl* regalar; *('smörja')* adular; *smörja in:* linir; *smörja in/på:* unguer; *smörja kråset:* regalar se; *smörja ned:* sordidar
smörjelse unction; *ge smörjelse: rel* unguer; *sista smörjelsen: rel* extreme unction
smörjmedel unguento
smörkärna butyrator
smörmejeri butyreria
smörsyra acido butyric
snabb celere, rapide, veloce; *(i utförande)* celere, preste; *(flink)* agile; *(livlig)* vivace; *snabb-:* expresse
snabbfotad veloce, celere
snabbgående rapide; *snabbgående tåg:* rapido
snabbhet rapiditate, velocitate, celeritate, agilitate, vivacitate
snabbkurs curso fulmine
snabblöpare (bon) currero

snabbskrift stenographia

snabbt *mus* presto

snabbtänkt vivace (de spirito), de intelligentia vivace, sagace

snabbverkande *med* drastic

snabbväxande prolific

snabel *(elefant-)* trompa; *(hos t.ex. myrslok) zool* trompa, proboscide

snack commatrage [-adʒe]

snacka commatrar

snackesalig loquace, multiloque, multiloquente

snappa *(med munnen)* abuccar; *snappa bort:* piliar; *snappa efter:* beccar; *snappa upp: bildl* caper

snaps vitro de aquavita

snar prompte

snara pedica, nodo currente; *(fälla)* trappa; *(bakhåll)* insidia, imboscada

snarare plus tosto, al contrario, potius

snarfyndig inventive, spirituose

snarka roncar

snarkning ronco

snarligen ben tosto

snarlik similar, simile

snarreva *bot* cuscuta

snarstuckenhet bile

snart tosto, cito, proximemente; *(inom kort)* in pauc, in poco; *så snart som ...:* si tosto que ..., si tosto como ...; *snart sagt:* quasi; *hur snart?:* quando?

snask dulces, bonbon

snaska mangiar [-dʒar] bonbon

snatta derobar

snattare robator

snatteri robamento

snattra cacarear; *bildl* garrular

snava mistrottar, mispassar

sned *(skev)* oblique; *(lutande)* inclinante; *på sned:* obliquemente

snedd *på snedden:* obliquemente

snedda *snedda av:* deviar; *snedda över:* transversar

snedhet obliquitate

snedmuskel *anat* musculo oblique

snedsprång *bildl* escappada, excursion

snedvriden prave, torte, distorte

snedögd de oculos oblique; *(skelögd)* strabe

snegla reguardar clandestinmente/furtivemente; *snegla på:* adocular

snett obliquemente, de transverso; *snett över:* diagonalmente; *se snett på:* reguardar de mal oculos, esser inimicos

snibb extremitate

snickare carpentero; *(fin-)* ebenista

snickeri ebenisteria

snickra ebenisar

snida sculper; *(i trä)* xylographar; *(mejsla)* cisellar

snigel *zool* limace, gastropodo; *anat* cochlea, coclea; *snigel-:* gastropode

snigelfart *gå i snigelfart:* vader a passo de tortuca

snigelhus conchylio

sniken avide, mercenari; *(girig)* avar, avaritiose

snille genio

snillrik genial

snirkel voluta

snitt *geom* section; *(inskärning)* incisura; *(på kläder)* talia, fashion *eng*; *(på bok)* trenchura [-sh-]; *(vid operation)* incision; *(där man skurit) med* sectura; *göra ett snitt:* incider, incisar

sno convolver, torquer, tressar; *(springa omkring)* errar, currer errante; *bildl* hastar; *sno sig:* torquer se, serpentar, serper

snobb snob

snobbism snobismo

snodd *sb* cordon, tressa; *(smalt band)* filetto; *adj* convolute, serpentin, torte

snok angue

snoka *(vädra)* flairar; *(spionera)* spionar, spiar; *snoka igenom:* recercar; *snoka upp:* discoperir, trovar

snopen *(besviken)* decepte; *(häpen)* perplexe, consternate

snoppa disacutiar; *(cigarr)* taliar; *snoppa av: bildl* remitter a su placia

snor muco nasal

snorkig petulante

snubbla mistrottar, cader, facer un passo false

snudda *(vid)* lamber

snurra *sb* turbine; *vb (kretsa omkring)* circumgirar; *(rotera)* rotar, volver, revolver, tornear; *(vrida sig)* girar; *det snurrar runt för mig:* omno tornea, le testa me tornea, io

es vertiginose; *snurra runt:* tornar
snurrande giratori, vertiginose
snurrig turbide
snurrning giration, gyro
snus tabaco (in) pulvere; *en pris snus:* un prisa (de tabaco)
snusa prender prisa (de tabaco)
snusbrun color de tabaco
snusdosa tabachiera
snusk immunditate, porcheria; *(osedlighet)* obscenitate
snuskig immunde, obscen, salace
snuskpelle *bildl* porco
snuva catarrho nasal, rheuma; *med* coryza; *få snuva:* inrheumar se
snyfta singultar
snyftning singulto
snygg nette; *snygg och välvårdad:* chic [sh-]
snygga *snygga upp:* nettar, renovar; *(skura)* lavar; *(metall etc)* furbir
snylta parasitar, viver como parasito
snyltare parasito
snyltgäst parasito
snyta *(stjäla)* robar, furar; *snyta sig:* nettar se le naso/le nares, sufflar se le naso
snål avar, avaritiose, ingenerose
snålhet avaritia
snålvarg avaro
snår *(snårskog)* brossa, arboreto, boscage [-adʒe]
snårskog brossa
snäcka concha; *(djur)* limace; (*i örat)* helice, concha; *(i innerörat) anat* coclea; *(snigelns)* cochlea, coclea; *(på kapitäl)* voluta
snäckformad conchiforme
snäckskal conchyle, conchylio
snäll gentil; *(älskvärd)* amabile; *var snäll och ...:* per favor; *var snäll och gör det:* face lo, si il vos place; *snäll man:* bonhomo; *snäll-:* expresse
snälltåg traino directe, traino expresse, traino rapide, rapido
snäppa *zool* becassa, becassina
snärja captar; *(i fälla)* trappar; *(med lina)* prender in lasso; *(i nät)* prender in rete, involver; *(förvirra) bildl* imbroliar, embarassar; *en snärjande fråga:* un question imbroliante/embarassante
snärjning captation
snärt *(slag)* flagello, battimento; *bildl* sarcasmo
snäsa reprimendar; *snäsa av:* refusar bruscamente, rebuffar
snäsig brusc, inamabile, impertinente
snäv *(smal)* stricte; *(trång)* limitate, stricte
snö nive; *evig snö:* nive perpetue/perpetual
snöa nivar
snöbetäckt coperte de nive, nivose
snöblandad *snöblandad regn:* pluvia nivose
snöboll balla de nive
snöbollsbuske *bot* viburno
snöd vil, meschin [-k-]; *(obetydlig)* frivole; *snöd vinning:* profito meschin [-k-]
snödriva amassamento/cumulo de nive
snödroppe *bot* niveola
snöflinga flocco de nive; *täckt med (snö)flingor:* floccate
snögubbe homine de nive
snöhöljd coperte de nive
snöig nivose
snöklädd nivate
snöplig ignomine, ingloriose; *(beklaglig)* deplorabile; *(sorglig)* triste
snöplog aratro a nive, chassa-nive [sh-], machina [-k-] remove-nive
snöra cordar, laciar; *snöra av:* dislaciar; *snöra till:* acordonar; *snöra upp:* discordar
snöre corda, cordon, lacetto, linea; *(på uniform)* galon; *(gradbeteckning) mil* galones
snörhål oculetto
snöripa *zool* lagopede
snörkänga botta a cordon
snörmakeri cordoneria
snörvla nasalisar
snörvlande stertorose
snörvling stertor, nasalisamento
snöröjningsmaskin machina [-k-] remove-nive
snöskata turdella
snöskred avalanche *fr* [avalãsh] (de nive)
snösörja nive disgelante
snövit nivee, nivose; *Snövit:* Blanca-Nive
snöyra torneada de nive
so porca; *(solmisationsstavelsen sol/so) mus* sol
sobel zibelina
sober sobrie; *icke sober:* insobrie
social social

socialisera socialisar
socialist socialista
socialistisk socialista
societet societate; *(gräddan, högsta societeten)* crème de la crème *fr*, crema del crema
sociolog sociologo
sock calcetta
socka calcetta
sockel basamento, socculo, base, calce, plintho
socken parochia [-k-] (provincial); *socken-:* parochial [-k-], parochian [-k-]
sockenbo parochiano [-k-]
socker saccharo, sucro
sockerbeta beta de sucro
sockerbit cubo de sucro
sockerbruk sucreria
sockerglasyr glacie de sucro
sockerhaltig saccharin
sockerlag sirop
sockerrör canna de sucro; *utpressade sockerrör:* bagasse
sockersjuk *sb* diabetico; *adj* diabetic
sockersjuka *med* diabete, hyperglycemia; *sockersjuke-:* diabetic
sockerskål sucriera
sockertillverkare sucrero
sockertopp pan de sucro
sockerärter pisodulce
sockra saccharar, sucrar
sockrad saccharate, sucrate
soda soda; *kaustisk soda:* soda caustic
sodavatten soda
sodomi sodomia
sofism sophismo
sofist *rel* casuista
soja *bot* soya
sojaböna faba de soya
sol sol; (solmisationsstavelsen sol/so) *mus* sol; *solen skiner:* il face sol; *som vänder sig mot solen:* heliotrope; *sol-:* solar, *astron* heliac
sola exponer al sol, prender le sol; *(placera i solen)* insolar
solande insolation
solarium solario
solbad banio de sol, insolation; *ta solbad:* prender le sol
solbestrålning insolation
solbränd imbrunite del sol
solbränna complexion imbrunite
sold soldo; *ha i sin sold:* soldar
soldat soldato, milite, militar; *(påvlig)* papalino
soldatlön soldo
solenoid solenoide
solfjäder ventalio, flabello
solfjäderformad flabelliforme
solgud *forngrekisk solgud:* Helios
solhöjdsmätare *astron* gnomone
solid solide
solidarisk solidari
solidaritet solidaritate
solig insolate; *det är soligt:* il face sol
solitär *(brädspel för en spelare)* solitario; *(en enda ädelsten i infattningen)* solitario
solk impurage [-adʒe], immundage [-adʒe], sordiditate
solka *solka ned:* sordidar
solkig immunde, sordide
solklar clar como le sol; *bildl* evidente
solkorona *astron* corona
solljus lumine solar
solnedgång poner del sol
solo *(musik för/från en röst/ett instrument) mus* solo
soloframträdande *mus* recital *eng* [risaitl]
soloföreställning *mus* recital *eng* [risaitl]
solokadens *mus* cadentia; *utföra solokadens:* cadentiar
solokonsert *mus* concerto, concerto pro violino/piano/etc e orchestra [-k-]
solros helianthο, tornasol, torna-sol
solsken sol, lumine solar, brillar del sol
solskydd tenta
solsting colpo de sol, insolation
solstråle radio solar
solstånd *astron* solsticio; *solstånds-:* solstitial
solsystem systema solar
soluppgång ascension del sol, aurora, alba, levar del sol
solur horologio solar; *konsten att konstruera solur:* gnomonica; *solurs-:* gnomonic
solvens solventia
solvent *(i stånd att betala)* solvente
solvisare gnomone
solvända *bot* helianthemo
solår anno solar

som *rel. pron* que, le qual; *(om person i nominativ el. efter preposition)* qui; *(ackusativform syftande på person el. personer)* que; *(föga använd ackusativform av qui)* quem; *konj* como; *(i egenskap av)* qua; *(i jämförelser)* como, quam; *det här huset är lika stort som det andra:* iste casa es tanto grande como le altere; *... som helst: ...* -cunque, *t.ex.* quicunque; *efter som:* per que; *så snart som:* si tosto que; *just som:* justo quando; *som om:* quasi que, como si; *som ovan:* ut supra *lat*

somliga *adj* alicun, qualque, qualcun, ulle, nonnulle; *pron* unes, alicunes

sommar estate; *på sommarn:* in estate; *i somras:* in le passate estate; *tillbringa sommaren:* estivar; *sommar-:* estive

sommargäst estivante

sommarlik estive

sommarstuga chalet *fr* [shale]

somna addormir se; *få till att somna:* addormir

somt un parte

son filio

sona expiar; *som kan sonas:* expiabile; *som ej kan sonas:* inexpiabile

sonande expiatori

sonat *mus* sonata

sonata *mus* sonata

sonatform forma de sonata

sonatin *(kort sonat)* sonatina

sond explorator, sonda; *med* sonda

sondera sondar

sondering sondage [-adʒe]

sondotter nepta, granfilia

sonett sonetto

sonettskrivare sonettero, sonettista

sonförhållande filiation

sonhustru filia affin

sonlig filial

sonson granfilio, nepote, (nepto)

sonsonson granfilio secunde

sopa *(städa)* scopar

sopare scopator

sopborste scopa

sophink situla de scopatura

sophög pila de scopatura

sopkärl receptaculo de immunditias

sopnedkast abatte-scopatura

soppa suppa

soppskål suppiera, terrina

sopran *(högre damröst, högre barnröst) mus, sb* soprano; *sopran-: (sångerska el. instrument) adj* soprano

sopranblockflöjt flauta a becco soprano

sopranröst *måttligt hög sopranröst: mus* mezzosoprano

sordin *(på violin) mus* surdina

sorg tristessa, affliction; *(smärta)* dolor; *(över död)* dolo, lucto; *bära sorg efter:* portar lucto pro; *ha sorg efter:* esser in lucto pro; *som vållar sorg:* afflictive; *svår sorg: med, psyk* trauma; *sorg-:* funebre

sorgbunden triste, melancholic

sorgdräkt (costume de) dolo/lucto

sorgespel tragedia, drama

sorgesång canto funebre, threnodia

sorgetåg convoyo funebre, procession

sorgfri allegre, sin cura

sorgfällig accurate, exacte, minutiose, curatori

sorglig dolorose, funeste, lugubre, miserabile, triste, deplorabile, tragic; *mycket sorglig:* lugubre

sorglös allegre; *(lugn)* calme; *(säker)* secur; *(oförsiktig)* incaute, negligente; *(överdrivet)* extravagante

sorgmarsch marcha [-sha] funebre

sorgmodig lugubre, triste

sorgsen triste, lugubre

sorgsenhet tristessa

sork *(åker-)* campaniol

sorl *(av röster)* murmure, susurration, susurro; *(buller)* ruito

sorla murmurar, susurrar, ruitar

sorlande murmure, rumor

sort specie, sorta, genere, classe, qualitate; *bot, zool* specie

sortera assortir

sortering *(lager)* assortimento

sortiment assortimento

sot fuligine; *(på säd)* carie

sota mundar le camino; *sota ned:* fuliginar; *sota för:* expiar

sotare brossa-caminos, caminero, fumista

soteriverksamhet fumisteria

sothöna *(lat Fulica atra) zool* fulica

sotig fuliginose

sotning mundage [-adʒe] de camino
sotsäng lecto de morte
sou *(litet, föga värt /franskt/mynt)* soldo
souvenir souvenir *fr* [suvenir]
sova dormir; *sova bort:* perder dormiente
sovare dormitor
sovdräkt vestimento de nocte
sovel carne o pisce; *smörgås med sovel:* sandwich *eng*
sovereign *(engelskt guldmynt)* soverano
sovhytt cubiculo
sovjetisera *(införa rådsstyre)* sovietisar
sovjetisk sovietic
Sovjetunionen *hist* Union del Republicas Socialista Sovietic *(URSS)*
sovkammare *(liten)* cubiculo
sovra assortir; *(utvälja)* seliger, selectionar
sovrum camera de lecto
sovsal dormitorio
sovvagn wagon lectos, sleeping-car *eng* [sli:pingka:]
spackel mastico
spackla masticar
spad succo; *(vatten-)* aqua
spade pala, *(liten)* paletta
spader picca, spada; *(i kortspel)* spada; *(kortspelsfärg)* picca
spadtag palata
spagetti spaghetti *ital, plur* [spagetti]
spaghetti spaghetti *ital, plur* [spagetti]
spak *sb* levator; *(kofot)* vecte; *adj (trött)* exhauste; *(tam)* mansuete; *(lydig)* obediente
spaljé spalier
spalt fissura, ruptura, scission; *(i tidning)* columna
spalta *(klyva)* finder; *itr* scinder
spaltbar fissile, scissile, findibile
spaltkorrektur proba prime
spam *data* spam *eng*
spana spiar, spionar, observar
spanare *(t.ex. i flygmaskin)* observator
spaniel (can) espaniol
Spanien Espania, Hispania
spanjor castiliano, espaniol, hispano
spann *(häst-, ox-)* equipage [-adʒe]; *(bro-)* arco, trave; *(ämbar)* situla
spannmål cereales
spannmålsbod granario
spannmålsvivel *(lat Calandra granaria) zool* calandra
spansk espaniol, hispanic; *spanska språket:* hispano, espaniol; *spanska sjukan:* influenza, grippe; *spansk-amerikansk:* hispanic, hispanoamerican; *spansk-morisk:* hispanomauresc; *spanskt grönt: kem* flor de cupro; *spanskt uttryck i annat språk:* hispanismo; *specialist på spanska:* hispanista
spanskrör canna
spant *sjöt* costa, traversino; *(-ruta)* ossatura
spara sparniar, economisar, reservar; *spara för framtida bruk:* guardar pro le futuro
sparande sparnio
sparbank casa de sparnio
sparbanksbok libretto de sparnio
sparbössa pyxide de sparnio
spark colpo de pede, calcage [-adʒe]
sparka calcar, dar colpo de pede; *(sprattla)* agitar se
sparkboll ballon; *(fot-, spel)* football [futbol]
sparkstötting slitta a pulsar
sparre trabe
sparris *bot* asparago
sparsam economic; *(girig)* parsimoniose; *(måltid etc)* magre, frugal; *vara sparsam:* economisar
sparsamhet economia, spirito de economia, parsimonia, sparnio
sparsamhetsskäl *av sparsamhetsskäl:* pro ration de economia
sparslant peculio
spartan spartano
spartansk spartan, abstemie
sparv *zool* passere
sparvhök *zool* sparviero
spasm *med* spasmo, convulsion, paroxysmo
spasmodisk spasmodic
spastiker spastico
spastisk *med* spastic
spat *geol* spat (mineral)
spatel spatula
spatiös *(med gott om utrymme)* spatiose
spatsera ambular, camminar, deambular, promenar se
spatserkäpp baston, canna
spatsertur promenada, camminata, deambulation

spatt spastic
spe *(hån)* insulto, disdigno; *(gyckel)* burla, derision, sarcasmo; *göra spe av:* disdignar, insultar, *(gyckla)* burlar, derider
speaker *(kommentator)* speaker *eng* [spi:ker]
speceriaffär specieria
specerier specieria
specerihandel specieria
specerihandlare speciero
specerivaror specieria
specialisera specialisar
specialitet specialitate
speciedaler specie
speciell particular, special, specific; *speciellt:* in specie
specificera specificar
specifik specific; *specifik vikt:* peso specific
spedition expedition
spefågel burlator
spegel speculo
spegelbild reflexo
spegelvänd reverse
spegelvändning inversion
spegla specular; *spegla sig:* specular se
speglosa sarcasmo; *(hån)* insulto
speja spiar, reguardar
spektakel *(upptåg)* farsa, spectaculo, burla; *(oväsen)* tumulto, rumor; *göra spektakel av:* derider, ludificar
spektral spectral
spektroskop spectroscopio
spektroskopi *(analys av ämnens spektra)* spectroscopia
spektrum gamma, spectro
spekulant *(en som spekulerar på börsen)* speculator
spekulativ speculative
spekulera specular; *(t.ex. i valutor)* agiotar [-dʒo-]; *spekulera på börsen:* specular
spel joco, ludo, partita; *(publikt)* ludo; *olympiska spel:* jocos olympic; *spel med stråke: mus* col arco *ital*; *fördubbling av insatsen i spel:* martingala; *sätta på spel:* riscar; *sätta någons liv på spel:* mitter in joco le vita de alcuno
spela jocar, musicar; *tr mus* sonar; *(instrument)* toccar; *spela bort:* perder in joco; *spela dam:* jocar a(l) damas; *spela dubbelspel:* jocar (le) duple joco; *spela fotboll:* jocar a(l) football; *spela högt:* jocar grosse; *spela kort:* jocar a(l) cartas; *spela på flöjt:* flautar; *spela roll:* jocar un rolo; *spela schack:* jocar a(l) chacos [sh-]; *spela teater:* presentar; *spela tennis:* jocar a(l) tennis; *spela under täcket med:* conniver
spelare jocator; *(av instrument) mus* sonator
spelbank banca
spelhåla spelunca
spelkort carta(s) de joco
spelrum latitude, margine; *mek* joco; *(utrymme) bildl* spatio; *(frihet)* libertate; *(utsträckning)* extension
spelstycke *mus* sonata
spenat spinace, spinacia
spendera *(pengar)* dispender, expender, erogar
spendersam generose, prodige
spene tetta
spenslig *(smärt)* gracile; *(tunn)* tenue
sperma sperma, semine
spets puncta, acumine, cuspide; *(t.ex. tungspets)* apice; *(bergs-)* summitate, vertice; *(på kläder)* dentella; *förse med spets:* appunctar; *i spetsen för:* al testa de, avante; *stå i spetsen:* esser al fronte, *mil* capitanar, ducer
spetsa appunctar, punctar, transfiger; *(vässa, skärpa)* acutiar; *spetsa på påle:* impalar; *spetsa till:* acutiar, affusar
spetsad acuminate, cuspidate, punctute
spetsbåge *arkit* ogiva
spetsbågestil stilo ogival/gothic
spetsfundig argute, captiose, sophistic, *(fin)* subtil
spetsfundighet argutia, quidditate, sophismo; *(tvetydigt uttryckssätt)* equivoco; *komma med spetsfundigheter:* argutiar
spetsig appunctate, acuminate, acicular, cuspidal, cuspidate, punctute; *(vass)* acute; *(naturvet.)* pungente
spetsighet acutessa
spetsvinklig a angulos acute, acutangule
spett *(järn- etc)* vecte, levator; *(stek-)* brocarostitor
spetälsk leprose
spetälska lepra
spetälskesjukhus lazaretto
spex farsa

spicken *(sill etc)* salose; *(skinka)* fumate
spigg *zool* varion
spik clavo; *dra ut spik:* disclavar; *såra (en häst vid skoning) med spik:* inclavar
spika clavar; *spika igen en dörr:* condemnar un porta
spikharpa *mus* harmonica a cavilias
spikklubba *(bot, farmakologi)* stramonio
spiksmed clavero
spikstick *(vid skoning)* inclavatura
spiktillverkare clavero
spilkum *(stor)* bassinetto, scutella; *(för sås)* sauciera
spill *(avfall)* perdita
spilla *(om vätskor)* lassar effunder; *(förkora)* perder
spillning stercore
spillo *ge till spillo:* abandonar, sacrificar; *gå till spillo:* esser perdite
spin *(flyg, fys)* spin
spindel *zool* aranea; *(spinneriterm)* fuso; *tekn* axello
spindelapa *zool* atele
spindelformad fusero
spindelnät rete de aranea
spindelväv tela de aranea
spinett *mus* spinetta, virginal
spinkig tenue; *(mager)* magre
spinna filar; *(om en katt)* ronronar
spinnande *(om katt)* ronron
spinnare filandero, filator
spinneri filanda
spinnerska filandera
spinning filatura
spinnmaskin filatorio
spinnrock filator (a pedal); *(hand-)* rocca
spion spia, spion
spionera spiar, spionar
spionprogram *data* spyware *eng*, programma spiante
spira *sb* pinnaculo; *(kunglig)* sceptro; *(ceremoniell stav)* massa; *vb bot* germinar
spiral spiral, helice; *geom* spira
spiralfjäder resorto spiral
spiralformad spiral, helicoidal, helicoide
spiraltrappa scala spiral, scala a caracol/in limace
spirande germination
spirbärare massero
spirituell spiritual, spirituose, intelligente
spirituosa alcohol
spirometer spirometro
spis *(ugn)* furno (de cocina); *(öppen)* camino; *(mat)* mangiar; *(näring)* nutrimento
spiselhärdsskatt *(i England)* focage [-adʒe]
spisskärm guarda-foco
spjut picca, lancea
spjutkastning lanceada
spjutskaft fuste
spjuver galliardo; *(dålig bet.)* picaro, canalia
spjäla latta; *(i stege)* scalon; *med* planchetta
spjälka planchettar, applicar planchettas
spjälkning application de planchettas; *kem* scission, pyrolyse, hydrolyse
spjäll *(i skorsten)* registro; *(på spis)* registro
spjärna *spjärna emot:* resister, recalcitrar, opponer se
splen *(mjälte)* splen; *(mjältsjuka)* hypochondria
split dissension
splitter crac(c)aturas; *splitter ny:* toto nove, flammante
splitterny flammante, toto nove
splittra *sb* fragmento, crac(c)atura; *vb* disjunger, fragmentar; *(klyva)* finder, dispeciar; *(krossa)* fracassar, crac(c)ar, ecrac(c)ar; *(dela)* divider; *(skapa oenighet)* facer discordo, provocar un scission; *(sprida)* disperger, dispersar; *(få att gå olika vägar)* disunir; *som splittrar:* divisive
splittrad fisse
splittrande disruptive
splittring discordo, discordia, disunion, disunitate, scission, schisma
spola *(skölja)* abluer, baniar; *(tråd)* bobinar; *spola tillbaka:* rebobinar
spole bobina, solenoide; *(spinneriterm)* fuso
spolformad *(spinneriterm)* fusiforme, fusero
spoliera guastar
spoling garsonastro, pnrve canalia
spolmask ascarido
spolning ablution, baniage [-adʒe]; *(textil)* bobinage [-adʒe]
spondé *(versmått)* spondeo
spondeisk spondaic
sponsor patrocinator, protector

sponsra patrocinar
sponsring patrocinio
spontan spontanee
spontanitet spontaneitate
spor *bot* spora
sporadisk occasional, sporadic
sporangium *bot* sporangio
sporhus *bot* sporangio
sporra excitar, incoragiar [-dʒar], incitar, instigar, piccar, provocar, speronar, sporonar, stimular; *som kan sporras:* incitabile
sporrande incentive
sporre *(på tupp)* speron, sporon; *bot* speron, sporon; *bildl* stimulo, incitamento, instigation
sporrsträck *i sporrsträck:* rapidissimo
sporsäck *(på svamp) bot* hymenio
sport sport; *sport-:* sportive
sporta facer le sport
sportig sportive
sportskvinna sportswoman *eng*
sportslig sportive
sportsman sportivo, sportsman *eng*
sportstuga chalet *fr* [shale]
spotsk arrogante; *(fräck)* insolente
spott saliva, sputo; *blanda med spott:* insalivar
spotta spuer, sputar; *spotta på:* conspuer; *spotta upp:* expectorar; *spotta ut:* exspuer
spottkopp sputiera
spottstyver pitancia
spov *zool* numenio
spraka *(knastra)* crepitar, decrepitar
sprakfåle galliardo
spratt *(skämt)* joco; *(streck)* joculo, burla
sprattla agitar se
sprayburk vaporisator
sprayflaska vaporisator
spricka *sb* fissura; *bildl* scission; *vb* finder se, scinder, rumper se, crepar, crepitar, exploder
sprida diffunder; *(idéer t.ex.)* propagar; *(skingra)* disperger, dispersar; *(utdela)* distribuer; *(nyhet)* divulgar; *(bortslösa)* guastar, dissipar; *sprida trupper: mil* displicar; *sprida ut (bland folk):* divulgar
spridande dispersive
spridas disperger
spridd diffusive
spridning diffusion, dispersion, dissipation, propagation; *spridnings-:* dispersive
springa *sb* fissura; *vb* currer, salir; *(förfölja)* persequer; *(skynda sig)* hastar; *springa efter:* sequer; *springa iväg:* escampar; *springa sönder:* crepar, crac(c)ar
springare cursor; *(travare)* trottator
springbrunn fontana
springflod marea
springpojke galopino
springvatten fontana
sprinkla sparger
sprinkler spargitor
sprint cavilia
sprit alcohol, spirito; *begiven på sprit:* bibule
sprita *sprita ärter:* disvainar
spritdrycker alcoholicos
sprithalt alcoholicitate (de un solution)
spritha1tig spirituose
spritkök calefactor/furnetto a/de alcohol
spritta *(om fisk)* fremer; *spritta av glädje:* saltar pro allegressa; *spritta till:* saltar
sprudla exuberar; *(bubbla)* bullir, gurguliar; *(om kolsyrade drycker)* effervescer
sprudlande ebulliente, galliarde
sprund *(på kläder)* fissura; *(hål)* foramine
spruta *sb med* syringa; *(större)* pumpa; *vb* jectar, irrigar, syringar; *spruta fram:* surger; *spruta mot t.ex. ogräs:* irrorar; *spruta ut:* ejacular
sprutslang tubo a jecto
språk lingua, idioma; *(talesätt)* linguage [-adʒe]; *(uttryckssätt)* stilo; *(bibel- etc)* sententia; *vardagligt språk:* linguage [-adʒe] familiar
språka conversar
språkbehandling *(sättet att framföra tal)* elocution
språkbruk modo de expression; *brott mot språkbruket:* solecismo; *vardagligt språkbruk:* linguage [-adʒe] familiar
språkegendomlighet *(för visst språk egenartat uttryck)* idioma
språkfel error de expression, barbarismo
språkforskare philologo, linguistico
språkkunskap cognoscentia/saper de linguas, sapientia lingual
språkkännare linguista
språklig lingual; *språklig egendomlighet:* idio-

tismo
språklära grammatica
språklärare instructor/professor de linguas
språkrensning purismo
språkrensningsträvande purismo
språkrör *bildl* porta-voce
språksam parlace, loquace
språkvetenskap philologia, linguistica
språng *(hopp)* salto; *(lopp)* curso, cursa; *(sport, ridning)* volta
spräcka franger, crac(c)ar
spräcklig maculate; *bot* variegate
spränga rumper, disrumper, detonar, facer exploder; *spränga en dörr:* fortiar un porta
sprängas crepar, exploder, facer explosion, saltar
spränglärd eruditissime, doctissime
sprängmedel explosivo
sprängning explosion, detonation
sprängämne explosivo, materia explosive
sprängört *bot* cicuta; *dryck av sprängört:* cicuta
sprätt dandy *eng*, adonis
sprätte *(krafsa)* grattar; *(stänka)* asperger; *med* secar, aperir
spröd crispe, delicate, friabile, fragile, rumpibile; *göra spröd:* crispar
sprödhet delicatessa
spröt *(känsel- etc)* antenna
sputum sputo
spy vomir, vomitar; *spy upp:* sputar; *spy ut:* disgorgar
spydig ironic, sarcastic; *(vass)* caustic; *(bitande)* mordace
spydighet sarcasmo
spyfluga *zool* muscon, musca carnivore
spå dicer le bon ventura; *(förutsäga)* predicer, prophetisar, vaticinar; *(bebåda)* presagir, augurar; *(hålla före)* portender; *(ha förkänsla av)* presagir, presentir; *en som spår i kort:* cartomante; *människan spår och Gud rår:* homine propone e Deo dispone
spådom augurio, divination, prediction, prophetia, prognosis, presagio [-sadʒo], portento; *(antikens historia)* auspicio
spåkvinna pythonissa, sibylla
spåman divinator, divino, predictor; *(som spådde efter fåglars flykt bl.a.) (antikens historia)* auspice
spån *(tak-)* latta; *(hyvel- etc)* retalio; *(fil-)* limatura, limalia
spånad filage [-adʒe]; *(handling)* filata
spång ponte pedestre, planca
spår tracia; *(fot-)* vestigio; *(djur-)* pista; *(järnvägs-)* via, railage [reiladʒe]; *(efter ngt)* tracia
spåra traciar; *(i snö)* traciar; *(vädra)* flairar; *(upptäcka)* discoperir; *spåra tillbaka:* retraciar; *spåra upp:* pistar, sequer le pista de; *spåra ur:* derailar
spårbar investigabile
spårhund can venatori
spårvagn tram
spårväg tramvia; *(järn- el. spårväg i stad)* metropolitano; *spårvägs-:* tramviari
spårvägsman tramviero
späck lardo; *lägga späck mellan:* interlardar
späcka lardar; *(kött)* interlardar; *späcka med (t.ex. citat): bildl* interlardar
späckhuggare *zool* orca
späckning interlardamento
späd tenere, delicate; *(om ålder)* basse
späda *späda ut:* diluer
spädbarn baby *(plur* babies) *eng,* bebe
spädbarnsvåg pesa-bebe
spädgris porchello, porchetto
spädhet teneressa
späka mortificar, practicar ascese
späkning mortification, ascese
spänd tendite, tense; *spänd på:* intente
spänna *(sträcka)* tender, stringer
spännande *bildl* sensational, excitante, excitative
spänne fibula
spänning tension; *(elektr även)* potential, voltage [-adʒe]; *bildl* excitation; *(förväntan)* expectation; *(ängslan)* anxietate
spänningsfall cadita de tension
spänningstillstånd *med* tono
spännkraft *(fjäder-)* elasticitate
spänst vigor
spänstig vigorose
spänta finder
spärr barriera, barricada, obstruction; *(regel)* barra
spärra barrar, barricadar; *(stänga)* occluder, blocar; *(regla)* barrar; *bildl* obstruer; *spärra*

ut: distender

spärrande *sb* obstruction; *adj* obstructive

spärreld *mil* (foco de) barrage [-adʒe]

spärrvakt guarda-barriera

spö virga, verga, canna; *(gissel)* flagello; *slita spö:* esser flagellate

spöka *det spökar:* il ha phantasma(s)

spökaktig spectral

spökbild apparition

spöke apparition, phantasma, spectro; *(rom. mytologi)* larva; *spök-:* spectral

spöklik phantasmic

spökrädd *vara spökrädd:* timer phantasmas

spöktimme hora del phantasmas

spörja *(fråga)* questionar; *(utfråga)* interrogar; *(erfara)* apprender

spörsmål question

stab stato

stabil stabile

stabilisera *(göra stadig/varaktig)* stabilisar

stabilitet stabilitate

stabsfurir sergente [-dʒente] major

stack cumulo, pila

stackare *(odugling)* homine/esser inepte; *fattig stackare:* povretto, miserabile; *rädd stackare:* coardo, poltron

stackars paupere, povre; *(enkel)* agreste; *stackars sate:* povre diabolo

stackmoln *meteorol* cumulo

stad urbe, burgo, citate; *(huvud-)* metropole; *var i sin stad:* cata uno in su loco; *stads-:* urban

stadd *(översättes ej; ex.:) vara stadd på resa:* esser in viage [-adʒe]

stadfäst *jur* rate

stadfästa confirmar; *(traktat)* ratificar; *(lag)* sanctionar

stadfästelse confirmation

stadga *sb (fasthet)* stabilitate; *(förordning)* statuto, regulamento; *vb* consolidar, stabilisar, statuer, regularisar; *stadga sig:* consolidar/stabilisar se; *stadge-:* statutari

stadgad solide; *(mogen)* matur; *(lugn)* calme

stadig massive, stabile; *(fast)* solide; *(-varande)* constante; *(styv)* rigide; *(orörlig)* fixe, immobile

stadighet constantia, stabilitate

stadigvarande permanente

stadion *(idrottsarena)* stadio

stadium stadio, grado, etage [-adʒe]; *(skede)* phase; *(steg i utveckling)* stadio

stadsbo citatano, municipe

stadsbud portator

stadsdistrikt municipio

stadsfullmäktig consiliator municipal

stadshus casa municipal, domo municipal, municipalitate

stadsområde municipio

stadsplanerare urbanista

stadsplanering urbanismo

stadsprägel urbanitate

stadsrättighet franchitia [frankitsia] de un citate

stafett staffetta

staffli cavalletto (de pictor)

stafylokocker *(inflammationsframkallande bakterier) med* staphylococcos [stafilokokos]

stag *sjöt* stag; *gå över stag:* virar al vento

staga stagar

stagg *(ett slags gräs) bot* nardo

stagnation stagnation

stagnera stagnar

staka *bildl* subsister; *(stamma)* balbutiar; *staka sig fram:* pulsar se in avante (per fuste); *staka sig, komma av sig:* perder le continentia

stake fuste, baston; *(lång)* pertica; *(mät-)* jalon; *(påle)* palo; *(ljus-)* candeliero, candelabro

staket barriera, cancello; *(högt)* palissada

stalagmit *(stående droppsten) geol* stalagmite

stalaktit *geol* stalactite

stall stabulo; *(på stränginstrument) mus* cavalletto, ponte

stallkarl staffero

stallknekt groom *eng* [gru:m], palafrenero

stam *bot* pedunculo; *(träd-)* trunco, stirpe; *bildl* stirpe; *(folk-)* tribo; *(ras)* racia; *gram* radical, thema; *stam-:* tribal

stambana linea/ferrovia principal

stamfader ancestre, atavo, progenitor, avo; *(i 2dra, 3dje led etc)* bis-, tris-avo

stamgäst habitué *fr* [abitye]

stamma balbutiar; *(varaktigt)* blesar, esser blese; *som stammar:* blese; *härstamma, se d. o.*

stammoder ava, ancestre; *(i 2dra, 3dje led etc)* bis-, tris-ava

stamning balbutiamento, blesamento, balbutismo; *(vetensk.)* iscophonia; *(ummande)* embolophrasia

stampa calcar; *(i sjö) sjöt* tangar; *(pantsätta)* pignorar; *stampa kläder, druvor etc:* fullar; *stampa på:* fullar; *stampa på stället:* trottar; *stampa takten:* marcar le mesura; *stå och stampa, göra på stället marsch:* marcar le passo

stampning calcamento; *sjöt* tangage [-adʒe], fullatura, pignoramento

stamtavla genealogia, tabula genealogic; *stamtavla för djur:* pedigree *eng* [pedigri:]

stamträd arbore genealogic

standar insignia, standardo, pennon

standarbärare porta-standardo

standard standard *eng*

standardisera standardisar, normalisar

stank fetidessa, puter, malodor

stanna *(hejda) tr* stoppar, arrestar; *itr* facer halto, pausar; *(upphöra)* cessar; *få ngn att stanna:* arrestar; *stanna på resa etc:* interceptar

stanniol folio de stanno

stans *(strof)* stanza; *(stämpel)* stampa

stansa stampar

stapel *(hög)* mole, pila; *(i skrift)* vertical, linea vertical

stapla pilar, cumular

stappla *(vackla)* vacillar; *(av svaghet)* titubar

starbliga reguardar fixe(mente)

stare *zool* sturno

stark forte, vigorose, robuste; *(hållbar)* solide; *(varaktig)* durabile, nervose; *lika stark:* isodynamic; *mycket starkt: mus* fortissimo; *stark färg:* color vive; *starkt: adv mus* forte

starkpeppar pipere nigre

starkström currente a alte tension

starr *med (grå)* cataracta; *(grön)* glaucoma; *(svart) med* amaurosis

starrgräs *bot* carice, carex

start initio; *sport* start; *(början)* principio, comenciamento, partita

starta initiar, comenciar, poner se in marcha [-sha]; *starta på resa:* partir; *starta i väg:* mitter se in cammino; *(sätta i rörelse) tr* startar, lancear, initiar; *starta process mot:* intentar un processo/action contra

stat stato; *(utgifts-)* budget *eng* [bʌdʒet]; *(hush.)* menage [-adʒe]; *stats-:* statal

statare laborero de ferma (recipiente in principio su salario in natura)

statik statica

station station

stationera stationar

stationär stationari

statisk static

statist comparsa, figurante

statistik statistica

statistiker statistico

statistisk statistic

stativ supporto, skeleto, cavalletta

statlig statal

stator *(i elektrisk motor)* stator

statsanslag subvention del stato

statsförbund confederation; *allierad inom statsförbund:* confederato; *gå samman i statsförbund:* confederar; *statsförbunds-:* confederative

statskassa fisco

statskupp colpo de stato, usurpation del poter, putsch *ty*

statsmakt potentia (statal)

statsman politico, homine de stato, statista

statsmedel fundos public

statsminister presidente del ministerio, prime ministro

statspapper obligationes del stato

statsråd consilio ministerial/statal; *(person)* ministro

statsrätt jure public

statsskick constitution

statsskuld *fast statsskuld:* debita consolidate

statsskäl ration de stato

statstjänsteman functionario public

statsvälvning revolution

statuera statuer

status stato

statut statuto

staty statua

statyett figurina

stav baston, verga; *(hopp-)* pertica; *(på tunna)* dova; *(ceremoniell)* massa

stava orthographiar; *(vid läsning)* syllabar; *en som stavar/skriver dåligt:* cacographo

stavelse syllaba [silaba]; *olikhet i antalet sta-*

velser: imparisyllabo; *stavelse-:* syllabic

stavelseantal *olik i stavelseantal:* imparisyllabe

stavelseindelning syllabation

stavfel error orthographic

stearin stearina, candela; *stearin-: kem* stearic

stearinljus candela

steatit steatite

steatopygi steatopygia

steg passo, etage [-adʒe]; *(på trappa el. stege)* passo, scalon; *(på termometer)* grado; *(fot-)* passo; *för varje steg:* a omne passo; *steg för steg:* passo a passo; *ta ett steg:* facer un passo

stege scala

stegelstraff supplicio del rota

steglitsa cardellino

stegmätare hodometro

stegpinne scalon

stegra augmentar; *(tveka)* hesitar; *stegra sig:* rampar

stegvis *mus* diatonic

stek fritura, rostito

steka *(på rost)* rostir; *(i panna)* frir, friger

stekel *zool* hymenoptere

steklar *zool* hymenopteros

stekning fritura

stekpanna patella, fritoria; *(gryta)* marmita

stekspett broca-rostitor

stekt frite; *ngt stekt:* fritura

stel rigide, inflexibile, torpide; *(om person)* grave, ceremoniose, difficile; *(orörlig)* immobile; *(i lemmar)* rigide; *vara stel:* torper

stelhet rigiditate, rigor, torpor, torpiditate

stelkramp *med* tetano

stelna coagular, cualiar, rigidir; *(föra över i fast form)* solidificar; *(av rädsla)* rigidescer; *få att stelna:* congelar

stelnande *sb* congelamento

sten petra, lapide, saxo, *(liten)* calculo; *(nötskal)* nuce; *(fruktkärna)* pepita; *(njur-, gall-) anat, med* calculo, petra; *de vises sten:* le petra philosophal; *med mycket stenar:* roccose; *sten-:* lapidar, lapidee, petrose, *i smnstn* litho-

stenart specie de petra

stenbock *zool* ibice, capricorno; *stjärnbilden Stenbocken: astron* Capricorno; *Stenbockens vändkrets:* Tropico del Capricorno

stenbrott petreria

stenbräcka *bot* saxifraga

stencil stencil

stendammslunga *med* silicosis

stendös *arkeol* cromlech [-lek]

stenfalk *zool* smerilion, merlin

stenfrukt *(t.ex. plommon, körsbär, persika) bot* drupa

stenfylld lapidose

stengolv pavimento

stenhuggare taliator de petra, talia-petras

stenhäll rocca

stenig lapidee, lapidose, petrose, saxee, saxose

stenkast *ett stenkast bort:* a duo passos

stenkol carbon (mineral); *(metallglänsande hårt)* anthracite

stenkula marmore

stenliknande lithoide

stenlunga *med* silicosis; *(vetensk.)* phtisis lapicidarum

stenlägga pavimentar, pavir

stenläggning *(mark)* pavimento, pavage [-adʒe]

stenograf stenographista, stenographo

stenografera stenographiar

stenografi stenographia

stenpir *sjöt* mole

stenplattgolv pavimento

stenrik ricchissime

stenrös cumulo de petras; *arkeol* tumulo

stenröse cumulo de petras; *arkeol* tumulo

stensalt sal gemma

stensjukdom lithiasis

stensätta *(belägga golv el. gator)* pavimentar, pavir

stentor *(mycket stark röst)* voce de Stentore

stentorstämma *(mycket stark röst)* voce de Stentore

stentryck lithographia

stenålder etate del petra; *yngre stenåldern:* neolithico; *yngre stenålders-:* neolithic; *äldre stenåldern:* paleolithico; *äldre stenålders-:* paleolithic

stenöken deserto de petras

stepp steppa

stereo *(motsats mono)* stereo

stereofonisk stereophonic

stereoinspelning registration stereophonic

stereomottagare receptor stereophonic
stereoskop stereoscopio
stereotyp stereotype, stereotypic
stereotypiplatta *typ* stereotypo
steril sterile; *göra steril:* sterilisar
sterilitet ariditate, sterilitate
stetoskop stethoscopio
steward dispensero; *(på fartyg och flygplan)* steward *eng*
stibium *(grundämnet antimon, stibium, Sb) kem* stibio, stibium
stick picca, piccatura, puncto, stigma; *lämna i sticket:* abandonar, lassar in embarasso; *stick i stäv: adv* contrarimente, al contrario
sticka *sb (träflisa)* sticca; *vb* lancinar, piccar; *(även om smärta)* punger; *(såra m kniv e.dyl.)* pugnalar; *(klia)* prurir; *(jumprar o.dyl.)* tricotar; *(i metall)* burinar; *sticka hål i/på:* puncturar, punger; *sticka in:* figer; *sticka iväg/sin väg:* escampar; *sticka under stol med:* celar; *något stickat:* tricotage [-adʒe]
stickande pungente; *bot* aculeate
stickkontakt *elektr* prisa de currente, clave de contacto
stickling *bot* graffo, planton
stickmaskin tricotatrice
stickning tricot *fr* [triko], tricotage [-adʒe]
stickord parola piccante
stickpropp clave de contacto
stickspår bifurcation (ferroviari), railage [reiladʒe] secundari
stift *(spik)* clave, clavetta, cavilia, tenon; *(blyerts-)* stilo (de graphite); *(biskops-)* episcopato, diocese; *(på pistill) bot* stylo; *(häft-)* cimice; *stift på snöre e.dyl.:* aguliètta; *stifts-:* diocesan
stifta *(grunda)* fundar, instituer, establir; *stifta lag:* facer leges
stiftare fundator; *(lag-)* legislator
stiftelse fundation, fundo, institution
stifttand dente a tenon
stig sentiero, semita, passage [-adʒe]
stiga *(höja sig)* montar, ascender, elevar se; *bildl* surger; *(öka)* augmentar; *stiga av bilen:* descender del auto; *stig inn!:* entra!; *stiga ned:* descender; *stiga om, byta:* cambiar; *stiga till häst:* montar un cavallo; *stiga upp:* levar se; *jag stiger upp kl 8:* io me leva a 8 horas; *stiga upp i bilen:* montar le auto, ascender in le auto; *stiga upp på:* montar
stigbygel staffa
stigma stigma
stigmatisera stigmatisar
stigning ascension, elevation, montata; *(i terräng)* rampa, elevation; *(ökning)* augmento; *(höjning)* elevation
stil *(-art)* stilo, flair *fr* [flæ:r]; *(hand-)* scriptura; *(tryck-)* typo; *(uppsats)* composition; *ha stil:* haber stilo; *i stil med:* conforme a, simile a
stilett stiletto
stilfull chic [sh-]
stilig elegante, graciose; *(snygg)* nette
stilisera stilisar
stilistik *(läran om uttryckssätt)* stilistica
stilla *adj* calme; *(lugn)* tranquille, placide; *(tyst)* silente, quiete; *(overksam)* inactive; *(orörlig)* immobile; *(fredlig)* pacific; *Stilla havet:* Oceano Pacific; *adv* basso; *vb* calmar, tranquillisar, appaciar, silentiar, quietar; *(hunger, smärta)* contentar, calmar; *(lidelser)* subjugar; *stilla blod:* stipar sanguine
stillande appaciamento
stillasittande sedentari
stillastående stationari; *stillastående vatten:* aqua morte; *vara stillastående:* stagnar
stillatigande silente, tacite, implicite
stilleben natura morte
stillestånd halto, puncto morte, stagnation; *(uppehåll)* pausa; *mil* armisticio
stillhet calma, tranquillitate, reposo, quietude, silentio, serenitate
stillsam calme, tranquille; *(fridsam)* pacibile, pacific; *(tystlåten)* silente
stiltje calma
stim *(fisk-)* turba; *(oväsen)* ruito
stimma assemblar se in turbas; *(stoja)* ruitar
stimulans fortificante, sporon, speron
stimulera stimular, sporonar, speronar; *(förse med nervimpulser)* innervar
stimulerande cordial, incentive, stimulative, tonic; *stimulerande medel:* excitante
stimulering stimulation
stimulus stimulo
sting picca, puncto; *sting i samvetet:* compunction
stinka puter, malodorar

stinkande putrefactive, malodorante, fetide, infecte; *giftigt stinkande:* mephitic

stinkdjur *zool* skunk

stinknäsa *med* ozena

stinn inflate; *(mätt)* saturate

stipel *bot* stipula

stipendium bursa

stipulera *(sätta upp villkor/bestämmelser)* stipular

stirra reguardar fixemente, adocular

stjäla furar

stjälk *(blad-)* petiolo; *(blom-)* pedunculo; *stjälk som uppbär honorganen:* gynophoro

stjälklös *bot* sessile

stjälpa inverter; *stjälpa i sig:* ingurgitar; *stjälpa ut:* everter

stjärna stella; *(himlakropp)* astere, astro; *(film-, etc)* star; *(i tryck)* asterisco; *besätta med stjärnor:* constellar; *femuddig stjärna:* pentaculo; *nyupptäckt stjärna:* nova; *stjärn-:* *astron* astral, sideral, stellar

stjärnbaneret *(USA:s flagga)* le bandiera stellate

stjärnbeströdd stellate

stjärnbild constellation

stjärnformad astral, asteriforme, stellar, stelliforme

stjärnhimmel celo stellar/stellate, spatio sideral

stjärnhop constellation

stjärnklar stellate

stjärnskott stella/meteoro cadente, meteoro

stjärntydare astrologo

stjärt *(svans)* cauda; *(bakdel, botten)* culo, posterior; *(på kroppen)* podice

sto cavalla, cavallo femina

stock bloco de ligno, trunco; *(bjälke)* trabe; *(förråd)* stock, deposito; *(gevärs-)* calce, fuste; *över stock och sten:* per (le) montes e valles

stocka *stocka sig:* stagnar; *med* ingorgar; *(t.ex. om blod el. trafik)* congerer

stockfisk stoccapisce, stockfis *holl*

stockning stagnation; *(blod-)* stase; *(trafik-)* congestion; *med* congestion, ingorgamento, ingurgitation

stoff *(allm, även tyg)* stoffa; *(ämne)* materia, substantia; *(motiv)* subjecto, thema

stofil *gammal stofil:* vetule original

stoft pulvere; *(om döda)* cinere, terra; *förvandla till stoft:* reducer a pulvere; *lägga i stoftet:* prosternar; *kastad i stoftet:* prostrate

stoftfylld pulverose

stoisk *filos* stoic

stoj ruito

stoja ruitar

stol chaise *fr* [shæ:z], sedia, sede; *(bekväm)* confortabile; *(pall)* scabello; *Heliga stolen:* le sede apostolic: le sancte sede

stola *(slags halsduk använt som liturgiskt plagg)* stola

stolle follo

stollig folle

stollighet follia; *stolligheter:* ineptia

stolpe palo; *inhägna med stolpar:* palar

stolpiller *med* suppositorio

stolt fer, orgoliose; *(fordrande)* arrogante; *(övermodig)* superbe; *(ädel)* nobile; *göra stolt:* inorgoliar; *vara stolt över:* piccar se de

stolthet feritate, orgolio, arrogantia; *sårad stolthet:* picca

stoltsera pavonisar

stoma stoma *(gr, plur* stomata)

stomatit *med* stomatitis

stomme skeleto, quadro; *(byggnads)* armatura, *(skrov)* carcassa; *(människans kroppsbyggnad)* membratura

stop bicario

stopp halto; *(uppehåll)* pausa; *mil* halto; *stopp! mil* halto!

stoppa stoppar, facer halto, pausar; *(upphöra* cessar; *med* tamponar; *(igen/upp)* borrar, reimpler, wattar; *(på väg)* interceptar; *(maskin)* stoppar, arrestar; *(spärra)* barrar, blocar, obstruer; *(sy ihop)* sarcir; *stoppa strumpor:* emendar calcettas, remaliar; *stoppa till, stoppa igen:* stoppar, tappar, occluder; *stoppa upp möbler:* tapissar

stoppning *(fylln.material)* stoppa

stoppningshår borra

stoppnål agulia a/de sarcir

stor grande; *bildl* magne, magnific; *(tjock)* grosse; *(fullvuxen)* adulte; *(mäktig)* potente; *(stor och klumpig)* elephantin; *(osedvanligt stor)* exorbitante; *i stort:* in grande; *vara osedvanligt stor:* exorbitar; *Stora Björnen:* *astron* septentrion

storartad brave, grandiose, magnific, splendide, superbe
Storbritannien Grande Britannia
stordåd action heroic, gesta
storepidemi *med* pandemia
storgods latifundio
storhertig archiduce, granduc
storhertigdöme granducato
storhertiginna granduchessa [-k-]
storhet grandor, magnitude; *mat* quantitate; *okänd storhet: mat* incognita; *oändlig storhet:* infinito
storhetsvansinne monomania, megalomania
stork *zool* ciconia
storkors grancruce
storlek grandor, dimension; *(mått)* mesura
storm tempesta; *(orkan)* huracan, tornado
storma tempestar; *(intaga)* assaltar, expugnar; *(med stegar) mil* scalar; *storma in:* irrumper
stormakt grande potentia; *stormakterna:* le grande potentias
storman eminentia, potentato
stormande tumultuari, tumultuose
stormby *meteorol* borrasca, tempestata
stormfågel *zool* fulmaro glacial, petrel, procellaria
stormhatt *bot* aconito
stormig tempestuose, ventose
stormklocka campana de alarma
stormning *intaga med stormning:* expugnar; *stormning med stegar: mil* scalada
stormrik ricchissime
stormsegel *sjöt* talia-vento
stormsteg *med stormsteg:* a grande passos
stormsvala *zool* petrel
stormäktig potentissime
storordig *sb* fanfaron; *adj* grandiloquente, vangloriose
storordighet grandiloquentia
storsegel grande vela
storsinne generositate
storsint generose, magnanime
storsinthet generositate
storskryta fanfaronar
storskrytare fanfaron
storslagen magnific, grandiose, stupende, sublime
storslagenhet fulgor, grandiositate, pompa
storspenderare dispenditor
storspov *zool* curlo
storstad metropole; *mycket stor storstad:* megalopole; *storstads-:* metropolitan
stortå digito grande
storvulen *(i ord)* magniloquente
storväxt de grande statura
storögd a grande oculos; *bli storögd:* facer grande oculos
straff castigation, pena, penalitate, punition; *jur* sanction; *straff-:* penal, criminal
straffa punir, castigar
straffarbete travalios fortiate
straffbar penal, punibile
strafflag lege/codice penal
straffpredikan sermon
straffpåföljd *vid straffpåföljd:* sub pena
straffrihet impunitate
straffvärd punibile
straffånge convicto, fortiato
stram *(sträckt)* tense, stricte; *(stolt)* fer, orgoliose
stramalj canevas
strand costa; *(vid flod el. sjö)* ripa; *(bad-)* plagia; *strand-:* litoral, ripari
stranda naufragar; *(på sandbank)* arenar, insablar (se); *bildl* frustrar se, faller
strandbank *(vid flod)* ripa
strandfura *bot* pino maritime
strandhydda barraca de plagia
strandning arenamento, insablamento
strandsnäcka *zool* litorina
strandtält barraca/stand de plagia [pladʒa]
strapats fatiga
strateg strategista, stratego
strategi *(planerat tillvägagångssätt)* strategia
strategisk strategic
stratifiera *geol* stratificar
stratokumulusmoln *(lågt liggande mörka molnmassor)* stratocumulo
stratosfär stratosphera
strax *(genast)* si tosto, tosto, immediatemente, subinde, mox
streck linea, tracto; *(binde-)* tracto de union; *(rep)* corda, *(mindre)* cordon; *(riktning)* direction; *geol* filon; *det håller inte streck:* il non vale, il es false; *fult streck:* mal joco
streckkod codice a barras

strejk exopero
strejka exoperar
strejkande exoperante
streptomycin *(antibiotikum mot hjärnhinne-inflammation, tbc m.m.)* streptomycina
stress *(sjukdom)* stress
strid *sb* altercation, antagonismo, contention, discordia, lucta; *mil* combatto, battalia; *(slagsmål)* lucta; *(ord-)* disputa, querela; *adj* rapide, violente
strida altercar, combatter, luctar, contender; *(vara oense)* discordar; *(med ord)* disputar; *strida med ngn i skrift:* polemisar; *strida om ngt:* litigar; *stridande part:* disputante
stridbar combattive, luctative, contentiose, pugnace, militante
stridig contestabile; *(envis)* obstinate; *(oförsonlig)* inconciliabile; *(motsatt)* contrari, opposite
stridighet disaccordo, disputa
stridsduglig effective
stridsenhet *mil* unitate de combatto
stridsfråga question de debatto/combatto
stridshäst cursero
stridskrafter fortias militar
stridslinje linea de battalia; *(främre)* fronte de battalia
stridslysten combattive
stridsman contendente, contenditor
stridsmoral moral
stridsoförmögen *göra stridsoförmögen:* incapacitar
stridsrop crito de guerra
stridsskrift scriptura polemic, pamphleto
stridstrumpet *romersk rak stridstrumpet: mus* tuba
stridsvagn carro de combatto; *(modern)* tank *eng*
stridsäpple (le) pomo de(l) discordia
strigel corio de acutiar
strigla acutiar
strikt sever, rigorose, stricte
stril irrigator
strila irrigar; *strila fram:* surger
strimma stria; *(land-)* linea, lista; *(ljus-)* radio; *(band)* banda; *(av papper)* scheda
stripig *(om hår)* criniforme, hirsute
strof strophe; *(poetisk)* stanza *ital* [stantsa]
strontium *(grundämnet strontium Sr) kem* strontium
stropp *(på skor etc)* tirante; *(i spårvagn)* corregia; *sjöt* strop
struktur conformation, contextura, structura; *(vävs)* textura
strukturell *(med avseende på uppbyggnaden)* structural
strukturera conformar
struma struma
strumpa calcea, calcetta, *(kort)* calcetta; *taga av sig strumpor:* discalcear (se)
strumpaffär calcetteria
strumpeband garrettiera
strumpebandsorden ordine del garrettiera
strumphållare suspensor
strumpskaft gamba de calcea
strumpsticka agulia a tricotar
strumpstickning tricotage [-adʒe] de calceas
strumpstoppning remaliage [-adʒe]
strunt cosalias, nonsenso; *strunt-:* pusille, *(om sak)* frivole
strunta *strunta i:* negliger
struntprat galimatias, nonsenso
struntprata *struntprata i:* negliger, nonchalar [-sh-]
struntsumma pitancia
struntviktig superciliose
strupe *(svalg)* gorga, gutture, gurgite; *(mat-) med* esophago; *(luft-)* trachea; *strup-:* guttural
struphuvud *med* larynge, pomo de Adam; *(på fågel) zool* syringe
strupkatarr *med* laryngitis
struplock *anat* epiglottis
strut cornetto (de papiro); *(glass-, karamell-)* cornetto
struts *zool* struthio, avestruthio
strutta trottar (vacillante)
stryk bastonada, battimento, castigamento; *stryk!: typ* dele!
stryka fricar, passar le mano super, caressar; *(med strykjärn)* repassar; *(släta ut)* lisiar; *(utplåna)* expunger; *stryka omkring:* vagar, vagabundar, *(på måfå)* flanar; *stryka ut:* annullar, cancellar, eradicar, rader, expunger, *typ* deler; *som kan strykas ut:* delibile
strykande *strykande aptit:* grande appetito
strykjärn ferro (de repassar)

stryknin *kem* strychnina
strykning cancellation, deletion
strypa strangular
strypning strangulation
strypsjuka croup *eng* [krup]
strypt strangulate
strå *(gräs-)* brin de herba/palea; *(halm-)* palea; *(hår-)* pilo
stråk *(väg)* passage [-adʒe], route *fr*, via multo frequentate
stråkdrag arcata
stråke *mus* arco, archetto [-k-]; *spel med stråke:* col arco *ital*
stråkharpa lyra a arco
stråkinstrument instrumento a arco/archetto
stråklyra lyra a arco
stråkmusik musica a arcos
stråkorkester orchestra [-k-] de arcos
stråla *(glänsa)* brillar, lucer, splender, radiar, irradiar, resplender, splender; *stråla ut:* emitter; *strål-:* radial
strålande *adj* brillante, radiante, radiose, irradiante, fulgente, fulgide, fulgural, illustre, splendide
strålben *anat* radio
stråle radio, fasce; *(vatten-)* jecto
strålglans nimbo, refulgentia, splendor
strålkastare projector, pharo
strålkrans aureola; *omge med strålkrans:* aureolar
strålning irradiation
sträck *(t.ex. köra i ett sträck)* tracto; *i sträck:* sin interruption
sträcka *sb* distantia; *(väg)* via, route *fr*, itinere; *(tillryggalagd)* percurso; *vb* extender, tender; *(om fåglar)* passar; *(dra till)* stringer; *(förlänga)* elongar; *sträcka ut:* allongar, distender, elongar, extender, tender, *(om hästar)* currer liberemente, *(armen)* allongar le bracio, *(handen)* extender le mano, dar le mano
sträckmuskel *anat* extensor, tensor
sträckning tracto
sträng *sb* cordon, funiculo; *mus* chorda; *adj* sever, rigorose, rigide, stricte; *(bister)* acerbe; *(i seder)* auster
stränghet austeritate, duressa, rigor, severitate
stränginstrument instrumento a chordas
strängtamburin tamburino a chordas
sträv *(vid beröring)* aspere; *(rå)* rude; *(om smak)* acerbe; *(om röst)* rauc; *göra sträv:* asperar
sträva effortiar (se), penar se; *sträva efter:* aspirar a; *sträva/sträcka sig mot:* verger
strävan effortio, aspiration; *strävan efter:* aspiration
strävhet asperitate
strävhårig hispide
strävpelare *arkit* contraforte
strävsam assidue, energic, laboriose; *(flittig)* diligente; *(ivrig)* fervorose
strö *sb* paleage [-adʒe]; *vb* disperger, dispersar, sparger; *(kasta)* jectar
strödosa tamisio
ström currente, flucto, fluxo; *(flod)* riviera; *(mindre)* rivo; *(fors)* rapido, torrente; *elektr* currente; *(havs-)* deriva; *elektrisk ström:* currente electric; *ström-:* torrential
strömbrytare *elektr* interruptor, inversor
strömfördelare *elektr* combinator
strömkrets *elektr* circuito
strömlinjeformad aerodynamic
strömma fluer, currer, cascadar; *strömma till:* affluer; *strömma ut:* effluer
strömmande *adj* torrente
strömming haringo (baltic); *rökt strömming:* haringo fumate
strömning currente, fluxo, fluxion
strömoln nubes dispergite
strömvirvel gurgite
ströskrift brochure *fr* [broshy:r]
strösocker sucro pulverisate
ströva *ströva omkring:* circumerrar, errar, flanar, divagar, vagar; *(irra)* vagar
strövtåg excursion
stubb *(på mejat sädesfält)* stupula; *(skägg)* pilo
stubbe stirpe
stubintråd micca
stuck gypso
stuckatur stuccatura, stucco; *dekorera med stuckatur:* stuccar
stucken *(alla bet.)* piccate
student baccalaureo/a, studente
studentexamen baccalaureato
studentkvarter *(i Paris)* quartiero latin
studera studer, studiar
studerande studente, studiante

studerkammare studio
studie studio
studio *(arbetsrum)* studio
studium studio, studios
studsa resaltar, recular; *studsa tillbaka:* recular
studsare *(gevär)* carabina; *(ur)* pendula
stuga casa, casetta; *(villa)* villa; *(koja)* cabana
stuka applattar; *tekn* rebatter; *bildl* discoragiar [-dʒar], humiliar, mortificar; *anat* distorquer
stukning rebattimento; *anat* distorsion
stulen furtive
stum mute; *bli stum:* mutescer
stumhet mutismo
stump pecia, clasma, fraction, fragmento, morsello
stund *(ögonblick)* instante, momento; *om en stund:* in un momento, *(omedelbart)* instantaneo; *från den stunden:* de ille momento
stundligen semper, sempre, continuemente
stundom de tempore in tempore, a vices, aliquando
stup precipitio, rocca abrupte, escarpamento
stupa precipitar; *(luta)* inclinar; *(falla)* cader; *(i krig)* cader, restar sur campo
stupränna guttiera
stuprör tubo de guttiera, tubo de descension
stupstock scafolt, bloco de scafolt
stursk arrogante, insolente, rebelle
stut *(oxe)* bove, bovetto
stuteri deposito de remonta
stuv resto de un stoffa textile
stuva *sjöt* stivar; *gastr* estufar
stuvning *sjöt* stivage [-adʒe]; *gastr* estufage [-adʒe], *(resultat)* estufata
stycka dispeciar, trenchar [-sh-]; *(hugga i stycken* hachar [-sh-]; *(avdela)* (re)partir; *(om jord etc)* parcellar
stycke pecia, pecietta, morsello; *(i skrivelse)* paragrapho, passage [-adʒe]; *(teater-)* pièce *fr* [pjæ:s]; *(del av något)* fragmento, parte; *(skiva)* trencho [-sh-]; *(musik-)* pecia, composition; *bryta/plocka i stycken:* dispeciar; *dela upp i stycken:* parcellar; *litet stycke:* parcella; *i ett stycke: adj* massive; *per styck:* le pecia
styckningsbord *(slaktares)* hachatoria [-sh-]
stygg malitiose; *(olydig)* disobediente; *(nedrig)* vil; *(avskyvärd)* abominabile
styggelse abomination
stygisk stygie
stympa mutilar; *(skära av lemmarna)* truncar
stympare *(okunnig person)* dilettante, ignorante
styng *(nål-, insekt- etc)* punctura; *(bett)* morsura
styr *gå över styr: sjöt* naufragar, *(misslyckas)* faller; *hålla i styr:* frenar, *(hålla tillbaka),* retener; *hålla sig i styr:* retener se, esser tranquille, restar calme
styra diriger, conducer, gerer, governar, regentar, reger; *styra kosan mot en plats:* diriger se verso un loco; *styra rikt:* diriger; *som kan styras:* dirigibile; *som inte kan styras:* ingovernabile
styrande directive
styrbar dirigibile, navigabile; *(som kan styras)* governabile
styrbord *naut* sterbordo
styre regimento; *(roder)* timon; *(ratt)* volante
styrelse gestion, consilio (de administration), regime *fr* [reʒi:m], governamento; *(myndighet)* autoritate, administration; *(bolags-)* direction, consilio (de directores); *(förenings-)* committee *eng*, administration, consilio
styrelsemedlem consiliero
styresman director, governator, presidente; *(medlem av universitetsstyrelse)* regente
styrhytt *(rymdfart)* habitaculo; *(på flygplan)* cabina de pilotage [-adʒe]
styrka *sb* fortia, potentia, robore; *(kropps-)* vigor; *(arbetsförmåga)* capacitate; *(stark sida)* forte; *utan styrka: adj* adyname *gr*; *väpnade styrkor:* fortias armate; *vb* affirmar, confortar, corroborar, roborar; *(ge kraft/styrka)* vigorar
styrkande corroborative; *styrkande medel:* fortificante
styrman *sjöt* locotenente, pilota
styrmekanism guida
styrspak levator de commando; *(i flygplan)* barra de commando
styv rigide; *(spänd)* tendite, tense; *(duktig)* habile, capabile, acuminate; *(bildl stel)* ceremoniose
styvbror fratrastro
styvdotter filiastra
styver moneta, soldo; *(besparing)* peculio

styvfar patrastro
styvhet rigiditate, rigor
styvmor matrastra
styvmorsviol viola tricolor
styvna rigidir
styvnande *adj* congelation
styvsint obstinate
styvson filiastro
styvsyster sororastra
Styx *(floden Styx) myt* Styge
stå star; *hur står det till?: bildl* como sta tu/vos?; *klockan står:* le horologio ha stoppate; *låta stå:* lassar; *på stående fot:* immediatemente, sin hesitation; *stå fast vid:* adherer, persister in re; *stå för ngt:* esser responsabile pro; *stå mot:* contrastar; *stå på sig:* insister; *stå runt om:* circumstar; *stå stilla:* stationar; *stå upp:* levar se; *stå upp från de döda:* resurger; *stå ut med:* suffrer; *vad står på?:* que es?, que ha evenite?
stående in pedes; *bli stående:* stationar se
stål aciero; *av stål:* de/in aciero
stålfjäder resorto de aciero
ståltråd filo de aciero
ståltrådsnät grilliage [-adʒe]
stålull spongia [-dʒa] metallic
stålullssvamp spongia [-dʒa] metallic
stålört *bot* gentiana
stånd stato; *(försäljnings-)* stand *eng*; *(ställning)* position, posto; *(samhälls-)* rango, classe social; *andliga ståndet:* le ordines sacre; *i gott/dåligt stånd:* in bon/mal stato; *sätta i stånd igen:* reparar; *tredje ståndet:* le tertie stato; *ur stånd att:* incapabile, incapace; *vara i stånd att:* poter; *vara i stånd till:* esser in condition de; *äkta stånd:* stato conjugal
ståndaktig persistente, pertinace, tenace; *vara ståndaktig:* perseverar
ståndaktighet pertinacia, pertinacitate
ståndare *bot* stamine
ståndarförsedd *bot* staminate, staminifere
ståndarknapp *bot* anthera
ståndpunkt position, opinion; *övervunnen ståndpunkt:* position abandonate
ståndrätt justitia summari
ståndsperson dignitario
stång barra, verga, virga; *(lätt)* pertica; *(mast)* mast; *(skaft)* fuste; *(tält-)* palo; *(mät-)* jalon; *på halv stång:* a medie mast
stånga arietar, cornar
stånka *sb* situla; *vb* gemer, suspirar, spirar penosemente
ståt pompa, gala; *(lyx)* luxo; *(glans)* splendor, fulgor
ståta brillar, splender; *(utmanande)* ostentar; *ståta med:* vangloriar se de
ståthållare prefecto, governator; *hist* statholder
ståtlig imponente, magnific, grandiose
stäcka *(även bildl)* accurtar
städ *(även anat, i örat)* incude
städa ordinar; *(snygga upp)* nettar, remitter in ordine
städad *bildl* polite
städerska camerera, nettatrice
städja pre-ingagiar [-dʒar]
städse semper, sempre
ställ supporto, cavalletto
ställa *(anbringa, placera)* mitter, poner, placiar, collocar; *(ordna)* ordinar, arrangiar [-dʒar]; *noga ställa in (t.ex. teleskop): astron* collimar; *ställa emellan:* interponer; *ställa emot:* contraponer; *ställa klockan:* regular le horologio; *ställa mot:* opponer; *ställa sig in:* ingratiar se, insinuar se, adular, flattar; *ställa till:* facer, arrangiar [-dʒar]; *ställa till förfogande:* commodar; *ställa till svars: bildl* accular; *ställa tillbaka igen:* remitter; *ställa upp:* implaciar; *ställa upp (ngt på en plats):* stationar; *ställa upp som:* eriger se in; *ställa villkor:* poner conditiones; *ställa(s) inför:* confrontar
ställe loco, sito; *(i bok)* passage [-adʒe]; *(plats)* placia, implaciamento; *grunt ställe:* basse fundo; *i hans ställe:* in su loco; *i stället för:* in loco de, in vice de; *på samma ställe:* ibidem; *sätta i stället för:* substituer
ställföreträdare adjuncto, deputato, locotenente, substituto
ställning position, positura, postura, situation; *(byggnads-)* armatura; *(läge)* position, placia, posto, positura; *(tjänst)* officio, posto, placia, profession; *(tillstånd)* situation; *(kroppsst.)* position, attitude; *person som av princip inte tar ställning:* indifferentista
stämband chorda(s) vocal, cordas vocal
stämgaffel *mus* diapason

stämjärn cisello

stämma *sb* voce, organo; *mus* partita; *(i flerstämmig sats, i partitur)* voce; *lägsta stämman i flerstämmig sats:* basso; *ihålig stämma:* voce cavernose; *(möte)* convento, convention, assemblea, reunion; *vb mus* accordar; *(rösta)* votar; *(hämma)* stoppar, facer stagnar; *det stämmer:* de accordo; *det stämmer, eller hur?:* il es ver, nonne?; *det stämmer inte:* il non es juste; *som kan stämmas: mus* accordabile; *stämma av:* temperar; *stämma inför rätta: jur* accusar, actionar, citar, citar in justitia, processar; *stämma möte:* convenir, accordar re convento/rendez-vous; *stämma ned:* abassar, moderar; *stämma upp:* intonar; *stämma överens:* corresponder; *inte stämma (överens) med:* esser in contradiction con

stämning *(lynne)* spirito, humor, stato/disposition mental, stato de anima; *mus* accordatura, accordage [-adʒe]; *hålla stämningen:* tener le accordatura; *tappa stämningen:* disaccordar; *jur* citation; *(atmosfär)* atmosphera; *fridfull stämning:* serenitate pastoral; *hög stämning, exalterad stämning:* exaltation; *upprörd stämning:* excitation

stämningsfull (plen de atmosphera) suggestive, emovente, impressionante

stämnyckel clave accordator

stämpel timbro, marca; *(graverad)* stampator; *(mynt-)* cuneo

stämpelavgift derecto de timbro

stämpeldyna cossinetto, tampon

stämpelskatt imposto del timbro

stämpla stampar, timbrar; *stämpla frimärke:* obliterar; *stämpla mot:* conspirar contra, machinar [-k-]

stämpling stampage [-adʒe], conspiration, machination [-k-]; *(av träd)* marcation de arbores

stämverk *(enkelbesättning av instrument) mus* choro

ständig permanente; *(fortlöpande)* continue, constante, perpetue, perpetual

ständigt semper, sempre

stänga clauder; *(spärra)* barrar, barricadar; *(låsa)* serrar; *stänga av:* disconnecter; *stänga in:* includer; *stänga inne:* confinar; *stänga till, hindra:* occluder; *stänga ute:* excluder

stängd clause

stängel *bot* pedunculo

stängning clusion, occlusion, clausura; *(av-)* barrage [-adʒe]; *(för djur etc)* (im)palamento

stängsel barriera, barrage [-adʒe], barricada

stänk aspersion; *(droppe)* gutta

stänka asperger; *(spruta)* irrigar; *itr* spumar, ejacular

stänkskärm guarda-fango, para-fango

stäpp steppa

stärbhus domo mortuari; *(dödsbo)* succession

stärka corroborar, fortificar, reinfortiar, roborar, vigorar; *(göra fastare)* firmar, consolidar, confortar, corroborar; *(göra styv)* rigidificar; *(inge kraft)* reconfortar; *stärka tvätt:* amidonar

stärkande *sb* corroboration; *adj* corroborative, tonic; *stärkande medel:* corroborante, fortificante, tonico

stärkelse *(av ris)* amidon; *(av potatis)* fecula; *kem* amido, amylose

stärkelsefabrik feculeria

stärkkrage collo rigide

stäv *sjöt (för-)* proa; *(akter-)* puppa

stäva *stäva mot:* facer route *fr* verso

stävja reprimer, retener

stöd supporto, indorsamento; *(stötta)* appoio; *(hjälp)* appoio, adjuta, suffragio, sustenimento; *(till idé)* adhesion; *(på möbler)* consola; *(för balkong o.dyl.) arkit* consola; *stöd-:* subsidiari

stöda indorsar; *stöda ngt på:* appoiar alque/qualcosa super

stödja appoiar, secundar, suffragar, supportar, sustener

stödjande *adj* subsidiari, sustenente

stödjepunkt puncto de appoio; *stödjepunkt för hävstång: fys* fulcro

stök *(städning)* nettada

stöka *gå och stöka:* esser occupate con varie labores; *stöka till:* disordinar, disrangiar [-dʒar]; *stöka undan:* expedir, establir ordine

stökig in disordine

stöld furto; *jur* latrocinio

stön gemimento, gemito

stöna anhelar; *(kvida)* gemer

stönande gemimento, anhelation

stöp *gå i stöpet:* non esser realisate

stöpa funder; *(forma)* modular, formar

stöpform matrice; *(modell)* modulo

stör *(stång)* fuste, pertica; *zool* sturion

störa disturbar, importunar; *(oroa)* inquietar; *(besvära)* incommodar, molestar; *(hindra)* impedir, interferer, perturbar, turbar; *en som stör:* disturbator; *som ej kan störas:* imperturbabile

störande moleste

störning disconcertamento, interferentia, perturbation, turbation; *atmosfärisk störning:* perturbation atmospheric

störningssändare *(radio)* transmissor disturbator

störst le plus grande, le major, maximal, maxime; *den största:* le plus grande, le major; *största delen av tiden:* le major parte del tempore

stört *adv* absolute(mente)

störta *tr* precipitar, facer cader; *itr* precipitar se, cader; *(rusa)* hastar, currer; *störta samman:* collaber; *störta sig över:* calcar (a), assaltar; *störta fram:* accurrer; *störta huvudstupa:* precipitar; *störta in/ihop:* collaber

störtdyka *störtdyka över fienden:* piccar super le inimico

störtflod torrente, fluxo, diluvio

störtregn pluvia torrente

störtskur cascada de pluvia

stöt pulsata, choc [sh-], impulsion, percussion; *(slag)* colpo, impulso; *(tryck-)* impacto; *stöt framåt:* impeto; *stöt av el:* discarga, commotion; *ge elektriskt stöt:* discargar; *få en stöt på 1000 volt:* reciper un discarga de 1000 voltes; *stöt-:* percutente

stöta pulsar, impeller, percuter, arietar, disobligar, displacer, piccar; *(kränka)* offender; *(svagt)* toccar; *(mötas)* incontrar (se); *stöta bort:* repeller, repulsar, repugnar; *stöta emot:* impinger; *stöta ihop:* collider; *stöta samman (komma i konflikt):* confliger; *stöta samman med:* impinger; *stöta sig på:* offender se

stötande choc(c)ante [sh-]; *(från-)* repugnante

stötdämpare para-colpos

stötesten impedimento, petra de scandalo

stött *bli stött:* piccar se; *vara stött över:* esser offendite pro, esser choc(c)ate [sh-] pro

stötta *sb* appoio; *(upplag)* supporto; *vb* appoiar, subsidiar, sustener

stöttepelare *arkit* contraforte

stötvis per succussas

stövel botta

stövelknekt discalceator, tira-botta

stövelskaft tubo del botta

subjekt *gram* subjecto

subjektiv subjective

sublim sublime

sublimation *(övergång från fast fas till gasformig) kem* sublimation

sublimera sublimar

sublimering *psyk* sublimation

sublimitet sublimitate

subsidier subsidios

subskribera subscriber

subskription subscription

substans substantia, corpore, hypostase

substanslös insubstantial

substantiv *gram* substantivo, nomine; *substantivs grundform:* nominativo

substantivisk substantive

substitut substituto

substrat *(djupare lager, underlager) (biokem, geol, språkvet.)* substrato

subtil subtil

subtraktion subtraction

subtropisk semitropical, subtropical

subventionera subventionar

succé successo

suck suspiro, gemito, gemimento; *sista suck:* expiration

sucka suspirar, gemer

sudanes *(invånare i Sudan)* sudanese

sudanesisk sudanese

sudd *(tuss)* tampon (de tela, papiro, etc); *(om målning)* picturastro; *(slarv)* negligentia; *(svir)* dissolution

sudda macular; *(svira) bildl* dissolver se; *sudda ner:* macular; *sudda ut:* eradicar

suffix *gram* suffixo; *tillägga ett suffix:* suffixar

sufflé soufflé *fr* [sufle]

sufflera sufflar

sufflör *teat* sufflator

suga suger; *suga in:* aspirar, sorber; *suga upp, suga i sig:* absorber, imbiber; *suga ut:* extraher, exsuger, *(trötta ut) bildl* exhaurir, consumer

sugapparat aspirator
sugfisk *zool* remora
sugga porca
suggerera suggestionar
suggestion suggestion
sughävert siphon
sugkopp *tekn* ventosa
sugning suction
sugorgan *zool* ventosa
sugrör pipetta, tubo de aspiration; *zool* trompa; *(hos insekter)* proboscide
sugsnabel *zool* ventosa
sula *sb* solea; *(fågeln) zool* sula; *vb* solear
sulfat *kem* sulfato
sulfid *kem* sulfido
sulfit *kem* sulfito
sulky *(kärra vid travtävlingar)* sulky *eng*
sultan *(förr härskare i muhammedansk stat)* sultan *arab*
sultandöme sultanato
sultaninna sultana
sumerisk *hist* sumerian
summa *mat* summa
summarisk summari
summationssymbol *mat* sigma
summera summar; *(tillägga)* adder; *(räkna samman)* totalisar
sump *(träsk)* palude; *(fisk-)* pisciera; *(kaffe-)* residuo; *sump-:* paludic
sumpgas gas de palude
sumpig paludose; *(sank)* aquatic
sumpmark maremma, marisco
sund *sb* stricto, bracio de mar, manica; *adj* san, vegete; *(hälsosam)* salubre; *(nyttig för hälsan)* salutar
sundhet salubritate, validitate
sunnan *(vind)* del sud
sunnanvind austro
sup parve vitro de aquavita, vitretto de aquavita; *(aptit-)* aperitivo
supa bacchar, biber, inebriar se; *(av vana)* esser bibule
supare *(drinkare)* bibulo, vinolente, alcoholista
supé cena, souper *fr* [supe]
supera *(äta kvällsmåltid)* soupar [supar]
superb superbe
superi ebrietate
superlativ *(högsta jämförelsegraden)* superlativo
supernova *(extremt stark, exploderande stjärna) astron* supernova
supinum *gram* supino; *supin-: gram* supin
supplement supplemento; *supplements-* suppletive
supplementvinklar angulos supplementari
supplementär supplementari
supplera suppler
suppositorium *med* suppositorio
suput bibulo
sur acetose, acide; *(skarp)* acre; *(fuktig)* humide; *(om person)* amar; *göra sur:* acidificar; *skarpt, surt vin:* vino verde; *vinet är surt:* le vino se picca
sura *(kapitel i koranen) rel* sura *arab*
surdeg levatura
surfa surfar; *surfa på nätet: data* surfar in/sur internet
surfare surfero
surfingbräda planca de resacca/surfing
surhet aciditate
surkål caule acide
surmjölk lacte acide/cualiate
surmulen amar
surna piccar se, acrir; *(om mjölk)* cualiar; *som håller på att surna:* acescente
surr bombo, susurration, susurrada, murmurada
surra susurrar; *surra fast: sjöt* alligar
surrande *sb* bombo
surrealist surrealista
surrealistisk surrealista
surrogat surrogato, succedaneo
surstek rostito (de bove) marinate
surströmming haringo (baltic) fermentate
sursöt acre-dulce
surögd lippe
surögdhet lippitude
sus fremito, susurration
susa fremer, susurrar, murmurar; *(surra)* strider; *(om kula etc, vissla)* sibilar
suspendera *(tillfälligt avlägsna ngn från sin (tjänst)* suspender
sutare *zool* tinca
suterräng subterraneo
sutur *med* sutura
suverän soveran

suveränitet principato

svada haranga, verbositate, garrulada

svag debile, adyname *gr,* infirme, marcide; *(bräcklig)* fragile; *(utan energi)* impotente; *(lätt)* legier [-dʒer]; *(konturlös)* vage; *(utspädd)* dilute; *göra svag:* infirmar; *svag talare:* povre orator; *vara svag för ngn:* favorisar alicuno; *vara svag för ngt:* non poter resister le desiro

svaghet debilitate, fragilitate, delicatessa, demerito; *(också moraliskt)* fragilitate; *svaghets-:* demeritori

svagsint demente, folle; *(efterbliven)* imbecille, idiotic

svagt *mus* piano

svaja undular, brandir, flottar, flammar; *(om växter)* nutar

sval fresc; *(kylig)* frigide

svala *zool* hirundine

svale *(vinds-)* granario; *(gång)* galeria

svalg gorga, gurgite, gutture; *anat* pharynge; *(avgrund)* abysmo

svalgkatarr *med* pharyngitis

svalka *sb* fresco; *(kyla)* frigor; *vb* frigorificar, refrescar, refrescar se

svalkande *adj* frigorific

svall *(våg)* undeada, fluxo; *(om känsla)* agitation sentimental; *(häftigt)* paroxysmo; *(ord-)* verbositate, loquacitate

svalla *(vågor)* undear, undular; *(om blod, känsla etc)* agitar se

svallvåg unda surgente/torrential

svalna frigidar (se)

svamla digreder, divagar

svamlig diffuse, diffusive, digressive, divagante

svammel digression, nonsenso

svamp *(tvätt-)* spongia [-dʒa]; *bot, med* fungo; *läran om svampar:* fungologia; *medel mot svamp:* fungicida; *svamp-:* fungose

svampaktig spongiose [-dʒo-]

svampartad fungose

svampdjur spongiarios *plur*

svampdödande *adj* fungicida

svampexpert fungologista

svampformad fungiforme

svampighet fungositate

svampkännare mycologo

svan *zool* cygno

svanesång canto de cygno

svang *vara i svang:* esser in voga

svankryggig a dorso incurve, insellate

svans cauda; *svans-:* caudal

svansa pavonisar

svansrem cruppiera

svar replica, responsa; *(snabbt, bitande)* ri(s)posta

svara replicar, responder; *(i samtal)* replicar; *(återljuda)* resonar, echoar; *svara för:* esser responsabile pro; *svara för ngn:* responder pro un persona; *svara mot:* corresponder a, equalar; *svara mot ngt:* responder a un cosa; *svara ngn:* responder a un persona

svarande *jur* accusato

svaromål defensa

svarslös sin responsa, confuse; *(stum)* mute

svart nigre

svartaktig nigree, nigrastre

svartgrå cineree

svarthet nigritia

svartkonst magia

svartmes *zool* paro nigre

svartmuskig mauresc, nigre

svartna nigrar se, nigrescer

svartrost uredineas

svartsjuk jelose, zelose

svartsjuka jelosia, zelosia

svartskjortor *(mussolinianhängare)* camisas nigre

svarv torno

svarva tornar

svarvare tornator

svarvarverkstad torneria

svavel *(grundämnet svavel, S) kem* sulfure; *svavel-:* sulfuric

svavelarsenik *kem* auripigmento

svavelblomma *kem* flor de sulfure

svavelgruva sulfuriera

svavelgul sulfuree

svavelhaltig sulfuree, sulfuric, sulfurose

svavelkis *kem* pyrite, pyrite de sulfure

svavelpredikan sermon comminatori

svavelsyra *kem* vitriolo, acido sulfuric; *svavelsyre-: kem* vitriolic

svavelsyrlighet acido sulfurose

sveda *sb* dolor ardente, picca; *(resultatet av bränning)* arditura; *vb* adurer, torrefacer

svedd aduste

svedja urer, comburer (foreste, agro etc)

svedning adustion, torrefaction

svek desertion, fraude, perfiditate

svekfull perfide, perfidiose, fraudulente

svensk *sb* svedese, svedo, sveda; *adj* svedese, svede; *svenska språket:* svedese

svepa *(hölja)* coperir; *(om vinden)* currer; *(vina)* sibilar; *svepa förbi:* passar hastivemente/hastosemente; *svepa en död:* invelar; *svepa in (i):* inveloppar

svepduk sudario

svepe *bot* involucro

svepning invelamento (funebre)

svepskäl pretexto, subterfugio

Sverige Sveda, Svedia

svets soldatura

svetsa *tekn* soldar

svetsbar soldabile

svetsning soldatura

svett sudor; *i sitt anletes svett:* in le sudor de su fronte; *svett-:* sudatori

svettas sudar, transpirar; *svettas blod:* sudar sanguine; *svettas ut:* exsudar

svettbad sudatorio

svettdrivande sudatori, sudorific

svetteduk *rel* sudario; *Veronikas svetteduk:* veronica

svettig sudose

svettkörtel glandula sudoripare

svettmedel sudorifico

svettning transpiration; *(häftig)* sudation

svettningsrum sudatorio

svida doler ardentemente

svika deserer, desertar, frustrar; *(lämna i sticket)* deciper, abandonar; *(bedraga)* fraudar, dupar; *(förråda)* trair; *bli sviken i sina förhoppningar:* esser disillusionate/frustrate; *svika (någons) förhoppningar:* frustrar le sperantias de (un persona)

svikt resorto, resortimento

svikta *(vackla)* vacillar; *(böja sig)* flecter se

svimma evanescer, perder le conscientia

swimming-pool natatorio, piscina

svin porco; *svin-:* porcin

svinaherde porchero [-k-]

svinaktig insolente, impertinente, porcin; *(osedlig)* obscen

svinborst seta

svindel vertigine; *(bedrägeri)* fraude, delusion, duperia, impostura

svindla *(bedraga)* fraudar, deluder; *(få svindel)* evanescer, haber vertigine

svindlande *(av yrsel)* vertiginose

svindlare fraudator, charlatan *fr* [sh-]; *(under falskt namn)* impostor

svineri porcheria

svinga *(t.ex. ett svärd)* brandir; *svinga sig upp:* elevar se

svinkött porco, carne porcin

svinstia porchiera [-k-]

svira bacchar

svirare bacchante

sviskon pruna sic

svit suite *fr* [syit]; *(följe) mus* suite *fr*; *(följd)* sequentia; *(rum)* fila; *(kortspel)* color

svordom malediction; *jur* juramento; *(mot religiösa ting o.dyl.)* blasphemia

svullen *med* turgide, tumide; *vara svullen:* tumer, turger, esser infla(mma)te

svullna tumer, tumescer, turgescer, inflar, intumescer, protuberar; *svullna upp: med* tumescer

svullnad inflation, intumescentia, turgiditate; *med* tumescentia

svulst *med* tumor, abscesso; *svulst i skelettben:* osteoma; *svulst-:* tumoral

svulstig bombastic, emphatic, magniloquente, plethoric, turgide; *bildl* pompose; *(om stil)* emphatic; *(om sätt att tala)* tumide

svulstighet emphase, magniloquentia, pompositate

svulten famelic

svunnen passate

svåger fratre affin

svågerskap stato de fratre affin, alliantia

svål pelle; *(huvud-)* pelle cranian; *(fläsk-)* pelle porcin

svångrem cinctura

svår difficile, ardue; *(om tid etc)* sever, grave; *(besvärlig)* moleste; *(fordrande)* pretentiose; *(mödesam)* penose, fatigante; *svår att handskas med: bildl* spinose

svårbestiglig ardue

svårfattlig difficile, abstruse

svårfattlighet difficultate; *(hinder)* obstaculo

svårförståelig *tala svårförståeligt:* blesar

svårighet difficultate

svårligen a pena

svårlöslig *kem* lyophobe

svårmod melancholia

svårsmält *(om föda)* quasi indigestibile

svägerska soror affin

svälja (in)glutir; *(sluka)* devorar; *svälja ned/ner:* deglutir, ingerer; *svälja förtret:* supprimer le displacer

sväljning inglutimento

svälla inflar, protuberar; *(om tumör) med* tumer, tumescer, turg(esc)er; *svälla över:* disbordar

svält fame

svälta haber fame; *tr* affamar

svämma *svämma över:* disbordar, inundar

sväng torno, giro; *(krökning)* curva; *(böjning)* flexion; *(dans)* dansa

svänga brandir, oscillar, pendular, fluctuar, vibrar; *(i gunga)* balanciar

svängande fluctuante, oscillatori

svängbro ponte giratori

svängd flexe, flectite; *(krokig)* curve

svänghjul volante

svängning giration, pendulation, vibration, oscillation; *(på klacken)* pirouette; *sätta i svängning:* facer pendular/oscillar/vibrar

svängrumspatio

svär- affin

svära jurar; *(förbanna)* maledicer; *(avlägga ed)* jurar; *(använda svordom)* blasphemar; *svära emot:* contrastar; *svära på:* votar; *svära på något:* jurar ad alique

svärd gladio; *(värja)* spada; *(stort svärd, slagsvärd)* spadon

svärdfisk pisce spada

svärdformat *bot* ensiforme

svärdknapp pomo

svärdotter filia affin

svärdslilja *bot* iris; *familjen svärdsliljor:* iridaceas; *som hör till familjen svärdsliljor:* iridacee

svärdsslida vaina

svärdssmed spadero

svärfar patre affin

svärföräldrar parentes affin

svärja (*se* **svära**)

svärm *(vimmel)* turba; *(av insekter, etc)* essame

svärma essamar, pullular; *(drömma)* soniar; *svärma som myror:* formicar; *svärma för:* esser enthusiasmate per

svärmare enthusiasta, fanatico, ideologo, soniator, visionario; *(familjen) zool* sphinge

svärmeri soniada, sonieria

svärmning essamatura; *(bis)* essamage [-adʒe]

svärmningstid essamage [-adʒe]

svärmor matre affin

svärson filio affin, genero

svärta *sb* nigritia; *(färg)* color nigre; *(tryck-)* tinta de imprimeria; *vb* nigrar; *(baktala)* denigrar, calumniar; *svärta ned:* denigrar

sväva flottar, glissar, planar

svävande *sb* flottation; *adj* flottante

svävare planator

sy suer; *sy i:* fixar; *sy ihop:* sarcir

syarbete sutura

syateljé atelier *fr* de sutura, sutureria; *(för dräkter)* sartoreria

sybehör guarnitura, mercerias

sybehörsaffär merceria

syd sud, mediedie, meridie

syd-ost sud-est

syd-väst sud-west

Sydamerika America del Sud

Sydeuropa Europa Meridional, Sud-Europa, Europa del Sud

sydeuropeisk meridional

sydfrukt fructo del sud

Sydkorea Corea del Sud

sydlig del sud, al sud, meridional, austral

sydländsk del sud

sydlänning meridional

Sydostasien Asia Sudest

sydpol polo sud, polo antarctic; *sydpols-:* antarctic

sydsken aurora austral

sydvart verso le sud

sydvind vento del sud

syfilis *(könssjukdom) med* syphilis

syfta *sb (ändamål)* scopo, fin, objectivo; *(mål)* mira, objecto; *(avsikt)* intento, intention; *vb (illvilligt)* insinuar; *syfta på:* alluder a, referer se a; *syfta till:* intender, designar

syfte mira, objecto

syftlinje linea de collimation

syl alesna, subula

sylformad subulate
syll *(järnvägs-)* transverso
syllogismer *resonera i syllogismer:* syllogisar
sylt confectura
sylta *sb (kött-)* hachato [-sh-] in gelatina; *(av inälvor)* tripa; *vb* confecturar, conservar; *sylta in:* conservar fructos
syltgurka *(liten)* cornichon *fr* [kornishõ]
symaskin machina [-k-] a suer
symbios *(samliv mellan olikartade organismer)* symbiosis
symbol attributo, symbolo; *grafisk symbol:* character
symbolik symbolismo
symbolisera symbolisar
symbolisk symbolic, emblematic, figurate
symbolism *(inom konst och litteratur)* symbolismo
symfoniker symphonista
symfonikompositör symphonista
symfoniorkester orchestra symphonic
symfonisk *mus* symphonic, symphone
symmetri symmetria
symmetrisk symmetric
sympati sympathia
sympatisera sympathisar
sympatisk *(som man tycker om)* sympathic
symposium *(vetenskaplig el. facklig konferens)* symposium
symptom *(yttre kännetecken)* symptoma
syn *(sinne)* viso, vista; *(vy)* vista, spectaculo; *(dröm-)* vision; *(spökeri)* apparition; *syn-:* visive, visual, optic
syna inspectar, examinar, scrutar, scrutinar
synagoga *(judisk gudstjänstlokal)* synagoga
synaps *(sammankopplingsstället mellan två nervceller) anat* synapsis
synas *synas (vara):* parer, semblar; *(se ut)* semblar, parer; *(ses)* esser visibile; *(göra intryck)* impressionar
synd peccato, peccatilio; *det är synd:* il es regrettabile; *det är synd om honom:* ille es compatibile/regrettabile; *så synd!:* qual damno!; *tycka synd om:* compatir, haber pietate de
synda peccar
syndabekännelse confession del peccatos; *(katolskt)* confiteor
syndabock capro expiatori, pecca-capra
syndafall peccato original
syndaflod diluvio, cataclysmo; *från tiden före syndafloden:* antediluvian; *syndaflods-:* diluvial, diluvian
syndaförlåtelse *ge syndaförlåtelse:* indulgentiar
syndare peccator
syndaregister lista de peccatos
syndfri impeccabile
syndfrihet impeccabilitate
syndig peccabile
syndikalism syndicalismo
syndikat syndicato; *organisera i ett syndikat:* syndicar
synfält campo de vision, campo visual, campo visive, spatio visibile
synförmåga facultate visive, vision, viso, vista
synhåll distantia visual; *utom synhåll:* perder de vista
synklinal *geol* synclinal
synkop *mus* syncope
synkope *gram* syncope
synkopera syncopar
synkopering *mus* contratempore
synkrets horizonte, campo de observation
synkron synchrone, synchronic
synkronisera *(sätta samma tid på)* synchronisar
synkronisering synchronisation
synkronisk synchrone, synchronic
synlig visibile
synlighet visibilitate
synnerhet *i synnerhet:* primarimente, specialmente, in prime loco, in particular
synnerlig special, particular
synnerv nervo optic
synod synodo
synonym *sb* synonymo; *adj* synonyme
synorgan organo visive
synpunkt puncto de vista, aspecto
synsk clarividente
synskhet clarividentia
synskärpemätning optometria
syntaktisk *(hörande till satsläran) gram* syntactic
syntax *gram* syntaxe
syntes synthese

synvilla illusion optic
synvinkel aspecto
synål agulia a suer
syra *kem* acido; *(syrasmak)* aciditate; *bot* oxalide; *förvandla till syra:* acidificar
syre *kem* oxygeno
syrén *bot* syringa
syresätta *kem* oxygenar
Syrien Syria
syrier syriaco, syrio
syrisk syriac, syrie; *syriska språket (arameiska):* syriaco
syrlig acide, acidule; *göra syrlig:* acidular; *syrliga karameller:* bonbones acidulate
syrlighet aciditate; *kem* acidulato
syrsa *zool* grillo
syskon fratres e sorores
sysling cosino/a secunde
sysselsatt occupate, empleate
sysselsätta emplear, occupar; *sysselsätta sig med:* occupar se de
sysselsättning empleo, occupation; *(yrke)* profession; *(hantverk)* mestiero; *(ämbete)* officio
syssla *sb* labor, occupation, mestiero; *vb, syssla med:* occupar se de
sysslolös disoccupate; *(ledig)* otiose; *vara sysslolös:* otiar
sysslolöshet disoccupation; *(ledighet)* otio
syssloman commissario; *jur* curator, administrator
system systema
systematisera codificar, systematisar
systematisering codification
systematisk systematic
syster soror
systerdotter nepota, nepta
systerlig sororal
systerson nepoto, nepto, nepote
systole *(hjärtats sammandragning) anat* systole
så *sb* cupa, *(ämbar)* situla; *vb* seminar; *konj, så att:* de maniera que, de sorta que, a fin que; *(grad)* como, quanto, tanto, talmente, si, *(ex.:* quanto modic!, quanto ben!, tanto melior); *så vacker hon är!:* como illa es belle!; *en så vacker bok:* un libro talmente belle; *på så sätt:* talmente; *i så fall:* in tal caso; *adv* alora, assi, deinde, ergo; *så kallad, sk:* sinominate; *så mycket/många: adj* tante, *adv* tanto; *så många procent:* tante per cento; *så mycket mera som:* tanto plus que; *så mycket/ många ... som:* tante ... como; *så ... som:* si ... como, tam ... quam
sådan *adj* tal; *adv* talmente; *en sådan person:* un tal persona; *sådan som:* tal qual; *något sådant:* alique simile
sådd *bot* semination, seminata
sådor residuo de cereales, furfure
såframt si
såg serra
såga serrar; *såga av i stycken:* deserrar; *med* amputar
sågare serrator
sågbock cavalletto (a serrar), cavalletto de secator
sågning serration
sågspån retalio de serration
sågtandad (serrate), dentate
sågverk serreria
såkallad si appellate, si nominate
således dunque, ergo; *(på så sätt)* talmente, assi
såll cribro
sålla cribrar
sålunda assi, talmente, per consequente
sång *mus* canto; *(visa)* cantion, lied; *(slager)* cantion popular; *(hymn)* cantico, hymno; *(kantat)* cantata; *sång-:* vocal
sångare cantor, cantator
sångbar cantabile
sångbok cantario
sångerska *mus* cantatrice
sångfågel ave-cantator
såningsman seminator
såningsmaskin machina [-k-] a seminar, seminatorio
såningstid seminata, tempore seminal
såpa *sb* sapon; *vb* saponar
såpbubbla bulla de sapon
sår vulnere, plaga, ferita; *(böld)* ulcere, ferita; *(öppet sår) med* ulcere; *bilda sår, vara full av sår:* ulcerar; *med sår: adj* ulcerose; *tillfogande av sår:* ferimento; *sår-:* vulnerari
såra vulnerar, plagar, ferir, leder, offender; *(genom slag)* ferir; *bildl* offender; *sårad stolthet:* picca
sårande *adj* offensive

sårbar vulnerabile
sårbarhet vulnerabilitate
sårbildning *med* ulceration; *begynnande sårbildning:* exulceration
sårfeber febre traumatic
sårförband bandage [-adʒe]
sårig vulnerose; *(skorvig)* rugose; *med* favose
sårläka *bot* sanicula
sårmedel *med* vulneraria
sås sauce *fr* [so:s]
såskopp sauciera
såsom *(i jämförelser)* como; *(i egenskap av)* qua
såsskål sauciera
såvida si, in caso que; *såvida inte:* a minus que
såvitt *såvitt som:* viste que, in tanto que
såväl *såväl ... som:* et ... et, e ... e, assi como, tanto ... como, non solmente ... ma tamben/anque, non solo ... ma tamben/sed etiam
säck *(även zool, bot)* sacco; *(liten)* sacchetto, *(rygg-)* sacco a dorso; *lägga i säck:* insaccar
säckfull *en säckfull:* saccata
säckpipa *mus* cornamusa
säckväv tela, tela a saccos, tela de imballage [-adʒe]
säd semine; *(spannmål)* cereal; *fysiol* sperma; *(efterkommande)* descendentes; *sädes-:* frumentacee, frumentari, seminal, spermatic
sädesfält agro de cereales
sädeskorn semine, grano de semine
sädeskropp spermatozoon
sädesmagasin granario
sädesrensare vanno
sädesslag cereal, specie de cereales
sädesvätska sperma; *sädesvätske-:* spermatic
sädesärla *biol, zool* motacilla
säga dicer; *det säges:* on dice; *det vill säga:* a saper, es dicer, isto es (i.e.); *det säger sig själv:* il es evidente; *kort sagt:* in fin, in summa; *säga emot:* contradicer, replicar; *säga ifrån:* declarar, dicer su opinion; *säga nej till:* refusar; *säga om:* repeter; *säga till om:* demandar; *säga upp:* denunciar; *säga upp ett fördrag:* denunciar un tractato; *säga upp ngn:* congedar, disingagiar [-dʒar]; *så att säga:* on poterea dicer, pro assi dicer; *vilja säga:* voler dicer; *som kan sägas upp:* terminabile
sägen legenda, mytho, fabula
säker secur, certe, firme; *vara säker på:* esser certe de/re; *(oskadd)* salve; *(otvivelaktig)* indubitabile; *säkert: adv* certo
säkerhet *(trygghet)* securitate, garantia; *(i fastighet)* hypotheca; *(pant)* securitate; *(visshet, förvissning)* certitude
säkerhetsnål spinula (de securitate)
säkerhetsventil valvula de securitate
säkerligen certo, sin dubita
säkra *(tillförsel)* garantir; *(gevär)* serrar; *(värna)* salveguardar; *(försäkra)* assecurar; *säkra i förväg:* premunir
säl *zool* phoca
sälg *bot* salice, vimine
sälja vender, commerciar in; *(överlåta)* alienar; *sälja engros:* vender in grosso; *sälja styckvis:* vender per pecia; *sälja på auktion:* licitar; *sälja på kredit:* vender a credito; *sälja till inköpspris:* vender a precio de costo; *åter sälja:* revender; *sälja sin själ till djävulen:* vender le/su anima al diabolo; *sälja sitt liv dyrt:* vender car le/su vita; *sälja skinnet innan björnen är skjuten:* vender le pelle del urso ante que on lo ha prendite
säljare venditor
säljbar vendibile, alienabile
sälkut *zool* gobio
säll beate; *(lycklig)* felice
sälla *sälla sig till:* adherer a
sällan rarmente; *ej sällan:* ben sovente; *sällan förekommande:* infrequente
sälle camerada, companion; *(förklenande bet.)* buffon, galliardo
sällhet beatitude; *(lycka)* felicitate
sällsam estranie, bizarre, mysteriose
sällskap societate, guilda; *(förening)* association; *(grupp av personer)* compania; *(motsats till ensamhet)* compania; *hålla ngn sällskap:* tener compania a un persona
sällskaplig sociabile, convival
sällskapsliv societate
sällskapsmänniska homine sociabile/agradabile
sällskapsspel joco de societate
sällsynt rar
sällsynthet infrequentia, raritate
sälta salitate
sämja concordantia

sämjas concordar

sämre *(komparativ) adj* plus mal, pejor [pedʒor]; *adv* pejo [pedʒo]; *bli sämre:* aggravar se, pejorar se; *bli/känna sig sämre:* ir/sentir se pejor

sämskskinn (pelle de) camoce

sämst le plus mal, le pejor [pedʒor]; *adv* le pejo [pedʒo]; *(superlativ) adj* pessime; *det sämsta:* le pejor

sända inviar, mandar; *(i radio etc)* transmitter; *(i TV)* televisar; *(med post)* postar; *(penningar etc)* mandar; *sända ut:* emitter; *sända vidare:* reexpedir; *sända bud efter läkaren:* facer venir le medico

sändare *(för radio, TV, telefon, telegraf)* transmissor

sändebud emissario, ambassador; *(ombud)* delegato; *(bud)* inviato, currero; *(påvligt)* nuncio; *skicka som sändebud:* delegar

sänder *i sänder:* al vice; *litet i sänder:* poco a poco, gradualmente; *5 i sänder:* cinque al vice, cinque a cinque

sändning invio, inviage [-adʒe]; *(uppdrag)* mission; *(radio-)* emission; *(av penningar)* mandato, remissa

säng lecto; *(trädgårds-)* quadro; *gå till sängs:* ir al lecto

sängdags hora de dormir, tempore de ir a lecto

sänghalm palea de lectiera

sänghimmel baldachino [-k-], celo de lecto

sängkammare camera de lecto, dormitorio, *(liten)* cubiculo

sängliggande *vara sängliggande:* allectar, guardar le lecto

sänglinne linage [-adʒe] de lecto

sängtäcke copertura de lecto, coperi-lecto

sängöverkast coperi-lecto

sänka *sb med* reaction de sedimentation, velocitate de sedimentation (de sanguine); *vb tr* bassar, abassar; *(i vatten)* submerger; *(fälla)* lassar cader; *sänka priset:* diminuer le precio; *sänka till botten:* affundar; *sänka under vatten:* submerger; *som kan sänkas:* submergibile; *sänkt under vatten:* submerse

sänkbar submergibile

sänke *(tyngd)* plumbo

sänkkista caisson *fr* [kesõ]

sänklod plumbo, sonda

sänkning abassamento, submersion

söra *som inte kan säras:* inseparabile

särande disjunctive

särdeles *(i hög grad)* multo, eminentemente; *(i synnerhet)* principalmente, primarimente

säregen singular, estranie, typic; *säregen för:* proprie a

säregenhet particularitate, singularitate

särk camisa

särprägel distinction

särskild special, separate, particular; *(viktig)* primordial

särskilja discriminar, dissociar, distinguer; *som kan särskiljas:* dissociabile; *som inte kan särskiljas:* indistinguibile

särskiljande *sb* dissociation; *adj* discretive, distinctive; *gram* diacritic

särskilt in specie; *inget särskilt:* nihil de particular

särtryck extracto, reimpression, tirage [-adʒe] a parte

säsong saison *fr* [sezõ], termino, station del anno

säte sede, residentia; *(bakdel)* culo, posterior

säteri ferma senioral

sätt maniera, modo, guisa; *(förfarande)* procedura, methodo; *(uppförande)* conducta, guisa, comportamento; *dåligt sätt:* mal manieras; *med ofint sätt:* inculte; *på annat sätt:* alias, de altere maniera; *på ett särskilt sätt:* in modo special; *på något sätt:* de alicun maniera/modo; *på samma sätt:* equalmente; *på sådant sätt:* de tal modo; *på vilket sätt?:* como?, de que maniera?; *sätt att säga ngt:* expression

sätta *(placera)* poner, mitter, placiar; *(växter)* plantar; *(boktr.)* componer; *sätta av: (rusa iväg)* currer, escampar, *(häst)* galopar; *sätta b förtecken framför en not: mus* bemollisar; *sätta emellan:* interponer; *sätta fast:* fixar, *(anbringa)* attachar [-sh-], *(fånga)* captivar; *sätta fram:* servir, *(hämta)* apportar, *(en stol)* placiar; *sätta framför/därframme:* anteponer; *sätta i gång:* actionar, actuar; *sätta ifrån sig:* deponer; *sätta ihop, sammanställa:* compilar; *sätta in:* inserer, insertar, *(en annons)* inserer un annuncio, *(på banken)* bancar, *(t.ex. en maskin)* installar; *sätta mot:* opponer; *sätta ned:* mitter plus basse, abassar, reducer, *(på underlag)* deponer, (de)placiar (sur); *sätta någon in i ngt:* facer alicuno cognoscer alique, explicar; *sätta på:* applicar, affixar; *sätta samman: (förena)* assemblar, junger, conjunger; *(laga)* reparar; *sätta sig:* seder se, *(om byggnad etc)* subsider; *sätta sig in i:* versar se in; *sätta sig upp: (i sängen)* eriger se, *(i vagn)* ascender, *(mot ngn)* revoltar/opponer se contra alicuno; *sätta tillbaka:* replaciar, remitter; *sätta upp:* poner, placiar, *(avfatta)* rediger, formular, *(höja)* elevar, *(resa)* eriger, *(uppmontera)* montar, *(en här)* organisar, recrutar; *sätta över (en flod etc):* transir; *som kan sättas på:* applicabile

sättare *(ton-)* compositor; *typ* compositor, typographo

sätteri sala de composition

sätterimaskin machina-compositor

sättmaskinsrad *typ* lingoto

sättning composition; *geol* abassamento; *tekn* abassamento, displaciamento

sättskepp *typ* galea

säv *(även bot)* junco; *(vetensk.)* scirpo

sävlig lente, phlegmatic

sävlighet lentor, phlegma

söcken *i helg och söcken:* in jornos de festa e jornos de labor

söder sud, meridie; *söder om:* sud de; *åt söder:* al sud; *söder-:* austral

Söderhavsöarna Oceania

södern mediedie, meridie; *fara till södern:* ir al sud

söderut verso le sud; *fara söderut:* ir al sud

Södra korset *astron* le Cruce del sud

söka *(leta)* cercar, querer; *(för-)* probar; *(be-)* visitar; *(bönfalla)* supplicar; *(begära, fråga efter)* petitionar, demandar, sollicitar; *(under-)* recercar, querer; *(noga)* perquirer; *(förhöra)* inquirer; *söka en anställning:* sollicitar un empleo; *söka läkare:* consultar un medico; *söka någons råd:* prender consilio de un persona

sökande *sb* cerca, quesita, candidato, supplicante; *filos* cercante, recercante; *adj, sb (till plats)* aspirante, sollicitante; *ihärdigt sökande:* (mania de) persecution

sökarbild imagine de visor

sökmotor *data* programma/motor de recerca

söl *(långsamhet)* lentor

söla esser lente/tardive, tardar; *söla med ngt:* facer alique lentemente; *söla ned:* sordidar; *(fläcka ner)* macular

sölig lente, tardive; *(oskicklig)* inhabile; *(lat)* pigre

sölja fibula

söm *även anat, med, bot* sutura; *(fåll)* orlo; *(hästsko-)* clavo; *riva upp söm:* dissuer

sömma suer

sömmerska sutrice, sutoressa

sömn somno; *djup sömn:* sopor; *falla i sömn:* addormir se; *gå i sömnen:* somnambular; *läran om sömnen:* hypnologia

sömnad sutura

sömnaktig somnolente

sömnaktighet somnolentia; *med* lethargia, lethargo

sömndrucken somnose

sömndryck dormitivo, laudano, soporifico

sömngivande dormitive, hypnotic, somnifere

sömngångare somnambulo

sömngångartillstånd noctambulismo

sömngångeri somnambulismo

sömnig somnolente; *vara sömnig:* haber somno

sömninledande *(ledande till sömn)* hypnagogic

sömnlös insomne

sömnlöshet insomnia

sömnmedel dormitivo, hypnotico, somnifero, soporifico, narcotico; *(med opium)* opiato

sömnsjuka lethargia, lethargo, morbo del somno

sömntuta dormitor/a

söndag dominica: *söndags-:* dominical

sönder *gå sönder:* rumper se; *ha sönder:* disfacer; *plocka sönder:* dismontar; *slå sönder:* cassar, disrumper, demolir; *sönder-: i smnstn* dis-

sönderbryta disrumper; *(om porslin o.l.)* crepar; *(om kläder)* esser lacerate; *(om maskiner)* cassar se; *(helt)* avariar

sönderdela divider; *bildl* analysar; *kem* decomponer

sönderfall dilapidation

sönderfrätning erosion

söndermalning trituration

sönderskärning dissection
sönderslagning fracassatura
sönderslående disruption
söndra *(dela)* divider; *(skilja)* separar, crear discordo/disharmonia
söndring distinction, separation, division; *(oenighet)* discordo, disharmonia, schisma
sörja esser triste, affliger se; *(beklaga)* regrettar, doler se de; *(deltaga i sorg)* deplorar, luger; *sörja för:* provider, provider a, haber cura pro, prender cura de, arrangiar [-dʒar], respicer
sörpla sorber, lamber
söt *(av socker)* sucrose; *(ljuv)* dulce, gentil; *(om vatten)* dulce; *(blid)* suave; *(förtjusande)* charmante [sh-], incantante, attractive; *(nätt)* nette, bellette; *egenskapen att vara söt:* dulcor
söta adulciar, dulcificar, saccharar
sötad saccharate
sötaktig dulciastre
sötma dulcor
sötning dulcification
sötpotatis *bot* batata
sötsaker confecteria, confecto
sötsliskig dulciastre
sötvatten aqua dulce
söva addormir; *(vagga till sömns)* sopir; *med* narcotisar, anesthesiar
sövande *adj* dormitive, narcotic, somnifere, soporific
sövning narcotisation, anesthesia, narcose

T

ta prender; *ta bokstavligt:* prender al (pede del) littera; *ta ett bad:* prender un banio; *ta bort:* remover; *ta bort hästskorna:* disferrar; *ta hämnd på:* prender vindicantia super; *ta i besittning:* prender possession de; *ta in en radio- el. TV-station:* intonar; *ta in vatten:* prender aqua; *ta med storm:* prender de assalto; *ta ngn i försvar:* prender le defensa de alcuno; *ta någons parti:* prender le partito de alcuno; *ta om:* iterar; *ta ordet:* prender le parola; *ta på allvar:* prender al serio; *ta sig an:* respicer; *ta slöjan:* prender le velo; *ta struptag på ngn:* prender alcuno per le gorga; *ta till flykten:* prender fuga; *ta till vapen:* prender le armas; *ta tillbaka:* recantar; *ta under övervägande:* prender in consideration; *ta upp något:* inceptar; *som kan tas bort:* extirpabile; *som kan tas om:* iterabile
tabell tabella, tabula; *uppställning i tabeller:* tabulation
tabellprogram *data* programma tabellate
tabernakel tabernaculo
tablett pastilla, tabletta, pilula; *med* comprimito
tablå *(kort scen)* tableau *fr* [tablo]
tabu tabu
tabulator tabulator
taburett tabouret *fr* [taburе]
tack *tack!:* gratias!; *tack vare:* gratias a; *framföra sitt tack till:* render gratias a
tacka *sb (djur)* ove feminin; *(metall)* barra, lingoto; *vb* regratiar, render gratias
tackla *sport* tacklar; *tackla av:* periclitar
tackling *sport* tackle *eng*
tacksam grate; *vara erkännsam/tacksam:* recognoscer; *mycket tacksam!:* multo obligate!
tacksamhet gratitude, recognoscentia
tacksamhetsskuld obligation; *stå i tacksamhetsskuld till:* esser indebitate a
tacksägelsegudstjänst Te Deum *lat*
tadel vituperation; *förtjäna tadel:* demeritar
tadla reprochar [-sh-], blasmar, culpar, reprobar, vituperar
tadlande *adj* vituperative, reprehensive
tafatt inhabile, rustic
taft taffeta
tag *(grepp)* prisa; *(handtag)* manico
taga prender; *(används mest i sammansättningar)* sumer; *taga fel:* errar; *taga fram:* producer; *taga för sig:* prender, servir se; *taga illa upp:* offender se (de), acceptar mal; *taga in: (i tidning)* inserer, publicar, *(på hotell)* descender al hotel; *taga om:* reiterar; *taga på:* vestir se de; *taga sig för:* interprender; *taga sönder:* dismontar, distachar [-sh-]; *taga tjuren vid hornen:* prender le tauro per le cornos; *taga ut pengar:* retirar
tagel crin
tagelmadrass matras de crin
tagg spina; *bot* acantho, acicula, aculeo; *(på*

igelkott) zool cheta; *försedd med tagg:* aculeate; *skära taggar i:* indentar

taggförsedd *bot* acanthophore

tagghuding *zool* echinodermo [-k-]

taggig spinose

taggtråd filo spinose

taggtrådsstängsel barriera spinose

Tajo *(floden)* Tago

tak *(alla bet.)* tecto

takränna guttiera

takspån tegula de ligno

takt *(uppfostran)* tacto, discretion, delicatessa; *mus* tempo, tempore, mesura, cadentia; *(fin urskillning)* finessa; *(utrymmet mellan två taktstreck)* barra; *öka takten, gå fortare:* allongar le passo

taktegel tegula

takterrass terrassa (floride)

taktfull discrete

taktik tactica

taktiker tactico

taktisk tactic

taktkänsla tacto

taktlös indiscrete, sin tacto

taktlöshet indiscretion

taktmätare metronomo

taktpinne *mus* bacchetta [-k-], baston de mesura

taktstreck *(= utrymmet mellan två taktstreck) mus* barra

takykardi *(hastig hjärtverksamhet) med* tachycardia

takås cresta del tecto; *(bjälken)* trave de cresta

tal *(antal)* numero; *(tecken)* cifra; *(samtal)* discurso, conversation, parolas; *(högtidligt)* oration; *(kort öppningstal)* allocution; *(offentligt)* discurso, speech *eng* [spi:tsh]; *föra ngns talan:* representar alicuno, defender alicuno; *hålla tal:* discursar, orar; *hålla ett föredrag:* pronunciar un discurso; *tal-:* numeral, numeric

tala parlar, orar; *(berätta)* contar, relatar, narrar, reportar; *tala om:* parlar super; *höra talas om:* apprender, audir (parlar) in re; *tala genom näsan:* parlar per le naso; *tala osammanhängande:* delirar; *tala otydligt:* parlar inter le dentes; *tala svårförståeligt:* blesar; *tala vitt och brett om ett ämne:* perorar; *trevlig att tala med:* conversabile; *som talar osammanhängande:* delirante; *som talar otydligt:* blese

talan *föra ngns talan:* representar alicuno, defender alicuno

talang talento

talangfull talentose

talare orator, parlator

talarstol tribuna, cathedra, pulpito

talekonst elocution, oratoria

talent talento

talesman advocato, intercessor; *bildl* porta-voce

talesätt locution, modo de parlar, sententia; *(svenskt uttryckssätt)* expression svedese

talför volubile

talg sebo, stear; *talg-:* sebacee

talgoxe *zool* paro major

talisman *(magisk amulett)* talisman

talja polea

talk talco

tall *bot* pino (silvestre)

tallbarr aculeo

tallbarrsolja essentia de pino

tallium *(grundämnet tallium, Tl) kem* thallium

tallkotte *bot* pinea

tallkottskörtel *anat* glandula pineal

tallrik platto; *(djup)* scutella

lallriksunderlägg subplatto

tallriksvärmare caleface-plattos

talman *(i brittiska parlamentet)* speaker *eng* [spi:ker]

talong *ekon* talon

talrik numerose

taltrast turdo

taltratt porta-voce

talträngd garrule

talträngdhet garrulitate

tam domate, domesticate, domestic; *(blid)* mansuete; *göra tam:* domesticar; *tamt tillstånd:* domesticitate; *tam-:* domestic

tambur entrata, vestibulo, ostio, antecamera

tamburin *(liten trumma) mus* tamburino

tamburmajor tambur major

tamburnyckel clave del appartamento

tamdjur animal domestic

tamfåglar *(höns-, gäss- osv)* aves domestic

tamil *(dravidiskt språk)* tamil

tamilsk tamil
tamiltalande *tamiltalande indier:* tamil
tampong tampon
tand dente; *tekn* cam(m)a; *beväpnad till tänderna:* armate al dentes; *få tänder:* dentar; *ha tand för tunga:* saper tacer, esser taciturne; *hål i tand:* cavitate dental; *mellan tänderna: adj* interdental; *skära tänder:* strider; *tand på såg:* dente de un serra; *visa tänderna:* monstrar le dentes; *tand-:* dental, dentari
tanda dentar
tandad (såg *e.dyl.)* dentate; *arkit* denticulate
tandben dentina
tandborste brossa a/de dentes
tandemcykel tandem
tandhåla *anat* alveolo
tandkräm dentifricio
tandkött *anat* gingiva; *tandkötts-: anat* gingival
tandköttsinflammation gingivitis
tandköttssvullnad *med* epulide
tandljud *fon* dental
tandläkarborr fresa
tandläkare dentista
tandläkarkonst dentisteria
tandläkarmottagning dentisteria
tandläkartång tenalia
tandläkekonst odontologia
tandnerv *döda tandnerv före rotbehandling: med* devitalisar
tandpetare cura-dentes, munda-dentes
tandprotes prothese dental
tandpulpa *anat* pulpa
tandreglering orthodontia
tandröta *med* carie
tandsten tartaro dentari, tartaro de dentes
tandtekniker technico dental
tanduppsättning dentatura
tandvärk dolor de dentes; *med* dentalgia, odontalgia
tangent *mat* tangente; *mus* clave
tangentbord claviero
tangentinstrument *mus* instrumento a claviero
tangera tanger; *(vidröra)* tastar, toccar
tangerande *adj* tangente
tangering tangentia
tangeringspunkt puncto de tangentia
tank *(alla bet.)* tank
tankbil camion cisterna
tanke pensata, pensar; *(avsikt)* intention; *(åsikt)* opinion, idea; *ha ngt i tankarna:* haber presente un cosa; *ha en hög/låg tanke om ngn:* haber bon/mal opinion de un persona; *med tankarna upptagna av annat:* preoccupate; *tanke-:* pensative
tanker nave cisterna
tankeöverföring telepathia
tankfartyg tanker
tankfull pensante, pensative, contemplative, reflexe
tanklös inconsiderate
tanklöshet *(brist på eftertanke)* irreflexion
tankspridd distracte
tankspriddhet distraction
tankstreck lineetta
tannin tannino
tant amita
tantal *(grundämnet tantal, Ta)* tantalium
tantalit *min* tantalite
tantaluskval supplicio de Tantalo
tapet tapete de papiro; *(vävd)* tapisseria, tapis *fr* [tapi]; *vara på tapeten:* esser super le tapete
tapetserararbete *utföra tapetserararbete:* tapissar
tapetserare tapissero
tapir *zool* tapir
tapp cavilia, tenon; *(propp)* tappo; *sätta tapp i:* tappar
tappa *(förlora)* perder, lassar cader; *(tömma)* versar, (e)vacuar; *tappa på butelj:* mitter in bottilias; *tappa om:* transfunder; *tappa bort:* perder; *tappa tråden i föredraget/framställningen:* perder le filo del discurso
tapper brave, coragiose [-dʒo-], prode, valente, valorose; *vara tapper:* valer
tapperhet braveria, prodessa, valentia, valor
tappformat *tappformat utsprång: zool, anat* hamulo
tara tara
tarantel *zool* tarantula
tarantella *(en dans) mus* tarantella
tariff tarifa, rata; *tariff-:* tarifari
tarlatan *(bomullstyg)* tarlatana
tarm intestino; *tarmvred:* ileo, volvulo; *instjälpning av tarmbit i en efterföljande:* intussusception/invagination enteric; *tarm-: anat* enteric, intestin(al)

tarmkatarr *med* catarrho intestinal, enteritis
tarmrörelser peristaltismo, peristole
tarmvred *med* volvulo
Tartaros *(grekisk mytologi)* Tartaro
tartrat *kem* tartrato
tarva carer, indiger, besoniar
tarvlig ignobile, sordide, vulgar; *(enkel)* simple, simplice; *(måttlig)* frugal, modeste; *(lumpen)* vil, abjecte, meschin [-k-]
tarvlighet ignobilitate, sordidessa, vulgaritate
taskspelare *(kringresande akrobat)* saltimbanco
taskspelarkonster joculeria
tass pata
tatar tartare
tatuera tatuar
tatuering tatu; *(den tatuerade bilden)* tatuage [-adʒe]
tavelgalleri galeria
tavelställ cavalletto
tavla indicator, tabula; *(målad)* pictura; *(skiffer-)* ardesia; svarta *tavlan:* tabula nigre; *lagens tavlor: bibl* le tabulas del lege
tax bassetto
taxa rata, tarifa, taxa
taxera estimar, taxar
taxering estimation, taxation
taxi taxi
taxichaufför taxista
tbc *med* tuberculosis
tbc-härd foco tuberculose
te *sb* the; *en kopp te:* un tassa de the; *vb, te sig:* monstrar se, presentar se; *te deum:* Te Deum *lat*
teak *bot* teca
teater theatro
teaterdekoration decoration de theatro
teaterdiva histrion
teatergalen *teatergalen person:* theatromano
teaterloge logia [lodʒa], loge *fr* [lo:ʒ]
teaterpjäs pecia de theatro
teaterridå tela, cortina
teaterstycke pièce *fr* [pjæ:s], pecia
teatralisk theatral
tebuske *bot* theiero
tecken marca, signo, indication, symbolo, symptoma, indicio, indice, prognostico, stigma; *(emblem)* insignia; *ge ett tecken:* facer signo; *minsta betydelsbärande tecknet i skrift: gram* graphema; *tecken på ett under:* portento; *tecken som antyder ngt:* indicio
teckenspråk lingua mimic, linguage [-adʒe] per signos
teckna designar; *(skissera)* delinear; *teckna konturerna av:* contornar
tecknare designator
teckning designo, figura
teckningslista lista de subscription
tedags hora del the
tee *(utslagsplats för golfboll)* tee *eng* [ti:]
tefat subcuppa; *flygande tefat (UFO):* objecto volante non identificate (OVNI)
teflon *(handelsnamn för tetrafluoretenplast)* teflon
teg parcella de terra (cultivate)
tegel bricca; *(vanl. glaserat form-)* tegula
tegelbruk teguleria
tegelsten bricca
tein *kem* theina
tekanna theiera
teknetium *(grundämnet teknetium, Te)* technetium
teknik technica
teknikalitet *(formell detalj)* technicitate
tekniker technico
teknisk technic
teknokrat technocrate
teknokratisk technocratic
teknologi technologia
tekokare samovar *ry*
telefon telephono; *telefon-:* telephonic
telefonera telephonar
telefonhytt cabina telephonic
telefonlur receptor
telefonpåringning colpo de telephono
telegraf telegrapho
telegrafera telegraphar
telegrafist telegraphista
telegram telegramma, cablogramma
teleobjektiv *foto* teleobjectivo
telepatisk telepathic
teleprinter teleimprimitor
teleskop telescopio
television television; *televisions-:* televisive, televisual
telex *sända med telex:* transmitter per telex
tellur *(grundämnet tellur, Te)* tellurium

telning *(ankomma)* descendente; *(skott) bot* graffo

tema *(även mus, gram)* thema; *hörande till verbets tema:* thematic

tematisk *(som hör till ett visst ämne)* thematic

tempel templo, *(liten)* edicula; *(rom.)* fano

tempelherre templar

tempelriddare templar

tempeltjänare *(forngrekisk) hist* hierodulo

temperafärg tempera

temperament temperamento, constitution, natural; *(någons)* disposition; *mus* temperamento

temperatur temperatura; *temperaturen sjunker/stiger:* le thermometro descende/monta

temperera temperar

temperering temperamento

tempo *mus* tempo, cadentia

tempus *gram* tempore; *tempus futurum:* tempore futur

tendens currente, tendentia; *tendens-: litt* thetic

tendera tender; *tendera att:* tender a

tenn *(grundämnet tenn, Sn) kem* stanno; *(-legering)* peltro; *innehållande tenn:* stannifere; *tenn-:* stannic

tennfolie folio de stanno

tennförande stannifere

tennis tennis; *spela tennis:* jocar al tennis

tennisdomare arbitro

tennistävling partita de tennis

tennlegering peltro

tennstop bicario de stanno

tenor *(högre mansröst)* tenor; *tenor-:* tenor

tenorbasun trombon tenor

tenorstämma *mus* (voce de) tenor; *sjunga tenorstämma:* tenorisar

tentakel *zool* tentaculo

tentamen examine preliminar

teodolit *(vinkelmätningsinstrument)* theodolite

teolog theologo

teologi theologia

teologisk theologic

teorem theorema

teoretiker theoretico, theorista

teoretisk theoric, theoretic, notional, speculative

teori theoria

teosofi theosophia

teosofisk theosophe, theosophic

terapeut therapeuta

terapeutisk therapeutic

terapi therapia

terbium *(grundämnet terbium, Tb)* terbium

term *(fastställd beteckning)* termino

termin *(skol-)* semestre; *(frist)* termino

terminal station final, station de transbordo; *data* terminal

terminologi terminologia

termisk thermal

termit *zool* termite

termitstack termitiera

termodynamik thermodynamica

termoelement thermocopula

termokemi thermochimia

termometer thermometro; *(för höga temperaturer)* pyrometro

termonukleär thermonuclear

termosflaska thermos

termostat thermostato

terpentin terebinthina

terpentinträd *bot* terebintho

terrakotta terrracotta, terra cocte

terrarium vivario

terrass terrassa

terrassera planar (le terra)

terrier terrier

terrin terrina

territoriell territorial

territorium territorio

terrorisera terrorisar

terrorist terrorista

terräng terreno; *vinna terräng:* ganiar terreno

ters *(tretonsintervall, tredje skaltonen) mus* tertia

tertiär tertiari

tes these; *som hör till en tes: filos* thetic

tesked coclear de caffe/the

test essayo, test

testa experir

testamente testamento; *Gamla testamentet:* le Antique/Vetere testamento; *Nya testamentet:* le Nove Testamento; *utan att ha upprättat testamente: jur* intestate

testamentera legar, testamentar, testar

testamentsexekutor executor testamentari

testikel *anat* testiculo, orchis [-k-]; *borttagande*

av testikel: orchotomia [-k-]

testikelinflammation *med* orchitis [-ki-]

testikelpung *anat* scroto

testiklar *(vulgärt)* coliones

teston *hist (ett silvermynt)* teston

testudo *mil* testudine

tetrark tetrarcha

teurgi *(försök att utforska gudomens vilja) filos, rel* theurgia

teuton teutono

teutonisk teutone, teutonic

text texto; *text-:* textual

texta calligraphiar

textbok *(till opera etc)* libretto

textil- textile

textilindustri industria textile

textkritisk *textkritisk genomgång:* recension

texträttelse emendation

Thailand Thailanda

thailändare thailandese

thailändsk thailandese; *thailändska språket:* thailandese

Themsen le Tamese

thriller thriller *eng*

ti *solmisationsstavelsen si/ti: mus* si

tiara *(påvens tredubbla krona)* tiara

tibetan tibetano

tibetansk tibetan; *tibetanska språket:* tibetano

tick-tack tic-tac

ticka facer tic-tac

tid tempore; *bästa tiden:* flor; *försöka vinna tid, se tiden an:* temporisar; *i tid:* a tempore; *slösa tid, kasta bort tid:* perder le tempore; *stående utanför tiden:* intemporal; *tid på dygnet:* hora; *tidens tand:* injuria del tempore; *vilken tid:* que hora; *tids-:* temporal, *astron* horari

tidebok libro de horas

tideräkning era, chronologia

tidevarv epocha, periodo, era

tidig de bon hora; *(morgon-)* matutinal; *(förhastad)* prematur, precoce; *för tidig:* precoce; *tidigt:* de bon hora

tidigare *adj* previe, anterior, prior; *adv* previemente, anteriormente, olim, antea; *(för lång tid sedan)* pridem

tidlös intemporal

tidning jornal, magazine *eng*, gazetta

tidningsman gazettero

tidningsväsende jornalismo

tidpunkt data, momento; *vid en el. annan tidpunkt:* aliquando, alquando; *vid fel tidpunkt:* a contratempore; *kommande vid fel tidpunkt:* intempestive

tidrymd periodo (de tempore), termino

tidräkning chronologia

tidsanda spirito del tempore

tidsbegränsa prefinir

tidsbesparing economia de tempore

tidsform *gram* tempore

tidsfördriv passa-tempore

tidskrift periodico; *(kritisk)* revista, jornal periodic, magazine *eng*

tidslängd durata, duration; *mus* quantitate

tidsmässig temporal

tidsrymd durata, duration, periodo

tidsschema horario

tidsskede epocha, era, evo

tidsålder epocha, era

tidtabell horario

tidtagare chronometrista

tidtagarur chronometro

tidtagning chronometria

tidvatten marea, fluxo

tidvattensmätare mareographo

tidvis per momentos, de tempore in tempore, periodicamente; *tidvis inträffande:* periodic

tiga tacer, silentiar

tiger *zool* tigre

tigerrandig tigrate

tigga mendicar, demandar almosna; *(bönfalla)* implorar, supplicar; *tigga om:* implorar, rogar

tiggare mendico, mendicante; *tiggar-:* mendic

tiggarmunk *rel* mendicante, fratre mendicante

tiggarpåse bisacca

tigrerad tigrate

tigrinna tigressa

tik cana

tilde *('spanska slängen', ~)* tilde *sp*

till *prep* a, pro; *ända till:* usque a; *nyttig till:* utile pro; *till fots/häst etc:* a pede, etc; *till och med:* mesmo; *till och med hans mor övergav honom:* mesmo su matre le abandonava; *till svar på:* como/in responsa a

tillaga preparar

tillagd adjuncte
tillagning coction, confection
tillbaka *(åter)* retro; *falla tillbaka (i t.ex. missbruk):* recader; *ge tillbaka:* render; *slå tillbaka (t.ex. ett anfall):* rebatter; *vara tillbaka igen:* esser de retorno
tillbakablick retrospecto
tillbakaböjd reflexe, retroflexe
tillbakadragande recesso, retraction
tillbakadragen modeste, recluse, timide
tillbakadragenhet reserva
tillbakadrivande repulsion
tillbakagång recession, retrogression, regression; *pol* reaction
tillbakahålla continer
tillbakahållande *sb* continentia, retention; *adj* restrictive
tillbakakallande *(av t.ex. ansökan)* retraction
tillbakakastande reverberation
tillbakalämnande retorno
tillbakamarsch contramarcha [-sha]
tillbakastöt repercussion
tillbakatagande reprisa; *(vad man sagt)* disdicimento
tillbakaverkan retroaction
tillbakaverkande retroactive
tillbakavisa refutar, rejectar, repeller, repulsar
tillbakavridning retorsion
tillbedja adorar, coler; *(avguda)* idolatrar, idolisar; *(ära)* venerar
tillbedjan adoration
tillbehör *plur* accessorios, utensiles; *diverse tillbehör:* paraphernal; *tillbehörs-:* accessori
tillblandning admixtion
tillblivelse genese, genesis; *tillblivelse-:* genetic
tillbringa *(tid)* passar
tilldela dar, donar, assignar, impartir, attribuer, tribuer; *(fördela)* apportionar, repartir; *(genom order)* administrar; *tilldela slag:* infliger
tilldelning assignation, ration
tilldragande attirante, attractive, attrahente
tilldragelse evenimento, evento, incidente
tilldöma adjudicar; *tilldöma till:* adjudicar a; *den som tilldömer ngn ngt:* adjudicator; *tilldömt pris:* adjudication
tilldömande adjudication
tillerkänna adjudicar, accordar, conceder, impartir
tillfalla esser accordate/impartite
tillflykt asylo, refugio, recurso, expediente; *ge tillflykt:* refugiar; *ta sin tillflykt (till):* refugiar se (a/in)
tillflyktsort *(plats dit man kan dra sig tillbaka)* recesso
tillflöde affluentia, affluxo
tillfoga affiger, affixar, annecter, appender, subjunger; *(tillägga)* adder, adjunger; *(orsaka)* causar; *(ngn skada e.dyl.)* infliger
tillfreds contente, satisfacte
tillfredsställa contentar, satisfacer; *(behaga)* (com)placer; *(mätta)* satiar; *omöjlig att tillfredsställa:* inappaciabile
tillfredsställande satisfactori
tillfredsställd satisfacte
tillfredsställelse contentamento, contento, satisfaction
tillfriskna convalescer, recuperar se; *en som håller på att tillfriskna:* convalescente
tillfrisknande *sb* convalescentia; *med* curation; *adj* convalescente
tillfångataga captivar, capturar
tillfångatagande captura
tillfälle contingentia; *(händelse)* caso, occasion; *(tillfällighet)* incidente, hasardo; *för tillfället:* p.t.= pro tempore, pro le presente; *ge tillfälle till:* fornir le occasion de; *gripa tillfället (att):* sasir le occasion (de); *lyckl. tillfälle:* opportunitate, chance; *lägligt tillfälle:* opportunitate; *när tillfälle erbjuder sig:* quando le occasion se offere/presenta; *utnyttja tillfället:* profitar del occasion; *vid första bästa tillfälle:* al prime occasion; *vid varje tillfälle:* a omne proposito
tillfällig accidental, adventicie, aleatori, casual, contingente, incidente, occasional, temporari, provisori, interim, interime, temporanee; *(av underordnad betydelse)* incidental; *(genom högre makt)* fortuite; *tillfällig anställning:* empleo temporari
tillfällighet accidente, contingente, hasardo; *tillfällighets-:* occasional
tillfälligtvis per hasardo
tillföra apportar, adducer; *(t. ex. blod)* transfunder
tillförlitlig secur, exacte, authentic, valide

tillförordna committer, nominar
tillförordnad interime, provisori
tillförsel adduction, importation, transfusion
tillförsikt confidentia, fide
tillförsäkra assecurar, garantir
tillgift remission
tillgiva remitter; *som kan efterskänkas/tillgivas:* remissibile
tillgiven devote, affectionate, affectuose
tillgivenhet affection, affecto, dilection; *ha tillgivenhet för:* affectar
tillgjord affectate, facticie; *vara tillgjord:* affectar
tillgjordhet affectation
tillgodose provider a
tillgodoskriva creditar
tillgripa appropriar se, usurpar, recurrer a; *tillgripa åtgärder:* prender mesuras
tillgång *(tillträde)* accesso; *(förmögenhet)* fortuna, capital, activo, ressource *fr* [resurs]; *tillgång och efterfrågan:* offerta e demanda; *(penning)tillgångar:* ressources *fr* [resurs]
tillgångar *ekon* activo; *(penning-)* ressources *fr* [resurs]
tillgänglig abbordabile, accessibile, disponibile; *(t.ex. för idéer)* pervie
tillgänglighet accessibilitate, disponibilitate
tillhanda a disposition; *(på brev)* in manos; *gå tillhanda:* adjutar
tillhandahålla provider, fornir
tillhåll spelunca
tillhöra pertiner a, appertiner
tillhörighet appertinentia, proprietate, possession
tillintetgöra annihilar, annullar, destruer, dirimer, reducer a/in pulvere; *(i strid)* disfacer
tillintetgörande extinction
tillintetgörelse destruction
tillit fide, confidentia, credito; *ha tillit:* fider; *tillits-:* fiducial, fiduciari
tillitsfull confidente
tillkalla advocar, vocar
tillkommen *utifrån tillkommen:* adventicie
tillkomst- genesiac
tillkortakommande demerito
tillkännage annunciar, indicer, proclamar, promulgar, manifestar; *den som tillkännager ngt:* annunciator
tillkännagiva annunciar, avisar, proclamar
tillkännagivande annunciation, annuncio, pronunciamento
tillmötesgå acceder, obviar, satisfacer; *ej tillmötesgå:* disobligar
tillmötesgående *sb* favor; *adj* accommodante. affabile, obligante; *ej tillmötesgående:* disobligante
tillnamn supernomine, nomine familial
tillplatta applattar
tillredning confection
tillryggalägga percurrer
tillråda avisar, suader
tillrådan suasion
tillrådlig consiliabile
tillräcklig sufficiente, bastante, satis, assatis (de); *vara tillräcklig:* sufficer; *tillräcklig kompetens:* sufficientia; *tillräcklig mängd:* bastantia; *tillräckligt: adv* assatis, satis, bastante
tillräcklighet sufficientia
tillrättalägga disponer, organisar
tillrättande *sb* readjustamento; *adj* corrective
tillrättavisa admoner, admonestar, objurgar, reprehender, reprimendar
tillrättavisning admonition, admonestation, reprehension; *(skarp)* reprimenda
tills usque (a); *tills nu:* usque nunc/ora; *tills vidare:* ad interim, pro tempore
tillsamman conjunctemente, insimul, juncte, simul; *tillsammans med:* con, conjunctemente con
tillsammans conjunctemente, insimul, juncte, simul; *tillsammans med:* con, conjunctemente con
tillsats admixtion
tillse guardar, inspectar, custodiar, supervisar
tillskansa *tillskansa sig:* usurpar
tillskansande *(egenmäktigt besittningstagande)* usurpation
tillskifta apportionar
tillskjuta *(bidrag)* quotisar se
tillskott contribution, supplemento
tillskriva attribuer, imputar. referer; *(ngn ngt)* ascriber; *(skriva till)* scriber a; *som tillskrives (ngn):* attributive; *som kan tillskrivas någon:* imputabile
tillskynda actuar, convitar, expedir, instigar

tillskyndan expedition, incitamento, instigation

tillskyndande *sb* impulsion; *adj* hortative

tillskyndare impulsor

tillskära *(kläder)* taliar

tillskärare essayator; *(den som hugger ädelstenar, trä, sten etc)* taliator

tillspetsning acutiamento

tillstoppa tappar

tillströmning affluxo, influxo

tillstyrka sustener, assentir

tillstå conceder, confessar; *(medge)* admitter

tillstånd stato, situation; *(hälso)* condition; *(tillåtelse)* permission, autorisation; *(skriftlig)* permisso, licentia, concession; *i fast tillstånd:* soliditate; *i spritpåverkat tillstånd:* in stato de ebrietate; *sakernas tillstånd:* stato de cosas; *tillståndet att ha kommit ur bruk:* desuetude

tillställning arrangiamento, amusamento; *(bjudning)* partita

tillstöta supervenir; *(händelsevis inträffa)* continger

tillstötande *adj* contermine, vicinal; *ngt tillstötande:* contingente

tillsvidare *gällande tillsvidare:* interim

tillsyn inspection, custodia, guarda, supervision; *ge tillsyn:* superintender; *utöva tillsyn:* inspectar, inspicer

tillsynsman inspector, intendente; *högre tillsynsman:* superintendente

tillsägelse *(varning)* admonition

tillsätta *(utnämna)* nominar; *(inblanda) kem etc* adder, admiscer, miscer

tillsättning nomination, mixtion, mixtura

tilltag initiativa, action

tilltaga augmentar, accrescer, aggrandir se, redupl(ic)ar

tilltagande progressive; *måne i tilltagande:* le luna crescente

tilltala abbordar, accostar, adressar se a, alloquer; *(behaga)* placer, gustar; *(passa)* convenir; *jur* (in)criminar; *gå fram och tilltala:* accostar, abbordar; *tilltala/behaga ngn:* placer a un persona; *tilltala ngn på gatan:* abbordar un persona in le strata

tilltalad accusato

tilltalande *vara tilltalande:* gustar

tilltalskasus *gram* vocativo

tilltrassling intrication

tilltro fide, fiducia, credentia, credito

tillträdande *(av ett ämbete)* accession

tillträde admission, accesso; *(ingång)* ingresso, adito; *vägran av tillträde:* inadmission

tillträdesrätt admissibilitate

tilltäppa occluder; *(blodkärl)* obliterar

tillvaro existentia, vita; *tidigare tillvaro:* preexistentia; *kampen för tillvaron:* le lucta pro le existentia

tillverka producer, fabricar, confectionar, manufacturar

tillverkare fabricante, facitor

tillverkning fabrication

tillvinna *tillvinna sig (t. ex. någons tillgivenhet):* conciliar se

tillvita imputar, inculpar

tillväga *gå tillväga:* proceder

tillvägagångssätt procedura

tillvälla *tillvälla sig:* attribuer se un cosa; *med orätt tillvälla sig:* arrogar se

tillväxa accrescer, incrementar; *tillväxa sjukligt:* hypertrophiar

tillväxt accrescimento, crescimento, incremento

tillväxtvävnad *bot* meristema

tillyxa hachar [-sh-]

tillåta lassar, permitter; *(medge)* conceder, lassar; *åter tillåta:* readmitter; *som kan tillåtas:* admissibile

tillåtelse permission, autorisation; *(skriftlig)* permisso, licentia; *ge tillåtelse:* licentiar

tillåten licite

tillåtet licite; *det är tillåtet:* licite

tillåtlig permissibile

tillåtlighet admissibilitate

tillägg addition, supplemento, appendice, addendo; *tilläggs-:* additional, suppletive

tillägga adder, adjunger, supplementar; *tillägga en egenskap etc:* ascriber, attribuer; *ngt som bör tilläggas:* addendum (*lat, plur* addenda)

tilläggande attribution

tilläggsskatt supertaxa

tillägna dedicar; *tillägna sig:* appropriar se, acquirer, usurpar

tillägnan dedication; *tillägnan från (en författare):* homage [-adʒe] de (un autor)

tillägnande *(av ngt)* appropriation

tillämpa applicar, emplear, usar, attemperar

tillämpbar applicabile

tillämpbarhet applicabilitate

tillämplig applicabile, relevante; *ej tillämplig:* inapplicabile

tillämpning application

tillökning augmentation

tillönska desirar, desiderar; *tillönska för framtiden:* augurar

timbal *(maträtt)* timbal

timbre *mus* timbro

timglas *(med sand)* sabliero

timjan *bot* thymo

timlig *rel* temporal, secular

timma hora; *(i skola)* lection; *varje timme:* horari; *tim-:* horari

timmer ligno; *(stam)* trunco

timmerflotte rate

timmerkälke traha

timmerman carpentero

timmermansarbete carpenteria

timotej *bot* phleo

tindra brillar, scintillar

ting cosa, objecto; *(sammanträde)* session

tingord *gram* substantivo

tinktur *med* tinctura

tinne pinnaculo

tinning *anat* tempora; *tinnings-:* temporal

tinnitus *med* tinnitus

tio dece

tiodubbla decuplar, decuplicar

tiofaldig decuple

tiohörnig decagon(al)

tiohörning decagono

tiokamp decathlon

tionde decime; *sb (tiondedel av inkomst till understöd)* decima; *utkräva tionde:* decimar; *utkrävande av tionde:* decimation

tiondedelen le decime parte, le decimo

tiotal *ett tiotal:* decena

tiotusen myriade *gr*

tioårsperiod decade

tip prognosis, tip; *(ge tips)* consiliar

tippa *(välta) itr* inverter; *tr* subverter; *(gissa)* jocar al prognostico, tipar

tirad haranga; *(utdragen harang)* tirada

tisdag martedi

tistel *bot* cardo

tistelstång *(på hästvagn)* timon

titan *(grundämnet titan, Ti)* titanium; *titanernas kamp:* titanomachia

titanisk titanic

titel designation; *(alla bet.)* titulo; *ge titel:* intitular; *titel-:* titular

titelblad *typ* frontispicio

titelgivning intitulation

titrera *kem* titrar

titreranalys *kem* titration

titrering *kem* titration

titta vider, spectar, reguardar; *titta på:* spectar; *titta intensivt på:* adocular; *titta snett:* reguardar de transverso

tittare *tid med högsta antal tittare:* horas de puncta televisual

titulera titular

titulering titulation

titulär- titular

tjat grunnimentos; *(klagan)* lamentationes

tjeck checo, tcheco [tsheko]

Tjeckien Chechia, Tchechia

tjeckisk chec, tchec [tshek]; *(böhmisk)* boheme; *Tjeckiska republiken:* Republica chec/tchec [tshek]; *tjeckiska språket:* checo/tcheco [tsheko]

tjeckoslovak checoslovaco [tsh-]

Tjeckoslovakien Checoslovachia, Tchecoslovachia [tsh-]

tjeckoslovakisk checoslovac, tchecoslovac [tsh-]

tjerkessisk circassian

tjock spisse, corpulente; *(omfångsrik)* grosse; *(fet)* crasse; *(deg)* dense; *det att bli tjock:* ingrossamento; *vara tjock:* esser in carne

tjocka bruma

tjockflytande crasse, viscose

tjockhudad pachyderme, pachydermic

tjocklek spissor, spissitate, corpulentia

tjockmagad panciate, panciute

tjockna *(om vätskor)* solidificar se; *(äggvita)* coagular; *(mjölk)* cualiar; *(frysa)* (con)gelar

tjockskallig crasse

tjocktarm *anat* intestino crasse, colon

tjocktarmsinflammation *med* colitis

tjog vintena

tjuga furca; *en tjuga full:* furcata

tjugo vinti, viginti

tjugonde vintesime, vigesime; *som inträffar vart tjugonde år:* vicennal

tjugotal vintena

tjugoårig vicennal

tjur tauro

tjurfäktare toreador, torero

tjurfäktning tauromachia

tjurig obstinate, insistente

tjurpiska nervo de bove

tjusa captivar, incantar, charmar [sh-], fascinar, delectar

tjusig belle, gratiose, incantante, charmante [sh-]

tjuta ulular; *(djur, vind)* mugir; *vinden tjuter:* le vento mugi

tjuv fur, robator

tjuveri *(stöld)* furto; *(sjuklig)* cleptomania

tjuvfiskare piscator fraudulente

tjuvgods furto

tjäder *zool* urogallo

tjädertupp *zool* urogallo

tjäna servir; *tjäna pengar:* ganiar, profitar; *tjäna hos ngn:* servir un persona; *tjäna på:* profitar de; *tjäna till:* servir a; *tjäna som:* servir de

tjänare servitor, domestico; *bildl* vassallo

tjänarinna domestica

tjänst servicio, ministerio, officio; *ha i sin tjänst:* soldar; *i tjänsten:* de/ex officio; *som kan göra tjänst:* servibile

tjänsteman officiario, functionario, empleato

tjänstgöra functionar; *tjänstgöra som:* servir de

tjänstledighet vacantias

tjänstvillig accommodante, officiose; *ej tjänstvillig:* disobligante

tjära *sb* catran; *behandla med tjära:* catranar

tjärhaltig catranose

tjärningsarbete catraneria

tjärpapp carton catranate/bituminate

tjärtunna tonnello de catran

toalett *(dräkt)* vestita, vestimento; *(wc)* toilette *fr* [tualet], water-closet, WC

toalettbord toilette *fr* [tualet]

toalettpapper papiro hygienic

toalettrum lavatorio

tobak tabaco

tobaksburk tabachiera [-ki-]

tobakshandel tabacheria [-ke-]

tobakshandlare tabachero [-ke-]

tobakslada sic(c)atorio de tabaco

tobakspung tabachiera

toffel pantofla, calceolo

tofs flocco; *(-kam)* cresta

tofsmes *zool* paro cristate

tofsvipa *zool* vanello

toga *(romersk)* toga; *(svart turkisk)* sultana

tokajervin *(vin från Tokai, Ungern)* tokai

tokig folle; *(dumhuvud)* stupide, imbecille, fatue, insensate, insipiente; *(själssjuk)* demente, insan, alienate

tolerabel tolerabile

tolerans toleration

tolerant tolerante

tolerera tolerar

tolererande toleration

tolfte dece-secunde, duodecime, dece-duesime

tolftedelen le dece-secunde parte, le dece-secundo

tolk interprete

tolka interpretar, traducer; *(tyda)* explicar, commentar; *(uttrycka)* exprimer; *(dikter o.dyl.)* interpretar

tolkande interpretative

tolkning interpretation; *konsekutiv tolkning:* interpretation consecutive; *tolknings-:* interpretative

tolkningskonst *(särskilt bibeltolkning)* hermeneutica

tolv dece-duo, duodece; *tolvtals-:* duodecimal

tolvfingertarmen *anat* duodeno; *tolvfingertarms-: anat* duodenal

tolvhörnig dodecagon(al)

tolvhörning dodecagono

tolvsidig dodecahedric

tolvsiding dodecahedro

tolvstavig dodecasyllabe

tolvtonsinterval *(oktav + kvint) mus* duodecima

tolvtonsmusik dodecaphonia

tom vacue, inan; *(oupptagen)* libere, inoccupate

tomat tomate

tomatplanta tomatiero

tombola *(roterande cylinder för lotter)* tombola

tomhet inanitate, vacuitate, vacuo

tomrum lacuna
tomt *(byggnadsplats)* sito, (parcella de) terreno
tomte gnomo; *(jul-)* papa natal
ton tono, accento; *(1000 kg)* tonna; *mus* tono; *ge tonen:* dar le tono; *som har att göra med ton el. betoning: fon* tonic; *ton-:* tonal
tona resonar; *tona bort:* evanescer
tonal *mus* tonal
tonalitet *mus* tonalitate
tonande *(med stämbandston) fon* sonor
tonart *mus* modo
tonband banda magnetophonic, phonobanda
tonfall tono
tonfisk *zool* thunno
tonhöjd accordatura
tonhöjdsområde registro
tonika *mus* tonica
tonikaackord *mus* tonica
tonikum *(stärkande medel)* tonico
tonlös insonor; *(om konsonant) fon* surde
tonlöshet surditate
tonnage *sjöt* tonnage [-adʒe]
tonomfång *(hos röster el. instrument) mus* diapason
tonsill *anat* tonsilla
tonsläkte *mus* modo
tonsur *(rakning av munks hjässa)* tonsura; *raka tonsur:* tonsurar
tonsätta poner in musica
tonus *med* tono
tonåring adolescente
topas *(gul halvädelsten)* topazo
topografi topographia
topp alto, summitate, vertice; *(kam)* cresta, crista; *(spets)* apice; *(bergstopp)* picco
toppfigur summitate
topplacering excelsitude
torde *han torde vara sjuk:* ille es probabilemente malade; *Ni torde observera:* vos es petite de observar
toreador toreador, torero
torftig insufficiente, paupere; *(om måltid)* frugal
torg *(salu-)* mercato; *(plats)* placia
torgskräck *med* agoraphobia
torium *(grundämnet torium, Th)* thorium
torka *sb* ariditate; *(torkperiod)* siccitate, sichitate [sikitate]; *vb* sic(c)ar; *(av-)* essugar; *torka av (händerna osv):* essugar; *torka upp:* exsic(c)ar
torkande sic(c)ante, sic(c)ative
torklada sic(c)atorio
torkställ *(för disk)* escolatorio
torkväxt *(ökenväxt)* xerophyto
torn turre, *(litet)* pinnaculo; *Babels torn:* turre de Babylon; *schackspelets torn:* roc; *torn på fästning el. borg:* donjon
tornera tornear
tornering torneo
tornformad turriforme
tornuggla *zool* ulula
torped *mil* torpedine, torpedo
torpedera torpedar, torpedinar
torpednät para-torpedos
torr sic; *(mark)* aride
torrbatteri pila sic
torrhet siccitate, sichitate [sikitate], sichessa [sikesa]
torsdag jovedi
torsk *zool* gado; *(kolja)* aglefino; *(vitlig)* merlan; *(gråsej)* (gado) virente; *(spillånga)* morulo, molva molva *lat; (svampbeläggning på tungan) med* aphta
tortera torturar, tormentar, cruciar, suppliciar
torterare cruciator
tortyr cruciamento, cruciation, supplicio, tormento, tortura
torv turfa
torva *(odlad mark) hist* gleba
toskan toscano; *toskanska dialekten:* toscano
toskansk toscan
total global; *(omfattande allt)* total
totalitär totalitari
totalsumma summa total
totalt in toto
totem *(indianstams skyddsande)* totem
toxin *kem* toxina
traditionell *(enligt nedärvd sed)* traditional
trafik circulation
trafikera trafficar
trafikljus semaphoro
trafikregler codice del via
trafikstockning congestion
tragedi tragedia; *tragedi-:* tragic
tragediförfattare tragediano, tragedo
tragediskådespelare tragediano, tragedo
tragikomedi tragicomedia

tragikomisk tragicomic

tragisk tragic

trakt region, parages [-adʒes] *plur*

trakta *trakta efter:* aspirar a

traktat tractato; *rel* tracto

traktera *(bjuda)* regalar, festear, tractar; *(instrument)* sonar

traktering *(riklig)* regalo

traktor tractor

trampa calcar; *(t.ex. vindruvor)* fullar; *trampa på:* calcar, fullar

trampare fullator

trampolin trampolino

tramporgel *mus* harmonium

tran oleo de balena (de phoca, de pisce etc.)

trana *zool* grue

tranbär *bot* oxycocco

tranchera trenchar [-sh-]

trans *(dvalliknande tillstånd)* trance *fr* [trã:s]

transaktion transaction

transcendental transcendental

transformator *electr* transformator

transformera *transformera (till):* transformar (in)

transformering transformation

transitiv *(som har ackusativobjekt) gram* transitive

transittrafik transito

transkribera *mus* transcriber; *(skriva över i annan form)* transcriber; *en som transkriberar:* transcriptor

transkription transcription

transplantera *med* transplantar

transponera *mus* transponer

transponering *(överföring till annan tonart) mus* transposition

transport transporto, porto; *transport-:* vehicular

transportband banda transportatori

transportera transferer, transportar, vehicular

transportfartyg transporto

transportmedel medio de transporto

transportör vector

transsubstantiation *rel* transsubstantiation

transvers transversa

transvestit transvestito

Transylvanien Transilvania

transylvansk transilvan

trapets *(geom, gymnastikredskapet)* trapezio *ital* [trapetsio]

trappa scala; *gå nerför/uppför en trappa:* descender/montar un scala

trappavsats planetta, plana de scala

trappistmunk trappista

trappsteg scalon, grado, stadio

trasa pannello, chiffon *fr* [sh-]; *(kläd-)* robalia

trashank robalioso

trasig lacerate, rumpite, destructe; *(om person)* robaliose

trassel *tekn* borra; *(bryderi)* confusion, embarasso, imbroliamento

trassla *trassla till:* intricar, imbroliar; *trassla ur:* disintricar; *som det inte går att trassla sig ur:* inextricabile

trast *zool* turdo

tratt infundibulo

tratta *ekon* tratta

trauma *med, psyk* trauma

trav trotto

trava trottar; *(stapla)* cumular, pilar

travare trottator

travbana carriera, pista

travestera travestir

travesti burlesco

tre tres; *grupp på tre:* terno; *dela i tre delar* tertiar; *tre-:* ternari

tredelning tripartition

tredimensionell tridimensional

tredje tertie; *plöja för tredje gången:* tertiar

tredskas recalcitrar

tredubbel trin, triple, triplice

tredubbla triplar, triplicar

treenig trin

trefaldig ternari, trin; *(i tre exemplar)* triple, triplice

trefaldiga triplar

trefaldighet trinitate

trefaldighetsdagen le Trinitate

trefas- *elektr* triphase

treflikig trilobate

trefot tripode

trefotad tripede

trefärgad tricolor

trehornad tricorne

trehörnig triangular

trekant triangulo

trekantig triangular

treklang *mus* triade

tremannastyre triumvirato; *en i tremannastyre:* triumviro

tremolo *mus* tremolo *ital*

tremulera *mus* tremular

trepanation *(håltagning i skallen) med* trepanation

tresidig trilatere

trespråkig trilingue

trestavig trisyllabe

tretandad *myt* tridente

trettio trenta

trettionde trentesime

trettiotal *ett trettiotal:* trentena

tretton dece-tres, tredece

trettondagen le epiphania, Epiphania

trettonde dece-tertie, tredecime

treudd *myt* tridente

treuddig *myt* tridente

treva tastar; *treva sig fram:* avantiar tastante

trevlig amabile, sympathic, gentil, placente, agradabile; *(om bok)* amusante

trevnad conforto, ben-esser

treårs- *(som sker vart tredje år)* triennal

treårsperiod triennio

triangel *mat* triangulo; *(likbent)* triangulo isoscele; *(liksidig)* triangulo equilatere; *(oliksidig)* triangulo scalen; *(rätvinklig)* triangulo rectangule; *(spetsvinklig)* triangulo acutangule; *(trubbig)* triangulo obtusangule; *toppunkt i triangel:* vertice

triangulär triangular

tribad *(homosexuell kvinna)* tribade

tribun tribuna, stand *eng*

tribunat tribunato

tribunämbete tribunato

tribut tributo

trick artificio, maneo, truc; *(troll)* prestigio, sortilegio; *fula trick:* ruffianeria

triforium *(tredelad bågöppning i basilika) arkit* triforio

triftong *(tre vokalljud uttalade som en stavelse)* triphthongo

trikin *(parasitisk rundmask) zool* trichina [-k-]

trikinos *med* trichinosis [-k-]

trikoloren *(den franska flaggan)* tricolor

trikå tricot *fr* [triko]

trikåaffär calcetteria

trikåfabrik calcetteria

triljon *(med 18 nollor)* trillion

trilling trigemino; *trillings-:* trigemine

trilogi *(verk i tre delar)* trilogia

trimma ordinar, preparar, apparar

triod *(radiorör med tre elektroder) elektr* triode

triplett *(tre sammanhörande föremål)* tripletto

tripp tour *fr* [tu:r]

trippel *(tre sammanhörande föremål)* tripletto; *trippel-:* triple

triptyk *(tredelad altartavla)* triptycho [-k-]

trissa polea

trist triste; *(melankolisk)* melancholic

triumf triumpho; *triumf-:* triumphal

triumfbåge arco triumphal, arco de triumpho

triumfera exultar, triumphar

triumferande exultante, triumphal

triumfvagn carro triumphal

trivas sentir se ben, trovar se ben, placer se, florar, florer, florescer; *jag trivs bra här:* hic io me trova ben

trivial trivial

trivium trivio; *trivium-:* trivial

trivsel florimento

tro *sb rel* fide, credentia, creder, credo; *god tro:* bon fide; *i god tro:* bona fide *lat*; *invagga sig i tron att:* blandir (se); *vb* creder, fider se; *(anförtro)* fider; *(mena)* opinar, pensar, imaginar se, figurar se; *tro på:* haber fide in, creder a; *tro sig vara:* creder se; *tros-:* fiducial

troende *sb* credente

trofast fidel, sincer, loyal

trofasthet fide

trofé tropheo

trogen fidel, loyal, sincer

trohet fidelitate, fiducia, loyalitate

trohetsed *avlägga trohetsed:* dar fide

trohetslöfte fidantia

Troja Troia

trojan dardano, troiano

trojansk dardane, troian; *trojansk häst:* cavallo troian

trokeisk trocheic [trokeik]

trolig credibile, probabile, verisimile

trolighet credibilitate

troligtvis probabilemente
troll monstro, ogro, troll; *(dvärg)* gnomo
trolla jocular, prestigiar; *(för-)* incantar; *trolla bort:* escamotar
trollbunden captive
trolldom fascino, magia, sortilegio
trolleri prestigio, sortilegio; *(skämt)* joculo, magia; *(svartkonst)* magia nigre
trollkarl mago, magico, prestigitator, joculator
trollkonstnär joculator, prestidigitator, prestigiator
trollkäring maga
trollpacka ogressa
trollslända *zool* libellula
trolovad promissa, promisso
trolsk magic, fascinante
trolskhet fascino, fascination
trolös infidel, illoyal, perfide, perfidiose, perjur
trolöshet infidelitate, perfidia, fide punic
tromb tromba
tromboflebit *med* phlebitis
trombon *mus* trombon
trombonist *mus* trombonista
tron throno; *sätta på tronen:* inthronar; *insättande på tronen:* inthronamento
tronarvinge pretendente
tronföljare successor
tronföljd succession
tronhimmel baldachino [-k-]
tronpretendent pretendente
trop *(bildligt uttryck)* tropo
tropikerna tropicos
tropisk tropic, tropical
tropp truppa
trosbekännelse credo, profession
trosiver zelotismo
troskyldig ingenue, innocente
troskyldighet ingenuitate, innocentia
trosriktning credo
tross *sjöt* amarra
trossats dogma, fide
trots *sb* defia, defiantia, despecto, obstination; *prep* malgrado, in despecto de, nonobstante; *i trots av:* malgrado, nonobstante, in despecto de
trotsa affrontar, bravar, obstinar, defiar, facer fronte a, despectar, disobedir; *(svårigheter)* bravar
trotsig despectose, obstinate
trottoar trottoir *fr* [trotoar], sentiero
trovärdig credibile, confidente, fiduciari; *(om skrift)* authentic
trovärdighet credibilitate
trubadur *mus* trobador, troubadour *fr* [trubadu:r]; *(medeltida)* menestrel
trubbig obtuse; *göra trubbig:* obtunder; *trubbig vinkel:* angulo obtuse
trubbvinklig obtusangule, a angulos obtuse
trumhinna *anat* tambur, tympano, cassa del tympano
trumma *sb* tympano; *mus, tekn* tambur; *(rör-)* tubo; *(liten)* cassa; *slå på trumman:* batter le tambur; *vb* batter le tambur; *trummas ljud:* tam-tam
trummis *('trummis') mus* batterista
trumpen de mal humor
trumpet *mus* trompa, trompetta, clarino; *medeltida rak trumpet:* tuba; *trumpet i B, B-trumpet:* trompetta in Sib (Si bemolle); *spela trumpet:* trompettar
trumpetare *mus* trompettero
trumpetstöt colpo de trompetta/clarino
trumpinne bacchetta [-k-] de tambur, bastonetta de tambur
trumslagare tambur, tamburista
trumvirvel rolamento de tambur; *(taradrum) (onomatopoet.)* rataplan; *trumslagaren slår trumvirvlar:* le tambur rola
trupp truppa, banda; *odisciplinerade trupper:* soldatesca
truppkontingent *mil* contingente
trust *(sammanslutning av företag)* trust *eng* [tr^st]
tryck pression, impacto; *(bok)* impression; *(betoning)* accento; *(moral)* oppression; *(atmosfäriskt tryck:* pression atmospheric; *sätta under tryck:* pressurisar
trycka premer, pressar, imprimer, opprimer; *(jakt)* celar se; *typ* imprimer; *(göra avdrag av förlaga) tirar*; *trycka ihop:* comprimer, serrar, stringer; *trycka ned:* deprimer; *trycka om:* reimprimer; *trycka tillbaka:* reprimer; *som ej kan tryckas tillbaka:* irrepressibile
tryckalster imprimito(s)
tryckare imprimitor

tryckbar imprimibile
tryckbokstav character de imprimeria
tryckeri imprimeria
tryckfel error typographic
tryckfrihet libertate del pressa
tryckluftsbroms freno de aere comprimite
tryckning *typ* impression; *en boks andra tryckning:* le secunde impression de un libro
tryckpress pressa, pressa de imprimer
trycksak imprimito
tryckyta portata
tryffel *bot* trufa
trygg secur, tranquille, sin timor
trygghet securitate
tryne muso; *(-grimma)* musello
trypsin *(enzym i bukspottskörteln)* trypsina
tråckla bastir; *tråckla ihop:* bastir
tråckling bastage [-adʒe]
tråd filo, *(tunn)* filamento; *(segelgarn)* corda; *dra trådarna ur:* disfilar
trådartad filamentose
trådbuss trolleybus *eng*
trådformig filamentose
trådig fibrose
trådlös radiophonic
trådnät grilliage [-adʒe]
tråg alveo, trogo
tråka *tråka ut:* enoiar, fastidiar
tråkig tediose, enoiose, fatigante; *ha tråkigt:* enoiar se
tråkighet tedio, enoio, molestia
trål draga, trawl *eng*, rete a traction
tråna languer; *tråna efter:* anhelar
trånad languimento
trånande languide
trång stricte, limitate
trångbröstad *bildl* pusillanime
trångmål embarasso, difficultate, affliction
trångsynt bigot, illiberal; *trångsynt person:* bigot
trånsjuk languente
trä ligno
träaktig lignose, ligniforme
träarbete *(på ett bygge)* lignage [-adʒe]
träblåsinstrument *mus* instrumento de ligno; *träblåsinstrumenten i orkestern:* lignos
träd arbore; *(läran om träden) bot* dendrologia; *träd-, som lever på/i träd:* arboree, arboricole
träda *sb, ligga i träda:* esser lassate in reposo; *i träda:* incultivate, reposante; *vb (dans)* calcar; *(trampa på)* fullar; *träda in:* entrar; *träda på nål:* infilar
trädgräns limite del vegetation arboree
trädgård jardin, horto; *arbeta i trädgården:* jardinar; *trädgårds-:* horticultural
trädgårdsarbete jardinage [-adʒe]
trädgårdsfest garden-party *eng*
trädgårdsmästare horticultor, jardinero
trädgårdsmästeri jardineria
trädgårdsodlare horticultor
trädgårdsodling horticultura; *trädgårdsodlings-:* horticultural
trädodling arboricultura, arboreto
trädorm serpente arboricole
trädstam trunco
träffa incontrar, colpar; *(finna)* trovar; *(vid slag)* percuter, ferir; *(mål)* attinger; *träffa med en blixt:* siderar
träffande a proposito, terse
träfiberämne lignina
trägen assidue
trägenhet assiduitate
trägravyr xylographia
trähammare massa
trähäst *(tortyrredskap)* cavalletto
träkol carbon de ligno
träkonstruktion lignage [-adʒe]
träl sclavo, servo; *hist* helota, ilota
träldom servage [-adʒe], servitude
trämassa pasta de ligno; *kokad trämassa:* cellulosa
träna trainar; *(undervisa)* inseniar, exercitar
tränare trainator
träng *mil* traino
tränga premer, pulsar contra, urger; *tränga igenom:* perciar, permear; *tränga in:* intromitter, irrumper; *tränga in i:* penetrar, ingressar, infiltrar se, terebrar; *tränga på:* pressar, pulsar; *tränga sig på:* molestar, incommodar; *tränga sig in/på:* intruder se; *tränga med ryggen mot vägg:* accular; *tränga in ngn i ett hörn: bildl* accular
trängas premer se, pressar (se)
trängsel pressa, congestion; *(folk-)* turba
trängtan languimento

träning trainamento, exercitation; *fysisk träning:* education physic

träsk palude; *(särskilt gasalstrande)* palude; *(salt-, ohälsosamt, insektrikt)* maremma; *(sankmark)* marisco; *bli träsk:* impaludar se; *förvandla till träsk* impaludar; *träsk-:* paludic

träskartad *bli träskartad:* impaludar se

träskfylld paludose

träsnidarkonst xylographia

träsprit methyleno

trästick xylographia

träställning *(som underlag för olika arbeten)* cavalletto

träta *sb* querela, lite, litigio, altercation; *(dispyt)* disputa; *vb* querelar, litigar, altercar, disputar

träull lana de ligno

trätande *zool* xylophage

trätare *zool* xylophago

trög indolente, inerte, lymphatic, obtuse, phlegmatic, stolide, torpide; *(lat)* pigre; *(långsam)* lente, morose; *(uttröttad, slö)* lasse, languide, torpide; *(känslolös)* torpide; *vara trög:* torper

tröghet indolentia, inertia, phlegma, torpor, torpiditate, morositate; *fys* inertia; *tröghets-:* inertial

tröghetskraft fortia de inertia

tröghetsmoment momento de inertia

tröja malia; *(under-)* veste, subveste; *(stickad)* sweater *eng* [sweter], veste de lana; *(kort)* spencer *eng*

tröska *sb* tribulo; *vb* disgranar, tribular, mallear; *(med slaga)* flagellar, fustigar

tröskekarl disgranator

tröskel limine

tröskmaskin tribulo

tröskning disgranamento

tröskverk disgranator

tröst consolation, solacio, conforto

trösta consolar, confortar

tröstande consolatori

tröstlös desolate

tröstlöshet desolation

trött fatigate, lasse

trötta fatigar

tröttande fatigante

trötthet fatiga, lassitude

tröttna devenir fatigate, fatigar se

tröttsam fatigante; *bildl* enoiose, tediose

tsar *(rysk kejsare)* tsar *ry; tsars dotter:* tsarevna *ry; tsars son:* tsarevich *ry* [-evitsh]

tsarinna tsarina

tsetsefluga *(afrikansk stickfluga) zool* tsetse

tub *(rör)* tubo; *(kikare)* telescopio

tuberkel *med* tuberculo

tuberkulin *med* tuberculina

tuberkulos *med* consumption, tuberculosis; *tuberkulos-:* tubercular

tuberkulös *med* consumptive, phthisic, tuberculose

tuberos *(en agaveväxt) bot* tuberosa

tuffing duro

tugga *sb* buccata; *vb* masticar, manducar; *tugga om:* remasticar

tuggbar manducabile

tuja *bot* thuya

tukt disciplina; *tukt-:* correctori

tukta castigar, corriger

tuktan castigamento, castigation, correction

tuktande *adj* correctional

tuktare castigator

tukthus penitentiario; *(för slavar i antikens Rom) hist* ergastulo

tuktoredskap *rel* disciplina

tulium *(grundämnet tulium, Tm)* thulium

tull doana, gabella; *föra genom tullen:* disdoanar

tullbehandla disdoanar, exdoanar

tullbehandling disdoanamento, exdoanamento

tullklarering exdoanamento

tullkryssare guarda-costas

tullman doanero; *(i Bibeln)* publicano

tullstation doana

tulltariff tarifa

tulltjänsteman doanero

tullväsen doana

tulpan tulipan

tulpanträd *bot* tulipaniero

tum pollice; *(längdmått, 2,54 cm)* uncia

tumla *(stappla)* titubar; *(hastar)* caracolar

tumma *tumma på:* toccar (a), tastar

tumme *anat* pollice

Tummelisa Pollicetta

tumstock mesura

tumult disordine, tumulto; *ställa till med*

tumult: tumultuar

tumultarisk tumultuari

tumör *med* tumor

tundra tundra

tung pesante, ponderose, grave, grosse, massive; *bildl* grave, penose, difficile; *tungt vatten:* aqua pesante; *vara tung:* gravar

tunga *anat* lingua; *(på våg)* agulia; *(fisk)* solea; *tung-: anat* hyoide, lingual

tungben osso hyoide

tunginflammation *med* glossitis

tungomål lingua, idioma

tungrots-r r uvular

tungsinne melancholia

tungsint saturnin

tungspat *kem* baryta

tungspene *anat* uvula; *tungspens-:* uvular

tungspets apice; *tungspets-:* apical; *tungspets-r:* un r apical

tungsten *(grundämnet volfram, W)* wolfram

tunika cotta; *(romersk klädedräkt)* tunica

Tunisien Tunisia

tunisisk tunisian

tunn tenue, attenuate, fin; *(slank)* svelte, magre; *(utspädd)* dilute; *bildl* vaporose; *göra tunn/smal:* affusar; *tunt: (om hår o.dyl.)* rar

tunna barril, tonna, tonnello, cupa; *(mindre)* botte; *lägga i tunna/tunnor:* imbarrilar, intonnar

tunnbindare barrilero, cupero

tunnbindarstav dova

tunnel tunnel

tunnelbana metro, metropolitano

tunnflytande liquide

tunnhet tenuitate

tunnland *(ungefär)* medie hectar

tunnsådd rar

tunntarm intestino tenue

tupp gallo

tuppkam cresta; *bot* cresta de gallo

tuppkyckling galletto

tur *(chans)* sorte; *(i uttryck som 'min tur')* vice; *(resa)* cursa, viage [-adʒe], tour *fr* [tu:r]; *(utflykt)* excursion; *(till fots)* promenada; *(följd)* ordine, torno, vice; *(lycka)* successo, fortuna; *(rikedom, framgång)* fortuna, prosperitate; *i sin tur:* de su parte/latere; *tur och retur:* ir e venir

tura *tura om:* alternar

turban *(mest indisk huvudbonad)* turban

turbin turbina; *turbin-: i tekn smnstn* turbo-

turbo- *i tekn smnstn* turbo-

turism tourismo [tu-]

turist tourista [tu-], excursionista; *turist-:* touristic [tu-]

turistbuss autocar

turistguide guida

turistnäring tourismo [tu-]

turk turco

Turkiet Turchia

turkisk turc; *turkiska språket:* turco

turkmenier turcoman

turkmenisk turcoman; *turkmeniska språket:* turcoman

turkos *adj (färg)* turchese; *(mineralet, halvädelstenen)* turchese

tursam fortunate

turturduva *zool* turture

turvis secundo/secun ordine, alternativemente, successivemente

tusan *för tusan:* (pro) diabolo

tusch tinta de China [sh-]

tusen mille

tusende millesime

tusendel le millesime parte, le millesimo

tusenfoting *zool* mille-pedes, myriapodo

tusensköna *bot* bellis

tusenårig millenari

tuss tampon, rolo (de papiro, pilo etc)

tussasilke tussah

tuta *(i horn)* cornar, trompettar; *signal med tutan:* colpo de klaxon

tuva collinetta, moletta (de terra)

TV television; *TV-apparat:* televisor; *TV-sändare:* telediffusor; *TV-tittare:* telespectator; *TV-:* televisive, televisual

tvaga abluer, lavar

tvagning ablution

tvagningsskål *(för prästen i katolsk kyrka)* piscina

tvedräkt dissension

tvegifte bigamia

tveka hesitar; *(dröja)* tardar, morar

tvekamp duello

tvekan hesitation, incertitude

tvekande hesitante, vacillatori

tvekluven bifide
tveksam hesitante, incerte
tvestjärt *zool* forficula
tvetalan contradiction, vacillation
tvetydig ambigue, equivoc, obscen
tvetydighet ambiguitate
tvilling gemino; *stjärntecknet Tvillingarna: astron* Geminos; *tvilling-:* geminate, gemine
tvinga coercer, fortiar, compeller, compulsar, constringer; *fys* coercer; *(förplikta)* obligar, urger; *tvinga till (att göra):* fortiar a (facer); *tvinga med hotelser:* concuter
tvingande obligatori, compulsive, compulsori, urgente, coercitive
tvinna cordar, torquer
tvist altercation, dissension, querela; *jur* lite
tvista altercar, disputar, polemisar, querelar
tvistefrö pomo de discordia
tvistemål *jur* lite
tvivel dubita, dubitation; *full av tvivel:* dubitose; *utan/utom tvivel:* sin dubita, foras de dubita; *vara i tvivel:* esser in dubita
tvivelaktig arguibile, dubitose, dubitabile, questionabile
tvivla dubitar
tvivlande *sb* dubitation; *adj* dubitative
tvivlare dubitator
tvungen *vara tvungen:* deber; *vara tvungen att:* esser fortiate de, haber a
två duo; *båda två:* ambe/tote (le) duo; *två och två, två åt gången:* bin; (*vb se* **tvätta**)
tvåbent bipede; *tvåbent djur:* bipede
tvåbladig bipale; *tvåbladig propeller:* helice
tvåfotad bipede
tvåfärgad bicolor
tvågrenad bifurcate
tvåhundraårsdag bicentenario
tvåhövdad bicipite; *tvåhövdat djur:* bisulco
tvåkammarsystem *pol* bicameralismo
tvåkönad hermaphrodite; *(försedd med både ståndare och pistill) bot* gynandre; *tvåkönad blomma:* gynandro; *tvåkönad varelse:* hermaphrodito
tvål *sb* sapon; *adj* saponacee; *tvål-:* saponose
tvålartad saponacee
tvålfabrik saponeria
tvålhaltig saponose
tvålkopp porta-sapon
tvålskum scuma de sapon
tvåmånaders- bimestral
tvåmånadersperiod bimestre
tvång fortia, compulsion, coaction, coercition, fortiamento, freno, necessitate, obligatorietate, pression; *(våld)* violentia, fortia; *tvångs-:* compulsori, coercitive, obligatori
tvångsarbetare fortiato
tvångsfrihet disinvoltura
tvångsmässig obsessive
tvångsneuros *med* cacoethe
tvångströja camisa de fortia, jachetta [-k-] de fortia
tvångsåtgärd fortiamento
tvåsidig bilateral
tvåspetsad *biol* bicuspide
tvåspråkig bilingue
tvåspråkighet bilinguismo
tvåstavig bisyllabe, disyllabe [disilabe]
tvåvingad *zool* diptere
tvåvingar *(insekter) zool* dipteros
tvåvärdig *kem* bivalente
tvåårig biannual, biennal
tvåårs- biennal
tvåårsperiod biennio
tvär *(riktning)* transverse; *(vresig)* irritabile, *(brant)* ardue, abrupte, scarpate, precipitose; *(plötslig)* improvise, subite, subitanee; *(trubbig)* obtuse
tvärbjälke transversa
tvärbrant precipitose
tvärflöjt flauta traverse; *tvärflöjt i dess:* flauta in Reb (Re bemolle)
tvärgående transversal, transverse
tvärs *som ligger tvärs över:* transverse; *tvärs igenom:* a/al transverso (de)
tvärsnitt profilo, section transverse
tvärtemot al contrario
tvärtom al contrario
tvärvall *mil* transversa
tvätt lavage [-adʒe], lavatura; *(tvättkläder)* lavanda
tvätta lavar; *tvätta av:* abluer; *tvätta av med svamp:* spongiar [-dʒar]; *'tvätta' manuskript:* editar
tvättbar lavabile
tvätterska lavandera
tvättfat bassino

tvättinrättning lavanderia
tvättkläder lavanda, linage [-adʒe]
tvättmaskin machina [-k-] lavandera
tvättmedel detergente
tvättning lavage [-adʒe], lavatura
tvättrum lavabo, lavatorio
tvättstuga lavatorio
tvättställ lavabo
tvättsvamp spongia [-dʒa]
ty nam, perque, quia
tycka *(mena)* opinar, pensar; *(ngt om ngn)* pensar de; *(finna)* trovar; *(yttra)* dicer; *(behaga)* gustar a, placer a; *tycka om:* amar, *tycka mycket om:* affectionar; *jag tycker om detta:* isto me place
tyckas apparer, parer, semblar; *det tyckes mig:* il me pare, il me sembla
tycke *(mening)* opinion; *(behag)* gusto, placer; *fatta tycke för:* prender gusto a
tyda explanar, decifrar; *(tolka)* interpretar, construer; *(förklara)* explicar; *omöjlig att tyda:* indecifrabile
tydlig distincte, clar, obvie, evidente, explicite, expresse, manifeste, patente, plan; *göra tydlig:* clarar
tydliggöra illustrar, relevar, visualisar; *som tydliggör:* illustrative
tydliggörande illustration
tydlighet evidentia
tyfoid typhoide
tyfon typhon
tyfus *med* typho, febre typhoide
tyfusliknande typhoide
tyg drappo, panno, stoffa; *(lärft)* tela
tygel brida; *bildl* freno; *taga av tygeln:* disbridar
tygellös saturnal, licentiose; *tygellöst uppförande:* conducta licentiose
tygellöshet incontinentia, licentia
tyghus arsenal
tygla *(anbringa tygel)* bridar; *(hålla tillbaka)* frenar, refrenar, retener, continer; *(tämja)* domar
tygstycke pannello; *(stuv)* coupon *fr*
tyna *tyna bort:* deperir; *tyna bort i fängelse:* languer in prision
tynga gravar, onerar; *vara tung:* gravar
tyngande onerose
tyngd peso; *fys* gravitate
tyngdkraft gravitation
tyngdmätning gravimetria
tyngdpunkt centro de gravitate, centro de gravitation
typ character de imprimeria, genere; *(i alla bet.)* typo
typisk typic
typograf *typ* cassista, typographo
typografi typographia
typografisk typographic
tyrann *(grym härskare)* tyranno
tyranni tyrannia
tyrannisera despotisar, tyrannisar
tyrannisk tyrannic
tyrannmord tyrannicidio
tyrannmördare tyrannicida
tyrannosaurus *(jätteödla från kritperioden)* *zool* tyrannosauro
tyrolare tirolese
Tyrolen Tirol
tyrolsk tirolese
tyrrensk tyrrhen; *Tyrrenska havet:* le Mar Thyrren
tysk *sb* germano; *tyska:* germana; *adj* german; *tyska språket:* germano; *tyskt ord el. uttryck i annat språk:* germanismo; *Tyska förbundsrepubliken, BRD:* le Republica Federal de Germania; *Tyska orden:* le Ordine Teutonic
tyskfientlig germanophobe
tyskhatande germanophobe
tyskhatare germanophobo
Tyskland Germania; *Förbundsrepubliken Tyskland:* Republica Federal de Germania
tysktalande *(person)* germanophono
tyskvän germanophilo
tyskvänlig germanophile
tyst silente, silentiose; *(underförstådd)* tacite; *adv* basso
tysta silentiar
tystlåten taciturne, discrete, reticente
tystnad silentio; *bringa en person till tystnad:* reducer un persona al silentio
tyvärr regrettabilemente, infortunatemente, infelicemente, disgratiatemente
tå digito (de pede)
tåg procession, convoyo; *(sorge-)* convoyo funebre, procession; *(järnväg)* traino; *(rep)*

corda, cordon, fun, *sjöt* amarra

tågvirke cordage [-adʒe]

tågångare *zool* digitigrado

tåla tolerar, supportar; *(lida)* suffrer, patir; *(hålla ut)* sustener, indurar

tålamod patientia, tolerantia; *tappa tålamodet:* perder (le) patientia; *beväpna sig med tålamod:* armar se de patientia

tåled *anat* phalange; *mellersta tåleden:* phalangina; *yttersta tåleden:* phalangetta

tålig indurabile, patiente, tolerante; *(uthållig)* sustenente, indurante; *vara tålig:* patientar

tålmodig patiente, longanime

tålmodighet patientia

tång *bot* fuco; *med* forcipe; *(verktyg)* tenalia; *(kniptång, endast i plur)* pincias; *(griptång)* forcipe

tår lacrima; *(droppe)* gutta; *(dryck)* bibita; *tår-:* lacrimatori, lacrimal

tåra *fälla tårar:* lacrimar

tåredal valle de lacrimas/miseria

tårframkallande lacrimogene

tårfylld lacrimose

tårgas gas lacrimogene

tårkörtel glandula lacrimal

tårsäck sacco lacrimal

tårta torta, pastisseria

tårurna *arkeol* lacrimatorio

täck belle, nette, gratiose; *det täcka könet:* le belle sexo

täcka coperir, teger; *täcka med filt:* feltrar; *täcka med is:* glaciar; *täcka med stål:* acierar; *täcka nedre delen av växt:* calcear; *täcka om:* recoperir; *täcka utgifterna:* coperir le expensas; *täcka över:* coperir

täcke copertura; *(naturligt hölje)* tegumento; *spela under täcket:* colluder

täckglas coperi-objectos

täcknamn pseudonymo

tälja *(räkna)* contar; *(skära)* trenchar [-sh-], taliar; *(konstn.)* sculper

täljare sculptor; *mat* numerator

täljsten petra ollar

tält tenta, barraca; *(antik historia)* velario

tältkyrka tabernaculo

tältläger campo de barracas

tältpinne picchetto [-k-] de tenta

tältsäng lecto de campo

tämja domar, domesticar; *som kan tämjas:* domabile

tämjning domestication

tämligen assatis, satis, bastante, tolerabilemente, passabilemente

tända accender, incender; *(lampa)* accender; *(brand)* incendiar, inflammar, ignir; *(ta eld)* inflammar se; *tända ljus:* illuminar; *tända en eld:* ignir; *tända på:* incender

tändare *(cigarett-, gas- etc)* accenditor

tändhatt capsula, detonator

tändmagnet *(magnetapparat i motor) elektr* magneto

tändning accendimento, ignition

tändsats detonator

tändsticka flammifero

tändsticksask cassa de flammiferos

tändstift candela

tändved accendalia

tänja extender; *tänja ut:* distender; *som kan tänjas:* ductile

tänjbar elastic

tänjbarhet ductilitate

tänka pensar, cogitar; *tänka (efter):* cogitar; *tänka om ngn/ngt:* pensar de; *tänka på ngn/ngt:* pensar a; *tänka sig:* imaginar, putar; *tänka ut:* excogitar, ingeniar, idear; *tänk om:* que facer si?; *som tänker annorlunda:* heterodoxe

tänkande *sb* pensar, cogitation

tänkare pensator, philosopho; *(spekulativ)* speculator

tänkbar pensabile, imaginabile, possibile

tänkespråk aphorismo, devisa, sententia, gnoma

tänkvärd remarcabile, memorabile, considerabile

täppa *sb* parcella de terreno; *(trädgårds-)* jardinetto, quadro (de legumines); *täppa till:* *vb* tappar, borrar, tamponar

tära *tära på:* consumer, devorar

tärna *sb* virgine, damicella; *(uppvaktande)* dama de honor; *(bröllops-)* damicella de honor; *zool* sterna; *vb* trenchar [-sh-] in cubos

tärning cubo; *(i spel)* dato; *tärningen är kastad:* le dato es jectate; *skära i tärningar:* trenchar [-sh-] in cubos

tät dense, compacte; *(vatten-)* impermeabile,

hermetic; *i täten för:* al testa de
täta obturar, stoppar
täthet densitate
tättbefolkad populose
tättingar *zool* passeres
tävla concurrer, competer, rivalisar; *tävla med:* emular
tävlan *(ädel) tävlan:* emulation; *utom tävlan:* foras de concurso
tävlande *adj* competitive
tävling concurso, competition, concurrentia, partita; *boxnings-, schack-, tennis-/tävling:* partita de boxa/chacos/tennis; *tävlings-:* competitive
tävlingsbana pista
tävlingsdeltagare emulator
tävlingskälke toboggan
tävlingslopp cursa
tävlingslust emulation
tävlingslysten emule
tö disgelo
töa disgelar; *töa upp:* disgelar
töcknig vaporose
tölpaktighet ineptitude
töm redine
tömma (e)vacuar, exhaurir, haurir; *tömma ut vatten:* disaquar; *som kan tömmas:* exhauribile
tömning *tömning på inredning:* dismantellamento
töras *(våga)* osar
törel *bot* euphorbia
törn choc [sh-], colpo, pulsata
törna choc(c)ar [sh-], pulsar, colpar
törnbuske rosiero, spino
törnbärande *bot* acanthophore
törne *bot* aculeo, acantha
törnekrona corona de spina
törnros *(blomma)* rosa
törnsnår spineto
törntagg *bot* acantha, spina
törst sete; *släcka törsten:* appaciar su sete
törstgivande *med* dipsetic
törstig assetate; *göra törstig:* assetar; *vara törstig:* haber sete
tös pupa, damicella; *(yngre)* puera, puella
töväder disgelo, disgelation

U

ubåt submarino, submersibile
ubåtsjaktsfartyg *mil* chassa-submarinos [sh-]
udd puncta, apice
udda impar, impare
udde puncta; *(utskjutande)* capo; *(hög)* promontorio
uddig punctate, dentate
uggla *zool* uluco; *(torn-)* ulula; *(släktet)* strige; *låta som en uggla:* ulular
ugn furno, fornace; *(för framställning av gas)* gasogeno; *en ugn full:* furnata
ugnfågel *(i Sydamerika, lat Furnarius rufus) zool* furnero
ugrisk *finsk-ugrisk:* finno-ugrian
ukas *(påbud, sträng order)* ukaz *ry*
ukrainare ukrainiano
ukrainsk ukrainian; *ukrainska språket:* ukrainiano
ulama *rel* ulema
ulan *mil, hist* ulano
ulcerös *(med sår)* ulcerose
ulcus *(öppet sår) med* ulcere
ulema *rel* ulema
ull lana
ullbärande lanifere
ullgarn stamine
ullig lanose
ullspinneri laneria
ulltott flocco
ultimatum *(sista/yttersta krav)* ultimatum
ultrakonservativ immobilista
ultraljud ultrasono; *ultraljuds-:* ultrasonic
ultramarin ultramarin
ultramarinblått ultramarin
ultraviolett ultraviolette
umbrabrun *(färg)* umbra
Umbrien Umbria
umbrier umbro
umbrisk *(från Umbrien)* umbre; *umbriska dialekten:* umbro
umbära indiger, esser sin, non haber; *(sakna)* carer
umbärlig dispensabile, superflue
umgås *(med ngn)* frequentar, haber relationes con, fraternisar con
umgälla expiar, pagar

umgänge frequentation, relationes
uncial *(slags avrundad stor bokstav)* uncial
undan via; *han har kommit undan:* ille ha escappate; *lyckas dra sig undan:* eluder; *undan för undan:* poco a poco
undandraga disprovider; *(ngn ngt)* privar; *undandra sig:* evitar
undanflykt pretexto, prevarication, subterfugio, tergiversation; *göra undanflykter:* subterfugir; *komma med undanflykter:* prevaricar, tergiversar; *en som kommer med undanflykter:* tergiversator; *undanflykter:* equivocation
undanhålla abstruder, subnegar
undanröja *undanröja hinder:* supprimer obstaculos
undantag exception; *med undantag av: prep* excepte, preter, salvo; *undantags-:* exceptional
undantaga exceptar, excluder, exemptar, eximer
undantagande exclusion, exemption
undantagen excepte, exempte; *undantaget: adv* foras, non, si non
undantränga supplantar
undanvikande prevarication
undecima *(elvatonsintervall) (oktav + kvart) mus* undecima
under *sb* portento, miraculo, meravilia, prodigio; *prep* sub, infra, subtus, *(om tid)* durante; *under det att: konj* dum, durante que; *under natten:* durante le nocte; *under tiden:* in le interim, intertanto; *under-:* inferior, miraculose
underarm antebracio
underart *biol* subspecie, varietate
underbar mirific, meraviliose, prodigiose, admirabile, phenomenal
underbindning *med* ligatura
underblåsa *(t.ex. oro)* fomentar
underbygga substruer
underbyggnad infrastructura, substructura
underchef subchef [-sh-]
underdånig subjecte, humile, servil; *(lydig)* obediente
underdånighet humilitate
underexponera *foto* subexposar
underexponering *foto* subexposition
underfund *komma underfund med:* discoperir, experir
underfundig astute, intrigante, insidiose
underförstå subintender
underförstådd implicite, tacite
undergiven subjecte, submisse, submissive
undergivenhet submission, resignation
undergräva minar, sappar, subverter
undergrävande subversive
undergång passage [-adʒe] subterranee; *bildl* ruina, ruinamento, perdition; *(dödlig)* obito
underhandla negotiar, deliberar, conferentiar, parlamentar, transiger; *underhandla om:* tractar; *underhandla om fred:* tractar del pace
underhandlare negotiator
underhuds- subcutanee
underhåll alimentos, mantenentia, sustentation; *magert underhåll:* pitancia
underhålla sustener, supportar, mantener; *(nära)* nutrir, alimentar; *(roa)* amusar, diverter, intertener; *underhålla sig med:* conversar con; *underhålla roa:* distraher
underhållning amusamento, distraction, diversion, divertimento, intertenimento
underhållningsföreställning show *eng* [shou]
underindela subdivider
underindelning subdivision
underjordisk subterranee, hypogee; *underjordisk järnväg:* metropolitano, subterraneo; *underjordisk kammare: arkit* hypogeo; *underjordisk gång/rum:* subterraneo
underjordsvåning *(etc)* subterraneo
underkasta subjectar; *(en prövning)* submitter; *underkasta sig:* submitter se, subjectar se, capitular; *vara underkastat ngt:* subjacer a un cosa
underkastad subjecte
underkastelse submission
underkjol gonnella, subgonnella
underkläder subvestimentos
underkontor succursal
underkuva subjectar, subjugar
underkuvande subjugation, vincimento
underkäke *anat* mandibula
underkänna disapprobar
underlag base, fundamento
underlager *(djupare lager) (biokem, språkvet.)* substrato

underlig estranie, singular, bizarre, eccentric, peculiar; *underligt att säga:* mirabile dictu *lat*

underligga succubar

underliggande subjacente

underlighet estranitate

underliv *anat* abdomine, gastro, ventre; *underlivs-:* abdominal

underlydande dependente, subordinate; *(undersåte)* subjecto

underlåta omitter; *(försumma)* negliger; *underlåta att göra ngt:* negliger de facer un cosa

underlägg *(skriv-)* submano

underlägsen inferior

underlägsenhet inferioritate

underläkare medico assistente

underlätta facilitar

underlättande facilitation

underlöjtnant *mil* sublocotenente

undermedvetande subconscientia

undermedveten subconsciente; *(under medvetandetröskeln)* subliminal

underminera minar, sappar

undermålig deficiente, de inferior qualitate

undermänsklig subhuman

undernäring denutrition, subalimentation; *kraftnedsättning på grund av undernäring:* *med* inanition

underordna subordinar

underordnad inferior, subalterne, subordinate; *underordnad bisats:* proposition subordinate

underordning subordination

underrätta advertir, avisar, informar, communicar

underrättelse information; *underrättelser:* intelligentia

underrättelsetjänst servicio de intelligentia

underskatta depreciar, subestimar, subvalutar

underskog subbosco

underskott deficit; *underskotts-:* deficitari

underskrift signatura, subscription, firma, autographo; *provisorisk underskrift med initialer:* parapho

underskriva subscriber

underskrivare subscriptor

underskön venuste

underslående *underslående av segel:* *sjöt* invirgatura

underst le plus basse

understryka sublinear; *bildl* accentuar

understå *understå sig:* presumer

understöd subvention

understödja supportar, appoiar, subsidiar, subvenir; *bildl* sustener, subventionar; *(hjälpa)* relevar, adjutar, auxiliar

understödjande *adj* auxiliar

undersåte subjecto, citatano, regnicola

undersätsig de statura curte e robuste

undersöka investigar, recercar, examinar, inspicer, inspectar, scrutar, scrutinar, ventilar, approfundar, compulsar, perspicer, respicer; *(utforska)* explorar; *(noga)* inspectar, perscrutar; *undersöka en rättssak:* *jur* instruer un causa; *som kan/är värd att undersökas:* examinabile

undersökande *(en som examinerar)* examinante

undersökare explorator, inquiritor, investigator

undersökning examine, exploration, inquesta, investigation, compulsion, disquisition; *jur* inquesta, inquisition, perquisition; *(fördjupande)* approfundamento; *undersöknings-:* inquisitori, inquisitorial

undersökningsdomare inquisitor

undersökningshäkte incarceration de inquesta

underteckna signar, firmar, subscriber

undertitel subtitulo

undertrycka opprimer, reprimer, submitter, supprimer; *psyk* reprimer; *(underkasta)* subjectar, subjugar

undertryckande suppression

undertröja subcamisa

underutvecklad subdeveloppate

underutveckling subdeveloppamento

undervattens- submersibile; *(som befinner sig under havsytan)* submarin

undervattensbåt submarino

undervattensskär scolio

underverk miraculo, prodigio, meravilia; *världens sju underverk:* le septe meravilias del mundo

undervisa docer, inseniar, instruer, maestrar, erudir, professar, regentar

undervisning inseniamento, instruction; *ge undervisning:* tener schola; *klinisk under-*

visning för blivande läkare: clinica; *undervisnings-:* didactic
undervisningsinrättning instituto
undfallande cedente, submissive
undfly fugir, evitar, escappar
undflyende *sb* escappamento, escappata; *adj* elusive
undgå evitar, evader, eluctar; *som kan undgås:* eluctabile
undin undina
undkomma escappar, salvar se
undkommande escappamento, evasion
undra demandar se; *(vilja veta)* voler saper; *(visa undran)* stuper, meraviliar
undre inferior, (plus) basse
undseende indulgentia
undslippa eluder
undslippande *adj* elusion
undsätta succurrer
undsättning succurso; *komma till undsättning:* succurrer
undvara privar se de; *(sakna)* carer; *kunna undvaras:* esser dispensabile; *som kan undvaras:* dispensabile
undvika evader, eluctar, evitar; *som kan undvikas:* eluctabile
undvikande *sb* evasion; *(som slingrar sig ur/undan)* evasive; *svara undvikande:* prevaricar
undvikbar *(som kan undvikas)* evitabile
ung juvene; *(ung man)* garson, juvene; *bli ung på nytt:* rejuvenescer
ungdom adolescentia; *(åldern och de unga människorna)* juventute
ungdomlig juvenil
ungdomlighet juvenilitate
ungdomshärbärge albergo de juventute, hostello
ungdomsår adolescentia; *ungdomsåren:* le annos verde
unge parvo/a; *(uttr. med ändelse)* -ello, -etto; *(särskilt om djur)* -on, -ello, *ex.:* catton, vitello
ungefär circa
ungefärlig approximative
Ungern Hungaria
ungersk hungare; *ungerska språket:* hungaro
ungkarl celibatario
ungmö damicella nubile
ungrare hungaro
uniform *adj, sb* uniforme
uniformera uniformar
uniformitet uniformitate
unik unic
union union
unionsanhängare unionista
unison unisone
universalitet universalitate
universalmedicin panacea
universell universal
universitet universitate; *universitets-:* universitari
universum universo
unken mucide; *unken lukt:* odor mucide
unkenhet muciditate
unna non invidiar; *unna sig:* permitter se
uns *(vikt, 28,35 g)* uncia
upasgift *bot* upas
upasträd *bot* upas
upp in alto; *upp och ned:* inverse
uppackning *(ur låda)* discassamento, discassage [-adʒe]
uppasserska servitrice
uppbackning indorsamento
uppblomstra florescer
uppblåsning inflation
uppblåst pompose, vangloriose, vanitose, inflate; *bildl* orgoliose, van, vanitose; *(påstridig)* arrogante; *(i mage och tarmar)* flatulente; *göra/bli mindre uppblåst:* disinflar
uppblåsthet flatulentia
uppblötning maceramento
uppbragt indignate
uppbragthet indignation
uppbringa *uppbringat fartyg: sjöt* prisa
uppbrusande effervescentia
uppbyggande constructive
uppbyggelse edification
uppbygglig edificative; *verka uppbygglig:* edificar
uppbyggnad structura; *samma uppbygnad hos växter av olika arter: bot* isomorphismo
uppbärande *sb* porto
uppbördsman collector
uppdatera *data* actualisar
uppdela divider; *(i avsnitt/sektioner)* sectio-

nar; *(i bitar)* departir, fractionar; *(i lager) geol* stratificar; *(i mindre delar):* compartir; *(i stycken/bitar)* segmentar
uppdelning compartimento, partition, repartition; *(i delar)* fractionamento; *(i grupper)* aggruppamento
uppdiktad ficticie, fictive
uppdrag commission, mandato, sortita; *(i förening)* function; *ge i uppdrag:* legar; *som hör till uppdraget:* functional
uppdragsgivare committente
uppdykande *sb* emergentia, emersion; *adj* emergente
uppdämma incassamento
uppe supra, in alto; *han är redan uppe:* ille jam se ha levate
uppegga excitar, stimular
uppeggande incentive
uppeggning excitation
uppehåll *(avbrott)* pausa, interruption; *(på väg)* interception, pausa; *(vistelse)* domicilio, residentia; *göra uppehåll:* interceptar, pausar; *utan uppehåll:* sin cessar, sin cessation, ininterrupte
uppehålla *(fördröja)* retardar; *(tjänst)* occupar; *(stödja)* supportar; *uppehålla livet:* subsister; *uppehålla sig:* demorar, resider
uppehållsställe demora
uppehållsväder belle/bon tempore
uppehälle subsistentia, existentia, vita; *tjäna sitt uppehälle:* ganiar le vita
uppelda calefacer; *bildl* excitar, enthusiasmar
uppenbar apparente, clar, demonstrative, evidente, flagrante, manifeste, obvie, patente; *göra uppenbar:* poner in evidentia
uppenbara revelar
uppenbarande revelamento, revelation, vision, apparition
uppenbarelse apocalypse, apparition, vision; *(även rel)* revelation
uppenbarelseboken (le) Apocalypse
uppfatta apperciper; *(förnimma)* perciper, conciper; *(förstå)* comprender, intender; *uppfatta med intuition:* intuer; *som kan uppfattas:* concipibile
uppfattbar perceptibile
uppfattning conception, perception, comprension; *(förstånd)* intelligentia; *uppfattnings-:* perceptive
uppfattningsförmåga cognition
uppfinna inventar
uppfinnare inventor
uppfinning invention
uppfinningsrik ingeniose, inventive
uppflytta *uppflytta i rang:* promover
uppfordra convitar
uppfordrande *adj* exhortative, exhortatori
uppfostra educar, corriger, disciplinar; *som kan uppfostras:* educabile
uppfostran education, correction
uppfostrande educative
uppfostrare educator
uppfostrings- correctional
uppfostringsanstalt domo de correction, reformatorio
uppfriska refrescar
uppfriskande recreative
uppfylla plenar, complir; *(förverkliga)* realisar, executar; *(tillfredsställa)* satisfacer, contentar; *(bön/önskan)* exaudir; *uppfylla sitt löfte:* complir su promissa
uppfyllande *sb* impletion
uppfånga interceptar
uppfångande interception
uppföda nutrir; *(djur)* elevar
uppfödare *(av djur)* elevator
uppföljare sequela
uppför in alto, verso le alto; *gå/klättra uppför:* ascender
uppföra *(bygga)* construer; *teat* representar, inscenar; *uppföra sig:* conducer se, comportar se
uppförande comportamento, conducta, manieras; *dåligt uppförande:* mal manieras; *gått uppförande:* bon manieras
uppföranderegel linea de conducta
uppförsbacke a monte
uppge *(avstå)* renunciar; *(lämna)* abandonar, quitar, relinquer, resignar; *(anmäla)* informar, reportar, annunciar, *(i tullen)* declarar
uppgift incumbentia, problema; *(meddelande)* information; *(arbete)* obra, facer, carga, mission, problema; *(syfte)* scopo; *(skol-)* deber; *(som skall utföras)* carga, mission; *ge uppgift:* cargar; *övertaga/påtaga sig en uppgift:* assumer un carga

uppgiva *(avstå)* renunciar; *(lämna)* abandonar, quitar, relinquer, resignar; *(anmäla)* informar, reportar, annunciar, *(i tullen)* declarar

uppgivande abandono, resignation

uppgivenhet desperantia

uppgräva *(begravd människa el. arkeologiskt fynd)* exhumar

uppgrävning exhumation

uppgång *(trappa)* scala; *astron* ascension, altiamento; *(i konjunktur)* melioration; *(sol-)* levar del sol; *uppgång och nedgång:* fluctuation

uppgöra facer, arrangiar [-dʒar]; *(affär)* negotiar, accordar; *(sluträkning)* liquidar, saldar

uppgörelse accommodamento, transaction; *träffa uppgörelse:* accommodar

upphetsa agitar, excitar, inflammar, instigar, suscitar; *(göra arg/rasande)* irritar, infuriar, exasperar, incholerisar

upphetsande *adj* excitante, excitative, inflammatori

upphetsare instigator, *(kvinnlig)* instigatrice

upphetsning agitation, exasperation, excitamento, excitation, stimulation

upphetta calefacer

upphjälpa relevar, emendar, restaurar

upphostning *med* expectoration

upphov origine; *(orsak)* causa; *(till ngt)* radice; *ge upphov till:* originar

upphovsman autor, generator, initiator

upphovsrätt copyright *eng* [kopirajt]

upphäva abolir, annihilar, annullar, cassar, dirimer, dissolver, nullificar, revocar; *(lag) jur* abrogar, rescinder; *som kan upphävas:* annullabile

upphävande abolition, annihilation, annullation, cassation, revocation, revoco; *jur* rescission; *(av lag)* abrogation

upphöja aggrandir, dignificar, exaltar, magnificar; *(i rang)* elevar; *(i kvadrat, kubik) mat* elevar; *upphöja i kubik: mat* cubar

upphöjande exaltation; *(av ngn genom lovprisning)* aggrandimento

upphöjd auguste, eminente, excelse, sublime

upphöjdhet excelsitude, sublimitate

upphöjning apotheosis, elevation *(även konkret)*

upphöra cessar, finir, pausar, terminar se

upphörande cessation

uppifrån de supra, del alto; *uppifrån och ner:* de alto a basso

uppiggande excitante, stimulante; *uppiggande medel:* remedio stimulante

uppkalla *(namnge)* nominar; *(uppkalla till åtgärd, yttrande etc)* incitar, instigar

uppkastning eructation, vomito

uppkomling parvenu *fr* [parveny]

uppkomst genese, genesis, origine; *uppkomst-:* genetic

uppkopplad *data* in linea, (inter)connectite

uppkoppling *el, tele, data* (inter)connexion

uppköp compras

uppladdning *elektr* excitation

upplag stock, deposito

upplaga *(bok-)* edition, impression; *ny upplaga:* reimpression; *tryckt upplaga:* tirage [-adʒe]

upplagsplats reservoir *fr* [reservoar]; *(för viss vara)* deposito

uppland *(område längre in i ett land)* hinterland *ty*

uppleva experientiar, experir, provar

upplevelse experientia

uppliva vivificar, animar, exhilarar, avivar; *(färger o.dyl.)* avivar

upplivande exhilaration, vivification

upplivning animation

upplopp tumulto, sublevation, insurrection

upplyftande elevante, sublime

upplysa illuminar, informar, communicar; *ngn som upplyser:* illuminator; *som upplyser:* illustrative

upplysande illuminante, illuminative, informative, instructive

upplysning advertimento, illumination, information, communication; *(uppfostran)* education; *filos* rationalismo; *(t.ex. av blixt)* exclaramento; *upplysning om:* intimation

upplysningsfiende obscurante, obscurantista

upplysningsrörelsen illuminismo; *anhängare till upplysningsrörelsen:* illuminista

upplyst *en upplyst person:* illuminato

uppläsa declamar, recitar

uppläsning lection

upplösa dissolver, disintegrar, decomponer, disbandar, disorganisar, resolver, solver; *kem, gram* reducer, analysar; *(i delar)* disintegrar;

(i sina beståndsdelar) decomponer; *(liga etc)* disbandar; *(ngt bundet)* disligar; *upplösa en disharmoni:* resolver un dissonantia

upplösande *adj* dissolvente, lytic; *kem* deliquescente

upplösas deliquescer

upplösbar dissolubile

upplösbarhet solubilitate

upplöslighet dissolubilitate

upplösning decomposition, disbandamento, disfacta, disintegration, dissociation, dissolution, resolution, solution

upplöst solute

uppmagnetisering *elektr* excitation

uppmana exhortar, instigar, incitar

uppmanande hortative

uppmaning exhortation; *uppmanings-:* exhortative, exhortatori, *gram* imperative

uppmaningsform *gram* imperativo

uppmjuka amollir, dulcificar, emollir

uppmjukande emolliente; *uppmjukande/lenande salva:* emolliente

uppmjukning amollimento

uppmuntra incoragiar [-dʒar], animar, exhortar, exhilarar, incitar, reassecurar, reconfortar

uppmuntran exhilaration, incitamento, incitation, incoragiamento [-dʒa-], reassecurantia

uppmärksam attente, attentive, studiose; *(vaken)* alerte; *göra uppmärksam på:* facer attender; *göra ngn uppmärksam på ngt:* facer observar un cosa a un persona; *uppmärksam (på):* memore (de)

uppmärksamhet *(i alla bet.)* attention; *(artighet)* politessa; *leda uppmärksamheten inåt:* introverter; *ägna uppmärksamhet (åt):* adverter, prestar attention (a)

uppmärksamma attender

uppmäta metir

uppnå acquirer, adir, attinger, complir, ganiar, obtener; *som kan uppnås:* obtenibile

uppnående attingimento

uppoffra sacrificar

uppoffring immolation, sacrificio

upprepa iterar, repeter; *person som upprepar:* iterator; *som kan upprepas:* iterabile

upprepande iterative, reiterative

upprepning iteration

uppresa eriger, suscitar

upprest erectile

uppreta irritar, excitar

uppriktig honeste, sincer, franc, candide

uppriktighet candidessa, candor, franchitia [frankitsia], sinceritate

upprinnelse origine, provenientia; *(ords)* derivation; *någots upprinnelse:* le origines de un cosa; *ha sin upprinnelse i:* provenir de

upprop appello, proclamation, manifesto

uppror insurrection, rebellion, revolta, sublevamento, tumulto; *(myteri)* motin; *göra uppror:* insurger, rebellar se, sublevar se, seditionar; *uppfordra/uppmana till uppror:* seditionar, sublevar; *upprors-:* insurrectional

upprorisk rebelle, insubordinate, insurgente, insurgite, seditiose; *vara upprorisk:* rebellar

upproriskhet insubordination, sedition

upprorsanda sedition

upprorsmakare rebello, motinero

upprorsman insurgito

uppryckning extirpation

upprymd *bli upprymd:* exaltar se

upprymdhet exaltation; *(uppsluppen sinnesstämning)* euphoria

uppräkning enumeration

upprätt erecte

upprätta establir, stabilir, fundar, crear, instaurar; *(lagar etc)* constituer; *(fria från förtal e.dyl.)* rehabilitar

upprättande erection, establimento, fundation, instauration

upprättare establitor

upprättelse reparation, revanche *fr* [rövā:sh], satisfaction; *ge upprättelse* dar satisfaction, rehabilitar

upprätthålla mantener, sustener, supportar; *upprätthålla lag och ordning:* policiar

upprätthållande *sb* mantenentia, mantenimento, sustenentia, sustentamento, sustentation; *adj* sustenente

upprättstående erectile

uppröra excitar, indignar; *(röra)* emotionar, emover

upprörande *adj* excitante, indignante; *upprörande!:* shocking! *eng*

upprörd excitate, agitate, tumultuari, tumultuose; *(rörd)* emovite

upprördhet excitamento

uppsats composition, exercitio, articulo, essayo

uppsatsämne *(skriftligt prov)* thema

uppseende sensation, excitation

uppseendeväckande *adj* spectacular, ostentatiose

uppsikt guarda, custodia, inspection, controlo

uppskatta appreciar, estimar, evalutar, taxar; *(om person)* estimar; *som kan/är värd att uppskattas:* estimabile; *som ej kan uppskattas (nog):* inappreciabile

uppskattning appreciamento, appreciation, estima, estimation; *uttryckande uppskattning:* complimentari

uppskjuta ajornar, morar, postponer, procrastinar, prorogar; *(försena)* retardar; *(projektil)* discargar

uppskov demora, mora, postponimento

uppskärning *uppskärning av livmodern, kejsarsnitt: med* hysterotomia

uppslag initiativa, proponimento, impulso; *(början) bildl* origine, comenciamento

uppslagsord lemma

uppslitning attrition

uppsluka absorber, devorar, inglutir, vorar

uppslukande inglutimento

uppsluppen allegre; *mycket uppsluppen:* carnevalesc

uppsluppenhet ebullientia

uppsnappa *(i flykten)* interceptar

uppsnappning interception

uppsplittring disintegration

uppspottning *med* expectoration, exspuition

uppsprutande crescita

uppspåra traciar

uppstapling accumulation

uppstigande ascension

uppstigning *(på ngt)* montata

uppstoppning *(djur-)* taxidermia

uppstramande tonic

uppstudsig insubordinate, obstinate

uppstudsighet insubmission, insubordination

uppstå apparer, nascer, elevar se, ordir, surger; *(från de döda)* resurger; *(plötsligt)* emerger

uppstående *plötsligt uppstående: adj* emergente; *plötsligt uppstående situation:* emergentia

uppståndelse *rel* resurrection

uppställa disponer, stabilir; *uppställa i stall:* stabular; *uppställa på linje:* alinear

uppställning disposition, positura; *uppställning på linje:* alineamento

uppställningsplats implaciamento

uppstötning eructation; *få uppstötning:* ructar

uppsuga absorber, resorber

uppsugande absorbente

uppsugbar imbibibile

uppsugning absorption, imbibimento, resorption

uppsvullnande intumescente

uppsvälld bulbose, tumide; *vara uppsvälld: med* tumer

uppsvällning ingrossamento; *med* tumefaction

uppsyn aere, aspecto, physiognomia; *(ansikte)* visage [-adʒe]; *(tillsyn)* controlo; *ha en ledsen uppsyn:* haber le aere triste; *ha uppsyn över:* supervisar

uppsyning custodia

uppsyningsman custode

uppsåt intention

uppsägning denunciation

uppsätta prorogar, remitter

uppsättning *(av t.ex. maskin)* installation

upptaga *(plats)* occupar, prender; *(godta)* adoptar; *(samla)* colliger; *(i en orden e.dyl.)* initiar; *upptaga i sig:* assimilar; *helt uppta (någons intresse):* absorber

upptagande *upptagande av melodi:* intonation; *Marias upptagande till himlen: rel* le Assumption

upptagen occupate; *vara upptagen med:* occupar se de; *vara starkt upptagen av:* preoccupar se de

upptagning adoption, assimilation; *(i en orden e.dyl.)* initiation; *(som medlem)* affiliation; *upptagning av skatter:* perception

upptakt exordio; *tjäna som upptakt till:* preluder

uppteckna notar, registrar

uppteckning registration

upptill supra, in alto

upptorkning exsic(c)ation

uppträda ager, figurar, (ap)parer, presentar se, monstrar se, representar; *(som)* functionar; *uppträda på en lista:* figurar in un lista

uppträdande manieras; *belevat uppträdande:* urbanitate

uppträdandenorm *(för diplomater och statsmän)* protocollo
upptåg drolleria, joculo; *upptågs-:* burlesc
upptågsmakare farsator
upptäcka discoperir, deteger; *geogr* explorar
upptäckare discoperitor
upptäckt discoperta; *som leder till upptäckt:* detective
upptäcktsresande argonauta, explorator
upptända incendiar; *som upptänder:* incendiari
upptändning inflammation
upptänklig imaginabile
uppvakta cortesar, facer le corte a, render homage [-adʒe] a, facer un visita (de homage) a
uppvaktande *uppvaktande tärna:* dama de honor
uppvaktning corte
uppveckling distortion
uppvigla agitar; *uppvigla till:* fomentar
uppviglare attisator, incendiario
uppvigling fomentation, fomento
uppvisa monstrar, demonstrar; *som kan uppvisas:* representabile
uppvisande presentation
uppvisning demonstration, exhibition, monstra; *göra en uppvisning i mod:* facer monstra de corage [-adʒe]
uppväckande evocation
uppväga *(ersätta)* compensar, contrabalanciar, contrapesar, indemnisar; *(ha samma vikt)* equiponderar
uppvägande contrabalancia, contrapeso
uppvällande crescita
uppvärma calefacer
uppvärmning calefaction
uppåt in alto
ur *sb* horologio; *prep* ex; *ur-:* primordial
Uralbergen Ural
Uralfloden Ural
uralstring abiogenesis *gr*
uran *(grundämnet uran, U)* uranium; *anrikat uran:* uranium inric(c)hite [-k-]
uranhaltig uranifere
uranisk *(som hör till guden Uranus)* uranie; *(som hör till planeten Uranus)* uranie; *(som hör till Urania)* uranie
uranit *min* uranite
Uranus *guden Uranus: gr myt* Urano; *planeten Uranus: astron* Urano
urarta degenerar, deteriorar se
urartning degeneration, depravation
urarva *göra urarva:* dishereditar
urban *(med fint uppträdande)* urban
urbanisera *(göra stadslik)* urbanisar
urbefolkning autochtonia
urberg terrenos primari
urborra *tekn* alesar
urdjur protozoon *(gr, plur protozoa)*
urfjäder resorto, spiral
urgammal antique, archaic, vetuste, pristine
urglas lunetta
urgröpa cavar
urgröpt cavernose
urholka cavar, excavar, eroder
urholkande erosive
urholkning erosion, excavation, gubia
urin urina; *urin-:* uric
urinavgång *(ofrivillig) med* enuresis
urinblåsa vesica (urinari)
urinera *(kasta vatten)* urinar
urinförgiftning *med* uremia
uringlas urinal
urinledare *anat* ureter
urinledarinflammation *med* ureteritis
urinrör *anat* urethra; *urinrörs-:* urethral
urinrörsinflammation *med* urethritis
urinsyra *kem* acido uric
urinvånare *(isynnerhet i Australien)* aborigines
urinvägarna *läran om urinvägarnas sjukdomar:* urologia
urinämne urea
urkalkning *med* decalcification
urkoppla *urkoppla växel:* disingranar
urkoppling disconnection, disconnexion
urkund documento
urladdning *elektr* discarga
urlastning discarga, discargamento
urledvridning disarticulation, dislocation
urmakare horologiero
urmakeri horologieria
urminnes immemorial; *sen urminnes tider:* de tempores immemorabile
urmjölkning mulgitura complete
urmodig passate de moda

urna urna; *(begravnings-)* urna cinerari
uroxe *zool* uro
ursinnig irate, furiose, furibunde, rabiose; *(vanvettig)* phrenetic, folle
urskilja discerner, distinguer; *urskilja från helheten:* individuar
urskiljande *urskiljande från helheten:* individuation
urskiljbar discernibile, distinguibile; *ej urskiljbar:* indiscernibile
urskiljning discernimento
urskiljningförmåga discretion
urskillning *fin urskillning:* finessa
urskog foreste virgine
urskulda *(förklara för oskyldig)* disculpar
urskuldande *sb* apologia; *adj* deprecatori; *vara urskuldande:* haber le manica large
ursprung origine, provenientia; *ha sitt ursprung i:* originar se de, provenir de, traher su origine de; *ursprungs-:* fontal, fontanari
ursprunglig original, primitive, primordial, pristine; *i sitt ursprungliga skick:* pristine
urspåra derailar [dereilar]
urspåring derailamento [dereilamento]
ursulinernunna *rel* ursulina
ursäkt excusa, excusation; *(urskuldande)* disculpa, apologia; *be om ursäkt:* excusar se; *framföra sina ursäkter:* facer excusas
ursäkta excusar, facer (su) excusas, disculpar (de); *ursäkta sig:* excusar se; *ursäkta!:* pardono! excusa me!
ursäktande *sb* excusation; *adj* apologetic, excusatori
ursäktlig excusabile
urtagning *urtagning i vilken ngt skall infogas:* incastratura
urtida- antediluvian
urtyp *(det första exemplaret av ngt)* prototypo
Uruguay *(floden, landet)* Uruguay; *Republiken Uruguay:* le Republica Oriental del Uruguay
urval selection, assortimento; *(noggrant)* selection; *göra noggrant urval:* seliger; *urval av litteratur:* analectos; *urvals-:* eclectic
USA Statos Unite de America
usch *usch!:* que horror!, uf!
usel mal, basse, abjecte, meschin [-k-]; *(beklagansvärd)* misere, miserabile
uselhet abjection
usurpera *(tillskansa sig)* usurpar
ut foras, foris; *ut ur:* ex, foras de; *ut över:* foras
utan *prep* sin, disproviste de; *utan att:* sin que; *utan datum angivet:* sin(e) die; *utan vinstintresse:* sin scopo lucrative; *som är utan ngt:* caritive; *konj* ma, sed, mais; *inte bara... utan också:* non solmente ... ma tamben/anque
utandas exhalar; *(sin sista suck)* expirar
utandning exhalation, expiration, sufflo
utanför extra, foras (de), al exterior
utantill de memoria, ex tempore
utarbeta componer, elaborar
utarbetande elaboration; *under utarbetande:* in preparation
utarma depauperar, destituer, impovrir
utarmning depauperation; *(t.ex. av jord)* impovrimento
utbe *utbe sig:* sollicitar
utbedjande sollicitation
utbetala pagar, disbursar, discassar
utbetalning disbursamento; *(ur kassa)* discassamento
utbilda instruer, inseniar, perfectionar, educar; *som kan utbildas:* educabile
utbildning education, inseniamento; *en som sysslar med utbildning:* educator; *utbildnings-:* educational
utbildningssystem systema de education
utblomstra *kem* efflorescer
utblomstring *kem* efflorescentia
utblottad destitute
utbreda expander, extender; *bildl* propagar, diffunder, disseminar; *utbreda sig:* pullular; *utbreda bland folket:* vulgarisar; *som kan utbredas:* diffusibile
utbredande expansive
utbredd vulgar; *allmänt utbredd:* currente; *vara allmänt utbredd:* haber curso
utbredning diffusion, dissemination, expansion, propagation
utbrott eruption, explosion; *utbrotts-:* eruptive
utbryta *(krig etc)* erumper; *(börja)* comenciar; *en epidemi/revolution utbröt:* un epidemia/revolution se declarava
utbrytande *adj* eruptive
utbrytargrupp faction; *utbrytargrupps-:* fac-

tiose
utbränna *med* adurer
utbränning *med* adustion, ustion
utbud assortimento
utbyta excambiar
utbytbar excambiabile, intercambiabile; *jur* fungibile
utbyte cambio, excambio, intercambio, rendimento; *(vinst)* profito
utdela repartir, distribuer, dispensar; *(utmärkelse, värdighet)* conferer; *utdela licentiatgrad:* licentiar
utdelare distributor; *(t.ex. av läkemedel)* dispensator
utdelning *(t.ex. på aktie)* dividendo; *utdelnings-:* distributive
utdrag excerpto, extracto, epitome; *göra utdrag:* extraher
utdragning extraction
utdragslåda tiratorio
utdriva expeller; *(ond ande)* exorcisar
utdrivande *adj* expulsive
utdrivning expulsion
utdunsta exhalar, transpirar
utdunstning effluvio, exhalation, evaporation, transpiration; *(giftig, stinkande)* miasma
utdöd extincte, morte; *(utrotad)* extirpate, eradicate; *(folktom)* deserte
utdöende extinction
ute foras, foris; *ute!:* out! [aut] *sport eng*
uteblivande *uteblivande från domstolsförhandling:* contumacia
utedass privata
utefter secundo, al longe
utegångsförbud coperi-foco
utelämna omitter; *typ* deler; *(utesluta)* excluder, elider; *(undertrycka)* supprimer; *(hoppa över)* saltar; *utelämna!:* *typ* dele!
utelämnande elision, omission
utesluta eliminar, excluder; *(t.ex. tvivel)* precluder; *utesluta ur gemenskap:* excommunicar, ostracisar, segregar
uteslutande exclusivemente
uteslutning elimination, exclusion
utestängning exclusion
utfall carga, successo; *mil* excursion, sortita; *göra utfall:* cargar
utfallsport *mil* posterna
utfattig destitute, inope
utflykt excursion, picnic
utflyktsdeltagare excursionista
utflyta emanar
utflöde emanation
utfodra forragiar [-dʒar]
utfodrare forragiator [-dʒa-]
utfodring forrage [-adʒe]
utformad *(vackert)* sculpte
utforska explorar; *som ej kan utforskas:* inexplorabile
utforskning exploration
utfråga interrogar, questionar
utfrågning interrogation
utfyllande completive, expletive, supplementari
utfyllnad completion
utfyllnadstecken *(blindtyp)* *typ* quadrato
utfyllnadsämne *med* excipiente
utfälla *kem* precipitar
utfärda expedir, promulgar, publicar; *utfärda dokument:* *jur* instrumentar
utföra executar, exequer; *(verkställa)* executar, effectuar, facer, realisar; *hand* exportar; *utföra handpåläggning:* *rel* imponer le manos
utförande execution
utförlig detaliate, ample, minutiose; *göra mera utförlig:* amplificar
utförsel exportation
utge editar, publicar; *(pengar)* expender
utgift expensa, dispensa; *(kostnad)* sumpto; *stor utgift:* dispendio
utgiva *(bok)* editar, publicar; *(aktier)* emitter; *(pengar)* expender; *(slösande)* dispender
utgivande publication
utgivare editor; *utgivar-:* editorial
utgivning edition
utgjuta effunder, diffunder; *utgjuta sitt hjärta:* discargar (su corde); *utgjuta sig över:* lamentar (pro)
utgjutelse effusion
utgräva excavar
utgrävare excavator
utgrävning excavation
utgå *låta utgå:* *typ* deler
utgång exito, egresso; *bildl* fin, resultato
utgångspunkt puncto de partita
utgåva edition

utgöra formar, constituer; *utgöras av:* consister de/in
utgörande constitutive
uthungra affamar
uthyra locar; *uthyra i andra hand:* sublocar
uthyrning location
uthållig persistente, tenace, perseverante, indurabile
uthållighet perseverantia
uthärda supportar, sustener, tolerar, perseverar; *(om sak)* indurar; *(motstå)* resister; *(lida)* suffrer
uthärdlig tolerabile
utifrån de, foras, del exterior; *(land)* del extero; *utifrån kommande:* extrinsec
utilistisk utilitarista
utjämna adequar, compensar, equalisar, applanar; *(marken)* planar; *(ersätta)* indemnisar
utjämning applanamento
utkant peripheria
utkast schizzo [skitso], concepto, minuta; *(utkastning)* ejection; *(plan)* plano, projecto; *(teckning) designo; första utkast:* prefiguration; *göra ett utkast till:* schizzar [skitsar], projectar, esbossar
utkasta ejacular
utkastande *(av frön ur frökapsel) bot* dehiscente
utkastare ejector
utkastning ejection; *utkastning genom fönstret: hist* defenestration
utkomma apparer, esser publicate/editate
utkomst *(uppehälle)* (medios de) subsistentia
utkorg *data* outbox *eng*
utland estraniero, extero; *i utlandet:* al estraniero, al extero
utlevad decrepite, dissipate, dissolute
utlova promitter
utluftning aerage [-adʒe], aeration
utlåna prestar
utlånare prestator
utlåning prestation
utlägg dispensa, disbursamento provisori
utläggning enarration
utlämna *(brottsling till annat land)* extrader
utlämning *(av brottsling)* extradition
utländsk estranie, estranier; *(om land, även)* extere
utlänning estraniero
utlöpa perimer
utlöpare *försedd med utlöpare: adj bot* flagellate
utlöpt *(som gått över tidsfristen)* perempte
utlösning discarga
utmana provocar, defiar, jectar le guanto
utmaning provocation, defia
utmatta exhaurir
utmattad exhauste
utmattning exhaustion
utmed preter, secundo
utmynna disbuccar; *utmynna i:* imbuccar in
utmynnande disbuccamento, imbuccamento
utmärglad emaciate
utmärgling emaciation, macie
utmärka marcar, characterisar, dignificar, signalar; *(urskilja)* distinguer; *utmärka sig:* distinguer se, exceller
utmärkt eminente, excellente, illustre, insigne, splendide, magnific, grandiose, perfecte; *alldeles utmärkt:* precellente
utmärkthet excellentia
utnyttja exploitar, utilisar; *(draga fördel)* profitar; *som kan utnyttjas:* exploitabile
utnyttjande utilisation, exploitation
utnyttjare exploitator
utnämna appunctar, constituer, nominar, designar; *utnämna igen:* renominar
utnämning constitution, designation, nomination
utnött consumite, exhaurite, exhauste; *(kläder)* perusate, raspate
utom extra, preter, salvo; *(med undantag av)* excepte, foras de, al exception de; *alla utom han:* totos minus ille; *utom att:* salvo que, *utom sig:* foras de se; *vara utom sig:* furer
utomhus aere libere
utomhusgrill *(liten)* brasiero
utomlands al estraniero, al extero
utomordentlig extra, extraordinari
utomvärldslig transcendental
utomäktenskaplig spurie; *utomäktenskaplig son:* filio illegitime, filio natural
utopi *(drömt ingenstansland)* utopia
utopisk utopic
utopist chimerista; *(verklighetsfrämmande idealist)* utopista

utpeka appunctar, denunciar, signalar; *utpeka (som):* designar
utpekande *gram* demonstrative
utpekning denunciation, designation
utplacera dislocar
utplacering disposition
utplockad electe
utplundra depredar
utplundring depredation
utplåna annihilar, deler, expunger, extinguer, ruinar; *(om skrift)* cancellar, obliterar; *som kan utplånas:* delibile
utplåning deletion, extinction
utpressa exprimer, extorquer (per chantage [shãta:ʒ])
utpressande *(av ngt)* expression
utpressning chantage [shãta:ʒ], extortion (per chantage); *skyldig till utpressning:* concussionari
utprovning essayage [-adʒe]
utpräglad characteristic, typic, pregnante, singular
utreda analysar, disinvolver, inquirer, investigar; *(något tillkrånglat)* disintricar
utrensa epurar
utrensning expurgation; *(av oliktänkande)* purgation
utrikes estranie
utrikesdepartement ministerio de affaires estranier
utrikesministerium ministerio de affaires estranier
utrop exclamation; *utrop av lättnad: interj* uf!; *utrops-:* interjective, exclamative
utropa exclamar, proclamar; *(vid auktion)* auctionar
utropande exclamative
utropsord *gram* interjection
utropstecken puncto de exclamation, signo de exclamation
utrota displantar, eradicar, extirpar, exterminar; *utrota skadedjur:* disinfectar
utrotare *(av skadedjur)* exterminator
utrotning eradication, extermination; *utrotning av skadedjur:* disinfection
utrusta equipar, armar; *(förse)* munir, fornir; *utrusta sig med tålamod:* armar se de patientia
utrustning equipamento; *mil* equipage [-adʒe]; *(allt som levererats)* fornitura; *'full utrustning':* panoplia; *borttagande av utrustning:* dismantellamento
utryckning *(av ngt)* evulsion
utrymma disoccupar, evacuar
utrymme spatio, loco; *(genom galler/spjälverk avskilt)* cancello; *oskrivet utrymme:* blanco; *med gott om utrymme:* spatiose
utrymning evacuation
uträkning calculation, computation
uträtta complir, facer, effectuar
utröna explorar, verificar
utsatt *utsatt för:* subjecte a
utse designar, eliger; *(utnämna)* nominar; *(till ämbete)* constituer
utsedd electe
utseende apparentia, apparition, aspecto, figura; *(sken)* semblantia, similantia; *(anlete)* physiognomia; *(till ämbete)* constitution; *ge ett trädliknande utseende:* arborisar
utsida exterior
utsikt vista, prospecto; *bildl* perspectiva, prospecto, panorama; *(framtids-)* sperantia; *vidsträckt utsikt:* panorama; *utsikts-:* panoramic
utsirning ornamento
utskeppa disbarcar
utskeppning disbarcamento
utskilja excretar
utskott committee *eng*, comité, delegation; *anat* promontorio; *(framskjutande del av skelettet) anat* processo
utskriva *utskriva skatter:* levar impostos; *utskriva trupper: mil* conscriber, levar truppas
utskrivning *(uppbådande av trupper) mil* levata; *utskrivning av trupper:* conscription
utskällning vituperation
utskärning section
utsköljande *(jordlager) adj* eluvial
utsköljning irrigation; *med* lavage [-adʒe]
utslag *(yttring)* manifestation; *(resultat)* resultato, effecto; *(masugns-)* perciage [-adʒe] (del alte furno); *jur* adjudication, judicio, sententia, verdicto; *med* eczema; *full med utslag: med* exanthemose
utslagningslopp cursa per/de elimination
utslagningstävling cursa per/de elimination
utslocknad extincte

utslocknande extinction
utslunga lancear; *(stötvis)* ejacular
utslungande projection; *utslungande stötvis:* ejaculatori
utsläcka extinguer
utsläckning extinction
utsläckt extincte
utsläpp discarga; *göra utsläpp:* discargar
utsläppning *(ur häkte/fängelse)* disincarceration
utslätande rasura
utslätning applanamento
utsmycka decorar; *utsmycka sin berättelse:* historiar
utsmyckad culte
utsmyckning adornamento, decoration, imbelimento; *utsmyckning i form av blomster:* floron
utspisningssal cantina
utsprida diffunder
utspridd diffuse, diffusive, sparse
utspridning divulgation
utsprång *anat* protuberantia
utspy eructar, spuer
utspäda diluer
utspädning dilution
utstjälpning *('utåtvändning') med* eversion
utstrykning deletion
utstryksprov *med* frottis *fr*
utstråla radiar
utstrålning charisma
utsträcka extender
utsträckbar extendibile, extensibile
utsträckning amplitude, extension
utsträckt extense
utströ disseminar
utströmma emanar, manar
utströmning effluvio, emanation, fluxion, fluxo
utstyra *utstyra med:* guarnir de
utstyrande guarnition
utstyrsel guarnitura, paraphernal
utstå patir; *(lida)* suffrer
utstående prominente
utställa exhiber/exhibir, exponer, monstrar
utställare expositor
utställning exhibition, exposition, monstra; *(marknad)* feria
utställningsfönster monstra
utställningsföremål exhibition
utställningsmonter vitrina
utstöta expeller
utstötande *adj* expulsive
utstötning expulsion
utstött *(en) utstött: bildl* ismaelita
utsvettning exsudato
utsvävande *sb* disregulamento; *adj* libertin; *utsvävande person:* libertino; *leva utsvävande:* dissipar
utsvävning excesso, dissipation, dissolution, extravagantia; *(i tal etc)* digression, divagation
utså disseminar
utsående dissemination
utsåld exhaurite, exhauste, exvendite
utsäde grana
utsägbar effabile
utsända emitter; *(ombud)* delegar; *(t.ex. radio)* diffunder, emitter; *utsända i radio:* radiodiffunder; *utsända i TV:* telediffunder
utsändning *(radio-/TV-)* diffusion
utsätta arretrar, remitter; *(fastställa)* fixar; *(för fara)* exponer; *(i tid)* prorogar; *utsätta för:* infliger; *utsätta för klander:* blasmar; *utsätta sig för:* exponer se a, incurrer; *utsatt för* subjecte a
utsättande *(för ngt)* exposition
utsökt exquisite, delicate, selecte, fin
utsökthet exquisitessa
utsöndra *utsöndra var:* suppurar
uttal pronunciation
uttala declarar, proclamar, denunciar; *(kungöra)* enunciar; *(språk)* pronunciar; *ej möjlig att uttala:* inarticulabile; *som kan artikuleras/uttalas:* articulabile
uttalad *(starkt framhävd)* pronunciate
uttalande enunciation, pronunciamento, pronunciation; *göra ett uttalande:* enunciar, pronunciar
uttalbar effabile, pronunciabile
uttaxering quotisation
utter *zool* lutra
uttjatad trivial
uttolkande interpretative
uttolkare interprete
uttolkningsbar interpretabile
uttorka *sb* exsic(c)ation; *vb* desic(c)ar, ex-

sic(c)ar

uttorkad aride, assetate

uttorkning desic(c)ation

uttryck expression, manifestation, locution, termino, phrase; *(för ngt)* expression; *(ansikts-)* expression; *bildligt uttryck:* figura; *stående uttryck:* dicto; *vulgärt/grovt uttryck:* vulgarismo

uttrycka exprimer, manifestar; *som kan uttryckas i ord:* effabile

uttryckbar exprimibile

uttrycklig explicite, expresse; *uttryckligen:* expressemente

uttrycksfull expressive, emphatic, pregnante

uttrycksfullhet pregnantia

uttryckslös inexpressive

uttryckssätt diction, phraseologia; *svenskt uttryckssätt:* expression svedese

utträka enoiar, tediar

utträda sortir, retirar se, renunciar; *utträda (ur):* seceder

utträdande secession

utträde egresso

uttrötta exhaurir

uttröttad exhauste; *ej uttröttad:* inexhauste; *lätt uttröttad:* fatigabile

uttröttbar fatigabile

uttröttning exhaustion

uttunna attenuar, extenuar

uttunnande attenuante

uttunning attenuation, extenuation

uttyda decifrar; *(dikter o.dyl.)* interpretar

uttydning interpretation

uttåg exodo

uttänjning distension

uttänka excogitar

uttänkande excogitation, ideation

uttömd exhauste; *ej uttömd:* inexhauste

uttömma depler, evacuar, vacuar; *(förbruka)* exhaurir

uttömning evacuation, exhaustion; *med* depletion

utvald electe, selecte

utvandra emigrar

utvandring emigration

utveckla developpar, disveloppar, evolver; *(en tankegång, förklara)* explicar; *utveckla sig: med* maturar; *utveckla sig, utvecklas:* evolver; *åren man utvecklas (till vuxen):* annos formative

utvecklande *adj* formative

utveckling developpamento, disveloppamento, evolution; *utvecklings-:* developpamental, disveloppamental, formative

utvecklingslära evolutionismo; *en som tror på utvecklingsläran:* evolutionista

utvecklingsriktning tendentia

utvecklingstendens trend

utverka obtener; *jur* impetrar

utvidga allargar, extender, expander; *fys* dilatar, amplificar; *(förstora)* aggrandir, ampliar, dilatar

utvidgande *adj* dilatori, expansive

utvidgning aggrandimento, allargamento, allargation, ampliation, amplification, dilatation, distension, expansion

utvikning *med många utvikningar:* digressive

utvinna extraher

utvinning *(av ngt ur ett ämne)* extraction

utvisa relegar, bannir, expeller; *(ur landet)* exiliar, expatriar, deportar

utvisande indicative

utvisning deportation, expulsion

utväg escappatoria, exito, expediente

utvälja seliger, selectionar, nominar

utväljande *adj* eclectic

utvändig *(yttre)* exterior, externe, extrinsec; *utvändigt: adv* al exterior, externemente, foras

utvärdera evalutar

utvärdering evalutation

utvärtes externe, exterior; *med* topic

utväxla intercambiar; *en som utväxlar:* excambiator

utväxling excambio, intercambio; *tekn* ingranage [-adʒe]

utväxt excrescentia; *anat* protuberantia, tubere

utåt *prep* verso; *(längs)* preter, secundo; *adv* a foras

utåtledande *anat* efferente

utåtriktad *bildl* interessate del vita, extrovertite

utåtvänd *göra utåtvänd: psyk* extroverter

utöva exercer

utövande contention

utöver extra, preter, ultra; *utöver att:* ultra que

utövning exercitation, exercitio
uv *(berg-)* bubo
uvertyr *mus* overtura, introduction, preludio
uvula *anat* uvula
uvular uvular
uzbek uzbek
uzbekisk uzbek
Uzbekistan *(f.d. sovjetrepublik i Centralasien)* Uzbekistan

V

w *bokstaven w:* duple v
vaccin vaccino
vaccination *med* inoculation, vaccination
vaccinera *med* inocular, vaccinar
vacker belle; *den vackraste, vackrast:* le plus belle; *vackrare än:* plus belle que
vackla vacillar, titubar, balanciar; *(även bildl)* vacillar; *(tveka)* hesitar; *som lätt vacklar:* labile
vacklan *(även bildl)* vacillamento
vad *sb (på benet) anat* sura; *(vadslagning)* sponsion; *slå vad:* facer un sponsion, sponder; *(frågeord om sak(er))* que; *va falls?:* como? que dice vos?; *vad (som):* lo que; *vad ... angår, vad ... beträffar:* quanto a ...; *vad än, vad som helst:* quecunque
vada vadar; *som man kan vada över:* vadabile
vadare *zool* limosa
vadben *anat* fibula
vadd watta
vaddera wattar
vadhelst quecunque
vadhållning sponsion; *slå vadhållning:* facer un sponsion, deponer (un summa super)
vadhållningsagent book-maker *eng*
vadställe vado
vag indeterminate, vage
vagabond vagabundo, errante
vagabondera *(vara på luffen)* vagabundar
vagga *sb* cuna; *(säng för spädbarn)* crippa; *lägga i vagga:* incunar; *vb* cunar; *(om växter)* brandir, nutar; *vagg-:* cuneal
vaggvisa canto de cuna
vaghet indetermination
vagn carro; *(droska)* cochi [-shi]; *(öppen fyrhjulig)* phaeton; *(järnvägs-)* wagon; *(åkdon)* vehiculo; *(bil)* auto; *(triumf-)* carro triumphal; *(lik-)* carro funebre; *(på skrivmaskin)* carro; *forsla/transportera på vagn:* carrear; *köra vagn:* cochiar [-shi-]; *vagns-:* vehicular
vagnsskjul remissa
vaja *(om växter etc)* nutar
vaka *sb (vaket tillstånd)* vigilia, velia; *vb* vigilar, veliar; *vaka över:* vigilar super
vakande *(man)* vigilator
vakans *(ledig anställning)* vacantia
vakant vacante
vaken alerte, eveliate, vigile; *(klar-)* alerte, vigilante; *(pigg)* vivace; *vara vaken:* veliar, vigilar
vakna eveliar se
vaksam alerte, allerte, vigilante; *få ngn att bli vaksam:* allertar; *vara vaksam:* vigilar
vaksamhet alerta, vigilantia
vakt guarda, custodia; *(person)* guarda, guardator, guardiano, custode, vigilator; *(vid bom)* guarda-barriera; *hålla vakt:* veliar
vakta guardar; *(vaka över)* vigilar, veliar; *(ha i sin vård)* custodiar; *vakta på:* custodiar
vaktel *zool* coacula, coturnice, qualia
vakthållning guarda
vaktkedja picchetto [-k-]; *bilda vaktkedja (t.ex. vid strejk):* picchettar [-k-]
vaktkur guarita
vaktmästare bedello, functionario, servitor, portero
vaktpost guarda, faction, sentinella, guardator, guardiano
vakttorn guarita, turre-guarita
vakuum vacuo
val *zool* balena; *(urval)* selection; *(väljande)* election, option, votation; *(avgörande)* decision; *(politiskt)* election; *gå till val(urnorna):* vader al urnas; *fritt val:* option; *val-:* elective, electoral
valbar eligibile; *ej valbar:* ineligibile
valbard balena
valbarhet eligibilitate
vald electe; *en vald:* electo
valens *kem* valentia
valeriana *bot* valeriana
Wales Galles; *prinsen av Wales:* Prince de Galles
walesare gallese

walesiska gallese; *walesiska språket:* gallese
valfiskben balena
valfri facultative, optional
valfrihet option
valfångare *(man)* balenero; *(båt)* baleniera
valfångstfartyg baleniera
Valhall *myt* Valhalla
valka *(tyg)* fullar
valkare fullator
valkning *(av tyg)* fullatura
valkningsredskap fullatorio
valkyria valkyria [valkiria]
vall vallo, vallation; *(damm)* dica; *(bete)* pastura; *(förhöjning)* dica; *befästa med vall:* circumvallar
valla *valla in:* circumvallar
vallfärd peregrination
vallfärda peregrinar
vallgrav fossato
vallhorn corno de vacchera
vallmo papavere
vallmofamiljen *bot* papaveraceas *plur*
vallon wallon
vallur corno alpestre, trompa alpestre
valnöt nuce
valnötsträd nuciero
valp canello
valprövning scrutinio
valrike electorato
valross *zool* morsa
valrätt electorato
vals *(dans)* walzer *ty* [valtser]; *(rulle)* rolo, cylindro; *(i maskin)* rolo
valsa *tekn* laminar; *valsa ut:* laminar
valspråk devisa, motto
valsverk laminatorio
valthorn *mus* corno, corno de chassa [sh-]
valurna urna, urna electoral; *gå till valurnorna:* vader al urnas
valuta valuta, cambio (estranie), numerario; *(utländsk)* devisa (estranier)
valutaexpert cambista
valutakurs cambio
valutaspekulant agiotator [-dʒo-]
valv volta, arco, arcada; *täcka med valv:* voltar
valvbro ponte de arcada
valvgång arcada
vampyr vampir
vampyrfladdermus *zool* vampir
van accostumate, consuete, solite, habituate; *(skicklig)* habile, dextere; *vara van vid att:* haber le costume de
vana costume, habito, habitude; *(bruk)* uso, usage [-adʒe]; *(skicklighet)* habilitate, dexteritate; *(erfarenhet)* experientia; *dålig vana:* cacoethe; *ha för vana (att):* soler, haber le costume (de)
vanadin *(grundämnet vanadin, V) kem* vanadium
vanart mal habitude, vitio, depravation
vanartig vitiose, depravate, perverse
vandal vandalo
vandalism *(meningslös förstörelse)* vandalismo
vandel vita; *(uppförande)* conducta, mores
vandra migrar; *(ströva)* vagar, camminar; *vandra omkring:* divagar, errar, itinerar
vandrande ambulatori
vandrare migrator; *vandrar-:* migratori
vandrarhem hostello
vandring migration, vagantia; *vandrings-:* itinerante, itinerari
vanemänniska routinero [ru-]
vanemässig habitual
vanför *sb* invalido; *adj* invalide
vanheder ignominia
vanhedra dishonorar
vanhedrande ignominiose
vanhelga profanar, polluer
vanhelgande profan, sacrilege
vanhelgelse sacrilegio
vanilj vanilla
vankelmod irresolution
vankelmodig inconstante, irresolute, hesitante, versatile
vanlig usual, costumari, habitual, ordinari, solite, consuete, vulgar; *(allmän)* general; *(ofta inträffande)* frequente; *vanligen:* usualmente, solito, vulgo *lat*
vanna vanno
vansinne dementia, follia, mania, phrenesia, insanitate, vesania; *driva ngn till vansinne:* affollar
vansinnig folle, insan, demente, maniac, lunatic, phrenetic, vesanic
vanskapt deforme, monstruose
vansklig *(svår)* difficile; *(osäker)* incerte

vansklighet difficultate, incertitude
vansläktas degenerar
vanställa deformar, disfigurar
vanställande *sb* disfiguration
vante miton, guanto
vantro infidelitate
vantroende miscredente
vantrogen infidel
vanvett affollamento, follia, furor, phrenesia
vanvettig furibunde, lunatic, phrenetic
vanvördig irreverente
vanära *sb* disgratia, dishonor, infamia; *vb* disgratiar, dishonorar, infamar
vanärande infamante
vapen arma, insignia; *gripa till vapen:* prender le armas
vapendragare scutero
vapenförråd arsenal
vapensamling *(på vägg)* panoplia
vapensköld blason, scuto
vapenstillestånd armistitio
var *(vätska) med* pus; *som avger var:* purulente; *(överdrag)* copertura; *(varest, någonstans)* ubi; *(om jag får be)* preca, per favor; *var och en:* cata uno, omne; *var som helst:* ubicunque; *var så god:* si il vos place, place, vole ben; *var än:* ubicunque
vara *sb (handels-)* articulo, mercantia, merce; *vb (hjälpverb)* esser, ser; *(konjunktiv) må vara:* sia; *(imperativ) var ...!:* sia ...!; *(futurum) kommer att vara:* sera, essera; *(konditionalis) skulle vara:* serea, esserea; *(en viss tid, räcka)* durar, permaner; *vara benägen:* inclinar; *vara med:* assister a; *vara nog:* bastar; *vara närvarande:* assister a; *vara sen:* retardar; *vara till:* exister; *vara till lags:* complacer; *det är kallt:* il face frigido; *han är tjugo år:* ille ha 20 annos; *vara (sig):* suppurar
varaktig durabile, perdurabile; *(beständig)* constante, permanente
varaktighet durabilitate, duration; *lika lång varaktighet:* isochronismo; *oavbruten varaktighet:* perpetuitate
varande entitate; *(som avger var) med* purulente
varandra mutualmente, reciprocamente; *(ifall två är inblandade)* le un le altere; *(ifall flera än två är inblandade)* le unes le alteres
varannan omne secunde, tote (le) secunde
varannandagsfeber *med* tertiana
varannandagsfrossa *med* tertiana
varannanmånads- bimestral
varannanveckopublikation publication bimensual
varat *filos* ente, esser
varbildning *med* pyorrhea
varblåsa *med* pustula
vardag die de labor
vardaglig trivial; *vardagligt samtal:* confabulation; *vardagligt språk:* linguage [-adʒe] familiar
vardagshändelser quotidianitate
vardagsrum salon
vardande *i vardande:* in embryon
vare *(konjunktiv)* sia; *vare sig ... eller:* sia ... sia
varelse esser, entitate, creatura; *(metafysik)* ente
varest *rel. adv* ubi
varför per que, pro que, perque, proque; *(rel.)* quare, quo
varg lupo; *varg-:* lupin
varginna lupa
varglik lupin
varhelst ubicunque
variabel variabile
variant variante
variation fluctuation, variation; *tema med variationer:* thema con variationes
variera fluctuar; *(göra/vara omväxlande/skiftande)* variar
varierande *adj* fluctuante, variante
varietéföreställning vaudeville *fr* [vodevil]
varietet *biol* varietate
varifrån de ubi
varig *med* purulente
varitéteater theatro de varietates
varje cata, omne, tote; *i varje fall:* in omne caso
varjedags- quotidian
varjedagsfeber febre quotidian
varken *varken ... eller:* ni ... ni
varm calde, calide, calorose, fervente; *det är väldigt varmt:* il face un grande calor; *vara varm:* caler
varmblodig *vara varmblodig:* haber le san-

guine cal(i)de; *varmblodiga djur:* animales de sanguine cal(i)de
varmed per le qual
varna advertir, prevenir; *(råda, förmana)* admoner, admonestar, moner
varnande monitori
varning advertimento, admonition, admonestation, caution, monition, prevention
varom de le qual, re le qual; *varom icke:* si non
varpa *(vid vävning)* ordir
varpning *(vid vävning)* ordimento
varpå super le qual; *(varefter)* post que
vars cuje, de qui, de que, del qual
varsam circumspecte, caute, attente, prudente
varsamhet caution, circumspection
varse *bli varse:* observar, apperciper
varsebli perciper
varseblivning *psyk* perception
varsel portento, augurio, omine, presagio [-sadʒo]
varsko admoner, admonestar, advertir
varsla augurar, presagir; *varsla om:* portender
varslande fatidic; *varslande om ngt gott:* de bon augurio
Warszawa Varsovia
varsågod ecce [ektse]
vart a ubi, quo
varthän a ubi
vartill a que, a que fin/scopo
varubal balla
varuhiss monta-cargas
varuhus *(större butik)* magazin
varulv *('vargmänniska')* lycanthropo *gr*
varumärke marca, marca de fabrica
varumässa feria
varuparti partita
varuprov monstra
varur ex le qual
varv gyro; *tekn* revolution; *(omgång)* torno, giration; *(skepps-)* cantier naval; *(skikt)* strato
varvräknare conta-rotationes, tachometro
vas vaso
vasall vassallo, feudatorio
vasallförhållande vassallage [-adʒe]
vaselin vaselina
vask *(avloppstratt)* bassino
vasomotorisk *anat* vasomotor
vass *sb* canna; *bot* junco; *(naturvet.)* pungente; *adj* acute
vassbuk *zool* sprat
vassla sero
vaterbom *sjöt* tangon
Vatikanen le Vaticano, le sancte sede; *vatikan-:* vatican
Vatikankullen le Vaticano
Vatikanstaden le Citate Vatican
Vatikanstaten le Stato del Citate del Vaticano; *(Heliga stolen)* le sede apostolic, le sancte sede
watt *elektr* watt; *watt-tal:* wattage [-adʒe]; *watt-timme:* watt-hora
watt-tal *elektr* wattage [-adʒe]
watt-timme watt-hora
vatten aqua; *kasta vatten:* urinar, *som drar till sig/upptar vatten:* hydrophile; *som lever i vatten: zool* aquicole; *tungt vatten* aqua pesante; *vatten-:* aquatic, hydric, aquatile
vattenbeckasin *zool* becassina
vattenbråck *med* hydrocele
vattendrag currente de aqua
vattenfall cascada, cataracta, cadita de aqua, salto
vattenfri *kem* anhydre
vattenho abiberatorio, bassino
vattenhuvud *(hjärnvattusot) med* hydrocephalo; *vattenhuvuds-:* hydrocephale
vattenhål abiberatorio
vattenkastare *arkit* gargola
vattenkoppor *med* varicella
vattenkraft hydroelectricitate; *vattenkrafts-:* hydroelectric
vattenkur hydropathia; *vattenkur-:* hydropathic
vattenkvarn molino de aqua
vattenledning conducto de aqua; *(antik)* aqueducto; *ha vattenledning:* haber le aqua al domicilio
vattenlevande *adj* aquatic
vattenlinje linea de aqua
vattenmelon melon de aqua
vattennymf undina
vattenpass nivello
vattenpest *(ett släkte dybladväxter) bot* elodea
vattenpipa *turkisk vattenpipa:* nargile
vattenpolo water-polo *eng* [wo:tepoulou]
vattenpost hydrante

vattenprov *(för häxor)* supplicio del aqua
vattenrik aquose
vattenrikhet aquositate
vattenskid- ski aquatic
vattenskräck hydrophobia
vattenslang manica
vattensork campaniol (amphibie)
vattenspindel *zool* argyroneta
vattenström curso de aqua
vattenstånd nivello de aqua
vattenståndsstegring crescita
vattensökning *(med slagruta)* radiesthesia
vattenterapeutisk hydrotherapeutic
vattenterapi hydrotherapia
vattentoalett water-closet *eng* [wo:teklozit]
vattentorn castello de aqua
vattenturbin turbina a aqua
vattentät impermeabile
vattenånga vapor de aqua
wattförbrukning *elektr* wattage [-adʒe]
vattkoppor *med* varicella
wattmätare wattimetro
vattna aquar, rigar, irrigar; *(ge vatten till djur)* abiberar; *person som vattnar:* irrigator
vattnig aquee, serose
Vattumannen *stjärnbilden Vattumannen:* Aquario
vattuskräck *med* hydrophobia
vattusot *med* hydropisia; *vattusots-:* hydropic
vax cera; *vax-:* ceree, cerose
vaxa cerar, incerar
vaxartad ceree, cerose
vaxbehandling inceramento
vaxduk tela cerate
vaxkaka *vaxkaka i bikupa:* favo
vaxljus *(stort)* cereo
wc *(toalett, WC)* toilette *fr* [tualet]
ve *ve!:* guai!
webläsare *data* lector de web
veck plica; *(rynka)* ruga
vecka *sb* septimana, hebdomada *gr, vb* plicar, arrugar, rugar; *vecko-:* septimanal, hebdomadari
veckla *veckla upp:* distorquer; *veckla ut:* disinvolver, displicar, *(ngt som varit dubbelvikt)* disduplar; *vecklad i:* involute
veckning plicatura
veckoslut week-end *eng* [wi:kend], fin de septimana
veckotidning septimanal, magazine *eng*
veckotidskrift magazin
vecksnäcka *zool* voluta
ved *(trä)* ligno; *(bränsle)* combustibile; *(spänt, fnöske)* accendalia
Veda *(indisk religionslitteratur)* Veda *sanskrit*
vederbörande competente, interessato; *höga vederbörande:* le autoritates
vederbörlig *i vederbörlig form:* in debite forma; *vederbörligen:* debitemente
vedergällning represalia, recompensa, compensation; *(hämnd)* vengiantia, vindicantia
vederhäftig secur, credibile, authentic, solide, *hand* solvente
vederkvicka recrear, refrescar, restaurar
vederlagd *ej vederlagd:* irrefutate
vederlägga refutar, falsificar; *som kan vederläggas:* falsificabile
vedermöda tribulation
vedertagen canonic; *vedertagen betydelse (hos ett ord el. uttryck):* acception
vedämne lignina
vegetarian vegetariano
vegetarisk vegetarian
vegetativ vegetative
vegeterande vegetative; *vegeterande tillvaro:* vegetation
vehikel *(i läkemedel) med* vehiculo
Weichsel *(floden Wisla/Weichsel i Polen)* Vistula
vek delicate; *(mjuk)* molle; *(svag)* debile
veke micca
vekhet teneressa
vektor *mat* vector
velar *fon* velar
velin *(fint pergament)* vitellino
wellpapp carton undulate/corrugate
velociped velocipede
vem *(rel. pron. om person)* qui; *(frågepron. om person, även i ackusativ) vem?:* qui?; *med/till vem?:* con/a qui?; *vem som helst:* quicunque; *vem vet!:* qui sape!; *vem än:* quicunque
vemod melancholia, tristessa, languor
vems *(genitiv av frågepron.)* de qui, cuje
ven *(åder) anat* vena; *ven-:* venose
Venedig Venetia

Venedigbo venetiano, veneto
venedigdialekten veneto
venerisk veneree
venetianare venetiano, veneto
venetiansk venetian
Venezuela Venezuela
venezuelan venezuelano
venezuelansk venezuelan
ventil valvula; *ventil på blåsinstrument:* piston; *ventil-:* valvular
ventilation ventilation
ventilera *(lufta ut)* ventilar; *(dryfta/diskutera öppet)* ventilar
ventilkornett *mus, mil* cornetta
Ventôse *(i fr. revolutionens kalender)* ventose
ventrikel *anat* ventriculo
Venus *(kärleksgudinnan)* Venere; *(planeten) astron* Venere
venös venose
veranda veranda
verb *gram* verbo; *verb-:* verbal
verbal *gram* verbal
verbböjning *gram* conjugation
verbena *bot* verbena
verifiera verificar
verk carga, fabrica; *(t.ex. litterärt)* obra, opera; *(litterärt, musikaliskt, vetensk.)* opus *(lat plur* opera); *(mindre)* opusculo; *(det ngn utfört)* factura; *i själva verket:* de facto, realmente, vermente, in effecto; *sätta i verket:* effectuar, poner in obra
verka ager, operar, funger, functionar, operar; *(ha verkan)* effectuar, haber effecto; *(synas)* parer, semblar; *verka som:* funger de; *det verkar som:* il me sembla
verkan effecto, resultato; *som gör verkan:* efficiente
verkande operative; *verkande orsak:* causa efficiente; *kraftigt verkande:* effective
verklig real, positive, virtual; *(sann)* ver, authentic, solide; *verkligen:* in veritate, vermente
verklighet actualitate, realitate, veritate, facto, hypostase; *i verkligheten:* in realitate
verklighetsanknuten realistic
verkningsfull effective, efficace, impressive
verkningsgrad *tekn* efficientia
verkningslös inefficace, inefficiente
verkningslöshet inefficacia, inefficientia
verksam active, effective, efficace, energetic, energic, industriose, operative; *verksamt medel:* remedio soveran
verksamhet activitate, action, function, operation; *(företag)* interprisa
verksamhetsfält campo
verkstad officina
verkställa facer, effectuar, exequer
verkställande effectuation
verktyg utensile, ingenio, organo; *komplicerat verktyg:* apparato, instrumento
vernier *mat* vernier *fr*
Verona *från Verona:* veronese
Veronika *Veronikas svetteduk:* veronica
veronikabild veronica
vers *(metrik)* verso; *(poesi, strof)* verso, strophe, stanza *ital* [stantsa]; *(i bibeln)* versetto; *på vers (poesi):* metric; *vers- (poesi):* metric
versa *vice versa:* vice versa
versal majuscula
versifiera *(skriva i versform)* versificar
version version
verskonst versification
verslära metrica; *fon* prosodia
versmakare rimator
versmått mesura; *(poesi)* metro
versskrivning versification
verst *(rysk mil = 1,067 km)* versta *ry*
verve verve *fr* [verv]
vesir *(hög ämbetsman i muslimska länder)* vesir
vespergudstjänst *rel* vesperas, vesperes; *handbok för vespergudstjänst:* vesperal
vessla *zool* mustela
vesta *som rör Vesta el. vestalerna:* vestal
vestal *(gudinnan Vestas tjänarinna)* vestal
Westfalen Westfalia
westfalisk westfalic
vestibul hall *eng*, vestibulo
vesuviansk vesuvian
Vesuvius Vesuvio
veta saper; *(känna till)* cognoscer, non ignorar; *få veta:* apprender, apprehender; *inte veta:* ignorar; *låtsas som man inte vet:* ignorar; *veta hur man gör ngt:* saper facer un cosa; *veta i förväg:* precognoscer; *veta intuitivt:* intuer; *som vet på förhand:* presciente

vetande *sb* saper, sapientia, cognoscentia, gnosis, scientia
vete *bot* tritico, frumento
vetekorn frumento
vetenskap scientia
vetenskaplig scientic, scientific
vetenskapsgren disciplina
vetenskapsman homine de scientia; *(mest om naturvetare)* scientista
veteran veterano
veterinär veterinario; *veterinär-:* veterinari
vetgirig curiose
vetgirighet curiositate
veto *(lat 'jag förbjuder')* veto; *inlägga sitt veto mot något:* poner su veto a un cosa
vetskap *vetskap på förhand:* precognition
vett *(förstånd)* intelligentia, intellecto, intendimento; *(förnuft)* ration
vetta *vetta mot/åt:* dar super
vev manivella
veva manivellar, tornar
vevaxel axe de manivella
vevhandtag *tekn* manubrio
vevlira *mus* viella a rota
vevlirespelare *mus* viellator
vevpositiv *mus* organo a cylindro(s); *(positivhalarens)* organetto
whig *(medlem av liberala partiet i England)* whig *eng* [wig]
whisky whisky *eng* [wiski]
whist *(kortspelet) eng* whist
vi *pron* nos; *(varför)* pro que?
via via; *via Tyskland:* via Germania
viadukt viaducto
vibration vibration
vibrera vibrar
vibrerande vibratori
vice-chef locotenente
vice versa vice versa
vicker *bot* vicia
vid *adj* ample, large, late, extense; *(rymlig)* spatiose, ample; *i vid bemärkelse:* large; *prep* a; *(hos)* apud, a presso de; *(bredvid)* juxta, al latere de
vidare item, ulterior; *(rymligare)* plus ample; *(längre)* ulterior, plus avante; *och så vidare:* et cetera; *tills vidare:* (ad) interim, provisorimente
vidd amplitude, largor, largo, transverso
vide *bot* vimine
videoband banda video
videokassett videocassetta
vidfogad adjuncte, juncte
vidga allargar
vidgå *inte vidgå ett fel:* persister in un error
vidhålla insister, persister in; *(hålla före)* mantener
vidhållande pertinace
vidhäftande *adj* collante
vidhäftning adhesion, agglutination
vidhäftningsförmåga adhesion
vidhängande *sb* adherentia; *adj* adhesive
vidimera authenticar
vidlyftig complicate, diffusive, prolixe
vidmakthållande *sb* mantenentia, mantenimento; *adj* conservatori
vidrig abominabile, repugnante, repulsive, disgustose, horride
vidröra tanger, tastar, toccar; *bildl* mentionar; *som inte kan vidröras:* intactile
vidskepelse superstition
vidskeplig superstitiose
vidsträckt vaste, extense, extensive, ample
vidtaga *vidtaga försiktighetsåtgärder:* prender precautiones; *vidtaga åtgärder:* prender mesuras
vidunder monstro
vidunderlig monstruose, prodigiose, phantastic, miraculose, mirific, meraviliose, portentose, stupende
vidunderlighet prodigio
Wien Vienna; *invånare i Wien:* viennese; *wiener-:* viennese
wiensk *adj* viennese
vifta *(med solfjäder)* flabellar
viftning *(med solfjäder)* flabellation
vig agile, flexibile
viga *(brudfolk)* maritar, benedicer (le maritage de); *(inviga)* inaugurar, sacrar; *(ägna)* consecrar, dedicar, devotar; *(helga)* sanctificar; *(inviga i hemligheter)* initiar; *viga sina krafter åt:* sponsar
vighet agilitate
vigselring anello nuptial
wigwam wigwam *eng*
vigvatten aqua benedicte; *beständkning med*

vigvatten: rel aspersion

vigvattenskärl aspersorio

vigör vigor

vik golfo, baia

vika *(i veck)* plicar; *(rynka)* rugar; *(ge efter)* ceder, retirar se; *vika av:* deviar; *vika upp:* displicar; *åter vika:* replicar

vikariera *vikariera för:* reimplaciar

viking viking; *hist* normanno

vikning plicatura

vikt *(tyngd)* peso; *(allvar)* gravitate; *(betydelse)* importantia; *av stor/liten vikt:* de grande/parve momento; *efter vikt:* a peso; *specifik vikt:* peso specific; *utan större vikt:* legier [-dʒer]; *vara av vikt:* esser de consequentia

viktig importante, grave, momentose, urgente; *det är viktigt att ...:* il importa que ...; *vara viktig:* importar; *vara mycket viktig:* haber multe importantia

viktigast principal, capital; *(av högsta vikt)* cardinal

viktualier victualia

vila *sb* otio, reposo, quiescentia; *säng för tillfällig vila:* lecto de reposo; *vb* reposar, prender reposo; *vila på:* reposar super; *vila sig:* otiar, prender reposo

vild salvage [-adʒe], fer, truculente; *(grym)* feroce; *(oröjd)* silvatic, silvestre

vilddjur bestia feroce, bruto

vilde salvage [-adʒe]

vildhet feritate, ferocitate, salvageria [-adʒeria]

vildoliv *bot* oleastro

vildåsna *zool* onagro

vilja *sb* voler, voluntate, volition; *(avsikt)* intention; *fri vilja:* arbitrio; *den yttersta viljan:* le ultime voluntate; *vb* voler; *vilja göra en sak:* voler facer un cosa; *vilja ha/önska ngt:* voler un cosa

viljeyttring volition

vilka *rel. pron.* le quales; *(om personer som subjekt el. efter preposition)* qui; *(syftande på sak el. saker)* que; *(ackusativform syftande på person el. personer)* que; *vilka?: (frågepron. om personer, även i ackusativ)* qui?

vilken *(frågeord)* que, qual; *rel. pron* qual, le qual; *vilken som helst:* qualcunque, quicunque, non importa qual; *med/till vilken:* con/a qui; *vilkens:* de qui, cuje

vilket *adj* que, qual; *(frågeord)* que; *rel. pron* que, lo que, le qual, *(ackusativ)* quem; *vilket som helst:* quecunque, qualcunque, qual que sia

villa villa

villebråd chassa [sh-]

villfarelse *ta ngn ur en villfarelse:* disabusar

villig preste, docile; *villig för att göra ngt:* disposite a facer un cosa; *villigt:* con bon gratia

villkor condition, stipulation, clausula; *(förhållande)* circumstantia; *ställa som villkor:* postular; *ställa upp villkor:* conditionar

villkorande stipulation

villkorlig conditional

villospår *föra på villospår:* discamminar

villoväg *föra på villovägar:* discamminar

villrådig hesitante

villsam inextricabile

vilodagen sabbato

viloläger lecto de reposo

viloplats *sista viloplats, graven:* ultime demora

vilse in false via; *föra vilse:* disorientar; *gå vilse:* discamminar se, disviar se, perder se

vilseleda deciper, disviar, inducer in error

vilseledning disinformation

vilsäng lecto de reposo

vilt *sb* chassa [sh-]; *adv* salvagemente

viltsmak gusto de venation

vimla *(som myror)* formicar; *(svärma)* pullular; *vimla av:* abundar in

vimmel formicamento

vimpel bandierola, pennon

vin vino; *vin-:* vinari, vinose

vinberedning vinification

vinbergssnäcka *zool* helice

vinbär *(röda)* ribes rubie; *(svarta)* ribes nigre

vind vento, pneuma; *(bris, lätt vind)* sufflo, brisa; *(loft)* granario, mansarda; *(utrymmet under ett hustak)* tecto; *vind-:* eolic

vinda *bot* convolvulo

vindbro ponte levatori

vindbrygga ponte levatori

vindfläkt sufflo

vindflöjel monstra-vento

vindmätare anemometro

vindning *(i spole)* spira

vindros *sjöt* rosa del ventos
vindruta para-brisa
vindruva uva
vindskydd *(hopfällbart)* para-vento
vindstilla calma
vindstöt colpo de vento; *meteorol* borrasca
vindögd strabe
vindögdhet strabismo
vinge ala
vingla *(vara ostadig)* vacillar; *(stappla)* titubar
vinglighet vacillation, vacillamento, titubation, instabilitate
vingribba *zool* nervura
vingård vinia
vinjett vignette *fr* [vinjet]
vink intimation, signo (de mano)
vinka facer signo
vinkel *mat* angulo; *(-hake)* esquadra; *med vinklar: adj* angulose, angulate; *spetsig vinkel:* angulo acute; *trubbig vinkel:* angulo obtuse; *i trubbig vinkel:* obtusangule; *vinkel-:* angular
vinkelavstånd *astron* elongation
vinkelformad angular
vinkelhake esquadra
vinkelmätare goniometro, semicirculo
vinkelmätning goniometria
vinkelrät *geom* normal, rectangule
vinna ganiar, vincer, triumphar; *vinna för sig:* conciliar; *vinna tid:* ganiar tempore; *som kan vinnas/intjänas:* ganiabile
vinnare ganiator
vinning profito, ganio, avantage [-adʒe]; *snöd vinning:* lucro, interesse immunde
vinodlare viticultor, viticola
vinodling vinicultura, viticultura
vinproducerande vinifere
vinranka vite; *(skott på vinstock) bot* sarmento; *plantera vinrankor:* vitar
vinskörd vindemia
vinst ganio; *vinst och förlust:* profitos e perditas
vinsten *kem* tartaro; *vinstens:* tartaric
vinsyra acido tartaric
vinsyresalt *kem* tartrato
vinter hiberno; *vinter-:* hibernal
vintergata *astron* galaxia; *Vintergatan:* via lactee
vintergröna semper-verde
vinterlig brumal, brumose
vinterväder tempore de hiberno
vinthund leporario
vintrig hibernal
vinäger aceto, vinagre
viol *bot* viola, violetta, pensata; *viol-:* violacee
viola *mus* viola; *viola da gamba:* (viola de) gamba
violblå violacee, violette
violett *sb* violetto; *adj* violacee, violette
violin *mus* violino; *(bas-)* violon
violoncell *mus* violoncello
vipp *vara på vippen att göra ngt:* esser super le puncto de facer un cosa
vippa bascular
vira volver; *vira in i ngt:* inveloppar
virginal *mus* virginal
Virginia *(flicknamn och stat i USA)* Virginia; *från Virginia:* virginian
virginiatobak tabaco de Virginia
viril viril
virilitet virilitate
virion *(enkel viruspartikel) biol* virion
virka crochetar [-sh-]
virke ligno
virkning crochet *fr* [kroshe]
virologi *(läran om virus) med* virologia
virrig confuse, consternate, perplexe, titubatori, turbide
virrighet delirio
virrvarr congerie, dedalo, farragine
virtuos *sb* virtuoso; *adj* virtuose
virtuositet virtuositate
virus *med* virus
virvel vortice, turbulentia; *virvel-:* vorticose
virvelrörelse turbulentia
virvelstorm tornado, typhon; *meteorol* cyclon
virvelvind tromba
virvla tornear, turbular
virvlande *adj* turbulente, vertiginose, vorticose
vis *sb (sätt)* modo, maniera, guisa, methodo; *adj* sage [sadʒe], sapiente; *vis man:* sagio [sadʒo]; *de tre vise männen:* le tres magos
visa *sb mus* cantion; *(konstnärlig)* lied *ty* [li:d] *(plur* lieder*); (sång)* canto; *(slager)* cantion; *vb* monstrar, demonstrar, ostender; *visa fram:* exponer; *visa på:* indicar; *visa på en display:*

visualisar; *visa sig:* apparer, parer, surger, *(igen)* reapparer; *visa upp:* exhiber, exhibir, ostender; *som gärna vill visa (upp) sig:* vistose

visare indice, flecha [-sh-]; *(nål som anger)* indicator; *(på ur etc)* agulia; *(på solur)* gnomone

visdom sapientia, sagessa [-dʒ-], sophia *gr*

vise ape matre, ape regina, ape femina

visent *zool* bison(te)

vishet sagessa [-dʒ-]

vision vision

visionär *sb* visionario; *adj* visionari

visir visiera

visit visita; *avlägga visit hos ngn:* facer un visita a un persona

visitera *(undersöka förhållanden)* visitar

visiteringsrond *mil* ronda

visitkort carta de visita

viska sufflar, susurrar; *viska till ngn:* sufflar al aures de un persona

viskning susurration

viskos viscosa

vismut bismuth

viss certe, secur

visselpipa sibilo

visselsignal colpo de sibilo

vissen marcide

visserligen certo

visshet certitude

vissla flautar, sibilar, pipar

visslande *sb* sibilation

visslare sibilator; *visslaren och hans hund:* le sibilator e su can

vissling sibilo

vissna sic(c)ar, marcescer, marcer, crispar; *vissna bort:* deperir; *som inte kan vissna:* immarcescibile

vissnad *(utblommad)* disflorate

visst certo

vistas resider, demorar, coler; *(tillbringa en tid)* sojornar

vistelse sojorno

visualisera visualisar

visuell visual

visum visa

vit blanc, albe; *göra vit:* blanchir [-k-]

vita *(i ägg)* blanco

vitaktig blancastre

vital vital

vitalitet vitalitate; *borttaga vitaliteten:* devitalisar; *sprudlande vitalitet:* exuberantia

vitamin vitamina

vitblommig albiflor

vite *(straff)* mulcta, pena

vitglödande incandescente

vithet blancor

vitlök *bot* allio

vitmetall *(som inte innehåller järn)* metallo blanc

vitrin vitrina

vitriol *kem* vitriolo; *vitriol-:* vitriolic

vitrysk bielorusse

vitryss bielorusso

Vitryssland Bielorussia

vitt *(färgen) sb* blanco

vitta blanchir [-k-]

vittgående extensive

vittna testificar, testimoniar, evidentiar; *jur* deponer (in justitia); *(intyga, bevittna)* testar; *vittna för:* deponer in favor de; *vittna mot:* deponer contra; *vittna om:* accusar

vittne teste; *(laglig)* testator

vittnesbörd *(intyg)* testimonio, deposition

vittnesmål *avlägga vittnesmål:* deponer

vittnesutsaga deposition, testimonio

vittning blanchimento [-k-]

vittra disaggregar se, decomponer se

vittörne spino albe, spino blanc

vitval *zool* beluga

vodka vodka *ry*

Vogeserna *(bergskedjan)* le Vosgos

vogesisk *(från Vogeserna)* vosgian

vojvod *(landshövding i Polen och förr Serbien)* voivoda *polska*

vokal *sb fon* vocal; *mellan vokaler:* intervocalic; *vokal- (motsats till instrumental): mus* vocal

vokalisering vocalisation

vokalisk vocalic

vokalmöte *fon* hiato

vokalsystem vocalismo

vokativ *gram* vocativo

volang volante

volfram *(grundämnet volfram, W, gammalt namn tungsten)* wolfram; *(sv via eng) kem*

tungsten; *volfram-:* tungstic
volframit *min* wolframite
voljär *(stor fågelbur, t.ex. på zoo)* aviario
volontär voluntario
volt *(sport, ridning)* volta; *elektr* volt; *volt-: elektr* voltaic
voltampere *elektr* voltampere
voltige *(ridkonst)* volteo
voltigera *(ridkonst)* voltear
voltmeter *elektr* voltametro, voltimetro
voltmätare *elektr* voltametro, voltimetro
voluminös voluminose
volut *arkit* helice; *(på pelarhuvud) arkit* voluta
volym *(band av bok)* volumine; *(omfång, mängd)* volumine
vombat *(grävande pungdjur från Australien) zool* wombat
votiv- votive
vrak naufragio; *(person)* ruina, disgratiato
vraka rejectar, repulsar, repeller
vrakgods material de naufragio, residuo
vrakplundrare piliator/predator de naufragio
vrakpris vil precio
vred *sb (handtag)* manico; *adj (ond)* indignate, irate, furiose; *(ursinnig)* furibunde
vrede indignation, furiositate, furor, ira, cholera
vredgad furibunde, irate
vredgas furiar, irascer, esser in cholera
vricka *vricka foten:* torquer se le pede
vrickning torsion
vrida tornar, torquer, girar, verter, virar, volver; *vrida igen:* retorquer; *vrida inåt:* intorquer; *vrida sig:* contorquer se, girar; *vrida sig runt:* rotar; *vrida ur:* torquer; *vrida ur (händerna på ngn):* extorquer; *vrida ur led:* dislocar, luxar
vriden serpentin, torte
vridmuskel *anat* rotator
vridning torno, torquimento, torsion, virage [-adʒe], viramento, virata; *runtgående rörelse:* gyro
vrist collo del pede; *anat* tarso; *vrist-:* tarsal
vristben *anat* tarsal
vråla rugir, ulular
vräka evincer; *(kasta)* jectar; *jur* expeller, expulsar
väkig ostentatiose
vräkning eviction
vulgaritet vulgaritate
vulgata *Versio Vulgata (latinsk bibelöversättning):* Vulgata
vulgär vulgar
vulkan vulcano; *vulkan-:* vulcanic
vulkanisera vulcanisar
vulkanisering vulcanisation
vulkanisk vulcanic; *geol* ignee, plutonic
Vulkanus *(romersk gud)* Vulcano
vulkanutbrott eruption
vulst flangia [flandʒa]
vulva *(yttre kvinnliga könsdelar) anat* vulva
vuxen adulte; *(mogen)* matur; *bli vuxen:* adolescer; *som håller på att bli vuxen:* adolescente; *vuxen person:* adulto
vuxenblivande adolescentia
vy vista, panorama
vykort carta illustrate
vyssja *vyssja till sömns:* sopir
våda *av våda:* per accidente
vådevill vaudeville *fr* [vodevil]
våffla wafla
våg *(för vägning)* balancia; *stjärnbilden Vågen: astron* Libra; *(bölja)* unda; *full av vågor:* undulose; *gå i vågor:* fluctuar
våga osar, riscar, hasardar; *(sätta på spel)* aventurar
vågad riscose
vågbrytare *sjöt* mole, rumpe-undas
vågform undulation
vågformation undulation
vågformig undose
vågig undose; *vågigt utseende:* undulation
vågjusterare balancista
vågkam cresta
vågrät horizontal
vågstycke hasardo
våld violentia; *(makt)* potentia, fortia; *utöva våld mot:* facer violentia a, violentar
våldsam violente, vehemente, distemperate, impetuose, tremende
våldsamhet fuga, impetuositate, vehementia
våldshandling violentia; *våldshandlingar:* vias de facto
våldsman violator
våldtaga violar, stuprar
våldtäkt violation, stupro
våldtäktsman violator, stuprator

vålla causar, effectuar, provocar, suscitar; *(alstra)* producer
vålnad phantasma, spectro
våm *(idisslares första mage) anat* rumine
vånda agonia
våning appartamento, etage [-adʒe]
våningsplan etage [-adʒe]
vår *sb (årstiden)* ver, primavera; *(poss. pron.)* nostre; *vår-:* vernal
våradonis *bot* adonis
vård attention, sollicitude; *med* cura
vårda attender, curar, tractar, coler
vårdagjämning equinoctio vernal
vårdande *med* curative
vårdslös negligente
vårdslöshet incuria; *grov vårdslöshet (av kapten el. besättning):* barateria
vårlig vernal, primaveral
vårta verruca; *(mindre, liknande upphöjning)* papilla; *full av vårtor:* verrucose
vårtformad verruciforme
våt humide; *(fuktig)* molliate; *vara våt:* humer
väck *väck!:* via!
väcka eveliar, provocar; *bildl* suscitar, evocar, excitar, activar; *(t.ex. känslor, respons)* evocar, excitar; *väcka intresse/nyfikenhet hos:* intricar; *väcka avsky/motvilja:* repugnar
väckare eveliator
väckarklocka horologio eveliator
väckning evelia
väder temperie, tempore; *dåligt väder:* intemperie; *det är fint/bra väder:* il face belle/bon tempore
väderkorn flair *fr* [flæ:r]
väderkvarn molino de vento; *bekämpa väderkvarnarna:* combatter le molinos de vento
väderleksexpert meteorologo
väderleksrapport bulletin meteorologic
väderleksutsikt prognosis meteorologic
väderspänd flatulente
väderspänning flatulentia; *som förorsakar väderspänning:* flatuose
väderstreck puncto, puncto cardinal; *de fyra väderstrecken:* le punctos cardinal
vädja *jur* appellar; *(be)* supplicar, rogar, sollicitar
vädra *(lukta)* sentir, olfacer, flairar; *(lufta)* aerar, ventilar
vädring aerage [-adʒe], aeration
vädur ariete; *stjärnbilden Väduren: astron* aries; *vädurs-:* arietari
väg cammino, via, itinere; *(resväg)* route *fr*; *(stig)* sentiero; *föra in på rätt väg:* incamminar; *i vägen:* de troppo; *komma en bit på väg:* facer cammino; *stå i vägen för:* obstar; *ställa sig i vägen för:* transversar; *vara i vägen för:* obstruer; *vara på väg:* esser in cammino; *visa vägen:* guidar; *väg till...:* route *fr* [rut]
väga *(vara tung)* pesar; *bildl* ponderar; *väga sina ord:* mesurar su parolas, pesar su parolas; *väga upp:* pesar; *som kan vägas:* ponderabile; *som inte kan vägas el. mätas:* imponderabile
vägande ponderabile
vägg *allm* muro; *(inner-)* pariete; *vägg-:* mural, parietal
väggkarta mappa mural
väggklädsel pannello
vägglus cimice
vägglöss *full av vägglöss:* cimicose
väggmålning pictura mural
väggpelare pilastro
vägkorsning cruciamento, cruciata de vias
vägleda instruer; *(visa vägen)* guidar
vägledande *adj* directori
vägledare guida, mentor
vägledning guida, instruction
vägmätare hodometro
vägmätning hodometria
vägnar på *...-s vägnar:* del parte de, in nomine de
vägra refusar
vägran refusa
vägrare objector
vägtull pedage [-adʒe]
vägvisare indicator de via, indicator del stratas; *(person)* guida
väja *väja för:* evitar
väktare vigilator
väl *adv* ben; *(kanske)* forsan, probabilemente; *(som i 'någons väl och ve') sb* ben
välavvägd ben proportionate
välbefinnande *sb* benesser
välbehag placer, satisfaction, sentimento de ben-esser

välbetänkt *(som tagit råd)* avisate
välboren ben nascite
välbärgad prospere, opulente
välde dominio, imperio; *(makt)* potentia, potestate; *någons välde:* territorio; *stort välde:* imperio
väldig immense, enorme, tremende, formidabile; *väldigt: adv* valde, enormemente, multo
välfunnen apposite
välfägnad regalo, regalamento
välfärd benesser, prosperitate
välförtjänt condigne
välgrundad fundate
välgång ben esser, prosperitate, opulentia
välgångsönskan augurio
välgörande benefic, beneficente; *vara välgörande:* benefacer
välgörare benefactor, mecenas
välgörenhet beneficentia; *välgörenhet(s)-:* beneficente, caritabile
välinformerad al currente
välja eliger; *(ej politiskt)* optar; *välja till (t.ex. ytterligare styrelsemedlem):* cooptar; *välja till förmån för:* optar pro; *som kan/är värd att väljas:* eligibile; *som inte kan väljas:* ineligibile
väljare constituente, elector, votante; *väljar-:* electoral
välklang sonoritate
välklingande melodiose
välkommen benvenite; *hälsa välkommen:* dar le benvenita a
välkomst benvenita
välkänd familiar, famose, de nota, note
välla *välla fram:* surger, pullular
välling pappa
välljud sonoritate
välljudande euphone, euphonic, sonor, sonorose
vällukt fragrantia, olentia, perfumo
välluktande fragrante, odorifere
vällust voluptate
vällustig lascive, luxuriose, sensual, voluptuose, voluptuari
vällustighet voluptuositate
vällusting libertino
vällyckad con bon successo
välmenande ben intentionate
välmåga benesser
välproportionerad ben proportionate
välsigna benedicer
välsignad benedicte
välsignelse benediction; *läsa välsignelser över:* benedicer
välsmakande gustose, sapide, saporose
välstånd affluentia, felicitate, prosperitate, ric(c)hessa [-k-]
välta inverter
vältalare orator, rhetor, elocutor
vältalig eloquente, facunde
vältalighet eloquentia, elocution, oratoria; *vältalighets-:* rhetoric
väluppfostrad manierose
välva *välva sig:* arcar
välvilja benevolentia, gratia
välvillig benevole, benevolente; *välvilligt stämd:* propitie; *reagera välvilligt:* corresponder
vämjelig disgustose, horride, nauseose
vämjelse nausea
vän amico; *göra sig till vän med:* amicar se con
vänd *vänd mot:* adverso
vända tornar, volver, verter; *vända bak och fram:* preposterar; *vända bort:* averter; *vända inåt: zool* introverter; *vända och vrida (på en fråga):* revolver; *vända om:* reverter; *vända sig mot:* controverter, facer fronte a; *vända upp och ner:* inverter; *vända ut och in på:* everter, extroverter; *vända utåt:* extroverter; *som vänder på:* inversive
vänderot *bot* valeriana
vändkors tourniquet *fr* [turnike]
vändkrets *astron* tropico (del cancere/capricorno); *mellan vändkretsarna:* intertropical
vändning version, virage [-adʒe], viramento, virata; *(oväntad) vändning i pjäs:* peripetia
väninna amica
vänja accostumar, habituar; *vänja sig vid:* accostumar se a, habituar se a; *vänja vid klimatet/omständigheterna:* acclimatar
vänlig amical, amabile, affabile, benigne, benevolente; *med vänliga hälsningar:* con salutes cordial; *vara vänlig att:* haber le bonitate de
vänlighet affabilitate, benignitate, gentilessa
vänskap amicitate

vänskaplig amicabile; *vänskapligt sinnad:* amic
vänskaplighet amicabilitate
vänster sinistre, leve
vänsterhänt sinistromane
vänstersida *typ* verso
vänta attender; *(förvänta)* expectar; *vänta på:* attender
väntan attendentia, expectation
väntjänster *(god hjälp)* bon officios
väpnare doncello, scutero
värd *sb* hospite, hoste, invitator; *vara värd:* facer le honores; *(hotell-)* hotelier *fr*; *(värdshus-)* albergero; *(källarmästare)* restaurator, *fem* restauratrice; *(hus-)* locator, proprietario; *adj (värdig)* digne; *(ärad)* honorate; *vara värd (i pengar etc):* valer; *vara lika mycket värd:* equivaler; *värd att pröva/försöka:* essayabile; *värd beröm:* digne de laude
värde valor, merito; *(i pengar)* valuta; *efter värde: ekon* ad valorem *lat*
värdefull preciose, de valor
värdelös nulle; *värdelöst föremål:* cosalia
värdelöshet nullitate
värdera evalutar, taxar, appreciar, estimar, recognoscer, valorisar; *(beräkna)* computar
värdering appreciamento, appreciation, estimation; *(åsättande av värde)* valorisation
värderingsman taxator
värdesätta preciar, valutar
värdesättande recognoscentia
värdig digne, meritori
värdigas dignar
värdighet dignitate; *hög värdighet:* eminentia
värdighetstecken emblema, insignia(s)
värdinna hospite, hostessa
värdshus albergo, taverna
värdshusvärd albergero, tavernero
värdslig secular; *världsliga ting:* seculo
värja *sb* spada; *vb (försvara)* defender
värjrem porta-spada
värk dolor
värka doler
värld mundo, universo, cosmo; *gamla världen:* le vetere mundo; *nya världen (Amerika):* le nove mundo; *den litterära världen:* le mundo litterari; *hela världen:* tote le mundo; *läran om världens uppkomst:* cosmogonia; *bortom denna världen:* ultramundan; *världs-:* mundan, mundial, universal
världsalltet cosmo, universo
världsbeskrivning cosmographia
världsdel continente
världshav oceano
världshistoria historia universal
världskarta atlas, atlante, mappamundi *lat*
världskrig guerra mundial
världslig mundan, profan; *rel* temporal; *(ej kyrklig)* secular; *(ej prästerlig)* laic
världsman homine de mundo
världsmedborgare cosmopolita; *världsmedborgar-:* cosmopolita, cosmopolitic
världsomfattande global, universal
världsresenär globe-trotter *eng*
världsrymd universo, spatio, cosmo
världsvälde imperio mundial
värma calefacer; *värma upp:* calefacer
värme calor, ardor, fervor; *med värme/glöd:* con fervor; *värme-:* calorific
värmealstrande thermogene
värmeanläggning calorifero
värmeavkännare thermostato
värmebehandling *med* thermotherapia
värmebölja undeada de calor
värmeelement radiator
värmeenergi energia calorific
värmepanna caldiera (de calefaction)
värmeslag *med* insolation
värmeutvecklande calorific
värmeväxlare *tekn* excambiator thermic/thermal
värn protection, guarda, defensa, egide
värna defender, proteger, guardar, preservar; *(i skydd)* salveguardar
värnplikt *mil* conscription, servicio militar
värnpliktig *värnpliktig soldat: mil* conscripto
värre *(komparativ) adj* pejor [pedʒor], plus mal; *adv* plus mal, pejo [pedʒo]; *bli värre:* aggravar se; *så mycket värre:* tanto pejo [pedʒo]; *värre och värre:* de mal in pejo [pedʒo]
värst *(superlativ) adj* le plus mal, le pejor, pessime; *adv* le plus mal, le pejo; *det värsta:* le pejor
värv commission, function, incumbentia
värva *mil* inrolar, recrutar
värvning *mil* inrolamento, recruta, recruta-

mento
väsa sibilar
väsande *sb* sibilation; *adj* sibilante
väsen entitate, essentia, natura, hypostase; *filos* ente, character; *(varelse)* esser, creatura; *(buller)* ruito, strepito
väsentlig essential, fundamental, principal, integrante; *(inre)* intrinsec; *det väsentliga:* essentia, quintessentia; *väsentligen:* in substantia
väsentligast capital
väsentlighet essentialitate
väska *(hand-)* tasca, sacco; *(res-)* valise; *(koffert)* coffro; *(portfölj)* portafolio; *(liten väska med nödvändiga toalettsaker)* necessaire *fr* [nesesæ:r]
väsljud *fon* sibilante
väsnas ruitar, streper, strepitar
väsning sibilo
vässa acutiar, affilar
väst *(klädesplagget)* gilet *fr* [ʒile]; *(väderstrecket)* west
västanvind vento del west, *(poetisk)* zephyro
väster *(väderstrecket)* occidente, west
västerlandet *(Europa o. Amerika)* occidente
västerländsk occidental
västerut *åka västerut:* ir al west
Västeuropa Europa Occidental, West-Europa, Europa del West
västgot visigotho
västgotisk visigothic
Västindien Indias Occidental
västlig occidental, del west
väta molliar, humidificar; *(vattna)* rigar, humectar
väte hydrogeno; *(grundämnet väte, H)* hydrogeno; *väte-: kem* hydric
vätecyanid *kem* acido prussic
vätska liquido, liquor, fluido
vätskeansamling *med* edema
vätskeblåsa *med* vesicula; *innehållande var:* pustula
väv texito, textura; *(en vävnad)* tela; *(vävt tygstycke)* texito
väva texer
vävare texitor
vävnad textura; *biol* texito; *läran om vävnader:* histologia
vävnadsalstrande *biol* histogene
vävnadsdöd *lokal vävnadsdöd: med* necrosis
vävstol telario
växa crescer; *(öka)* augmentar; *få till att växa:* accrescer; *växa fram:* excrescer; *växa på nytt:* recrescer; *växa samman:* coalescer, *växa ut:* excrescer
växande *sb* crescimento; *adj* crescente
växel cambio, cambiamento; *ekon* tratta. littera de cambio; *(på bil)* cambio, transmission; *lägga i en växel:* ingranar
växellåda ingranage [-adʒe], transmission
växelpengar cambio, moneta
växelströmsgenerator turboalternator
växelströmsmotstånd *elektr* inductantia
växelsång *rel* antiphona, responsorio
växelvis alternativemente
växla cambiar, alternar, permutar; *växla till kontanter (t.ex. en check):* incassar; *som kan växlas:* cambiabile
växlande alternative, variabile
växling cambio, peripetia, vicissitude; *tillfälliga växlingar:* peripetias
växlingsbar *icke växlingsbar:* inconvertibile
växt planta; *(ört)* herba; *(ut-)* tumor; *(till-)* crescentia; *(gestalt)* statura; *liten till växt:* basse de statura; *en persons växt, figur:* talia; *växt-:* vegetabile, vegetal, vegetative
växthuseffekten effecto de conservatorio
växtlighet vegetation
växtlära botanica
växtmargarin margarina vegetal, oleomargarina
växtriket le regno vegetal
växtsaft lympha
växtsamlande herborisation
växtsamlare herborisator
växtsamling herbario
växtslem *bot* mucilagine; *växtslems-:* mucilaginose
växtvärlden *bot* flora
växtätande *zool* herbivore
växtätare herbivore; *pers* vegetariano
vörda respectar, estimar, venerar, reverer, honorar
vördig respectabile, venerabile
vördnad veneration, respecto, deferentia, obsequio, reverentia; *behandla med vördnad:*

obsequiar; *brist på vördnad:* irreverentia; *visa vördnad:* deferer a
vördnadsbetygelse respectos, homages [-adʒes]
vördnadsbjudande auguste
vördnadsfull respectuose
vördnadsvärd reverende, venerabile
vördsam deferente
vört musto de bira
vörtbröd pan a levatura

X

xenium *(officiell gåva till utländska besökare)* xenio
xenofob *(främlingshatare)* xenophobo
xenon *(gasformiga grundämnet xenon, Xe, ädelgas) kem* xenon
xerofyt *(ökenväxt)* xerophyto
xerografi *(fotokopieringsmetod)* xerographia
xylen *kem* xylen
xylofon *mus* xylophono
xylofonist *mus* xylophonista
xylofonspelare *mus* xylophonista
xylograf *(konst)* xylographo
xylografi xylographia
xylografisk xylographic

Y

y *bokstaven y:* i/y grec, ypsilon *gr* [ipsilon]
yankee *(typisk nordamerikan)* yankee *eng* [jengki]
yla mugir, ulular
ylle lana
yllefabrik laneria
yllefilt copertura de lana
ylletyg serge *fr*
ylleunderkläder subvestimentos de lana
yllevaror lanage [-adʒe], laneria
ymnig abundante, ample, profuse; *vara ymnig:* exuberar
ymnighet abundantia, affluentia, exuberantia, ric(c)hessa [-k-]
ymnighetshorn corno de abundantia, cornucopia
ympa *bot* graffar, *(med, även)* inocular, vaccinar
ympkniv graffator
ympkvist *bot* graffo
ympning inoculation
yngling juvene, garson, adolescente; *skön yngling:* adonis
yngre *(den) yngre:* junior; *yngre gren av familjen:* cadetto; *yngre son* cadetto, filio cadette; *yngre bror:* fratre cadette
ynklig pietose
ynkrygg poltron
ynnest favor, gratia; *(tjänst)* servicio
ynnestbevis gratification; *ge någon ett ynnestbevis:* gratificar
yoga yoga *sanskrit*
yoghurt yogurt
yogi gymnosophista; *(utövare av yoga)* yogi *sanskrit*
York *New York:* Nove York
yppa revelar, discoperir; *yppa sig:* presentar se
ypperlig excellente, magnific, grandiose, splendide, perfecte
ypperst *de yppersta:* élite *fr*
yppig abundante, affluente, exuberante, luxuriose, opulente, sumptuose; *(om växt)* luxuriante
yppighet luxuria, ubertate
yr vertiginose; *(yster)* jocose, impetuose
yra *sb* vertigine; *(feber-)* delirio; *(i tal)* digression; *vb* delirar, digreder, divagar
yrande *sb* delirio; *adj* delirante
yrka demandar, exiger, insister (super)
yrke occupation, profession, mestiero, vocation; *till yrket:* de profession
yrkesetik deontologia
yrkesutbildning *elev i yrkesutbildning:* apprentisse
yrsel *(svindel)* vertigine; *(feber-)* delirio
yrvakenhet vigilia
ysta *ysta sig:* cualiar
yta area; *(på kropp)* facie, superfacie; *(golv-)* area; *(även abstrakt)* superficie
ytlig legier [-dʒer], superficial; *(om person)* frivole
ytterbium *(grundämnet ytterbium, Yb) kem* ytterbium
ytterlig extreme
ytterligare *adj* additional, ulterior; *adv* (in) ultra, ancora, de plus, ulteriormente
ytterlighet extremitate, extremo, ultrantia; *från*

en ytterlighet till den andra: de un extremo al altere; *gå till ytterligheter:* ultrar; *ytterligheterna berör varandra:* le extremos se tocca; *ytterlighets-:* extreme

ytterlighetsman extremista

yttersida facie, superfacie, superficie; *ytterside-:* superficial

ytterst *adj* extreme, supreme, ultime; *adv* extremememente, excessivemente, ultimemente; *(i rummet)* al extremitate, al fundo; *på sitt yttersta:* in extremis *lat; till det yttersta:* a ultrantia

ytteröra *anat* auricula, pavilion; *ytterörats kant:* helice

yttra dicer, exprimer, pronunciar, enunciar; *(ta sig yttryck)* manifestar se; *yttra sig:* parlar; *'det yttrade':* enunciato

yttrande enunciation, expression, observation

yttre *sb* exterior; *(utseende)* aspecto, apparentia; *adj* exterior, externe, extrinsec; *för yttre bruk:* pro uso externe

yttring manifestation

yttrium *(grundämnet yttrium, Y) kem* yttrium

yucca *bot* yucca

yvas pavonisar; *yvas över:* vantar se de

yvig *(hår)* pilose; *(skog)* dense; *(träd)* foliose; *(allmänt, riklig)* abundante

yxa hacha [hasha]; *kasta yxa i sjön:* resignar

Z

z *bokstaven z:* zeta

zairier *(invånare i Zaire)* zairano

zambier *(invånare i Zambia)* zambiano

Zarathustra Zoroastro

zebra *zool* zebra

zebrarandig zebrate

zelot zelote

zenit zenit; *zenit-:* zenital

zeolit *geol* zeolitho

zeppelinare zeppelin *ty* [tse-]

zigenare tsigano, bohemo

zigensk tsigan; *zigenska språket (= romani):* tsigano, romani

zimbabwier zimbabwiano

zink *(grundämnet zink, Zn) kem* zinc

zinkblände *min* blende

zinketsning zincographia

zinkvitt blanco de zinc, zinc blanc

zirkon *(en ädelsten) min* zircon

zirkonium *(grundämnet zirkonium, Zr) kem* zirconium

zon zona; *indela i zoner:* zonar; *heta zonen:* le zona torride; *kall zon:* zona frigide/glacial; *tempererad zon:* zona temperate; *zon-:* zonal

zontariff tarifa per zonas

zoolog zoologo, zoologista

zoologi *(läran om djuren)* zoologia

zoologisk zoologic

zooma *zooma (in): foto* zoomar

zulu zulu

zygot *biol* zygote

Å

å *sb (vattendrag)* rivo; *interj* oh! ah!; *(prep, se* **på***)*

åberopa *åberopa (sig på):* referer se a

åberopande adduction

ådagalägga *(visa)* monstrar, manifestar; *(bevisa)* provar, demonstrar

åder *(blod-)* vena; *(puls-)* arteria; *geol* vena

åderbråck *med* varice; *full med åderbråck:* varicose

åderförkalkning *med* arteriosclerosis, aterosclerosis

åderinflammation *med* phlebitis

åderlåtning *anat* extravasation, phlebotomia

ådernät *anat, bot* rete vascular, venatura

ådra *sb (i trä etc)* vena; *(bildl även)* inspiration; *vb* venar

ådrad venate

ådraga attirar, causar; *ådraga sig:* incurrer; *ådraga sig en sjukdom:* contraher un maladia

ådragande *(av sjukdom)* contraction

ådring venatura

åh *åh!:* oh!

åhöra audir, ascoltar

åhörare ascoltator, auditor; *plur* auditores, auditorio

åka vehicular, ir, vader (in auto etc); *åka runt i hela världen:* currer le mundo; *åka skidor:* skiar

åkalla *(bönfalla)* invocar; *person som åkallar:* invocator

åkallan invocation
åkallande *adj* invocatori
åkallelse- invocatori
åkare cochiero [-shi-]; *(för lastvagn)* carrero
åkdon vehiculo
åker agro; *åker-:* campestre
åkerbruk agricultura
åkerjord terra cultivabile
åkersork *zool* campaniol
åkerstubb stupula
åkervinda convolvulo
åkerärt piso cultivate
åklaga accusar
åklagare accusator; *allmän åklagare:* procurator general
åkomma affection, maladia
ål *zool* anguilla; *elektrisk ål:* gymnoto
ålagt *ngt ålagt:* carga
ålder etate, ancianitate, vetulessa, vetustate; *(lång tidsperiod)* evo; *den bästa åldern:* le flor del vita/etate; *den gyllene åldern:* le etate de auro; *mogen ålder:* etate del discretion
ålderdom senectute, vetulessa, vetustate
ålderdomlighet antiquitate
ålderdomspåverkad senil
ålderssvag senil, decrepite
ålderstigen vetule
åldrad inveterate
åldrande *sb* senescentia; *adj* senescente
åldras inveterar
åldrig vetuste
åldring vetulo, vetula
ålformad anguilliforme
åligga *åligga (ngn) att:* incumber a
ålkråka *zool* corvo marin, cormorano
ålägga imponer, obligar, ordinar; *ålägga ngn:* cargar; *ålägga ngn att:* incargar un persona de
åläggande incumbentia; *åläggande från myndighet:* injunction
åminnelse commemoration, memoria; *till åminnelse av:* in memoria de; *bringa i åminnelse:* commemorar
åminnelsefest (festa) memorial
ånga *sb* vapor; *vb (för-)* evaporar; *ång-:* vaporose
ångande *adj* vaporose
ångare vapor, steamer *eng* [sti:mer] (= nave a vapor)
ångbad banio de vapor
ångbåt (nave a) vapor; *(gammaldags)* pyroscapho
ångbåtslinje linea de navigation
ånger repententia, contrition, compunction, penitentia, regret, remorso; *rel* attrition; *framkalla ånger:* compunger
ångerfull repentente, contrite, penitente
ångerköpt qui regretta su action, regrettante
ångest angustia, trepidation; *(ängslan)* anxietate; *(fruktan)* timor
ångestfull anxie, angustiose
ångfartyg nave a vapor
ångfartygstrafik navigation a vapor
ångfylld vaporose
ångkokare caldiera a vapor
ånglokomotiv locomotiva a vapor
ångmaskin machina [-k-] de vapor
ångpanna caldiera (de vapor)
ångra remorder; *ångra sig:* compunger se, repentir se (de); *ångra en handling:* repentir se de un action; *data* annullar
ångtryck tension de vapor
ångvissla sibilo a vapor
ångvält rolo compressor
ånyo de nove, de novo
år anno; *gott nytt år!:* bon anno nove!, felice anno!; *förra året:* le anno passate; *i år:* hoc anno, iste anno; *i Herrens år:* anno Domini *lat; för ett år sedan:* ante un anno; *om tre år:* post tres annos; *en gång om året:* un vice al anno, annual; *år ut och år in:* de anno in anno; *till åren kommen:* inveterate; *vid 30 år:* a 30 annos; *varande ett år:* annual, annue; *per år:* annual; *års-:* annue, annal
åra remo
årblad pala
årgång *(tidning etc)* (collection de) un anno
århundrade seculo
årklyka fulcro
årlig annual, annue
årrad *med tre årrader: adj* trireme; *skepp med tre årrader:* trireme
årsavgift quotisation/contribution annual
årsberättelse reporto annual
årsbetalning annuitate

årsbiljett billet annual
årsbok chronica annual, annuario; *årsböcker:* annales
årsdag anniversario
årsgammal de un anno
årslång annual, de anno(s)
årsmöte reunion annual
årsring *(även bot)* circulo annual
årsskifte le cambiar del anno, cambio annual
årstid saison *fr* [sezõ], station del anno
årtag remata
årtal anno
årtionde decennio
årtull tole
årtusende millenio, millennio
ås *(tak-)* cresta, culmine; *(konkret)* trabe de culmine; *(berg-)* catena de montania
åse reguardar, spectar, vider a
åsido a parte, al latere
åsidosätta mitter a parte, negliger; *(förbise)* omitter
åsidosättande *(av närmaste arvinge) jur* inofficiositate
åsikt opinion, aviso; *ansluta sig till en åsikt:* adherer a un opinion; *bilda sig en åsikt om:* formar se un opinion super; *framlägga en åsikt:* emitter un opinion; *vara av den åsikten att:* esser de opinion que
åska *sb* tonitro; *(oväder)* tornado, tempesta atroce; *åskan går:* (il) tona, il fulmina; *åskan slår ned:* le fulmine cade; *slagen av åskan:* colpate del fulmine; *vb* tonar
åskledare para-fulmine
åskmoln nubilo
åskvigg fulmine
åskväder (tempesta de) tonitro
åskåda (*se* **åse**)
åskådare spectator; *(vittne)* testimonio ocular
åskådarläktare stand *eng*, tribuna
åskådlig clar, intelligibile, demonstrative, perspicue; *filos* intuitive
åskådliggöra demonstrar, illustrar, clarificar
åskådliggörande visualisation
åskådning *(åsikt)* opinion; *filos* intuition; *(som förnekar existensen av bindande morallag)* immoralismo
åsna *zool* asino, asina; *åsne-:* asinin
åsneaktig asinin
åsnebrygga *mat* ponte del asinos
åsnedrivare asinero, mulero
åstadkomma effectuar, producer; *(orsaka)* causar; *(fullfölja)* prosequer; *åstadkomma underverk:* operar miraculos
åstunda desirar, desiderar, aspirar (a)
åsyfta intender; *(syfta på)* alluder a
åsyn vista, aspecto; *(utseende)* apparition; *åsyna vittne:* testimonio ocular
åt a, pro, verso; *(åt norr)* verso le nord
åtaga *(befatta sig med)* occupar se con; *åtaga sig:* assumer; *åtaga sig att:* cargar se de
åtal accusamento, indiction; *under åtal:* in stato de accusation
åtala accusar, inculpar, initiar un processo contra
åtalad accusato
åtalspunkt *jur* allegation
åtanke memoria; *hålla i åtanke:* tener in memoria, non oblidar
åtbörd gesticulation
åtdraga astringer
åtel caronia
åter *(ånyo)* de nove, de novo; *(tillbaka)* retro; *(däremot)* al contrario; *åter-: i smnstn* re-, retro-
återanpassa readjustar
återanpassning readjustamento
återanställa reingagiar [-dʒar]
återanställning reingagiamento [-dʒa-]
återanvända recyclar
återanvändning recyclage [-adʒe]
återberätta referer
återbetala repagar, restituer, reimbursar
återbetalning repagamento
återblick retrospecto; *mil* retroguarda
återbud *ge återbud:* contramandar, annullar
återbäring restitution
återerövra *(fånga på nytt)* recapturar
återfall recadita, relapso; *(jur och även med)* recidiva; *(till tidigare former) biol* reversion; *få återfall (i t.ex. missbruk):* recader
återfallsförbrytare recidivista
återfinna retrovar
återframbringande reproduction
återfyllning repletion
återfå recuperar
återfärd retorno, viage [-adʒe] de retorno

återföda regenerar, renascer
återfödelse renascentia, palingenese, palingenesis
återföra reportar; *återföra i led: med* reducer
återförena reunir
återförening reunion
återförning *återförning av urledgånget: med* reduction
återförsäkra reassecurar
återförsäkring reassecurantia
återförsälja revender
återge render, reproducer; *återge i utdrag:* epitomar; *som inte kan återges:* inenarrabile
återgiva restituer, recapitular
återglans *ge återglans:* refulger
återgå retornar, retrogradar, regreder, regressar
återgång regression; *(av arv) jur* reversion; *(efterfrågan)* demanda; *(förbrukning)* consumption
återhålla retener, reprimer
återhållsam abstemie, moderate, reservate; *(nykter)* abstinente; *vara återhållsam:* metir se
återhållsamhet moderation
återigen de nove
återinrätta restablir
återinrättande restablimento
återinsätta reintegrar
återkalla recantar, revocar; *(order)* contramandar
återkallande disdicimento, recantation, revocation, revoco
återkasta *(t.ex. ljus)* reflecter; *allm* rejicer
återkastning *(av ljus, ljud, värme)* repercussion
återkomma recurrer, retornar, revenir
återkommande recurrente
återkomst retorno
återkoppling feedback *eng*
återköpa redimer
återlämna restituer
återlämnande retrocession
återlösning redemption
återse revider; *på återseende!:* a revider!, au revoir *fr* [o revoar]
återseende *på återseende:* a revider, au revoir *fr* [o revoar]
återskapa regenerar, recrear
återskapande *(förnyelse etc)* regeneration
återspegla specular
återspeglande reflexive
återspegling reflexion, reflexo
återstod resto
återstudsa repercuter, reverberar; *(om ljus)* reflecter; *(om kula)* ricochettar
återstå restar, remaner
återställa remitter, rehabilitar, restituer; *(i gott skick)* restaurar; *(ge tillbaka)* restituer; *återställa ordningen:* restabilir
återställande restitution, retrocession; *adj* restaurante
återställd *(till hälsan)* restabilite
återställningstecken *mus* bequadro
återsända retromitter
återta reprender
återtaga reprender, revocar; *(repetera)* repeter; *(åter börja)* recomenciar
återtillåtande readmission
återtåg retiro, retiramento
återuppbygga reedificar
återuppbyggnad reedification
återuppleva avivar, reavivar, reviver
återuppliva reanimar, revivificar, reavivar, resuscitar
återupplivande *(t.ex. naturens om våren)* resurrection
återupplivning resuscitation
återupprusta rearmar
återupprätta reconstituer, restablir, restaurar
återupprättande restablimento
återuppstå resurger
återuppståndelse reincarnation; *rel* resurrection
återuppsuga resorber
återuppta reprender, reprisa
återupptaga *(i förening t.ex.)* readmitter
återupptagning readmission
återuppträda reapparer
återuppväcka resuscitar
återuppväckande resuscitation
återutgiva reeditar
återval reelection
återverka *återverka på:* reager super
återverkan reaction, repercussion
återvinna reganiar, recovrar, recuperar, recyclar; *återvinna hälsan:* recovrar le sanitate

återväg (cammino de) retorno
återvända retornar
återvändande retorno
återvändo retorno
återvändsgränd impasse *fr* [eñpas], impasso
återväxt recrescentia
återöppning reapertura
åtfölja accompaniar
åtföljande *sb* accompaniamento
åtgärd mesura, action; *vidtaga åtgärder:* prender mesuras
åthävor manieras, gesticulationes
åtkomlig accessibile
åtlyda obtemperar; *ej åtlyda:* disobedir; *åtlyda ngn:* obtemperar a un persona
åtlöje derision; *bli föremål för åtlöje:* facer se ridicule
åtminstone al minus
åtnjuta beneficiar de, fruer de; *(erhålla)* reciper
åtnjutande fruition
åtnöjas contentar se (de)
åtrå *sb* desiro, desiderio, appetito, cupiditate; *vb* desirar, desiderar; *(häftigt)* concupiscer
åtsittande *(om kläder)* stricte
åtskilja appartar, separar, distinguer, differer
åtskiljande discretive
åtskiljd discrete
åtskilliga varie, plure, diverse; *(utan subst. efter)* plures
åtskillnad differentia, distinction
åtsnörd stricte
åtsnörningspinne *med* tourniquet *fr* [turnike]
åtta octo
åttadubbel octuple
åttafaldig octuple
åttafaldiga octuplicar
åttafoting *(bläckfisk)* octopode
åttahörnig octagonal
åttahörning octagono
åttasidig octahedre
åttasiding *mat* octahedro
åttastavig octosyllabic; *åttastavig vers:* octosyllabo
åttio octanta
åttionde octantesime, octogesime
åttioårig octogenari
åttonde octave, octesime
åverkan *(skada)* damno; *göra åverkan:* causar damno
åvilande incumbente

Ä

äckel nausea
äckla nausear, disgustar
äcklande nauseabunde
äcklig infecte, nauseose, disgustose, repugnante
ädel nobile, gentil; *(adlig)* nobile; *(av hög härkomst)* generose; *(om metall etc)* preciose
ädelgas *(gasformiga grundämnet xenon, Xe) kem* xenon
ädelhet nobilitate, sublimitate
ädelmod generositate; *(högsinthet)* magnanimitate
ädelmodig generose, magnanime
ädelsten petra preciose, joiel, gemma; *innefatta el. pryda med ädelstenar:* gemmar, ingemmar; *ädelstenen hyacint (gulröd variant av zirkon): min* hyacintho
ädelstensbärande gemmifere
ädling nobile, aristocrate
äga haber, posseder; *äga rum:* evenir, haber loco, occurrer
ägande detention, possession; *ägande-:* possessive
äganderätt proprietate; *(på grund av besittningstagande) jur* occupantia; *(efter faktiskt besittningstagande) jur* usucapio; *överföra äganderätten till ngn annan: jur* alienar
ägare possessor, domino; *(fastighets-)* proprietario
ägg *biol* ovo; *ligga på ägg:* covar
äggcell *biol* ovo
äggformad oval
äggformig oval
äggkläckning incubation, covada
äggkläckningsmaskin incubator, machinacovatrice
äggkopp oviero
äggledare *anat* oviducto
äggliknande ovoide
ägglossning *biol* ovulation
äggläggande ovipare
äggskal scalia de ovo
äggstock *anat* ovario

äggula vitello; *äggule-:* vitellin
äggvita blanco de ovo, clara, albumine; *biokem* albumina; *äggvita i urinen: med* albuminuria; *innehållande äggviteämne:* albuminose
äggviteämne *kem* proteina
äggvärmare caleface-ovos
ägiljett *(flätat guldsnöre över bröstet på uniform)* aguliettta
ägna dedicar, consecrar; *(hängivet)* devotar; *(passa)* esser apte pro; *(passa, anstå)* convenir *(ex.:* il non conveni de facer); *ägna sig åt:* consecrar se a, dedicar se a, occupar se con; *ägna sina krafter åt:* sposar
ägnad *väl ägnad (för ngt):* capabile; *ägnad för:* idonee
ägo *ha i sin ägo:* haber in su possession
ägodel ben, proprietate; *ägodelar:* haber, possessiones, substantia
äkta *adj* authentic, genuin, ver, veridic; *(börd)* legitime; *äkta make/maka:* sposo/sposa, marito/marita, conjuge; *äkta man:* marito; *äkta par:* copula; *vb* sponsar, sposar, maritar; *äkta (ngn) igen:* remaritar, resposar
äktenskap maritage [-adʒe], matrimonio, connubio, stato conjugal, hymene, hymeneo; *förbinda genom äktenskap:* apparentar; *ingå äktenskap:* contraher matrimonio; *son i första äktenskapet:* filio del prime lecto; *äktenskapets gud:* Hymene, Hymeneo; *äktenskaps-:* sponsal
äktenskaplig conjugal, connubial, matrimonial
äktenskapsbrott adulterio; *begå äktenskapsbrott:* adulterar, committer adulterio; *skyldig till äktenskapsbrott:* adulterose
äktenskapsbrytare adulterator, adultero
äktenskapsskillnad divorcio
äkthet genuinitate, veritate, puritate, authenticitate; *bevisa/intyga äktheten:* authenticar
äldre plus vetere, major de etate
äldst le plus vetere
älg *zool* alce
älggräs *bot* ulmaria
älska amar; *(vara förälskad)* affectionar
älskare amante, caro; *(av ngt)* amator
älskarinna amante, concubina
älsklig amabile, dulce, gratiose
älsklighet amabilitate
älskling amato, favorito, predilecto
älskog amores; *älskogs-:* amorose, amatori
älskvärd amabile, affabile, complacente, gentil
älskvärdhet amabilitate, gentilessa, gratiositate
älv fluvio, riviera
älva elf, sylphide, fee
ämbar situla
ämbete empleo, posto, function, officio, placia; *(präst-)* ministerio; *högt ämbete:* dignitate; *å ämbetets vägnar:* de/ex officio; *som hör till ämbetet:* functional; *ämbets-:* official
ämbetsbroder collega
ämbetsdräkt roba
ämbetslokal officina, officio
ämbetsman functionario, official, empleato; *hög ämbetsman:* dignitario; *kinesisk ämbetsman:* mandarin
ämbetsmantel toga
ämna intender; *(till-)* destinar
ämne thema, materia, substantia, topico; *bildl* subjecto, objecto; *(läro-)* branca, disciplina; *ämne i diskussion:* proposito; *avvikelse från ämnet:* divagation; *komma bort från ämnet:* divagar; *rörande visst ämne:* topic
ämnesförteckning tabula del materias
ämnesomsättning nutrition; *biol* metabolismo
än *(ännu)* ancora; *konj* que; *(efter komparativ)* quam, que, de; *än en gång:* ancora un vice; *om än:* mesmo si, etsi; *var än:* ubicunque; *vem än:* quicunque; *än sämre: adv* plus pejo; *än ... än:* nunc ... nunc, ora ... ora
ända fin, extremitate; *(kroppsdel)* culo, posterior, podice; *från ena ändan till den andra:* de parte a parte; *ända hit:* usque (a) hic; *ända sedan:* depost, desde, post que, desde que; *ända till:* usque
ändalykt fin, morte
ändamål fin, objecto, objectivo, scopo; *ändamålet helgar medlen:* le fin justifica le medios
ändamålsenlig adequate, appropriate, apte, convenibile, efficiente, expediente, practic, utile, expediente
ändamålslös van, inutile; *(olämplig)* inapte; *(om tid)* importun
ändamålsorsak *filos* causa final
ände fin, termination
ändelse final; *gram* suffixo, desinentia, termination
ändlös sin termino

ändra modificar, alterar, emendar; *(omvandla)* mutar; *(förbättra)* corriger, meliorar; *ändra sig:* cambiar (se); *ändra åsikt:* cambiar de opinion; *som kan ändras:* alterabile
ändring alteration, cambiamento, modification, mutation; *ändring i planets bana: astron* perturbation
ändringsförslag *(till lag, stadga, resolution)* emendamento
ändstation terminal, terminus
ändtarm *anat* recto; *ändtarms-:* rectal
ändtarmsöppning *anat* ano; *ändtarmöppnings-:* anal
ändå totevia, nonobstante
äng prato; *(betes-)* pastura
ängel angelo, serapho; *ängelns hälsning (till jungfru Maria):* le salutation angelic
änglalik angelic, seraphic
ängslan anxietate, inquietude, timiditate, timor, trepiditate, trepidation, alarma; *(oro)* inquietude
ängslig anxie, anxiose, inquiete, timorose, trepide
ängslighet anxietate
ängsskära *bot* serratula
änka vidua; *göra till änka:* viduar; *änke-;* vidual
änkeman viduo
änkestånd stato vidual
änkling viduo; *göra till änkling:* viduar; *änklings-:* vidual
änklingsstånd stato vidual
ännu ancora; *ännu ej, inte ännu:* non ancora; *ännu en gång:* ancora un vice, altere vice
änskönt benque
äntligen al fin, finalmente
äntra *mil* abbordar; *äntra ett skepp:* abbordar un nave
äppelformad pomiforme
äppelmos compota de pomos
äppelodling pomicultura
äppelträd pomiero
äppelvin cidra
äpple pomo, malo
äpplevin cidra
är *(presens av* **esser** *att vara)* es
ära *sb* gloria, honor; *(rykte)* fama; *för ärans skull:* honoris causa *lat; ha äran att:* haber le honor de, permitter se; *har den äran:* bon anniversario; *på min ära:* a mi honor/parola; *till någons ära:* in honor de; *vb* honorar, reverer; *(vörda)* respectar, venerar, coler; *äre-:* honorific
ärad *högt ärad:* illustrissime
ärbar decente, honeste; *(kysk)* caste, pudic
äregirig ambitiose, avide de gloria
äregirighet ambition
ärekränkning injuria, diffamation
ärelös dishoneste, dishonorabile, infame, ingloriose
äreminne panegyrico, elogio
ärende *(uppdrag)* commission, carga, affaire *fr* [afæ:r], mission
ärenpris *bot* veronica (officialis)
äreport arco triumphal
ärerörig injuriose, diffamatori
ärevördig venerabile, reverende, reverential
ärftlig hereditari
ärftlighet hereditate; *ärftlighets-:* genetic
ärg aerugine, verdigris, patina; *kem* flor de cupro, oxydo de cupro; *(konstn.)* patina
ärke- archi-, egregie
ärkebiskop archiepiscopo, primate, metropolitano
ärkebiskopsdöme archiepiscopato
ärkebiskopssäte citate/sede del archiepiscopo, metropole; *ärkebiskopssätes-:* metropolitan
ärkediakon archidiacono
ärkehertig archiduce, archiduc
ärkehertigdöme archiducato
ärkehertiginna archiduchessa [-k-]
ärkestift archiepiscopato
ärkeängel archangelo, archiangelo
ärlig honeste, sincer, candide
ärlighet candidessa, sinceritate, honestate, honestitate, probitate
ärm manica
ärofull gloriose; *icke ärofull:* ingloriose
ärorik gloriose
ärr cicatrice
ärrbildning cicatrisation
ärta *bot* piso
ärtbalja *bot* siliqua
ärtformig pisiforme
ärtskida *bot* scalia, vaina de piso
ärtskocka *(kron-) bot* artichoc [-sh-]

ärttörne *bot* ulex
ärtväxter leguminosas
ärva hereditar
äska demandar
äss *(kortspel)* asse
ässja focar/furno de forgia [fordʒa]
äta mangiar [-dʒar], eder; *(tugga)* masticar; *äta glupskt:* devorar, gluttonisar; *äta frukost, middag, kväll:* jentar, dinar, cenar, soupar; *äta lunch:* lunchar *eng; äta upp:* vorar; *glupskt ätande:* devorante; *ät-:* manducabile
ätbar comestibile, edibile, mangiabile [-dʒa-]
ätlig edibile
ätt familia, domo, lineage [-adʒe], stirpe; *(folkslag)* gente; *hist* genos; *kunglig ätt:* dynastia
ättartavla tabula genealogic
ättefader ancestre
ättehög tumulo
ättetavla tabula genealogic
ättika vinagre, aceto; *ättiks-:* acetic
ättling descendente, descendentia
även tamben, anque [angke], etiam; *(t.o.m.)* mesmo; *även om:* tamben si, etiam si, anque si, benque, etsi; *icke blott ... utan även:* non solmente ... ma tamben/sed etiam
ävensom assi como
ävenså de mesmo
äventyr aventura
äventyra aventurar, riscar
äventyrare aventurero; *(kringströvande riddare)* paladin
äventyrlig aventurose
äventyrlighet escappada
äventyrsfylld aventurose
ävlan effortio
ävlas effortiar se, facer tote su effortios

Ö

ö insula; *ö-:* insular
öbo insulano, insulario; *öbo-:* insulan
öda dispender; *öda bort:* dissipar, guastar, prodigar
öde *sb* destino, sorte; *(oundvikligt)* fatalitate, fato; *lämna åt sitt öde:* derelinquer; *adj* deserte, devastate, vaste
ödelägga deler, desolar, devastar, ruinar, vastar, devastar; *(förstöra)* deler, destruer; *(moraliskt)* vitiar, depravar; *bildl* ruinar; *en som ödelägger:* guastator
ödeläggande *adj* deleterie, consumptive
ödeläggelse deletion, desolation, devastation
ödem *(sjukdom)* edema
ödemark deserto
ödesdiger fatal, sinistre
ödestimma hora fatal
ödestro fatalismo
ödla *zool* lacerta, sauro
ödledjur sauro
ödmjuk humile, mansuete
ödmjuka *ödmjuka sig:* humiliar (se)
ödmjukhet humilitate, submission; *(förödmjukelse)* humiliation, submission
ödsla dispender; *ödsla bort:* dissipar, guastar, prodigar
ödslig deserte, desertic
öga oculo; *bot* button; *(nåls-)* oculetto; *falla i ögonen:* saltar al oculos; *kasta ögon på:* ocular; *klena ögon:* viso debile; *med/för båda ögonen: adj* binocular; *mellan fyra ögon:* inter quatro oculos; *öga för öga:* oculo pro oculo; *ögats bindehinna: anat* conjunctiva; *ögats lins: anat* crystallino, lente; *öppna någons ögon:* aperir le oculos a un persona; *ögon-:* ocular, ophthalmic
ögla nodo; *(slinga)* funda; *mek* anello
ögna ocular; *ögna igenom:* ocular, jectar un oculata a; *(i bok)* percurrer
ögonblick momento, instante; *ett ögonblick!:* un momento!; *varje ögonblick:* a omne instante; *ögonblicks-:* instantanee, momentanee
ögonblicklig momentanee, immediate, instantanee; *ögonblickligen:* immediatemente, al instante, instantanee, *(plötsligt)* subito
ögonblicklighet instantaneitate
ögonbryn supercilio; *med buskiga ögonbryn:* superciliose
ögonfrans *anat* cilio
ögonfägnad placer del oculos
ögonglob bulbo del oculo, globo del oculo, globulo ocular
ögonhåla *anat* orbita
ögoninflammation *med* ophthalmia
ögonkast oculata, reguardo
ögonlins lente

ögonlock palpebra

ögonlocksinflammation *med* blepharitis

ögonläkare oculista, ophthalmologo

ögonläkekonst oculistica

ögonmått *efter ögonmått:* secundo le oculo

ögonskenlig evidente

ögonsten pupilla, *bildl* cosa favorite

ögontand dente ocular

ögontjänare adulator

ögonvatten *(-droppar) med* collyrio

ögonvita blanco del oculos

ögonvittne testimonio ocular

ögonvrå angulo del oculo

öka augmentar, incrementar; *(takten)* accelerar, accrescer; *itr* augmentar, crescer; *öka hastigheten:* accelerar; *öka i pris:* augmentar de precio; *öka ut:* supplementar

öken deserto; *vara en ropandes röst i öknen:* predicar in le deserto

ökenvind *het ökenvind:* samum

öknamn nomine de joco/de ironia, supernomine

ökning accrescimento, augmentation, augmento, incremento

ökänd notori, de mal fama

öl bira; *ljust öl:* bira clar; *mörkt öl:* bira obscur

ölbryggare birero

ölbryggeri bireria

ölkafé bireria

ölsejdel bicario de bira

ölstuga bireria, taverna

öm tenere, sensibile; *(smärtsam)* dolorose; *(känslig)* irritabile; *öm punkt:* puncto delicate

ömhet *fys* sensibilitate, dolor; *(sinnelag)* teneressa, affection

ömka commiserar, compatir, miserar

ömkansvärd regrettabile; *(eländig)* miserabile, misere, deplorabile, pietose

ömklig miserabile, misere

ömklighet miseria

ömma *(värka)* doler; *ömma för:* compatir

ömmande *bildl* sollicite; *(känslig)* sensibile

ömsa cambiar; *ömsa skinn:* mutar

ömsesidig bilateral, reciproc, mutual, mutue; *stå i ömsesidig relation:* correlatar; *ömsesidigt beroende: adj* interdependente, *sb* interdependentia

ömsint sensibile, emovibile, compatibile, sollicite; *(tillgiven)* affectuose, affectionate

ömtålig delicate, sensibile; *(svag)* debile

önska desirar, desiderar; *(vilja)* voler; *(behöva)* carer; *lämna mycket övrigt att önska:* lassar multo a desirar; *önska gott nytt år:* augurar bon anno (a)

önskan desiro, desiderio; *efter önskan:* secun(do) desiro, a desiro, a gusto; *ivrig önskan:* aspiration

önskande *orealistiskt önskande: adj* velleitari

önskeben *(på fågel)* furchetta del sterno

önskemål desideratum, requesta

önsketänkande velleitate

önsketänkare velleitario

önskvärd desirabile, desiderabile; *icke önskvärd:* indesirabile

öppen aperte, patente; *(offentlig)* public; *(oavgjord)* pendente; *på öppen sjö:* al largo; *öppet vatten:* largo; *stå öppen:* hiar; *öppen källa: data* codice aperte

öppenhet candidessa

öppenhjärtig sincer, candide, franc, ingenue

öppenhjärtighet franchitia [frankitsia], ingenuitate

öppenvårdsmottagning policlinica

öppna aperir, displicar; *(flaskor)* discorcar; *(festlighet)* aperir, inaugurar; *(genomborra)* perforar; *en som öppnar:* aperitor; *åter öppna:* reaperir; *öppnas:* aperir se

öppnare *(verktyget)* aperitor

öppnas aperir se

öppning apertura, ore, orificio, foramine, hiato, perforation; *(liten)* oculetto; *(hål)* apertura; *(öppnande)* apertura; *(högtidlig)* inauguration; *(grav etc)* excavation; *öppning i förhandling:* overtura

öppningstal *(kort)* allocution

öra *anat* aure; *(ytter-)* auricula; *(hörsel)* audito; *(handtag på kärl)* ansa; *(på kopp el. kruka)* ansa; *låna sitt öra till:* prestar le aure a; *vara idel öra:* esser tote aures; *öron-:* aural, auricular

öre *(mynt)* 'oere' *skand,* centesime parte de un corona

örfil verberation (al auricula), verberata

örfila verberar

örhänge anello de aure, pendente de aure

öring tructa

örlogsfartyg nave de guerra

örlogsflotta marina de guerra

örlogsvarv arsenal

örn aquila; *örn-:* aquilin

örngott theca de cossino

örnlik aquilin

örnnäsa naso aquilin

öronformad auriforme

öroninflammation *med* otitis

öronlappar coperi-aures

öronläkare aurista

öronmussla *anat* concha

öronmärka *(anslag/bidrag)* etiquettar [-ke-]

öronpinne cura-aures

öronsnäcka *anat* helice

öronspegel otoscopio

öronspottkörtel parotide

öronsusning susurro aural; *öronsus(ningar): med* tinnitus

öronvax cerumine

örring anello de aure

örsnibb lobo de aure

örsprång otalgia, otitis

ört planta, herba; *ört-:* herbal

örtagård horto, jardin; *bibl* oliveto

örtaktig herbacee

örtsamling herbario

örtte tisana

örtväxter herbage [-adʒe]

örvax cerumine

ösa haurir; *(hälla)* infunder; *(hälla ur)* effunder; *(tömma)* vacuar, escolar; *ösa en båt:* disaquar

öskar vaso de haurir, haustor

ösregn pluvia torrente, diluvio

ösregna *(komma som en syndaflod)* diluviar

öst est

östanvind vento del est

öster est, oriente, levante; *mot öster:* al est, verso le est

österlandet Oriente; *(frf allt östra medelhavsländerna)* Levante

österländsk oriental, levantin, oriente

österrikare austriaco, austriano

Österrike Austria

österrikisk austriac, austrian

Östersjön Mar Baltic, Baltico

österut *åka österut:* ir al est

Östeuropa Europa Oriental, Est-Europa, Europa del Est

östlig oriental, oriente, del est; *(i uppgående solens riktning)* levante

östra oriental, del est

Östtyskland *(DDR) hist* Republica Democratic German

öva exercitar, practicar; *(ut-)* practicar, exercer

över *prep* super, supra; *(angående)* (in) re; *(förbi)* via; *(tvärs över)* trans; *adv* supra; *(kvar)* restante; *(mer än)* plus de; *över 20 år:* plus de vinti annos

överallt ubique, in omne partes, in tote locos

överantvarda consignar

överantvardande consignation

överarm le parte superior del bracio

överbefolkad superpopulate

överbefolkning superpopulation

överbefälhavare commandante in chef [sh-], generalissimo

överben *(lår)* femore

överbevisa convincer

överblick reguardo general, vista; *bildl* apperception

överbliven residual, residue

överbyggnad superstructura

överdos dose excessive

överdra *överdra/täcka med stål:* acierar

överdrag conto a discoperto, copertura, revestimento

överdragskläder costume de travalio

överdragssko superscarpa

överdrift exaggeration, excesso, exorbitantia, hyperbola, ultrantia

överdriva amplificar, exaggerar, exceder, ultrar; *(betydelsen av ngt)* aggrandir

överdrivande exaggerative

överdriven exaggerative, excessive, exorbitante, immoderate, hyperbolic; *vara överdriven:* exorbitar

överdåd *(lyx)* luxo, extravagantia; *(djärvhet)* harditessa, intrepiditate, audacitate; *(övermod)* arrogantia

överdådig luxuriose, opulente, profuse, sumptuari, sumptuose

överens de accordo; *komma överens:* componer se de, poner se de accordo; *komma bra överens:* intender se; *stämma överens:* concordar; *vara överens:* esser de accordo, esser de concerto; *icke vara överens:* disaccordar; *ej vara överens med etablerad kyrka:* dissider

överenskomma convenir, accordar, concordar; *överenskommet möte:* appunctamento

överenskommelse convention, accordo, pacto, concordantia, tractato; *komma fram till en överenskommelse:* poner se de accordo; *träffa en bindande överenskommelse:* contraher

överensstämma accordar, coincider, concurrer, congruer

överensstämmande *adj* compatibile, conforme, congrue, congruente, concorde, consonante, correspondente; *ej överensstämmande:* discrepante, incongrue, incongruente; *helt överensstämmande med:* identic a

överensstämmelse accordo, coincidentia, concerto, concordantia, concordia, concurrentia, conformitate, congruentia, congruitate, consistentia, correspondentia, harmonia, similitude; *bringa till överensstämmelse:* harmonisar; *brist på överensstämmelse:* incongruentia, incongruitate; *bristande överensstämmelse:* discrepantia; *i överensstämmelse med:* secundo, conforme a

överfall attacco, assalto

överfalla assalir, assaltar

överfart passage [-adʒe], traversata

överflytta transferer; *(till en efterträdare)* devolver

överflyttande *(till en efterträdare)* devolution

överflyttning transferimento, translation

överflöd abundantia, affluentia, copia, cornucopia, plenitude, superfluitate, ubertate; *(stort)* superabundantia

överflöda abundar, exuberar, redundar; *överflöda av:* abundar in

överflödande *sb* exuberantia; *adj* abundante, affluente, superabundante, exuberante, disbordante

överflödig superflue, non necesse, de troppo, expletive, redundante

överflödighet superfluitate

överfull troppo plen, disbordante

överfylla congerer

överfyllnad congestion

överfyllning *(av halsen)* ingorgamento, ingurgitation

överföra transferer, transmitter, translatar, traducer; *som kan överföras:* cessibile

överförande transfusion

överförare transmissor

överförbar transferibile

överförd *(betydelse)* figurate, figurative; *jur* alienate

överförenkling simplismo

överföring transferimento, translation; *(av egendom) jur* transferimento; *(av ljud, bild, kraft etc)* transmission; *överföring av äganderätt:* alienation

överge abandonar, derelinquer; *(boplats etc)* desertar, deserer

övergivande *sb* abandonamento, abandono, desertion

övergiven derelicte, deserte

övergivenhet desolation

överglänsa eclipsar

övergrepp violation

övergå exceder, transir; *(överträffa)* superar, superpassar; *rel* converter; *bildl* passar; *(till en efterträdare)* devolver; *övergå till dagordningen:* al ordine del die

övergående *sb (till en efterträdare)* devolution; *adj* transiente

övergång passage [-adʒe], transition; *(spårv, etc)* cambio, cambiamento, conversion; *övergångs-:* transitori

övergångsbiljett billet de cambio, billet de correspondentia

övergångsperiod periodo de transition, periodo transitori

övergångsålder *med* climacterio; *övergångsålders-:* climacteric

övergödning *(för mycket näring)* superalimentation

överhand predominantia, avantage [-adʒe]; *bildl* prevalentia; *ta överhand:* vincer, crescer, surmontar, augmentar se

överhet autoritate (public); *(egenskap)* superioritate; *överhets-:* magistral

överhetsbeslut decreto

överhetta *fys* supercaldar

överhopa cumular, supercargar; *(besvära) bildl* importunar; *överhopa med hedersbetygelser:*

coperir de flores
överhoppa saltar; *bildl* omitter
överhud *anat* derma, cuticula, epidermis
överhuvud *sb* chef [sh-]; *adv* in general, generalmente, in toto, del toto
överhängande acute; *(omedelbart förestående) bildl* imminente; *något överhängande:* imminentia
överhöghet soveranitate, suprematia
överila *överila sig:* ager inconsiderate/sin reflexion, infuriar se, precipitar
överilad inconsiderate, precipite
överilning precipitation, irreflexion
överinseende direction, controlo
överjordisk supermundan, supraterrestre; *(himmelsk)* celeste; *(gudomlig)* divin
överkast copertura (de lecto)
överklaga *som ej kan överklagas: jur* inappellabile
överklagande *jur* recurso
överklass classe superior
överkläda coperir, tapissar
överkomlig accessibile, superabile; *bildl* surmontabile
överkomma superar
överkorsning cruciamento
överkropp busto, torso
överkryssning cruciamento
överkäke *anat* maxilla, mandibula superior
överkäksben osso maxillar
överkänslighet *med* allergia
överlagd considerate, deliberate, premeditate
överlappa *takpannorna överlappar varandra delvis:* le tegulas se recoperi partialmente
överlappning imbriccamento; *lägga med överlappning (t.ex. taktegel):* imbriccar
överlast supercarga
överlasta supercargar; *överlasta sig med starka drycker:* inebriar se; *(lägga för stor börda på)* supercargar
överleva *sb (kvarleva)* supervivente, resto; *vb* superviver; *överleva (ngn):* superviver a
överlevande supervivente
överlevnad superviventia
överlista dupar, vincer per astutia, circumvenir
överloppsgärning opera superflue; *(överskjutande goda gärningar) rel* supererogation
överlåta ceder; *(egendom)* transferer, transmitter; *(bemyndigande)* delegar; *som kan överlåtas:* cessibile
överlåten *jur* alienate
överlåtlig alienabile
överlägga deliberar, conferer
överläggning consultation, deliberation
överlägsen superior; *(om person)* preeminente; *('viktig')* arrogante; *(med överlägsen min)* superciliose
överlägsenhet superioritate, preponderantia, suprematia; *total överlägsenhet:* precellentia
överlämna presentar, deponer, committer, consignar; *(anförtro sig åt)* remitter se a; *överlämna sig: mil* capitular, render se
överlämnande consignation
överläpp labio superior
överlärare instructor in chef [sh-]
överlöpare desertor, transfuga; *(en som förnekat tidigare tro)* renegato
övermakt potentia superior, preponderantia
överman maestro, superhomine
övermanna superar
övermannas succumber al numero
övermod arrogantia, presumption
övermodig arrogante, orgoliose; *(fräck)* insolente
övermorgon *i övermorgon:* post-deman
övermått excesso, exuberantia; *(överdrift)* exaggeration; *i övermått:* excessive; *förekomma i övermått:* exuberar
övermåttan excessivemente, extrememente
övermäktig superior (in fortia, numero etc)
övermänniska superhomine
övermänsklig superhuman
övermätta supersaturar
övermättad *kem* supersaturate
övernatta pernoctar, passar le nocte
övernattning pernoctation
övernaturlig supernatural
övernog plus que sufficiente; *vara övernog av:* redundar
överord fanfaronada, exaggeration
överordnad *sb* chef [sh-], superior
överraska surprender
överraskande per surprisa
överraskning surprisa; *med överraskning:* per surprisa
överreta superexcitar

överrock paletot *fr* [palto], mantello, supertoto, surtout *fr* [syrtu], ulster *eng*

överrumpla surprender

överrumpling surprisa, attacco inattendite

överräcka presentar

överräckande presentation

överse revider; *(förbise)* non observar, oblidar; *överse med:* conniver, indulger; (*se även* **granska**)

överseende *sb* condonation, indulgentia, venia, venialitate; *ha överseende med:* condonar; *adj* indulgente, longanime, venial; *icke överseende:* intolerante; *vara överseende* indulger

översikt supervision, perspectiva; *(sammanfattning)* summario, resumé *fr* [rezyme], synopsis; *kronologisk översikt:* chronologia

översiktlig clar, synoptic

översittare arrogante, fanfaron

översitteri arrogantia, aere de importantia

överskatta supertaxar, superestimar

överskjuta exceder

överskott surplus, resto, excesso; *(förtjänst)* ganio, profito; *betala i överskott:* superpagar

överskottsbetalning superpaga

överskrida transpassar, ultrapassar; *(måttet)* exceder; *(gränsen)* passar, transgreder; *(höja sig över det världsliga)* transcender

överskridande excesso, transgression

överskrift rubrica, titulo, testa

överskrivning nota interlinear

överskugga adumbrar

överskuggande adumbration

överslag computo/calculo (approximative)

överspänd exaltate, superexcitate

överst *adj* le plus alte, le superior, supreme, summe; *adv* al cresta, (le) supreme, summe; *överst på:* al testa de

överste colonnello

överstelöjtnant locotenente colonnello

överstepräst pontifice, hierarcha; *(jud.)* soveran sacrificator

överstiga *(överträffa)* superar, superpassar; *(i värde)* exceder, surmontar

överstiglig transpassabile, surmontabile; *(överkomlig, om pris, även)* passabile, rationabile

överstryka *(stryka ut)* rader, cancellar; *(med streck)* surlinear

överstämpling *(på frimärke)* supercarga

översvalla disbordar; *bildl* exuberar

översvallande exuberante, con effusion, volubile; *bildl* exuberante, delirante; *sb* exuberantia; *översvallande av känslor:* effusion

översvinnlig abundante; *(oändlig)* infinite

översvämma inundar

översvämning inundation, diluvio, cataclysmo, disbordation, submersion; *(höjt vattenstånd)* crescita

översyn revision

översålla perseminar, coperir; *(med vätska)* irrigar, sparger

översända transmitter, inviar, expedir; *översända pengar:* remitter; *(varor med tåg/båt osv)* consignar; *som kan översändas:* transmissibile

översändande *(av varor)* consignation

översändare transmissor

översätta render, traducer, translatar; *(muntligt)* interpretar

översättare traductor, translator

översättning traduction, translation, version; *(muntlig)* interpretation

översättningsbar traducibile

översättningslån *(ord bildat på förebild från annat språk) (språkvet.)* calco

övertag avantage [-adʒe], predominantia; *ha övertag på ngn:* haber le avantage super un persona

övertaga entrar in possession de, prender (possession de); *övertaga ansvaret för:* cargar se de; *övertaga en uppgift:* assumer un carga

övertagande assumption

övertala persuader, instigar

övertalig supernumerari, supernumerose; *övertalig vara:* surplus

övertoner *mus* tonos harmonic

övertrassera *(ta ut för mycket)* traher a discoperto

övertro superstition

överträda *(lagar)* violar, infringer, delinquer; *(en föreskrift)* disobedir, contravenir a; *(överskrida)* transgreder, transir, transpassar

överträdare transgressor

överträdelse contravention, infraction, transgression, transpasso, violation, disobedientia; *(brottshandling)* delicto

överträffa superar
övertyga convincer, persuader, suader
övertygande suasion
övertygelse conviction, convincimento
övertäcka coperir, recoperir
övertänka considerar, ponderar
övertänkt deliberate
överuttag conto a discoperto
övervaka surveliar, controlar, inspectar, inspicer, superintender, supervisar
övervakning supervision, surveliantia
övervara assister a
övervikt excesso, superpeso, supercarga; *(för ngt) bildl* preponderantia, predominantia; *bildl* prevalentia
övervinna superar, surmontar, vincer, triumphar; *(slå)* batter
övervinnelig surmontabile, vincibile
övervinnelse vincimento
övervintra hibernar
övervintring hibernation
övervåld violentia, acto de brutalitate
övervåning etage [-adʒe] superior
överväga considerar, contemplar, deliberar, ponderar, reflecter, revolver, meditar super; *(vara av större vikt)* preponderar; *väl övervägd:* considerate; *överväga sina ord:* pesar su parolas; *överväga i förväg:* premeditar
övervägande *sb* consideration, reflexion, contemplation; *åter ta i övervägande:* reconsiderar; *adj* deliberative, preponderante, predominante
övervägd *väl övervägd:* considerate
övervälde suprematia
överända *kasta överända:* inverter; *pol* revoltar
överätning ingorgamento, ingurgitation
övning exercitation, exercitio, practica
övningsuppgift exercitio
övre supere, superior, plus alte; *övre del:* alto
övrig cetere, restante; *de övriga:* le alteres; *för övrigt:* del resto, cetero, in plus, de plus, ultra isto
övärld archipelago

www.ingramcontent.com/pod-product-compliance
Ingram Content Group UK Ltd.
Pitfield, Milton Keynes, MK11 3LW, UK
UKHW021652190726
13853UKWH00001B/206